文化伟人代表作图释书系

An Illustrated Series of Masterpieces of the Great Minds

非凡的阅读

从影响每一代学人的知识名著开始

　　知识分子阅读，不仅是指其特有的阅读姿态和思考方式，更重要的还包括读物的选择。在众多当代出版物中，哪些读物的知识价值最具引领性，许多人都很难确切判定。

　　"文化伟人代表作图释书系"所选择的，正是对人类知识体系的构建有着重大影响的伟大人物的代表著作，这些著述不仅从各自不同的角度深刻影响着人类文明的发展进程，而且自面世之日起，便不断改变着我们对世界和自身的认知，不仅给了我们思考的勇气和力量，更让我们实现了对自身的一次次突破。

　　这些著述大都篇幅宏大，难以适应当代阅读的特有习惯。为此，对其中的一部分著述，我们在凝练编译的基础上，以插图的方式对书中的知识精要进行了必要补述，既突出了原著的伟大之处，又消除了更多人可能存在的阅读障碍。

　　我们相信，一切尖端的知识都能轻松理解，一切深奥的思想都可以真切领悟。

■ 文化伟人代表作图释书系

Human Action:
A Treatise on
Economics

代小虎 / 译

人的行为（全新插图版）

〔奥〕路德维希·冯·米塞斯 / 著

重庆出版集团 重庆出版社

图书在版编目（CIP）数据

人的行为 /（奥）路德维希·冯·米塞斯 著；代小虎 译. —重庆：
重庆出版社，2024.6 —ISBN 978-7-229-18801-6

Ⅰ．C912.68

中国国家版本馆CIP数据核字第2024HY9432号

人的行为
REN DE XINGWEI
〔奥〕路德维希·冯·米塞斯 著　代小虎 译

策 划 人：刘太亨
责任编辑：苏　丰
特约编辑：王道应
责任校对：何建云
封面设计：日日新
版式设计：曲　丹

重庆出版集团
重庆出版社　出版

重庆市南岸区南滨路162号1幢　邮编400061　http://www.cqph.com
重庆市国丰印务有限责任公司印刷
重庆出版集团图书发行有限公司发行
全国新华书店经销

开本：720mm×1000mm　1/16　印张：46　字数：1000千
2024年8月第1版　2024年8月第1次印刷
ISBN 978-7-229-18801-6

定价：96.00元

如有印装质量问题，请向本集团图书发行有限公司调换：023-61520678

版权所有，侵权必究

第四版前言

大道至简。米塞斯的贡献非常简单，同时又极其深刻。他指出整个经济就是一系列个人行为产生的结果。个人施展行为、做出选择，并且与他人携手合作、展开竞争、进行交易。米塞斯采用这种透过现象看本质的方式诠释了复杂的市场现象是如何产生发展的。对于各种经济现象——价格、工资、利率、货币、垄断甚至贸易周期，米塞斯并不只是做简单的描述，而是将它们解释为"无数有意识、有目的之行为、选择以及个人偏好的结果"，而在各种情形下每个人皆在尽自己最大努力来实现其各种需求与目的，并避免不希望得到的后果。为此，米塞斯为其经济学论著选择了这一标题——"人的行为"。同样在米塞斯看来，亚当·斯密的"看不见的手"可以依据逻辑与功利原则解释为"个人无数行为之结果"。

在米塞斯对市场运作所作的精妙解释中，随处可见其对于经济现象的精彩描述。譬如，关于经济权力与政治权力二者的区别，他是这样描述的："一个'巧克力大王'对于消费者（也即他的顾客）而言并无任何权力。他为消费者提供质量最优、价格最便宜的巧克力。他并不统治消费者，而是为他们服务。消费者可以随时自由选择不再光顾他的店铺。若消费者更愿意将钱花在其他地方，他就失去了他的'王国'。"关于人们为何进行交易，米塞斯作如是描述："瑞士汝拉的居民更喜欢制造手表而不是种植小麦。制表是他们获取小麦最便宜的方式。另一方面，种植小麦却是加拿大农民获得手表最便宜的方式。"对于米塞斯而言，价格是市场上消费者对金钱和某种特定商品或服务的竞争性出价所得出的比率。政府可以颁布法令，但"政府不能决定价格，正如鹅不能下鸡蛋一样"。

在米塞斯看来，人类成员之间的不平等正是和平的人际社会合作的开始，也是其带来的所有益处的源头："主张'法律面前人人平等'的自由主义者们已充分意识到人人生而不平等，而正是他们之间的不平等才催生出了社会合作与文明。在他们看来，'法律面前人人平等'并不是为了纠正大千世界中无法改变的事实并让天生的不平等消失。相反，它是确保全人类从中获得最大利益的工具。

在他们看来，'法律面前人人平等'是一件好事，因为这最符合所有人的利益。它让选民决定谁应该担任公职，并且让消费者决定谁应该指导生产活动。"

米塞斯于1949年对社会保障与政府债务的评论现在读起来就像是昨天刚刚撰写的一样："保罗在1940年通过向国家社会保障机构支付一百美元的方式进行储蓄。作为交换，他收到了一份几乎是无条件性质的政府借据。若政府将这一百美元用于经常性支出，就既不会产生额外资本，也丝毫不会提高劳动生产率。政府的这张借据其实就是开给未来纳税人的一张支票。到了1970年，某位彼得先生可能不得不履行政府的承诺来兑现这张支票，尽管他本人并未从'保罗在1940年储蓄了一百美元'这一事实中获得任何好处。有人认为公共债务并不是一项负担，因为'这是我们欠自己的'，这种废话般的论点实属自欺欺人。1940年的保罗们并不欠他们自己的。是1970年的彼得们欠1940年的保罗们的……1940年的政治家们通过将他们的问题转移到1970年的政治家们身上来解决问题。在那一天到来时，1940年的政治家们要么已经作古，要么作为年事已高的政治家为他们亲手创造的伟大成就——社会保障而沾沾自喜。"

在《人的行为》"第三版前言"中，米塞斯提到了这部著作的意大利文和西班牙文译本。从那以后，这部著作先后被夏道平翻译成中文（1976/1977年）、被拉乌尔·奥杜因（Raoul Audouin）翻译成法文（1985年）、被小唐纳德·斯图尔特（Donald Stewart, Jr.）翻译成葡萄牙文（1990年）、被村田俊雄（Toshio Murata）翻译成日文（1991年）。本书前身《国民经济》（*Nationalökonomie*）（1940年）也已再版（1980年）。

新版《人的行为》的出版商们已各尽所能，尽量纠正几乎任何一本书——尤其是这种大部头的著作——皆无法避免出现的错别字。他们还在新版中添加了一个全新索引，他们希望这将有助于读者更容易地理解本书的思想。

贝蒂娜·比恩·格里夫斯（Bettina Bien Greaves）
纽约哈德逊河畔欧文顿
1996年2月

第三版前言

有生之年见到拙著由一著名出版社以精美印刷装订呈现的第三次修订版，我深感欣慰。

有两个术语要特别说明一下。

首先，我使用了"自由"一词，其含义跟19世纪使用的含义相同，也是今天欧洲大陆各国依然在沿用的含义。这种用法可谓"独此一词，别无选择"，因为实在没有任何其他词语可用来表示如下这项伟大的政治与知识运动，即自由企业与市场经济取代资本主义之前的生产方式；以宪政代议制政府取代君主或寡头专制政权；以所有个人之自由取代奴隶制、农奴制及其他形式的奴役制度。

其次，过去数十年里，"心理学（psychology）"一词的含义越来越局限于实验心理学领域，而实验心理学是一门采用自然科学研究方法进行研究的学科。另一方面，将以前名为心理学的那些研究贬低为"文学心理学"，甚而贬低为不科学的推理方式，这种做法司空见惯。每当在经济学研究中提到"心理学"时，人们脑海中浮现的正是此"文学心理学"概念，因此，为它引入一个专门的术语似乎是明智的。在拙著《理论与历史》（纽黑文，1957年，第264—274页）一书中，我建议使用"thymology"这一术语，我在最近发表的文章《经济科学之终极基础》（*The Ultimate Foundation of Economic Science*）（普林斯顿，1962年）中亦使用了这一术语。然而，我的建议并不是为了追溯并改变"心理学"一词在之前已出版各书中的用法，所以我在本书的这个新版中继续使用"心理学（psychology）"一词，跟我在第一版中使用的方式一样。

《人的行为》第一版已出两个译本，一个是米兰博科尼大学（Università Bocconi）教授图利奥·巴格奥蒂（Tullio Bagiotti）先生的意大利文译本，书名为《人的行为经济学论著》（*L'Azione Umana, Trattato di economia*），于1959年由意大利印刷联盟都灵出版社（Unione Tipografico-Editrice Torinese）出版；另一个是华金·赖格·阿尔比奥尔（Joaquin Reig Albiol）先生的西班牙文译本，书名为《人的行为：经济学论著》［*La Acción Humana（Tratado de Economia）*］，由西班牙巴伦西亚伊格纳西奥·比利亚龙加基金会（Fundación Ignacio Villalonga）于1960年以两卷本出版。

在本书的准备过程中，许多好朋友为我提供了诸多宝贵而有价值的帮助与建议，我对他们深表谢忱！

首先，我要提到的是两位已故学者——保罗·曼图（Paul Mantoux）和威廉·E.拉普德（William E. Rappard），他们为我提供了在瑞士日内瓦著名的国际问题研究生院（Graduate Institute of International Studies）从事教学工作的机会，并给了我充足的时间与难得的鼓励，使我得以在毫无后顾之忧的情形下启动了拙著可谓漫长的写作之旅。

阿瑟·戈达德（Arthur Goddard）先生、珀西·格里夫斯（Percy Greaves）先生、亨利·赫兹利特（Henry Hazlitt）博士、伊斯雷尔·M.柯兹纳（Israel M. Kirzner）教授、伦纳德·里德（Leonard E. Read）先生、华金·雷格·阿尔比奥特（Joaquin Reig Albiot）先生和乔治·瑞斯曼（George Reisman）博士为鄙人撰写本书提出了非常宝贵而有益的建议，我在此对他们每一位致以诚挚的谢意！

尤其重要的是，我要感谢我的妻子一直以来对我矢志不渝的鼓励与帮助。

路德维希·冯·米塞斯
纽约
1966年3月

绪 论

1 经济学与行为学

在所有科学中，经济学是最年轻的一门学问。诚然，过去的两百年间，许多新的学科从古希腊人所熟悉的科学中不断涌现出来。然而，这些皆是在纷繁复杂的旧有学问体系中已然确立各自地位的部分知识，只不过现在成为独立学科而已。其研究领域细分得更加科学，并用新方法加以分析研究；这个领域迄今为止从未被注意到的地方被发现了，而且人们开始从不同于前人的角度来看待事物。然而这个领域本身的范畴并未扩展。但经济学为人文科学开辟了一个以前无法进入，人们也从未想到过的新领域。从市场现象的发生次序以及相互依存关系中发现某种规律，这超出了传统学问体系的边界。经济学所传授的知识，既不能被视为逻辑学、数学、心理学，亦不能被视为物理学或生物学。

长久以来，哲学家们一直渴望弄清楚——上帝或自然在人类历史进程中到底想实现哪些目的。他们始终在探究人类命运与进化的法则。然而，即使那些在其探究方面无任何神学倾向的思想家，其所做出的这些努力无一不彻底失败了，其原因在于，他们无一例外地受制于一种错误的研究方法。他们的做法皆是将人类视为一个整体，或者其他整体概念，如国家、种族或教派。他们十分武断地为这类整体行为设定了其必然会导致的结果。他们无法令人满意地回答这样一个问题，即到底是哪些因素迫使各种不同的行为个体（"行为人"）为达到整体必然进化所要实现的目标施展行为。他们曾经求助于一些自身都无法自圆其说、无可奈何的说法——神的奇迹般干涉，无论是通过神灵启示，还是神遣先知与神圣领袖之授权、预定之和谐、注定之命运，或神话般的"世界魂"或"民族魂"之运作。其他一些思想家则提到了一种深深植入人类冲动之中的"大自然的机巧"，这种机巧驱使他不知不觉精准地沿着大自然希望他走的路径一路前进。

其他哲学家则更加现实。他们并不去尝试猜测大自然或上帝的构思，而是从政府角度看待人类事物。他们致力于建立政治行为规则，可以说，这是一种具有政府和政治才能性质的技巧。有投机头脑的人为社会的彻底改革与重建制定了雄心勃勃的宏伟蓝图。比较谦逊的人则满足于对历史经验数据资料进行广泛收集与系统整理。所有人皆完全相信在人类推理的操作过程中以及在自然现象的因果次序中，已然发现某些现象具有规律性与不变性，但这种规律性与不变性在各种社会事件的发生、发展过程中并不存在。他们并没有探究社会合作的规律，因为他们认为人可以随心所欲地对社会重新进行组织。如果社会条件没有满足改革者的愿望，如果他们的乌托邦被证明是无法实现的，那么错误的根源就在于人的道德失败。社会问题被视为伦理道德问题。他们认为要建设理想的社会，需要的是开明睿智的王子和正直善良的公民。有了正义良民，任何乌托邦皆可实现。

然而，市场现象中存在着无法避免的相互依存关系，这一发现无情地推翻了上述观点。在感到困惑的同时，人们不得不面对一种全新的社会观。他们一脸茫然地发现除了善与恶、公平与不公平、公正与不公正之外，人们还可以从另一个方面来看待人的行为。在社会事件的发生、发展过程中，普遍存在着一种现象的规律性，而人们若想要成功，就必须依照此规律性来调整自己的行为。监察官一般都是从十分武断的标准和主观性价值判断的角度来决定赞成还是反对，但若以这种监察官的态度来对待社会事实，那就只能是徒劳了。我们必须研究人的行为与社会合作的规律，正如物理学家研究自然法则一样。被视为既定关系学研究对象的人的行为与社会合作，不再作为一门关于"事物应该如何如何"的规范学科——这是对于知识与哲学以及社会行为皆有着巨大影响的一场革命。

一百多年来，推理方法上的这一巨变所产生的影响效果受到了极大的限制，因为人们认为这些推理方法只涉及范围宽泛的人的行为的全部领域中一个狭小细分领域——市场现象。在研究过程中，古典经济学家们遇到了一个他们始终未能消除的障碍，也即显而易见的价值二律背反现象。他们的价值理论存在缺陷，这也迫使他们不得不限制其科学的研究范围。直至19世纪后期，政治经济学依然是一门研究人的行为的"经济"方面的科学，也即一门关于财富与自利的理论。它研究的人的行为仅限于由所谓"利润动机"（此种描述令人非常不满意）所驱使的行为，且它断言对除此之外，还有其他人的行为进行分析研究是其他学科的任务。古典学派经济学家们所发起的这一思想转变，只有现代主观学派经济学方能加以完善，因其将市场价格理论转化成了人的选择通论。

在很长一段时间里，人们并未意识到从古典学派价值理论转变为主观学派价值理论，绝非只是以"更令人满意的市场交易理论"来取代"不太令人满意的市场交易理论"那么简单。选择与偏好通论，远远超出了涵盖坎蒂隆（Richard Cantillon）、休谟（David Hume）、亚当·斯密（Adam Smith）直至约翰·斯图亚特·穆勒（John Stuart Mill）这些经济学家所界定的经济问题范畴的视野范围。它不只是关于人在"经济方面"所作努力的理论，也不只是关于人为了获得商品以及改善物质福利而奋斗的理论。它是从方方面面研究人的所有行为的科学。人做出的选择确定了人的所有决定。在做出选择时，人并不只是在各种物质与服务之间做出选择。所有的人的价值皆属于他选择的范围。所有目的与所有手段——现实的与理想的、崇高的与卑微的、高尚的与卑鄙的——并列成一排，皆根据行为人的某项决定来进行取舍。人所想要获取或想要避免的，无一不包含在此排列范围之内，而这一排列亦成

□ 亚当·斯密

亚当·斯密（1723—1790年），出生于苏格兰法夫郡的寇克卡迪小镇，英国经济学家。亚当·斯密强调自由市场、自由贸易以及劳动分工，被誉为"经济学之父"。主要著作有《道德情操论》《国富论》。

为一份独特的等级划分与偏好衡量表。这一现代价值理论既拓宽了科学的视野，又扩展了经济研究的领域。古典学派的政治经济学衍生出了人的行为通论，即"行为学"[1]。经济学问题或交易经济学问题[2]，均融入一门更广义的学科之中，而且再也不会从这一关联中分离出来。对经济学问题本身进行的任何分析研究，皆不能避免从选择行为入手；经济学则成为行为学这门更普遍学科的一个组成部分，尽管这是迄今为止行为学阐述得最好的部分。

---

[1] "Praxeology（行为学）"一词最早由埃斯皮纳斯（Espinas）于1890年首次使用。参考其论文"技术起源（Les Origines de la technologie）"，刊于《哲学评论》（Revue Philosophique）（第十五年册，第三十期，第114—115页）以及于1897年在巴黎出版的同名书《技术起源》（Les Origines de la technologie）。

[2] "Catallactics（交易经济学）"或"Science of Exchange（交易学）"一词最早由惠特利（Whately）首次使用。参考其著作《政治经济学导论》（Introductory Lectures on Political Economy）（伦敦，1831年），第6页。

2 人的行为通论的认识论问题

□ 约翰·贝茨·克拉克

约翰·贝茨·克拉克（1847—1938年），祖籍新英格兰，出生于罗德岛州普罗维登斯一个工商业家庭，曾参与倡议并发起美国经济学联合会。克拉克倡导动态静态经济分析法和边际生产力学说，对现代经济学有广泛影响，是第一代博得世界声誉的美国经济学家。

约翰·贝茨·克拉克奖有"小诺贝尔经济学奖"之称，通常获得此奖的学者，会引起瑞典皇家科学院诺贝尔奖评选委员会的注意。

在这门全新科学中，似乎一切皆问题重重。这是传统知识体系迎来的一位陌生之客；人们感到困惑，不知如何将它归类并为它分配适当位置。另一方面，他们又确信将经济学纳入知识目录，并不需要重新编排或扩展整个学科方案。他们认为他们的目录体系是完备的。若经济学并不适合纳入该目录体系，则错误只能归咎于经济学家们对其问题所采用的分析研究方式并不令人满意。

将关于"经济学之本质、范畴与逻辑特征"的争论贬低为"学究式教授的学术狡辩"，这无疑是对这些争论意义的完全误解。一个普遍的误解是尽管学究们浪费唇舌开展了关于"最合适之程序方法"的无用讨论，但经济学本身对这些无益的争论视而不见，在自己的道路上安步当车、默然前行。在奥地利经济学家与自称"霍亨索伦皇室知识卫士"的普鲁士历史学派之间展开的"方法论之争"，以及在约翰·贝茨·克拉克（John Bates Clark）学派与美国制度主义之间开展的讨论，远比"何种做法最富有成效"这一问题更为重要。真正的问题是人的行为科学的认识论基础及其逻辑合法性。许多学术著作的作者，皆从一个"行为学思维完全陌生"的认识论体系着手，并且从一个"'除逻辑与数学之外'只承认经验学派自然科学与历史之科学性"的逻辑出发，试图否认经济理论的价值与有用性。历史决定论学派旨在用经济史来取代经济理论；实证主义学派则建议采用牛顿力学的逻辑结构与模式来取代虚幻的社会科学。这两个学派均一致坚决否认经济思想领域所取得的所有成就。面对所有这些攻讦，经济学家们不可能做到面不改色、沉默不语。

这种全盘抹杀经济学的激进主义做法很快就被更普遍的虚无主义所超越。自古以来，人们在思考、说话和行为上均将"人类思维逻辑结构之一致性与不变性"作为一个不容置疑的事实。所有的科学研究皆基于这一假设。在关于经济学之认识论特征的讨论中，有些作者竟然将这一命题也否定掉了，这在人类历史上也算头一遭了。"知识社会学"的任务就是揭开哲学与科学理论的面纱，显露它们在"意识形态方面"的空虚。经济学是"资产阶级"的权宜之计，经济学家则是资本的"谄媚者"。

这种多元逻辑主义后来也以各种其他形式进行传授。历史决定论断言人的思想与行为的逻辑结构在历史演进过程中容易发生变化。种族多元逻辑主义给每个种族均赋予了一套属于其自身的逻辑。最后是非理性主义，认为理性本身并不适合阐明那些决定人的行为的非理性力量。

□ 印有斯宾诺莎肖像的荷兰盾钞票

巴鲁赫·德·斯宾诺莎（1632—1677年），出生于阿姆斯特丹的一个从西班牙逃到荷兰的犹太家庭，是近代西方哲学的三大理性主义者之一，与笛卡尔和莱布尼茨齐名，主要著作有《神学政治论》《伦理学》《知性改进论》等。斯宾诺莎最早提出"政治的目的是自由"，为启蒙运动的拓展奠定了思想理论基础。他的名言是"自由人最少想到死，他的智慧不是关于死的默念，而是对于生的沉思"。旧的面额为1000的荷兰盾钞票印有斯宾诺莎肖像。

此类学说远远超出了经济学的范畴。它们不仅质疑经济学与行为学，还质疑所有其他一般性的人类知识与人类推理。它们不仅提及数学与物理学，还提及经济学。因此，对它们加以反驳，似乎并不属于知识体系任何单一分支的任务，而是属于认识论与哲学的任务。这样才有光明正大的理由让经济学家们安下心来继续自己的研究，而不必为认识论问题烦心不已，也不用为多元逻辑主义和非理性主义提出的反对论调而忧心忡忡。物理学家并不介意是否有人指责他的理论是资产阶级理论、西方理论或是犹太理论；同样，经济学家也应该对形形色色的诋毁与诽谤置之不理、听而不闻。他应该让狗在那里狂吠，而不必理会它们的叫声。似乎他应该记住斯宾诺莎（Baruch de Spinoza）的名言："的确，正如光明定义了自己与黑暗一样，真理也为自己与谬论设定了标准。"

然而，经济学的情况跟数学与自然科学的情况还不太一样。多元逻辑主义与非理性主义学派攻击的是行为学与经济学。尽管他们以一种概括的陈述来指称知识体系的所有分支，但其真正瞄准的攻击对象其实是人的行为科学。他们说相信科学研究可以取得"对所有时代、种族和社会阶层的人皆有效"的结果，这无疑是一种妄想，他们以将某些物理学与生物学理论贬低为"资产阶级理论"或"西方理论"为乐。但是，若解决实际问题需要应用这些被污名化的学说，他们又会选择性地忘记他们曾经做出的批评。纳粹党的工程师与物理学家并不鄙视"劣等"种族和民族的人民所提出的理论、发现与发明，并且还加以利用。所有种族、民族、宗教、语言群体和社会阶层的人们，他们的行为清楚地证明相较于逻辑学、数学和自然科学，他们并没有那么支持多元逻辑主义与非理性主义的学说。

对于行为学与经济学而言，情况就大不一样了。多元逻辑主义、历史决定论和非理性主义，这些学说发展的主要动机就是为"在决定经济政策时无视经济学的教义"提供一个正当理由。社会主义者、种族主义者、民族主义者和国家主义者，他们皆未能成功反驳经济学家的理论，亦未能证明他们自己凭空捏造的虚假学说的正确性。正是这种挫败感，才迫使他们全盘否定了人类在世俗活动以及科学研究中一切推理所依据的逻辑原理与认识论原理。

仅仅以"反对论受到了政治动机的影响"为由而一概否定这些反对论，我们也不允许这种做法。没有任何一位科学家有权事先做出这样的假设是因为"他的批评者是受到了激情与党派偏见的蛊惑"，因此对其理论的否定一定是毫无根据的。他必须对每一条责难做出答复，无论其背后的动机或背景如何。有一种我们常常听到的言之凿凿的观点："经济学定理只有在'现实生活中从未实现的假设情形'下才是有效的，因此它们对于深入了解现实情况而言是无用的"。若面对这样的观点而保持沉默，同样也是不被允许的。奇怪的是，一些学派似乎赞同这一观点，但与此同时却依然静悄悄地着手绘制曲线、制定公式。他们既不关心自己的推理意义何在，也不关心其推理对现实生活与行为世界的参照。

当然，这是一种站不住脚的态度。每一项科学探究，其首要任务就是详尽描述和定义其各种陈述皆赖以有效的所有条件与假设。将物理学作为经济研究的模型与模式，这种做法是错误的。但那些犯下这种谬误的人至少应该明白一件事，没有一位物理学家曾经认为，对物理定理的一些假设与条件的澄清超出了物理研究的范畴。经济学必然要回答的主要问题就是其陈述与"人的行为的现实情况"之间存在着何种关系，而对于人的行为的深入了解正是经济学研究的目标。

因此，经济学有责任彻底驳斥如下断言：经济学的教义只对西方文明短暂而已然消失的自由时期的资本主义制度有效。经济理论中有专门阐明人的行为问题的陈述，许多人对此等陈述的有用性从不同角度提出了反对意见，经济学而非学问体系的任何其他分支——有责任对所有此类反对论调加以检讨。经济思想体系必须以如下这种方式建立起来，即该体系必须是针对非理性主义、历史决定论、泛物理主义、行为主义以及所有各种多元逻辑主义的批评予以驳斥的证据。当每天都有新的论点被提出来证明"经济学所作的努力皆荒谬而徒劳"的时候，经济学家们却假装视而不见、充耳不闻，这种状况实在令人难以忍受。

在传统框架内，已经无法再对经济问题作充分的分析研究。我们有必要将交易经济学理论建立在人的行为通论，也即行为学的坚实基础之上。这一做法不仅可以避免许多谬误的批评，而且还可以澄清许多至今尚未被充分认识到的问题，遑论圆满解决这些问题了。尤其经济计算这个基本问题亟待解决。

3 经济理论与人的行为实践

许多人习惯于指责经济学尚处于落后状态。我们的经济理论还不完善，这一明显事实毋庸置疑。人类知识体系中并无"完美"之物，而人类的任何其他成就亦是如此。人并非全知全能。一门理论，哪怕再精致不过，且似乎能完全满足我们的求知欲，也依然可能有一天会被修订或甚至被一门新理论所取代。科学本身并没有给我们绝对和最终的确定性。它只在我们心智能力的范围内以及科学思想的普遍状态下给我们保证。在人类对于知识永无止境的孜孜以求的过程中，一个科学体系只不过是一个小小的驿站而已。它必然受到人类所做每一项努力之内在固有不足的影响。但是，承认这些事实并不意味着当今的经济学处于落后状态。这仅仅表示经济是一个有生命的事物——活生生的状态本身就意味着不完美和变化。

对所谓"落后性"的指责是从两个不同角度针对经济学提出的。

一方面，一些博物学家与物理学家指责经济学并非一门自然科学，也没有应用实验室的方法与程序。本论著的任务之一就是揭露这类观念的谬误所在。在本绪论中，只要简单说几句他们的心理背景就足矣。心胸狭窄的人通常会反复思量别人跟自己不同的每一个方面。寓言中有一匹骆驼，因为除骆驼之外的所有其他动物皆没有长驼峰，它就心怀嗔恨，和这些动物格格不入，正如鲁里坦尼亚人（Ruritania）仅仅因为拉普坦尼亚人（Laputanian）不是鲁里坦尼亚人而指责他们一样。实验室里的研究工作者认为实验室是足以从事探究工作的唯一去处，而微分方程则是表达科学思想成果的唯一可靠方法。他根本看不到人的行为领域的认识论问题。在他看来，经济学只不过是一门力学而已。

还有人断言社会科学一定存在着问题，因为社会状况不尽如人意。过去的两三百年间，自然科学已取得惊人成果，而对这些成果的实际应用也已成功地将人们的一般生活水准提高到了前所未有的程度。这些批评家又说，在使社会条件变得更令人满意的任务中，社会科学又彻底失败了。社会科学没能消灭苦难与饥饿、经济危机与失业、战争与暴政。社会科学是不毛之地，对促进人类幸福与福利毫无贡献。

这些牢骚满腹者并未意识到生产技术方法的巨大进步，以及由此带来的财富与福利的增加，只有通过实际应用经济学教义而制定的自由政策才是可行的。正是古典经济学家的思想，才消除了古老的法律、习俗与偏见对技术进步的制约，并使改革与创新的天才摆脱了行会、政府管制以及各种社会压力的束缚。同样也是他们削弱了征服者与剥夺者的威望、展示了商业活动带来的社会效益。假若前资本主义时代的心态未被经济学家彻底摧毁，那么任何伟大的现代发明皆不会投入实际应用。通常所说的"工业革命"，其实就是经济学家的学说带来的意识形态革命的产物。经济学家打破了如下这些陈旧的信条："通过生产质量更高、价格更便宜的商品来超越竞争对手是不公平和不公正的做法""背离传统生产方法是不公正的行为""机器是邪恶的东西，因为它们导致了失业""防止效率高的商人发家致富、保护效率较低者免受效率较高者的竞争，是公民政府的一项任务""通过政府职权或其他社会强制力量来限制企业家的自由，这属于旨在促进国民福祉的适当手段"。其实，英国的政治经济学和法国的重农主义学派才是现代资本主义的先行者。正是这些经济理论使得给大众带来福利的应用自然科学的不断进步成为可能。

我们这个时代的问题恰恰在于人们普遍忽视了这些经济自由政策在过去两百年间技术发展中所起的作用。人们陷入了一种谬论，即生产方法的改进只是碰巧与自由放任政策同时发生而已。因此，废除资本主义并用极权主义取代市场经济和自由企业，这一做法不会妨碍技术的持续进步。相反，通过消除资本家出于自私自利而对技术进步设置的各种障碍，才会促进技术进步。

这个破坏性战争与社会解体时代的特征就是对经济学的反抗。如托马斯·卡莱尔（Thomas Carlyle）将经济学科称为一门"悲观的科学"。江湖郎中们——自夸其专利秘方多么神奇并掌握通往人间天堂之捷径的术士们——以用"正统"和

"反动"这类词语嘲笑经济学为乐。政治煽动家们为其自诩击败了经济学而趾高气扬。"务实派"则自我吹嘘其对经济学的蔑视,对"坐而论道派"经济学家们的那一套教义不予理睬。最近数十年的经济政策完全是一种特别心态的结果,这种心态嘲笑任何一种经得起推敲的经济理论,而美化诋毁者们的虚假学说。所谓的"正统"经济学在大多数国家皆被大学拒之门外,而一些主要的政治家、政客和作家实际上对它也一无所知。经济状况不尽如人意,当然不能归咎于统治者与普罗大众皆鄙视和忽视的科学。

必须强调的是在过去两百年间发展起来的现代文明,其命运与经济学之命运紧密相连。这种文明之所以能够产生,是因为人们被一些思想所支配,而这些思想代表着经济学教义在经济政策问题上的应用。若各国在因"受拒绝经济思维的教条的魔咒影响"而踏入的道路上一意孤行,现代文明一定会灭亡,也必将灭亡。

诚然,经济学是一门理论科学,也正因如此,它不做任何价值判断。它的任务并不是告诉人们应该追求什么样的目的。这是一门关于"为达到所选择的目的而运用何种手段"的科学;当然,它并不是一门关于"目的的选择"的科学。人对目的所做的最终决定,也即对目的估值和选择,超出了任何一门科学的范畴。科学从来不会告诉一个人应该如何施展行为;它只说明一个人若想达到特定目的,他必须如何施展行为。

在许多人看来,这的确有点微不足道,而且,一门"仅限于对'是什么'的探究而不能针对最高与最终目的表达一种判断价值"的科学,对于人的生活与行为而言是无足轻重的。这种观念也是错误的。然而,揭示此错误并非本篇绪论的一项任务,而是本论著本身的目的之一。

4 摘要

开篇上述种种说明,旨在解释为何本书将经济问题放在"人的行为通论"的大框架范畴内,这是十分必要的。在经济思想与政治讨论均涉及社会组织基本问题的现阶段,孤立地分析研究交易经济学问题本身已不再可行。这些问题只是人的行为通论的一部分而已,因此必须这样处理。

目录 CONTENTS

第四版前言 / 1

第三版前言 / 3

绪 论 / 5

第一部分 人的行为

第一章 行为人 / 3
1 有目的之行为与动物反应 …………………………… 3
2 人的行为的先决条件 ………………………………… 5
3 作为终极给定的人的行为 …………………………… 9
4 理性与非理性；行为学研究的主观主义与客观主义 … 11
5 作为行为要求的因果关系 …………………………… 14
6 第二自我 ……………………………………………… 15

第二章 人的行为科学的认识论问题 / 22
1 行为学与历史学 ……………………………………… 22
2 行为学的形式性与先验性特征 ……………………… 24
3 先验与现实 …………………………………………… 29
4 方法论个人主义原则 ………………………………… 33
5 方法论的单元论原则 ………………………………… 36

目录

    6 人的行为的个体特征与变化特征 ········· 37
    7 历史学的范畴与具体方法 ················· 38
    8 概念与理解 ························· 42
    9 论观念类型 ························· 49
    10 经济学的程序 ······················· 54
    11 行为学概念的局限性 ··················· 59

第三章 经济学以及违背理性的反动 / 61

    1 违背理性的反动 ······················ 61
    2 多元逻辑说的逻辑方面 ················· 63
    3 多元逻辑论的行为学方面 ··············· 64
    4 种族多元逻辑论 ······················ 69
    5 多元逻辑论与理解 ···················· 72
    6 理智之理由 ························· 74

第四章 对行为范畴的首次分析 / 76

    1 目的与手段 ························· 76
    2 价值尺度 ··························· 78
    3 需求尺度 ··························· 79
    4 作为交换的行为 ······················ 80

第五章 时间 / 82

    1 作为行为学因素的时间 ················· 82
    2 过去、现在与未来 ···················· 83
    3 时间的节约 ························· 85
    4 行为之间的时间关系 ··················· 85

第六章 不确定性 / 88

    1 不确定性与行为 ······················ 88

2 概率的意义 ……………………………………… 89
　　3 类别概率 ………………………………………… 90
　　4 案例概率 ………………………………………… 92
　　5 案例概率的数值评估 …………………………… 95
　　6 押注、赌博与玩游戏 …………………………… 97
　　7 行为学预测 ……………………………………… 99

第七章　人类世界里的行为 / 100
　　1 边际效用定律 …………………………………… 100
　　2 收益定律 ………………………………………… 108
　　3 作为手段的人类劳动 …………………………… 111
　　4 生产 ……………………………………………… 119

第二部分　社会框架内的行为

第八章　人类社会 / 123
　　1 人类合作 ………………………………………… 123
　　2 对整体社会观与形而上学社会观的批判 ……… 125
　　3 分工 ……………………………………………… 135
　　4 李嘉图协作定律 ………………………………… 136
　　5 分工的影响 ……………………………………… 141
　　6 社会中的个人 …………………………………… 141
　　7 伟大的社会 ……………………………………… 145
　　8 侵略与毁灭的本能 ……………………………… 146

第九章　思想的角色 / 154
　　1 人类理智 ………………………………………… 154
　　2 世界观与意识形态 ……………………………… 155
　　3 势力 ……………………………………………… 163

4 社会改良主义与进步思想 ………………………………… 167

第十章　社会内部的交流 / 169

　　　1 自闭交流与人际交流 ……………………………………… 169
　　　2 契约关系与霸权关系 ……………………………………… 170
　　　3 计算行为 …………………………………………………… 173

第三部分　经济计算

第十一章　无计算的估值 / 177

　　　1 手段的分级 ………………………………………………… 177
　　　2 价值与价格基本理论关于易货的虚构 …………………… 178
　　　3 经济计算问题 ……………………………………………… 181
　　　4 经济计算与市场 …………………………………………… 184

第十二章　经济计算层面 / 186

　　　1 货币分录的性质 …………………………………………… 186
　　　2 经济计算的极限 …………………………………………… 188
　　　3 价格的可变性 ……………………………………………… 190
　　　4 稳定 ………………………………………………………… 192
　　　5 稳定思想的根源 …………………………………………… 196

第十三章　作为行为工具的货币计算 / 200

　　　1 作为思维方法的货币计算 ………………………………… 200
　　　2 经济计算与人的行为学 …………………………………… 201

第四部分　市场社会的交易经济学或经济学

第十四章　交易经济学的研究范围与研究方法 / 205

  1　交易经济学问题之界定 …………………… 205
  2　想象性建构法 …………………………… 208
  3　纯粹的市场经济 ………………………… 209
  4　自闭经济 ………………………………… 214
  5　静止状态与均匀旋转的经济 …………… 215
  6　静态经济 ………………………………… 220
  7　交易经济学功能的整合 ………………… 221

第十五章　市场 / 226

  1　市场经济的特征 ………………………… 226
  2　资本货物与资本 ………………………… 228
  3　资本主义 ………………………………… 231
  4　消费者的主权 …………………………… 236
  5　竞争 ……………………………………… 240
  6　自由 ……………………………………… 244
  7　财富与收入的不均等 …………………… 251
  8　企业家的盈亏 …………………………… 252
  9　进步经济中的创业盈亏 ………………… 256
  10　发起人、经理、技术人员和官僚 …… 263
  11　选择过程 ……………………………… 268
  12　个人与市场 …………………………… 271
  13　商业宣传 ……………………………… 275
  14　"国民经济（Volkswirtschaft）" …… 278

第十六章　价格 / 282

  1　定价过程 ………………………………… 282
  2　估值与评估 ……………………………… 285

3 高阶商品价格 ………………………………… 287
　　4 成本会计核算 ………………………………… 292
　　5 逻辑交易经济学与数学交易经济学 ………… 300
　　6 垄断价格 ……………………………………… 306
　　7 商誉 …………………………………………… 324
　　8 需求垄断 ……………………………………… 327
　　9 受垄断价格影响之消费 ……………………… 328
　　10 卖方的价格歧视 …………………………… 331
　　11 买方的价格歧视 …………………………… 333
　　12 价格的关联性 ……………………………… 334
　　13 价格与收入 ………………………………… 335
　　14 价格与生产 ………………………………… 336
　　15 非市场价格之幻想 ………………………… 337

第十七章　间接交换 / 340

　　1 交换媒介与货币 ……………………………… 340
　　2 对一些普遍错误的观察 ……………………… 340
　　3 货币需求与货币供给 ………………………… 342
　　4 货币购买力的确定 …………………………… 348
　　5 休谟和穆勒问题与货币的驱动力 …………… 355
　　6 现金引起的和商品引起的购买力变化 ……… 357
　　7 货币计算与购买力变化 ……………………… 362
　　8 购买力预期变化之预测 ……………………… 363
　　9 货币的特定价值 ……………………………… 365
　　10 货币关系的重要性 ………………………… 367
　　11 货币替代品 ………………………………… 369
　　12 信用媒介发行的限制 ……………………… 370
　　13 现金持有之规模与构成 …………………… 382
　　14 收支平衡表 ………………………………… 384

15　地区间汇率 ·· 386
　　16　利率与货币关系 ··· 390
　　17　二级交换媒介 ·· 393
　　18　通胀主义历史观 ··· 397
　　19　金本位制 ·· 401

第十八章　时间流逝中的行为 / 408

　　1　时间周期估值视角 ······································· 408
　　2　作为行为必要条件的时间偏好 ·················· 412
　　3　资本商品 ·· 418
　　4　生产周期、等待时间与储备期 ·················· 421
　　5　资本商品之可转换性 ·································· 425
　　6　过去对行为的影响 ······································ 428
　　7　资本的积累、维持与消耗 ·························· 434
　　8　投资者的流动性 ·· 437
　　9　货币与资本；储蓄与投资 ·························· 439

第十九章　利息 / 442

　　1　利息现象 ·· 442
　　2　原始利息 ·· 443
　　3　利率水平 ·· 449
　　4　不断变化经济中的原始利息 ······················ 450
　　5　利息计算 ·· 452

第二十章　利息、信贷扩张与贸易周期 / 454

　　1　问题 ·· 454
　　2　总市场利率中的企业家成分 ······················ 455
　　3　作为总市场利率成分之一的溢价 ·············· 457
　　4　贷款市场 ·· 460

5 货币关系变化对原始利息的影响 ………………… 462
　　　6 受通胀与信贷扩张影响的总市场利率 …………… 464
　　　7 受通缩与信贷紧缩影响的总市场利率 …………… 476
　　　8 贸易周期的货币信贷或流通信贷理论 …………… 479
　　　9 受贸易周期重现影响的市场经济 ………………… 483

第二十一章　工作与工资 / 493

　　　1 内向型劳动与外向型劳动 ………………………… 493
　　　2 劳动的快乐愉悦与枯燥乏味 ……………………… 494
　　　3 工资 ………………………………………………… 498
　　　4 交易经济学意义上的失业 ………………………… 502
　　　5 毛工资率与净工资率 ……………………………… 505
　　　6 工资与生活费 ……………………………………… 506
　　　7 受劳动负效用影响之劳动力供给 ………………… 512
　　　8 受市场变化影响的工资率 ………………………… 523
　　　9 劳动力市场 ………………………………………… 524

第二十二章　非人类的原始生产要素 / 534

　　　1 关于地租理论的一般观察 ………………………… 534
　　　2 土地利用中的时间因素 …………………………… 536
　　　3 次边际土地 ………………………………………… 539
　　　4 作为容身之地的土地 ……………………………… 540
　　　5 土地价格 …………………………………………… 541

第二十三章　市场数据 / 544

　　　1 理论与数据 ………………………………………… 544
　　　2 权力的作用 ………………………………………… 545
　　　3 战争与征服的历史作用 …………………………… 547
　　　4 作为数据的真实人 ………………………………… 549

  5 调整期 …………………………………………………… 550
  6 产权限制以及外部成本与外部经济的问题 …… 552

第二十四章 利益之和谐与冲突 / 560

  1 市场盈亏的最终来源 ………………………………… 560
  2 生育限制 ……………………………………………… 563
  3 "正确理解"之利益的和谐 ………………………… 567
  4 私有财产 ……………………………………………… 569
  5 我们时代的冲突 ……………………………………… 571

第五部分 受阻碍市场经济

第二十五章 政府与市场 / 577

  1 干预 …………………………………………………… 577
  2 政府职能界定 ………………………………………… 579
  3 作为个人行为终极标准的正义 ……………………… 583
  4 自由放任的含义 ……………………………………… 588
  5 政府对消费的直接干预 ……………………………… 590

第二十六章 通过税收进行的干预 / 594

  1 中性税 ………………………………………………… 594
  2 总体税 ………………………………………………… 595
  3 税收的财政目标与非财政目标 ……………………… 596
  4 税收干预的两个类别 ………………………………… 597

第二十七章 对生产的限制 / 599

  1 限制的性质 …………………………………………… 599
  2 限制的代价 …………………………………………… 600
  3 作为特权的限制 ……………………………………… 603

　　　　　　　　4 作为经济制度的限制 ………………………………… 609

第二十八章　对物价结构的干预 / 612

　　　　　　　　1 政府与市场自治 ……………………………………… 612
　　　　　　　　2 市场对政府干预的反应 ……………………………… 615

第二十九章　货币与信贷操纵 / 622

　　　　　　　　1 政府与货币 …………………………………………… 622
　　　　　　　　2 法定货币立法之干预方面 …………………………… 624
　　　　　　　　3 现代货币操纵方法之演变 …………………………… 626
　　　　　　　　4 货币贬值的目标 ……………………………………… 628
　　　　　　　　5 信贷扩张 ……………………………………………… 632
　　　　　　　　6 外汇管制及双边外汇协定 …………………………… 638

第三十章　财富的没收与重新分配 / 641

　　　　　　　　1 没收的哲学 …………………………………………… 641
　　　　　　　　2 土地改革 ……………………………………………… 642
　　　　　　　　3 没收性税收 …………………………………………… 642

第三十一章　战争经济学 / 648

　　　　　　　　1 全面战争 ……………………………………………… 648
　　　　　　　　2 战争与市场经济 ……………………………………… 651
　　　　　　　　3 战争与自给自足 ……………………………………… 654
　　　　　　　　4 战争之负效用 ………………………………………… 656

第三十二章　福利原则与市场原则 / 658

　　　　　　　　1 反对市场经济的理由 ………………………………… 658
　　　　　　　　2 贫困 …………………………………………………… 659
　　　　　　　　3 不平等 ………………………………………………… 663

　　　　　　4 无保障 ……………………………………… 673
　　　　　　5 社会正义 ……………………………………… 674

第三十三章　干预主义危机 / 676

　　　　　　1 干预主义的收获 ……………………………………… 676
　　　　　　2 储备基金的耗尽 ……………………………………… 676
　　　　　　3 干预主义的终结 ……………………………………… 679

第六部分　经济学在社会中的地位

第三十四章　经济学之难以详述性 / 685

　　　　　　1 经济学之独特性 ……………………………………… 685
　　　　　　2 经济学与公众舆论 ……………………………………… 686
　　　　　　3 旧自由主义者之幻想 ……………………………………… 686

第三十五章　经济学在学习中的角色 / 689

　　　　　　1 经济学研究 ……………………………………… 689
　　　　　　2 作为职业的经济学 ……………………………………… 690
　　　　　　3 预测作为一个职业 ……………………………………… 692
　　　　　　4 经济学与大学 ……………………………………… 693
　　　　　　5 普通教育与经济学 ……………………………………… 696
　　　　　　6 经济学与公民 ……………………………………… 697
　　　　　　7 经济学与自由 ……………………………………… 698

第三十六章　经济学与人类存在的根本问题 / 699

　　　　　　1 科学与生活 ……………………………………… 699
　　　　　　2 经济学与价值判断 ……………………………………… 700
　　　　　　3 经济认知与人的行为 ……………………………………… 702

第一部分　人的行为

在厘清人的行为科学的认识论基础及其逻辑合法性之后，米塞斯认为经济学必须回答的主要问题就是陈述其与"人的行为的现实情况"之间存在着何种关系。对于人的行为的深入了解正是经济学研究的目标。

第一章 行为人

1 有目的之行为与动物反应

人的行为皆是有目的之行为。我们还可以这么说：行为是付诸实施并转化为中介物的意志；行为旨在实现目的与目标；行为是自我对刺激以及对其环境条件所做出的有意义的反应；行为是一个人为适应决定其生活之大千世界的状态而做出的有意识调整。这样的转述或许能够进一步澄清对"人的行为"所下的定义，并且防止可能产生的误解。但该定义本身已表述得很充分、到位，无需再补充说明或评注。

有意识或有目的的行为，跟无意识的行为形成鲜明对比。无意识的行为即身体的细胞与神经对刺激所做出的反射和不自觉反应。人们有时会认为：人体内作用力的有意识行为与这种作用力的不自觉反应之间的界限或多或少是不明确的。不过，这种想法仅在如下情形下才成立：有时我们不容易确定某一具体行为到底是自觉的还是不自觉的。但是，无论如何，意识与无意识之间的区别依然十分明显，并且可以清晰地加以界定。

身体器官与细胞的无意识行为，对于施展行为的自我而言，皆为数据，且其数据性质不亚于外部世界的任何其他事实。行为人必须考虑自己身体内发生的一切活动数据以及其他数据，如天气或邻居的态度。当然，在一定限度内，有目的之行为是有能力中和身体因素的作用的。换言之，在一定限度内对身体加以控制是可行的。有时候，人可以做到通过其意志的力量来战胜疾病，以弥补其体质先天或后天的不足，或抑制身体做出的反射作用。在这样的事情可能发生的限度内，有目的之行为的领域是可以扩展的。如果一个人本来可以控制其身体细胞和神经中枢的不自觉反应，却不去控制，那么，从我们的角度来看，他的行为就是有目的的。

经济学的研究领域是人的行为，而不是导致行为的心理活动。恰恰就是这一点，将人的行为通论也即行为学与心理学区分开来。心理学的研究主题是导致或可能导致某特定行为的内心活动。行为学的研究主题则是行为本身。这也确定了行为学与潜意识的精神分析概念之间的关系。精神分析也属于心理学范畴，但它并不研究行为，而是研究驱使一个人走向某种特定行为的力量与因素。精神分析领域的潜意识属于心理学范畴，而不属于行为学范畴。一个行为是源于清晰的思考，还是源于被遗忘的记忆和被压抑的欲望（而这些记忆与欲望可以说从人意识不到的地方引导着意志），并不影响行为的本质。一个被潜意识冲动（本我）驱使走上犯罪道路的杀人犯，以及一个其变态行为在未经训练的观察者看来似乎毫无意义的神经病患者，他们皆在施展行为；和任何其他人一样，他们也都在瞄准某些目标而施展行为。精神分析的一个优点就在于：它已证明——即使是神经病患者和精神变态者，他们的行为也是有意义的；他们也施展行为并以达到目的为目标，尽管我们这些自认为正常和理智的人将"决定他们选择目的之推理"形容为"荒谬无稽"、将"他们为达到这些目的而选择的手段"视为"与其目的南辕北辙"。

　　行为学所使用的"无意识"一词，与精神分析学所使用的"潜意识"和"无意识"，分属于两个不同的思想与研究体系。与其他知识分支一样，行为学在很大程度上同样归功于精神分析学。更有必要的是，我们要意识到区分行为学与精神分析学的界限。

　　行为并非只表示偏好。人在事情和事件不可避免或被认为不可避免的情况下，也会表示出偏好。因此相比之下，一个人可能更喜欢阳光而非雨水，还可能希望太阳会驱散乌云。只在心中许下愿望和希望的人，不会积极干预事件的进程和自己命运的塑造。行为人则会积极主动地做出选择、决定，并付诸努力争取达到某个目的。在两个事物不可兼得的情况下，他会果断取舍：选择其中一个而放弃另一个。因此，行为总是同时涉及取和舍。

　　"表达愿望与希望"以及"宣布计划的行为"，只要这种表达和宣布本身旨在实现某种目的，那么这样的表达与宣布也算是行为的形式。但是，决不能将它们与其所提及的行为混为一谈。它们与其宣布、推荐或拒绝的行为本身是两回事。行为是现实的事情。重要的是一个人的整体行为，而不是他所说的计划实施却尚未实现的行为。另一方面，行为必须跟使用劳力明确区分开来。行为是指为达到目的而使用的手段。通常，行为人的劳力是使用的手段之一。情况并非总是如此。特殊情况下，需要的只是一句话（甚至只是一个词）而已。下达命令或禁令的人，在不耗费任何劳力的情况下发号施令即可。说话或不说话，微笑或保持严肃，皆算是行为。消费与享乐是行为，节制可获得的消费与享乐同样也是行为。

因此，行为学并不区分"积极主动"或充满活力的人和"消极被动"或好逸恶劳的人。精力充沛的人勤奋劳作，为改善自己的状况而积极奋斗，其行为并不比对待事物无精打采的散漫怠惰之人来得多或来得少。因为什么事情也不做和闲散游荡虚度光阴也是行为，它们也决定着事情的进程。只要存在着人可以进行干涉的条件，那么，无论干涉还是不干涉，他都是在施展行为。一个人对某个本可以加以改变但依然忍受着的行为，不亚于为了达到另一个结果而进行干涉之人的行为。一个人，若本可以影响生理因素和本能因素的作用，但却不去影响，那么这也是一种行为。行为不仅包括做事，也包括能做但不去做。简言之，行为包括作为和不作为。

可以这么说：行为是一个人意志的表现。但是，这个说法并不会为我们的知识增添任何新东西。因为"意志"这个词的含义无非是指"人类在不同事态之间进行选择的能力"，也即"选择一种状态、搁置另一种状态，并根据'为实现所选择的状态而放弃另一种状态而做出的决定'而行事"的能力。

2 人的行为的先决条件

若一个人处于一种不导致也不会导致任何行为的状态，那么我们就将这种状态称之为"知足"或"满足"。反之行为人渴望用一种更令其满意的状态来代替不太令其满意的状态。他的内心想象着更适合他的状况，而他的行为则致力于实现这一理想状态。促使一个人施展行为的动机始终是某种不安。[1]一个人若完全安于现状，就不会有任何动力去改变现状。他既无愿望，也无欲求；他会感觉非常幸福。他将不会施展行为；他将过着无忧无虑的生活。

但是，要让一个人施展行为，仅凭不安和一个更令其满意的状态的景象还是不够的。第三个条件是必需的：这个人有这样一种期望——期望"有目的的行为"能够消除或至少减轻他感觉到的不安。若无此条件，就不可能有任何行为。人必须臣服于无法避免之事。他必须服从命运。

这些是人的行为的一般条件。人是生活在这些条件下的存在物。他不仅是智

---

[1] 参照洛克（Lock），《关于人类理解的论文》（*An Essay Concerning Human Understanding*），弗雷泽（Fraser）编辑（牛津，1894年），I，第331—333、119页。

人，而且也是行为人。一个人，若因先天或后天缺陷而无可改变地不适合施展任何行为（从该术语的严格意义上而不仅仅是从法律意义上来说），那么他实际上不算是"人"。尽管法律和生物学认为他是人，但他缺乏人性的本质特征。一个刚出生的婴儿也不算是一个行为人，因为他尚未完整经历从"人性孕育"到"人性全面发展"的旅程。但是在这一生命演进过程的最终，他将成为一个行为人。

论幸福

在口头语中，我们将一个成功达到目的人称为"幸福"的人。对他的状态更为恰当的描述是：他比以前更幸福了。然而，若将人的行为定义为"努力追求幸福"，可以说无人能够提出任何有效的反对意见。

但是，我们必须避免目前人们对这一问题的普遍误解。人之行动的最终目标始终是"满足行为人的欲望"。满足程度的高低，除个人价值判断之外，并不存在任何标准；而个人价值判断则因人而异，即便是同一个人，也因时而异。让一个人感到不安和不那么不安的事物，是由他依照"自己意志与判断之标准"、依照"他个人主观评估"而确立的。没有任何人能决定什么能够让另一个人更幸福。

确立这一点，绝不涉及"利己主义与利他主义""唯物主义与唯心主义""个人主义与集体主义""无神论与宗教"之间的对立。有些人唯一的目的就是"改善其自我的状况"。还有一些人，知道别人遭遇到的困难后感同身受，如同自己遭遇同样困难一般感受到同等甚至更高程度的不安。有些人，除了满足其物欲（也即对性交、食物、饮料、精美住房以及其他物质享受的欲望）之外，别无所求。也有人更重视通常被称为"更高级的"和"理想的"满足。有的人渴望调整自己的行为，以适应社会合作的要求；另一方面，有一些顽固执拗的人无视社会生活的规则。对有些人而言，尘世朝圣的最终目的，是为"让自己在离开尘世之后过上极乐世界的幸福生活"而做准备。还有一些人既不相信任何宗教的教义，也不允许自己的行为受其影响。

行为学并不关心行为的最终目标。其结论适用于所有类型的行为，无论行为要达到何种目的。这是一门"手段科学"而非"目的科学"。它使用了"幸福"这个术语，纯粹是从形式上的意义来讲的。在行为学的术语中，"人的唯一目的是获得幸福"这个命题属于同义反复语。对于"人期望从哪些事态中感到幸福"这个问题，它并未暗示任何相关说明。

"人的行为的动机始终是某种不安，而行为之目的也始终是尽可能地消除这种不安，即使行为人感到更幸福"，这一观念是幸福主义和快乐主义教义之精髓。伊壁鸠鲁所说的"内心宁静"（对应的希腊语单词为ταραξία，意即"内心宁静"），是一种幸福与满足的完美状态，人的一切活动皆以此为目的，但却从未完全实现过。面对这一认知的宏伟庄严，若这一派哲学的许多代表皆未能认识到"痛苦"和"快乐"这两个概念的纯粹形式特征，而是赋予它们物质与肉欲层面的意义，这依然无济于事。他律伦理的神学、神秘主义及其他学派，皆没能动摇伊壁鸠鲁主义的核心，因为它们除了反对它忽视"更高级"和"更高尚"的快乐之外，提不出任何其他反对理由。诚然，幸福主义、快乐主义与功利主义的许多早期倡导者的著作，在某些方面的确容易引起误解。但是，现代哲学家尤其现代经济学家的用词是如此精确和直截了当，以至于不可能造成任何误解。

□ 伊壁鸠鲁式的宁静

伊壁鸠鲁（公元前341—公元前270年），出生于小城萨摩斯，古希腊哲学家、无神论者，伊壁鸠鲁学派的创始人。传说伊壁鸠鲁居于他的住房和庭院内，与外部世界完全隔绝，被人称为"花园哲学家"。他认为，在一切时代里所有的人都只追求自己的快乐。

论本能与冲动

我们无法用本能社会学的方法来深化理解人的行为的根本问题。社会学的这一学派对人之行动的各种具体目标予以分类，并给每一类目标分配了一种特殊本能作为其动机。人似乎是由各种与生俱来的本能与性情所驱使的物种。人们认为：这一解释一劳永逸地摧毁了经济学与功利主义伦理学的可憎教义。然而，费尔巴哈已经公正地观察到：每一种本能无一不是追求幸福的本能。[1] 本能心理学与本能社会学，它们的方法既在于对行为的直接目标进行一种武断的分类，也在于

---

[1] 参照费尔巴哈（Ludwig A. Feuerbach），《费尔巴哈全集》（*Sämmtliche Werke*），博林和约德尔（Bolin and Jodl）编辑（斯图加特，1907年），第十册，第231页。

对每个目标皆予以本质分析。行为学称某一行为的目的是为了消除某种不安,而本能心理学则称某一行为是对某种本能冲动的满足。

本能学派的许多支持者深信:他们已经证明了——行为并不是由理性决定的,而是源于行为人丰富内心深处的内在力量、冲动、本能和性情,而这些因素是任何理性说明都无法解释的。他们确信:他们已经成功地揭露了理性主义的浅薄,并将经济学贬斥为"根据错误的心理假设得出的一堆错误结论"[1]。然而,理性主义、行为学和经济学并不研究行为的终极源泉和目标,而是研究为达到所寻求目的而采取的手段。无论一种冲动或本能从多么深不可测的内心深处涌现出来,人为了满足这种冲动或本能而选择的手段,是人在对要耗费的代价与取得成功的可能性加以理性考虑之后决定的。[2]

□ 纽伦堡的费尔巴哈纪念碑

费尔巴哈(1804—1872年),出生于德国拜恩州拜恩区的兰茨胡特,系德国旧唯物主义哲学家。他是德国古典哲学的巅峰代表,将唯物主义思想再次推上王座。因其对基督教的批判极其严厉,他的部分拥趸将其视为反教会的先锋。

在情绪冲动下施展行为的人也是在施展行为。情绪行为与其他行为之间的区别就在于对投入与产出的评估;情绪则扰乱了这种评估。相较于冷静思考时,一个人在头脑发热、激情燃烧时往往会认为某个目标更令其向往,同时也认为他为此付出的代价更轻一些。人们从未怀疑过即使在激情状态之下,手段与目的也是经过深思熟虑的,而且有可能通过"使屈服于激情冲动的代价更大"来影响这种深思熟虑的结果。相较于对其他犯罪行为的惩罚,对情绪激动或中毒状态下犯下的罪行处罚较轻,这等于是在鼓励这种放纵行为。严厉报复的威胁,并非不能阻

---

[1] 参照威廉·麦独孤(William McDougall),《社会心理学导论》(An Introduction to Social Psychology)(第14版,波士顿,1921年),第11页。
[2] 参照米塞斯,《经济学的认识论问题》(Epistemological Problems of Economics),乔治·莱斯曼(G. Reisman)译(纽约,1960年),第52页。

止人们被"看似不可抗拒之激情"所驱使。

我们解释动物行为的假设是：动物受当下的冲动所支配。当我们观察到动物进食、同居和攻击其他动物或人类时，我们谈到的是它的求生本能、繁殖本能和侵略本能。我们假设这样的本能是动物与生俱来的，并且"蛮横地"要求立即得到满足。

但说到人，情况就不是这样了。人并不是一个不能不屈服于"最迫切要求满足之冲动"的物种。人是一个能够抑制自己的本能、情绪和冲动的物种；他可以让自己的行为理性化。为了满足其他欲望，他会放弃对某种炽热冲动的满足。他并不是自身各种欲望的傀儡。一个男人并不会为每一个激起他感官欲望的女人而神魂颠倒；他不会狼吞虎咽让他垂涎的每一片食物；他也不会击倒每一个他恨不得想要杀死的人。他用某种尺度来衡量自己的愿望与欲望，然后做出选择；简而言之，他在施展行为。人与禽兽的区别，恰恰在于他能够有意识地调整自己的行为。人是有自制力的物种，能够掌控自己的冲动与欲望，而且有能力抑制本能的欲望与冲动。

人还有可能发生这样一种情形：一种冲动出现了，其程度是如此之强烈，乃至于若满足这种冲动，其可能造成的任何不利状况皆不会严重到足以阻止这个人去满足这种冲动。在这种情况下，人依然在做出选择。人选择并决定屈服于相关的欲望。[1]

3 作为终极给定的人的行为

自古以来，人们就一直渴望知道究竟何谓原动力，也即一切存在和一切变化的原因，也就是产生一切事物又成为一切事物本身之肇因的终极本因。在解答这一问题方面，科学表现得更为谦虚。科学意识到人的心灵和人对知识的探索都存在着局限性。科学旨在追溯每一种现象产生的原因。但科学意识到：这些努力必然会撞上无法逾越的南墙。有些现象，它们既无法加以分析，又无法追溯到其他现象。它们就是终极给定。科学研究的进展可能会成功地证明：以前被认为是"终极给定"的某些事物还可以被分解为若干组成部分。但是，总会有一些现象

---

[1] 在这类情况下，"有关的两种满足——因屈服于冲动而预期的满足和因避免其不良后果而预期的满足——并非同时发生"的情形起了很大的作用。

既无法进一步分解，亦无法加以分析，这些现象就是终极给定。

一元论认为只有一个终极本因，二元论认为有两个，多元论则认为有多个。为这些问题争吵不休毫无意义。这种形而上的争辩可谓没完没了。我们目前的知识水平尚无法做到——提供一个方法来解决这些问题且该方法必定会让每个理智的人都满意。

唯物主义一元论认为：人的思想与意志是身体器官、脑细胞和神经共同作用的产物。人的思想、意志和行为，这些都仅仅是由一些物质过程所引起的；总有一天，物理和化学研究方法将会对这些物质过程给予完全的解释。这同样也是一个形而上学的假设，尽管其支持者将其奉为一个不可动摇、不可否认的科学真理。

人们提出了各种学说来解释心灵与肉体之间的关系。这些学说都只是猜测而已，并无任何"已观察到的事实"作为依据。可以肯定地说，心理过程与生理过程之间是存在着某些关联的。关于这种关联的性质与作用，我们的确知之甚少。

对于具体的价值判断与明确的人的行为，我们尚无法做进一步的深入分析。我们甚至还可以假设或认为，它们绝对依赖于它们各自的原因并受其制约。但是，只要我们还没有弄清楚外在事实——物理和生理事实——是如何在人的内心（头脑）中产生明确的思想与意志并最终导致具体行为的，那么我们就不得不面对方法论二元论这一不可逾越的壁垒。就我们目前的知识而言，实证主义、一元论和泛物理主义的基本陈述，都只是无任何科学基础的形而上学假设，对于科学研究而言，既无意义，也毫无用处。理智和经验向我们展示了两个独立的领域：一个是物理、化学和生理现象所组成的外在世界，另一个是由思想、情感、价值取向和有目的的行为所构成的内在世界。就我们今天的所知所见而言，这两个世界之间尚无任何桥梁相互连接。对于同一个人而言，相同的外在事件有时会导致他做出不同的反应，而不同的外在事件有时又可能会导致他做出相同的反应。其原因何在，我们并不清楚。

面对这种情况，我们不得不对一元论与唯物主义的一些基本陈述不予置评。我们可能相信也可能不相信：总有一天，自然科学会成功地解释"确定的思想观念、价值判断和行为是如何产生的"，如同它们解释某个化合物的产生是某些元素的某种结合所导致的必然的、不可避免的结果一样。与此同时，我们不得不默认方法论二元论的说法。

人的行为是带来变化的因素之一。它是宇宙活动与变化的一个元素。因此，它是科学研究的一个合法对象。因为，至少在目前的条件下——它无法追溯到产生它的原因，我们必须将它视为一个终极给定，并且必须这样加以研究。

的确，与宇宙巨大力量作用所产生的影响相比，人的行为带来的变化可谓微不足道。从永恒和无限宇宙的角度来看，人的确只是一个无穷小的微粒而已。但对于人而言，人的行为及其沧桑巨变才是真真切切、实实在在的事情。行为是人的本性与存在的本质，是他保持生命并将自己的生命状态提升到动植物生命水平之上的手段。无论人所做出的一切努力多么短暂、易逝，对于人、对于人文科学而言，人的努力都是最为重要的。

4 理性与非理性；行为学研究的主观主义与客观主义

人的行为必然始终是理性的。因此，"理性的行为"这一术语为同义反复语，我们必须拒绝将"理性的"和"行为"搭配在一起使用。当用于形容行为的最终目的时，"理性的"和"非理性的"这两个词既不恰当，也毫无意义。行为的最终目的始终是为了满足行为人的某些欲望。因为没有任何人能够用自己的价值判断来代替其他行为人的价值判断，所以，评判他人的目的与意志无疑是徒劳的。没有任何人有资格宣称什么会让另一个人更快乐或更不满足。批评家要么告诉我们——若他处在某个人的位置，他相信他会以什么为目的；要么以专横傲慢的态度轻率地抹杀某个人的意志与愿望，并宣称这个人要具备怎样的条件才会更适合他自己——批评家本人。

若某一行为以牺牲"物质的"和有形的利益为代价，以达到"理想的"或"更高级的"满足为目的，则该行为通常会被称为"非理性的行为"。从这个意义上说，譬如，人们会说——有时表示赞同，有时表示不赞同——一个人不惜牺牲自己的生命、健康或财富来达成"更高级的"东西——比如忠于其宗教、哲学与政治信念，或忠于其国家的自由与兴盛——其行为是受到非理性考虑的驱使。然而，"追求这些更高级目的"之行为，并不比"追求人的其他目的"之行为更理性或更不理性。认为"获取基本的生活与健康必需品之欲望"比"追求其他商品或娱乐"更理性、更自然或更正当合理，这种观念是错误的。诚然，对食物与温暖的欲求是人与其他哺乳动物的常见欲望；而且通常情况下，一个缺乏食物与住所的人往往会将精力集中在对这些迫切需求的满足上，而不太会关心其他事情。求生欲、渴望保护自己生命并利用每一个机会来增强自己的生命力，这是生命的本能特征，存在于每一个活着的生物身上。然而，对于人而言，"臣服于这种欲望"并不是一种不可避免的必然。

虽然所有其他动物皆无条件地受求生欲与繁殖欲所驱使，但人甚至有能力来掌控这些冲动。他既能控制自己的性欲，亦能控制自己的求生欲。当供他维持生命的条件似乎令其无法忍受时，他甚至可以放弃自己的生命。人能够为某种原因而死去，也能够自杀。对于人而言，活着是一种选择的结果，是一种价值判断的结果。

想过富裕生活也同样如此——是一种价值判断、选择的结果。这世上有苦行僧，也有为了坚持自己信念或维护自己尊严与自尊而放弃物质利益的人，他们的存在恰好证明——追求更有形的物欲乐事并非不可避免，而是一种选择的结果。当然，绝大多数的人宁愿生而不愿死、宁愿富而不愿穷。

只将身体之生理需求的满足视为"自然的"因而是"理性的"，而将其他一切需求的满足视为"人为的"因而是"非理性的"——这是一种非常武断的观念。人不仅像所有其他动物一样寻求食物、住所和共同居住伴侣，而且还寻求其他类型的满足，这是人性的特征。人有着人所特有的欲望与需求，相较于人与其他哺乳动物所共有的欲求，我们可以称之为"更高级的"欲求。[1]

当用于形容"为达到目的而选择的手段"时，"理性的"和"非理性的"这两个术语表示对所采用之程序的适宜性与充分性所做的判断。批评家赞成或不赞成某一手段，是从"该方法是否最适合达成要实现的目的"这个角度来加以判定。事实是：智者千虑必有一失，人在选择和运用手段时经常出错。一个行为，若并不适合行为人要寻求的目的，则该行为不会达到预期。它与目的背道而驰，但它是理性的，也即它是合理（尽管是错误的）考虑的结果，而且它是试图（尽管是无效企图）实现某一明确目标的结果。一百年前的医生采用被我们当代医生排斥的某些方法来治疗癌症，而从现代病理学角度来看，这些百年前的医生可谓专业知识浅陋、错误百出，也因此是医术低下，毫无妙手回春之术。但百年前的他们并非是在不理智地施展行动；他们是在（而且已经）竭尽全力。很可能在一百年后，更多的医生会有更为有效的方法来治疗这种疾病。百年之后的他们，将会比我们当今的医生更有效率，但不会比当今医生更加理性。

行为的对立面，并不是"非理性的行为"，而是身体器官与本能对刺激做出的被动反应，而这种反应是不能被相关行为人的意志所控制的。在一定条件下，

---

[1] 关于工资铁律所涉及的错误和关于对马尔萨斯理论的误解，后文有详述。

人对同一刺激做出反应，可以兼具被动反应和主动行为二者。如果一个人吸入了一种毒素，他身体的相关器官会通过建立解毒防御力量来做出反应；此外，身体的行为还可能通过采取抗毒措施来干预。

关于理性和非理性这一对立所涉及的问题，自然科学与社会科学之间不存在任何差异。科学始终是，而且必须是理性的。它是一种努力，旨在通过对所有可用知识的整体加以系统性编排，从而获得对宇宙现象的理解。然而，正如上文已指出的，通过将事物分解成其构成要素来加以分析，迟早必然会达到一个无法再继续解析的点。人的头脑甚至不能设想有一种知识不受限于某一终极给定，而该终极给定无法更进一步加以解析和剖析。将我们的思想推进到这一点的科学方法是完全理性的。终极给定可能被称为"非理性的事实"。

现在流行对社会科学因其纯粹理性而吹毛求疵。对经济学提出的最为普遍的反对意见就是：它忽略了生活与现实的非理性，并试图将种类无限的现象套入枯燥的理性方案和毫无生气的抽象概念中。再没有比这更荒谬的指责了。正如任何其他的知识分支一样，经济学也是在尽可能地用理性的方法去发展。然后，直到它止步于确立这样一个事实：它面临着一个终极给定，也即一种现象，而该现象无法——至少在我们目前的知识框架下——进一步加以解构分析。[1]

行为学与经济学的教义对于人的每一种行为均是有效的，无论其背后的动机、原因和目的是什么。任何一种科学探究皆涉及"终极的价值判断"和"人的行为的终极目的"；而对于这些终极判断和终极目的，我们无法再作进一步的解

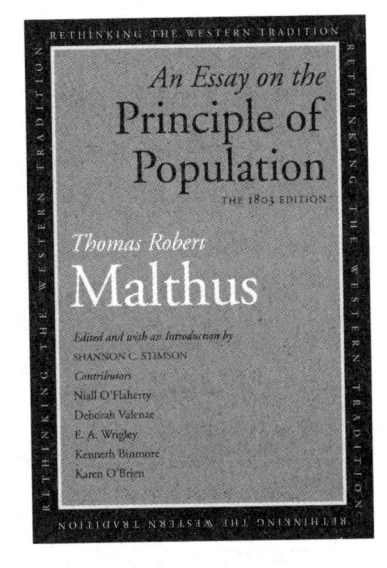

□ 人口学家马尔萨斯的《人口论》

托马斯·罗伯特·马尔萨斯（1766—1834年），出生于英格兰的一个土地贵族家庭，英国教士、人口学家、政治经济学家，以其人口理论闻名于世，著有《人口论》《地租的性质和增长及其调节原则的研究》等。马尔萨斯曾作出一个著名的预言：人口的增加是几何级数的，而生活资料的增加是算术级数的，这将造成人口过剩，从而出现饥饿、贫困和失业等现象。但由于科学技术和生产力水平的大幅进步，大规模的人口增长并未造成马尔萨斯所预言的灾难，于是有人称他是失败的咒语者。

---

[1] 稍后我们将看到实证社会科学是如何处理终极给定的。

构分析。行为学研究的是为达到这种终极目的而选择的方法与手段。简言之，行为学的研究对象就是"手段"，而不是"目的"。

在这个意义上，我们说的是人的行为通论的主观论。它将行为人所选择的"最终目的"作为数据，它对它们保持完全的中立，且避免传递任何价值判断。它所适用的唯一标准就是"所选择的手段是否适合实现要达到的目的"。如果幸福主义讨论的是"快乐"，如果功利主义和经济学讨论的是"功利"，那么，我们就必须以主观论的方式将这些术语解释为"行为人所追求的东西"，因为在行为人看来，这是值得追求的东西。正是在这种形式主义中，幸福主义、享乐主义和功利主义之现代意义的进步跟旧有的物质意义相对立，而现代主观主义价值论的进步则跟古典政治经济学所阐述的客观主义价值论相对立。与此同时，我们科学的客观性也正在于这种主观主义论。因为它是主观主义的，将行为人的价值判断作为终极数据，且该终极数据不接受任何进一步的批判性审查，它本身高于所有党派之争，它对教条主义与伦理学说所有流派之间的纷争漠不关心，它既没有评价，也没有先入为主的观念与判断，它是普遍有效的，而且绝对地、显而易见地符合人性。

5 作为行为要求的因果关系

人之所以施展行为，是因为他有能力发现"决定宇宙中事物变化和形成的"因果关系。行为要求具备并预设因果关系的范畴。只有根据因果关系来观察世界的人，才适合施展行为。从这个意义上来讲，我们可以说：因果关系是一个行为的范畴。"手段和目的"这一范畴预设了"原因与结果"这一范畴。在一个没有因果关系与现象规律性的世界里，就不存在"人之推理"和"人的行为"的领域。这样的世界将是一片混乱，人将会不知所措，找不到任何方向。人甚至无法想象如此混乱的宇宙会是什么样的状况。

无论何时何地，一个人若不清楚任何因果关系，他就无法施展行为。这句话若反过来说，则不成立。一个人即使知道其中的因果关系，但若他不能对原因施加影响，那么他依然不能施展行为。

因果关系研究的原型是这样的：我必须从何处以及如何加以干预，才能将事件的进程从"在我不加以干预的情形下"原本会发展的方向转到更符合我意愿的方向？从这个意义上，人提出了这样一个问题：何人或何物在事物的根底处发挥作用？他试图寻找其中的规律性与"法则"，因为他想加以干预。直到后来，这种探究才被形而上学更广泛地解释为"对物种与存在之终极原因的探索"。需要几个世纪的时间，才能将这些夸张而奢侈的想法再次带回到一个更为谦和的问题上，即为了达到这个或那个目的，一个人必须从何处加以干预或者是否能够加以干预？

由于一些杰出物理学家带来的困惑，过去数十年间对因果关系问题的处理一直不尽如人意。我们可能希望——哲学史上这一令人不那么愉快的篇章将成为对未来哲学家的一个警示。

有些变化为何发生，其原因至少目前我们尚不清楚。

有时我们成功地获得了部分知识，以至于我们能够说：在所有情形中，有70%的情形是A导致B，而在其余情形下A导致C，甚至导致D、E、F等等。为了能够用更为精确的信息来代替这些零碎的信息，有必要将A分解为构成它的元素。只要我们尚未做到这一点，我们就必须默认所谓的"统计规律"。但这并不影响因果关系在行为学上的意义。在某些领域的完全或部分无知，并不能摧毁因果关系这一范畴。

因果关系与不完全归纳法，其在哲学、认识论和形而上学方面的诸多问题已超出了行为学的范围。我们必须简单地确立这样一个事实：一个人，若要施展行为，必须首先知道事件、过程或事态之间的因果关系。而且，只有当他知道这种关系时，他的行为才有可能达到他要追求的目的。我们充分意识到，在断言这一点时，我们是在来回兜圈子。因为我们已然正确感知某种因果关系的证据仅仅是由这样一个事实提供的：这一知识所指导的行为导致了预期的结果。但我们无法避免这种恶性循环的证据，恰恰是因为——因果关系是一个行为范畴。而且正因为它是这样一个范畴，所以行为学不得不对哲学的这一基本问题给予适当关注。

6 第二自我

若我们准备从最广泛的意义上来解释"因果关系"这个词语，则我们可将目的论称之为"因果探究的一个变种"。最终原因是所有原因中的首要原因。一个事件的起因被看作是针对某个目的之行为或准行为。

无论是原始人还是婴儿，以一种天真的、将万事万物拟人化的态度，想当然地认为"每一个变化和事件都是一个存在体以跟他们自己相同的方式施展行为的结果"。他们相信：动物、植物、山脉、河流和泉水，乃至石头与天体，都跟他们自己一样，是有感觉的、有意志的、有行为的存在体。只是到了文化发展的后期，人才会放弃这些万物有灵论的思想，转而用机械论的世界观取而代之。机械论被证明是一套如此令人满意的行为原则，以至于人们最终相信它能够解决思想与科学研究方面的所有问题。唯物主义和泛物理主义皆宣称：机械论是所有知识的精髓，而自然科学的实验方法与数学方法是唯一的科学思维方式。一切变化都要理解为"受力学定律支配的运动"。

机械论的拥护者并不关心因果关系与不完全归纳法原则在逻辑依据与认识论依据方面尚未解决的诸多问题。在他们看来，这些原则皆是健全的，因为它们的确奏效。他们说，有一个事实证明了现代自然科学之方法与发现的健全性，而这个事实就是——实验室里的实验获得了理论所预测的结果，而且工厂里的机器以技术所预测的方式运转着。就算科学不能给我们真理——而谁又知道真理到底意味着什么呢？——无论如何，有一点确凿无疑：科学能够引领我们迈向成功。

也正是在我们接受这一务实的观点时，泛物理主义教条的空虚才变得突兀起来。如上文所述，科学尚未成功解决身心关系的问题。泛物理主义者当然不能争辩说他们推荐的程序在人际关系与社会科学领域已然奏效过。但是，毫无疑问，有一条原则已证明其在世俗生活与科学研究中的有用性，这个原则就是："自我"在跟人打交道时，都将别人也视作一个像自己一样进行思考和施展行为的人。不可否认，它的确奏效。

毫无疑问，"将别人看作是像我——'自我'——那样进行思考和施展行为的存在体"，这一做法的确取得了良好的结果；另一方面，"要求以对待自然科学之研究对象的同样方式来对待它们"，针对这样的假设，要想获得类似上述的务实验证，其前景似乎渺茫。在理解他人行为方面所提出的认识论问题，其复杂程度并不亚于因果关系与不完全归纳法。可以承认："我的逻辑就是所有其他人的逻辑，而且绝对是唯一的人类逻辑"，"我的行为之范畴就是所有其他人的行为之范畴，而且绝对是所有人类行为之范畴"，针对这些命题，是无法提供确凿证据的。然而，实用主义者必须记住，这些命题在实践和科学中都是奏效的；而且，实证主义者不能忽视这样一个事实，即在对待别人时，他首先就默认、隐含地预设了逻辑的主体间有效性，从而预设了另一个自我的思想与行为领域的现实，预设他具有杰出的人性。[1]

---

〔1〕参照阿尔弗雷德·舒茨（Alfred Schütz）《社会世界的意义构成》（*Der sinnhafte Aufbau der sozialen Welt*）（维也纳，1932年），第18页。

思考和行为，这是人所特有的特征。人之所以为"人"而超越动物学意义上的物种——"智人"，正是因为人具有这些特征。进行思考与施展行为之间的关系，这并不属于行为学的范畴。对于行为学而言，只要确立这一事实就够了：只有一种逻辑是人心可以理解的，只有一种行为模式是符合人性且是人心可以理解的。是否有或在某个地方是否可能有"以不同于人的方式进行思考和施展行为的其他生物"——超人或类人，这个问题超出了人类思维的范围。我们必须将我们的研究工作的方向限定在"研究人的行为"上。

这种与人之思想密不可分的人的行为受到逻辑必然性的制约。人心不可能设想出与我们心灵之逻辑结构不一致的逻辑关系。人心不可能设想出这样一种行为模式——其范畴不同于决定我们自己行为的范畴。

对人而言，只有两种原理可用于对现实的理解，这两种原理就是目的论和因果关系。凡是不能归入这两个范畴的东西，人心是绝对无法理解的。一个事件，若上述这两种原理中任何一种原理都无法对其作出解释，则该事件对于人而言，既不可思议，也堪称神秘。变化可以理解为——要么是"机械论因果关系"作用的结果，要么是"有目的之行为"作用的结果；除此以外，对于人心而言，不存在第三种解释。[1] 诚如上文已提及的，目的论可以被视为"因果关系的一个变种"。但是，这一事实的确立并没有取消这两个范畴之间的本质区别。

泛机械论的世界观致力于一种方法论上的一元论；它只承认"机械论因果关系"，因为它将任何认知价值或至少比目的论更高的认知价值单独归于"机械论因果关系"范畴。这就是一种形而上的迷信。由于人之理智的局限性，两种认知原理——因果关系和目的论——皆不完善，皆没有传达终极知识。因果关系导致无限倒溯，而这样的无限倒溯，理智永远不会穷尽。一旦有人提出"到底是什么推动着原动力呢"这一问题，目的论就会捉襟见肘。这两种方法皆未给出一个无法再进一步分析，也无法解释的终极给定。推理和科学探究永远不会给人带来完全的安心、无可置疑的确定性以及对一切事物的完美认知。一个人若要寻求这一境界，恐怕只能寄托于一种信仰，并通过信奉一种信条或一种形而上的教义来求得心安理得。

---

[1] 参照卡雷尔·恩格利斯（Karel Englis）《将通灵术解释成实证认知的形式》（*Begründung der Teleologie als Form des empirischen Erkennens*）（布伦，1930年），第15页。

若我们不超越理智与经验的领域，我们就不得不承认——我们的人类同胞在施展行为。我们不能为了一时流行的成见和某一武断的意见而无视这一事实。日常经验不仅证明了"正是因果关系范畴提供了研究我们非人类环境条件的唯一合适方法"，而且同样也令人信服地证明了"我们的人类同胞也像我们自己一样都是行为人"。为了理解行为，只有一种解释和分析方案可用，即由对我们自己的有目的行为进行的认知与分析所提供的方案。

"研究和分析他人行为"的问题，与"灵魂或不朽灵魂之存在"的问题，二者之间毫无关联。就经验主义、行为主义和实证主义反对任何种类的灵魂理论而言，它们对我们的问题毫无益处。我们必须处理的问题是：假若我们拒绝将人的行为理解为"旨在达到明确目的之有意义、有目的的行为"，那么是否有可能从心智上理解人的行为。行为主义和实证主义，二者皆试图将经验自然科学的方法应用到人的行为的现实中。它们将其解释为"（人）对刺激的反应"。但是，这些刺激本身并不能用自然科学的方法来描述。每一次对这些刺激加以描述的尝试，均必须涉及行为人赋予它们的意义。我们可以将"提供一件商品以供出售"称作一个"刺激"。但是，若不考虑行为方对这种情况所赋予的含义，就无法描述这种要约的本质以及它与其他要约的区别。任何诡辩皆无法掩盖这样一个事实，即人是被"为达到某些目的之意图"所驱使的。这种有目的的行为——也即行为——正是我们这门科学的主题。假若我们忽视了行为人给这种情况也即给定事态所赋予的意义，以及给他自己在这种情况下的行为所赋予的意义，那么，我们就无法接近我们的主题。

物理学家并不适合去探究终极原因，因为没有任何迹象表明——作为物理学研究主题的事件会被解释为一个存在体的行为的结果，而其行为旨在以人的方式来达到目的。行为学家若忽视行为人的意志与意图的作用，也不合适；毫无疑问，行为人的意志与意图皆是给定事实。假若他忽视它，那么他对人的行为的研究也会随之戛然而止。很多时候——但并非总是如此——有关事件既可以从行为学的角度，也可以从自然科学的角度来加以研究。但是，若一个人从物理和化学的角度来研究枪炮发射，那么显然他就不是一位行为学家了。因其忽略了"人的有目的行为"这门科学旨在阐明的那些问题。

论本能之有用性

事实上，仅有两种途径可用于关于人的研究，这两种途径就是因果关系和目的论,而诸多涉及"本能的有用性"而提出的问题则为这一事实提供了佐证。有些类型的行为,一方面不能用自然科学的因果法来进行彻底的解释,但另一方面又不能被视为"人的有目的行为"。为了理解这样的行为,我们不得不采取一种权宜之计。我们将其视为具有"准行为"的性质;我们提到"有用的本能"。

我们观察到两件事情:第一,一个活的生物体天生就倾向于按照某一规律对某一刺激做出反应;第二,这种行为有利于加强或保持该生物体的生命力。若我们能够将这类行为解释为"有目的地意图达到某些目的而产生的结果",则我们会将它称之为"行为",并根据行为学的目的论方法对它加以研究。但是,由于我们没有发现这种行为背后"有意识"的痕迹,我们假设一个未知的因素——我们称之为"本能"——是工具性的。我们说,这种本能指导着"准目的性"的动物行为以及人的肌肉与神经的无意识但有用的反应。然而,我们将这种行为中无法解释的因素作为一种力量而具体化,并将其称之为"本能",这一事实本身并没有扩展我们的知识。我们绝不能忘记,本能这个词只不过是一个界标而已,它表明,若超过该界限,则我们无法——至少到目前为止——进行我们的科学审查。

生物学已成功发现了一种"自然的"也即"机械的"解释,其解释了许多早期归因于本能作用的过程。尽管如此,仍有许多其他因素存在,不能解释为对机械或化学刺激所做出的机械或化学反应。动物表现出的态度是无法理解的,除非通过"一个指导因素在起作用"这样一个假设来理解。

行为主义企图用动物心理学的方法从外部研究人的行为的目的无疑是虚无缥缈的空中楼阁。只要动物行为超越了呼吸和新陈代谢等单纯的生理过程,就只能借助于行为学所开发的意义概念来研究。行为主义者用人类对"目的"和"意义"的观念来对待其研究对象。他无意中将"有用性"和"邪恶性"的人类概念应用到其研究的主题上。他欺骗自己,绝口不提"意识"和"旨在达到的目的"。事实上,他的内心却在四处寻找"目的",并用一种关于"有用性"的混乱观念来衡量每一种态度。人类行为科学——只要它不是生理学——不能绝口不提的"意义"和"目的"。它不能从动物心理学和对新生婴儿无意识反应的观察中学到任何东西。相反,正是动物心理学和婴儿心理学这两门学问不能放弃人的行为科学所提供的帮助。若无"行为学的范畴",我们将无法想象和理解动物与婴儿的行为。

对动物本能行为的观察使人深感惊讶,并提出了无人能够满意回答的问

□ 无机宇宙

无机宇宙是如何孕育出有机生物的？生物又是怎么开始遗传的？为什么生命的产生需要水？寻索无机宇宙的历史、生命的终极奥秘，犹如在戈壁滩上修筑出通天塔。

题。然而，"人能够进行思考和施展行为""在无机宇宙中，物理学所描述的功能对应关系占了上风"，以及"在有机宇宙中，发生着各种生物过程"，相比这三个事实，"动物甚至植物以一种'准目的性'的方式做出反应"这一事实既不更加神奇，但也毫不逊色。它是我们"不断探索的心灵"的终极给定，从这个意义上说，这一切皆不可思议。

这样的终极给定，也是我们所说的"动物本能"。正如"运动""力""生命"和"意识"的概念一样，"本能"的概念也只是一个表示"终极给定"的术语而已。可以肯定的是，它既没有"解释"任何东西，也没有指出"原因"或"终极原因"。[1]

绝对目的

为了避免对行为学范畴产生任何可能的误解，强调一个真理似乎是有利的。

与人的行为的历史科学一样，行为学研究的是"有目的的人的行为"。若它提及"目的"，则其所指的就是"行为人意图达到的目的"。若它说到"意义"，则其指的是"行为人对他们的行为所赋予的意义"。

行为学和历史学皆是人的思维的表现形式，但也因此而受到凡人智力的制约。行为学和历史学，二者并不假装知悉关于如下三个方面的任何事情："绝对和客观思想之意图""事件发生发展过程和历史演变过程中固有的客观意义"以及"上帝或大自然或世界魂（Weltgeist）或昭昭天命在指导宇宙和人类事务方面

---

[1] "生命是我们无法理解的首要原因，正如所有的首要原因一样，实验科学无需关注它。"克劳德·伯纳德（Claude Bernard），《实验科学法则》（*Law Science expérimentale*）（巴黎，1878年），第137页。

试图实现的计划"。它们与所谓的"历史哲学"毫无共同之处。他们并不像黑格尔（G. W. F. Hegel）、孔德（Auguste Comte）及许多其他作家的著作那样声称"揭示了关于人生与历史的真实、客观、绝对意义的信息"[1]。

植物人

一些哲学建议人们将"彻底放弃任何行为"作为行为的终极目的。它们将"生命"视为"充满痛苦、苦难和苦恼的绝对邪恶"，并不容置疑地否认"人的任何有目的性的努力皆能使生活变得可以忍受"。只有意识、意志和生命完全消失，才能获得快乐。通往极乐世界之幸福和救赎的唯一途径，就是像植物一样变得完全被动、冷漠和惰性。至善就是"对思考与行为的放弃"。

□ 叔本华的代表作《作为意志和表象的世界》

阿图尔·叔本华（1788—1860年），出生于但泽（今波兰格但斯克）的一个富商家庭，德国哲学家，唯意志论的创始人和主要代表之一，代表作品有《作为意志和表象的世界》《附录与补遗》。叔本华说过，"人可以做他想做的，但是不能要他所想要的"。

这正是印度各种哲学尤其佛教教义和叔本华教义之精髓。对于这些教义，行为学并不作任何评论。行为学对所有的价值判断以及最终目的之选择一概保持中立。行为学的任务既非赞同，亦非不赞同"是什么"，而是描述"是什么"。

行为学的主题是人的行为。它的研究对象是行为人，而不是被改造成植物、沦为植物人的人。

---

[1]关于历史哲学，参照米塞斯《理论与历史》（*Theory and History*）（纽黑文，1957年），第159页。

第二章　人的行为科学的认识论问题

1　行为学与历史学

人的行为科学有如下两个主要分支：行为学与历史学。历史学是对与人的行为有关之所有经验数据资料的广泛收集与系统梳理。历史学涉及人的行为的具体内容。历史学的研究对象为：人类在其无限多重性与多样性方面所做出的全部努力，以及所有个人行为及其偶然、特殊和特定的含义。对于指导人的行为的思想理念以及人的行为的结果，历史学均进行着细致入微的观察。历史学涵盖人类活动的方方面面。一方面，从广义角度看，历史学是一部人类通史；而另一方面，从狭义角度看，历史学又是人类各细分领域的历史。这些细分领域的历史包括：人类政治与军事行动史，人类思想与哲学史，人类经济活动史，科技史，文学、艺术与科学史，宗教信仰史，风俗习惯史，以及人类生活许多其他领域的历史。此外，我们有民族学和人类学，只要它们不是生物学的组成部分；我们还有心理学，只要它既非生理学，也非认识论或哲学。当然，我们还有语言学，只要它既非逻辑学，亦非发音生理学。[1] 所有细分领域的历史学，其主题皆为过去。它们无法教会我们对所有人的行为均有效、放之四海而皆准的任何东西，也无法教会我们对未来依然有效、一劳永逸的任何东西。研究历史会使人变得睿智和明智。然而其本身并不能提供可用于处理具体任务的任何知识与技能。

---

〔1〕经济史、描述性经济学和经济统计学，这些无一例外皆为历史学。社会学这个词有两种含义不同的用法。描述性社会学的研究对象为描述性经济学未观察到的人的行为的历史现象；在一定程度上，其与民族学和人类学所主张的领域重叠。另一方面，一般社会学从一种相较其他史学分支更接近普遍的角度来研究历史经验。譬如，史学本身的研究对象是人或特定的地理区域。马克斯·韦伯（Max Weber）在其主要论著《经济与社会》（*Wirtschaft und Gesellschaft*，德国图宾根，1922年）第513—600页中，从总体上对城镇进行了论述，也即不受任何历史时期、地理区域或个人、国家、种族和文明的限制，对城镇的整个历史经验进行了研究分析。

自然科学同样也研究分析过去发生的事件。每一种经验无一不是对已然逝去事物的体验；根本不存在对未来发生的事情的体验。自然科学取得所有成功所依靠的唯一经验就是"可孤立观察变化之单个元素的实验"之经验。通过此种方式所积累的事实可用于归纳法，而归纳法是一种特殊的推理程序，它提供了证明其权宜之计的实用证据，尽管其业已令人满意的认识论特征依然是一个未解之题。

人的行为科学必须研究分析的经验，始终都是复杂现象的经验。针对"人的行为"，不可能进行任何实验室实验。我们永远无法做到——只观察一个元素发生的变化，而事件的所有其他条件均保持不变。历史经验，作为一种复杂现象的经验，其向我们提供的事实，并非"自然科学使用这一术语来表示经实验检验的孤立事件"这个意义上的事实。历史经验所传递的信息不能作为构建理论和预测未来事件的"建筑材料"。对于每一个历史经验，可能存在着各式各样的不同解释，而且事实上，人们对其的确有着不同的诠释。

因此，实证主义的假设和形而上学的类似流派皆是虚幻的。我们无法按照物理学和其他自然科学的模式来改革人的行为科学。我们没有办法建立关于"人的行为和社会事件"的后验理论。自然科学在实验室实验的基础上接受或拒绝某一假设，而历史不能以这种方式来证明或否定任何一般性陈述。要对某个一般命题在其领域进行实验以证实或证伪皆是不可能的。

各种因果链交织在一起，其产生的复杂现象无法用来检验任何理论。相反，这种现象只有通过以前从其他来源发展而来的理论进行解释才能理解。对于自然现象而言，对一个事件的解释不得与业已经实验充分验证的理论相矛盾。若是历史事件，则没有这种限制。评论家可以自由地采用相当武断的解释。在有东西可以解释的地方，人心从来不会凭空捏造出一些"缺乏任何逻辑理由"的假想理论。

在人类历史领域，行为学提供了一个类似于经实验检验的理论对于"解释和阐明个别物理、化学和生理事件"的尝试所设置的限制。行为学是一门理论性和系统性的科学，而不是一门历史科学。其研究范围是人的行为本身，而不考虑具体行为的所有环境、偶然和个人情形。其认知纯粹是形式上的、一般性的，而没有参考实际案例的物质内容与具体特征。它旨在获取对所有情形皆有效的知识，而这些情形下的条件与其假设与推论中所隐含的条件完全一致。其陈述与主张并非来自经验。正如逻辑与数学的陈述与主张一样，行为学的陈述与主张也都是先验性的。它们不会根据经验与事实而被证实或证伪。它们在逻辑和时间上均先于对历史事实的任何理解。若要对历史事件有任何知识性的掌握，它们是一个必要条件。若没有它们，那么在事件的进程中，除了万花筒般的变化和一团乱麻的混乱之外，我们将什么都看不到。

2 行为学的形式性与先验性特征

当代哲学有一种流行趋势，即否认任何先验知识的存在。有人认为，人类所有的知识皆来自经验。这种态度很容易被理解为对"神学之奢侈"和"虚假的历史哲学和自然哲学"的过度反应。形而上学家渴望通过直觉发现道德戒律、历史进化之意义、灵魂与物质之属性，以及支配物理、化学和生理事件之规律。他们反复无常的推测显示出对实事求是知识的漠视。他们深信：不用参考经验，理智就可以解释一切事物并且回答一切问题。

现代自然科学的成功要归功于观察与实验的方法。毫无疑问，经验主义与实用主义皆是正确的，因为它们只是描述了自然科学的程序而已。同样可以肯定的是——它们试图拒绝任何一种先验知识，并且将逻辑学、数学和实践学定性为经验和实验学科，或者定性为仅仅是同义反复——这就完全错了。

关于实践学，哲学家们的错误是由于他们对经济学的完全无知[1]，而且常常是由于他们的历史知识匮乏得惊人。在哲学家看来，处理哲学问题是一项崇高、高尚的职业，不能与其他有收益的低层次工作等量齐观。教授憎恶他从哲学思考中获得收入的事实；一想到他像工匠和农场工人一样挣钱，他就生气。货币问题是卑鄙之事，而研究真理与绝对永恒价值之杰出问题的哲学家，不应该通过关注经济学问题来玷污自己的心灵。

"是否存在或不存在思维的先验要素——在任何实际的概念与经验之前，思维的必要和不可避免的智力条件"的问题，绝不能与"人如何获得其特有的人之智力"的遗传问题相混淆。人类正是"缺乏这种能力的非人祖先"的后代。这些祖先被赋予了某种潜能，在漫长的进化过程中，这些潜能将他们转化为理性的存在体。这种转变是通过不断变化的宇宙环境对后代所产生的影响而实现的。因此

---

[1]几乎没有哪位哲学家比柏格森（H. Bergson）更熟悉当代知识的各个分支。然而，在其最后一部重要著作中，一个不经意的评论清楚地证明了——柏格森对现代价值与交换理论之基本定理是完全无知的。说到交换，他说："要做到这一点，就必须扪心自问，这两件交换的物品是否具有相同的价值，即是否可以交换相同的第三件物品。"[《道德与宗教的两个来源》（*Les Deux Sources de law morale et de la religion*，巴黎，1932年，第68页）]

经验主义者得出结论：推理的基本原则是经验的结果，而且代表着人对环境条件的适应。

当这个想法被持续遵循时，会导致进一步的结论，即在我们的前人类祖先和智人之间，存在着不同的过渡阶段。有些存在体，尽管尚不具备人类的理性能力，但却被赋予了一些推理的基本要素。这些存在体的心灵还算不上逻辑性的心灵，而是一个"前逻辑"，是不完全的逻辑性心灵。他们杂乱无章且有缺陷的逻辑功能从前逻辑状态一步步向逻辑状态演变发展。理性、智力和逻辑，皆是历史现象。逻辑有其历史，正如技术亦有其历史一样。没有任何东西表明——我们所知道的逻辑是智力进化的最后阶段。人类逻辑是介于"前人类非逻辑"和"超人类逻辑"之间的一个历史阶段。理性与心灵，是人类在其生存斗争中最有效的装备，二者均根植于不断流动的动物学事件中。二者既非"永恒的"，亦非"一成不变的"。它们是短暂的。

□ 从猿到晚期智人

智人是由直立人进化而来的，其脑容量更大。现代人和智人属于同一物种。发达与复杂化的大脑有利于群居生活，而群居生活有利于以协作方式获取猎物、采集食物和交流信息等，因此智人在生存竞争中比同时期的尼安德特人占有优势。上图为从猿到晚期智人的演变过程。

此外，毫无疑问，每个人在他的个人进化中不仅重复了从"简单细胞"到"高度复杂的哺乳动物有机体"的生理蜕变，而且同样重复了从"纯粹的植物性和动物性存在"到"理性思维"的精神蜕变。这种转变并不是在胚胎的产前生命中完成的，而是在新生儿一步步觉醒人类意识之后才完成的。因此，每个人在其年轻的时候，从黑暗的深处开始，经历着心灵的逻辑结构的各种不同状态。

这方面还有动物界的例子。我们充分意识到，在"我们的理性"与"他们大脑和神经的反应过程"之间，存在着不可逾越的鸿沟。但与此同时，我们又预见到，各种力量正在它们之中拼命挣扎，向着理性之光前进。它们就像囚犯一样，渴望从永恒的黑暗和不可避免的自动反应中挣脱出来。我们对它们是有感觉的，因为我们自己也处于类似的境地：徒劳地反抗我们智力器官的限制，徒劳地追求无法达到的完美认知。

先验问题则性质不同。它并不处理"意识与理性是如何产生"的问题。它指的是人类思维之逻辑结构的本质与必要特征。

□ 《时代》周刊封面上的弗洛伊德像

西格蒙德·弗洛伊德（1856—1939年），出生于奥匈帝国摩拉维亚省弗赖堡镇的一个犹太家庭，奥地利精神病医师、心理学家、精神分析学派创始人。他开创了潜意识研究的新领域，促进了动力心理学、人格心理学和变态心理学的发展，奠定了现代医学模式的新基础，为20世纪西方人文学科提供了重要理论支柱。

基本的逻辑关系并不需要证明或反证。试图证明它们的每一次尝试，均必须以它们的有效性为前提。向一个不会因为自己的存在而拥有它们的人解释它们，是不可能的事情。试图根据定义规则来定义它们，这样的努力也必然是徒劳的。它们是先于任何名义定义或实际定义的首要命题。它们属于无法分析的终极范畴。人心完全不能想象与它们不一致的逻辑范畴。无论它们在超人看来如何，它们对人类而言都是不可避免和绝对必要的。它们是感知、统觉和经验不可或缺的先决条件。

它们同样是记忆不可或缺的先决条件。在自然科学中有一种趋势——将记忆描述为一种更普遍现象的实例。每一个活着的生物皆保存着早期刺激的影响，而无机物的现状是由其过去受到的所有影响的作用而形成的。宇宙的现状是其过去的产物。因此，在一个宽松的隐喻意义上，我们可以说，我们地球的地质结构保存了所有早期宇宙变化的记忆，而一个人的身体则是其祖先以及自身命运与变迁的沉淀。但是，跟宇宙进化的结构统一性与连续性相比，记忆则完全不同。这是一种意识现象，并因此受到逻辑的先验制约。令心理学家感到困惑的是，从人类作为胚胎和哺乳动物存在的时候起，他们就什么都不记得了。弗洛伊德（Sigmund Freud）试图解释这种回忆缺失是由"抑制不希望的回忆"引起的。事实是，无意识状态没有什么是值得记住的。动物对生理刺激的自动反应和无意识反应，既不适合胚胎和哺乳动物，也不适合成年人作为记忆材料。只有有意识的状态才能被记住。

人心并不是一块白板，相反，外部事件在这块白板上书写着自己的历史。它配备了一套掌握现实的工具。人类在从变形虫进化到现在状态的过程中，获得了这些工具，即他心灵的逻辑结构。但这些工具在逻辑上先于任何经验。

人不仅仅是一种完全受"不可避免地决定其生活环境之刺激"影响的动物。他还是一个行为人。行为的范畴在逻辑上先于任何具体行为。

人类没有创造力去想象与"基本逻辑关系"以及"因果关系和目的论原则"不一致的范畴，这一事实赋予我们所谓的"方法论先验论"。

每个人在其日常行为中一次又一次地反复证明了思想与行动范畴的不变性与普遍性。"向他人讲话""想告知并说服他人""提出问题并回答他人问题"的人，只能以这种方式前进，因为他能求助于所有人共有的东西——即人类理性的逻辑结构。A可能同时是非A，或者"更喜欢A而不是B"可能同时也是"更喜欢B而不是A"——这种想法对人之思维而言既不可思议，也非常荒谬。我们无法理解任何形式的前逻辑或元逻辑思维。我们无法想象一个没有因果关系和目的论的世界。

□ **法国人类学家吕西安·莱维−布吕尔所研究的澳洲原始部落**

吕西安·莱维−布吕尔（1857—1939年），出生于法国巴黎，法国社会学家、哲学家、民族学家，法国社会学年鉴派的重要成员，著有《土著如何思考》《原始思维》《原始神话》等。莱维−布吕尔反复申明，原始人并非没有理智，他们的推论也并非没有逻辑性，只是他们据以推论的前提和文明人有所不同。他认为，原始思维的逻辑是一种不同于文明人的逻辑方式，即所谓的"前逻辑"，受"互渗律"的支配。上图为他所研究的澳洲原始部落。

对于人而言，除了人之思维所能触及的领域之外，是否还有其他领域跟人的思考与行为有着本质的不同，这一点并不重要。在这类领域的知识中，没有任何知识可渗透到人的心中。问"事物本身是否不同于它们在我们眼中看上去的样子"，问"是否有我们无法预测的世界以及我们无法理解的想法"，这样的询问皆是徒劳的。这些问题均超出了人类认知的范围。人类的知识受到人类思维结构的制约。若它选择"人的行为"作为其调查研究的主题，则它只能属于适合人心的行为范畴以及作为它投射到"成为和变化之外部世界"的行为范畴，除此之外，不可能有其他含义。所有的行为学定理均只涉及这些行为范畴，而且仅在它们的运行轨道上有效。这些定理不会假装传达关于"做梦也想不到、无法想象的世界和关系"的任何信息。

因此，在双重意义上，行为学的性质是人性的。它是人性的，因为它声称其定理在基本假设中精确定义的范畴内对所有人的行为皆是普遍有效的。此外，它之所以是人性的，是因为它只研究分析人的行为，而不渴望了解关于非人——无论是类人还是超人——行为的任何事情。

所谓的原始人逻辑异质性

认为吕西安·莱维-布吕尔（Lucien Lévy-Bruhl）的著作支持"原始人的思维逻辑结构在过去和现在均与文明人的思维逻辑结构大相径庭"的学说——这是一种普遍的谬误。相反，在仔细研究现有的全部民族学资料的基础上，莱维-布吕尔关于原始人精神功能的报告清楚地证明了——基本的逻辑关系以及思想与行为的范畴在野蛮人的智力活动中所起的作用跟其在我们自己生活中所起的作用相同。原始人思想的内容跟我们思想的内容不同，但形式与逻辑结构是二者共有的。

诚然，莱维-布吕尔本人坚持认为：原始民族的心理本质上是"神秘的、前逻辑的"；而原始人的集体表现则受"参与法则"的支配，因此对矛盾法则漠不关心。然而，莱维-布吕尔对前逻辑思维与逻辑思维之间的区分是指思维的内容，而不是指思维的形式和范畴结构。因为他宣称，在像我们这样的民族中，受"参与法则"支配的"思想以及各种思想之间的关系"，或多或少是独立存在的，或多或少是受到损害的，但与那些受推理法则支配的"思想以及各种思想之间的关系"是不可分割的。"前逻辑的和神秘的思维，与逻辑的思维并存。"

莱维-布吕尔将基督教的基本教义归入前逻辑思想的范畴。[1]现在，可能会有人而且已经有人对基督教教义及其神学解释提出许多反对意见。但是从来无人敢争辩说，基督教教父和哲学家们——其中包括圣奥古斯丁（Santa-Augustine）和圣托马斯（Santo-Thomas）——其思维之逻辑结构与我们同时代人思维之逻辑结构截然不同。一个相信奇迹的人与另一个不相信奇迹的人，二者之间争论的焦点是思想内容的不同，而不是其逻辑形式的差异。一个人若试图证明奇迹的可能性与真实性，那么他可能会犯错。但若要揭露他的错误——正如休谟与穆勒之精彩论文所示——其逻辑上的复杂性肯定并不亚于揭露任何哲学上或经济学上的谬误。

探险家和传教士们报告说，在非洲和玻利尼西亚，原始人在其对事物的最早感知上就止步不前，而且若他能以任何方式回避推理，他就从不进行推理。[2]欧洲和美国的教育工作者们有时也会报告他们学生的同等情形。关于尼日尔河沿岸的莫西族人（Mossi），莱维-布吕尔引用了一位传教士的观察："与他们的谈话只涉

---

[1]莱维-布吕尔，《土著如何思考》（*How Natives Think*），L. A. 克莱尔（L. A. clare）译（纽约，1932年），第377页。

[2]莱维-布吕尔，《原始人的心灵》（*Primitive Mentality*），L. A. 克莱尔译（纽约，1923年），第27—29页。

及女人、食物以及（雨季时涉及的）庄稼。"[1]牛顿、康德和莱维-布吕尔的许多同时代人和相邻时代的人更喜欢其他什么学科呢？

从莱维-布吕尔的研究中得出的结论最好用他自己的话来表达："原始人的思维跟我们自己的思维一样，急于找到发生事情的原因，但它并不跟我们在同一个方向上寻找这些原因。"[2]

一位渴望获得丰收的农民可能会——根据他想法的内容——选择各种不同的方法。他可能会进行一些神奇的仪式，他可能会开始朝圣，他可能会向他的守护神画像或雕像供上蜡烛，或者他可能会给庄稼施用更多更好的肥料。但无论他做什么，他始终都是在施展行为，也即使用手段以达到目的。从广义上讲，魔术是一种技术。驱魔是一种基于某种世界观的有意的、有目的的行为，我们同时代的大多数人将这种行为谴责为"迷信行为且因此是不恰当行为"。但是行为的概念并不意味着行为是由一个正确的理论和一项有希望成功的技术来指导的，也并不意味着它达到了其意图达到的目的。它只是暗示行为的执行者相信其所运用的手段会产生预期的效果。

民族学或历史学所提供的事实皆不能反驳这样一种断言，即所有种族、所有时代、所有国家的所有人，其思维之逻辑结构皆是一致的。[3]

□ 圣奥古斯丁的代表作《上帝之城》

圣奥古斯丁（354—430年），又名希波的奥古斯丁，出生于罗马帝国治下的北非努米底亚王国。他曾是一名摩尼教徒，皈依基督教后，成为基督教早期神学家、教会博士，其思想影响了整个西方基督教会，重要作品有《上帝之城》《基督教要旨》和《忏悔录》。他认为低级的有限的形体美只是通向无限的绝对美的阶梯，本身并无独立价值，以及美体现为整一、和谐，而整一与和谐是上帝按照数学原则创造出来的，因而美的基本要素是数。

3 先验与现实

先验推理纯粹是概念性和演绎性的推理。除了同义反复和分析判断之外，它

---

[1] 莱维-布吕尔，《原始人的心灵》，L. A. 克莱尔译（纽约，1923年），第27页。
[2] 同[1]。
[3] 参照恩斯特·卡西尔（Ernst Cassirer）的精彩陈述，见其著作《符号形式的哲学》（*Philosophie der symbolischen Formen*）（柏林，1925年）第二部分，第78页。

不能产生其他任何东西。其所有含义皆从前提中逻辑推导出来，而且已包含在这些前提之中。因此，根据一种普遍的反对意见，它不能为我们的知识增加任何东西。

所有的几何定理均已隐含在公理之中。矩形、三角形的概念已暗示了勾股定理。此定理是一个同义反复，其推导导致一项分析判断。然而，没有人会争辩说，一般的几何学，尤其是勾股定理，并没有扩大我们的知识。来自纯粹演绎推理的认知也是创造性的，并为我们的思维进入以前被禁止的领域敞开了大门。先验推理的重要任务是：一方面使所有隐含在范畴、概念和前提中的东西变得清晰起来，另一方面表明它们没有隐含的东西。其天职是让以前隐藏和未知的东西体现出来、变得显而易见。[1]

在货币的概念中，货币理论的所有定理均已隐含其中。数量理论并没有为我们的知识增添实际上未包含在货币概念中的任何东西。它转变、发展和展开；它只是进行分析，因此具有同义反复性质，正如勾股定理与矩形三角形概念的关系一样。然而，没有人会否认数量理论的认知价值。对于一个尚未受到经济推理启发的人而言，它仍然是未知的。旨在解决有关问题的一长串徒劳的尝试表明：要达到目前的知识水平并不容易。

先验论科学体系，其不足之处并非在于它没有向我们传达对现实的充分认知。其概念与定理皆为心智工具，为我们开启了完全掌握现实的途径；当然，它们本身尚未形成关于所有事物的事实性知识之总和。理论跟对生活以及不断变化之现实的理解，二者并不对立。若无理论——人的行为的一般先验论科学，就没有对人的行为的现实的任何理解。

理性与经验，二者之间的关系长久以来一直是哲学的基本问题之一。正如知识批判领域所有的其他问题一样，哲学家们只参考自然科学来探讨这一基本问题，而忽视了人的行为科学。一直以来，他们的贡献对行为学而言毫无用处。

在处理经济学领域的认识论问题时，他们习惯上采用针对自然科学建议的

---

[1] 迈尔逊（Emile Meyerson）如是形容科学：科学就是 "通过这种行为，我们使最初看来并非如此的东西变得相同（l'acte per lequel nous ramenons à l'identique ce qui nous a, tout d'abord, paru n'être pas tel.）"，《科学中的解释》（De L'Explication dans dles sciences）（巴黎，1927年），第154页。另外参照莫里斯·R. 科恩（Morris R. Cohen），《逻辑学序言》（A Preface to Logic）（纽约，1944年），第11—14页。

解决方案之一。一些作者推荐庞加莱（Henri Poincaré）的传统主义。[1]他们认为经济推理的前提是语言或假设惯例。[2]其他人则更倾向于默认爱因斯坦提出的想法。爱因斯坦提出了这样一个问题："数学，作为不依赖于任何经验之人类理性的一个产物，怎么能如此精巧地契合现实的对象？在没有经验的帮助下，人类的理性是否能够通过纯粹的推理来发现现实事物的特征？"而他的回答是："只要数学的定理是指现实，那么它们就不是确定的；反过来，只要数学的定理是确定的，那么它们就不是指现实。"[3]

然而，人的行为科学与自然科学，二者有着根本的不同。渴望按照自然科学模式构建人的行为科学的认识论体系的作者，无一不犯下可悲的错误。

人的行为——作为行为学主题的现实事物——源于与人之推理相同的来源。行为与理性是同源同质的；它们甚至可以被称为"同一事物的两个不同方面"。理性有能力通过纯粹的推理来阐明行为的本质特征，这是"行为是理性的一个分支"这一事实的结果。通过正确的行为学推理得出的定理，不仅完全确定，而且无可争议，正如正确的数学定理一样。此外，这些定理，以其绝对确定性与无可辩驳所体现出的充分严格性，提到了生活与历史中出现的行为现实。行为学传达了关于现实事物的确切而精准的

□ **月球庞加莱火山口**

亨利·庞加莱（1854—1912年），出生于法国南锡，法国著名数学家、天文学家、理论物理学家和科学哲学家。他最先系统而普遍地讨论了几何学图形的组合理论，是公认的组合拓扑学的奠基人，而微分方程定性理论是他在微分方程领域中最为杰出的贡献。他一生建树颇多，其中以其本人命名的科学发现就有庞加莱球面、庞加莱映射、庞加莱引理等。曾有人说："把一个微分几何学家和广义相对论学家从睡梦中摇醒，问他什么是庞加莱引理。假如答不出来，那他一定是假的。"需要强调的是，以庞加莱命名的科学发现在其去世后仍未停止：月球上的一个火山口便是以他的名字命名。

---

[1]亨利·庞加莱，《科学与假设》（*La Scienceet l'hypothése*）（巴黎，1918年），第69页。

[2]费利克斯·考夫曼（Felix Kaufmann），《社会科学方法论》（*Methodology of the Social Sciences*）（伦敦，1944年），第46—47页。

[3]阿尔伯特·爱因斯坦，《几何学与经验》（*Geometrie und Erfahrung*）（柏林，1923年），第3页。

知识。

行为学的出发点，并非针对公理的某一选择以及关于程序方法的某一决定，而是对行为本质的反思。任何一种行为，行为学的范畴皆充分、完美地体现在其中。任何一种行为模式，若其手段与目的或其成本与收益不能明确地加以区分并精确地分离开来，那么这样的行为模式皆是无法想象的。没有任何东西只是近似或不完全符合某一交易的经济范畴。只有交易和非交易之别；对于任何交易而言，关于交易的所有一般定理在充分严格意义上均是有效的，皆有其全部含义。根本不存在从交易到非交易的过渡或从直接交易到间接交易的过渡。曾经具备的经验中，没有任何经验会与这些说法相矛盾。

这样的经验首先是不可能的，其原因在于：关于人的行为的所有经验皆是由行为学范畴所决定的，而且只有通过其应用才成为可能。若我们心中没有行为学推理提供的方案，我们就永远无法辨别和把握任何行为。我们会感知到运动，但既非买或卖，也非价格、工资费率、利率等等。只有通过运用行为学的方案，我们才能够获得一种关于买卖行为的经验，但这种经验跟"我们的感官是否同时感知到外部世界的人和非人元素的任何运动"无关。若没有行为学知识的帮助，我们永远也学不到关于交易媒介的任何知识。若我们在没有这种预先存在的知识的情况下研究硬币，那么我们将只会看到圆形的金属板，仅此而已。金钱方面的经验需要熟悉"交易媒介"这一行为学范畴。

关于人的行为的经验不同于关于自然现象的经验，其区别在于后者需要并预设行为学知识。正因如此，自然科学的方法并不适用于行为学、经济学和历史学的研究。

在认定行为学的先验特征时，我们并不是在为一门不同于"传统人的行为科学"的未来新科学起草计划。我们并不是主张"人的行为的理论科学'应该是'先验论性质的"，而是主张"它'现在是'，而且'始终是'先验论性质的"。旨在反思人的行为所引发的问题的每次尝试，皆必然受到先验推理之束缚。在这一方面，讨论某一问题的人是"只着眼于纯知识的理论家"，还是"渴望理解正在发生的变化并发现何种公共政策或私人行为最符合其自身利益的政治家、政客和普通公民"，并无任何区别。人们可能会开始争论任何具体经验的意义，但争论不可避免地从有关事件的偶然特征与环境特征转向对基本原理的分析，并不知不觉地放弃对引发争论的事实性事件的任何提及。自然科学的历史就是对被抛弃的理论与假设的一部记录，因为这些理论与假设被经验证明是错误的。例如，不要忘了被伽利略推翻的旧力学的谬误，或者燃素说的命运。经济学史上就无任何此类记录。逻辑上不相容理论的支持者们声称——相同的事件证明"他们的观点已由经验所验证"。事实是：一种复杂现象的经验且在人的行为领域无任何其他经验，总是可以根据各种对立的理论来加以解释。至于解释是否被视为令人满意还是不令人满意，则取决于对根据先验推理预先建立之讨论中理论的评价。[1]

历史不能教给我们任何一般的规则、原则或法则。我们无法事后从历史经验中抽象出有关人类行为与政策的任何理论或定理。如果不能用系统的行为学知识来阐明、整理和解释历史数据，那么这些数据只不过是不连贯事件的笨拙积累、一堆混乱而已。

4 方法论个人主义原则

行为学的研究对象是个人的行为。只有在进一步的探究过程中，人之合作的认知才得以实现，社会行为才会被视为更普遍的人之行动范畴的特例。

这种方法论个人主义学说受到了各种形而上学流派的激烈抨击，并被贬为唯名论谬误。批评家们说：个人的概念是一个空洞的抽象概念。真正的人必然始终是社会整体的一员。我们甚至无法想象会存在着这样一个人——他与人类所有其他成员分离、与社会没有任何联系。人作为人是社会进化的产物。他最显著的特点——理性——只能在社会相互性的框架内出现。没有任何一种思维不依赖于语言的概念与观念。但言语显然是一种社会现象。人永远是集体的一员。由于人类社会整体在逻辑维度和时间维度上均先于其组成部分或个人成员，因此对个人的研究发生在对社会的研究之后。科学处理人类问题的唯一适当方法，就是普遍主义或集体主义的方法。

现在，关于"在逻辑维度上，人类社会先出现的是整体还是其组成部分"的争论是徒劳的。在逻辑维度上，人类社会的整体与部分的概念是相互关联的。作为逻辑概念，二者皆与时间无关。

关于我们的问题，同样不合适的是"现实主义"与"唯名论"的对立，而这两个术语皆按照中世纪经院哲学赋予它们的含义进行理解。毫无疑问，在人之活

---

[1] 参照 E. P. 切尼（E. P. Cheyney），《史学法则及其他论文》（*Law in History and Other Essays*）（纽约，1927年），第27页。

动领域，社会实体是真实存在的。无人敢否认国家、省、市、政党、宗教团体才是决定人类事件进程的真正因素。方法论个人主义，远未质疑这种集体整体的意义，而是将描述和分析其形成与消失、其不断变化之结构及其运作作为主要研究任务之一。而且它选择了适合圆满解决这一问题的唯一方法。

首先，我们必须意识到——所有的行为皆是由个人完成的。一个集体总是通过一个或几个个人的中介来运作，而这些个人的行为跟作为第二来源的集体有关。正是行为个体以及被其行为感动的所有人赋予一个行为的意义，决定了该行为的性质。正是该意义将一个行为标记为个人行为，而将另一个行为标记为省或市的行为。执行死刑的是刽子手，而不是省。正是那些关切之人赋予执行死刑这一行为的意义，才在刽子手的行为中辨别出省的行为。一群武装人员占领了一个地方。正是那些关切之人赋予占领行为的意义，才不将这种占领行为归咎于占据现场的官兵，而是归咎于他们的国家。若我们仔细研究个人所做各种行为的意义，我们就必须了解集体整体行为的一切。因为，抛开个体成员的行为，根本不可能有社会集体的存在和现实。一个集体的生活是在构成其主体之个体的行为中度过的。一个社会集体在某些个人的行为中不发挥作用——这是令人无法想象的事。社会整体的现实在于其引导和释放个人的明确行为。因此，认知集体整体的方法是通过对个人行为进行的分析。

作为进行思考和施展行为的存在体，人已经作为一个社会存在体从其"前人类存在"中显现出来。

理性、语言与合作的进化是同一过程的结果；它们不可分割地、必然地联系在一起。但这一过程是发生在个人身上的。它包含在个人行为的改变之中。除了个人本身之外，个人行为不会发生在任何其他物质之中。除了个人行为之外，不存在任何其他社会基础。

行为中体现出"有国家、省和教会""有分工下的社会合作"——这些也都只有在某些个人的行为中才能看得出来。若不了解一个国家的成员，则无人能够了解这个国家。从这个意义上，我们可以说，一个社会集体是通过个人的行为而形成的。但这并不意味着个人在时间上是先行的。它只意味着个人的明确行为构成了集体。

实在是没有必要争论如下三个"是否"问题：一个集体是否就是其要素相加之总和还是更多；它是否是"自成一类"（sui generis）；谈论其意志、计划、目标和行为并赋予它一个独特"灵魂"是否合理。这种迂腐的谈论算得上是无稽之谈。一个集体整体是各种各样个人行为的一个特定方面，也因此成为决定事件进程的真实事物。

有人认为有可能将"集体整体"可视化，这种想法无疑是虚幻的。它们永远不可见；对它们的认知，始终都是理解行为人赋予其行为之意义的结果。我们可以看到一群人，也即许多人。这一人群只是一次集会还是一个群体（在当代心理学中使用这一术语的意义上），或是一个有组织的团体或任何其他类型的社会实体——要回答这一问题，唯一途径就是理解他们自己为他们的存在所赋予的意义。而这一意义始终都是个人的意义。并非我们的感官，而是"理解"这一心理过程，才让我们认识社会实体。

有的人想从集体单位开始研究人的行为，他们遇到了一个不可逾越的障碍，即一个个人同时还可以属于并且——除了最原始的部落成员之外——真正属于各种集体实体。共存的社会单位，其多样性及其相互对立所带来的问题，只有通过方法论个人主义方可解决。

我与我们

自我是行为存在体的统一。毫无疑问，它是给定的，而且不能通过任何推理或吹毛求疵来化解或消除。

"我们"总是两个或更多个"自我"相加在一起得出的结果。若某个人说"我"，无需再问更多问题即可确定其含义。同样的道理也适用于"你"，而且，若视野中的这个人被准确地指出，那么同样也适用于"他"。但若一个人说"我们"，则还需要更多的信息来表明——谁是"自我"、谁是这个"我们"的组成部分。始终是单个的个人在说"我们"；即使他们异口同声地说"我们"，它依然是单个个人的发声。

这个"我们"——除了其中的每个人皆代表其自己施展行为之外，这个"我们"不能采取任何其他行动。他们既可以做到"所有人一起一致行动"，也可以做到"其中一人为了他们所有人施展行为"。在后一种情况下，其他人的配合在于：他们营造出的局面使单单一个人的行为对他们所有人皆有效。只有在这个意义上，一个社会实体的官员才代表整体施展行为；而集体的个人成员要么导致要么允许一个人的行为也与他们息息相关。

在试图化解"自我"并将其揭示为一种幻觉方面，心理学所做的努力无疑是徒劳的。行为学上的"自我"是毋庸置疑的。无论一个人是什么样的人，也无论他以后会变成什么样的人，在做出选择和施展行为的行动中，他就是一个"自我"。

我们必须将"逻辑的多数"（以及只是"礼节性的庄严多数"）跟"光荣的多数"区分开来。如果一个从未滑过冰的加拿大人说"我们是世界上最棒的冰球运动员"，或者如果一个意大利文盲骄傲地说"我们是世界上最杰出的画家"，那么，绝对没有任何人会被他们愚弄。但就政治与经济方面的问题而言，"光荣的多数"演变为"帝国的多数"，并因此在"为接受决定国际经济政策的理论学说铺平道路"方面发挥了重要作用。

5 方法论的单元论原则

行为学从个人行为开始其研究，无非是从某一个人的行为入手。它并不是用模糊术语来研究一般人的行为，而是研究一个确定的人在一个确定时间、一个确定地点所做的具体行为。但是，当然，它本身并不关心这一行为的偶然特征与环境特征，也不关心该行为与所有其他行为的区别所在，而只关心该行为的表现中哪些是必要的和普遍的。

自古以来，普遍主义哲学就阻碍了人们对行为学问题的充分理解，而当代的普遍主义者又完全没有能力找到解决这些问题的方法。普遍主义、集体主义和概念现实主义只看到了"整体"和"普遍"。这些学说的研究者推测的对象是：人类、民族、国家、阶级、善与恶、对与错、需求与商品的所有类别。譬如，他们会问：为何"金"的价值高于"铁"的价值？正因如此，除了矛盾和悖论之外，他们从未找到问题的解决办法。最著名的例子是"价值悖论"，它甚至使古典经济学家的工作相形见绌。

行为学问道："行为"中到底发生了什么？如果我们说"一个人在那时那地、此时此地、随时随地（任时任地）施展行为"，那么这句话到底是什么意思呢？在甲乙两个事情上，他若取甲而舍乙，结果会如何？

选择的行为，始终是"正在选择的那个人"在其面临的各种机会中做出的一个决定。人从不会在善与恶之间做出选择，而只是在两种行为模式之间做出选择，而我们从一种被大众所接受的观点将该行为模式称之为善或恶。一般而言，一个人从不会在"金"与"铁"之间做出选择，而总是只在"一定数量的金"和"一定数量的铁"之间做出选择。每一个行为，皆严格受限于其直接后果。若我们想要得出正确的结论，我们就必须首先关注这些局限。

人的一生就是相续不断的一系列单一行为。但是，单一的行为绝不是孤立的行为。它是一系列行为中的一环，这些行为共同形成了一个更高层次的行为，旨在实现更为远大的目标。每一个行为皆有两个方面。一方面，它是"一个进一步延伸行为"框架内的"局部行为"，是"一个更深远行为"所设定目标的一小部分的表现。另一方面，一个行为，就其自身各组成部分的表现所针对的诸多行为而言，其本身也是一个整体。

外在显现出来的是目标更为深远的行为，还是旨在达成更直接目的的局部行为，这取决于行为人在施展行为的"当时"意欲达成之项目的具体范围。行为学实在没有必要提出格式塔的那种问题。成就伟业的道路，必须贯穿于完成各项局部任务的始终。一座气势宏伟的大教堂，绝非只是一大堆石头砌在一起而已。但是，建造一座大教堂的唯一程序，就是将一块石头砌在另一块石头之上。对于建筑师而言，关注的重点是整个项目。对于泥瓦匠而言，关注的重点是其负责粉刷的一面墙；对于石匠而言，关注的重点则是一块块石头。对于行为学而言，重要的是这样一个事实，即完成更宏伟任务的唯一方法就是一步一步、一部分一部分地从基础开始构建。

6 人的行为的个体特征与变化特征

人的行为的内容，也即行为人要达到的目的以及为实现这些目的而选择并应用的手段，由每个行为人的个人素质决定。个人是一长串动物学意义上进化演变的产物，而正是这些进化演变才塑造了他生理学意义上的遗传。他是其祖先的后裔和继承人，而其列祖列宗所经历的事物的沉淀与沉积物就是他的生物学意义上的遗产。在他出生之时，他因此进入的并不是这个一般性的世界，而是进入到一个确定的环境。一个人先天遗传的生物学上的素质，以及生活对他造成的所有影响，使他在其人生之旅的任何时刻皆成为他自己，而不是任何其他人。这些素质和影响就是他的命运和宿命。就"自由"一词形而上学的意义而言，他的意志并不"自由"。这是由他的背景以及他本人和他祖先所受到的所有影响而决定的。

遗传与环境指引着一个人的行为。这两个方面的因素，既向他提示了目的，又向他提示了手段。他并不只是作为一个抽象意义上的人而生活着；而是作为他的家庭、他的种族、他的民族和他的时代的一分子而生活着；而且，他是作为他国家的一位公民、作为某一特定社会群体的一位成员、作为某一职业的一位从业者、作为某一特定形而上学的一位追随者、作为卷入许多仇恨与争议的一位虔诚信徒而生活着。他的价值观念与价值标准并非由他自己创造，而是从别人那里借来的。他的意识形态是他所处的环境赋予他的。只有极少数人具备天赋，使之能够思考出崭新的、原创的观念，并改变传统的信条与教义。

普通人是不会绞尽脑汁去思考那些大问题的。对于这些大问题，普通人总是依赖别人的权威意见，他按照"每个正人君子必须有的行为举止"那样施展行为，用"羊群中的一只羊"来形容他再贴切不过了。也正是这种心智上的惰性，将一个人塑造成了一个千篇一律的"普通人"。然而，普通人也的确做出了自己的选择。他选择采用传统模式或其他人采用的模式，因为他深信：这是实现他自己福利的最适合的做法。每当他确信这将更好地服务于他自己的利益时，他就准备改变他的意识形态，并因此改变他的行为方式。

一个人的日常行为大多皆是简单的固定惯例。在没有特别注意某些行为的情况下，他惯常地施展这些行为。他之所以做许多事情，是因为他在童年时就被训练去做这些事情，因为别人也以相同的方式施展行为，而且因为这是他所处环境的习惯。他养成了这些习惯，并形成自动反应。他沉迷于这些习惯，只是因为他非常喜欢它们产生的效果。一旦他发现遵循某种习惯可能会阻碍他认为更可取之目标的实现，他就会改变对这种习惯的态度。一个人若在水很干净的地方长大，他就会养成漫不经心喝水、洗衣和洗澡而不注意水是否洁净的习惯。而当他搬到一个水被致病菌污染的地方时，他就会将最大的注意力放在那些他之前从未为之操心烦恼过的事情上。他会时刻提醒自己，以免因"不加思考地沉迷于自己的传统惯例（也即漫不经心地喝水、洗衣和洗澡）和自动反应"而对自己造成伤害。可以说，一个行为在正常情形下是自发进行的，这一事实并不意味着——该行为不是由于"有意识的意志"和"故意的选择"而施展的。沉溺于一种本可以加以改变的惯例，这本身就是一种行为。

行为学并不关注行为不断变化的内容，而是关注其纯粹形式及其范畴结构。对人的行为的偶然特征与环境特征加以研究，这是历史学的任务。

7 历史学的范畴与具体方法

对与人的行为相关的所有经验数据加以研究，这就是历史学的范畴。历史学家收集并批判性地筛选所有可用的文件。正是在这一证据的基础上，他着手处理他的真正任务。

已经有人断言：历史学的任务就是展示事件是如何实际发生的，且不强加任何预设和价值观["价值中立"(wertfreiheit),即对所有价值判断保持中立]。历史学家撰写的报告应该是对过去的一份忠实写照,可以说是一件心智摄影作品,对所有事实给出完整的、不偏不倚的描述。它应该在我们的心智慧眼前重现过去,包括过去的一切特征。

现在,若要对过去加以真实再现,将需要一种极为复杂的复制技术,而这种复制是人无法做到的。历史并不是心智的再现,而是运用概念术语对过去进行浓缩性的呈现。历史学家并不会简单地让事件为它们自己说话。他整理这些事件的角度是"他在其陈述中所用一般概念之形成所依据的理念"。他并不报告已发生之所有事实的所有细节,而只报道最具相关性的事实。他并非在毫无预设的情况下分析研究相关史料文件,而是配备他所在时代的全套科学知识,包括当代逻辑学、数学、行为学和自然科学的所有教义。

显而易见,历史学家绝不能因任何偏见和党派信条而有所偏倚。将历史事件作为进行党派斗争的武器库,这样的作者并非历史学家,而只是宣传者和辩护者而已。他们并不渴求获得知识,而只是为了证明其党派的纲领是正大光明的。他们是在为形而上学的、宗教的、民族的、政治的或社会的学说的诸多教条而斗争。为了欺骗那些轻信的人,他们如盲人般掩耳盗铃,为其作品盗用历史之名。一位历史学家必须首先着眼于获取认知。他必须让自己摆脱任何偏狭。在这个意义上,他必须对任何价值判断皆保持中立。

在先验论科学——逻辑学、数学和行为学——领域以及实验自然科学领域,这一"价值中立"假设很容易实现。从逻辑上而言,在"对这些学科进行科学的、不偏不倚的学术处理"和"被迷信、先入为主的观念和激情所扭曲的学术处理"之间,要划清一条界限并非难事。而要遵循"在史学领域保持价值中立"这一要求则困难得多。对于史学题材而言,人的行为的偶然性和环境性方面的具体内容,就是价值判断及其在不断变化之现实中的投射。对于历史学家而言,其学术活动的每一步皆与价值判断息息相关。其行为被他报告的人,他们的价值判断就是他调查的基础。

已经有人断言:历史学家自己也无法避免价值判断。将所有事实原原本本按其发生的原样进行极为详细的记载——没有任何一位历史学家会而且能够这么做,即使是最天真的编年史学家或新闻记者也做不到这一点。他必须辨别、选择一些他认为值得记载的事件,而将其他事件悄无声息地忽略。据说,这种选择本身就意味着一种价值判断。而该价值判断必然受到历史学家世界观的制约,因此它并不是公正的，而是先入为主观念的结果。历史只可能是对事实的歪曲，而别无他物；其性质永远都不可能是真正科学的，而真正的科学在价值观和意图上皆是中立的，而且只专注于发现真理。

当然，毫无疑问，历史学家在"亲手"选择事实方面的自由决定权会被滥用。历史学家的选择受到党派偏见的影响，这一现象可能且确实已经发生过。然而，所涉及的诸多问题非常复杂，比这种流行学说让我们认为涉及的问题要复杂得多。对历史学的研究方法作更为彻底的审查——我们必须在此基础上寻求问题的解决之道。

在处理历史问题时，历史学家要利用到逻辑学、数学、自然科学，尤其行为学提供的所有知识。然而，这些非历史学科的智力工具尚不足以助他完成自己的任务。尽管对他而言这些工具是不可或缺的助手，但它们本身却无法回答他必须处理的那些问题。

历史进程是由无数个人行为以及这些行为产生的影响作用所决定的。行为是由施展行为之个人的价值判断所决定的，也即由"他们渴望达到的目的"以及"他们为达到这些目的而采用的手段"所决定的。手段的选择是施展行为之个人所掌握的全部技术知识的结果。在许多情况下，从行为学或自然科学的角度来评价所采用手段的效果，这是可能做到的。但依然有许许多多的事情需要解释，在这方面并没有可资利用的助力。

历史学使用某一具体方法开展的具体任务就是研究这些价值判断和行为的影响，因为所有其他知识分支的教义均无法对它们加以分析。历史学家们的真正问题始终是按事情发生的那样对其加以诠释。但他不能仅凭所有其他科学提供的定理来解决这一问题。在其研究的每个问题的底层，始终有一些东西是无法借助其他科学的这方面教义来加以分析的。正是每个事件独有的这些个性化特征，需要通过"理解"才能加以研究。

当逻辑学、数学、行为学和自然科学提供的所有诠释手段皆已用尽时，始终处于每一历史事实底层的独特性或个性就成为一个终极数据。但是，尽管自然科学就其终极数据而言除了这样描述之外别无说辞，历史学依然可以尝试使其终极数据变得可以理解。尽管不可能将它们归结为导致它们的原因——若这种归结是可能的，则它们就不是终极数据了——但历史学家可以理解它们，因为他自己就是一个人。在柏格森哲学中，这种理解被称为"一种直觉"，即"同理心，通过该同理心，一个人将自身代入事物内部以感受该事物的唯一性及不可表达之处"[1]。德国认识论将这种行为称为"对道德科学的具体理解"或简称为"理解（verstehen）"。所有历史学家以及所有其他人就是始终采用这种方法对过去的人类事件进行评论、对未来的人类事件进行预测。对"理解"的发现与界定是现代认识论最为重要的贡献之一。可以肯定的是，它既不是针对"某一门尚未存在但又即将建立的新科学"所作的某个设想，也并非为任何现有科学推荐的一种新的程序方法。

"理解"绝对不能跟"赞同"混淆，不管是"有条件的"还是"偶然的"。历史学家、民族学家和心理学家有时会记录一些行为，而这些行为对于他们的感情而言只是令人厌憎和恶心的；他们只将它们理解为行为，即确立基本目标和执行这些目标所采用的技术方法与行为学方法。要理解一个个案，并不意味着要证明其正当性，也不意味着要原谅它的不是。

理解也绝对不能跟对某一现象的审美享受行为相混淆。"移情"和"理解"是两种截然不同的态度。一方面，从历史角度理解一件艺术品，确定其地位、其意义及其在世事变迁中的重要性；另一方面，从情感上将其作为一件艺术品加以欣赏，这两方面无疑并不是一回事。一个人可以用历史学家的眼光来凝视一座大教堂，也可以用热情崇拜者的眼光或者用无动于衷、冷眼旁观的观光者的眼光来看同一座大教堂。同一个人能够有两种反应方式：审美的方式和科学理解的方式。

这种理解确立了这样一个事实，即一个人或一群人从事了一种源于确定价值判断与选择的确定行为，并以达到确定目的为目标，而且他们已经应用了由确定的"技术方面的、治疗方面的以及行为学方面的学说"所建议的确定手段来达到这些目的。它还试图理解一个行为所带来的效果以及这些效果的强度；它试图为每一个行为赋予其"相关性"，即它对事件进程的影响作用。

理解的范畴涵盖对"逻辑学、数学、行为学和自然科学无法完全阐明，乃至于所有这些科学皆不能对其加以澄清"之现象的认知。它绝对不能跟这些其他知识分支的教义相矛盾。[2]无数历史文献皆证明了魔鬼在人世间的真实、有形的存

---

〔1〕亨利·柏格森，《思考与行动》（*La Penseéet le mouvant*）（第四版，巴黎，1934年），第205页。

〔2〕参照朗格卢瓦（C. V. Langlois）和瑟诺博斯（C. Seignobos），《史学导论》（*Introduction to the Study of History*），G. G. 贝瑞（G. G. Berry）译（伦敦，1925年），第205—208页。

□ 书房中的柏格森

亨利·柏格森认为，人的生命是意识之绵延或意识之流，是一个不可分割的整体。他主张个人应超越僵化的形式与教条，走向主体的生命活力与普遍之爱，其代表著作有《创造进化论》《直觉意识的研究》《物质与记忆》等。几乎没有一个当代哲学家敢夸耀他们完全没有受到柏格森的影响，不管是直接的还是间接的。

在，而这些文献在所有其他方面均相当可靠。许多正当法律程序中的审判庭，均根据证人的证词和被告的供词，确定了"魔鬼与女巫性交"的"事实"。然而，任何诉诸"理解"的做法皆不能成为历史学家试图坚称"魔鬼并非存在于人类兴奋的脑海中，而是确实存在于人世间并且干扰人间事件"的理由。

虽然这一点在自然科学方面得到普遍承认，但也有一些历史学家对经济理论持另一种态度。他们通过诉诸那些据称"可证明某些事物跟这些定理不相容"的文件，试图以此来反对经济学的定理。他们并未意识到：复杂的现象既不能证实，也不能证伪任何定理，因此亦不能证明某一理论的任何陈述。经济史之所以可能成为经济史，只是因为有一种经济理论能够对经济行为加以诠释。若无经济理论，关于经济事实的报告将只不过是一堆毫无关联、可以任意解读的数据而已。

8 概念与理解

人的行为科学，其任务就是理解人的行为的意义与相关性。这些科学为此采用了两种不同的认识论程序：概念与理解。概念是行为学的心智工具；理解则是历史学的特定心智工具。

行为学的认知就是概念认知。它指的是人的行为所必需的东西。它是对共性与范畴的认知。

对历史的认知是指：在每一个事件或每一类事件中，何为其独特、个性化之处。它首先借助所有其他科学提供的心智工具来分析其研究的每一个对象。完成这一初步工作之后，它面临着自己的具体问题：通过理解来阐明个案的独特性与个性。

如上文所述，已经有人断言：历史绝对不可能是科学的，因为对历史的理解取决于历史学家的主观价值判断。有人认为，"理解"只不过"任意性"的委婉说辞而已。历史学家的著作始终都是片面、偏狭的；他们并不如实报告事实真相，而是歪曲事实。

当然，我们有从不同角度撰写的各种历史书籍，这是事实。关于宗教改革史的书籍，有的从天主教的角度撰写，有的则从新教的角度撰写。阶级史有"无产阶级"历史和"资产阶级"历史，党史学家有托利党历史学家和辉格党历史学家；每个民族、每个政党、每个语言群体，皆有其自己的历史学家和自己的历史观念。

□ **天主教教堂内景**

　　天主教的全称为"罗马天主教会"，亦称"罗马公教"，是信奉耶稣基督为救世主的宗教体系。上图为一天主教教堂内景。

但这些诠释的差异所带来的问题，绝对不能跟"以历史学家自居的宣传者与辩护者对事实的故意歪曲"混为一谈。可根据现有原始资料以不容置疑方式确立的那些事实，必须作为历史学家的初步工作来加以确立。这并不是一个"理解"所涉及的领域。这项任务，须使用所有"非历史科学"提供的工具方可完成。这些现象的采集方式就是对现有记录做出谨慎的批判性观察。只要历史学家以之为基础对资料来源加以批判性审查的非历史科学理论是合理可靠和确定的，那么，对于这种现象的确立就不能有任何武断的异议。一位历史学家所断言的：要么正确无误，要么与事实相反；要么被现有文献证实或证伪，要么因资料来源未为我们提供足够信息而含糊不清。专家们可以意见不一致，但这样的分歧也只能基于对现有证据的合理解释。这样的讨论不允许有任何武断的说法。

大多时候，对于"非历史科学"的教义，历史学家们也常常意见纷纭。对于记录的严格审查以及从中得出的结论，当然也因此会产生分歧。随之出现了一种无法逾越的冲突。但其原因并不在于针对具体历史现象所表现出的武断性。它源于一个涉及非历史科学的悬而未决的问题。

中国古代某位史学家可能在其史书中如是报告：帝有罪，天下旱；帝悔罪，上天感，降甘露；天子恩，苍生福，世代传。任何一位现代历史学家皆不会接受这样的报告。这种朴素的气象学说显然违背了当代自然科学无可争议的基本原理。但在许多神学问题、生物学问题和经济学问题上，并不存在着这样的一致

□ 死海古卷

死海古卷被誉为20世纪最重要的考古发现，是已知最古老的希伯来《圣经·旧约》抄本。据载，这些古《圣经》是在荒山洞穴苦修学道的修士所抄写的，后来又经战祸，这些古卷就被修士们藏于山洞，直到今日被发现。

性。正因如此，历史学家们的意见并不统一。

一个北欧雅利安人种族优越论的支持者，会认为关于"劣等"种族之智力与道德成就的任何报道皆是荒诞不经、令人难以置信的。他将——以"所有现代历史学家处理上述中国古代史家报告"的同样方式——来对待这类报告。"认为《福音书》就是《圣经》"的那些人与"认为《福音书》是由人编写的文件"的那些人，二者之间无法就基督教史上的任何现象达成一致。天主教史学家与新教史学家，二者在许多事实性的问题上意见不一，因为他们从不同的神学观念出发。重商主义者或新重商主义者，其必然与经济学家意见不一致。对1914年至1923年德国货币史的描述，乃以作者的货币学说为条件。那些相信受膏者神权的人和持其他观点的人，二者介绍法国大革命事实的方式完全不同。

历史学家们在这些问题上的分歧，并不是他们作为历史学家的能力之差异所致，而是他们将非历史科学应用于历史主题之差异所致。他们意见不一致，正如针对卢尔德（Lourdes）奇迹，"不可知论学派的医生"跟"负责收集这些奇迹之证据的医学委员会成员"意见不一致一样。只有那些相信"事实会将自身的故事写进人心的白板上"的人，才会将这种意见分歧归于历史学家。他们并没有意识到：没有预设，就永远无法研究历史；而且，预设（即非历史知识分支的全部内容）方面的分歧，必然决定历史事实的确立。

这些预设也决定了历史学家针对"哪些事实需要提及"和"哪些事实因无关而须忽略"这两方面所做出的选择和决定。在探究为何奶牛不产奶的原因时，现代兽医会完全无视关于"女巫邪恶之眼"的所有报道；但若时光倒退三百年，他的观点或许又会有所不同。以同样的方式，历史学家从"发生在他正在研究之事件之前的数不胜数的事件"中，选择那些可能导致事件出现或者推迟事件的事件，而根据他对非历史科学的理解而忽略那些不可能影响事件的事件。

因此，非历史科学教义的改变，必然涉及对历史的重写。每一代人皆必须重新看待同样的历史问题，其原因就在于它们以不同的角度出现在人们面前。旧时代的神学世界观，导致了对待历史的一种处理方式，其不同于现代自然科学的定理。主观经济学产生的历史著作，迥异于基于重商主义学说的历史著作。就历史学家们著作中的歧见源于这些分歧而言，它们并非历史研究中所谓"含糊性与不确定性"的结果。相反，之所以导致这样的结果，是由于在那些通常被形容为"确定和精准"的其他科学的领域里缺乏一致性。

为避免任何可能的误解，再强调几个要点不无裨益。上文提到的分歧，绝对不能跟如下情形混为一谈：

1. 对事实有目的的、恶意的歪曲。

2. 尝试从法律或道德角度对任何行为进行辩护或谴责的企图。

3. 从严格意义上对事态加以客观陈述时，偶尔夹杂的一些表达价值判断的言论。一篇细菌学论著，若其作者采取人的视角，将"保护人的生命"视为终极目的，并应用这一标准，将有效的抗菌方法标示为好方法，而将无效的抗菌方法标示为坏方法，则该篇论著并未丧失其客观性。若由一种细菌来撰写这样一本书，则它会将这些判断完全颠倒过来，但这本书在实质内容上跟人类细菌学家的论著并无二致。同样，一位欧洲历史学家在研究13世纪蒙古人入侵这段历史时，可能会谈到"有利的"事件和"不利的"事件，因为他是站在"西方文明之欧洲捍卫者"的立场上。但这种对一方价值标准的认可，并不一定会妨碍他研究的实质内容。从当代知识的角度来看，它可能是绝对客观的。除了这类漫不经心的言论之外，一位蒙古历史学家可能对此完全赞同。

4. 对一方在外交或军事对抗中所采取的行动的陈述。对于发生冲突的两个集团之间的较量，可以从"推动任何一方行为的观念、动机和目的"之角度来加以研究分析。若要充分、全面地理解"所发生的事情"，就有必要考虑"双方都做了什么"。冲突的结局，就是双方互动的结果。为了理解他们的行为，历史学家必须试着"从问题在关键时刻出现在行为人面前的角度"来看这些问题，而不仅仅是"从我们现时知识的角度"来看这些问题。研究林肯政策史，若仅截取南北战争爆发前几个月、前几周的林肯政策，当然是不完整的。但话又说回来，没有任何一项历史研究堪称完整。一位历史学家，无论他是同情北部联邦还是同情南部联盟，也无论他的立场是否绝对中立，他皆能客观地对待1861年春的林肯政策。"美国南北战争是如何爆发的？"——若要回答比这一范畴更宽泛的问题，那么这样的调查就是一个不可或缺的先决条件。

现在，我们终于解决了这些问题，由此可能触及如下这一实质性问题：在对历史的理解中，是否存在任何主观因素？若有，那么它又是以何种方式来决定历史研究的结果呢？

理解的任务就是确立"人们被确定的价值判断所驱使并旨在达到确定目的"的事实，就此而言，真正的历史学家（即寻求对过去事件之认知的人们）之间，不能存在任何意见分歧。由于现有资料来源所提供的信息不足，因而可能存在不确定性。但这与理解毫无关系。所谓"理解"，指的是历史学家要完成的前期准备工作。

但是，理解还有第二项任务有待完成。它必须评估行为带来的效果以及该效果的强度；它必须探究每个动机和每个行为的相关性。

在这一点上，"物理学和化学"与"人的行为科学"之间的一个主要差异就摆在我们面前。在物理事件和化学事件领域，量值之间存在（或者至少通常假设存在）恒常关系，而人们能够通过实验室实验以合理精度来发现这些常量。在物理技术、化学技术以及治疗法之外，人的行为的其他领域并不存在任何此类恒常关系。一段时间以来，经济学家们相信，他们已发现在"货币量变化"对"商品价格"所产生的影响作用中，存在着这样一种恒常关系。有人断言，流通货币量的增加或减少必然会导致商品价格的成比例变动。现代经济学已经明确地、无可辩驳地揭露了这一说法的谬误所在。想用"定量经济学"代替其所谓"定性经济学"，这样的经济学家是完全错误的。在经济学领域，根本不存在恒常关系，因此不可能进行衡量。若一位统计学家确定"亚特兰蒂斯土豆供应量在某一特定时间上涨10%，随后土豆价格下跌8%"，他并不能因此确定"另一个国家或另一个时间土豆供应量的变化会发生或可能发生什么"。他尚未对土豆的"需求弹性"加以"衡量"。他只是确立了一个独特、个别的历史事实而已。任何一个理智的人皆不会怀疑：人们针对土豆以及任何其他商品所施展的行为都是变化无常的。不同的个人，会以不同方式评价同一事物，而随着条件的变化，同一个人对同一事物的评价亦会随之变化。

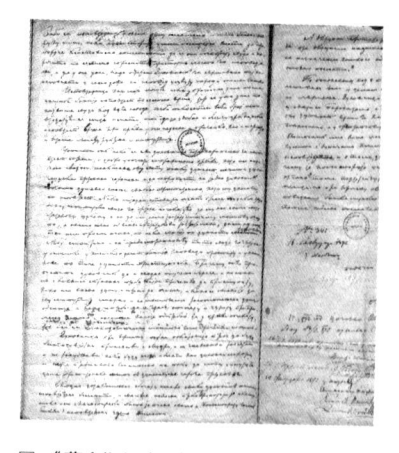

□《葛底斯堡演说》手稿

亚伯拉罕·林肯（1809—1865年），出生在肯塔基州哈丁县的一个贫苦家庭，美国第16任总统。在美国爆发南北战争期间，林肯坚决反对国家分裂，废除了叛乱各州的奴隶制，击败了南方分离势力，维护了美利坚联邦及其领土上不分人种、人人生而平等的权利。1865年4月14日，林肯被约翰·布斯暗杀，次日上午去世。上图为林肯《葛底斯堡演说》的手稿。

在经济史领域之外，无人敢说"人类历史普遍存在这种恒常关系"。诚然，过去在欧洲人与其他落后民族之间发生的武装冲突中，一名欧洲士兵通常可敌得过几名土著斗士，但还没有人愚蠢到要去"衡量"欧洲人优越性的量级。

衡量的不可行性，并不是因为缺乏建立衡量的技术方法，而是由于缺乏恒常关系。若其仅仅是因技术上的不足而造成，则至少在某些情况下可能做一个近似的估计。但主要的事实是：根本不存在恒常关系。正如无知的实证主义者们一而再再而三重复的那样，经济学并没有落后，因为其性质并不是"定量的"。之所以它不是定量性质的而且也不进行衡量，正是因为根本不存在常量。涉及经济事件的统计数字均为历史数据。这些历史数据告诉我们——在一个不可重复的历史案例中发生了什么事情。物理事件可以根据我们所掌握的"经实验确立之恒常关系"的相关知识进行诠释。而历史事件则不适合进行这样的诠释。

历史学家可以列举出如下两种因素：共同导致某一已知效果的所有因素，以及不利于这些因素并可能导致延迟和削弱最终结果的所有因素。但是，除非通过理解，否则，历史学家并不能以量化方式将"各种各样的诱因"与"所产生的各种效果"一一对应起来。除非通过理解，否则，他不能给 n 个因素中的每一个因素均分配其在产生效果 P 中所起的作用。在历史领域，"理解"可以说相当于"定量分析与衡量"。

技术可以为我们精确地计算出：若要使一块钢板不被一支温彻斯特步枪从300码开外发射的一颗子弹击穿，这块钢板的厚度必须至少达到多少。技术也因此可以回答这样一个问题："为何一个躲在某一已知厚度钢板后面的人会或不会被一发子弹伤害？""为何牛奶价格上涨了10%""为何罗斯福总统在1944年的美国大选中最终击败了竞选对手杜威州长""为何法国在1870年至1940年期间实行的是共和政体"——历史就无法以同样的把握来解释诸如此类的问题。除了"理解"之外，这样的问题不允许采取任何其他处理方式。

针对每一个历史因素，"理解"皆试图赋予其"相关性"。在理解的过程中，没有任意和反复无常的余地。历史学家的自由，受限于他在"为现实提供令人满意之解释"方面所做出的努力。他治学之路的启明星一定是对真理的求索。但是，某种主观性的成分必然会渗透进理解之中。历史学家的理解始终会带有他个性的痕迹。言为心声，史学研究作者的治学文章映照出作者的心灵世界。

先验科学——逻辑学、数学和行为学——旨在获得一种知识，该知识对"被赋予人类思维逻辑结构"的所有人皆无条件有效。自然科学旨在获取一种认知，该认知对不仅具有人类理性能力，而且具有人类感官的所有人皆有效。人在逻辑与感觉方面的一致性，使得这些知识分支具有"普遍有效性"的特征。这至少是指导物理学家研究工作的原则。直至最近几年，他们方才开始认识到自身努力的局限性，并通过抛弃老一辈物理学家的过度自命不凡，发现了"不确定性原理"。如今他们意识到，有一些不可观察的事物，其不可观察性是一个认识论原理问题。[1]

对历史的理解绝对不会产生所有人皆必然接受的结果。两位历史学家，即使他们皆完全同意"非历史科学"的教义，也完全同意在不依赖于"相关性理解"的情况下确立事实，他们亦可能在理解这些事实的相关性方面发生分歧。他们可能完全同意确定是因素a、b和c共同作用产生了效果P；尽管如此，对于a、b和c各自对最终结果所作贡献的相关性，他们亦可能存在很大的分歧。理解的目的在于赋予每个因素以相关性，就此而言，它容易受到主观判断的影响。当然，这些均不属于价值判断，它们并不表达历史学家的偏好。它们属于相关性的判断。[2]

历史学家们可能会因为各种各样的原因而产生意见分歧。对于"非历史科学的教义"，他们可能持有不同观点；他们的推理可能基于他们完全熟悉的或多或少的相关记录；对行为人的动机与目的以及他们所使用的手段，他们可能有着不同的理解。所有这些分歧皆可通过"客观"推理来解决；就这些分歧达成广泛一致意见是可能的。但仅就"历史学家们在相关性判断方面存在分歧"这一点而言，就不可能找到一个所有理性的人皆必然接受的解决方案。

科学的智识方法与普通人在其日常世俗推理中应用的方法，二者在本质上并无区别。科学家与非专业人员使用的是同样的工具；只不过在工具的使用上，科学家更为熟练且更为谨慎罢了。理解并非属于历史学家的一项特权。理解是每个人自己的事情。在观察自己所处环境的各项条件时，每个人皆是一位历史学家。每个人都用"理解"的方式来对待未来事件的不确定性，而每个人皆必须调整自己的行为来应对此等不确定性。投机者所做的独特推理，不过是对"决定未来事

---

[1] 参见阿瑟·爱丁顿（A. Eddington），《物理科学的哲学》（*The Philosophy of Physical Science*）（纽约，1939年），第28—48页。

[2] 由于本书并非一部关于一般认识论的论著，而是一部经济学论著不可或缺的一个基础读本，因此没有必要强调"对历史相关性的理解"与"诊断医生所要完成的诊断工作"之间的类比性。生物学认识论并不属于我们研究的范畴。

件的诸多因素之相关性"的一种理解而已。而且让我们在调查研究的早期就强调这一点——行为必然始终针对的是"未来的、并因此具有不确定性的条件",因而行为始终是一种投机。可以说,行为人是以历史学家的眼光来看待未来的。

自然史与人类史

宇宙进化论、地质学和生物演变史,三者皆属于历史学科,因其研究分析的皆为过去发生的独特事件。然而,它们只运用自然科学的认识论方法,而无需采用"理解"的方式。它们有时必须仅仅依靠对量级的近似估计。但这种估计并不属于相关性的判断。与"精确"衡量相比,它们可谓一种不太完美的"确定定量关系"的方法。绝对不能将它们跟人的行为领域的事态相混淆,而人的行为的特点就在于缺乏恒常关系。

□ **哥白尼的家乡波兰托伦市**

尼古拉·哥白尼(1473—1543年),出生于波兰斯瓦河畔托伦市的一个富裕家庭,是文艺复兴时期的波兰天文学家、数学家、教会法博士、神父。他提出的日心说,改变了人类对自然以及自身的看法。杰出的哥白尼,自始至终都是一名虔诚的天主教徒,且不认为他的学说与《圣经》相抵触。

若我们谈论历史,我们脑海中有的只是人的行为的历史,而研究分析人的行为的专用心智工具就是"理解"。

"现代自然科学之所有成就皆归功于实验方法",针对这一说法,有时可通过引证天文学予以反驳。如今,现代天文学本质上属于将"在地球上通过实验发现的物理定律"在天体上的应用。早期的天文学主要基于这样一种假设——天体的运动不会改变其运行轨迹。哥白尼和开普勒只是试图猜测"地球是以何种曲线绕着太阳运行的"。由于圆形被视为"最完美的"曲线,哥白尼为其日心说理论选定了圆形运行轨迹。后来,通过类似的猜想,开普勒用椭圆形轨迹代替了圆形轨迹。只是在牛顿的发现之后,天文学才成为严格意义上的一门自然科学。

9 论观念类型

历史研究分析的对象是独特的、不可重复的事件,其中包含滚滚红尘中不可逆转的人间俗事。要描述一个历史事件，不能不提到事件所涉及的人、事件发生的地点和日期。若一件事可在不提及这些因素的情况下加以叙述，那它根本就不是一个历史事件，而是一个属于自然科学范畴的事实。"某某教授于1945年2月20日在其实验室里进行了某项实验"，这样的报道就是对一个历史事件的一种叙述。这位物理学家认为：他完全可以在其实验报告中不提及做实验的人以及实验的日期与地点。他只叙述那些在他看来与所取得的结果具有相关性的情形，而且当这些情形再现时，会再次产生同样的结果。他将该历史事件转化成了经验自然科学领域的一个事实。他无视"做实验的人"的积极干预，并试图将他想象成一位冷眼旁观的观察者、一位纯粹现实的讲述者。研究处理这种哲学的认识论问题，并不是行为学的任务。

历史事件虽然独特且不可重复，但有一个共同特点，即它们皆是人的行为。历史学将它们理解为人的行为；历史学通过行为学认知这一手段来设想它们的意义，并通过观察它们的个体性与独特性来理解它们的意义。对历史学而言，重要的始终是相关人物的意义：这些相关人物赋予其想要改变的事态的意义，他们赋予其所施展的行为的意义，以及他们赋予其行为所产生的效果的意义。

对于无穷无尽的纷繁复杂的事件，历史学按其意义加以编排与归类。针对其研究对象（也即人、思想观念、制度、社会实体和人工制品）之系统化，历史学所采取的唯一原则就是"意义类同"。根据意义类同性，历史学将各种要素编排成各种观念类型。

观念类型是在历史研究及其研究结果的陈述中所使用的特定概念。它们皆属于理解范畴的概念。因此，它们完全不同于行为学的范畴与概念，亦不同于自然科学的概念。一个"观念类型"并非一个"类别概念"，因为其描述并没有指出那些"其存在可明确、清晰确定类别成员身份"的标记。我们无法定义一个观念类型；它必须以列举特性为特征，而这些特性的存在大体上决定了——在一个具体示例中，我们是否面对一个属于所讨论之观念类型的样本。观念类型的独特之处在于：并非其所有特征均需呈现在任何一个例子中。某些特征的缺失是否会妨碍在所讨论的观念类型中包含某一具体样本，这取决于通过"理解"所作的一种"相关性"判断。观念类型本身是理解"行为个人的动机、观念与目的及其运用的手段"这些因素之后所产生的结果。

一个观念类型跟"统计学意义上的均值和平均值"毫无关系。有关特征，其大多数皆不能用数字加以确定，而且仅仅由于这一原因，这些特征无法进行平均值的计算。但主要原因还在于其他方面。统计平均值表示某一类别或某一类型成员的行为,其已通过参照其他标记的定义或特征化构成,且涉及定义或特征化中未涉及的特征。在统计学家开始调查研究特殊特征并运用该调研结果确立某一平均值之前,类别或类型的成员资格条件必须是已知的。我们可以确定美国参议员的平均年龄,或者我们就某一特殊问题计算某一年龄阶层人口之行为的平均情况。但在逻辑上,不可能让一个类别或类型的成员资格条件依赖于某一平均值。

□ 科西嘉

拿破仑(1769—1821年),出生于科西嘉的阿雅克肖城,是19世纪法国伟大的军事家、政治家,曾经征服过半个欧洲,捍卫了法国大革命的成果,造就了盛极一时的法兰西第一帝国。拿破仑对欧洲封建王权的强力征服和对旧制度的锐意改革,使他成为了影响世界历史进程的标志性人物。

若不借助"观念类型",我们根本不可能对任何历史问题加以研究分析。即使当历史学家研究处理某一个人或某一单一事件时,他也无法避免提及观念类型。若他谈到拿破仑,他必须提到"指挥官、独裁者、革命领袖"这样的观念类型;若他研究分析法国大革命,则他必须提到诸如"革命、一个现有政权的解体、无政府状态"这类观念类型。还有一种情形是,提到某一观念类型可能仅仅在于排除其对所讨论之情况的适用性。但所有历史事件皆是用观念类型来加以描述和诠释的。在对待过去或未来的事件时,普通人也必然而且总是在不知不觉中利用观念类型。

使用某一确定的观念类型是否有利于充分把握相关现象,只能由"理解"来决定。决定理解方式的并非"观念类型";而恰恰是理解模式本身需要构建和使用相应的观念类型。

观念类型是利用所有非历史知识分支发展的思想观念与概念构建的。当然,对历史的每一种认知皆受其他科学发现的制约,并依赖于这些发现,而且绝不能与之相矛盾。但是相比这些其他科学,历史知识还具有另一主题和另一种方法,而它们反过来对理解毫无用处。因此,观念类型绝对不能跟非历史科学的概念相混淆。这同样也适用于行为学的范畴与概念。诚然,它们为历史研究提供了不可

□ 珍妮机

1764年的一天，纺织工哈格里夫斯回家时刚进门，不小心一脚踢翻了妻子珍妮的手摇式纺纱机，却意外发现横着的纺锤直竖起来，仍在转动。他略一思忖，大受启发，试着将纺锤改为竖装，并将1个纺锤改成7个、8个，以后又增加到16个、18个，最终，哈格里夫斯发明了世界上第一台纺纱机。

或缺的心智工具。然而，它们并不涉及对作为历史主题之独特、个别事件的理解。因此，一个观念类型绝不可能是对某一行为学概念的一种简单采用。

许多情况下，会出现这样一种情形：被行为学用来表示某一行为学概念的某一术语，结果却是供历史学家用于表示某一观念类型。然后，历史学家用"同一个"词语来表达两件不同的事情。他使用该术语，有时是为了表示其行为学内涵，但更多时候是为了表示某一观念类型。在后一种情况下，历史学家赋予该词语一种不同于其行为学意义的含义；他通过将它转移到一个不同的研究领域来改变其用法。"企业家"作为一个经济概念指向的是某一阶层，不同于被经济史和描述性经济学用作观念类型的"企业家"。（第三个用法是法律术语"创业者"。）"企业家"作为一个经济术语是一个精确定义的概念，在市场经济理论的框架范围内，它表示的是一种明确的综合职能。"企业家"作为一种历史观念类型并不包括相同的成员。在使用这个词语时，没有人会想到擦鞋男孩、拥有自己汽车的出租车司机、小商人和小农场主。经济学针对"企业家"而建立的概念，对这个阶层的所有成员皆严格有效，而丝毫不考虑时间和地理条件以及商业的各个不同分支。经济史针对"企业家"观念类型所建立的概念，会因不同时代、国家、商业分支以及许多其他条件的特定情形而各不相同。作为一般观念类型的"企业家"概念，对于历史而言并无多大用处。历史更关注诸如以下这些观念类型：杰斐逊时代的美国企业家、威廉二世时代的德国重工业、第一次世界大战前最后数十年间的新英格兰纺织制造业、巴黎的新教高级金融圈、白手起家的企业主，等等。

是否推荐使用某一确定的观念类型，完全取决于理解方式。如今，使用如下两种观念类型相当常见：左翼政党（进步党人）和右翼政党（法西斯党人）。前者包括西方的民主党、一些拉美独裁政权和俄国的布尔什维克；后者则包括意大利的法西斯和德国的纳粹。这种类型划分是一种确定理解模式的结果。另一种模式是将"民主"与"独裁"对立起来。于是，意大利的法西斯以及德国的纳粹属于"独裁政府"观念类型，而西方的制度则属于"民主政府"观念类型。

德国的政治经济学历史学派和美国的制度主义历史学派，二者均将经济学解释为"作为一种观念类型的'经济人'之行为的特征化"，这无疑是一个根本性错误。根据这一学说，传统或正统的经济学并不研究分析真实人的真实行为，而是研究分析虚构或假设的形象。它描绘的是这样一种存在体：其完全由"经济"动机所驱使，也即，完全由为了获得最大可能的物质或金钱利益的意图所驱使。这些批评家说，这样的存在体在现实中没有，也从来没有过对应的存在物；这是一种虚假的纸上谈兵哲学的幻影。没有任何一个人会完全受"尽可能变得富有"这一欲望所驱使；事实上，许多人根本不受这种卑鄙欲望的影响。在研究分析人生与历史时，提到这样一种虚幻的人造侏儒无疑是徒劳的。

即使这真的是古典经济学的本意，"经济人"也肯定不能作为一种观念类型。观念类型并不是人的各种目的与欲望的一个侧面或方面的体现。它所指称的始终是现实（无论是人、制度，还是意识形态）的复杂现象。

古典经济学家们试图诠释价格的形成。他们充分意识到这样一个事实：价格并不是某一特殊人群的各种活动的产物，而是市场社会中所有成员相互作用的结果。这就是他们所说的"需求与供给决定价格之形成"的意思。然而，尽管已做出各种努力，古典经济学家们依然未能提供令人满意的价值理论。针对明显的价值悖论，他们找不到解决的办法。"黄金"比"铁"更有价值，尽管"铁"比"黄金"更"有用"——这一所谓的悖论让他们深感困惑。因此，他们无法构建一个价值通论，亦无法追溯市场交换现象与生产现象的最终来源——消费者的行为。这是这一缺点，迫使他们放弃了编写"人的行为通论"的宏伟计划。他们不得不用一种理论聊以自慰，这种理论只诠释商人的各种活动，而并不回溯到作为最终决定因素的"每个人的选择"。他们只研究分析渴望在最便宜的市场购买、在最贵的市场出售的那些商人的行为。消费者被排除在他们的理论领域之外。后来，古典经济学的追随者解释并证明：这一缺陷是一种刻意的，而且是方法论上必要的程序。他们断言：这是经济学家的有意设计，旨在将他们的研究限制在人的行为的一个方面——"经济"方面。他们的意图是使用一个完全由"经济"动机所驱使的人的虚构形象，而忽视所有其他人，尽管他们充分意识到这样一个事实——真正的人是由许多其他"非经济"动机所驱使的。在这些解释者中，有一派认为：要研究分析这些其他动机，并不是经济学的任务，而是其他知识分支的任务。另一派则承认：研究分析这些"非经济"动机及其对价格形成的影响同样也是经济学的任务，但他们认为此项任务须留给后代来完成。在我们调查研究的后期阶段，我们会发现：将人的行为的动机区分为"经济"动机和"非经济"动机，这种做法站不住脚。现代主观经济学从解决显而易见的价值悖论入手。在这一点上，重要的是要认识到：侧重于人的行为"经济"方面的这一学说完全歪曲了古典经济学家的教义。他们可是从未打算践行这一学说赋予他们的使命。他们想要理解物价的真正形成机制，而这些价格并非虚拟物价——因为确定虚拟物价的前提是行为人受假设条件的支配而施展行为，而此等假设条件不同于真正影响行为人的诸项条件。他们试图解释并确确实实解释的价格——尽管并没有追溯到消费者的选择——是真实的市场价格。他们所说的需求与供给，是由促使人们做出购买或出售行为所有动机所决定的真实因素。他们的理论错在没有将"需求"追溯到"消费者的选择"；而且，他们缺乏一种令人满意的需求理论。但他们并不认为：他们在其论文中使用的"需求"这一概念完全是由"经济"动机所决定的，而不是由"非经济"动机所决定的。由于他们将理论化范畴局限于商人的行为，因而他们并未考虑最终消费者的动机。尽管如此，他们的价格理论旨在对真实物价进行诠释，而不考虑那些促使消费者做出消费行为的动机与想法。

它既不将其定理局限于商人的行为，也不研究分析虚构的"经济人"。它研究分析的是每个人的行为领域中无法改变的范畴。它关于商品价格、工资费率和利率的定理涉及所有这些现象，而不考虑促使人们买卖或不买卖的动机。通过诉诸"经济人幻象"来证明老一辈经济学家的缺陷，这样徒劳的尝试，现在是彻底摒弃的时候了。

10 经济学的程序

　　行为学的范围就是对人的行为范畴的解释。要推导出所有的行为学定理，所需要的只是对人的行为本质的了解。这是我们自己的知识，因为我们是——人；任何一个具有人类血统的人，只要其病理状态尚未退化到仅仅作为植物人而存在的状态，那么他就不会缺乏这种知识。要理解这些定理，无需任何特别经验；而且任何经验，无论其多么丰富，皆不能将这些定理揭示给一个"从先验角度并不知道人之行动为何物"的人。认知这些定理的唯一途径，就是对我们关于行为范畴的固有知识作逻辑分析。我们必须思考自己，并且反思人的行为的结构。正如逻辑学和数学一样，行为学知识就在我们自己的"身心灵"里面；它并非来自身外。

行为学的所有概念和定理，皆蕴涵在人之行动的范畴中。第一项任务是提取和推导它们、阐述它们的含义，并定义这么做的普遍条件。在说明了任何行为所需要的条件之后，我们必须更进一步，当然，是在范畴和形式的意义上，确定特殊行为方式所需要的不太一般的条件。通过描绘一切可以想象到的条件，并从这些条件中推导出逻辑上允许的一切推论，那么就有可能处理第二项任务。这样一个全面的系统将提供一种理论，它不只提到人的行为，因为它是存在于人在其间生活并施展行为的现实世界中所给出的条件与情形下。它将同样处理假设的行为，例如想象在世界无法实现的条件下发生的行为。

但科学的目的是认识现实。它既非脑力体操，亦非逻辑消遣。因此，行为学将其探究局限于对"在现实中给定条件与预设下施展行为"的研究。它仅从两个角度来研究在未实现和无法实现条件下的行为。它研究分析的是一些事态，尽管这些事态在现在和过去的世界中并不是真实的，但在未来某个日期有可能成为真实的。如果需要这样一种探究，以便令人满意地把握在现实中存在的条件下正在发生的事情，那么它就会检验不真实和无法实现的条件。

然而，这种对经验的引用，并不损害行为学和经济学的先验性质。经验，只不过是将我们的好奇心从一些特定问题上引开并引向另一些特定问题罢了。它告诉我们应该探索什么，但它没有告诉我们如何继续对知识的探究。此外，并非经验，而是思考本身告诉我们：在什么情况下，为了设想现实世界中正在发生的事情，有必要研究无法实现的假设条件。

劳动的负效用并不具有范畴性的和先验性的性质。我们可以毫不矛盾地想到一个"劳动不会引起不安"的世界，而且我们可以描绘出在这样一个世界中普遍存在的事态。但现实世界是以"劳动的负效用"为条件的。只有基于"劳动是不安之源"这一假设的定理，才适用于理解这个世界上正在发生的事情。

经验告诉我们：存在着劳动的负效用。但它并不直接明示给我们。将自己标示为"劳动负效用"的现象并不存在。只有经验数据根据先验知识被解释为：人们认为，在其他条件相同的情况下，闲暇——也即不劳动——是比耗费劳动更为可取的条件。我们看到，人们放弃了通过更多工作可以得到的好处——也就是说，他们准备为获得闲暇而做出牺牲。我们从这一事实推断：闲暇被视为一种商品，而劳动则被视为一种负担。如果没有先前的行为学洞察，我们将永远无法得出这一结论。

间接交换理论以及在其基础上建立起来的所有进一步的理论——如流通信用理论——仅适用于诠释实行间接交换的世界里所发生的事件。在一个仅有易货贸易的世界里，这只是智力游戏而已。假若经济科学们能够在这样一个世界里出现，那么如此世界里的经济学家们是不可能考虑间接交易、货币和其他一切问题的。然而，在我们的现实世界中，这种研究正是经济理论的一个重要组成部分。

行为学将其目光锁定在对现实的理解上，聚焦于研究对这一目的有用的那些问题上，这一事实并未改变其推理的先验性质。但它标志着经济学——迄今为止行为学中唯一详细阐述的部分——展示其努力结果的方式。

经济学并不遵循逻辑学和数学的程序。它并没有提出一个脱离对现实任何参照的纯粹先验推理的综合体系。在将假设引入其推理之中时，经济学自我满足于对有关假设的处理可以为理解现实提供有用的服务。它在其论文与专著中并未将"纯科学"跟"应用其定理解决具体历史和政治问题"严格区分开来。为了有组织地呈现其结果，它所采取的是一种"先验理论"与"对历史现象的解释"交织在一起的形式。

显然，这种程序模式是由经济学主题本身的性质与本质决定的。它已然证明了其权宜之计。然而，我们决不能忽视这样一个事实，即操纵这种奇特的、逻辑上有些奇怪的程序需要多么谨慎和微妙，而不加批判、头脑肤浅的人们一次又一次地因粗心混淆所隐含的两种认识论上不同的方法而误入歧途。

"经济学的历史方法"或"制度经济学"学科——根本不存在这样的事物。我们有经济学，也有经济史。这两者绝不能混淆。在所有预设的假设均已给出的每一种情形下，所有的经济学定理皆是必然有效的。当然，在不存在这些条件的情况下，它们没有任何实际意义。关于间接交易的定理并不适用于无任何间接交易的条件。但这并不损害它们的有效性。[1]

政府和强大的施压集团在贬低经济学、诋毁经济学家方面的所作所为，已使这个问题变得模糊不清。独裁者和民主多数派沉醉于权力之中，不能自拔。他们

---

[1] 参见弗兰克·海尼曼·奈特（F. H. Knight）《竞争的伦理学及其他文论》（*The Ethics of Competition and Other Essays*）（纽约，1935年），第139页。

必须不情愿地承认他们受制于自然法则。但他们拒绝经济法的概念。他们不是最高立法者吗？难道他们没有权力碾压每一个对手吗？除了上级军队强加的限制之外，没有任何一个军阀倾向于承认其权力方面存在着任何限制。卑躬屈膝的涂鸦者总是准备通过阐述适当的教义来助长这种自满。他们将自己断章取义的假设称之为"历史经济学"。事实上，经济史是一份关于已然失败的政府政策的长篇幅记录，因为这些政策在设计时公然无视经济规律。

经济学本身是对当权者自负的一种挑战，若不注意这一事实，就不可能理解经济思想史。经济学家永远不会成为独裁者和煽动者的宠儿。对于他们而言，他始终是恶作剧的制造者，他们越是在内心深处相信他的反驳有根有据，他们就越是恨他。

面对这一切狂热的骚动，我们应当确立这样一个事实，即一切行为学和经济学推理的出发点——人的行为的范畴——是反对任何批评和反驳的证据。以任何方式诉诸任何历史性或经验性的考虑，皆不能发现人们有目的地以某些选定目的为目标的命题中的任何破绽。关于"非理性""人类灵魂深不可测的深度""生活现象的自发性""无意识行为""反射"和"取向"的任何讨论，均不能推翻"人利用其理性来实现愿望和欲望"的说法。从人的行为范畴不可动摇的基础出发，行为学和经济学以话语推理的方式循序渐进、步步为营。通过精确定义假设与条件，它们构建了一个概念系统，并得出了逻辑上无可置疑的推理所隐含的所有推论。对于以如此方式得到的结果，只可能有两种态度：要么可以揭露产生这些结果的推论链中的逻辑错误，要么必须承认它们的正确性和有效性。

对"生活与现实并不合乎逻辑"这一说法加以反驳显然是徒劳的。生活与现实，既非"合乎逻辑"，亦非"不合逻辑"；它们只是既定而已。但逻辑是人理解两者的唯一工具。反对"生活与历史高深莫测、难以言喻"，反对"人之理性永远无法渗透到生活与历史的内核之中"皆是徒劳的。批评家们自相矛盾地对那些无法言说之事侃侃而谈、从那些深不可测之事中演绎出各种理论（当然是虚假的理论）。有许多事情皆超出了人之头脑的理解范围。但是，就算人能够获得任何知识——无论这种知识多么有限，他也只能使用一条途径——理性开辟的途径。

同样虚幻的是，试图用理解来对抗经济学定理。历史理解的领域是专门对那些非历史科学不能完全阐明的问题的阐明。理解绝不能跟"非历史科学"发展起来的理论相矛盾。一方面，理解确立了这样一个事实，即人们由某些思想所驱动、旨在实现某些目的，并为达到这些目的而运用某些手段，另一方面，赋予各

□ 马丘比丘古城

马丘比丘古城，也被称作"失落的印加城市"，是保存完好的前哥伦布时期的印加遗迹。马丘比丘位于现今秘鲁境内库斯科西北130公里，整个遗址高耸在海拔约2350米的山脊上，俯瞰着乌鲁班巴河谷。

种历史因素各自相关性，因为非历史科学无法实现这一点，除此之外，理解什么也做不了。理解并不能使现代历史学家有权断言：驱魔术曾经是治愈病牛的一个适当手段。理解也不允许现代历史学家坚持认为"某一经济法则在古罗马或印加帝国是无效的"。

人并非万无一失。他寻求真理——也即，寻求对现实最充分的理解，只要他的头脑和理性的结构使他得以接近真理。人永远不可能变得无所不知。他永远不能绝对肯定"他的探究没有被误导、他认为确凿的真理不是错误"。人所能做的，就是一次次将他所有的理论提交给最为关键的二次审查。这意味着：经济学家要将所有定理追溯到它们无可置疑的确凿的终极依据——人的行为范畴，并通过最为仔细的审查来检验从这一依据引向所检验定理的所有假设与推论。不能说这一程序就一定能保证不出错误，但它无疑是最为有效的避免出错的方法。

行为学——经济学也同样——是一个演绎系统。它从其演绎的起点、从行为范畴中汲取力量。没有一个经济学定理能够被认为是稳健的，除非将一系列无可辩驳的推理牢固地建立在这一基础之上。在缺乏这种联系的情形下做出的声明，无疑是武断的浮泛之论。对于经济学的某一特殊细分领域而言，如果我们不将其包含在一个完整的行为系统中，就不可能对其加以研究分析。

各经验科学从单个事件开始，从独特的和个别的事件着手，然后逐步过渡到更普遍的事件。它们的处理受到专门化的限制。这些经验科学可以研究分析各细分领域，而不必关注整个大领域。经济学家则与之不同，他绝不能是某个细分领域的专家。在处理任何问题时，他都必须始终着眼于整个系统。

历史学家则经常在这方面犯下错误。他们随时准备突发奇想地发明定理。他们有时并没有认识到：从对复杂现象的研究中抽象出任何因果关系皆不可能。他们自命不凡地调查现实，而不提及他们所蔑视的先入为主的想法，这显然是徒劳的。事实上，他们无意中应用了长期以来已被揭露为谬误和矛盾的流行学说。

11 行为学概念的局限性

行为学的范畴与概念是为理解人的行为而设计的。如果一个人试图用这些范畴与概念来研究分析不同于人类生活的条件，那么它们就变得自相矛盾和荒谬了。原始宗教的天真拟人化是哲学头脑所不能接受的。然而，哲学家们试图通过使用行为学概念来定义一个"没有人类存在的一切限制与弱点"的绝对存在物的属性，这也是同样值得怀疑的。

经院哲学家和神学家，以及理性时代的有神论者和自然神论者，皆设想了一个绝对的、完美的存在物，该存在物不可改变、无所不能、无所不知，但无时无刻不在谋划和施展行为、以实现目的为目标，并使用手段以达到这些目的。但是行为只能归咎于一个心怀不满的人，而重复的行为只能归咎于一个缺乏一劳永逸消除其不安之力量的人。一个正在施展行为的人（"行为人"）是一个心怀不满的人，因此并不是一个全能的人。他若心满意足，就不会施展行为；他若是全能的，那他早就从根本上消除了他的不满。对于一个全能的人而言，在各种不安状态之间做出选择是一件毫无压力的事情；他没有必要默许较小的罪恶。全能意味着有能力在不受任何限制条件约束的情形下实现一切并享受充分的满足感。但这与行为的概念本身并不相容。对一个全能的人而言，目的与手段的范畴并不存在。他高于人的所有理解、概念和了解。对于全能的人而言，每一种"手段"皆能提供无限的服务，他可以运用每一种"手段"来达到任何目的，他也可以不使用任何手段来达到每一个目的。对"全能"概念始终如一地思考，直至其最终的逻辑后果，这超出了人类头脑的能力。这些悖论是无法解决的。全能的人是否有能力实现一件不受他后来干涉的事情呢？若他具备这种能力，则他的能力是有限的，他就不再是全能的；若他缺乏这种能力，则他也不是全能的。

全能与全知是否兼容呢？全知预设所有未来发生的事情均已无法改变地确定了。若存在全知，则全能是不可想象的。在业已预定的事件过程中，在改变任何事情方面的无能为力，将限制任何代理人的力量。

行为是对有限的力量与控制的一种展示。它是一种"人的表现"，而这个"人"受到他如下因素的限制：他自己的思维能力、他身体的生理特性、他所处环境的变迁，以及他的福利所依赖的外部因素的缺乏。若一个人的目的是描绘某种绝对完美的东西，则提到人类生活的不完美和弱点就是徒劳的。绝对完美的想法本身在各方面都是自相矛盾的。绝对完美的状态必须被理解为"完全的、最终的、不会有任何改变的状态"。变化只会损害它的完美，使其变为一个不那么完美的状态;"仅仅是可能会发生某种变化的可能性"与"绝对完美的概念",二者是不相容的。但是,话又说回来,没有变化即完美的不变、僵化和不动就等于没有生命。生命与完美,二者是不相容的;但死亡与完美同样也水火不容。

生活并不完美,因为它容易改变;死人并不完美,因为它没有活着。

生活着的、施展着行为的人,其语言可以在比较程度上构成"比较级"和"最高级"。但"绝对"并不是一个程度,而是一个限制性的概念。绝对的事物是无法确定、不可想象、不可言喻的。这是一个虚构的概念。世上根本没有诸如"完美的幸福""完美的人""永恒的极乐"这样的事情。每一次试图描述安乐乡(cockaigne)的情况或者天使们的生活,毫不例外皆会带来悖论。有诸多条件的地方,就存在着局限和不完善;既有克服障碍的努力,也有挫折和不满。

在哲学家们已然放弃了对绝对事物的追求之后,乌托邦主义者又拾取了它,如获至宝。他们编织关于完美状态的梦想。他们并没有意识到:作为强制与胁迫的社会机构,国家是一个处理人的缺陷的机构;而且国家的基本职能是对少数族群施加惩罚,以保护多数族群免于遭受某些行为的有害后果。有了"完美"的人,就不再需要任何强制和胁迫了。但乌托邦并不关注人的本性以及人类生活的不可改变的条件。戈德温认为:私有财产废除后,人可能会变得不朽。[1]

如今最流行的嵌合体是"稳定与安全"。稍后我们将对这些流行语进行测试。

---

[1] 威廉·戈德温(William Godwin),《关于政治正义及其对一般美德和幸福的影响的调查》(*An Enquiry Concerning Political Justice and Its Influence on General Virtue and Happiness*)(都柏林,1793年),第二部分,第393—403页。

第三章　经济学以及违背理性的反动

1 违背理性的反动

的确，有些哲学家准备高估人的理性的力量。他们相信：人类可以通过推理发现宇宙事件的最终原因，即原动力在创造宇宙和决定其演化过程中所要达到的内在目的。他们详细阐述了何为"绝对"，其"了如指掌"的程度就仿佛它是他们的怀表一样。他们勇于宣布永恒的绝对价值，勇于建立对所有人皆无条件约束的道德准则。

然后出现了一长串的乌托邦著作家。他们为一个只有纯粹理性才能对其进行统治的人间天堂起草了方案。他们并未意识到：他们所谓的"绝对的理性"和"显明的真理"只不过是他们自己头脑中的幻影罢了。他们轻率地自称"一贯正确"，而且经常鼓吹对所有持不同政见者和异教徒应毫不容忍、暴力压迫。他们的目标是施行独裁，要么是为他们自己，要么是为那些能准确执行他们计划的人。在他们看来，对于受苦受难的人类而言，再没有任何别的救赎方式了。

我们首先来看看黑格尔。他是一位深邃的思想家，而他的著作则是一座激动人心的思想宝库。但他殚精竭虑地工作是基于这样一种幻想：精神——绝对的事物——通过他的话语显露出来。宇宙中的万事万物，黑格尔皆无所不知、无所不晓。遗憾的是，他的语言如此含糊其辞，乃至于可以作各种不同的解读。右翼黑格尔派将其解释为"对普鲁士专制政府制度的认可以及对普鲁士教会教条的认可"。左翼黑格尔派从中读出了无神论、顽固的革命激进主义和无政府主义教义。

再来看看奥古斯特·孔德。他自以为能够精准地预知人类未来的一切。当然，他认为自己是最高立法者。例如，他认为某些天文学研究毫无用处，并想对这些研究加以禁止。他计划用一种新的宗教来代替基督教，并选定此新教会中的一位女士来取代圣母玛利亚。孔德可以被开脱，因为他是病理学对"疯子"这一术语所赋予的完全意义上的疯子。那么他的追随者呢？

□ 黑格尔任教的柏林大学

黑格尔（1770—1831年），出生于德国西南部巴登-符腾堡首府斯图加特，柏林大学哲学教授，是德国19世纪唯心主义哲学的代表人物之一，对德国国家哲学作了最系统、最丰富和最完整的阐述。黑格尔哲学的任务和目的，就是要展示通过自然、社会和思维体现出来的绝对精神，揭示它的发展过程及其规律性。黑格尔把绝对精神看成世界的本原，围绕绝对精神这个基本命题，他建立起了令人叹为观止的客观唯心主义体系。

还可以列举更多这样的事实。但它们不是反对理性、理性主义和理智性的论点。这些梦想跟"理性是否是人努力尽可能多地获取可获得知识的权利和唯一工具"这一问题毫无关系。诚实而又认真的求真者们，从未假装认定"理性和科学研究能够回答一切问题"。他们充分意识到人之心灵的局限性。他们不能被迫承担对于"海克尔哲学的残酷性"和"各种唯物主义学派的简单主义"的责任。

理性主义哲学家自己总是致力于既展示先验理论的界限，又展示经验研究的界限。[1] 英国政治经济学的首位代表人物大卫·休谟、功利主义者和美国实用主义者当然并没有夸大人在获得真理方面的能力。"将太多的不可知论和怀疑论归于过去两百年的哲学"，要比"对人心所能达到的目标过于自信"更有道理。

违背理性的反动——我们这个时代特有的精神态度——并非由哲学家的不够谦虚、谨慎和自省造成，亦不是由现代自然科学发展演变的失败而造成。科技和治疗学的惊人成就所说的语言是任何人都不能忽视的。无论是从直觉主义和神秘主义的角度，还是从任何其他角度，攻击现代科学都是无望的。违背理性的反动针对的是另一个目标。它针对的目标并非自然科学，而是经济学。对自然科学的攻击，只是对经济学的攻击在逻辑上必然的结果。只在一个领域否定理性，而不同时在其他知识分支中质疑理性，这是不允许的。

---

[1] 参见示例，路易斯·鲁吉尔（Louis Rougier），《理性主义的谬误推理》（Les Paralogismes du rationalisme）（巴黎，1920年）。

2 多元逻辑说的逻辑方面

多元逻辑说认定：不同社会阶级的人，其心灵的逻辑结构是不同的。种族多元逻辑说特别赋予每个种族一种特殊的心灵逻辑结构，并认为一个特定种族的所有成员，无论其阶级归属如何，皆具有这种特殊的逻辑结构。

在这里，没有必要批判这些学说所应用的社会阶级和种族这些概念。要求种族主义者说明"何种逻辑是那些不具有纯粹种族血统的人所特有的"，这无疑是多此一举。还有严重得多的反对意见要提出。

无论种族主义者，抑或是任何其他名目的多元逻辑论的支持者，皆没有更进一步地宣布心灵的逻辑结构在不同阶级、种族或民族中是各不相同的。他们从来不敢确切地证明雅利安人的逻辑与非雅利安人的逻辑区别何在、德国人的逻辑与法国人或英国人的逻辑到底有何差异。德国种族主义者谴责李嘉图的比较成本理论，因为李嘉图是犹太人，而德国民族主义者谴责该理论则因为他是英国人。然而，要反对一个理论，只揭示其作者的背景是不够的。有必要做的第一件事情就是阐述一个逻辑体系，该体系不同于受批评的作者所应用的逻辑体系。然后，有必要一点一点审查有争议的理论，并表明在其推理中，哪些推论——尽管从作者逻辑观点来看是正确的——从雅利安人或德国人逻辑观点来看是无效的。最后，应该说明，若用批评家自己逻辑的正确推论来取代作者的错误推论，必然会导致何种结论。众所周知，从来没有、也永远不可能有任何人尝试这么做。

还有一个事实是，属于同一种族或国家的人在本质问题上存在着分歧。纳粹党人却说，不幸的是，有一些德国人并没有以正确的德国方式进行思考。但是，如果一个德国人不一定总是按照他"应该的方式"进行思考，而是可能按照一个具有非德国逻辑的人的方式进行思考，那么，谁来决定哪个德国人的思想是真正德国人的思想、哪个德国人的思想是非德国人的思想呢？已故的弗朗茨·奥本海默教授如是说："个人往往在照顾自己的利益方面出错；但从长远来看，一个阶级永远不会出错。"[1] 这一说法就意味着"多数票是一贯正确的"。然而，纳粹党人以"多数票决定明显属于非德国性质的决定"为由将"多数票决定"制度否决掉了。

---

[1] 参见弗朗茨·奥本海默（Franz Oppenheimer），《社会学体系》（*System der Soziologie*，耶拿，1926年），第二部分，第559页。

一个多元逻辑论的一贯支持者必须坚持认为——这些观点都是正确的，因为它们的作者是正确国家或正确种族的成员。但一贯性并不是他们的一项美德。希特勒甚至足够坦率地承认，他从混血人和异族人中筛选"真正德国人"的唯一方法就是——先宣布一项纯正德国计划，然后观察谁准备支持它。[1]一个黑头发的人——其身体特征完全不符合金发的雅利安主人种族的原型——自诩天赋异禀地发现了适合德国人思想的唯一学说，并将所有不接受这一学说的人（无论其身体特征如何）从德国人的队列中驱逐出去。整个学说的伪善性已昭然若揭，无需更多证据。

3 多元逻辑论的行为学方面

许多作家皆认为，通过强调"人们并非仅仅为了知识本身而渴求知识"，他们已然证明了这一说法。科学家的目的是为成功的行动铺平道路。理论的发展始终着眼于实际应用。根本不存在所谓"纯粹的科学"和"对真理的无私探索"这样的东西。

为了论证起见，我们可以承认：为获得真理而付出的每一份努力，其动机皆是出于对为达到某种目的而实际运用真理的考虑。但这并不能回答如下问题：为何一个"意识形态的"——也即一个虚假的——理论应当比一个正确的理论提供更好的服务？一个理论的实际应用产生了在该理论基础上预测的结果，这一事实被普遍认为是对其正确性的一种确认。断言一个谬误的理论从任何角度来看皆比一个正确的理论更有用，这是自相矛盾的。

人们使用枪炮。为了改进这些武器，他们发展了弹道学。但是，当然，正是因为他们渴望狩猎和互相残杀，他们需要发展一门正确的弹道学。而单单一门"意识形态的"弹道学则毫无用处。

对于许多人来说，"科学家只为知识本身而劳作"的观点只不过是科学家们的"傲慢伪装"罢了。因此，他们宣称：麦克斯韦的电磁波理论是由于对无线电报业务的渴望而产生的。[2]无论这一说法是对是错，皆与意识形态问题毫不相

---

[1] 参见他在纽伦堡党代会上的讲话，1933年9月3日（《法兰克福报》，1933年9月4日，第2页）。

[2] 参见兰斯洛特·霍本（Lancelot Hogben），《公民科学》（*Science for the Citizen*）（纽约，1938年），第726—728页。

干。问题是：是否是所谓的事实——"19世纪的工业主义认为没有电线的电报是'哲学家的魔法石和长生不老药'"。毫无疑问，细菌学的研究不仅是由对抗传染病的愿望引起的，而且也是由葡萄酒和奶酪生产者改进其生产方法的愿望引起的。但是所获得的结果肯定不是"意识形态的"结果。

现在，诉诸"合理化"这一概念，提供了对于"促使一个人或一群人制定某一定理或某一整个理论的动机"的一种心理学描述。但它并未对所提出理论的有效性或无效性作出任何断言。若证明有关理论是站不住脚的，则"合理化"这一概念就是对使其作者易犯错误之原因的一种心理学解释。但是，若我们无法在所提出的理论中找到任何错误，则任何诉诸"合理化"这一概念的做法皆不可能破坏该理论的有效性。若经济学家的潜意识里真的是除了为资本家的不公平主张辩护之外别无意图，则他们的理论依然是相当正确的。要揭露一个有缺陷的理论，除了用话语推理来反驳它并用一个更好的理论来代替它之外，别无他法。在研究分析毕达哥拉斯定理或比较成本理论时，我们对促使毕达哥拉斯和李嘉图建立这些定理的心理因素并不感兴趣，尽管这些东西对于历史学家和传记作者而言可能很重要。对于科学而言，唯一相关的问题是——这些定理是否经得起理性检验。这些定理的作者，其社会或种族背景是无关紧要的。

一个事实是：人们为了追求私利，或多或少地试图运用被公众舆论普遍接受的学说。此外，他们渴望发明和传播那些他们可能用来促进自己利益的学说。但是，这并不能解释为何这种"偏袒少数人利益而违背其他人利益"的学说会得到舆论的支持。不管这种"意识形态"学说是否是"虚假意识"的产物，从而迫使一个人在不知不觉中以服务于他所属阶级之利益的方式思考，也不论它们是否是有目的地歪曲真理的产物，它们皆必然遇到其他阶级的意识形态并试图取代它

□ 詹姆斯·克拉克·麦克斯韦和他的妻子

詹姆斯·克拉克·麦克斯韦（1831—1879年），出生于苏格兰爱丁堡，物理学家、数学家，经典电动力学的创始人，统计物理学的奠基人之一。其著作《论电和磁》被尊为继牛顿的《自然哲学的数学原理》之后一部最重要的物理学经典。有观点认为，麦克斯韦对物理学的贡献仅次于艾萨克·牛顿和阿尔伯特·爱因斯坦。图为詹姆斯·克拉克·麦克斯韦和他的妻子。

□ 大卫·李嘉图

大卫·李嘉图（1772—1823年），出生在英国伦敦的一个犹太移民家庭，是英国古典政治经济学的主要代表之一，也是英国古典政治经济学的集大成者。李嘉图赋予劳动以重要地位，他在《政治经济学及赋税原理》中开宗明义地指出，"一件商品的价值，或曰用以与之交换的任何其他商品的数量，取决于生产此件商品所必需的相对劳动量"。1793年，李嘉图与家庭决裂，当时他的荷包里一共只有800英镑，但极具投资天赋的他，到了1821年却赚到了100多万英镑。按现在的币值换算，这差不多是数千万甚至上亿美元了。

们。然后，立场对立的意识形态之间的竞争就出现了。精神——神话中的原动机按照一个明确的计划运作着。它带领人类经历了各种初步阶段，最终走向幸福。每一个阶段皆是某一特定技术状态的产物；其所有其他特征均是这一技术状态的必要意识形态上层建筑。精神使人类在适当时候产生与其所处阶段相适应的技术思想，并加以实现。其余的则皆是技术状态的产物。手工磨坊造就了封建社会；蒸汽机造就了资本主义。[1] 人的意志与理性在这些变革中只起到了辅助性的作用。不可阻挡的历史发展规律迫使人们——独立于他们的意志之外——按照与其时代的物质基础相对应的模式来思考并施展行为。人们自欺欺人，相信他们可以在各种想法之间自由选择、在他们所谓的真理与错误之间自由选择。他们自己也不开动脑筋想一想；他们的思想所体现的是历史的天意。

这纯粹是一种神秘的学说。支持它的唯一证据是诉诸黑格尔辩证法。资本主义私有财产是对个人私有财产的首次否定。由于某种自然规律的不可阻挡性，它产生了对自己的否定，也即生产资料的共同所有权。然而，一个以直觉为基础的神秘学说并不会因为引用了另一个同样神秘的学说而丧失其神秘性。这一权宜之计并不能回答如下这个问题：为何一个思想家必然会根据他所属阶级的利益发展出一种意识形态呢？为了论证起见，我们可以承认——人的思想必然会产生有利于他利益的学说。但是，一个人的利益必然与其所属整

---

[1] "手工磨坊造就了封建社会；蒸汽机造就了资本主义。" 马克思，《哲学的贫困》（*Misére de la philosophie*）（巴黎和布鲁塞尔，1847年），第100页。

个阶级的利益一致吗？不可否认的一个事实是：在那些以工会工资费率受雇的工人与那些仍然失业的工人之间，存在着不可调和的利益冲突，因为工会工资费率的强制实施会阻止劳动力供需双方找到合适的价格来满足劳动力的需求与供给。同样真实的是，人口相对过多的国家的工人利益，与人口相对不足的国家的工人利益，在移徙障碍方面是对立的。

□ 瓦特改良过的蒸汽机

詹姆斯·瓦特（1736—1819年），出生于苏格兰格拉斯哥附近，发明家、企业家，第一次工业革命的重要人物，与著名制造商马修·博尔顿合作生产蒸汽机。后人为了纪念这位伟大的发明家，把功率的单位定为"瓦特"，简称"瓦"，符号W。据说，瓦特小时候有一次看到火炉上烧的水开了，蒸汽把水壶盖顶开，瓦特把壶盖放回去但很快壶盖又被蒸汽顶开了，后来瓦特意识到这是蒸汽的力量，并由此引发了他对蒸汽的兴趣，间接导致他日后发明了蒸汽机。

根据西斯蒙迪（C. L. Silmonde de Sismondi）、弗雷德里克·李斯特（Frederick List）和德国历史学派的思想，对英国外贸政策变迁的一种流行解释是这样的：在18世纪下半叶和19世纪大部分时间里，英国资产阶级的阶级利益要求实行一种自由贸易政策。因此，英国政治经济学制定了一种自由贸易学说，英国制造商则组织了一场大众化运动，最终成功地取消了保护性关税。后来，情况发生了变化。英国资产阶级再也无法忍受外国制造业的竞争，因而迫切需要保护性关税。为此，经济学家们用一种保护理论代替了过时的自由贸易意识形态，于是英国又回归到了保护主义。

这种解释的第一个错误就是，它认为"资产阶级"是由利益相同的成员所组成的同质阶级。一个商人始终有必要根据他所在国家的制度条件来调整其商业行为。从长远来看，有无关税，对于作为企业家和资本家的商人而言，实在无关痛痒——既不因此受益，亦不因此受损。他将转向生产在特定事态情形下他能获得最大利润的商品。可能损害或促进其短期利益的，只是在机构设置方面的变化。但这种变化并不以同样的方式和程度影响到各业务部门以及各个不同的企业。一项措施对某一业务部门或某一企业有利，但可能对其他分支或其他企业不利。对商人而言，重要的只是数量有限的海关项目。就这些项目而言，各业务部门和企业的利益大多是对立的。

每一个业务部门或企业的利益均可受益于政府授予它的各种特权。但是，如果对其他业务部门和企业也授予同等程度的特权，那么每个商人——不仅作为消费者，而且作为原材料、半成品、机器和其他设备的购买者——一方面遭受损失，另一方面获得利润，且二者的金额正好相等。自私团体的利益可能促使一个人为自己的业务部门或企业寻求保护。如果他不能肯定得到比其他行业或企业更大程度的保护，那么这种利益永远也不能激励他要求对所有业务部门或企业进行普遍的保护。

从阶级的角度来看，英国制造商也并不比其他英国公民对废除《谷物法》（*Corn Laws*）更感兴趣。土地所有者反对废除这些法律，是因为农产品价格的下降减少了土地租金。制造商的特殊阶级利益只能根据早已被抛弃的工资铁律和"利润是剥削工人的结果"这一同样站不住脚的说法来解释。

在一个以分工为基础组织起来的世界里，每一个变化皆必然以这样或那样的方式影响许多群体的短期利益。因此，支持改变现有条件的每一种学说，总是很容易被揭露为一个特殊人群私利的一种"意识形态"伪装。许多当代作家的主要职业就是从事此类揭露工作。它最奇怪的表现是：18世纪的一些作家试图将宗教信条解释为教士们的欺诈性谎言，而教士们渴望为他们自己以及他们的盟友——剥削者们——获得权力与财富。这类教义的支持者们从来不曾想到：凡有自私利益赞成的，也必然有自私利益反对的。这绝不是对"它偏爱某一特殊阶级"之任何事件的令人满意的解释。要回答的问题是：为何它损害了其利益的那些人并没有成功地挫败它所支持的那些人的努力。

短期而言，每一家企业和每一个业务部门均对增加其产品的销售感兴趣。然而，从长远来看，在各个不同的生产部门中，普遍存在着报酬均等化的趋势。如果对一个业务部门产品的需求增加并提高了利润，那么就会有更多的资本流入该业务部门，而新企业的竞争又会降低利润。销售对社会有害物品的回报，绝不比销售对社会有益物品的回报高。如果某一业务部门被取缔，而且从事该业务的人面临起诉、处罚和监禁的风险，那么毛利必须足够高以弥补所涉及的风险。但这并不影响净利润的水平。

富人，即已在运营之工厂的所有者，在维护自由竞争方面并无特定的阶级利益。他们反对没收和征用他们的财富，但他们的既得利益更赞成采取措施来防止新来者挑战他们的地位。为自由企业和自由竞争而奋战的那些人，并不捍卫当今富人的利益。对于将成为明日企业家且其聪明才智将使子孙后代的生活变得更加愉快的默默无闻之辈，他们想放开手脚自由发展，希望为经济的进一步改善开辟道路。他们是物质进步的代言人。

自由贸易思想在19世纪取得的成功受到了古典经济学理论的影响。这些思想的声望是如此之大，以至于那些被它们伤害了其阶级私利的人无法阻碍它们得到公众舆论的支持并通过立法措施得以成为现实。是思想创造了历史，而不是历史创造了思想。

与神秘主义者们和预言家们争论是毫无用处的。他们将自己的断言建立在直觉的基础上，并且不准备对它们加以理性检验。他们伪称"他们内心的声音"所宣告的正是"历史的自我启示"。如果其他人没有听到这个声音，那只是证明他们并没有被选中。在黑暗中摸索的人竟然敢反抗受到启发的人，这就是一种蛮横无理。体面应该促使他们爬到角落里并且保持沉默。

然而，科学不能放弃思考，尽管很明显它永远不能成功地说服那些质疑理性至上的人。科学必须强调，诉诸直觉并不能解决"几个对立学说中到底哪一个是正确的、哪一个是错误的"这一问题。

4 种族多元逻辑论

这与种族主义者的多元逻辑论不同。这一名目的多元逻辑论跟当今经验主义中时髦的，尽管是错误的倾向是一致的。人类分为各个不同的种族，这是一个既定事实。各个种族的身体特征各不相同。唯物主义哲学家断言：思想是大脑的一种分泌物，正如胆汁是胆囊的一种分泌物一样。如果他们事先否定"各个种族的思想分泌物在基本品质上可能各不相同"这一假设，那么他们就自相矛盾了。解剖学到现在尚未成功地发现不同种族脑细胞的解剖学差异，这一事实并不能使"心智的逻辑结构因种族不同而各不相同"的说法失效。它并不排除"以后的研究可能会发现此类解剖学特征"这一假设。

一些人种学家告诉我们：将文明分为高级文明和低级文明，将外来种族形容为落后种族，这都是错误的做法。不同种族的文明不同于高加索人种的西方文明，但它们并不逊色。每个种族皆有其独特的心态。将从其他种族的成就中抽象出来的标准用于衡量其中任何一个种族的文明，这样的做法是错误的。西方人将中国的文明称为"瘫痪的文明"，将新几内亚居民的文明称为"原始的野蛮"。但是中国人和新几内亚人对我们文明的鄙视，其程度丝毫不亚于我们鄙视他们文明的程度。这类估计均属于价值判断，因此是武断的。而其他种族具有不同的心智结构。他们的文明非常适合他们的心智，正如我们的文明非常适合我们的心智一样。我们无法理解——我们所说的"落后"在他们看来并不落后。从他们的逻辑来看，这是一种优于我们进步主义的方法，可以通过给定自然生活条件达成令人满意的安排。

这些民族学家强调"表达价值判断并不是历史学家——民族学家也是历史学家——的分内事"，这是对的。但是，他们认为"其他种族在他们的活动中是由驱动白人种族的动机以外的动机所指导的"，这就完全错了。亚洲人和非洲人一直渴望赢得斗争以求得生存，并在这些努力中使用理性作为最为重要的武器，在这方面，亚洲人和非洲人丝毫不亚于具有欧洲血统的人。他们做出各种努力来消除猛兽和疾病的侵袭、采取措施防止饥荒并且提高劳动生产率。毋庸置疑的是，在追求这些目标方面，他们不如白种人成功。他们渴望从西方的一切成就中获利——这就是明证。假如蒙古人或非洲人尽管遭受某一令人痛苦之疾病的折磨，但因为他们的心态或世界观导致他们相信受苦比减轻痛苦要好，因而放弃某位欧洲医生的帮助，那么这些民族学家就是对的。圣雄甘地（Mahatma Gandhi）在进入一家现代医院接受阑尾炎的治疗时，就否定了他的整套哲学。

北美印第安人缺乏发明轮子的独创性聪明才智。阿尔卑斯山的居民并不热衷于制造滑雪板，即便滑雪板会使他们艰苦的生活变得愉快得多。导致这类缺点的原因，并不是跟长期以来使用轮子和滑雪板之种族的心态不同的心态；即使从印第安人和阿尔卑斯山人的角度来看，这些也是缺陷。

□ 圣雄甘地和他的纺车

莫罕达斯·卡拉姆昌德·甘地（1869—1948年），被尊称为"圣雄甘地"，是印度民族解放运动的领导人、印度国民大会党领袖。甘地以非暴力为制定一切政策的基础。他认为爱就是人的本性，真理的原则就是爱的原则，哪怕是对待仇敌也同样如此。纺车是圣雄甘地世界观的象征之一。20世纪30年代，甘地号召印度人民通过抵制英货来反抗英国殖民政府，号召通过亲手纺织衣服来抵制英国成衣。这部被拍卖的轻便式纺车在20世纪30年代甘地囚禁于耶拉夫达监狱时被使用，后来在1935年他将该纺车赠送给神父弗洛伊德·布费尔。

然而，这些考虑只涉及决定具体行为的动机，并不涉及"不同种族之间是否存在心智逻辑结构上的差异"这一唯一相关的问题。而种族主义者断言的正是这一点。[1]

我们可以参考前面几章中关于"心智逻辑结构"以及"思想与行为之范畴原则"基本问题的论述。一些额外的观察将足以给种族多元逻辑论和任何其他名目的多元逻辑论致命一击。

人的思想与行为的范畴，既不是人心的武断产物，也不是惯例。它们不在宇宙之外，也不在宇宙事件过程之外。它们是生物学上的事实，并且在生活和现实中有一定的作用。它们是人类为生存而斗争的工具，是人类努力使自己尽可能适应宇宙的真实状态并尽可能消除不安的工具。因此，它们适合于外部世界的结构，并反映出世界和现实的特性。它们发挥着作用，而且在这个意义上是真实、有效的。

因此，断言"先验的洞察和纯粹的推理不能传达关于现实和宇宙结构的任何信息"，是不正确的。思想与行为的基本逻辑关系及其范畴是人类一切知识的最终来源。它们适合于现实的结构；它们向人的心灵揭示了这一结构；而且在这个意义上，它们对于人而言是基本的本体论事实。[2]我们并不知道，一个超人的智力可以思考和理解什么。对人来说，每一种认知皆是由他心灵的逻辑结构所制约的，并隐含在这一结构之中。恰恰是经验科学及其实际应用的令人满意的结果证明了这一真理。在人的行为能够达到要实现之目的的轨道内，不可知论没有留下任何空间。

如果有种族已经发展出了一种不同的心智逻辑结构，那么他们就不能在生存斗争中使用理性作为辅助手段。能够保护他们免受灭绝的唯一生存手段将会是他们的本能反应。自然选择将会淘汰那些试图用推理来指导自己行为的种族。那些仅仅依靠本能的个体将会生存下来。这意味着只有那些没有超过动物心智水平的种族才有生存的机会。

西方学者已积累了大量关于中国和印度高度文明以及亚洲、美洲、澳洲和非

---

[1] L. G. 蒂拉拉（L. G. Tirala），《种族、精神与灵魂》（*Rasse, Geist und Seele*）（慕尼黑，1935年），第190页及后页。

[2] 参见莫里斯·R. 科恩，《理性与自然》（*Reason and Nature*）（纽约，1931年），第202—205页；《逻辑序言》（*A Preface to Logic*）（纽约，1944年）。

洲原住民原始文明的资料。可以肯定地说，关于这些种族的思想，所有值得了解的内容皆已众所周知。但是从来没有任何多元逻辑论的支持者试图用这些数据来描述这些民族和文明的所谓不同逻辑。

5 多元逻辑论与理解

种族主义信条的某些拥护者以一种奇特方式解释他们党派的认识论教义。他们愿意承认：心智的逻辑结构对所有种族、国家和阶级都是统一的。他们断言：种族主义从未打算否认这一不可否认的事实。他们真正想说的是：历史的理解、审美同理心和价值判断，所有这些皆由一个人的背景所决定。显然，不能以多元逻辑论倡导者的著作为依据来支持这一解释。然而，必须将它作为自己的一种学说来加以分析。

一个人的价值判断及其对目的的选择，反映了他与生俱来的身体特征以及他一生的所有沧桑巨变——这一点已无需再次强调。[1] 但是，从"承认这一事实"到"相信种族遗传或阶级归属最终决定了价值判断和目的选择"，存在着天壤之别。世界观与行为模式的根本差异并不对应于种族、国籍或阶级归属的差异。

在价值判断上的分歧，几乎没有比苦行僧与那些渴望轻松享受生活的人之间的分歧更大的了。一条不可逾越的鸿沟将虔诚的僧尼与人类其他成员分隔开来。但在所有种族、国家、阶级和种姓中，皆有人致力于苦行僧式的理想。他们中有些是国王和富有贵族的儿女，有些是沿街行乞的乞丐。圣弗朗西斯（Santa Francis）、圣克拉拉（Santa Clara）和他们的狂热信徒们，皆是意大利本国人，但我们不能因此将意大利的其他居民描述为"厌倦世俗事情的人"。清教是盎格鲁—撒克逊民族的，但都铎王朝、斯图亚特王朝和汉诺威王朝治下的英国人的荒淫无度也是盎格鲁—撒克逊民族的。19世纪禁欲主义的杰出倡导者是列夫·托尔斯泰伯爵（Count Leo Tolstoy），而他本人是一个挥霍无度的俄国贵族富翁。托尔斯泰看到他所攻击的哲学之精髓体现在贝多芬的《克鲁采奏鸣曲》（*Kreutzer Sonata*）中，而这首杰作的作者贝多芬本人却出身于极度贫困的家庭。

审美价值亦同样如此。所有种族和民族皆既有古典（主义）的艺术，也有浪

---

[1] 参见莫里斯·R. 科恩，《理性与自然》，第46—47页。

漫（主义）的艺术。

历史学家和行为人，二者对历史的理解始终反映出其作者的个性。[1]但是，如果历史学家和政治家满怀对真理的渴望，他们就永远不会让自己被党派偏见所迷惑，只要他们有本领且非无能之辈。历史学家或政治家是否认为某一因素的干扰是有利还是有害，无关紧要。他不能从低估或高估某一操作因素的相关性中获得任何好处。只有那些笨拙的准历史学家才相信——他们可以通过歪曲来为自己的事业服务。

政治家的理解同样如此。一个新教的拥护者误解天主教的巨大权力和声望，或者一个自由主义者误解社会主义思想的相关性，又会从中获得什么好处呢？为了成功，一个政治家必须看到事情的本来面目；谁若沉溺于一厢情愿的痴心妄想，谁就一定会失败。"相关性判断"与"价值判断"的不同之处在于，"相关性判断"的目的是对某一事态进行评价，而不依赖作者的武断性。它们受到其作者个性的影响，因此永远不会得到所有人的一致赞成。但在这里，我们必须再次提出一个问题：一个种族或阶级能从对理解的"意识形态"扭曲中获得什么优势呢？

正如前文指出的，历史研究中发现的严重差异是非历史科学领域存在的诸多差异的结果，而不是各种理解模式存在的诸多差异的结果。

之所以产生这种差异，既不是由于价值判断，也不是由于理解上的差异。它们是经济进化和历史进化的对立理论的结果。如果社会主义的到来不可避免，而且只能用革命的方法来实现，那么"进步派"实施的谋杀就是毫无重要性的小事件

□ 贝多芬

路德维希·凡·贝多芬（1770—1827年），出生于德国波恩，是德国著名的作曲家、钢琴家、指挥家，维也纳古典乐的代表人物之一。其音乐气魄宏伟，极具艺术感染力，被誉为"古典主义音乐的高峰"。贝多芬的音乐是激昂的，但他的生活却是不幸的。在他生活的那个时代，作曲家都有一种使命感和责任感，贝多芬也不例外。

---

[1]参见莫里斯·R. 科恩，《理性与自然》，第202—205页；《逻辑序言》（*A Preface to Logic*）（纽约，1944年），第42—44页、第54—56页、第92页、第180—187页。

了。但是，"反动派"实施的有可能延缓社会主义最后胜利的自卫和反击却是最重要的。它们皆是引人注目的事件，而革命行为只是例行公事罢了。

6 理智之理由

头脑精明的理性主义者并不认为人的理性可以使人无所不知。他们充分意识到这样一个事实：无论知识如何增加，最终总会有一些东西属于终极给定性质而不可能得到任何进一步的说明。

□ **列夫·托尔斯泰的波良那庄园**

列夫·尼古拉耶维奇·托尔斯泰（1828—1910年），出生于图拉省克拉皮文县的雅斯纳雅·波良那庄园的一个贵族家庭，是19世纪中期俄国批判现实主义作家、政治思想家、哲学家，代表作有《战争与和平》《安娜·卡列尼娜》《复活》等。列宁评价托尔斯泰是"俄国革命的镜子"，是具有"最清醒的现实主义"的"天才艺术家"。

但是，他们说，只要人能够获得认识，他就必须依靠理性。终极给定的事物是非理性的事物。就已然知晓的事物而言，可知的事物必然是理性的。不存在非理性的认识模式，也不存在一门具有"非理性"性质的科学。

关于尚未解决的问题，允许有各种假说，只要它们并不跟逻辑和无可争议的经验数据相矛盾即可。但这些都只是假设而已。

我们不知道是什么导致了人在能力方面的先天差异。科学无法解释"为何牛顿和莫扎特满怀创造性天赋而大多数人却不是"。然而，说一位天才的伟大归功于他的祖先或他的种族，这绝对是一个差强人意的答案。问题是为何这样的人不同于他的兄弟和他的种族的其他成员。

将白种人的伟大成就归因于种族优越性，只不过是一个模糊的假设而已，跟"文明的早期基础是由其他种族的人民奠定的"这一事实不符。我们不知道将来其他种族的文明是否会取代西方文明。

然而，这样一种假设必须根据其本身的优点来评价。不能预先对它加以谴责，因为种族主义者正是将他们的假设——"不同种族群体之间存在不可调和的冲突，而优越的种族必然奴役劣等的种族"——建立在它的基础之上。李嘉图的结社定律早就抛弃了这种对"人与人之间不平等"的错误解释。通过否定显而易见的事实来对抗种族假说，这是荒谬之举。否认到目前为止某些种族对文明的发展毫无贡献或贡献甚少，因而在这个意义上可以称之为"劣等种族"，这是徒劳的。

根据某一理论的历史背景、其所处时代的"精神"、其起源国的物质条件以及其作者的任何个人素质来研究分析该理论，这只不过是一种黔驴技穷的权宜之计罢了。一个理论只接受理性的审判。而此等审判中要应用的衡量尺度永远是理性的尺度。一个理论要么正确，要么错误。我们知识的现状可能并不允许我们对它的对或错作出评定。但是，如果一个理论对一个中国人无效，那么它对一个美国人就永远不可能有效。

如果种族主义者是对的，就不可能解释"为何当权者要急于压制意见不同的理论并迫害这些理论的支持者"。有些不宽容的政府和政党意图宣布异见者为非法并将其消灭，这一事实本身就是理性的卓越性的一个佐证。它的对手使用警察、刽子手和暴民来对抗它，这并不是一个学说正确性的决定性证据。但它证明了这样一个事实：那些诉诸暴力压迫的人在其潜意识中确信他们自己的学说是站不住脚的。

不可能证明逻辑学和行为学的先验基础的有效性而不涉及这些基础本身。理性是一种终极给定，不能自我分析或质疑。人类理性的存在本身就是一个非理性的事实。关于理性，唯一可以断定的陈述是：它是区分人与动物的标志，并产生了具体属于人的一切事物。

对于那些认为"人若放弃使用理性而试图让自己只受直觉与本能引导就会更幸福"的人，除了对人类社会成就的分析之外，没有任何别的答案可以给出。在描述社会合作的起源与作用时，经济学提供了在理性与非理性之间做出最终决定所需的全部信息。若人重新考虑将自己从理性的至高无上地位中解放出来，则他须知道他将不得不放弃什么。

第四章　对行为范畴的首次分析

1 目的与手段

一个行为所追求的结果被称为它的目的、目标或宗旨。人们在日常语言中也使用这些术语来表示中间目的、目标或宗旨；这些是行为人想要达到的点，只是因为他相信，在跨越这些点之后，他会达到他的最终目的、目标或宗旨。严格而言，任何行动的目的、目标或宗旨总是使行为人从感到的不安中解脱出来。

手段是用来达到任何目的、目标或宗旨的东西。手段不在给定的宇宙中；在这个宇宙中只存在着一些事物。当人的理性计划利用一个事物来达到某种目的，而人的行为确实为此目的而利用它时，这个事物就变成了一种手段。沉思者看到事物的有用性，即它们为他自己的目的服务的能力，而行为人则使它们成为手段。首先要认识到，外部世界的组成部分只有通过人之心智及其分支——人的行为——的运作才能成为手段。外部对象本身只是物理宇宙的现象，是自然科学的主题。正是人的意义和行为将它们转化成了手段。行为学并不涉及外部世界，而是涉及人针对外部世界所施展的行为。行为学意义上的现实并不是物理宇宙，而是人对这个宇宙给定状态的有意识反应。经济学研究的并非事物和有形物质对象；它研究的是人、他们的意义和行为。货物、商品、财富以及所有其他行为概念皆不是自然的要素；它们是人的意义和行为的要素。凡需与这些要素打交道的人，不可从外部世界里追寻；他必须在行为人的意义里寻找这些要素。

如果所有人皆受到一种绝对有效哲学的启发，并具备完善的技术知识，那么行为学和经济学并不按人的意义和行动应该是或将会是的样子来研究分析它们。对于诸如"绝对有效性"和"全知性"这样的概念而言，在一门以犯错误的人为主题的科学的框架中是没有空间的。目的是人所追求的一切事物。而手段则是行为人视为"手段"的一切事物。

科学技术和治疗学的任务就是在其各自领域揭示种种错误。揭露社会行为领域中的错误学说就是经济学的任务。但是，如果人们不听从科学的建议，而是坚持他们的谬误偏见，那么这些错误就是现实，而且必须按这个样子来研究分析。经济学家认为外汇管制并不适合达到那些求助于它的人们所要达到的目的。然而，如果公众舆论不放弃其幻想，而政府因此诉诸外汇管制，那么事件的进程就由这种态度决定。当今医学认为曼德拉草疗效学说简直是天方夜谭。但只要人们将这个寓言当作真理，曼德拉草就是一种经济商品，而要获得它就得支付价格。在处理价格问题时，经济学并不问"别人眼中的东西是什么"，而只问"那些想要得到它们的人的意义是什么"。因为它研究分析的是真实的价格，是买卖双方在真实的交易中支付和收到的价格，而不是如果人与其真实状态不同时的价格。

手段必然总是有限的，也即，就人们想要使用它们的服务而言，手段总是稀缺的。如果不是这样，就不会对它们施展任何行为。假若人不受可获取之物数量不足的限制，那么人就无需施展任何行为。

人们习惯上将"目的"称为"终极商品"，而将"手段"称为"商品"。在应用这一术语时，经济学家主要是作为"技术学家"而非"行为学家"来进行思考的。他们区分了免费商品和经济商品。他们将"那些供应量丰富过剩而无需经济化的东西"形容为"免费商品"。然而，此类商品并不是任何行为的对象。它们是人类福利的一般条件；它们亦是人类在其中生活和施展行为的自然环境的组成部分。只有经济商品才是行为的基质。只有它们才是经济学研究分析的对象。

商品本身适合直接满足人的需要，且其可用性并不依赖于其他经济商品的配合，这样的经济商品被称为"消费者商品（消费品）"或"一类商品"。只有在其他商品的配合下才能间接满足需要的手段，被称为"生产者商品"或"生产要素"，或更远亲或更高阶商品。一种"生产者商品"通过如下方式提供服务：与其他互补性生产者商品密切配合，产生出一种产品。该产品可能是一种"消费品"，也可能是一种生产者商品，该生产者商品与其他生产者商品结合在一起时，最终会产生一种消费品。将生产者商品根据它们跟可用其生产出的那些消费品的接近程度的顺序排列，这样设想是可能的。最接近某一消费品生产的那些生产者商品位于二阶范围，相应地，用于生产"二阶商品"的生产者商品位于三阶范围，依此类推。

按这种顺序对商品加以排序，其目的是为生产要素价值与价格理论提供依据。稍后将说明"高阶商品"的估价与价格如何取决于由"低阶商品"支出所产生的"低阶商品"的估价与价格。针对外部事物所做出的最初和最终估价仅涉及

"消费品"。所有其他东西皆根据它们在"消费品"生产中所起的作用来估价。

因此，实际上没有必要按照从第二阶到第N阶的各种顺序来排列"生产者商品"。一种具体的商品是应该被称为"最低阶商品"还是应当归属于"较高阶商品"——对这样的问题作迂腐的讨论同样也是多余的。以咖啡为例：究竟是生咖啡豆、烘焙咖啡豆、咖啡粉末，还是调配好的待饮用咖啡，或是将与奶油和糖混合调配好的咖啡称为"可即时消费的消费者商品"，这并不重要。我们采用何种讲话方式无关紧要。因为关于估价问题，若我们将"消费品"视为一种产品，则我们所说的关于"消费品"的一切皆可应用于任何更高阶商品（除了最高阶商品之外）。

一件经济商品并不一定必须体现在一个有形事物之中。非物质经济商品称为"服务"。

2 价值尺度

行为人在可供选择的各种机会之间做出选择。在众多选项中，他更偏好其中一种选择。

人们常说，行为人在安排其行为时，他的心中有一个需求或价值的衡量尺度。在这样一个尺度的基础上，他满足了价值更高的东西，即他更迫切的需求，而没有满足价值较低的东西，即不太迫切的需求。对于这样一种关于事态的陈述，无人提出任何反驳。然而，人们绝不能忘记：价值或需求的衡量尺度本身仅在行为的现实中体现出来。这些衡量尺度除了个人的实际行为外，并没有独立的存在。我们要获得关于这些衡量尺度的知识，其唯一来源是对一个人的行为所作的观察。每一个行为总是与价值或需求的尺度完全一致，因为这些尺度不过是解释一个人的行为的一种工具而已。

伦理学说旨在建立价值尺度，根据该尺度人应该施展某种行为，但不一定总是施展行为。这些学说声称自己的使命是"辨别是非对错"，并就"人们应该以什么作为至高无上目标"提出建议。它们是规范性学科，旨在认知"应该是什么"。它们对于各种事实并不保持中立；它们从自由采用之标准的角度来判断各种事实。

然而这并不是行为学和经济学所持的态度。行为学和经济学充分意识到：人的行为的终极目的是无法以任何绝对标准来检验的。终极目的是"终极给定"，它们是纯粹主观性的，它们因人而异，而且在同一个人一生中的不同时刻也各不相同。行为学和经济学研究分析的对象是为行为人为实现所选择目的而选择采取的手段。对于诸如"享乐主义是否优于禁欲主义"等问题，它们并不发表任何意见。它们采用一个尺度来衡量手段，这个尺度就是：这些手段是否适合实现行为人要达到的目标。

因此，"异常"和"反常"的概念在经济学中没有立足之地。它并不会说：一个人之所以性情乖僻，是因为他宁愿选择令人不快、有害和痛苦的事物，而不选择令人愉悦、有益和令人快乐的事物。它只会说：他和别人不一样；他喜欢别人讨厌的东西；他认为别人想要避免的东西是有用的；他乐于忍受别人想要避免的痛苦，因为这痛苦伤害了别人。"正常"和"反常"这两个极端概念可以在人类学上用于区分那些表现得像大多数人一样的人和局外人以及非典型例外；它们可以在生物学上用于区分其行为可保养生命力的人和其行为属于自毁性质的人；它们可以在伦理道德意义上用于区分行为正确的人和行为不当的人。然而，在人的行为理论科学的框架中，不容这样的区分。对终极目的作任何检讨，其性质最终皆被证明是纯粹主观的，因而是武断的。

价值是行为人对终极目的所赋予的重要性。只有终极目的才会被赋予主要的和原始的价值。手段根据其有助于实现终极目的方面的有用性而作相应估价。对手段所作的估价，源于对各自目的所作的估价。对于人而言手段之所以重要，全在于它们使人有可能达到某些目的。

价值并非内在固有的，它并不存在于事物本身之中。价值是在我们心里；它是人对其所在环境的各项条件作出反应的方式。

价值也不在语言文字和学说教义中。它体现在人的行为上。重要的并不是一个人或一群人对价值的评价，而是他们的行为方式。道德家口若悬河的演说和党纲的浮夸之词听上去像是那么回事，但只有当它们真正决定人们的行为时，它们才会影响人类事件的进程。

3 需求尺度

尽管有许许多多相反的论调，然而绝大多数人的首要目标依然是改善生活福祉的物质条件。他们想要更多更好的食物、更好的房子和衣服，以及数不胜数的其他便利设施。他们奋力追求富足与健康。应用生理学将这些目标视为既定目标，试图确定"何种方法最适合提供尽可能多的满足感"。从这一角度，它区分了人的"真实"需要和想象的、虚假的欲望。它教导人们应该如何施展行为以及作为一种手段应该以什么为要达到的目标。

这些学说，其重要性显而易见。从他的观点来看，生理学家在区分"明智行为"和"违背目的之行为"方面是正确的。他将"明智的营养方法"与"不明智的营养方法"作对比亦是正确的。他可能会谴责某些行为方式既荒谬，又与"真实"的需要背道而驰。然而，对于一门研究分析人的行为现实的科学而言，这样的判断无关紧要。对于行为学和经济学而言，重要的并不是"一个人应该做什么"，而是"他做了什么"。卫生学将"酒精"和"尼古丁"称为"有毒物质"，可能是对的，也可能是错的。但经济学则必须按烟草和烈酒本身来解释它们的价格，而不是解释它们在不同条件下的价格。

在经济学领域，不同于"人类实际行为中所体现的价值尺度"的需求尺度已无存身之地。经济学研究的对象是"真实的人"——尽管他脆弱而且易犯错，而不是只有神才能做到的无所不知和十分完美的"理想人"。

4 作为交换的行为

行为是一种尝试，其目的是试图用"一种更令人满意的事态"来代替"一种不太令人满意的事态"。我们将这种主观上故意诱导的改变称为"交换"。一个不太合意的条件被交换为一个更合意的条件。放弃不那么合意的东西，是为了获得更令人愉悦的东西。被放弃的东西被称为"为达到所寻求目的而付出的代价"。这种付出代价的价值被称为"成本"。成本等于为实现行为人要达到的目标而必须放弃的满足所附加的价值。

所付出代价的价值（即产生的成本）与实现的目标的价值，二者之间的差额称为"收益"或"利润"或"净收益"。这种初级意义上的利润纯粹是主观性质的，是行为人幸福感的增加，它是一种既无法衡量也无法权衡的心理现象。不安感的消除时而多、时而少；但一种满足感在多大程度上超过另一种满足感，只能依靠主观感觉来判断；它不能以一种客观的方式来确立和确定。一个价值判断，其本身并不进行衡量，而是按程度等级进行排列，也即进行分级。它表达的是一种偏好排序和顺序，但不表达度量和权重。对于价格判断而言，只能采用序数，而不能采用基数。

谈论对价值进行的任何计算皆是徒劳的。只有使用基数才有可能进行计算。针对两种事态作出的两种不同评价，二者之间的差异，其性质完全是心理上和个人的，它无法以任何方式投射到外部世界，它只能被个人感知到，不能传达或传授给任何其他人。它是一个内涵量。

生理学和心理学已制定出了各种方法，它们假装通过这些方法已然获得了针对内涵量难以实现之衡量的替代品。经济学毫无必要对这些相当有问题的权宜之计作检讨。它们的拥护者自己意识到：它们并不适用于价值判断。但即使它们适用于价值判断，它们也并不会对经济问题产生任何影响。因为经济学研究的对象是行为本身，而不是导致确定行为的心理事实。

有一种现象一而再再而三地发生：一个行为最终并未达到行为人所寻求的目的。有时结果虽不如行为人所追求的目的，但相较于以前的事态，依然是一种改善；那么这其中依然有收益，尽管比预期的要小。但可能会发生这样的情况，即该行为产生的事态比其打算改变的前一个状态更不理想。那么，对行为结果所做出的估价与行为所发生的成本，二者之间的差额就称为"亏损"。

第五章　时间

1 作为行为学因素的时间

"变化"这一概念蕴含着"时间序列"这一概念。一个僵化、永恒不变的宇宙将会超越时间而存在，但它最终会凋亡。"变化"与"时间"这两个概念密不可分地联系在一起。行为旨在变化，因此处于时间序列中。人的理性甚至无法构想"永恒存在"和"永恒行为"的观念。

施展行为的人可以区分"行为前的时间""行为所耗费的时间"和"行为已完成后的时间"。对于时间的流逝，行为人不能保持中立。

逻辑学和数学研究的对象是一种理想的思想体系。这两个体系的关系和寓意是共存和相互依赖的。我们也可以说：它们是同步的或超越时间的。一个完美的心灵可在一念之间将它们全部领悟。人无法做到这一点，这使得思考本身成为一种行为，一步一步地从"不太令人满意的认知不足的状态"进步到"更令人满意的洞察力更好的状态"。但是，"获取知识所在的时间序列"绝不能与"先验演绎体系所有部分的逻辑同时性"相混淆。在这样一个体系中，"先验性"和"结果性"概念只是比喻性的。它们并不是指该体系，而是指我们在领悟该体系方面所施展的行为。该体系本身既不蕴含时间范畴，亦不蕴含因果关系范畴。各元素之间有功能对应关系，但既不存在"因"，亦不存在"果"。

在认识论上将行为学体系与逻辑学体系区分开来的关键，恰恰在于行为学体系蕴含了时间和因果关系两种范畴。行为学体系，其性质同样也是先验的和演绎的。作为一个体系，它是超越时间的。但"变化"是其诸多要素之一。"迟早"和"因果"概念是其组成部分。"先验性"和"后果性"属于行为学推理方面的基本概念。事件的"不可逆性"亦是如此。在行为学体系框架中，对功能对应关系的任何引用，其隐喻性和误导性并不亚于逻辑体系框架中对先验性和结果性的引用所具有的隐喻性和误导性。[1]

2 过去、现在与未来

正是"行为"为人提供了"时间"概念，并让他意识到时间的流动。时间观念是一个行为学范畴。

行为始终是面向未来的；它本质上必然始终是为了一个更美好的未来而进行的规划和行为。它的目标始终是使未来的状况比无行为干预的状况更令人满意。促使一个人施展行为的不安，是由对预期未来状况的不满意引起的，因为若不采取任何措施来改变这些状况，它们可能会变得更糟糕。在任何情况下，行为皆只能影响"未来"，而永远不会影响每一刹那都沉入过去一去不返的"当下"。当人计划将不太令人满意的当前状态转变为更令人满意的未来状态时，他就会意识到时间的存在。

对于沉思冥想而言，时间只是绵延而已。"la durée pure, dont l'écoulement est continu, et où l'on passe, par gradations insensibles, d'un etat a l'autre: Continuité réellement vécue."[2]（"纯粹的绵延，其流动是连续不断的，并且一个人以难以察觉的程度从一种状态过渡到另一种状态。连续性确实存在过。"）现在的"当下"连续不断地转移至过去，而且只保留在记忆中。哲学家们说：通过回忆过去，人就会意识到时间的存在。[3]然而，向人传达变化和时间范畴的并非回忆，而是改善其生活条件的意愿。

我们用各种机械设备测量的时间始终是"过去的时间"，而哲学家使用的"时间"这一概念始终要么是"过去"，要么是"未来"。从这些角度来看，"现在"只不过是一条分隔"过去"和"未来"的理想分界线而已。但从行为学的角度来看，"过去"和"未来"之间存在着一个真正延伸的"现在"。行为之

---

[1] 在一篇关于经济学的论著中，毫无必要讨论如何努力将力学构建成一个公理系统，在该系统中，"函数"概念取代了"因果"概念。本文稍后将会说明：公理力学不能作为分析经济系统的模型。

[2] 亨利·柏格森，《物质与记忆》（*Matière et mémoire*）（第七版，巴黎，1911年），第205页。

[3] 埃德蒙德·胡塞尔（Edmund Husserl），《内在时间意识现象学讲演录》（*Vorlesungen zur Phänomenologie des inneren Zeitbewusstseins*），《哲学与现象学研究年鉴》（第九卷）（*Jahrbuch Fü Philosophie und Phänomenologische Forschung, IX*）（1928年），第391页；阿尔弗雷德·舒茨（Alfred Schütz），《社会世界的意义构成》，第45页。

□ 传说中宙斯的居所——奥林匹斯山

宙斯，是古希腊神话中的第三代神王，统治世间万物的至高无上的天神，奥林匹斯十二主神之首。古希腊人及罗马人崇拜宙斯，在神话里将宙斯说成是自己的祖先。上图为希腊奥林匹斯山。

所以存在于真实的现在，是因为它利用了"瞬间"，从而体现了它的现实性。[1] 后来的回顾性反思首先在已然逝去的瞬间中辨别出所有行为以及给行为提供的各项条件。那些因机会已过去而无法再完成或消费的事物，使过去与现在形成对比。那些尚未完成或消费的事物，因条件尚不具备或时机尚未成熟，使未来与过去形成对比。"现在"为行为提供了机会和任务，而这些机会和任务在此之前尚为时过早，在此之后则为时太晚。

作为绵延的"现在"，是为行为提供的诸多条件和机会的延续。每一种行为皆需要特殊条件，而行为必须针对所寻求的目的，根据这些特殊条件作相应调整。因此，对于不同的行为领域而言，"现在"这一概念各不相同。它丝毫不涉及通过空间运动来测量时间流逝的各种方法。"现在"既包含已然逝去的时间，亦包含实际真切的时间，也即对行为而言很重要的时间。根据人们所看到的各种行为，"现在"本身与中世纪、19世纪、去年、上个月或昨日形成对比，但与刚刚流逝的这一小时、这一分钟或这一秒钟相比，毫不逊色。若一个人说"现如今众神之王宙斯已不再受人崇拜"，那么他心中的"现在"概念，就不同于认为"现在转弯还为时过早"的汽车司机心中的"现在"概念。

由于"未来"是不确定的，所以我们总是感到不确定和模糊不清——到底有多少时间我们可以将其视为"现在和当下"。若一个人在1913年说过"目前——

---

[1] "我所说的'现在'是我对立即到来之未来的态度，是迫在眉睫的行为。"（Ce que j'appelle mon présent, c'est mon attitute vis-à-vix de l'avenir immédiat, c'est action imminente）柏格森，《物质与记忆》，第152页。

现在——在欧洲，思想自由是无可争议的"，他并不会预见到这个"现在"很快就会成为过去。

3 时间的节约

时间的流逝，任何人也无法摆脱。他来到人间，逐步成长，渐渐衰老，最终死去。他的时间是很稀缺的。他必须像有效利用其他稀缺元素一样来有效利用时间。

由于时间序列的唯一性和不可逆性，时间的有效利用具有独特的特征。这些事实的重要性体现在行为理论的每一个部分。

在这一点上，仅有一个事实必须强调。时间的有效利用，跟经济商品和服务的有效利用，完全是两回事。即使是生活在乌托邦安乐乡中的人，只要他不是长生不老，也未被赋予永恒的青春和坚不可摧的健康与活力，也将被迫有效利用时间。尽管他所有的欲望皆可立即得到满足，且无需付出任何劳动，但他必须安排好自己的时间计划表，因为存在着不同的满足状态既不相容，也不能同时满足。对于这个人而言，时间也是稀缺的，而且也受到"早一点"和"晚一点"因素的制约。

4 行为之间的时间关系

一个人的两个行为永远不会同步发生；二者的时间关系是迟早的关系。只有从时间的物理测量方法的角度来看，不同个人的行为才有可能被认为是同步的。"同步性"是一个仅针对不同行为人之间协同努力的行为学概念。[1]

一个人的个人行为是一个接一个先后发生的。它们永远不可能在同一瞬间发生；它们只可能一个接一个或快或慢地先后发生。有一些行为可同时服务于多个目的。若将它们称为各种不同行为的巧合，将会产生误导。

人们常常未能认识到"价值尺度"一词的含义，并且忽视了那些阻止"一个人的不同行为可能存在同步性"假设的障碍。他们将一个人的各种行为解释为：1）某一价值尺度的结果，而该价值尺度独立于这些行为并在它们之前确立；2）一项先前已策划计划的结果，而这些行为的目的正是为了实现该计划。价值

---

[1] 为了避免任何可能的误解，不妨强调一下，这一定理与爱因斯坦关于空间中遥远事件之时间关系的定理毫无关系。

尺度，以及一定时期内持续时间和不变性被归因于的计划，被具象化为各种个人行为的原因与动机。然后，在价值尺度和计划中，很容易发现在各种行为方面无法断言的同步性。但这忽略了这样一个事实：价值尺度只不过是一种构建的思维工具而已。价值尺度本身只有在真实的行为中才能体现出来；它只能从对真实行为的观察中分辨出来。因此，不允许将其与真实行为作对比，也不允许将其用作评估真实行为的一个准绳。

在将真实行为与针对未来行为的早期草案和计划作比较的基础上，区分理性行为和所谓非理性行为，这一做法也同样是不允许的。非常有意思的现象是：昨日的目标是为今天的行为而设定的，而不是今天真正针对的目标。但在评价今天的真实行为方面，昨日的计划并没有为我们提供相较于任何其他想法和规范更为客观、非武断的任何评价标准。

有人曾经尝试通过以下推理来获得"非理性行为"的概念：若有一个人，在a和b中首选a，在b和c中首选b，则逻辑上在a和c中应首选a。但若此人实际上在a和c中首选c，则我们将面临一种我们无法用"一致性"和"合理性"来形容的行为模式。[1] 这种推理忽略了这样一个事实：一个人的两个行为永远不可能同步。若在一个人的一个行为中，取a而舍b，而在其另一个行为中取b而舍c，则无论这两个行为之间的时间间隔有多么短，皆不允许构建一个"a优先于b，而b优先于c"的统一的价值尺度。同样也不允许将随后的第三个行为视为与前两个行为保持一致。这个例子所证明的只不过是：价值判断并不是一成不变的，因此从一个人的各种必然不同步的行为中抽象出来的价值尺度可能是自相矛盾的。[2]

我们绝不能将逻辑学上的"一致性"概念（即前后不自相矛盾）跟行为学上的"一致性"概念（即恒常性或坚持相同原则）混为一谈。逻辑学上的"一致性"只在思想中占有一席之地，而"恒常性"则仅在行为中有其立足之地。

恒常性和理性是完全不同的两个概念。若一个人对事物的评价已改变，却

---

[1] 参见费利克斯·考夫曼（Felix Kaufmann），《论经济学的主旨问题》（On the Subject-Matter of Economic Science），《经济学刊》（Economica），第十三卷，第390页。

[2] 参见威克斯蒂德（P. H. Wicksteed），《政治经济学常识》（The Common Sense of Political Economy），罗宾斯（Robbins）主编（伦敦，1933年），第一卷，第2页及后页；莱昂内尔·罗宾斯（L. Robbins），《经济科学的本质与意义随笔》（An Essay on the Nature and Significance of Economic Science）（第二版，伦敦，1935年），第91页。

仅仅为了"恒常性"而不懈坚持曾经信奉的行为原则，这就不是理性行为，而是顽固之举。行为只在一个方面才可能保持恒常不变：选择更有价值的东西而不是价值较低的东西。若对事物的评价发生变化，则行为也必然随之改变。条件若已改变，那么继续忠于旧有计划就是刻舟求剑般的荒谬之举。一个逻辑体系必须前后一致且无自相矛盾之处，因为这才意味着该体系所有组成部分和定理皆和谐共存。在必然按时序进行的行为中，不可能有任何这种一致性的问题。行为必须与目的相适应，而目的性则需要根据不断变化的条件来调整。

沉着镇定而不乱方寸被视为行为人的一种美德。如果一个人有能力思考并迅速调整自己的行为，从而使得"出现新情况"和"调整其行为以适应新情况"之间的时间间隔变得尽可能短，那么他就算是一个沉着镇定而不乱方寸的人。若恒常性被视为对曾经设计的一项计划的忠诚，而不考虑条件的变化，则沉着镇定而不乱方寸和快速的反应与恒常性正好相反。

当一位投机者前往证券交易所时，他可能会为他的操盘大致制定一个明确计划。就那些渴望区分理性行为与非理性行为的人赋予"理性"一词的意义，无论投机者是否坚持这个计划，其行为也是理性的。这位投机者在一天中可能会开始交易，而在一位不考虑市场条件所发生变化的观察者看来，这位投机者的行为将无法被解释为"恒常行为的结果"。但投机者的意图是坚定的——实现盈利并避免亏损。因此，他必须根据市场条件的变化以及自己对未来股价发展趋势判断的变化来调整自己的行为。[1]

无论一个人如何歪曲事实，他也绝无可能形成这样一种"非理性"行为的概念——其"非理性"并非建立在对价值的武断基础之上。我们来假设一下：某人仅仅为了驳斥"不存在非理性行为"的行为学断言而选择了以非恒常的方式施展行动。在这个假设情景中，一个人设定了一个奇怪的目标，即反驳一个行为学定理，因而他所施展的行为与他本来会采取的行为方式并不一样。他为了反驳行为学而选择了一种不合适的手段，仅此而已。

---

[1] 当然，计划也可能是自相矛盾的。有时其矛盾可能是错误判断的结果。但有时这种矛盾可能是故意的，并且有特定的目的。例如，若某一政府或政党公布的某项计划向生产者承诺高价，同时向消费者承诺低价，则这种对不相容目标的拥护其目的可能具有煽动性。那么，这项公布的计划就是自相矛盾的；但是，计划的制定者本身是想要通过支持不相容的目的以及他们的公开声明来达到某一明确目的，在这个意义上制定者的计划本身并不存在着任何矛盾。

第六章 不确定性

1 不确定性与行为

未来的不确定性已蕴含在"行为"这一概念中。"人施展行为"和"未来是不确定的",绝不是两个独立的事情。它们只是确立同一件事的两种不同方式而已。

我们可以假设:所有事件和变化的结果,皆是由支配整个宇宙形成与发展的永恒不变规律所唯一决定的。我们可将所有现象的必然联系与相互依存——也即它们的因果串联——视为根本的和最终的事实。我们可能会完全摒弃"不确定机会"这一概念。但不管在一个具备完美智慧的心灵看来或看起来如何,事实依然是:对于行为人而言,未来始终是一个未知数。假若人知道未来,他就无须做出选择,而且他也不会施展行为。他会像一个自动机器人一样,对刺激做出反应,但无自己的任何意志。

一些哲学家已准备将"人的意志"这一概念作为一种幻觉和自欺来加以抨击,因为人必须在不知不觉中按照不可避免的因果规律行事。从原动力或其本身的原因角度来看,他们可能是对的,也可能是错的。然而,从人的角度来看,行为才是终极之事。我们并不断言——人在做出选择和施展行为方面是"自由的"。我们只是确立这样一个事实:他做出选择和施展行为,而我们无法使用自然科学的方法来回答"为何他以这种方式而不是其他方式施展行为"这个问题。

自然科学并不会使未来变得可以预测。对通过确定行为将要获得的结果进行预测——这是自然科学可能做到的事情。但它留下了不可预测的两个领域:人类尚未充分了解的自然现象领域以及人的选择行为领域。我们对这两个领域的无知,让所有人的行为打上了"不确定性"的标记。无可置疑的确定性只存在于先验理论的演绎体系的轨道之内。就现实而言,我们所能得到的最多也就是"概率"而已。

研究"是否允许将经验自然科学的某些定理视为确定的定理",这并不属于行为学的任务。这一问题对于行为学的诸多考虑因素而言无任何实际意义。无论如何，物理学和化学定理的概率如此之高，以至于我们有权将它们形容为"针对所有实际用途而言皆是确定的定理"。我们实际上可以预测根据科学技术规则建造的一台机器的工作情况。但是，一台机器的建造只是旨在为消费者提供通过该机器生产的产品的更广泛计划的一部分。这是否是最合适的计划取决于未来情况的发展，而在计划执行时无法确定地预测这些情况。因此，机器建造之技术成果的确定性程度，无论有多大，并不能消除整个行为中所固有的不确定性。未来的需求和估价、人对条件变化的反应、未来的科学和技术知识、未来的意识形态和政策，所有这些因素除了以一个或大或小的概率来加以预测之外，绝无他法。每一个行为皆指向一个未知的未来。在这个意义上，行为始终是冒险的投机举动。

真理和确定性问题涉及人类知识通论。另一方面，概率问题是行为学的一个主要关注点。

2　概率的意义

对概率的处理已被数学家们弄混淆了。从一开始，在处理概率演算时就存在含糊其辞之说。当梅雷骑士（Chevalier de Méré）就掷骰子中涉及的问题咨询帕斯卡（Blaise Pascal）时，这位伟大的数学家本应该将真相对他的朋友和盘托出，即对于一个纯粹靠机会输赢的赌博游戏中的赌徒而言，数学毫无用处。可是相反，他却将他的回答用数学的符号语言包裹起来。用几句大白话就能轻易解释的东西，他却用绝大多数人不熟悉的术语表达出来，因此被人以崇敬之心膜拜。人们怀疑这些令人费解的公式包含一些重要启示，而外行不得而知；他们的印象是：存在着一种科学的赌博方法，而深奥的数学教义是赌赢的关键。超凡脱俗的神秘主义者帕斯卡无意中竟然成了赌徒的守护神。关于概率计算的教科书无意间也在无偿地为赌场广作宣传，恰恰因为它们是外行人的"天书"。

科学研究领域概率计算的模棱两可也造成了同样的破坏。每个知识分支的历史皆记录了概率计算被误用的实例，正如约翰·斯图尔特·穆勒所观察到的那样，这使其成为了"数学的真正耻辱"。[1]

---

[1] 约翰·斯图亚特·穆勒（John Stuart Mill），《逻辑、推理和归纳体系》（*A System of Logic Ratiocinative and Inductive*）[《新印象》（*New Impression*），伦敦，1936年]，第353页。

概然性推理的问题比构成概率计算领域的那些问题要大得多。只有对数学处理抱有成见，才会导致"概率始终意味着频率"这样的偏见。

另一个错误将概率问题与自然科学所采用的归纳推理问题混淆了。试图用一种普遍有效的概率理论来代替因果关系范畴，这是一种失败的哲学思考模式，仅在几年前还很流行，而现在已然过时。

如果我们对所述对象的内容了解不足/知识不够，那么我们所做的陈述就是概率性的。我们并不知道在真与假之间做出明确决定所需的一切。但是，另一方面，我们确实对此有所了解。我们能够说的不仅仅是"non liquet"（不清楚或未经事实证明）或"ignoramus"（我们不知道）。

有两种完全不同的概率实例，我们可以称它们为"类别概率（或频率概率）"和"案例概率（或对人的行为科学的具体理解）"。前者的应用领域是自然科学领域，完全受因果关系支配；后者的应用领域是人的行为科学领域，完全受目的论支配。

3 类别概率

类别概率意味着：对于所涉及的问题，我们知道或假设知道关于整类事件或现象的行为的一切；但对于实际的个别事件或现象，我们一无所知，只知道它们是这一类别的元素。

例如，我们知道一个彩票箱里有九十张彩票，而且其中五张会被抽中获奖。因此，我们对整类彩票的行为皆了如指掌。但是对于个别彩票，我们一无所知，只知道它们是这一类别彩票的元素。

我们有一份完整的死亡率表，列出了过去某个特定时期在某一特定地区的死亡率。若我们假设在死亡率方面不会发生任何变化，则我们可以说：我们知道该地整个人口死亡率的一切。但是关于个人的预期寿命，我们除了知道他们是这一类人之外，其他一无所知。

对于这种有缺陷的知识，概率计算以数学术语符号表示。对于我们的知识，它可谓"三不"：不扩展、不深化、不补充。它将其翻译成数学语言。它的计算方式以我们事先知道的代数公式重复。它们不会导致"将会告诉我们有关实际个别事件任何信息"的结果。而且，当然，它们并没有增加我们关于整个类别之行为的知识，因为该知识在我们考虑问题的一开始就已经是完善的——或者被认为是完善的。

认为"概率计算为赌徒提供可消除或减少赌博风险的任何信息",这是一个严重的错误。与流行的谬论相反,它对赌徒毫无用处,就像任何其他逻辑或数学推理方式一样。它以纯粹的机会来应对未知事物,这正是赌博的特征。赌徒对成功的希望并不是基于稳健的考虑因素。不迷信的赌徒认为:"我有很小的获胜概率(或者,换句话说:'要赢并非不可能');我已准备好投入所需的筹码。我很清楚,下这个赌注我就像个傻瓜一样。但最大的傻瓜也最幸运。就这样决定了!"

冷静的推理必须向赌徒表明:他并没有通过购买两张彩票而不是一张彩票来提高他的获胜概率,其中中奖总金额小于所有彩票销售收入。如果他买下所有的彩票,他肯定会损失一部分支出。然而,每位彩票客户皆坚信:多买总比少买好。赌场和老虎机的常客从不金盆洗手、就此上岸。他们并不考虑这样一个事实:因为统计赔率有利于庄家而不是玩家,所以,玩家继续赌的时间越久,他们最终输钱的概率就越肯定。赌博的魅力恰恰在于其不可预测性及其冒险的跌宕起伏。

我们假设:将十张彩票放入一个盒子,每张都写有一个不同的人的名字。然后抽取一张票,上面写有名字的人将有责任支付100美元。然后,如果失败者能够以10美元保费为10人中的每一个人投保,那么保险人就可以向失败者承诺支付全额赔偿。他将收取100美元,并且必须向十个人中的一个人支付相同的金额。但是,如果他以通过概率计算的方式确定的费率仅为其中一个人投保,那么他就不是在做保险业务,而是在赌博。他会用自己代替被保险人。他会收取10美元,并有机会保留它或失去这10美元并再赔上90美元。

如果一个人承诺在另一个人死亡时支付一笔确定金额,而且为此承诺而收取的金额足以满足由概率计算确定的预期寿命,那么他就不是保险人而是赌徒。保险,无论是根据商业原则还是根据互惠原则进行,皆需要全类保险或可合理视为全类性质的保险。它的基本思想是保险资金的汇集(资金池)和风险的分散,而不是概率计算。它需要的数学运算是算术的四种基本运算。概率计算只是穿插情节而已。

通过资金池消除风险也可以在不求助于精算方法的情况下实现,这一事实清楚地证明了这一点。每个人皆在其日常生活中践行着这一点。每个商人在其正常成本核算中都纳入了在事务处理中经常发生之损失的补偿。在这种情况下,"经常"意味着:就各种会计核算项目的整个类别而言,这些损失的金额是已知的。例如,水果经销商可能知道,平均而言库存的每50个苹果中就有一个会腐烂;但他并不知道具体哪个苹果会腐烂。他像处理成本账单中的任何其他项目一样处理此类损失。

上文给出的类别概率本质的定义是唯一符合逻辑的定义。它避免了涉及可能事件之"等概率"的定义中所蕴含的粗略循环性。通过声明"除了实际的个别事件是其行为完全已知的一个类别的元素之外，我们对这些个别事件一无所知"，这种恶性循环被消除了。此外，在个别事件序列中再添加一个叫做"缺乏任何规律性"的条件，显然是多余之举。

保险的特征标志在于它涉及整个类别的事件。当我们假装知道关于整个类别的行为的一切时，似乎并未涉及业务行为中的任何特定风险。

经营赌博的庄家的业务或彩票企业也不存在任何特定风险。从彩票企业的角度来看，结果是可以预测的，前提是所有彩票均已售出。若某些彩票仍未售出，则企业主对这些彩票所持态度与每一位彩票购买者对其购买的彩票的态度别无两样。

4 案例概率

案例概率意味着：对于某一特定事件，我们知道决定其结果的一些因素；但还有其他决定因素我们一无所知。

除了我们知识的不完整性之外，案例概率与类别概率无任何共同之处。在任何其他方面，二者完全不同。

当然，在许多情况下，人们试图根据他们对类别行为的了解来预测某一特定的未来事件。若医生知道70%的患同一疾病的人皆已康复，则他可能会确定其患者完全康复的概率。如果他正确地表达了他的判断，他要说的不过是"康复的概率为0.7"，也就是说，十位患者中平均不超过三位会最终死亡。关于外部事件即自然科学领域事件的所有此类预言，皆具有这种性质。事实上，它们并不是对所讨论案例问题的预测，而是对各种可能结果的发生频率的陈述。它们要么基于统计信息，要么仅仅基于从非统计经验中得出的发生频率的粗略估计。

就此类概然性陈述而言，我们所面临的并非"案例概率"。事实上，我们对所讨论的案例一无所知，只知道它是一个类别的一个实例，我们知道或自认为我们知道该类别的行为。

一位外科医生告诉一位考虑接受某一手术的患者：每一百位接受这种手术的患者中有三十位死亡。若该患者询问"这一死亡人数是否已经满了"，他就误解了这位医生陈述的意义。他已陷入被称为"赌徒谬论（gambler's fallacy）"的错误之中。正如轮盘赌玩家从连续十轮红色中得出结论，下一轮是黑色的概率现在比上一个十轮大，他显然混淆了"案例概率"和"类别概率"。

医学预测若只基于一般的生理知识，则所有此类预测皆是在处理"类别概率"。若一位医生听说他不认识的一个人患了一种明确的疾病，他会根据他的一般医疗经验说：这个人康复的概率是7∶3。但如果是这位医生亲自治疗这位患者，那么他可能会有不同的意见。患者是一位精力充沛的年轻人；患病前，其健康状况良好。在这种情况下，医生可能会认为死亡率较低；这位患者的康复概率不是7∶3，而是9∶1。逻辑方法依然相同，尽管它可能并不是基于收集到的一组统计数据，而只是基于医生自己负责诊治的以往病例经验或多或少的确切回顾。医生所知道的始终只是类别的行为。在我们所举的例子中，这个类别就是"罹患例中所述疾病之精力充沛的年轻人"的类别。

案例概率是我们处理人的行为问题的一个特有的特征。在这里，关于频率的任何提法皆不恰当，因为我们的陈述所处理的始终是独特事件，而这些事件本身也即就我们所讨论的问题而言不属于任何类别。我们可以构建一个"美国总统选举"类别。这一类别概念对于各种推理可能都有用，甚至是必要的，譬如，从宪法角度处理问题。但是，如果我们是在研究1944年的大选——要么在大选前分析其未来结果，要么在大选后分析决定结果的诸因素——我们就是在处理一个个别的、独特的、不可重复的案例。此案件的特点在于其独特之处——它本身就是一个类别。使其被允许归入任何类别的所有标记，皆与所讨论的问题无关。

两支足球队——蓝队与黄队明天将进行比赛。在过去的比赛中，蓝队总是打败黄队。这一知识并不是关于一类事件的知识。假如我们这样考虑，我们就不得不得出结论：蓝队总是胜利，而黄队总是被击败。我们就不会对比赛的结果感到不确定。我们肯定会知道蓝队会再次获胜。我们认为我们对于明天比赛结果的预测只是一种概然性预测，这一事实本身表明我们不会这样争论。

另一方面，我们认为：蓝队过去的胜利对于明天比赛的结果并非无关紧要。我们认为这是针对蓝队一再取胜的一个利好预测。如果我们根据适合于"类别概率"的推理正确地进行辩论，我们就丝毫都不会重视这一事实。假如我们不抵制"赌徒谬论"的错误结论，我们会相反地认为明天比赛的最终结果将是黄队获胜。

如果我们为其中一个队的获胜概率用一些钱冒险下注，律师们就会将我们的行为定性为"打赌"。若涉及类别概率，他们就会将它称为"赌博"。

"概率"一词通常蕴含的类别概率领域之外的一切事物是指：处理历史的独特性或个性即对历史科学之具体理解所涉及的特殊推理模式。

理解，始终建立在不完全知识的基础之上。我们可能认为我们知道行为人的动机、他们所追求的目的，以及他们为实现这些目的计划采用的手段。针对这些因素的运作预期取得的效果，我们有明确的意见。但这一知识是有缺陷的。我们不能事先排除这样一种可能性，即我们在评估它们的影响时犯了错误，或者没有考虑到我们根本没有预见到的某些因素的干扰，或者没有以正确的方式加以干扰。

赌博、工程设计和投机，这是应对未来的三种不同模式。

赌徒对其赌博结果所依赖的事件一无所知。他所知的一切皆只是一系列此类事件的有利结果的频率而已，而这一知识对他的赌博营生毫无用处。他相信好运，而那是他唯一的计划。

生命本身就暴露在许多风险之中。在任何时候，生命都受到灾难性事故的威胁，而这些事故无法加以控制，或者至少无法充分加以控制。每个人皆指望好运降临。他指望不被闪电击中、不被毒蛇咬。人类生活中的确存在赌博的成分。人们可以通过购买保险来消除此类灾难与事故的一些财产或资金损失的后果。在这么做时，他指望的是相反的机会（即不发生灾难或事故的机会）。对于投保人而言，保险也是赌博。如果灾难不发生，他的保险费就白白花掉了。[1] 对于不可控制的自然事件，人总是处于赌徒的地位。

另一方面，工程师清楚地知道在技术上圆满解决其问题——机器的建造所需的一切。就他能够掌控范围遗留的某些不确定性边缘而言，他试图通过采取安全边际来消除它们。工程师只知道在现有知识状态下可解决的问题和无法解决的问题。他有时可能会从不利的经验中发现：他的知识不如他所假定的那样完整，而且他并未认识到他认为自己能够控制的某些问题的不确定性。然后他会努力使他的知识变得更完整。当然，他永远也无法完全消除人类生活中存在的赌博因素。但他的原则是只在确定性的轨道内运作。他追求的目标是完全控制他的行为

---

[1] 在人寿保险中，投保人白白花费的权益只包含所收集到的金额与他本可以通过储蓄积累的金额之间的差额。

要素。

如今人们习惯于谈论"社会工程"。和规划一样，这一术语是"独裁"和"极权暴政"的同义词。这个想法就是：以工程师对待其桥梁、道路和机器所用材料的相同方式来对待人类。社会工程师的意志，将被他计划用来建设其乌托邦的各种人的意志所取代。人类被分为两大类：一类是全能的独裁者，另一类是将沦为独裁者计划中的小卒和其机器中齿轮角色的党羽。如果这是可行的，那么社会工程师当然不必费尽心机去了解其他人的行为。他可以自由地对待他们，就像用技术处理木材和铁一样。

□ **美国总统罗斯福纪念馆**

富兰克林·德拉诺·罗斯福（1882—1945年），出生于美国纽约州一上流社会家庭，美国第32任总统，是美国历史上首位连任四届（病逝于第四届任期）的总统。罗斯福认为"二战"后世界赖以建立的"四大自由"是：言论自由、宗教自由、免于匮乏的自由和免于恐惧的自由。

在现实世界中，行为人面临这样一个事实：在他自己施展行为时，也有其他人代表他们自己在施展行为。调整自己行为以适应他人行为的必要性使他成为一个投机者，其成败取决于他了解未来的或大或小能力。每一个行为皆是投机。在人类事件的发展过程中，不存在任何稳定性，因此亦无任何安全性。

5 案例概率的数值评估

案例概率并不适用于任何类型的数值评估。通常被认为适合此类评估的情形，当更为仔细地加以审视时，会表现出不同的特征。

在1944年美国总统大选前夕，人们可能会说：

（a）我准备用三美元对一美元打赌罗斯福会当选总统。

（b）我猜在全体美国选民中，有4500万人将行使他们的投票权，其中2500万人将投票支持罗斯福。

（c）我估计罗斯福的胜算为9∶1。

（d）我确定罗斯福将会当选。

陈述（d）显然不够确切。若在证人席发誓后被问及"对罗斯福未来胜利的把握是否与冰块在65.6℃下会融化的事实一样确定"，说这个话［陈述（d）］的人将会回答"不"。他会更正他的陈述并宣称：我个人充分相信罗斯福将会连任。这是我的个人意见。但是，当然，这并不确定，这只是我了解所涉及情况的方式而已。

陈述（a）的情况也类似。这个人相信：下这样的赌注，他所冒的风险非常小。3∶1的关系是两个因素相互作用的结果："罗斯福将会当选"的意见和这个人的打赌习性。

陈述（b）是对即将发生的事件的结果所作的评估。其数字并非指更大或更小的概率，而是指投票的预期结果。这样一个陈述可能基于系统调查（如盖洛普民意调查）或仅仅基于估计。

陈述（c）与陈述（b）不同，这是一个关于用算术术语表述预期结果的命题。这当然并不意味着十个相同类型案例中有九个对罗斯福有利、有一个对罗斯福不利。它不能以任何方式提及"类别概率"。但它还能意味着什么呢？

这是一个隐喻性的表达。日常言语中使用的大多数隐喻，皆富有想象力地将一个抽象对象与另一个可被感官直接理解的对象辨别出来。然而，这并非隐喻语言的一个必要特征，而仅仅是"我们通常对具体事物比对抽象事物更熟悉"这一事实的一个后果。由于隐喻旨在通过将"鲜为人知的某些事物"与"广为人知的事物"进行比较来解释前者，因此它们主要是将抽象事物与更广为人知的具体事物加以辨别。我们案例的具体标志是，它试图通过借用从高等数学的一个分支——概率微积分中借来的类比来阐明复杂的事态。碰巧的是，这门数学学科比具有认识论理解性质的分析更受欢迎。

将逻辑学的尺度应用于针对隐喻语言的批评是毫无用处的。类比与隐喻，始终都有缺陷，而且逻辑上并不令人满意。通常搜索的是基础术语"比较依据"（tertium comparationis）。但对于我们正在研究分析的隐喻而言，即使这样也是不被允许的。因为这种比较基于一个观念，而该观念本身在概率计算框架——赌徒谬误——中是错误的。在断言罗斯福的获胜概率是9∶1时，其想法是：罗斯福在即将举行的美国总统大选中处于这样一个位置：他拥有所有彩票中90%的彩票，因此有90%的概率抽中一等奖彩票。这暗示着这个9∶1的比率告诉我们一些关于我们感兴趣的独特案例之结果的重要信息。无需赘言，这依然是一个错误的想法。

同样不允许在处理自然科学领域的假设时求助于概率计算。各种假设实质上就是有意识地基于逻辑上不充分论证的试探性解释而已。关于假设，可以断言的是：假设要么跟逻辑原则相矛盾或不相矛盾，要么跟通过实验确定并被认为是真实的事实相矛盾或不相矛盾。在第一种情况下，它是站不住脚的；但在第二种情况下——也即在我们实验知识的当前状态下——却并非站不住脚。（个人信念的强度纯粹是主观性的。）频率概率和历史理解，二者皆不涉及这一问题。

"假设"这一术语，若应用于理解历史事件的确定模式，则属于用词不当。若一位历史学家断言"在罗曼诺夫王朝覆灭时，这座房子具有德国背景的事实起到了相关作用"，则他并未提出任何假设。他的理解所依据的事实是毋庸置疑的。俄罗斯人对德国人普遍怀有敌意，罗曼诺夫家族统治阶层成员两百年来只与德裔家庭后代通婚，被许多俄罗斯人视为一个德国化家庭，那些人甚至认为沙皇保罗并不是彼得三世的儿子。但问题依然是：这些事实在导致这个王朝被废黜的一系列事件中到底有何关联性。除了理解所提供的解释之外，此类问题无法进行任何解释。

6 押注、赌博与玩游戏

一次押注是指一个人就某一事件的结果跟另一个人用金钱或其他东西以打赌的方式进行风险投资，而我们所知道的结果只有在理解的基础上才能知道。这样，人们可能会针对一次即将到来的选举或一场网球比赛的结果进行押注。或者他们可能会打赌对事实性断言内容的看法孰对孰错。

赌博是指我们就我们不知道的一件事件的结果用金钱或其他东西跟另一个人打赌，而我们所知道的结果仅限于我们对整个类别行为的了解。

有时押注和赌博结合在一起。赛马的结果取决于人的行为——马的主人、驯马师和骑师以及非人为因素——参赛马匹的素质。大多数在草皮上冒险的人只是赌徒而已。但是专家们相信他们通过了解所涉及的人而知道一些事情；仅就这个因素影响他们的决定而言，他们是押注者。此外，他们假装认识马；他们根据他们对各种赛马所属马匹类别之行为的了解做出预测。到目前为止，他们皆是赌徒。

本书后面的章节将讨论商业在处理未来不确定性问题时所采用的方法。关于我们推理的这一点，只需再做一个观察足矣。

玩游戏既可以是一个目的，也可以是一种手段。对于那些渴望通过游戏的跌宕起伏来寻求刺激与兴奋的人而言，或者对于那些其虚荣心在玩因需要狡猾与专业性的游戏中展示自己技能与优势而受宠若惊的人而言，这就是一个目的。对于那些想通过获胜来赚钱的专业人士来说，这就是一种手段。

因此，玩游戏可以称为一种行为。但不能颠倒这种说法，将每一行为都称为一种游戏，或者将所有的行为都当作游戏来研究分析。玩游戏的直接目的是根据游戏规则击败游戏伙伴。这是一种特别、特殊的行为案例。大多数行为，其追求的目的并不是任何人的失败或损失。他们的目的是改善状况。有时候这种改善可能是以其他人付出的代价来实现的。但这当然并非总是如此。说得委婉一点，在以分工为基础的社会制度的正常运行中，肯定不是这个样子的。

玩游戏和市场社会中的商业行为，二者之间不存在丝毫的可类比性。牌手通过智胜对手来赢钱。商人通过向其顾客提供他们想要购买的商品来赚钱。牌手的策略与诈唬者的策略之间可能存在着类比性。毫无必要对这个问题进行调查。将商业行为解释为诡计的人是行进在错误的道路上。

游戏的特征是两个或多个玩家或玩家群体之间的对抗。[1]社会中商业的特征，即在基于劳动分工的秩序范围内，与其成员的努力是一致的。一旦他们开始相互对抗，就会出现一种社会解体的趋势。

在市场经济框架内，竞争不涉及适用于不相容利益的敌对冲突意义上的"对抗性"。诚然，竞争有时甚至经常会在竞争者中唤起仇恨和恶意的激情，而这些激情通常伴随着"对他人施加邪恶"的意图。因此，心理学家们常常容易混淆战斗和竞争。但是行为学必须提防这种人为的和误导性的模棱两可。从其角度来看，瞬息万变的竞争和战斗之间存在着根本区别。竞争者的目标，是在一个相互合作的系统中取得杰出的成就。竞争的功能，就在于为社会系统的每一个成员赋予其最能为整个社会及其所有成员提供服务的位置。它是一种"为每次行为表现选择最有能力之人"的方法。在有社会合作的地方，必须进行各种各样的选择。只有当独裁者单独决定分配不同的个人执行各种任务，并且有关个人并不是通过努力以最有利方式表现自己美德和能力来帮助独裁者时，才没有竞争。

我们将不得不在我们调查的稍后阶段来研究分析竞争的功能。在这一点上，我们只能强调：将"相互灭绝"这样的术语应用于社会中相互合作的诸多问题无疑是一种误导。用军事术语描述商业运营是不合适的。例如，谈论"征服一个市场"就是一个糟糕的比喻。在"一家公司提供比其竞争对手更好或更便宜产品"

---

〔1〕"耐心游戏（Patience）"或"纸牌游戏（Solitaire）"并不是单人游戏，而是一种消遣，一种逃避无聊的手段。

这一事实中，并不存在着任何"征服"。只有在隐喻意义上，在商业运营中才存在着战略。

7 行为学预测

行为学知识使得"以绝对确定性来预测各种行为模式的结果"成为可能。但是，当然，此等预测永远不会暗示关于定量问题的任何事情。在人的行为领域，只有通过理解才能阐明定量问题。

正如后面将要展示的那样，我们可以预测，在其他条件相同的情况下，对商品或服务A的需求量下降将导致商品或服务A的价格下降。但我们无法预测这种下降的程度。这一问题只能通过理解来回答。

经济问题的每一种定量方法所隐含的根本缺陷在于，它忽视了一个事实，即所谓的经济维度之间并不存在恒定的关系。各种商品之间在估价与汇率形成方面既无恒定性，亦无连续性。每一个新数据皆会给整个价格结构带来一次重新洗牌。通过试图掌握相关个人头脑中正在发生的事，理解可以解决预测未来状况的问题。我们可能会说这种方法并不令人满意，而实证主义者可能会傲慢地蔑视这种方法。但这种武断的判断肯定不会也不能掩盖这样一个事实，即理解是研究分析未来状况不确定性的唯一适当方法。

第七章 人类世界里的行为

1 边际效用定律

　　行为是分类和分等级的；最初它只知序数，而不知基数。但是，行为人在其中调整其行为的外部世界必须是一个定量决定的世界。在这个世界上，因果之间存在着定量关系。否则，如果确定的事物可以提供无限的服务，那么这些事物就永远不会稀缺，亦不能作为手段来进行研究分析。

　　行为人将事物作为消除其不安的手段。从自然科学的观点来看，导致满足人类需要的各种事件看似非常不同。行为人在这些事件中只能看到或多或少的同类。在评估非常不同的满足状态和实现这些状态的手段时，人将所有事物都安排在一个尺度上，并且只在其中看到它们与提高自己满足感的相关性。食物带来的满足感以及享受一件艺术作品带来的满足感，在行为人的判断中，是一种更迫切的或较不迫切的需要；估价和行为将它们置于更强烈渴望和更少渴望的尺度上加以衡量。对于行为人而言，除了与他自己的福祉有关的不同程度的相关性与紧迫性之外，其他什么都不存在。

　　数量和质量是外部世界的范畴。它们只是间接地获得了行为的重要性和意义。因为每一样事物只能产生有限的效果，所以有些事物被认为是稀缺的，而且是被当作手段来对待的。因为事物能够产生的效果各不相同，所以行为人将事物区分为不同的类别。因为相同数量与质量的手段总是倾向于产生数量相同、质量亦相同的效果，所以行为并不区分具体的确定数量的同质手段。但这并不意味着它对同质手段供应的各个部分皆赋予相同的价值。每个部分皆单独估价。对于每一部分而言，它在价值尺度中均有自己的等级。但是这些等级顺序可以自由地（ad libitum）在相同数量级的各个部分之间互换。

　　如果行为人必须在不同类别的两种或多种手段之间做出决定，那么他会为每个人的个别部分划分等级。他为每个部分皆分配了特殊等级。在这么做的时候，他不需要为相同手段的各个部分分配立即彼此接续的等级顺序。

通过估价分配等级顺序只能在行为中而且也只能通过行为来完成。被分配单一等级顺序的部分有多大，这取决于人在每种情况下施展行为的个体和独特条件。行为并不涉及它以抽象的学术方式进行估价的物理或形而上学单位；它始终面临着它要挑选的各种选项。行为人必须始终在确定数量的手段之间做出选择。允许将可以作为这种决定之对象的最小数量称为"一个单位"。但是，人们必须警惕错误地假设这些单位之总和的估值是从这些单位的估值中得出的，或者它代表了这些单位所附估值的总和。

□ **价值、交换和价格**

奥地利经济学家门格尔的《经济学原理》论述了价值、交换和价格的关系。门格尔提出，价值的本质是主观的，价格是由人类进行交换所产生的。

一个人拥有五个单位的商品a和三个单位的商品 b。他将等级顺序1、2、4、7和8分别附加到a的各个单位上，将等级顺序3、5和6分别附加到b的各个单位上。这意味着：如果他必须在两个单位的a和两个单位的b 之间选择，那么他就会宁愿放弃两个单位的 a，而不是放弃两个单位的b。但是，如果他必须在三个单位的a和两个单位的b之间选择，那么他就会宁愿放弃两个单位的b而不是放弃三个单位的a。在评估一个由几个单位所组成的复合物时，始终和唯一重要的是该复合物作为一个整体的效用1——也即因该复合物而增加的福祉，或者同样，因丧失该复合物而必然造成的福祉受损。这其中并不涉及任何算术过程，既不加也不乘；而效用的估值取决于所涉及的部分、复合物或供应的拥有情况。

在这种情况下，"效用"的含义很简单：旨在消除不安感的因果相关性。行为人认为：一个事物所能提供的服务很容易改善他自己的福祉，并将其称为"有关事物的效用"。对于行为学而言，"效用"这个词等同于附加给某一事物的重要性，因为相信它可以消除不安。行为学上的"效用"概念（即早期奥地利经济学家的术语"主观使用价值"）必然与技术上的"效用"概念（这些经济学家的术语"客观使用价值"）截然不同。客观意义上的使用价值，就是一个事物与其能够产生的效果之间的关系。人们在使用煤炭"热值"或"热功率"等术语时，指的是

□ 威廉·斯坦利·杰文斯

威廉·斯坦利·杰文斯（1835—1882年），出生于英国利物浦的一个铁器商人家庭，著名的经济学家和逻辑学家，边际效用学派的创始人之一，数理经济学派早期代表人物。其主要著作《政治经济学理论》（1871年）奠定了他在经济学思想史上和边际效用学派、数理学派中的崇高地位。杰文斯的日记和信件表明他生活简朴，为人正直。毫不夸张地说，杰文斯的英年早逝对逻辑学和政治经济学的发展是重大的损失。

客观使用价值。主观使用价值并不总是基于真正的客观使用价值。有些事物附加了主观使用价值，因为人们错误地认为这些事物能够带来预期的效果。另一方面，有些事物能够产生不附加使用价值的预期效果，因为人们并不知道这一事实。

我们来看看在卡尔·门格尔（Carl Menger）、威廉·斯坦利·杰文斯（William Stanley Jevons）和莱昂·瓦尔拉斯（Léon Walras）阐述现代价值理论前夕盛行的经济思想状态。任何人若想要构建一个基本的价值与价格理论，就必须首先考虑"效用"。的确，没有什么比"事物是根据其效用进行估价的"这一假设更貌似合理的了。但随后出现了一个难题，给年长的经济学家们带来了一个他们未能解决的问题。他们观察到，"效用"较大之事物的价值，低于其他效用较小之事物。铁的价值不如黄金。这一事实似乎与基于"效用"和"使用价值"概念的价值与价格理论并不相容。经济学家们认为他们必须放弃这样的理论，并试图用其他理论来解释价值与市场交易现象。

经济学家们直到很晚才发现，这一明显悖论是对所涉及问题进行的一种恶意表述的结果。导致市场交易比率的估值与选择，并不在黄金与铁之间做出决定。行为人并不是处于"必须在所有黄金和所有铁之间做出选择"的位置。他在某一特定时间、特定地点、特定条件下，在数量严格限制的黄金与数量严格限制的铁之间选择。他在100盎司黄金与100吨铁之间选择时做出的决定，完全不取决于他在极不可能的情况下在所有黄金与所有铁之间选择时会做出的决定。对于他的实际选择而言，唯一重要的是：在现有条件下，他认为100盎司黄金能给他带来的直接或间接满足是大于还是小于他从100吨铁中获得的直接或间接满足。他没有就黄金与铁的"绝对"价值表达学术或哲学判断；他并不确定是黄金还是铁对人类更重要；他也并不以历史哲学或伦理书籍的作者的身份发表长篇大论。他只是在他不能同时拥有的两种满足之间做出选择。

偏爱与搁置以及由此产生的选择与决定并不是衡量行为。行为并不衡量效用或价值；它在备选方案之间选择，根本不存在总效用或总价值的抽象问题。[1]没有任何推理运算可以从对确定量或数的事物的估值引导到确定更大或更小量或数的价值。如果只知道某项供给各部分的价值，就无法计算该项供给的总价值。如果只知道总供给的价值，就无法确定该供给某一部分的价值。在价值和估价领域不存在任何算术运算；根本没有"价值计算"之类的东西。两种事物总存量的估价可能与这些存量之各个部分的估价不同。一个拥有七头母牛与七匹马的孤立的人，可能更看重一匹马而不是一头母牛，并且在面临另一种选择时，他可能更愿意放弃一头母牛而不是一匹马。但与此同时，同一个人，在面临在其全部马匹与全部母牛之间进行选择时，可能更愿意保留母牛而放弃马匹。若不将"总效用"和"总价值"的概念应用于人们必须在各种总供给之间选择的情况，它们就毫无意义。"黄金本身与铁本身，更有用和更有价值的是哪一个"，这一问题只有人类或人类的某一孤立部分必须在所有可用的黄金与所有可用的铁之间作选择的情况下才算合理。

　　价值判断只涉及具体的选择行为所涉及的供给。供给，在定义上总是由同质部分组成，其中每个部分皆能够提供与任何其他部分相同的服务，并且可以替代任何其他部分。因此，"选择哪一特定部分构成其对象"的行为并不重要。若提出"放弃其中一个"的问题，则可用库存中的所有单位皆被视为同样有用和有价值。若供给因损失一个单位而减少，则行为人必须重新决定如何使用剩余库存的各个单位。很明显，较小的库存不能提供较大的库存所能提供的所有服务。各个单位在这种新的处置下不再提供的用途，在行为人看来，在他先前分配给更大库存的各个单位的用途中，是最不紧迫的用途。在较大库存的单位给他带来的满足中，他从使用其中一个单位用于这种用途所获得的满足是最小的。只有依据这种边际满足的价值，他才必须决定"放弃总库存中的一个单位"这一问题是否出现。在面对"为同质供给其中一个单位附加的价值"问题时，人依照其对整个供给各个单位所利用的最不重要用途的价值来决定；他根据边际效用做出决定。

　　如果一个人面临着"要么放弃a供给中的一个单位、要么放弃b供给中的一个

---

〔1〕值得注意的是，本章并不讨论价格或市场价值，而是讨论主观使用价值。价格是主观使用价值的衍生品。

□ 欧根·冯·庞巴维克

欧根·冯·庞巴维克（1851—1914年），出生在捷克拉维亚的布伦（今捷克布尔诺），奥地利经济学家，奥地利学派的主要代表人物之一，新古典理论的主要传播者之一，他解释了实际利率必须是正数的原因，是首次将时间因素与经济学分析相结合的经济学家之一，还发展了由时间因素扮演关键角色的经济学，代表作有《资本与资本利息》等。今天人们还记得他，主要是由于他对经济理论的贡献。

"单位"的选择，那么他对a和b两种库存的总价值进行比较。他会比较a和b两者的边际价值。尽管他可能对a的总供给的估值高于b的总供给，但b的边际价值可能高于a的边际价值。

同样的推理也适用于"通过获得额外确定数量的单位来增加任何商品之可用供给"这一问题。

对于这些事实的描述，经济学并不需要使用心理学术语。它也不需要诉诸心理推理和论证来证明它们。如果我们说，选择的行为并不取决于附加在整个一类需求上的价值，而是取决于附加在我们所讨论的具体需求上的价值，且无论这些需求可能属于哪一类。我们并不会为我们的知识增添任何东西，也不会将其追溯至一些更广为人知或更为普遍的知识。只有当我们记住所谓的价值悖论在经济思想史上所扮演的角色时，这种以需求类别来说话的模式才变得容易理解。卡尔·门格尔和欧根·冯·庞巴维克（Eugen von Böhm-Bawerk）不得不使用"需求类别"这一术语来反驳那些认为面包本身比丝绸更有价值的人提出的反对意见，因为"营养需求"类别比"华服需求"类别更为重要。[1] 今天，"需求类别"这一概念完全是多余的。对于行为而言，此概念无任何意义，因此对于价值理论亦同样毫无意义；此外，它还容易导致错误与混乱。概念的构建及其分类均属于心理工具；它们只有在使用它们的理论背景之下才能获得含义与意义。[2] 为了证明这样一种分类对于价值理论而言毫无用处，将各种需求按"需求类别"来分类显然是荒谬之举。

---

[1] 卡尔·门格尔，《经济学原理》（*Grundsätze der Volkswirtschaftslehre*）（维也纳，1871年），第88页及后页；欧根·冯·庞巴维克，《资本与资本利息》（*Kapital und Kapitalzins*）（第三版，因斯布鲁克，1909年），第二部分，第237页。

[2] 世界上并不存在着类别。是我们的心灵对各种现象进行了分类，以便对我们的知识进行编排。"某种现象分类模式是否有助于达到这一目的"的问题，与"这种模式在逻辑上是否被允许"的问题，二者是不同的。

边际效用和边际价值递减定律，独立于戈森（Hermann Heinrich Gossen）的需求饱和定律（戈森第一定律）。在探讨边际效用时，我们既不分析感官享受，也不分析饱和与满足。在建立如下定义时，我们并未超越行为学推理的范畴：如果一个人的供给是 n 个单位，我们就称之为"这个人利用的是一种同质供给中一个单位的用途"，但如果在其他条件相同的情况下，他的供给只是 $n-1$ 个单位，那么他利用的就不是"一种同质供给中一个单位的用途"，而是最不紧迫的用途或边际用途，以及从它衍生出的效用——边际效用。为了获得这种知识，我们无需任何生理或心理经验、知识或推理。从我们的假设中必然得出这样的假设：人们施展行为（做出选择）；在第一种情况下，行为人有 n 个单位的同质供给，在第二种情况下，有 $n-1$ 个单位。在这些条件下，没有任何其他结果是可以想象的。我们的陈述是正式的和先验的，而且并不依赖于任何经验。

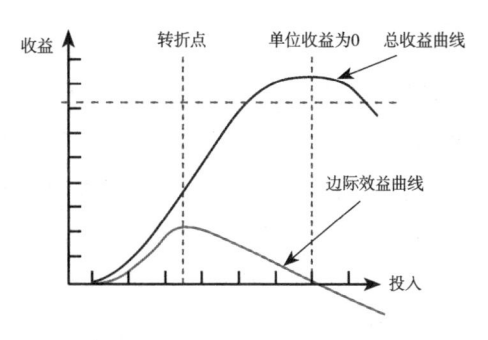

□ 戈森的边际效用理论

边际效用理论是经济学中的一个概念，它描述了人们在做决策时如何考虑额外单位的效用或满足程度。根据边际效用理论，人们通常会将有限的资源用于能够提供最大边际效用的地方。当人们获得或消费某种物品或服务时，初始单位会给予他们较高的满足程度。然而，随着数量的增加，每个额外单位的边际效用逐渐减少，换句话说，人们对于额外单位的需求或价值逐渐减弱。

只有两种选项可供选择。在"促使一个人施展行为的不安感"与"不再有任何行为的状态"之间，要么存在、要么不存在中间阶段（无论是因为达到了完全满足的状态，还是因为人不能对其状况再做任何进一步的改善）。在第二种情况下，可能只有一个行为；一旦这个行为完成，就会达到一种状态，在这种状态下，不可能有进一步的行为。这显然与我们"存在着行为"的假设并不相容；这种情况不再意味着行动范畴中所预设的一般条件。那么，就只剩下第一种情况了。但是，对于不再可能有任何行为的状态而言，在渐近方法中存在着不同的程度。因此，边际效用定律已然隐含在行为范畴之中。这只不过是"满足更多的东西比给予较小满足的东西更受欢迎"这句陈述的反面而已。如果可用供给从 $n-1$ 个单位增加到 n 个单位，则增量只能用于消除一种需求，这种需求在紧迫性和痛苦程度上比可通过 $n-1$ 供给消除的所有需求中最不紧迫或最不痛苦的需求还要低一些。

边际效用定律涉及的并非客观使用价值，而是主观使用价值。它研究的对象并不是事物在一般情况下产生某一确定效果的物理或化学能力，而是事物对于一个人福祉的相关性，正如他自己在其事务的普遍瞬时状态下所看到的那样。它主要分析的并不是事物的价值，而是一个人期望从中获得的服务的价值。

假若我们认为"边际效用是关于事物及其客观使用价值的"，那么我们将被迫假设"边际效用会随着可用单位数量的增加而增加或减少"。可能发生的情况是，使用某一最小数量——n个单位——的商品a可以提供一种满足感，而这种满足感被认为比期望从一个单位的商品b中获得的服务更有价值。但如果可用商品a的供应量小于n，那么商品a就只能用于另一种服务，而该服务的价值被认为比期望从商品b中获得之服务的价值要低。然后，商品a的数量从$n-1$个单位增加到n个单位，这导致附加到一个单位商品a上价值随之增加。100根原木的拥有者可能建造一个小木屋，而小木屋比一件雨衣能够更好地保护他免受淋雨的影响。但是，如果可用的原木少于100根，那么他就只能将它们做成一个床铺，让他免受土壤潮湿的影响。作为95根原木的拥有者，他准备放弃雨衣，以便再获得5根原木，凑足100根原木用来建造小木屋。而若是作为区区10根原木的拥有者，即使雨衣要用其全部10根原木来换取，他也不会放弃对雨衣的选择。一个人若其储蓄金额为100元，他可能不太愿意为了200元的报酬而从事某些工作。但是，如果他的储蓄金额达到了2000元，而且他非常渴望获得一种无法以低于2100元的价格购买的不可分割的商品，那么他将会为了这100美元而去完成这项工作。所有这一切皆与正确制定的边际效用定律完全一致，而根据该定律，价值取决于预期服务的效用。边际效用递增定律也的确存在。

边际效用定律既不能与伯努利（Daniel Bernoulli）的学说《论机会之衡量》（*De Mensura Sortis*）相混淆，亦不能与韦伯–费希纳定律相混淆。伯努利贡献的根本是众所周知且从未有争议的事实，即人们在满足不那么迫切的需求之前，更渴望满足更为迫切的需求，而且富人比穷人更有能力为自己提供更好的东西来满足其需求。但是伯努利从这些自明之理中得出的推论却都是错误的。他提出了一种数学理论，即满足感的增加会随着一个人总财富的增加而减少。"一般而言，极有可能的情形是，对于一个收入为5000金币的人而言，一个金币的重要性通常不及一个收入为2500金币之人的半个金币"，他的这一说法只是一种空想罢了。让我们暂且搁置一种反对意见，即除了对不同人的估值进行完全武断的比较之外，没有其他方法可以进行比较。伯努利的方法同样不适合对收入金额不同的同一个人进行估值。他并不知晓，关于讨论的这个案例，所有可以说的是：随着收入的增加，每一个新的增量皆被用于满足一种比该增量发生前已满足的最不紧迫的需求。他也不明白，在做出估价、进行选择和施展行为中，并不存在任何衡量，亦没有建立对等物，而只有分级，即偏好和搁置。[1]因此，无论是伯努利，还是采用其推理模式的数学家和经济学家，皆无法成功地解决价值悖论。

将"韦伯-费希纳心理物理学定律"与"主观价值理论"二者混淆起来的做法，其内在错误已受到马克斯·韦伯的抨击。诚然，马克斯·韦伯对经济学尚不够熟悉，加之其太受历史主义的影响，乃至于无法正确洞察经济思想的基本原理。但巧妙的直觉为他提供了一个建议，指引他走上通往正确解决方案的正道。他断言：边际效用理论"并不是在心理学上得到证实的，而是如果要应用一个认识论术语的话从实效上（也即从目的和手段这两个范畴的用途上）得到证实的"。[2]

如果一个人想通过服用一定数量的药物来消除其病状，那么服用多倍剂量的这种药物并不会带来更好的效果。除了适当剂量也即最佳剂量之外，多余的剂量要么没有任何影响，要么将会产生有害的影响。各种满足情况亦是如此，尽管通常只有大剂量的应用才能达到最佳效果，而距离因进一步增量服用而产生有害影响的那个节点往往还很遥远。之所以如此，是因为我们的世界是一个因果关系的世界，一个因与果之间有定量关系的世界。一个人若想要消除因居住在温度为1.7℃的房间所带来的不安，他会将目标设定为——将房间升温到18℃或21℃。他不将目标设定为"将房间升温至82℃或149℃"，这与韦伯-费希纳定律毫无关系。同样也与心理学毫无关联。心理学可以为解释这一事实所做的一切就是作为一个终极给定而确立的：人们通常更喜欢维护生命与健康，而不是死亡与疾病。对于行为学而言，重要的只有如下这一事实：行为人在备选方案之间进行选择。一个人被置于十字路口，而且他必须进行选择并且确实做出了选择——撇开其他条件不谈——这全都是因为：他生活在一个量化的世界里，而不是一个没有数量

---

〔1〕参见丹尼尔·伯努利，《关于风险衡量新理论的阐述》（*Versuch einer neuen Theorie zur Bestimmung von Glücksfällen*），普林斯海姆（Pringsheim）译（莱比锡，1896年），第27页。

〔2〕参见马克斯·韦伯（Max Weber），《社会科学方法论》（*Gesammelte Aufsätze zur Wissenschaftslehre*）（图宾根，1922年），第372页；还可参见第149页。韦伯使用的"pragmatical（实用主义的/务实的）"一词当然容易引起混淆。将其用于实用主义（Pragmatism）哲学以外的任何事物皆是不适当的。如果韦伯知道"行为学（Praxeology）"一词的话，他可能会更喜欢这个词。

的世界，而一个没有数量的世界于人的心灵而言甚至是无法想象的。

边际效用与韦伯-费希纳定律的混淆，源于错误地只看获得满足的手段而不看满足本身。如果考虑到了满足感，就不会采用如下这一荒谬想法：通过提及"随着刺激强度不断增加，感觉强度不断减弱"来解释人对温暖渴望的内在逻辑。一个普通人不想将其卧室温度提高到49℃，这与温暖感觉的强度无关。一个人不会像其他正常人那样使其房间升温，以及如果他不是一心想着买一套新衣服或去观看贝多芬交响乐演出，他自己可能就会这样做了——这不能用自然科学的方法来进行解释。客观地、开放地用自然科学方法进行分析，只是客观使用价值的问题；而行为人对客观使用价值的评估则是另一回事了。

2 收益定律

一种经济商品所带来效果的量化确定性，对于一阶商品（消费者商品）而言意味着：某一数量 a 的原因要么一劳永逸地、要么在一定时间段内一点一点地产生某一数量的效果 α。对于高阶商品（生产者商品），它意味着：若互补的原因 c 贡献了数量 γ 的效果，则某一数量 b 的原因会产生某一数量的效果 β；只有协同效果 β 和 γ 会产生数量 p 的一阶商品D。在这种情况下，有三个数量：两种互补商品B和C的数量 b 和 c，以及数量 p 的产品D。

在 b 保持不变的情况下，我们将产生最高 p/c 值的 c 值称为"最优值"。如果多个 c 值导致这一最高 p/c 值，那么我们将导致最高 p 值的值称为"最优值"。若两种互补商品以最优比例投入使用，则它们二者皆有最高的产出；它们的生产能力、它们的客观使用价值就得到了充分的利用；它们的任何一个部分都没有被浪费。若我们通过"增加C的数量而不改变B的数量"来偏离这一最优组合，则收益通常会进一步增加，但与C的数量的增加不成比例。若有可能仅通过"增加两个互补因素其中一个因素的数量"将收益从 p 增加到 p_1，也即用 cx 代替 c，x 大于1，则无论如何我们就会得出如下结果：$p_1 > p$，且 $p_1 c < pcx$。因为若有可能通过C的相应增加来补偿B的任何减少，从而使 p 保持不变，则B所拥有的物理生产能力将是无限的，并且B不会被视为一种稀缺物品和经济商品。对于行为人而言，可用商品B的供应量是多还是少皆无关紧要。只要商品C的供应量足够大，即使是极其微量的B也足以生产任意数量的D。另一方面，如果商品C的供应量不增加，则可用商品B的数量的增加不会增加D的产出。该过程的总收益将归结为C；而B不可能是一种经济商品。例如，提供这种无限服务的一种事物就是隐含因果关系的知识。配

方，也即教我们如何调制咖啡的食谱，只要它是已知的，即可提供无限的服务。无论多么频繁地使用它，它的生产能力都不会损失任何东西；它的生产力取之不尽，用之不竭；因此，它并不是一种经济商品。行为人永远不会面临如下情形：必须在"某一已知配方的使用价值"与"任何其他有用的东西"之间做出选择。

收益定律断言：对于高阶经济商品（生产要素）的组合而言，存在着一个最优组合。若仅通过增加其中一个生产要素的投入来偏离这一最优组合，则物理产出要么根本不增加，要么至少不以新增投入的比例增加。正如上文已经证明的那样，这一定律隐含在这样一个事实中，即任何经济商品，其带来的效果的量化确定性是其成为经济商品的一个必要条件。

这样一种最优组合是存在的，这就是收益定律，通常称为"收益递减定律"，教给我们的全部核心内容。还有许多其他问题它根本没有回答，只能通过经验"后验地"加以解决。

若其中一个互补要素带来的效果是不可分割的，则最优组合就成为导致目标结果的唯一组合。为了将一块羊毛染成某一特定颜色，就需要某一特定数量的染料，数量更大或更小皆会挫败所要寻求的目标。拥有更多色素的人必须舍弃使用多余的色素。拥有较少色素的人就只能对这块羊毛其中一部分进行染色。在这种情况下，收益递减导致额外的数量完全无用，甚至不得使用，因为它会破坏整个产品设计。

在其他情况下，若要产生最小效果，则需要某个最小值。在该最小效果与最佳效果之间存在一个边际，其中增加的剂量要么导致效果成比例增加，要么导致效果超比例增加。为使一台机器转动起来，需要某一最低数量的润滑油。将润滑油的量增加到此最小值以上，这么做是会随着润滑油用量增加而成比例地提高机器性能，还是会超比例提高机器性能，这就只能通过技术经验来确定了。

收益定律并不回答如下问题：（1）最佳剂量是否就是能够产生所寻求效果的唯一剂量？（2）是否存在着这样一个严格的限定值，超过这个限定值，可变因素数量的任何增加皆毫无用处？（3）渐进式偏离最优值所带来的产出减少以及渐进式接近最优值所带来的产出增加，是否导致每单位可变因素的产出成比例或不成比例的变化？这一切皆须通过经验来加以辨别。但是收益定律本身——也即必然存在着这样一个最优组合的事实是先验有效的。

马尔萨斯人口定律及其衍生的"绝对人口过剩"和"人口不足"以及"最优人口"概念是收益定律在一个特殊问题上的应用。在其他因素相同的情况下，它们研究分析的对象是人类劳动力供给的变化。因为人们出于政治考虑想要拒绝马尔萨斯定律，所以他们满怀激情地反对收益定律，但反对的论据却是错误的。顺便说一句，他们只知道收益定律是在土地上使用资本与劳动力的收益递减定律。今天，我们无需对这些闲散的谏言有任何关注。收益定律并不只局限于在土地上对互补性生产要素的使用。通过对农业生产的历史性和实验性调查来反驳或证明该定律的有效性，这样的努力是多余的，因为它们是徒劳的。想要反驳这一定律的人，必须解释为何人们愿意付出代价来购置土地。如果该定律无效，那么农场主永远都不会考虑扩大其农场的规模。假若真是那样，那么只需倍增其资本与劳动力的投入，他就能够无限地倍增任何一块土地的收益。

人们有时认为：虽然收益递减定律在农业生产中是有效的，但对于加工业而言，收益递减定律是普遍存在的。他们花了很长时间才意识到：收益定律同样地适用于所有生产部门。针对该定律，将农业与加工业进行对比，这一做法是错误的。所谓的用一个非常不恰当甚至是误导性的术语——"收益递增定律"，只不过是"收益递减定律"的逆转而已，是对收益定律的一种并不令人满意的表述。若仅通过增加一种生产要素的数量来接近最优组合，而其他要素的数量保持不变，则对应于该可变要素数量的增加，该要素的每单位收益要么成比例增加，要么甚至超比例增加。一台机器，由2名工人操作时，可以生产 p；由3名工人操作时，可以生产$3p$；由4名工人操作时，可以生产$6p$；由5名工人操作时，可以生产$7p$；由6名工人操作时，产量也最多不超过$7p$。那么雇用4名工人时，工人产生的人均收益为最优，即$6/4p$；而在其他组合下，人均收益分别为$1/2p$、p、$7/5p$和$7/6p$。若雇用3名或4名工人而不是2名工人，则收益增加的幅度会大于工人人数增加的幅度；它们并不是以 2∶3∶4 的比例增加，而是以 1∶3∶6 的比例增加。我们面临着工人人均收益递增的问题。但这只不过是收益递减定律的反面而已。

若一个工厂或企业偏离了所用生产要素的最优组合，则它的效率会低于一个偏离最优组合较小的工厂或企业。在农业和加工业中，许多生产要素都不是完全可分的。尤其是在加工业中，通过扩大工厂或企业的规模比限制其规模，在大多数情况下更容易获得最优组合。若一个或几个要素的最小单位因规模太大而无法在一个中小型工厂或企业中进行最佳利用，则获得最佳组合效果的唯一方法就是增加装备的规模。正是这些事实带来了大规模生产的优势。这一问题的全部重要性将在后面讨论成本核算问题时展示。

3 作为手段的人类劳动

将人类生活的生理功能与各种表现作为手段加以使用，称为"劳动"。如果一个人的生命并不用于实现外部目的，而这些外部目的既不同于其生命过程的单纯运行，亦不同于这些过程在这个人自身生命力的生物完善中所起的生理作用，那么这样的人的能量与生命过程各种潜能的展示就不是劳动，而只是生活而已。人努力将其力量与能力作为消除不安的一种手段来加以使用，并以"有目的地利用其生命能量"来代替"其才能自动自发的、无忧无虑的释放以及神经紧张"。劳动本身是一种手段，而不是一种目的。

每个人可供消耗的能量皆是有限的，而且每一单位的劳动亦只能产生一个有限的效果。否则，就会有大量的人类劳动力可用；它就不会稀缺，也不会被认为是消除不安的一种手段，因此也不会被经济化利用。

在一个世界里，如果只有因为劳动的可用量不足以达到它可用作一种手段而达到的一切目的，劳动才会被经济化利用，那么在这样的一个世界里，可用劳动的供给量将等于所有人加在一起能够消耗的全部劳动的数量。在这样的世界里，每个人都会渴望工作，直到他完全耗尽他暂时的工作能力。无须用于娱乐活动以及恢复工作能力的时间，被之前的工作用尽之后，就会完全投入到新的工作中去。未充分利用工作能力的每一种情形均将被视为一种损失。通过做更多的工作，一个人将会增加其福祉。若有一部分可用潜能仍未加以利用，就会被评价为福祉的丧失，而福祉的任何相应增加亦无法弥补这一损失。"懒惰"这一理念将是未知的。没有人会这么思考："可能我可以做这件事或那件事；但这并不值得我去做；因为付出没有回报；我宁愿享受我的闲暇。"每个人都会认为他的全部工作能力就是他渴望完全利用的生产要素的供给。如果在某一时刻，一定数量的有关劳动不能得到可获利更多的利用，那么，即使是福祉方面最小幅度增加的机会，亦会被认为是足以激励人们做更多工作的因素。

在我们的现实世界中，情况并非如此。耗费劳动力被认为是一件令人痛苦的事情。不工作被认为是一种比工作更令人满意的状态。在其他条件相同的情况下，闲暇比劳作更受人们欢迎。只有当人们对劳动收益的重视程度超过"闲暇削减所带来的满意度下降"时，人们才会去工作。工作会涉及"负效用"。

心理学和生理学可能试图解释这一事实。行为学没有必要去调查这两门学科是否能在此等努力中取得成功。对于行为学而言，这是一个数据，即人们渴望享受闲暇，因此，人们用不同于他们看待物质生产要素之能力的感情来看待他们自己产生效果的能力。人在考虑耗费自己的劳动时，不仅要研究是否没有更合意的目的来使用所讨论的劳动量，而且同样要研究若放弃任何进一步的劳动耗费是否并非更合意之举。将获得闲暇称为有目的之活动的一个目的或一阶经济商品，我们也可以通过这种方式来表达这一事实。在使用这一有点复杂的术语时，我们必须从边际效用的角度将"闲暇"视为任何其他经济商品。我们必须得出结论：第一个闲暇单位满足的是比第二个闲暇单位更迫切的欲望，而第二个闲暇单位满足的是比第三个闲暇单位更迫切的欲望，依此类推。颠倒这一命题，我们得到这样的陈述，即工人感受到的劳动负效用，其增加的比例大于劳动消耗量增加的比例。

然而，行为学毫无必要研究——劳动的负效用是否随着所开展的劳动量的增加按比例或者甚至超比例增加。（这一问题对于生理学和心理学而言是否有任何重要意义，以及这些科学是否可以阐明这一问题，皆可留待以后决定。）无论如何，当工人不再认为继续工作的效用是对额外劳动消耗的负效用的充分补偿时，工人就会停止工作。在形成这一判断时，他将每一部分的工作时间跟前面部分相同数量的产品作对比，如果我们不考虑疲劳增加带来产量下降这一因素的话。但是，产量的各单位的效用随着所开展的劳动不断取得进展以及所生产的总产量不断增加而逐步降低。先前各单位工作时间内生产的产品，其满足的需求比后来开展的工作所生产产品满足的需求更为重要。尽管相比之下它们有着相同数量的物理产出，但这些不太重要需求的满足可能并不会被视为对进一步继续工作的充分奖励。

因此，劳动的负效用是否与劳动的总消耗成正比，或者它增加的比例是否比工作所花费时间增加的比例更大，这对于行为学对上述问题的处理而言无关紧要。无论如何，在其他条件相同的情况下，消耗总工作潜能中仍未使用部分的倾向会随着已消耗部分的增加而减少。准备工作更多的意愿是以更快速度加速下降还是以较慢速度加速下降，这始终是一个经济数据的问题，而不是一个范畴原则的问题。

附加在劳动上的负效用解释了——为何在人类历史进程中，伴随着技术进步与资本供给更为充裕带来的实物劳动生产率的逐步提高，总体上出现了工作时间逐渐缩短的趋势。相较于文明程度较低的祖先，文明人除了可以享受更丰富的便利之外，还可以享受更多的闲暇。在这个意义上，任何人皆可回答哲学家与慈善家经常提出的问题，即经济进步是否已经使人们变得更幸福。若劳动生产率低于当今资本主义世界的水平，则人将被迫更多地劳作或放弃许多便利。在确立这一事实时，经济学家们并未断言——获得幸福的唯一方法就是享受更多的物质舒适、过奢侈的生活或拥有更多闲暇。他们只是承认了一个真相：人能够更好地为自己提供其自认为需要的东西。

"人更喜欢令他们更满意的东西，而非令他们不太满意的东西"，以及"人根据事物的效用来对事物加以估价"——这些行为学上的基本见解无需通过关于劳动负效用的额外陈述来纠正或补充。这些命题已然暗示了这样一种说法，即只有当人相较于"享受闲暇"更迫切需要"劳动产出"的情况下，劳动才比闲暇更受欢迎。

要素劳动在我们世界中所占据的独特地位正是由于它所具备的非特定性。自然赋予的所有主要生产要素即人类可以用来改善其福祉状态的所有自然事物与力量，皆具有特定的力量与优点。针对这些主要生产要素，劳动的目的分为三大类型：这些要素更适合达到的目的；这些要素不太适合达到的目的；以及这些要素完全不适合达到的目的。但是，对于所有可想象的生产过程与生产方式的执行而言，人类劳动既合适又不可或缺。

当然，一般情况下，以这种方式来研究分析人类劳动是不被允许的。没有看到人及其工作能力各不相同，这是一个根本性错误。某一个人能做的工作，对于某些目的而言比较适合，对于另一些目的而言则不太适合，而对于另一些目的而言则完全不适合。古典经济学的缺陷之一就在于，它既未对这一点给予足够重视，亦未在构建其价值、价格与工资费率理论时考虑到这一点。人并不会有效利用一般性的劳动，而是会有效利用可用的特定类型的劳动。工资并非为消耗的劳动而支付，而是为劳动所取得的成就而支付，而在质量与数量上，这种成就差别可谓大矣。每一种特定产品的生产皆需要雇用能够从事有关特定类型劳动的工人。以所谓的事实——"对劳动的主要需求和劳动的主要供给涉及的是每个健康的人皆能履行的无需熟练技能的普通劳动；而需要熟练技能的劳动，也即具备特殊天赋并经特殊训练之人的劳动一般而言是一个例外。"——为理由而不考虑上述这一点，无意是荒谬的。无需研究——"遥远的过去是否也是这种状况"；或者，"即使对于原始部落成员而言，先天和后天获得的工作能力的不同是否是有效利用劳动的主要因素"。在研究文明民族状况时，不能忽视人们所从事的劳动在质量方面的差异。不同的人能够从事的工作并不相同，因为每个人生来就不同，而且也因为他们在其一生中获得的技能与经验更是区分了他们各自的能力。

在谈到人类劳动的非特定性时，我们当然不会断言"所有的人类劳动皆具有相同的质量"。我们要确定的是：生产各种商品所需劳动类型的差异，大于人与生俱来的能力的差异。（在强调这一点时，我们并不是在谈论天才的创造性表现；天才的工作超出了普通人行为的轨道，它就像一夜之间降临人间的一件免费的命定礼物。此外，我们还忽视了拒绝某些人群获得某些职业及其所需培训的制度障碍。）不同个人与生俱来的不同并未破坏人类物种在动物学上的统一性与同质性，以至于将劳动供给划分为不连贯的部分。因此，可用于执行每一种特定类型工作的潜在劳动供给超过了对此类劳动的实际需求。通过从其他部门撤出工人并对其进行培训这种方式，有可能增加各种类型专业劳动的供给。没有任何一个生产部门对需求的满足量永远受到缺乏能够执行特殊任务之人的限制。只有在短期内才会出现专家的匮乏。从长远来看，这种匮乏可通过培训展现出所需先天能力之人来消除。

劳动是所有主要生产资料中最为稀缺的，因为它在这种狭义意义上是非特定的，而且因为每一种生产皆需要耗费劳动。因此，其他主要生产资料——自然界提供的"非人类"生产资料——的稀缺，对于行为人而言，它变成了那些主要物质生产资料的匮乏，而这些资料的利用只需要最小规模的劳动消耗。[1] 可用的劳动力的供给决定了每一劳动力种类的要素性质可以在多大程度上被利用来满足需求。

如果人们能够并且准备好从事的劳动供给量增加，那么生产也会随之增加。劳动力不能因对于"进一步提高需求满足"而言无用而继续处于失业状态。孤立的自给自足之人总是有机会通过消耗更多的劳动来改善自己的状况。在一个市场社会的劳动力市场上，劳动力拥有者向市场提供的每一次劳动力供给，都会有买主。只有在劳动力市场的某些细分领域才可能存在劳动力的丰富与过剩；劳动力的丰富与过剩将导致劳动力推向其他细分领域，并导致一国经济系统在其他一些省份的生产扩大。另一方面，只有在额外的土地比以前耕种的边际土地更肥沃的情况下，可用土地数量的增加——在其他条件相同的情况下——才会导致产量增加。[2] 对于为将来的生产而积累的物质设备而言，同样也是如此。资本商品的可用性还取决于可用劳动力的供给。如果可以使用所需劳动力来满足更为紧迫的需求，那么使用现有设施的产能将是一种浪费。

---

[1] 当然，一些自然资源是如此之稀缺，乃至于它们得到了充分的利用。
[2] 在劳动力自由流动的情况下，若已开垦之地尚未富饶到可补偿整个运营成本的地步，则对贫瘠土壤进行改良将是一种浪费。

互补性生产要素只有在其中最稀缺要素的可用性允许的范围内方可使用。我们假设：生产1个单位的p需要消耗7个单位的a和3个单位的b，并且a与b皆不能用于除p之外的任何其他生产。若有49个单位的a和2000个单位的b可用，则最多只能生产7个单位的p。可用的a供应量决定了b的使用范围。a和b之中，只有a被视为一种经济商品；a和b之中，人们仅愿意为a支付价款；仅须针对7个单位a的成本来制定p的全价。另一方面，b并不是一种经济商品，而且不允许为其制定任何价格。有大量的b仍未使用。

我们可以试着想象这样一个世界的状况：在该世界里，所有的物质生产要素皆被充分利用，以至于既无机会去雇用所有的人，亦无机会去雇用所有准备工作的人。在该世界里，劳动力是丰富的；劳动力供给的增加并不会使总生产量添加任何增量。若我们假设"所有人皆具有相同的工作能力与工作申请"，并且若我们不考虑劳动的负效用，则在这样一个世界里的劳动力将不会被称为一种经济商品。若这个世界是一个社会主义国家，则人口数量的增加将被视为"闲置消费者"数量的增加。若这是一个市场社会，则支付的工资费率将不足以防止出现饥馑现象。寻求就业的那些人会准备好去工作，无论工资多么低，即使不足以维持他们的生活。他们会为了能够将活活饿死推迟一段时间而感到幸福。

毫无必要详述这一假设的悖论并讨论这样一个世界的问题。我们的世界与其不同。劳动力比物质生产要素更为稀缺。在这一点上，我们分析研究的并不是"最优人口种群"的问题。我们只是在分析研究这样一个事实，即存在着未使用的物质生产要素，因为需要劳动力来满足更为紧迫的需求。我们这个世界，人力资源并非处于丰富甚至过剩状态，而是处于缺乏状态；而且还有未被利用的物质生产要素，即土地、矿藏，甚至厂房和设备。

这种情况可通过以如下方式增加人口数量来加以改变：严格意义上用于保护人类生命不可或缺的食品，其生产所需所有物质生产要素皆得到充分利用。但只要不是这样，生产技术方法的任何改进皆无法改变这种情况。若用"效率更高的生产方法"来代替"效率较低的生产方法"，这么做并不会使劳动力变得丰富，前提是仍有可用的物质要素，其利用可以增加人类福祉。相反，它增加了产出，从而增加了消费者商品（"消费品"）的数量。"节省劳动力"的设备增加了消费品供应量。它们并不会带来"技术性失业"。

每一产品皆是"劳动力要素"和"物质要素"共同作用的结果。人既有效利用劳动力要素，又有效利用物质要素。

立即满足的劳动与间接满足的劳动

通常，劳动只是间接地满足劳作者，即通过因达到目的而消除不安感来间接满足劳作者。工人为了享受产品或其他人愿意为他提供的东西而放弃了闲暇并屈从于劳动的负效用。对他而言，劳动消耗是达到某些目的的手段，是付出的代价和成本。

但在某些情况下，劳动的履行会立即使工人得到满足。他从劳动的耗费中获得了直接的满足。"产量"可以说是双倍的。这个"产量"一方面在于获得产品，另一方面在于劳作本身给工人带来了满足感。

一个经常被忽视的事实是：能够带来即时满足并因此成为快乐与享受的直接来源的那些活动，跟劳动与工作有着本质的不同。只有非常肤浅地对待有关事实，才会认识不到这些差异的存在。星期天划独木舟在公园湖泊上消遣，从流体力学角度只能类比于船夫和划船囚奴的划船。当我们将"划船"作为一种旨在达到目的的手段来加以判断时，它在上述不同场景下的差异，就如同"一位漫步者哼唱一首咏叹调"与"一位歌剧歌手吟唱同一咏叹调"之间的差异。无忧无虑的星期天划船者和唱歌的漫步者，从他们的活动中获得的是直接的满足，而不是间接的满足。正因如此，他们所做的事情并非"劳动"，并不是为了达到"除了仅仅行使这些功能之外的目的"而使用他们的生理功能。这只是一种乐趣而已。这件事情本身就是目的；它是为了这件事情本身而完成的，而且并不会提供任何进一步的服务。因为它并不是劳动，所以不能将它称为"立即满足的劳动"[1]。

有时，一个肤浅的观察者可能会认为其他人从事的劳动会带来直接的满足，因为他自己想从事一种显然是模仿相关类型劳动的游戏。如同孩子们玩学校、士兵和铁路游戏一样，成年人也想玩这个玩那个。他们认为铁路机车工程师必定会尽可能地喜欢操作和操纵他的引擎，如果他们被允许"玩弄"它的话。在匆匆赶往办公室的路上，簿记员十分羡慕巡警，他认为巡警是因为在其巡逻地点周围悠闲漫步而获得报酬。但是巡警却反而羡慕簿记员，羡慕他在暖和的房间里坐在舒适的椅子上，靠着一些不能被真正称为劳动的涂鸦来赚钱。然而，曲解他人工作并认为那只是一种消遣的人，其意见不必认真对待。

---

[1] 作为一项体育运动而加以认真练习的划船以及业余歌唱爱好者认真练习的唱歌，皆是指向内心的劳动。

不过，也有真正让人立即获得满足之劳动的例子。有一些类型的劳动，在特殊条件下，少量的劳动可以让劳作者立即获得满足。但是这些数量是如此微不足道，以至于它们在人类为满足需求而施展的行为和生产的复合体中根本没有发挥任何作用。我们这个世界的特点在于"劳动负效用"现象。人们用带来负效用的劳动换取劳动的产品；对于他们而言，劳动是一种间接满足的来源。

就一种特殊类型劳动给予的是有限的快乐而不是痛苦、给予的是即时满足而不是劳动负效用而言，此等劳动的履行是不允许获得任何工资的。相反，劳作者，也即"工人"，必须购买这种劳动带来的快乐并为之付款。对于许多人而言，狩猎游戏在过去和现在皆是经常性的创造负效用的劳动。但对于有些人而言，这就是一种纯粹的快乐。在欧洲，业余猎手从狩猎场所有者那里购买猎杀一定数量特定类型猎物的权利。购买该权利的价格跟将要为到手的猎物支付的价格是分开的。若将两项购买捆绑在一起，则其总价将远远超过在市场上可以买到的同等猎物的价格。因此，依然在陡峭的岩石上漫步的岩羚羊，相较于后来被杀死、并带到山谷并备好其羊肉、羊皮和羊角为人所用的岩羚羊，其现金价值更高，尽管为了杀戮它需要费力地攀爬和使用一些打猎材料。可以说，一只活着的岩羚羊能够提供的服务之一就是为猎手提供猎杀它的乐趣。

创造性天才

在芸芸众生中，耸立着众多先驱巨人，他们的行为与思想为人类开辟了新的道路。对于先驱巨人[1]而言，创造是其生命的本质。对于他们来说，生活就意味着要去创造。

这些杰出人物的活动不能完全归入行为学上的"劳动"概念。这些活动并不是劳动，因为它们对于天才而言并不是手段，而是目的本身。他生活在创造与发明之中。对他来说，没有闲暇，只有暂时的无所作为和沮丧的间歇。他的动机并不是产生某一结果的愿望，而是产生该结果的行为本身。成就既不会间接，也不会立即使他感到满足，因为他的同胞对其成就基本不关心，更多时候甚至以嘲讽、冷笑和迫害来迎接其成就。许多天才本可利用其天赋使其生活变得愉悦和快

---

[1] 领导者（Führrers）并不是先锋。他们引导人们沿着开拓者铺设的轨道前进。开拓者在迄今为止无法到达的土地上开辟出一条道路，而且他可能并不在乎是否有任何人想走这条新的道路。领导者则引导人们朝着他们想要达到的目标前进。

乐，但他其至连这种可能性都没有考虑过，而是毫不犹豫地选择了荆棘丛生的道路。天才想要完成他自认为是其使命的伟业，即使他知道自己正在走向自己的灾难。

天才也不会从他的创造性活动中获得直接的满足。对于他而言，创造意味着痛苦和折磨，是针对内外障碍所作的无休止的折磨人的斗争；它消耗着他、也碾压着他。奥地利诗人格里尔帕泽（Franz Grillparzer）在一首感人的诗《告别加斯坦》（*Farewell to Gastein*）中描绘了这一点。[1] 我们可以假设：在写这首诗时，他不仅想到了自己的悲伤与磨难，而且想到了一个更伟大的人——贝多芬的更大痛苦，而贝多芬的命运与他自己的命运相似，他通过投入的感情和同情的欣赏，比他同时代的任何其他人更好地理解了贝多芬。尼采将自己比作那永不满足地吞噬和毁灭自己的火焰。[2] 这种痛苦是跟"工作与劳动""生产与成功""养家糊口与享受生活"等概念的内涵毫无共同之处的现象。

创新者的成就，其思想与理论，其诗歌、绘画以及其他作品，在行为学上并不能归类为劳动产品。它们并不是利用劳动力的结果，而此等劳动力本可用于生产其他便利设施，而这些便利设施可用于"生产"某一件哲学、艺术或文学杰作。思想家、诗人和艺术家有时并不适合完成任何其他工作。无论如何，他们投入创造性活动的时间与劳作并不是从用于其他用途的时间与劳作中截留下来的。客观条件有时可能注定要使一个有能力提出闻所未闻事物之人劳而无果；这些条件可能让他除了饿死之外再别无选择，或者在其仅仅为了肉体之生存而进行的挣扎中竭尽其所有力量。但是，如果天才成功地实现了他的目标，那么除了他自己之外，没有人会为他支付所发生的"成本"。歌德可能在某些方面受到他在魏玛公国宫廷任职职能的影响。但是，假若他并没有写出其戏剧、诗歌和小说作品，他肯定也不会在国务大臣、剧院经理和矿山管理员等公务职责上取得更多成就。

此外，不可能用其他人的作品来代替创造者的作品。假如没有但丁和贝多芬，谁也不可能通过指派其他人完成指定任务的方式来创作出《神曲》或《第九

---

[1] 这首诗似乎还没有英文译本。道格拉斯·耶茨（Douglas Yates）的书（《弗朗兹·格里尔帕泽评传》（*Franz Grillparzer, a Critical Biography*，牛津，1946年，I, 57）给出了关于其内容的简短英文介绍。

[2] 尼采诗歌的译文，请参见马格（M. A. Mügge）的《弗里德里希·尼采》（*Friedrich Nietzsche*）（纽约，1911年），第275页。

交响曲》。无论是社会还是个人,皆无法实质性地推动天才和他的工作。哪怕是最高强度的"订购需求"和最为强制的政府命令,皆不起作用。天才,从不按指令交货。人们无法改善那些产生创造者及其创造的自然条件与社会条件。人们既不可能用优生方法来培养天才,亦不可能通过学校教育来训练天才,而且也不可能组织安排他们的活动。但是,当然,人们也可以采取"不给开拓者及其开创探索留下任何空间"的这种方式对社会加以组织。

对于行为学而言,天才的创造性成就是一个"终极事实"。它作为命运的一件免费馈赠在历史中流传。它绝不是经济学使用此术语意义上的生产结果。

4 生产

行为若成功,就会达到所寻求的目的。它会产生产品。

生产并不是一种创造行为;它并不会带来以前不存在的东西。它是通过排列和组合对给定元素进行的一种转化。生产者并不是创造者。人只有在思考、在想象领域中才具有创造力。而在外部现象的世界里,他扮演的只是一个转化者的角色。他所能做到的就是将可用的手段以如下方式结合起来,即根据自然规律,所要达到的结果必然会出现。

人们曾经一度习惯于将"有形商品的生产"和"个人服务的提供"区分开来。制作桌椅的木匠被称为"生产者";但通过问诊帮助生病的木匠恢复其制作桌椅能力的医生却不适合这一称号。在"医生—木匠关系"和"木匠—裁缝关系"之间,人们做了区分。有人断言:医生自己并不生产;他靠别人生产的东西谋生,他靠木匠和裁缝维持生计。在更早的时候,法国重农学派认为所有的劳动都是"无结果的",除非它从土壤中提取出某些东西。在他们看来,只有耕种、捕鱼和狩猎以及矿山和采石场的工作才是"生产性质的"。加工业对所用材料在价值上的增加,只不过是工人所消耗物料的价值而已。

另一种普遍持有的观点认为:在"劳动力的使用"与"物质生产要素的使用"之间,存在着差异。有人断言"大自然无偿地分配着它的礼物";但是人们必须通过屈从于劳动的负效用来为劳动付出代价。在辛勤劳作和克服劳动负效用的过程中,人为这个宇宙增添了一些以前并不存在的东西。在这个意义上,劳动具有创造性。但这一观点同样是错误的。人的工作能力是在宇宙中被赋予的,正如土地和动物类物质的原始和固有能力也是被赋予的一样。"劳动的一部分潜力依然未被利用"这一事实也不能将其与非人的生产要素区分开来;因为这些要素也可以保持未使用状态。个人愿意克服劳动的负效用，这是"他们更喜欢的是劳动产品，而不是更多闲暇所带来的满足"这一事实的结果。

只有指导行为与生产的人的心智，才称得上具有创造性。心智亦属于宇宙和大自然；它是现有既定世界的一个组成部分。说心智具有创造性，这并不是沉迷于任何形而上学的推测。我们称其具有创造性，是因为我们无法更深远地追溯人的行为所带来的变化，直至我们面临着指导人的活动的理智的干预。生产并不是物理的、物质的和外在的事物；这是一种精神的和心智的现象。其基本必要条件并不是人的劳动和外部自然力量与事物，而是"要使用这些要素作为达到目的的手段"的心智决定。产生产品的并不是辛劳和麻烦本身，而是"辛勤劳作是在理智引导之下"这一事实。只有人之心智，方能消除不安。

"生产力"并不是"物质的"。生产是一种精神的、心智的和意识形态的现象。这是人在理智指导下为尽可能以最佳方式消除不安而采用的方法。我们的境况与千年前或两万年前祖先的境况相比，区分二者的不同之处并不是物质层面的，而是精神层面的。物质变化是精神变化的结果。

生产就是根据理智的设计对给定之物做出改变。这些设计——食谱、配方、意识形态是首要之物；它们将原始要素包括人的要素和非人的要素转化为手段。人凭借其理智进行生产；他选择要达到的目的，然后运用相应的手段来达到其目的。经济学根据其对人类生活之物质条件进行分析研究的流行说法是完全错误的。人的行为是心智的一种体现。在这个意义上，行为学可以称为一门精神科学（Geisteswissenschaft）。

当然，我们并不知道何为"心智"，正如我们并不知道何为运动、生命、电一样。"心智"一词只是表示已使人们得以实现他们已完成之一切成就——理论和诗歌、大教堂和交响乐、汽车和飞机——的未知因素。

第二部分　社会框架内的行为

个人施展行为，做出选择，与他人携手合作，展开竞争，进行交易，米塞斯透过这些表面现象，诠释了错综复杂的市场变动是如何产生和发展的。

第八章　人类社会

1　人类合作

所谓"社会",就是协同行为——合作。

社会,是有意识和有目的的行为的结果。这并不意味着个人已缔结契约而他们凭借这些契约建立起了人类社会。带来社会合作并每天重新带来新的社会合作的行为,除了与他人合作和协作以实现特定的独特目标之外,别无其他目的。这种协同行为所创造的相互关系的复合总体被称为"社会"。它用"协作"代替了——至少是可以想象的——孤立的个人生活。社会是劳动力的划分(也即"分工")和劳动力的组合。作为一种施展行为的动物,人变成了一种社会动物。

个人出生在一个以社会方式组织起来的环境中。仅在这个意义上,我们就可以接受这样一种说法,即社会在逻辑上或历史上是先于个人的。在任何其他意义上,这个声明要么是空洞的,要么是荒谬的。个人在社会里生活并施展行为。但社会不过是旨在开展合作努力的无数个人的组合。社会只存在于个人的行为中,除此别无社会存在之所。要在个人的行为之外寻找社会,只是一种错觉而已。说一个社会的独立自主的存在,说它的生命、它的灵魂、它的行为,充其量不过是一个很容易导致愚钝错误的隐喻而已。

"究竟是社会还是个人将被视为终极目的?"以及"究竟是社会利益应服从于个人利益,还是个人利益应服从于社会利益?"这样的问题,皆不会得出任何结果。行为,始终是个人的行为。社会元素是个人行为的某种取向。"目的"的范畴仅在应用于"行为"时才具有意义。神学和历史形而上学可以讨论社会的目的以及上帝想要实现的关于社会的设计,正如其讨论创造的宇宙所有其他部分的目的一样。科学,与理智密不可分,其作为一种工具明显不适合处理此类问题,因而推测这些问题是毫无希望的。

在社会合作的框架内,社会成员之间可以产生同情和友谊的情感以及一种共同归属感。这些情感是人类最愉悦、最崇高体验的源泉。它们是生命中最为珍贵的装饰物；它们将作为动物物种的人提升到真正人类存在的高度。然而，正如一些人所断言的，它们并不是带来社会关系的动因。它们是社会合作的成果，只有在社会合作的框架内它们才能茁壮成长、枝繁叶茂；它们并非先于社会关系的建立而存在，亦并非社会关系因其而产生的种子。

导致合作、社会与文明并将"动物性的人"转变成"人"的根本事实如下：分工模式下开展的工作比孤立模式的工作更具生产力；而且人的理智能够认识到这一真理。假若不是因为这些事实，人类成员就会永远是彼此的死敌，为拼命争夺大自然提供的一部分稀缺生存资料来源而成为不可调和的竞争对手。如果是那样，每个人就会被迫将所有其他人皆视为其敌人；而他对满足自己欲望的渴望，就会使他陷入与其所有邻居之间难以平息的冲突。在这样一种情况下，绝无可能产生任何同情心。

一些社会学家已断言：社会中原始的、基本的主观事实是一种"同类意识"。[1] 另一些社会学家则认为：假若没有"社会感或共同归属感"，就不会有社会系统。[2] 人们可能会同意这一观点，但前提是这些模棱两可、含糊不清的术语得到正确的诠释。我们可以将"同类意识、社会感或共同归属感"称之为对如下事实的承认：所有其他人类成员皆是生存斗争中的潜在合作者，因为他们能够认识到合作的互惠互利，而动物则缺乏这一能力。但是，我们不能忘记，产生这种意识或这种感觉的主要事实就是上述两个事实。在一个分工并不会提高生产力的假设世界里，就不会有任何社会，也不会有任何仁慈和善意的情感。

分工原理是宇宙形成和演变的重大基本原理之一。生物学家从社会哲学中借用"分工"概念并将其应用于他们的研究领域，这一做法是正确的。任何活体生物各个部分之间也存在着分工。此外，还有由相互合作的动物个体所组成的有机实体；通常将蚂蚁和蜜蜂的这种聚集以比喻方式称为"动物社会"。但我们绝不能忘记：人类社会的显著特征就是有目的的合作；社会是人的行为的结果，也即旨在达到目的的有意识行为的结果。据我们所确知，在导致植物和动物其身体结

---

[1] 富兰克林·亨利·吉丁斯（F. H. Giddings），《社会学原理》（*The Principles of Sociology*）（纽约，1926年），第17页。

[2] 罗伯特·莫里森·麦克弗（F. M. MacIver），《社会》（*Society*）（纽约，1937年），第6—7页。

构—功能系统出现的过程中以及蚂蚁、蜜蜂和大黄蜂社会的运作中，不存在这样的因素。人类社会是一种心智层面和精神层面的现象。它是有目的地利用一个决定宇宙形成之普遍规律的结果，这一普遍规律就是分工能够提高生产力。与每一行为实例一样，对自然规律的认识被应用于人为改善其状况所作的各种努力之中。

2 对整体社会观与形而上学社会观的批判

根据普遍主义、概念现实主义、整体论、集体主义和格式塔一些代表学说，社会是一个"过着自己生活"的实体，它独立于各种个人的生活而存在，它代表自己施展行为，它旨在达到自己的目的，而这些目的不同于个人追求的目的。然后，当然会出现社会的目的与其成员的目的之间的对立。为了保障社会的繁荣和进一步发展，有必要掌控个人的自私，并迫使他们为了社会的利益而牺牲他们的利己主义设计。在这一点上，所有这些整体论学说皆注定要放弃人类科学和逻辑推理的世俗方法，而转向神学的或形而上学的信仰专业。他们必须假设：天意通过其先知、使徒和具有魅力的领袖，迫使那些天生邪恶之人也即倾向于追求自己目的的人走在上帝或世界精神或历史希望他们走的正义之路上。

这就是自古以来就以原始部落信条为特征的哲学。一直以来，它是所有宗教教义中不可或缺的一个元素。人必须遵守由某一超人力量所颁布的法则，并服从这一力量赋予其执法权力的权威。因此，由这一法则所创造出的秩序——也即人类社会——是神的作品，而不是人的作品。假若上帝不曾干预、不曾给犯错的人类以启示，社会就不会存在。诚然，社会合作是人的福气；诚然，只有在社会框架内，人方能摆脱野蛮以及其原始状态的精神上和物质上的痛苦。然而，如果让他独自一人，他将永远无法看到自己得救的道路。其原因在于，做出调整以适应社会合作的要求以及服从道德法则的戒律，这给他的心灵戴上了沉重的限制枷锁。从他可怜心智的角度来看，他会将对一些预期优势的放弃视为一种邪恶和一种匮乏。他将无法认识到通过放弃当前可见的快乐将获得的无与伦比的更大但稍晚的好处。若没有超自然的启示，他永远也不会知道命运要他为自己和后代的利益做些什么。

由18世纪理性主义和自由主义的社会哲学以及现代经济学发展起来的科学理论，并没有求助于超人力量的任何神奇干预。一个人用协同行为来代替孤立行为的每一步，皆会导致他的状况立即得到明显的改善。和平合作与分工所带来的好处是普遍存在的。它们会使每一代人皆立即直接受益，而不仅仅是让以后的子孙后代获益。对于个人为了社会的利益而必须牺牲的东西，他通过获得更大的利益而得到了充分补偿。他的牺牲只是表面的和暂时的；他暂时放弃了较小的收益，以便以后获得更大的收益。任何理智的人都不会看不到这一明显事实。在通过扩大存在分工的领域来加强社会合作时，或者在加强法律保护和和平维护时，激励因素就是所有有关个人改善其自身状况的愿望。在追求自己的正确理解的利益的过程中，个人致力于加强社会合作与和平交往。社会是人的行为——即人类希冀尽可能消除不安感之渴望的一个产物。为了解释社会的形成及其演变，没有必要求助于一个肯定会冒犯真正宗教思想的教义，而根据该教义，最初的创造其缺陷是如此之大，乃至于需要反复的超人类干预才能防止其失败。

从休谟到李嘉图，英国政治经济学所阐述的分工理论的历史作用在于：彻底摧毁关于社会合作之起源与运作的所有形而上学学说。它完善了伊壁鸠鲁主义哲学所开创的人类之精神上、道德上和智力上的解放。它用一种"自主的理性道德"代替了旧时代"他律的和直觉主义的伦理"。法律与合法性、道德规范与社会制度，不再被尊崇为高深莫测之天命。它们均具有人类本源性质，而必须用于衡量它们的唯一准绳，就是关于人类福利之上策的准绳。功利主义经济学家并没有说：Fiat justitia, pereat mundus（即使世界毁灭，也要伸张正义）。他说的是：Fiat justitia, ne pereat mundus（让正义得到伸张，世界才不会毁灭）。他并没有要求一个人为了社会的利益而放弃他自己的福祉。他建议一个人认识到他正确理解的利益到底是什么。在他看来，上帝的伟大并不在于忙于干涉王公政客们的各种事务，而在于赋予他所造万物以理智和追求幸福的渴望。[1]

所有派别的普遍主义的、集体主义的和整体论的社会哲学，其本质问题皆

---

[1] 许多经济学家，包括亚当·斯密和弗雷德里克·巴斯夏（Frederic Bastiat），皆信仰上帝。因此，他们对自己发现了这位"伟大的自然之主"的天意呵护感到钦佩。无神论批评家们责备他们的这种态度。然而，这些批评家们并未意识到，对述及"看不见的手"进行嘲讽，并不会使理性主义社会哲学和功利主义社会哲学的基本教义变得无效。人们必须理解，另一种选择是这样的：任何一种协作皆是一个与人关联的过程，因为它以最佳方式服务于有关个人想要达到的目的，而且个人本身有能力实现他们从适应社会合作生活中获得的好处。或者，一个高级存在物命令不情愿的人服从法律和社会权威。无论我们是否将这一至高无上的存在物称为"上帝""世界精神""天命""历史""沃坦（wotan）"或"物质生产力力量"以及人们给其使徒——独裁者——冠以的任何头衔，皆无关紧要。

是：通过何种记号，我才能识别出：真律法、神旨的真使徒以及合法的权威。因为许多人声称是至高者派他们来到人世间的，而这些先知中的每一位皆在传讲另一部福音书。对于忠实信徒而言，不存在任何疑问；他完全相信他拥护的是唯一真正的教义。但也正是这种信仰的坚定性使得对立变得不可调和。每一方皆已准备好让自己一方的信条占上风。但由于逻辑论证无法在各种持异议的信条之间做出决定，因此除了武装冲突之外，别无其他办法来解决此类争端。非理性主义、非功利主义和非自由主义的社会学说必然引发国际战争和内战，直至其中一个对手被歼灭或降服。世界各伟大宗教的历史，就是一部斗争与战争的记录史册，正如当今假冒的宗教——中央集权至上论和民族主义——的历史一样。

以刀斧手或士兵手中刀剑为后盾展现的不容忍和实施的宣传，这是任何他律伦理体系中所固有的。上帝或天命的律法声称具有普遍的有效性，并且所有人皆应根据权利服从上帝或天命宣称其合法的权威。只要他律的道德规范及其哲学推论——概念现实主义的声望完好无损，就不会存在宽容或持久和平方面的任何问题。战斗暂时停止，只是为进一步斗争积聚新的力量而已。只有当自由主义学说已然打破普遍主义的魔咒时，针对他人不同意见的宽容思想才能真正落地生根。根据功利主义哲学，社会和国家不再作为维持一种世界秩序的机构出现，而此等世界秩序，出于人类心智中隐藏的考虑因素，取悦了神，尽管它明显地损害了许多人甚至绝大多数生活在今天的人的世俗利益。与此相反，社会和国家是所有人自愿实现他们自己所追寻之目标的主要手段。它们是由人类努力所创造出来的，而且，对它们进行维护并以最合适的方式组织起来，是与人的行为的所有其他关注点无本质区别的任务。他律道德的拥护者以及集体主义学说的拥护者不能指望通过推理来证明他们特定伦理原则的正确性以及他们特定社会理想的优越性和排他性质的合理性。他们被迫要求人们盲目轻信地接受他们的意识形态体系并屈服于他们认为是唯一正确的权威；他们打算让持不同政见者保持沉默或鞭挞他们使其屈服。

当然，总会有一些个人和人群，其心智是如此狭隘，乃至于他们根本无法领会社会合作给他们带来的好处。还有一些人和人群，其道德力量和意志力是如此薄弱，乃至于他们无法抗拒一种诱惑——通过不利于社会体系顺利运行的行为来争取一时的利益。因为个人若要做出调整以适应社会合作的要求，这需要个人做出牺牲。诚然，这些只是暂时的和表面上的牺牲，因为"生活在社会中"本身所提供的无与伦比的更大利益足以超额弥补这些牺牲。然而，在放弃某一预期享受的行为中，他们在当时那一刻是痛苦的，而且并非每个人皆能意识到他们后来将会获得的利益并因此施展相应的行为。无政府主义认为：教育可以使所有人皆理解其自身利益要求他们做什么/怎么做；而且，若受到正确指导，所有人皆会自觉地始终遵守维护社会所须遵循的行为规则。无政府主义者争辩说：一个没有任何人以牺牲其同胞为代价来享有特权的社会秩序，可以在"没有任何强制和胁迫以防止对社会有害行为"的情况下存在。这样一个理想社会可以没有国家和政府，即没有负责实施胁迫和强制的社会机器——警察队伍。

无政府主义者忽略了一个不可否认的事实：有些人要么心胸过于狭隘，要么内心过于软弱，乃至于无法自发地调整自己以适应社会生活条件。即使我们承认每个理智的成年人皆被赋予了意识到社会合作的好处并采取相应行动的能力，但依然存在着婴儿、老人和疯子的问题。我们可能同意：施展反社会行为的人应该被视为"精神病患者"并需要他人照护。但只要这些人尚未全部治愈，只要还有婴儿和老人，就必须采取一些措施，以免危害社会。一个无政府主义社会将受到每个人的摆布。如果大多数人不准备通过施加或威胁施加暴力行为来阻止少数人破坏社会秩序，那么社会就不可能存在。这一权力属于国家或政府。

国家或政府是实施强制和胁迫的社会机器。它垄断了暴力行为。任何人，若政府没有将"自由使用暴力或自由威胁使用暴力"的权利赋予他，那么他就不能这么做。国家本质上是专门维护和平人际关系的机构。然而，为了维护和平，它必须准备好粉碎和平破坏者的冲击。

自由主义社会学说，以功利主义伦理学和经济学之教义为基础，从不同于普遍主义和集体主义的角度看待政府与被统治者之间关系的问题。自由主义意识到：如果得不到被统治者中大多数人的支持，那么人数始终是少数的统治者就无法持久地继续执政。无论政府的体制是什么，政府建立和维持的基础始终是那些被统治者的意见，即相较于暴动起义和建立另一个政权，服从和忠于这一政府更符合他们自身的利益。多数人有权废除一个不受欢迎的政府，并在确信自己的福利需要这一权力时使用该权力。从长远来看，并不存在"一个不受欢迎的政府"这种事物。内战和革命皆是不满的多数人用来推翻不适合他们的政府统治者和施政方法的手段。为了国内和平，自由主义的目的在于建立和维持民主政府。因此，民主并不是一个革命机构。相反，它正是防止革命和内战的手段。它为政府和平调整以适应多数人的意愿提供了一种方法。当执政者及其政策不再取悦全国大多数人时，他们将在下次选举中被淘汰并被支持不同政策的其他人所取代。

自由主义所提倡的"多数人统治或人民政府"原则，其目的并不在于平民百姓、未受教育者和国内蛮夷享有至高无上的地位。自由主义者也认为：一个国家应该由最适合完成统治这项任务的人来统治。但他们相信：一个人若要证明其具有统治能力，最好是通过使其同胞信服的方式，而不是通过对其同胞使用武力的方式。当然，选民是否一定会将职位委托给最称职的候选人，在这一点上并不存在任何保证。但是，没有任何其他体制可以提供这样一种保证。如果一个国家的大多数人皆坚持并不健全的原则而且偏爱不值得授予其职位的求职者，那么除了通过阐述更为合理的原则和推荐更好的人来试图改变他们的想法之外，别无任何补救办法。少数人将永远不会通过其他手段来获得持久的成功。

　　普遍主义和集体主义不能接受针对政府问题的这一民主解决方案。在他们看来，个人遵守道德准则并没有直接促进他的世俗关注，相反，他为了神的设计意图或集体整体的利益而放弃实现他自己的目的。此外，若单凭理智，就无法理解绝对价值的至高无上和神圣律法的无条件有效性，也无法正确解释教规和诫律。因此，在他们看来，试图通过说服来使大多数人信服并通过友善劝告引导他们走向正义，显然是一项无望的任务。那些受天启而蒙福之人，其神赐之力量给其带来光明，他们的职责就是向温顺者传播福音、对顽固不化者诉诸暴力。受神灵启示的领袖是神的传教牧师，是集体整体的受托人，是历史的工具。他万无一失，而且始终是对的。他的命令就是最高标准。

　　普遍主义和集体主义必然属于神权政府的制度。它们所有派别的共同特点是：它们假设存在一个个人必须服从的超人实体。将它们彼此区分开来的仅仅在于它们给予这一超人实体的名称以及它们以此等实体之名义宣布的法律的内容。少数人的独裁统治，除了诉诸从一种超人的绝对权威那里获得的所谓"授权"之外，找不到任何合法性。无论独裁者是将其主张建立在受膏者的神权基础之上，也无论至高无上的存在是否被称为"世界精神"（黑格尔）或"人道"（奥古斯特·孔德），皆无关紧要。提倡针对个人的所有活动实行规划和社会控制的当代倡导者们所使用的"社会"和"国家"一词，皆表示一个"神"。这一新信条的祭司将神学家赋予上帝的所有属性——全能、全知、无限良善等等——皆赋予他们的偶像。

　　若一个人假设在个人行为之上和之外存在着一个旨在实现其自己目的的不朽实体，且此等目的不同于凡人之目的，则此人已构建"超人"的概念。这样一来，此人就无法回避一个问题，即每当国家或社会的目的与个人的目的之间出现对立时，谁的目的应该优先呢？这一问题的答案已隐含在集体主义和普遍主义所构想的"国家"或"社会"的概念之中。如果一个人假设存在着一个从定义上看比个人更高、更高尚、更好的实体，那么毫无疑问，这一非凡存在的目的必须高于可怜个人的目的。〔确实，一些悖论爱好者——例如，马克斯·施蒂纳（Max Stirner）[1]——乐于将事情颠倒过来，并完全为此而主张个人优先。〕如果社会或国家是一个具有集体主义学说所赋予其的意志和意图以及所有其他品质的实体，那么将卑微个人的琐碎目的与社会或国家的崇高设计对立起来，简直是荒谬之举。

所有集体主义学说，其准神学特征皆在其相互冲突中表现出来。一个集体主义学说并不抽象地断言一个集体整体的优越性；它总是宣扬某一特定集体主义偶像的崇高地位，而且要么断然否认其他此类偶像的存在，要么将它们贬低为相对于自己偶像的从属和辅助地位。国家崇拜者宣扬一个特定国家也即他们自己国家的卓越性；而民族主义者则宣扬他们自己民族的卓越性。如果持不同政见者通过宣扬另一个集体主义偶像的优越性来挑战他们的某一特定计划，他们的做法就是并不提出任何反对意见，而只是一再宣称："我们是对的，因为一个内心声音告诉我们——'我们是对的，而你们是错的'。"对立的集体主义信条和宗派之间的冲突，不能靠推理来解决；它们必须通过武力来解决。替代多数统治的自由和民主原则的是武装冲突与独裁压迫的军国主义原则。

各种集体主义信条在对自由制度之基本政治体制的顽固敌意中联合起来：多数人统治；对不同意见的容忍；思想、言论和新闻出版自由；法律面前人人平等。集体主义诸信条在其试图破坏自由方面的这一协作，导致了一种错误的信念，即当今政治对立中的问题是个人主义与集体主义对立的问题。事实上，这是个人主义与众多集体主义宗派之间的斗争，它们之间的相互仇恨和敌意，其激烈程度并不亚于它们对自由制度的憎恶。

习惯性术语完全歪曲了这些事情。通常被称为"个人主义"的哲学，实际上是一种把社会合作和社会关系逐步强化的哲学。另一方面，集体主义基本思想的应用，只会导致社会解体和武装冲突的不断延续。的确，每一种集体主义皆承诺：从它自己取得决定性胜利以及最终推翻和消灭所有其他意识形态及其拥护者

---

〔1〕参见马克斯·施蒂纳〔即约翰·卡斯帕·施密特（Johan Kaspar Schmidt）〕，《自我和本我》（*The Ego and His Own*），史蒂文·特雷西·拜因顿（Steven Tracy Byington）〔译〕（纽约，1907年）。

之日起，会有永久性的和平。然而，这些计划的实现取决于人类的一个彻底转变。人必须分为两类：一方面是无所不能的神一样的"独裁者"，而另一方面是必须放弃意志和推理以便成为独裁者计划中棋子的"群众"。为了使一个人成为他们的神一样的主人，须将群众非人化。进行思考和施展行为，也即人作为"人"的首要特征——将成为"一个"人的特权。无需指出，这样的设计无疑是无法实现的。独裁者们梦想的千年帝国注定要失败；它们的持续时间从未超过若干年。我们刚刚目睹了数个此类"千禧世代"秩序的崩溃。剩下的那些，其表现也不会好到哪里去。

集体主义思想的现代复兴——当今所有痛苦和灾难的主要原因——取得了如此彻底的成功，以至于它已经遗忘了自由主义社会哲学的基本思想。今天，即使是支持民主制度的许多人，也忽略了这些想法。他们提出的为自由和民主辩护的论点带有集体主义错误的污点；而他们的学说与其说是对真正自由主义的认可，倒不如说是一种歪曲。在他们眼中，多数人始终都是正确的，因为他们有能力镇压任何反对者；多数统治是人数最多政党的独裁统治，而执政的多数在行使其权力和处理政治事务中并无义务约束自身。一旦一个派别成功地赢得了大多数公民的支持，从而获得了对政府机器的控制权，它就可以自由地剥夺少数人的所有民主权利，而它自己过去就是以这些权利为手段进行自己的斗争以获取霸权的。

这种"伪自由主义"当然是自由主义学说的对立面。自由主义者并不认为大多数人都是神一样和绝对正确之人；他们并不争辩说"一项政策得到许多人拥护"这一事实就是其对于公共福利之价值的一个证明。他们并不提倡"由多数人实行专政"和"对持不同政见的少数人加以暴力镇压"。自由主义旨在建立一种政治宪法，此等宪法旨在保障社会合作的顺利进行以及相互社会关系的逐步加强。其主要目标是避免暴力冲突、避免战争和革命，而这些战争和革命必然会瓦解人类的社会合作，使人们回到原始的野蛮状态——所有部落和政治团体永无休止地相互争斗。因为分工需要不受干扰的和平，所以自由主义旨在建立一个可能维护和平的政府制度，也即民主。

行为学与自由主义

在19世纪意义上，自由主义是一种政治学说。它并不是一种理论，而是行为学尤其是经济学所发展出来的诸多理论在"社会中人类行为"特定问题上的应用。

作为一种政治学说，自由主义在价值观和行为所追求之终极目的方面并不是中立的。它假定所有人或至少大多数人皆致力于实现某些目标。它为他们提供有关适合实现其计划之手段的信息。自由主义学说的倡导者们充分意识到一个事实，也即他们的教义只对致力于这些评价原则的人有效。

虽然行为学以及因此经济学同样也在一种纯粹形式意义上使用术语"幸福"和"消除不安"，但自由主义赋予它们一个具体的含义。它假定人们喜欢活着而非死亡、喜欢健康而非疾病、喜欢饱足而非饥饿、喜欢富裕而非贫穷。它教人如何按照这些评价来施展行为。

习惯上将这些关切称为"物质享乐主义的"关切，并指责自由主义是所谓的"粗俗唯物主义"、忽视人类"更高"和"更高尚"的追求。批评家们说"人并不仅仅靠面包生活"，而且他们蔑视功利主义哲学的卑鄙和卑劣做作。然而，这些充满激情的漫骂却是错误的，因为它们严重歪曲了自由主义的教义。

首先，自由主义者并不主张人应该为上述目标而奋斗。自由主义者坚持认为：绝大多数人更喜欢过一种健康且富足的生活，而不愿意遭受痛苦、饥饿和死亡。这一说法的正确性不容质疑。这一点得到如下事实的证明：所有反自由主义学说——各种宗教党派、国家主义党派、民族主义党派的神权主义信条——对这些问题均采取了相同的态度。这些党派无一不向其追随者许诺让他们过上富足的生活。他们从不会冒险告诉人们——其计划的实现将会损害他们的物质福祉。相反，他们坚持认为：虽然他们敌对政党计划的实现将导致大多数人陷入贫困，但他们自己却想为其拥护者带来富足。与民族主义者和极权主义者相比，基督教党派同样渴望向群众承诺更高的生活水平。当今的教会通常更多地谈论提高工资费率和农业收入，而不是谈论基督教的教条。

其次，自由主义者并不蔑视人的心智上和精神上的愿望。相反，他们受到对心智上和道德上完美、对智慧以及对审美卓越之炽热激情的推动。但他们对这些崇高事物的看法与他们对手的粗略表述相去甚远。他们不同意那种天真的观点：任何社会组织体系皆可直接成功地做到鼓励哲学性或科学性思考；产生艺术和文学杰作；并使大众变得更加开明。他们意识到：社会在这些领域所能实现的只是提供一个环境，而此等环境不会在天才的道路上设置不可逾越的障碍，并使普通人从物质担忧中解放出来，从而对除了养家糊口之外的事物感兴趣。在他们看来，使人变得更人性化的最重要的社会手段就是与贫困作斗争。智慧、科学和艺术在一个富裕世界里比在贫民中更易于繁荣兴旺。

将所谓的唯物主义归咎于自由主义时代，这是对事实的歪曲。19世纪不仅仅是一个生产技术方法和群众物质福祉空前进步的世纪。它所做的远不止延长人类的平均寿命。它所取得的科学与艺术成就皆是不朽的。这是一个不朽的音乐家、作家、诗人、画家和雕塑家的时代；它彻底改变了哲学、经济学、数学、物理学、化学和生物学。而且，历史上首次，它使普通人能够接触到伟大的作品和伟大的思想。

自由主义与宗教

自由主义建立在纯粹理性和科学的社会合作理论基础之上。自由主义所推荐的政策是应用如下各项因素：一个不以任何方式涉及情感的知识体系；无法提供逻辑上充分证据的直觉信条；神秘体验；以及对超人现象的个人认知。在这个意义上，经常被误解和错误解释的形容词"无神论的"和"不可知论的"可以归因于自由主义。然而，如果断定人的行为科学和源自其教义的政策——自由主义——是反神论的和敌视宗教的，那将是一个严重的错误。它们从根本上反对所有的神权政治制度，但是对于不假装干涉社会、政治和经济事务开展的宗教信仰，它们是完全中立的。

神权政治是一种社会制度，它声称其合法化具有一个超人头衔。一个神权政体的基本法则是一种洞察力，这种洞察力既不能用理智来检验，亦不能用逻辑方法来证明。其终极标准是直觉，该直觉为心智提供关于理智与推理无法想象之事物的主观确定性。若这一直觉是指关于宇宙的神圣创造者与统治者之存在的传统教学体系之一，我们就称之为"一种宗教信仰"。若它指的是另一体系，我们就称之为"一种形而上学信仰"。因此，一个神权政府体系不必建立在世界上最伟大的历史宗教之一基础之上。这可能是形而上学信条拒绝所有传统教会和教派并以强调其反神论和反形而上学特征为荣的结果。在我们这个时代，最强大的神权政党皆反对基督教以及从犹太一神论演变而来的所有其他宗教。他们的神权主义特征就是他们渴望根据其有效性无法通过推理方式加以证明的复杂思想内容来组织人类的世俗事务。他们假装其领导人受到了某一知识的祝福，而全人类其他成员无法获得该知识，且该知识与被拒绝授予神赐力量的人所坚持的想法正好相反。具有神赐力量的领袖们被一个神秘的更高权力赋予了管理犯错人类事务之职责。只有他们是开悟的；所有其他人要么是盲人，要么是聋子，要么是罪犯。

事实上，历史上许多伟大的宗教皆受到神权主义倾向的影响。他们的使徒受到对权力的渴望以及针对所有持不同政见团体的压迫与消灭的启发。然而，我们绝不能混淆"宗教"和"神权政治"这两个事物。

威廉·詹姆斯将"宗教的"称为"个人在其孤独中的感受、行为和体验，只要他们理解自己与他们可能认为是神圣之任何事物相关联"[1]。他列举了如下信仰作为宗教生活的特征：可见世界是一个精神性更强宇宙的一部分，该世界从该宇宙中获得了它的主要意义；与该更高宇宙的结合或和谐关系是我们真正的目的；祈祷或与其精神之间的内在交流——无论该精神是"上帝"或"律法"——是一个真正完成工作的过程，而且精神能量流入并在现象世界中产生心理上或物质上的影响。詹姆斯接着说，宗教还包括如下心理特征：一种新的热情，就像一件生命礼物一样，以抒情魅力或诉诸认真和英雄主义的形式出现；此外，还有安全保证与平和心境，以及与他人相处时爱之情感的优势。[2]

这种对人类宗教体验和感受的描述，丝毫未提及社会合作的安排。在詹姆斯看来，宗教是人与神圣、神秘和令人敬畏之神圣现实之间的纯粹个人性质和个体性质的关系。它禁止"人"采取某种个人行为方式。但它对于"社会组织"问题并无任何断言。西方最伟大的宗教天才——亚西西的圣方济各（San Francesco d'Assisi）其本人并不关心政治学和经济学。他想教他的门徒如何虔诚地生活；他既没有起草一份生产组织计划，亦没有敦促其追随者对持不同政见者使用暴力。对于他所创立之教规对其教义进行的解释，他并不承担责任。

自由主义不妨碍一个人根据个人或其教会或教派解释《福音书》教义的方式来调整其个人行为和私人事务。但它从根本上反对通过诉诸宗教直觉和启示来压制对社会福利问题之理性讨论的所有努力。它并不禁止任何人离婚或实行节育措施。但它与那些想要阻止其他人自由讨论这些事情之利弊的人作斗争。

在自由主义看来，道德法则的目的是促使个人根据社会生活的要求调整自己的行为，避免对维护和平社会合作和改善人际关系有害的一切行为。自由主义者欢迎宗教教义可能对他们自己认可的道德戒律给予支持，但他们反对无论源于何种根源皆会注定导致社会解体的一切规范。

正如宗教神权政治的许多拥护者常说的，"自由主义专门针对宗教开展斗

---

[1] 威廉·詹姆斯（W. James），《宗教经验的多样性》（*The Varieties of Religious Experience*，第35次印刷，纽约，1925年），第31页。
[2] 威廉·詹姆斯，《宗教经验的多样性》第485—486页。

争"，而这一说法是对事实的歪曲。在"教会干预世俗问题"原则生效的地方，各个教会、宗派和教派彼此之间皆在互相争斗。通过将教会和国家分离开来，自由主义在各个宗教派别之间建立了和平关系，并让其中每个宗派皆有机会不受干扰地传播其福音。

自由主义是理性主义的。它坚持认为：有可能让绝大多数人皆相信，社会框架内的和平合作比相互争斗和社会解体更符合他们正确理解的利益。它对人的理智充满信心。这种乐观主义或许并无根据，而自由主义者也可能犯了错误，但是这样的话，人类的未来就毫无希望可言了。

3 分工

基本的社会现象就是分工及其对应的人类合作。

经验告诉人们：合作行为比自给自足个人的孤立行为更有效率、更具生产力。决定人之生活与努力的自然条件使得分工增加了所耗费每单位劳动的产出。这些自然事实是：

第一，在从事各种劳动的能力方面，人具有与生俱来的不同。第二，地球表面自然赋予的、非人类性质的生产机会，其分配是不均的。人们不妨将这两个事实视为同一个事实，即自然界具有多样性，而这种多样性使宇宙成为一个包含无限种类的复合体。如果地球表面的生产条件在每一点皆相同，并且如果一个人与所有其他人完全一样，就像在欧几里得几何学中一个圆与另一个圆具有相同直径一样，那么人们就根本不会进行分工了。

还有第三个事实，也即有些事业若要完成，超过了一个人的力量范围，需要几个人的共同努力方能完成。其中一些事业需要耗费任何一个人无法单独完成的劳动，因为他一个人的工作能力还不够大。其他一些事业也可以由个人单独完成；但是那样的话，个人就必须在此等工作上耗费太久的时间，以至于结果虽能实现但却太晚，而且将不能补偿所耗费的劳力。在这两种情况下，只有多个人共同努力才有可能达到所寻求的目的。

若只有这第三种状况存在，则人与人之间的临时合作肯定会出现。然而，这种为处理超出个人力量范围之特定任务而临时结成的联盟并不会带来持久的社会合作。在文明的早期阶段，只能以这种方式开展的事业其实并不多。此外，所有相关人员可能并不会经常一致同意——所讨论之事业的开展比完成那些他们可单独完成的其他任务更有用、更紧迫。将所有人皆纳入他们所有活动中的伟大人类社会并非起源于这种偶然性质的联盟。社会远不止是为某一特定目的而缔结且一旦实现其目标就解散的一个暂时性联盟，即使合作伙伴准备好在某一场合出现时重新缔结此等联盟。

每当参与者的不同使得每个人或每块土地至少在一个方面优于其他有关个人或土地时，分工带来的生产力提高是显而易见的。若在1个单位时间内工人A可胜任生产要么6个p要么4个q，而工人B可胜任生产要么仅2个p要么8个q，则：当他们各自单独工作时，他们两人将在1个单位时间内一共生产4个p+6个q；当他们在分工模式下工作且每个人只生产其生产效率高于其工作伙伴的商品时，他们两人将在1个单位时间内一共生产6个p+8个q。但是，若工人A不仅在生产p方面而且在生产q方面均比工人B更高效，又将会发生怎样的情形呢？

这正是李嘉图首次提出并立即解决了的问题。

4 李嘉图协作定律

李嘉图阐述了协作定律，以证明当一个人或一个群体在各方面皆更有效率时，与在各方面效率皆较低的某个人或某一群体合作时，分工的后果将会是什么。他研究了自然禀赋不均等的两个地区之间贸易的效应，其所依据的假设是：产品而不是工人和未来生产的累积要素（资本商品）可以从一个地区自由地转移到另一个地区。正如李嘉图定律所表明的那样，两个这样地区之间的分工将提高劳动生产率，并因此对所有有关方面皆是有利的，即使在生产任何商品的物质条件方面，其中一个地区比另一个地区更有利。有利的做法是：禀赋较好地区集中精力生产其优越性更大的商品，而将其自身优越性较小的其他商品的生产留给禀赋较差的地区。"放着更有利的国内生产条件不用，而是从生产条件较差地区采购他们自己本可以生产的商品，反而成为更为有利之举"，这一矛盾现象是劳动力和资本不流动的结果，而劳动力与资本无法进入更为有利的生产之地。

李嘉图充分意识到这样一个事实：他的比较成本定律——他阐述该定律主要是为了解决国际贸易领域的一个特殊问题——是更为普遍的协作定律的一个特殊例子。

如果，工人A在生产方面比工人B效率更高——"生产1个单位的商品p，工人A需要3个小时而工人B需要5个小时；生产1个单位的商品q，工人A需要2个小时而工人B需要4个小时"，那么，若工人A只专注于生产q而工人B只专注于生产p，则工人A和工人B双方均会获益。若给每个人120个小时，其中60个小时用来生产p、另外60个小时用来生产q，则工人A的劳动成果将会是20个p+30个q；而工人B的劳动成果将会是12个p+15个q；两者相加，合计劳动成果为：32个p+45个q。然而，若工人A只专注于生产q，则A将会在120个小时内生产出60个q；若工人B只专注于生产p，则B将会在同样时间（120个小时）内生产出24个p。二者劳作活动的合计结果就是24个p+60个q，因为对于A而言p的替代率为3/2q，而对于B而言p的替代率为5/4q，通过换算（无论用A的替代率还是用B的替代率）可知："24个p+60个q"的产出均大于"32个p+45个q"的产出。因此，显然分工对参与其中的所有人皆有利。更有才华、更有能力、更为勤奋的人跟不那么有才华、不那么有能力和不那么勤奋的人协作，将会导致对双方皆有利的结果。分工带来的收益始终都是相互的。

协作定律使我们能够理解导致人类合作逐渐加强的趋势。我们设想是何种动机促使人们在争夺大自然提供的生活资料有限供给的斗争中并不将他们中的其他人视为竞争对手。我们意识到是什么驱使他们并永久地驱使他们为了合作而相互结盟。朝着更加发达的分工模式迈出的每一步，皆符合所有参与者的利益。为了理解"为何人并不会一直保持孤独状态——像动物一样仅为自己（最多还为其配偶和无助的婴儿）寻找食物和住处"，我们并不需要求助于神灵奇迹般的干预，亦无需求助于一种天生对协作之渴望的空洞本质。我们也不会被迫假设孤立的个人或原始游牧部落有一天会通过一纸合约来承诺建立社会纽带。导致原始社会和日常工作逐步集约化的因素是"人的行为"，而这种行为因对分工下获得的更高劳动生产率的洞察而活跃起来。

历史学、民族学或任何其他知识分支，皆无法描述人类的非人类祖先成群结队到原始但已高度分化社会群体的进化过程，而这方面的信息见于考古挖掘、最古老的历史文献和遇到过野蛮部落的探险家和旅行者的报告。科学在社会起源方面所面临的任务，只能在于证明那些能够而且必须导致协作及其逐渐集约化的因素。行为学解决了这一问题。若分工下的劳动比孤立的劳动更有生产力，且有人能够认识到这一事实，那么人的行为本身倾向于合作与协作；人成为"社会人"，并不是为了一个神话中的摩洛克（Moloch）——社会——而牺牲他自己的切身利益，而是为了改善他自己的福利。经验告诉我们：这一条件——在分工下实现的生产力更高——之所以存在，是因为其原因——人与生俱来的不同和自然生产要素之地理分布的不均等——是真实存在的。这样，我们就能够理解社会进化的过程。

当前关于协作定律的错误

对于李嘉图协作定律（更以"比较成本定律"为人所知），人们给予了太多无端的指责。其原因很明显，对于所有急于从任何角度——除了某些生产者的私利或战备问题之外——为贸易保护和国家经济孤立作辩护的人，这一定律对他们都是一种冒犯。

李嘉图阐述这一定律，其首要目的是驳斥针对国际贸易自由的反对意见。保护主义者提出如下问题："在自由贸易条件下，假若有一个国家，其任何类型生产的条件皆不如所有其他国家的生产条件，那么这个国家的命运将会是什么呢？"现在，在一个不仅产品，而且资本商品和劳动力皆可自由流动的世界里，一个如此不适合进行生产的国家将不再被用作任何人类产业的基地。如果在不开发利用这个国家提供的——相对不那么令人满意的——物质生产条件的情况下人们反而可以过得更好，那么人们将不会在这里定居，并将使这个国家变得像极地地区、冻土荒原和沙漠地带一样无人居住。但李嘉图所研究分析的是这样一个世界：其各项条件由早期定居点决定，在这样一个世界中，资本商品和劳动力被确定的制度束缚在土地上。在这样一个环境中，自由贸易，也即仅限于商品的自由流动，并不能带来如下状态：资本与劳动力根据提供给劳动生产率的物质机会的优劣而在地球表面进行分配。在这种情形下，比较成本定律开始发挥作用。每个国家皆转向那些该国条件可提供相对（尽管不是绝对）最有利机会的生产部门。对于一个国家的居民而言，更为有利的做法是——避免利用一些绝对且技术上更有利的机会，并进口在相较未使用的国内资源绝对且技术上更不利的条件下在国外生产的商品。这种情况类似于一位外科医生的如下情形：外科医生发现，雇用一名勤杂工来清洁手术室和手术器械是很方便的事情，尽管外科医生在清洁手术室和手术器械方面比该勤杂工表现得更出色；而外科医生将自己全身心投入到外科手术工作（他在这方面的优势更大）之中，也是很便捷的事情。

□ 火神摩洛克

火神摩洛克，也被称为战争之神，是美索不达米亚神话体系中巴力神的分身，需要用孩童来祭祀他，被闪族一神教体系视为邪恶丑陋的魔鬼。

比较成本定理与古典经济学的价值理论毫无关联。它并不涉及价值或价格。这是一个分析判断；结论隐含在如下两个命题之中：技术上可移动的生产要素，其生产率在不同的地方各不相同，并且其流动性在制度上受到限制。该定理在不影响其结论之正确性的情况下可以忽略估值问题，因为它可以自由地求助于一组简单的假设。这些假设是：只生产两种产品；这些产品可自由移动；生产其中每一种产品皆需要两个要素；这两个要素中，其中一个要素（可能要么是劳动力，要么是资本商品）在两种产品的生产中是相同的，而另一个要素（土壤的某一特定属性）对于这两个生产过程其中的每个过程皆是不同的；两个生产过程相同要素的更大稀缺性决定了两个生产过程不同要素的开发程度。这些假设使得我们可以确定相同要素的支出与产出之间的替代比，在这些假设的框架之下，该定理回答了所提出的问题。

比较成本定律独立于经典价值理论，正如收益定律一样，其推理过程亦类似。在这两种情况下，仅对物质投入与物质产出作比较，即可让我们自己满足。针对收益定律，我们比较相同产品的产出。针对比较成本定律，我们比较两种不同产品的产出。这种比较是可行的，因为我们假设：对于每一种产品的生产，除了一个特定要素之外，只需要同类型的非特定要素。

一些批评者将这种假设的简化归因于比较成本定律。他们认为：现代价值理论将需要遵循主观价值原理来重新制定该定律。只有这样的制定才能提供一种令人满意的结论性证明。但是，他们并不想用货币来进行计算。他们更愿意诉诸那些效用分析方法，且他们认为这些方法是用效用进行价值计算的一种手段。我们调查研究的进一步进展将表明：这些试图从经济学计算中消除货币术语的尝试是欺骗性的。这些尝试的基本假设既站不住脚又自相矛盾，而且从它们那里得出的所有公式皆是邪恶的。除了基于由市场确定货币价格的经济学计算方法之外，没有任何其他经济学计算方法是可能的。

比较成本定律背后的简单假设，其意义对于现代经济学家和古典经济学家而言并不完全相同。古典学派的一些追随者认为它们是某一国际贸易价值理论的起点。我们现在知道他们在这种信念上是错误的。此外，我们意识到：关于价值确定和价格确定，国内贸易与国外贸易之间并无任何区别。让人们能够区分国内市场和国外市场的只是数据上的差异，即二者在限制生产要素流动和产品流动的制度条件方面存在不同。

我们若不想在李嘉图所应用的简化假设下处理比较成本定律，就必须公开使用货币计算。我们绝不能被如下错觉所迷惑：我们可以不用货币计算就可以比较各种类型生产要素的支出和各种类型产品的产出。若我们考虑外科医生和他的勤杂工的情形，我们就必然会说：如果外科医生可以利用他有限的工作时间来做手术，并由此获得每小时50美元的报酬，那么雇用一名勤杂工来保持他的手术器械处于良好状态并向勤杂工支付每小时2美元的费用对于外科医生而言是符合其利益的，尽管这名勤杂工需要3个小时才能完成外科医生在1个小时内就可以完成的工作。在比较两个国家的情况时，我们必然会说：若在英国，生产1单位的商品a或商品b需要耗费1个工作日的同类型劳动，而在印度，以相同资金投入，生产1单位的商品a需要耗费2个工作日，生产1单位的商品b需要耗费3个工作日，而且若资本货物以及商品a和b均可从英国自由转移至印度（反之亦然），然而由于劳动力没有流动性，在印度生产商品a的工资费率必然趋向于是英国生产该商品之工资费率的50%，而在印度生产商品b的工资费率必然趋向于是英国生产该商品之工资费率的33.33%。如果在英国用于生产1单位商品a或商品b的每日工资费率为6先令，那么在印度用于生产1单位商品a的每日工资费率就相当于3先令、用于生产1单位商品b的每日工资费率就相当于2先令。若印度国内劳动力市场存在着劳动力流动性，则同类型劳动力报酬的这种差异就不会持续下去。工人将从生产商品b转向生产商品a；他们的迁徙往往会降低a行业的薪酬水平，同时也会提高b行业的薪酬水平。最终，a、b两个行业的印度工资费率将趋同相等。商品a的生产往往会扩大并取代英国的生产规模。另一方面，商品b的生产在印度将变得无利可图并因此不得不在印度停产，但将会在英国扩大。若我们假设"生产条件的差异也在于或完全在于所需的资金投入量"，则同样的推理是有效的。

有人已断言：李嘉图定律只对他所处的时代有效，而对我们这个提供其他条件的时代无效。李嘉图从资本与劳动力的流动性差异中看到了国内贸易与对外贸易之间的差异。如果我们假设资本、劳动力和产品是可移动的，那么仅在运输成本起作用时区域贸易与区域间贸易之间才存在差异。那么，发展一种有别于国内贸易的国际贸易理论就是多余的。资本和劳动力根据各个地区为生产提供的条件之优劣而在地球表面进行分配。有的地区人口更为稠密、资本配置更合理，有的地区人口密度较低、资本供给较差。在整个地球上，普遍存在着一种同类型劳动的工资费率均等化的趋势。

然而，李嘉图的出发点是如下假设：资本和劳动力仅在每个国家内部流动，而非在不同国家之间流动。他提出了一个问题："在这种情况下，产品的自由流动性必然会产生何种后果呢？"（若产品也没有流动性，则每个国家皆是经济孤立和自给自足的，而且根本没有任何国际贸易。）比较成本理论回答了这一问题。现在，李嘉图的假设大体上适合他所处的时代。后来，在19世纪的发展过程中，情况发生了变化。资本和劳动力的不流动性逐步让位；资本和劳动力的国际转移越来越普遍。然后，出现了逆反作用。今天，资本和劳动力的流动性再次受到限制。现实的情形再次对应于李嘉图的假设。

然而，区域间贸易经典理论的教义超越了制度条件的任何变化。它们使我们能够研究在任何可想象的假设下所涉及的问题。

5 分工的影响

分工是人对自然条件的多重性有意识地做出反应的结果。另一方面，分工本身就是造成差异化的一个因素。它在复杂的生产过程中为各个地理区域分配特定功能。它使一些地区成为城市，另一些地区成为农村；它将制造业、采矿业和农业的各个分支部门分布在不同的地方。然而，更重要的是，它加剧了人与人之间与生俱来的不同。特定任务的锻炼与实践使个人做出相应调整，以更好地适应履行这些任务须满足的要求；人发展了其与生俱来的一些能力，却阻碍了其他能力的发展。职业类型出现，人们成为各个领域的专家。

分工将生产的各个过程分解为一个个微小的任务，其中许多任务可通过机械装置来完成。正是这一事实使机器的使用成为可能，并带来了生产技术方法的惊人改进。机械化是分工结出的果实，是分工取得的最有益成就，而不是分工的动力和源泉。动力驱动的专业机械只能在分工下的社会环境中使用。在通往使用更为专业、更为精细和更具生产力的机器设备的路上，向前迈出的每一步皆需要进一步使各项生产任务专业化。

6 社会中的个人

如果行为学谈到"孤立的个人"——只代表他自己且独立于同胞而施展行为，那么它这么做是为了更好地理解社会合作的问题。我们并不断言这种孤立的自给自足的人类成员曾经在这人世间生活过，并且人类历史的社会阶段之前是独立个人像动物一样漫游以寻找食物的时代。人的非人类祖先生物的人性化与原始社会纽带的出现，二者是在同一过程中发生的。人作为"社会人"出现在世俗事件的场景之中。孤立的不合群的人只是一种虚构而已。

□ 卢梭的《社会契约论》

《社会契约论》是17世纪法国启蒙思想家让-雅克·卢梭所著的一本重要政治哲学著作。该书于1762年出版，探讨了政府的合法性和社会秩序的基础。卢梭认为，人类最初处于自由的自然状态下，但为了保护自己的利益和维持社会秩序，人们必须通过一个社会契约来组成政府。这个契约是自愿的，意味着每个人同意放弃一部分个人自由和权力，以换取整体的社会利益和安全。

从个人的角度来看，社会是实现其所有目的的重要手段。社会的维系是一个人可能希望通过任何行为来实现任何计划的一项基本条件。即便是在合作的社会体系中不能根据生活要求调整其行为的顽固不化者，也不想错过分工带来的任何好处。他并不是有意识地以破坏社会为目的。他想要掌握的是比社会秩序分配给他的那一部分共同产生的财富份额更大的财富。假若反社会行为变得普遍，并引发不可避免的结果——回归原始贫困状态，他就会感到悲苦。

认为"个人在放弃所谓的'美妙自然状态的祝福'并进入社会时已经放弃了一些优势，并且可以公平地要求为他们所失去的东西进行赔偿"，这种想法是虚幻的。认为"任何人，在人类的非社会状态下皆会过得更好，并因社会的存在本身而遭受不公平待遇"的想法是荒谬的。由于社会合作的生产力更高，人类成员数量倍增，远远超出了分工初级程度时代所提供的生存条件的范围。每个人皆享有比其野蛮祖先高得多的生活水平。人的自然状况就是极度贫困和毫无安全保障的。感叹原始野蛮时代快乐时光的逝去，只不过是浪漫的废话而已。在一种野蛮状态下，抱怨者要么尚未成年，要么即使成年，他们也会缺乏文明提供的机会与便利。假若卢梭（Jean Jacques Rousseau）生活在他以怀旧心态描述的原始状态，就不会享受到他学习和写作所需的闲暇时光。

社会赋予个人的特权之一就是在患病或身体残障情形下生活的特权。生病的动物注定在劫难逃。它们身体的虚弱阻碍它们寻找食物和击退其他动物的侵袭。耳聋、近视或跛脚的野蛮人必然灭亡。但这样的缺陷，并没有剥夺一个人调整自己以适应社会生活的机会。我们同时代的大多数人皆患有一些生物学认定为病态的身体缺陷。我们的文明在很大程度上是这类人所取得的成就。在社会条件下，自然选择的淘汰力大大降低。所以有人说：文明往往会使社会成员的遗传素质退化。

如果一个人以一位"打算培养一个具有某些品质的人种的饲养员"的眼光来看待人类，那么这种判断是合理的。但社会并不是为生产出某一特定类型的人而经营的"种马场"。在人类的生物进化方面，根本不存在任何"自然的"标准来确定——什么是可取的、什么是不可取的。所选择的任何标准皆是武断的、纯粹主观的，简而言之，只是一种价值判断而已。如果不是基于对人类未来的明确计划，那么"种族改良"和"种族退化"这两个术语就毫无意义。

诚然，文明人适应的是社会生活，而不是原始森林猎人的生活。

神秘交流寓言

行为学的社会理论受到神秘交流寓言的攻击。

该学说的支持者断言：社会并不是人类有目的行为的产物；社会并不是任务的合作与分工。社会源于深不可测的内心深渊，源于人类本性中根深蒂固的一种冲动。有一派人说：社会是圣灵全神贯注于其中的神圣现实和凭借一种"神秘合一"对上帝的力量与爱的参与。另一派人则将社会视为一种生物现象；他们认为社会是"血脉之音的作品"，是将共同祖先的后代与这些祖先以及后代彼此之间联结在一起的纽带，是农夫与他耕种的土壤之间的神秘和谐。

这种心理现象能够被真正感受到，这是千真万确之事。有些人体验到了"神秘合一"，并将这种体验置于其余一切之上，还有一些人坚信——他们听到了血脉的声音，并用心和灵魂闻到了他们国家珍贵土壤的独特芬芳。神秘体验和极度狂喜皆是心理学必须认为是真实性质的事实，就像任何其他心理现象一样。交流学说的错误并不在于其断言"这种现象确实发生了"，而在于认为"它们是不依赖于任何理性考虑的基本事实"。

那些不知同居与怀孕之间因果关系的野蛮人，就听不见让父亲亲近自己孩子的血脉之音。今天，这种关系已众所周知，一个对妻子的忠贞充满信心的男人可能会察觉到这一点。但若对妻子的忠贞心存怀疑，则血脉之音也毫无用处。从来没有人敢断言：关于亲子关系的疑问可以通过血脉之音来加以解决。一个母亲若从其孩子出生伊始就一直照看她的孩子，她就可以听到血脉之音。如果母亲过早地与其婴儿失去联系，她以后可能会通过一些身体标记（例如小说作者们曾一度热衷用于构造小说情节的痣和疤痕）来识别她的孩子。但是，如果这样的观察和由其得出的结论并不能识别出婴儿的身份，那么血脉就是沉默无声的。德国种族主义者主张：血脉之音神秘地团结了日耳曼民族的所有成员。但人类学揭示了一个事实：日耳曼民族其实是各种种族、亚种族和人种之后裔的混合族群，而不是源于一个共同祖先的同质血统。近期日耳曼化的斯拉夫人不久前将其父系姓氏改成了听起来像德文的姓氏，他们认为——他们和所有的德国人都很亲近。但他们并没有体验到促使他们加入其依然是捷克人或波兰人的兄弟或堂/表兄弟行列的任何内在冲动。

血脉之音并非一种原始和原生的现象。它是出于诸多理性考虑因素而提出的。因为一个人认为他因与其他人有一个共同祖先而跟这样的人有关联，于是他就发展了那些被诗意地描述为"血脉之音"的感觉与情绪。

对于宗教狂喜和土壤神秘主义，亦是如此。虔诚的神秘主义者的"神秘合一"取决于其对其宗教的基本教义的熟悉程度。只有已然了解上帝伟大与荣耀的人，方能体验与"他"的直接交流。土壤神秘主义与确定地缘政治思想的发展有关。这样，平原或海岸的居民可能会在他们声称与其热切连接和联合的土壤绘图中，也纳入他们并不熟悉且他们无法适应其条件的山区，只是因为该领土属于他们或其成员愿意归属他们的政治团体。另一方面，在这一他们声称可听到其声音的土壤的绘图中，他们通常并没有纳入与自己国家的地理结构非常相似的邻近区域（如果这些区域碰巧属于外国）。

一个国家或一个语言群体的不同成员及其形成的集群，并不总是以友谊和善意团结在一起。每一个国家的历史，都是其分支之间相互厌恶甚至仇恨的记录。想一想英格兰人与苏格兰人、洋基人与南方人、普鲁士人与巴伐利亚人。正是意识形态克服了这种仇恨，并以当今民族主义者认为是"自然和原始现象的社会感和共同归属感"激励了一个国家或一个语言群体的所有成员。

男性与女性之间的相互"性吸引力"是人的动物本性所固有的，与任何思考和理论阐明无关。我们可以将其形容为"原始的""植物性的""本能的"或"神秘的"；用比喻方式断言"它使二合而为一"是无妨的。我们可以称之为"两个身体之间的一种神秘交流"，一个共同体。然而，无论是同居，还是之前和之后的生活，皆不会产生社会合作和社会性的生活方式。动物在交配时也结合在一起，但它们并没有发展出社会关系。家庭生活不只是性交的产物。父母和孩子以他们在家庭中生活的方式生活在一起，这绝不是自然的和必要的。交配关系不一定会产生家庭组织。人类家庭是进行思考、做出规划和施展行为的结果。正是这一事实将"人类家庭"跟我们称之为"类比动物家族"的那些动物群体区分开来。

交流或共同体的神秘体验，并不是社会关系的根源，而是社会关系的产物。

神秘交流寓言的对应物是——种族或国家之间自然而原始的排斥的寓言。有人断言：有一种本能教会人如何区分同族人和陌生人并憎恶后者。高贵种族的子孙厌恶跟等级较低种族成员发生任何接触。若要反驳这一说法，只需提及种族混合这一事实足矣。由于当今欧洲根本不存在纯粹的族群，我们因此必然得出结论——曾经在该大陆定居之各种族群的男女成员之间存在着性吸引力而不是互相排斥。数以百万计的穆拉托人（"黑白混血儿"）和其他混血儿正在为"各种种族之间存在自然排斥"的断言提供活生生的反证。

就像神秘的交流感一样，种族仇恨并不是一种人类与生俱来的自然现象。它是意识形态的产物。但是，即使各种种族之间存在着一种天性使然的与生俱来的仇恨这种东西，既不会使社会合作徒劳无功，亦不会使李嘉图的协作理论失效。社会合作跟个人之爱无关，跟彼此相爱的一般诫命无关。人们在分工下合作，并非因为他们彼此相爱或应该彼此相爱。他们相互合作，是因为这么做最符合他们自己的利益。既不是爱，也不是慈善，也不是任何其他的同情心，而是正确理解的自私，最初促使人调整自己以适应社会的要求、尊重同胞的权利与自由、用和平协作代替敌意与冲突。

7 伟大的社会

并非每一种人际关系皆是社会关系。当一群人和另一群人在一场彻底灭绝的战争中相互冲撞时，当人与人之间像碾压有害动植物一样无情地相互斗争时，战斗双方之间存在交互影响和相互关系，但这其中并不存在任何社会关系。社会即是人们联合施展行为和开展合作，其中每个参与者均将另一合作伙伴的成功视为实现自己成功的手段。

原始游牧民族和部落为了争夺水源地、狩猎场、猎渔场、牧场和战利品而展开的相互争斗，其性质是无情的歼灭战争。此类战争是全面战争。19世纪欧洲人与新近开辟领土上原住民的首次遭遇战也属于这种性质。但早在原始时代，早在有历史记载时代很久之前，另一种程序模式就已经开始发展了。人们甚至在战争中也保留了一些先前建立的社会关系的雏形；在与以前从未有过任何接触的民族作战时，人们开始考虑这样一种想法，即人与人之间，尽管目前处于直接敌对状态，但以后的接触安排和相互合作还是可能的。发动战争的目的是伤害敌人；但敌对行为不再是此类行为完全字面意义上的残忍无情行为。交战方开始遵守某些限制，在与人的斗争——区别于与野兽的斗争中，交战各方不应超越这些限制。在不可调和的仇恨以及毁坏与毁灭的狂暴之上，有一种社会性的因素开始盛行。出现了一个想法，即每个人类对手皆应被视为某项未来合作中的一位潜在合作伙伴，并且在进行军事行动时不应忽视这一事实。战争不再被认为是人际关系的常态。人们认识到：和平合作是进行生物生存斗争的最佳手段。我们甚至可以说：一旦人们意识到奴役战败者比杀死他们更为有利时，战士们就会在战斗的同时也想到善后事宜，也即和平。奴役大体上是朝着合作迈出的初始步骤。

"即使在战争中也不是每一种行为皆被认为是允许的；有些战争行为是合法的，有些则是非法的；有些法律也即社会关系——高于所有国家，甚至高于那些暂时互相争斗的国家"，这种观念占主导地位，导致最终建立了包容所有人和所有国家的伟大社会。不同的地区社会合并为一个普世社会。

不以野兽方式野蛮发动战争而是根据"人类的"和社会的战争规则发动战争的交战方，放弃使用某些破坏方法，以使其敌人给出同样的让步。只要遵守这类规则，交战双方之间就存在着社会关系。敌对行为本身其性质不仅是"非社会的"，而且是"反社会的"。在给"社会关系"一词下定义时，将旨在消灭他人的行为和旨在挫败他人行为的行为包含其中，是不可取的做法。[1] 若人与人之间的唯一关系就是旨在相互损害的关系，则既无社会，亦无社会关系。

社会并不只是"相互作用"。宇宙所有各个部分之间皆存在相互作用——相互影响：狼与其吞食的羊之间、细菌与其杀死的人之间、坠落的石头与其砸中的物体之间，无一不存在这种相互作用——相互影响。另一方面，社会总是促使人在施展行为时与其他人开展合作，以使所有参与者皆实现他们各自的目的。

8 侵略与毁灭的本能

有人断言：每个人皆是一头食肉猛兽，其与生俱来的天性本能驱使其去战斗、去杀戮、去毁灭。文明，创造了非自然的人道主义的松弛涣散，而这种松弛

---

〔1〕这是利奥波德·冯·威斯（Leopold von Wiese）《一般社会学》（Allgemeine Soziologie，慕尼黑，1924年，第一部分，第10页）所使用的术语。

涣散使人与其动物起源逐步疏远，通过这种方式，文明试图平息这些战斗、杀戮和毁灭的冲动与欲望。它使文明人成为颓废的怯懦者——为自己的动物性感到羞耻，并将自己的堕落自豪地称为"真正的慈悲"。为了防止人类物种的进一步退化，必须将人从文明的有害影响中解放出来。因为文明不过是下等人的一项狡猾发明罢了。这些下等人过于虚弱，根本不是体格雄壮英雄的对手；他们太过懦弱，乃至于无法承受被全部歼灭的应有惩罚；他们太懒惰又太张狂，以至于无法以奴隶身份为主人服务。因此，他们采取了一种狡猾的权宜之计。他们颠倒了由永恒不变的宇宙法则绝对确定的永恒的价值标准；他们宣扬一种道德，这种道德将他们的劣等性称为美德，而将崇高英雄的卓越性称为罪恶。奴隶的这种道德反叛必须通过重新评估所有价值观来消除。奴隶的道德规范——怯懦者怨恨的这一可耻产物——必须彻底抛弃；强者的道德规范或者恰当地说，对任何道德限制的废除必须取而代之。人必须成为其祖先——已然逝去时代的高贵野兽——的无愧子孙。

通常人们将这类学说称为"社会达尔文主义"或"社会学达尔文主义"。我们不需要在这里决定这一术语是否合适。有些教义将"从人开始超越其非人类祖先纯粹动物性存在的时代以降"的整个人类历史无所顾忌地贬损为一个持续不断逐步走向退化和衰败的过程；无论如何，将"进化论的"和"生物学的"这两个形容词安在这样的教义头上，显然是错误之举。除了"生物体内发生的变化是否成功地调整个体以适应其环境之条件，从而提高其在生存斗争中的机会"之外，生物学并未提供任何其他标准用于评估生物体内发生的这些变化。事实是，从这个角度来看，文明应该被认为是一种"好处"而不是一种"邪恶"。文明使人类能够在与所有其他生物——无论是大型猛兽还是更有害甚至致命的微生物的斗争中站稳脚跟；文明已成倍增加了人类的谋生手段；文明已使普通人体型更高、思维更敏捷、更多才多艺，并延长其平均寿命；文明已赋予人类对地球的无可争议的掌控力；文明已使人口数量成倍增加，并将人类生活水平提高到史前时代原始穴居人从未梦想过的水平。确实，这种进化阻碍了某些诀窍与天赋的发展，这些诀窍与天赋曾经在生存斗争中有用，但在已发生沧桑巨变的条件下已然失去了作用。另一方面，这种进化培养了在社会框架内生活所必不可少的其他才能与技能。然而，生物学和进化论的观点绝不能对此类变化嗤之以鼻。强硬的拳头与好斗的天性对于原始人，正如精通算术和正确拼写的能力之于现代人一样有用。仅将那些对原始人有用的特征称为"自然的和充分满足人性的特征"，并将文明人急需的才能与技能谴责为"退变与生物退化的标志"，这是相当武断的做法，而且肯定与任何生物学标准背道而驰。建议人类恢复其史前祖先的身体特征与心智特征，就跟要求人类放弃其直立行走步态并重新长出尾巴一样，同样毫无道理。

值得注意的是，最先赞颂我们尚未开化祖先之野蛮冲动的人是如此虚弱，以至于他们的身体无法达到"危险地生活"的要求。甚至在精神崩溃之前，尼采就已体弱多病，以至于他唯一能忍受的气候就是瑞士恩加丁峡谷（Engadin valley）和意大利部分地区的气候。假如文明社会没有保护他脆弱的神经免受生活的粗暴蹂躏，他就不可能完成他的工作。主张使用暴力的使徒们在他们所嘲笑和贬低的"社会安全保障"的庇护下著书立说。他们可以自由发表其煽动性的布道，因为他们所蔑视的自由主义捍卫了新闻出版言论自由。如果他们不得不放弃被他们的哲学所蔑视的"文明的祝福"，他们会绝望。胆怯的写手乔治·索雷尔对残暴行为的赞颂之露骨程度可谓无以复加，乃至于指责现代教育体系削弱了人类与生俱来的暴力倾向，这真是一大奇观！[1]

人们可能会承认：在原始人中，杀戮与破坏的倾向以及残忍的性情是与生俱来的。我们也可以假设：在较早期时代的条件下，侵略与谋杀的倾向有利于保全自己的生命。人曾经是一种凶残的野兽。（没有必要调查研究史前人类是一种肉食动物还是一种草食动物。）但千万不要忘记，人是一种体质虚弱的动物；若不配备一种特殊武器——理智，他根本不是大型食肉猛兽的对手。"人是一种理智存在物，因此他不会毫无约束地屈服于每一种冲动，而是会根据理智的深思熟虑来安排他的行为"，这一事实从动物学角度绝不能被形容为"不自然"。理性行为意味着：在面对"人无法满足其所有冲动、愿望和欲望"这一事实时，人会放弃对那些他认为不那么紧迫之事的满足。为了不危及社会合作的运作，人们被迫放弃对于其满足将会阻碍社会制度建立之愿望的满足。毫无疑问，这样的放弃是痛苦的。然而，人们已然做出了自己的选择。人们已放弃对于与社会生活格格不入的一些愿望的满足，而是优先满足只有在分工制度下才能实现或以更丰富方式实现的那些愿望。人们已走上通往文明、社会合作和财富的康庄大道。

但这一决定并不是不可撤销的和最终的。父亲的选择并不会损害儿子们的选择自由。儿子们可以逆转父亲的决定。每一天，儿子们皆可重新评估各种价值，

---

[1] 乔治·索雷尔（Georges Sorel），《反思暴力》（*Réflexions sur la violence*，第三版，巴黎，1912年），第269页。

皆可更喜欢野蛮而不是文明，或者，正如某些作者所言，可以更喜欢灵魂而不是心智，可以更喜欢神话而不是理智，可以更喜欢暴力而不是和平。但他们必须做出自己的选择。不可能同时选择彼此并不相容的事物。

科学，从其评估的中立角度，并不斥责暴力福音的使徒们竟然会对谋杀的狂暴与虐待狂的疯狂乐趣进行赞扬。价值判断是主观性质的，而且自由社会赋予每个人自由表达其情感的权利。文明并未根除原始人所特有的侵略性、嗜血性和残忍性的原始倾向。在许多文明人身上，这些特性只是处于休眠状态而已，而一旦文明所形成的约束让位，这些特性就会随时爆发。不要忘却纳粹集中营无法形容的恐怖。报纸不断报道十恶不赦的罪行，这些罪行显示出潜伏的兽行冲动。最受欢迎的小说和影视画面是那些涉及流血和暴力行为的小说和影视画面。斗牛和斗鸡吸引了大量围观人群。

□ 赫拉克利特

赫拉克利特（Heraclitus）是古希腊的一位哲学家，生活于公元前6世纪末至公元前5世纪初。他被称为"黑暗之子"或"流浪的哲学家"，因为他的作品没有保留下来，只有零散的片段被人引用。赫拉克利特提出了"一切都在流动"的观点，认为火是一种永恒的物质，同时也代表了变化和转化的过程。

如果一个作者说"乌合之众嗜血，我与他们同在"，他的说法可能并不亚于断言"原始人也喜好杀戮"。但是，如果他忽略一个事实——满足这种虐待狂的欲望会损害社会的存在，那么他就错了；或者，如果他断言——"真正的"文明和"良好的"社会是人们快乐地沉迷于其对暴力、谋杀和残忍之激情所取得的一项成就，对残暴冲动的压制会危害人类的进化，用野蛮取代人道主义将使人类免于退变，那么他也错了。社会分工与社会合作，建立在以和解方式解决争端的基础之上。正如赫拉克利特所说，并非战争，而是和平，才是所有社会关系的根源。对人而言，除了流血杀戮的欲望之外，其他所有欲望皆是与生俱来的欲望。若他想满足这些其他欲望，则他必须放弃他渴望杀戮的冲动。一个人若想要尽可能良好且长久地维护其生命与健康，他就必须意识到：尊重他人的生命与健康比相反的行为方式更能助其达到自己的目的。人们可能会感到遗憾——事情原来是这样的。但这样的哀叹丝毫也无法改变确凿的事实。

用"非理性"这样的词语来谴责这种说法，毫无用处。所有的本能冲动皆无视以理智进行的检讨，因为理智只涉及用于达到所寻求目的之手段，而并不涉及终极目的。但是，人与其他动物的区别恰恰在于：他并不会在没有自己任何意志的情况下屈服于某一本能的冲动。人使用理智，就是为了在相互冲突之愿望的并不相容的满足之间做出选择。

千万不要告诉群众："尽管沉溺于你的谋杀冲动好了；它才是真正符合人性的，而且最适合助你获得你的福祉。"必须告诉他们："如果你满足你对流血杀戮的渴望，你就必须放弃许多其他愿望。你想吃、想喝、想住好房子、想穿衣、想要只有社会才能提供的上千种其他东西。你不可能拥有一切，你必须做出选择。危险的生活与虐待狂的狂暴可能会让你感到快乐，但它们与你同样不想错过的安全保障与富足生活并不相容。"

作为一门科学，行为学不能侵蚀个人做出选择和施展行为的权利。最终决定权在于行为人，而不在于理论家。科学对于生活与行为的贡献，并不在于建立价值判断，而在于阐明人在哪些条件下必须施展行为，并且在于说明各种不同的行为方式所产生的后果。科学为行为人提供了他所需要的所有信息，以便他在充分意识到各项选择所带来的相应后果的情况下做出自己的选择。可以说，科学为行为人编制了对成本与收益的一种估算。假若科学要从该陈述中省略可能影响人们选择与决定的各项因素中任何一项，那么这一成本与收益估算工作将会失败。

当前对现代自然科学（尤其是达尔文主义）的误解

当今的一些反自由主义者，无论右翼还是左翼，均将他们的教义建立在误解现代生物学成就的基础之上。

1. 人与人并不平等。18世纪的自由主义和当今类似的平等主义，二者皆从"人人生而平等，且其造物主赋予他们某些不可剥夺的权利"这一"不言而喻的真理"入手。然而，一种"生物学派社会哲学"的倡导者说：自然科学以无可辩驳的方式证明了"人是不同的"。在对自然现象进行实验性观察的框架中，并没有为"自然权利"这样的概念留下任何空间。对于任何人的生活和幸福，大自然皆是冷漠无情、麻木不仁的。大自然就是严酷的必然性与规律性。将"模棱两可"且含糊不清的"自由"概念跟不可改变的宇宙秩序绝对法则关联在一起，就是形而上学的无稽之谈。因此，自由主义的基本思想被揭露为谬误。

诚然，18世纪和19世纪的自由与民主运动，其很大一部分力量汲取自自然法学说以及个人与生俱来的不可侵犯权利。这些思想，首先由古代哲学和犹太神学发展而来，后来渗透到基督教思想之中。一些反天主教教派使它们成为其政治纲领的焦点。一长串杰出哲学家证实了它们。它们变得流行起来，并成为亲民主演化发展中最强大的推动力。它们今天依然受到拥护。它们的倡导者并不关心一个无可争辩的事实：上帝或大自然创造出的人并不平等，因为许多人生来就体格健硕、精神饱满，而有的人则肢体残疾、畸形丑陋。对于他们而言，人与人之间的所有差异皆是由于教育、机会和社会制度造成的。

□ 物种的竞争

达尔文的进化论认为，物种的进化是通过适应环境和自然选择的过程实现的。他认为生物个体之间存在差异，而这些差异可能在适应环境的竞争中导致一些个体更有利于生存和繁殖。这种差异的存在意味着物种内部的不平等。然而，达尔文也指出，在某些情况下，合作和互助对生物个体的生存和繁殖也非常重要。他观察到许多物种具有社会性，个体之间通过合作形成群体，并相互协助生存和繁殖。这种社会性和合作可以被视为一种相对平等的关系，因为它们基于相互依赖和互惠。

但是，功利主义哲学和古典经济学的教义跟自然权利学说毫无关系。对于它们而言，唯一重要的是社会效用。它们之所以推荐实行民治政府、私有财产、宽容和自由，并不是因为这些是自然和公正的，而是因为这些是有益的。李嘉图哲学的核心是证明：各方面都更为优秀、效率更高的人，与各方面都较差、效率较低的人，二者之间开展社会合作与分工，这对双方皆有益处。激进分子杰里米·边沁如是咆哮："自然权利简直就是无稽之谈：自然的和不可侵犯的权利，不过是修辞上的胡言乱语而已。"[1]在他看来，"政府的唯一目标应该是让社会中尽可能最多的人皆享有最大的幸福"[2]。因此，在探究"什么应该是对的"之时，他并不

---

[1]杰里米·边沁（Jeremy Bentham），《无政府主义谬误：对法国大革命期间发布之〈权利宣言〉的审查》（*Anarchical Fallacies*；*being an Examination of the Declaration of Rights issued during the French Revolution*），见于《边沁著作选集》（鲍林编著），第二部分，第501页。

[2]杰里米·边沁，《民法典原则》（*Principles of the Civil Code*），见于《边沁著作选集》，第一部分，第301页。

□ 杰里米·边沁

杰里米·边沁（1748—1832年），出生在英国伦敦东城区的一个保守党律师家庭，英国法理学家、哲学家、经济学家和社会改革者，主张以新的价值系统取代宗教，被誉为"西欧现代化的先驱"。其伦理观和法律观，为西式自由民主制度奠定了理论基础。边沁的功利主义是以个人为出发点的，他强调个人理应追求自己的幸福和快乐。但当个人组成了集体或者社会的时候，该集体或社会共同体其实也是利益的当事人。

关心先入为主的关于上帝或大自然之计划与意图的观念，而这些计划与意图凡人永远无从知晓；他致力于发现——什么才是促进人类福祉与幸福的最佳因素。马尔萨斯表明：大自然，尽管提供有限的生活资料，但并不为任何生物赋予生存权利；而且，如若不顾一切地沉迷于自然的生殖繁衍冲动，那么人将永远无法摆脱濒临饥饿的状态。他认为：人类的文明与福祉，其发展程度，取决于人学会通过道德克制来控制其性欲的程度。功利主义者反对专制政府与特权，并非因为它们违反了自然法则，而是因为它们不利于社会繁荣。他们推荐实行民法下人人平等，并非因为人是平等的，而是因为这样的政策有利于大众福利。在驳斥"自然法则"和"人人平等"这些虚幻概念时，现代生物学只不过是复述了很久以前自由主义和民主的功利主义拥护者们以更有说服力的方式所教导的东西而已。很明显，没有任何生物学学说可以使功利主义哲学关于"民主政府、私有财产、自由和法律面前人人平等之社会效用"的说法失效。

当今支持社会解体与暴力冲突的学说盛行，并不是所谓"社会哲学适应生物学发现"的结果，而是几乎普遍拒绝功利主义哲学与经济理论的结果。一种关于不可调和阶级冲突与国际冲突的意识形态，已被人们用来代替关于所有个人、社会群体和国家之正解利益（也即长期利益）之和谐共生的"正统"意识形态。人们之所以互相争斗，是因为他们相信——消灭和清除对手是促进他们自身福祉的唯一手段。

2. 达尔文主义的社会涵义。一种社会达尔文主义学派说：达尔文所阐述的进化论已明确表明——在自然界中，并不存在着"和平以及尊重他人的生命与福祉"这样的事情。在自然界中，不能成功自我防卫的弱者，总是面临着殊死的斗争和无情的歼灭。自由主义的永恒和平计划，无论是在国内关系还是对外关系方面，皆是一种违背自然秩序之虚幻理性主义的结果。

然而，达尔文从马尔萨斯那里借用并应用到其理论中的"生存斗争"概念，应该从比喻意义上来理解。生存斗争的含义是：一个生物积极抵抗有害于其自身生命的力量。这种抵抗若要取得成功，则其必须适合该生物赖以生存的环境条件。它不一定总是一场灭绝战争，例如人类与致病微生物二者关系中的殊死之战。理智已证明：对人而言，改善其状况的最适当手段就是社会合作与分工。它们才是其生存斗争的首要工具。但它们只能在和平之地发挥作用。战争、内战和革命并不利于人在生存斗争中取得成功，因为它们瓦解了社会合作的机制。

3. 被形容为"不自然"的理智与理性行为。基督教神学抨击人体的动物功能，并将"灵魂"描述为所有生物现象之外的东西。出于对这种哲学的过度反应，一些现代人倾向于贬低人异于其他动物的一切不同之处。在他们看来，人的理智还不如动物的本能与冲动；人的理智是"不自然的"，因此是"不好的"。对他们而言，"理性主义"和"理性行为"这两个词，其内涵是卑鄙龌龊的。完美的人，真正的人，是一个更多服从其原始本能而非其理智的人。

显而易见的事实真相是：理智，作为人的最显著特征，同样亦是一种生物学现象。与智人这一物种的任何其他特征（例如直立行走步态或无毛皮肤）相比，人的理智其自然程度既不更高，也不更低。

第九章　思想的角色

1 人类理智

理智是人独特而典型的特征。行为学毫无必要提出"理智是否是认知终极和绝对真理的一个合适工具"这一问题。它只研究分析使人能够施展行为的理智。

作为人的感觉、知觉和观察的基础的所有对象，也皆在动物的感官面前一一呈现。但是，只有人，才有能力将感官刺激转化为观察与经验。也只有人，才能将他的各种观察与经验整理成一个条理清晰的系统。

思考先于行为。思考就是事前深思熟虑未来的行为、事后反思已然过去的行为。思考与行为，二者密不可分、如影随形。每一个行为总是基于一个关于因果关系的明确思想。思考某一因果关系的人，必然会思考某一定理。没有思想的行为，没有理论的实践，皆是不可想象的。推理可能是有缺陷的，而理论也可能是错误的；但任何行为中都不缺乏思考和理论推定。另一方面，思考总是在思考某一潜在的行为。即使是思考某一纯理论的人，也假定该理论是正确的，也即假定符合该理论内容的行为将导致根据其教义预期将会获得的某一效果。这种行为是否可行与逻辑无关。

思考的始终是个人。社会并不思考，如同它既不吃也不喝一样。从原始人的天真幼稚思考到现代科学更微妙的思考，人类推理的演变发生在社会框架之内。然而，思考本身始终是个人的一项成就。人与人之间，有共同的行为，但并无共同的思考。只有传统才保留过去的思想并将其传达给他人，作为对他们思考的一项刺激。然而，人对于其先驱者的思想除了重新思考之外，并无任何其他方法可以挪用此等思想。那么，他当然可以根据其先驱者的思想继续向前、思考得更远。对于传统而言，最重要的载体就是文字。思考跟语言关联在一起，反之亦然。概念体现在术语之中。语言是一个思考工具，正如它是一个社会行为工具一样。

思想与观念史是一种代代相传的话语。后世的思考是从前世的思考中衍生出来的。没有这种刺激的帮助，是不可能取得心智进步的。人类的进化，就是在祖先开垦和耕种的土地上为子孙后代播下种子并收获果实，而人类进化之连续性也体现在科学与思想史之中。我们从祖先那里继承下来的不仅是作为我们物质财富来源的各阶商品领域的大量产品；我们还拥有继承下来的同样丰富的思想与观念、理论与技术，而我们的思考之所以具有生产力正是得益于这些因素。

但思考始终都是一种个人的表现。

2 世界观与意识形态

指导行为的理论，往往并不完善且并不总是令人满意。它们可能相互矛盾，而且可能并不适合梳理成一个综合全面且条理清晰的系统。

如果我们将指导某些个人和群体之行为的所有定理与理论视为一个条理明晰的复合体，并尝试在可行情况下将它们尽可能地梳理为一个系统，也即一个全面的知识体系，那么我们就可以将其称为一种"世界观"。一种世界观，作为一种理论，是对所有事物进行的一种解释，而作为一种行为箴言，则是关于尽可能消除不安之最佳手段的一种意见。因此，一种世界观一方面是对所有现象给出的一种"解释"，另一方面是一种"技术"，而"解释"与"技术"这两个术语皆是在其最大广义性层面上被理解的。宗教、形而上学和哲学，三者皆旨在提供某种世界观。它们解释宇宙，并建议人们如何施展行为。

相较于一种世界观的概念，一种意识形态的概念具有更大的狭义性。在谈到意识形态时，我们只考虑人类行为与社会合作，而忽略了形而上学、宗教教条、自然科学以及由其产生之技术问题。意识形态是我们关于个人行为与社会关系之学说的总和。世界观与意识形态，二者皆超出了对事物按其本身状况进行的纯粹中立学术研究所设置的限定范围。它们不仅是科学理论，而且是关于"何为应该"的学说，也即关于人在其尘世关切中应该追求的终极目的之学说。

禁欲主义教导说：人类消除痛苦和获得完全平静、满足与幸福的唯一手段就是远离尘世关切，并在不为世俗之事而烦恼的情况下生活。放弃对物质福祉的追求、顺从地忍受尘世的逆境、专心致志为永恒极乐做好准备，除此之外，别无拯救良方。然而，一以贯之、坚定不移遵守禁欲主义原则的人少之又少，乃至于要列举几个例子实属不易。禁欲主义所提倡的"完全被动性"似乎是违背自然的。生活的诱惑最终获胜。禁欲主义原则已被掺假。即使是最圣洁的隐士，也会对不符合他们严格原则的生活和尘世关切做出让步。但是，一旦一个人考虑到任何尘世关切，并用对世俗之事的承认来代替纯植物性的理想，无论他是多么受限制和与他所宣称的其他教义不相容，他就在将他跟那些赞成追求尘世目的之人隔开的鸿沟上架起了一座桥梁。然后，他和其他每个人皆有了一些共同点。

关于其纯粹推理和体验皆不能提供任何知识的事物，人类的想法可能大相径庭，以至于无法达成一致。在心灵的自由遐想既不受逻辑思考的限制，也不受感官体验限制的这一领域中，人可以宣泄其个性与主观性。没有什么比关于"超验者"的概念和图像更个人化的了。语言术语无法传达关于超验者的说法；我们永远无法确定倾听者是否以与说话者相同的方式来理解这些术语。对于超越常规经验范围之事，不可能达成一致。宗教战争是最可怕的战争，因为它们是在无任何和解前景的情况下进行的。

但是，凡涉及世俗之事的地方，所有人的自然亲和力以及用于保护他们生命的生物条件之特性就会发挥作用。分工下合作生产力更高，使社会成为每个人实现自己目的之首要手段，无论他们可能是何种目的。社会合作的维持与进一步强化，已成为每个人皆关心的问题。每一种世界观和每一种意识形态，如果不是完全和无条件致力于践行禁欲主义和过遁世隐居的生活，就必须注意一个事实——社会是实现世俗目的的重要手段。但随后各种世界观和意识形态会赢得一个共同点，为就次要社会问题和社会组织细节达成一致而扫清道路。无论各种意识形态相互之间可能会发生怎样的冲突，它们在"承认社会生活"这一点上是一致的。

人们有时看不到这一事实，因为在分析处理哲学和意识形态时，他们更多地关注这些学说关于超验和不可知事物的主张，而较少关注它们关于在这个世界上施展行为的陈述。在一个意识形态体系的各个部分之间，往往存在着一条无法逾越的鸿沟。对于行为人而言，只有那些导致行为准则的教义才是真正重要的，而不是那些纯学术性质的、不适用于社会合作框架内行为的学说。我们可以无视坚定不移且一以贯之的禁欲主义的哲学，因为这种死板的禁欲主义最终必然导致其拥护者的灭绝。所有其他意识形态，在赞同寻求生活必需品时，皆被迫在某种程度上考虑到一个事实——分工比孤立的工作更有生产力。因此，它们不得不承认需要社会合作。

行为学和经济学没有资格来分析处理任何学说的超验和形而上学方面。但是，另一方面，任何宗教或形而上学教条与信条，皆不能使由逻辑正确的行为学推理发展起来的有关社会合作的定理与理论失效。如果一种哲学已承认人与人之间社会联系的必要性，那么，只要社会行为问题开始发挥作用，这种哲学就将自己置于一个基础之上，而此基础再也无从移步转向无法用理性方法加以彻底审查的个人信念与信仰职业。

这一基本事实经常被人们忽视。人们认为：世界观的差异会造成不可调和的冲突。人们还认为：坚持不同世界观的不同政党之间的基本对立，无法通过妥协来解决。它们源于人类灵魂的最深处，而且表达了人与超自然的、永恒的力量之间进行的天生的交流。世界观不同的人之间，永远不可能有任何合作。

但是，如果我们回顾一下所有党派的纲领——无论是精心制定和宣传的纲领，还是各党执政时真正坚持的纲领——我们很容易发现这种解释的谬误。当今的所有政党皆在努力追求其拥护者的世俗福祉与繁荣富足。他们承诺——他们将向其追随者提供更令人满意的经济条件。在这一问题上，在干预政治与社会问题方面，罗马天主教会与各种新教教派之间并不存在任何区别；而在基督教与非基督宗教之间、在经济自由倡导者与各种干预主义学派之间、在民族主义者与国际主义者之间、在种族主义者与种族间和平之友之间，亦是如此。诚然，这些党派中，许多党派皆认为只有以牺牲其他集团的利益为代价，自己的集团才能繁荣兴旺，他们甚至将其他集团的彻底歼灭或对其他集团的奴役视为自己集团繁荣兴旺的必要条件。然而，对他们而言，对其他集团的灭绝或奴役并非其终极目的，而是为达到他们所追求之终极目的——他们自己集团的兴旺发达所采取的手段。假若他们知道他们自己的设计是由虚假理论指导的，而且不会带来预期的有益结果，他们就会改变他们的纲领。

人们对不可知事物以及超越人类心智能力范围之事物所作的浮夸陈述，以及他们的各种宇宙论、世界观、宗教、神秘主义、形而上学和概念式幻想，其彼此之间皆存在很大的差异。但是他们意识形态的实际本质——也即他们涉及世俗生活中要达到之目的以及实现这些目的所采取之手段的教义——却表现出很大的一致性。可以肯定的是，在目的与手段方面，亦同样存在差异与对立。然而，目的上的分歧并非不可调和；他们并不妨碍社会行为领域的合作与友好安排。就他们仅涉及手段与方法而言，他们的目的具有纯粹的技术特征，而且因此可以用理性方法来检验。党派冲突激烈时，其中一个派系宣称："事已至此，我们无法再继续与你们谈判磋商，因为我们面临一个触及我们世界观的问题；在这一点上，我们必须坚定不移，而且我们必须严格遵守我们的原则，无论这么做可能产生什么样的结果。"人们只需要对相关事情作更为仔细的审视，就会意识到这样的声明将对立描述得比实际情况更为尖锐。事实上，对于致力于追求人民世俗福利并因此认可社会合作的所有党派而言，社会组织与社会行为的问题并非终极原则问题与世界观问题，而是意识形态问题。它们是技术问题，我们总是有可能针对这些问题做一些相应的安排。任何一个党派，皆不会有意地宁愿选择社会解体、陷入无政府混乱状态和回归原始野蛮状态，而不选择须以牺牲一些意识形态观点为代价方可换取的一种解决方案。

在党纲中，这些技术问题当然是最重要的。一个政党致力于某些手段，它推荐某些政治行为方法，并完全拒绝所有其他不合适的方法与政策。一个政党是一个集合了渴望针对共同行为而采用相同手段之所有人的团体。区分不同的人和整合不同党派的原则，就是对手段做出的选择。因此，对于一个政党本身而言，所选择的手段是必不可少的。如果一个政党所推荐的手段的徒劳无用变得显而易见，那么这个政党就注定会失败。声望和政治生涯与党纲密切相关的政党领袖，可能有充分理由将其原则从不受限制的讨论中撤回；他们可能为这些原则赋予终极目的之特性，而且因为这些终极目的是基于某一世界观的，因此不应受到质疑。但对于自以为受其政党领袖委托而行事的人民而言、对于政党领袖想要争取的选民而言以及对于作为政党领袖争取选票对象的选民而言，事情提供了另一个方面。他们丝毫也不反对对某一政党纲领的每一点进行仔细审查。他们仅将这样的纲领看作是关于为达到他们自己目的，即世俗福祉之手段的一项建议而已。

被人们称为"当今世界观政党"的那些政党，即致力于关于终极目的之基本哲学决定的政党，在终极目的方面只是似乎存在分歧。他们之间的对立，要么涉及宗教信条，要么涉及国际关系问题，要么涉及生产资料所有权问题，要么涉及政治组织问题。可以看出，所有这些争论皆关乎手段，而不关乎终极目的。

让我们从一个国家的政治组织问题着手。民主政体、世袭君主制、自封精英统治和帝政主义独裁，各有其拥护者。[1]诚然，推荐者往往通过提述"神圣制度""宇宙的永恒法则""自然秩序""历史演变的必然趋势"以及其他超验知识的对象来推荐这些纲领。但这样的说法只不过是附带的点缀而已。在呼吁选民支持时，各政党又提出了其他论点。他们渴望表明：在实现公民所追求的目的方面，他们所拥护的制度将比其他政党所倡导的制度更为成功。他们具体说明了过去或在其他国家所取得的有益成果；他们通过讲述其他政党的失败来贬低这些政

---

[1] 今天，法西斯式或纳粹式的独裁就是凯撒主义（Caesarism）的例证。

党的纲领。他们诉诸纯粹的推理和对历史经验的一种解释，以证明他们自己建议的优越性和他们对手建议的无用性。他们的主要论点始终是：我们所拥护的政治制度将使你们更加繁荣、更加满足。

在社会的经济组织领域，既有倡导生产资料私有制的自由主义者，也有倡导生产资料公有制的社会主义者，还有倡导第三制度的干预主义者（干预主义者认为第三制度与社会主义和资本主义二者同样相距甚远）。在这些政党的冲突中，又出现了许多关于基本哲学问题的讨论。人们谈论真正的自由、平等、社会正义、个人权利、社区、团结和人道主义。但每一政党皆意欲通过推理和参考历史经验来证明：只有该党所推荐的制度才能使公民富裕和满意。他们告诉人们：相比任何其他政党纲领实现后人们的生活水平，他们的纲领一旦实现，会将人们的生活提升到更高的水平。他们坚持认为他们的纲领才是上策、他们的纲领才具有效用。很明显，他们在目的上并无区别，他们的区别只是在手段上。他们无一不自诩以"为大多数公民谋求最高物质福利"为目的。

民族主义者强调：各国利益之间存在不可调和的冲突，但另一方面，一个国家内所有公民的正解利益之间是和谐的。一个国家只有以牺牲其他国家的利益为代价才能繁荣；只有当他自己的国家繁荣起来时，个人公民才能过得很好。自由主义者有不同的看法。他们认为：不同国家在利益上协调一致，其程度并不亚于一个国家内不同个人群体、阶级和阶层在利益上协调一致。他们认为：为了实现他们和民族主义者皆追求的目的——他们自己国家的福祉，和平的国际合作是一个比冲突更为合适的手段。民族主义者指责他们"之所以提倡和平与自由贸易，是为了将自己国家的利益出卖给外国人"，但他们并不是这样的。相反，他们认为和平与自由贸易是使自己国家富裕起来的最佳手段。将自由贸易者与民族主义者区分开来的并非目的，而是为实现双方共同目的而推荐采取的手段。

关于宗教信条的分歧，不能用理性的方法来解决。宗教冲突本质上既难以平息，又不可调和。不过，一旦一个宗教团体进入政治行为领域并试图处理社会组织问题，它必然会考虑世俗关切，然而这可能与其信仰的教条与信条相冲突。没有哪个宗教在其公开活动中敢于坦率地告诉人们："我们的社会组织计划一旦实现，将使你们变得贫穷并损害你们的世俗福祉。"那些一直致力于过贫困生活的人最终退出了政治舞台，遁入隐居状态。但是，旨在使信徒皈依并影响其追随者的政治与社会活动的教会与宗教团体，他们拥护的却是世俗行为原则。在处理人的尘世朝圣问题时，他们与任何其他政党几乎没有区别。在文字布道中，相较于来世极乐，他们强调更多的是他们为其信众弟兄准备的物质利益。

世界观的拥护者放弃任何世俗活动——只有这样的一种世界观，才会忽视表明社会合作是实现所有人类目的之重要手段的理性考虑。因为人是一种只能在社会中茁壮成长的社会动物，所以所有意识形态皆被迫承认社会合作的显著重要性。它们必须以建立最令人满意的社会组织为目的，并且必须赞同人皆谋求其物质福祉的改善。因此，它们都将自己置于一个共同基础之上。它们彼此之间分离开来，并不是因为无须合理讨论的世界观与超验问题，而是因为手段与方法的问题。意识形态上的此等对立，可通过运用行为学与经济学的科学方法来对其进行彻底的仔细审查。

与错误的斗争

当我们对人类的伟大思想家所构建的哲学体系作批判性考察时，往往会发现——那些看似一以贯之、条理清晰之综合思想体系的令人印象深刻的结构中，竟然也存在着裂隙与缺陷。即使是起草某一世界观的天才，有时也无法避免矛盾之处和谬误的三段论。

公众舆论所接受的意识形态，依然更容易被人的心智缺陷所感染。它们大多数只不过是相互完全不相容思想的折衷并列而已。它们经不起对其内容所作的逻辑审查。它们的不一致性无法弥补，并且无视试图将它们各个部分组合成一个相互兼容思想体系的任何尝试。

通过指出妥协的所谓好处——尽管从逻辑角度上并不令人满意，但却有利于人际关系的顺畅运作，一些文论作者试图以此来证明普遍接受的意识形态中存在一些矛盾也是合理的。他们提到了流行的谬论——生活与现实"并不合乎逻辑"；他们争辩说：一个矛盾的体系可以通过令人满意地发挥作用这件事来证明它是上策甚至证明其真理性，而一个逻辑上一致的体系将会导致灾难。毫无必要重新反驳这种流行的错误。逻辑思考和现实生活，二者并非两个单独的运行轨道。逻辑是人掌握现实问题的唯一手段。理论上矛盾的东西，在现实中亦同样矛盾。任何意识形态的矛盾皆不能为世事呈现的各种问题提供令人满意的也即有效的解决方案。存在自相矛盾之处的意识形态，其唯一作用就是掩盖真正的问题，从而阻止人们及时找到解决这些问题的适当对策。存在矛盾的意识形态有时可能会推迟某一明显冲突的出现。但它们无疑雪上加霜般加重了它们所掩盖的弊端，并使最终解决方案变得更难施行。它们加剧了痛苦，激化了仇恨，并使和平解决变得不可能。认为意识形态矛盾是无害的甚至是有益的，这是一个严重错误。

行为学与经济学的主要目标，就是用前后一致的正确意识形态来代替流行的折衷主义的矛盾信条。除了理智所提供的手段之外，没有任何其他手段可以防止社会解体、可以保障人类状况的稳步改善。人们必须努力思考所涉及的所有问题，直至人的心智再也无法往前迈进的那一点。他们绝不能默许老一辈提出的任何解决方案，他们必须总是重新质疑每一个理论和每一个定理，他们绝不能放松努力，这样才能扫除谬论并且找到可能的最佳认知。他们必须通过揭露虚假学说和阐述真理来对抗错误。

此处所涉及的问题纯粹是心智方面的问题，而且必须照此处理。将他们转移到道德领域并通过称他们为"恶棍"来处置对立意识形态的拥护者，这样的做法是灾难性的。坚持认为"我们正在追求的目的就是好的目的，而我们对手想要达到的目的就是坏的目的"，这是徒劳的。要解决的问题正是"何为好？何为坏？"宗教团体特有的僵化教条主义，只会导致不可调和的冲突。它预先将所有持不同政见者作为"作恶者"加以谴责；它质疑他们的诚信；它要求他们无条件投降。在这种态度盛行之地，不可能有任何社会合作。

再好不过的做法是现在非常流行的倾向——给其他意识形态的拥护者贴上"疯子"的标签。精神科医师在"心智健全"与"精神错乱"之间划界限时含糊其辞。外行人干涉精神病学的这一基本问题，将是荒谬之举。然而，很明显，如果"一个人分享的是错误的观点并根据他的错误施展行为"这一事实就使他有资格成为智障人士，那么要发现一个可以用"心智健全"或"正常"来形容的人，将会变得非常困难。然后，我们一定会将过去的数代人称为"疯子"，因为他们对自然科学问题的看法及其随之而来的技术与我们的不同。出于同样的原因，未来几代人也会将我们称为"疯子"。人是容易犯错误的。若犯错是精神障碍的显著特征，则每个人皆应被形容为"有精神障碍"。

"一个人所持有的意见跟他同时代大多数人所持有的意见不一致"，这一事实亦不能使他具备成为一个疯子的资格。哥白尼（Copernicus）、伽利略（Galileo）和拉瓦锡（Lavoisier）精神错乱了吗？一个人构思跟他人想法相反的新想法，这是历史的常态。其中一些想法后来体现在公众舆论认为是真理的知识体系之中。是否可以只将"心智健全"一词用于形容从未有过自己想法的粗野之人，而拒绝将其用来形容所有创新者？

一些当代精神科医师的做法实在是离谱。他们完全不了解行为学与经济学的理论。他们对当今意识形态的熟悉程度可谓十分肤浅且毫无批判力。然而，他们却轻率地将某些意识形态的拥护者称为"偏执狂"。

有些人通常被污名为"货币怪人"。货币怪人提出了一种通过货币措施使每个人皆富裕起来的方法。他的计划无疑是虚幻的。然而，这些计划是完全为当代公众舆论所认可，并为几乎所有政府的政策所拥护的一种"货币意识形态"的一贯应用。经济学家针对这些意识形态错误提出的反对意见并未得到政府、政党和新闻界的重视。

那些并不熟悉经济理论的人普遍认为：信贷扩张和增加流通货币量是有效的手段，可使利率永久低于其在不受操纵的资本与贷款市场上所能达到的高度。这一理论完全是虚幻的。[1]但它指导着几乎所有当代政府的货币与信贷政策。现在，基于这一恶毒的意识形态，针对皮埃尔·约瑟夫·蒲鲁东（Pierre Joseph Proudhon）、欧内斯特·索尔维（Ernest Solvay）、克利福德·休·道格拉斯（Clifford Hugh Douglas）以及许多其他潜在改革者提出的计划，并没有提出任何有效的反对意见。他们只是比其他人变现得更加一致而已。他们希望将利率降为零，从而完全消除"资本"的稀缺性。想要反驳他们的人，必须攻击那些作为大国货币与信贷政策基础的理论。

精神科医师可能会反驳说：一个人作为疯子的特征恰恰在于他缺乏克制和走向极端。正常人足够明智地克制着自己，而患有偏执狂的人却超越了所有界限。这是一个令人相当不满意的反驳。支持"利率可通过信贷扩张从5%或4%降至3%或2%"这一论点的所有论据，对于"将利率降至零"这一论点而言同样有效。从

□ **无政府状态**

无政府状态，又称为无政府主义，指的是一个社会或政治系统中缺乏中央政府或强制性政府权威的状态。在无政府状态下，个体和群体自主地组织和管理事务，没有统一的强制性法律和政府机构来控制和规范人们的行为。无政府状态的理念源于政治哲学和社会理论，强调个人自由、自治和去中心化的原则。无政府主义者认为政府的存在可能会导致权力滥用、压迫和不平等，因此无政府主义主张废除或减少政府的干预，以便个人和社会能够自由地发展和运作。法国政治家皮埃尔·约瑟夫·蒲鲁东就是无政府主义奠基人之一，曾首先使用安那其（Anarchy）一词描述社会的无政府状态。

---

[1]参见下文，第二十章。

民意认可的货币谬误角度来看,"货币怪人"当然是正确的。

有精神科医师将信奉纳粹主义的德国人称为"疯子",并希望通过治疗程序来治愈他们。在这里,我们再次面临一个同样的问题。纳粹主义的学说是恶毒的,但与其他民族的舆论认可的民族主义意识形态并无本质矛盾。纳粹的特点只是将这些意识形态一以贯之应用于德国的特殊情况而已。正如所有其他当代国家一样,纳粹希望政府控制他们自己国家的商业与经济自足。他们政策的显著特点在于:他们拒绝默许其他国家接受同一制度会给他们带来的不利影响。正如他们所说,他们并不准备永远被"囚禁"在人口相对过剩的地区,因为此类地区的物质条件使人类劳动生产率低于其他国家。他们认为:他们国家庞大的人口数量、他们国家战略上有利的地理形势以及他们武装力量与生俱来的活力与英勇,这些因素为他们提供了一个通过侵略来救赎他们所痛恨的邪恶的良好机会。

现在,任何人,谁若认可民族主义意识形态为真理并将其作为本国政策的标准,谁就无法反驳纳粹从这些意识形态中得出的结论。对于拥护民族主义原则的外国来说,驳斥纳粹主义的唯一方法只能是在战争中击败纳粹。只要民族主义的意识形态在世界舆论中处于至高无上地位,德国人或其他民族只要有机会就会再次尝试通过侵略和征服来取得成功。若不彻底破除侵略心态的根源,就没有根除侵略心态的希望。这不是精神科医师的任务,而是经济学家的任务。[1]

人只有一个工具来对抗错误:理智。

3 势力

社会是人类行为的一个产物。人的行为受意识形态指导。因此,社会以及任何具体的社会事务秩序皆是意识形态的产物;而意识形态——正如马克思主义所断言——却并不是某种社会事务状态的产物。诚然,人的思想与观念并不是孤立个人的成就。思考也只有通过思想家的合作才能取得成功。如果一个人在做推理时必须一切从头开始,那么任何人都不会在其推理上取得任何进展。一个人之所以能在思考方面取得进步,是因为他的努力得到了老一辈的帮助,正是老一辈形成了思考的工具、概念和术语,并提出了要思考和解决的问题。

---

[1]参见米塞斯,《全能政府》(*Omnipotent Government*)(纽黑文,1944年),第221—228页、第129—140页。

任何给定的社会秩序，在其实现之前，无一不经过深思熟虑和设计。意识形态因素的这种时间上和逻辑上的优先性，并不意味着人们要像空想家那样起草一份完整的关于某一社会体系的计划。预先考虑且必须预先考虑的，并不是将个人行为协调到一个综合的社会组织体系之中，而是个人对其同胞施展的行为以及已形成的个人群体对其他群体施展的行为。在一个人帮助其同伴砍一棵树之前，亦必须考虑这种合作。在一个易货交易行为发生之前，必须构思关于相互交换商品与服务的想法。相关个人不必意识到一个事实：这种相互关系导致了社会纽带的建立和某一社会体系的出现。个人是不会规划和执行旨在建设社会的行为的。他的行为和其他人的相应行为产生了社会团体。

任何现存的社会事务状态，无一不是先前思考过的意识形态的产物。在社会中，新的意识形态可能会出现，并可能取代旧的意识形态，从而改变社会体系。然而，社会总是在时间上和逻辑上先于意识形态的创建。行为总是受思想的指导；它实现以前的思考所设计的蓝图。

若我们将"意识形态"概念实体化或人格化，则我们可以说——意识形态对人具有一种强大的势力。势力是指导行为的能力或力量。通常，人们只针对一个人或一群人说他/他们是具有势力的。那么"势力"的定义就是：势力是指导他人行为的力量。具有势力的人，将他的势力归功于某种意识形态。只有意识形态才能赋予一个人影响他人选择和行为的力量。只有当一个人得到一种使其他人易于接受和包容的意识形态的支持时，这个人才能成为领导者。因此，势力并不是物质的和有形的东西，而是一种道德层面和精神层面的现象。一位国王的势力取决于他的臣民对君主制意识形态的认可。

谁用他的势力来管理国家——负责胁迫和强制的社会机器，谁就处于统治地位。统治是在政治机构中行使势力。统治始终基于势力，也即指挥他人行为的权力。

当然，在对不情愿的人民施加暴力压迫下建立政府，这是可能的。国家与政府，其特征就在于：它们对那些不准备自愿屈服的人施加或威胁施加暴力。然而，这种暴力胁迫亦同样建立在意识形态势力的基础之上。想要施加暴力的人，需要一些人的自愿配合。一个完全依赖自己的个人，永远不能仅通过身体上的暴力来进行统治。[1]他需要一个群体的意识形态支持，才能征服其他群体。暴君

---

〔1〕一个匪徒可以制服比其弱小的或手无寸铁的同伴。然而，这与社会生活无关。这是一个孤立的反社会事件。

必须有一群自愿服从他命令的游击队员作为其随从。他们自发的服从为暴君提供了征服其他人所需的工具。他能否成功地长久维持其影响力，取决于"自愿支持他的人"与"被他以暴力制服的人"这两个群体人数的多寡。尽管，若少数人武装起来而多数人尚未武装，暴君可能会暂时通过少数人来进行统治，但从长远来看，少数人最终是无法让多数人屈从的。受压迫者终究会起来反抗，从而摆脱暴政的枷锁。

一个持久的政府体系必须建立在一种大多数人承认的意识形态的基础之上。作为政府的基础并向统治者赋予对顽强抵抗的少数群体使用暴力之权力的"现实因素""现实力量"，其本质是意识形态上、道德上和精神上的因素。不承认政府的首要原则并依靠其武装部队的所谓不可抗拒性而蔑视这种精神与思想的统治者，最终已在他们对手的攻击下被推翻。将"势力"解释为一种不依赖于意识形态的"现实"因素，尽管在许多政治和历史书籍中很常见，却是错误的。"现实政治"一词，只有在用于表示一项考虑到普遍接受的意识形态的政策，而不是一项基于尚未得到充分承认的意识形态的政策时才有意义，因此这个术语并不适合用于支持一个持久的政府体系。

谁若将"势力"解释为继续行使的物质上的或"现实"的权力并将暴力行为视为政府的唯一基础，他们就会从负责一支军队或警察队伍部门的下级军官的狭隘角度来看待情况。指派给这些下级军官的任务，是处于统治地位的意识形态框架内的一项明确任务。他们上级首领委托他们带领的队伍，不仅从物质上对其进行战斗性质的装备、武装和组织，而且同样从思想上对其灌输使服从所下达命令的精神。这些下属部队的指挥官认为这种道德因素是理所当然的，因为他们自己也被同样的精神所激励，而且他们甚至无法想象竟然还存在一种不同的意识形态。一种意识形态的力量，恰恰在于人们顺从于它，且无任何动摇和顾忌。

然而，对于政府首脑而言，事情就不同了。他必须致力于维护武装部队的士气和其他民众的忠诚度。因为这些道德因素才是使他能够继续大权在握的唯一"现实"因素。如果支持他权力的意识形态失去力量，他的权力也会随之减弱。

少数人有时也可以凭借高超的军事技能来征服其他大多数人，从而能够建立起少数人的统治。但这样一种事物秩序无法长久维持。取得胜利的征服者，若随后不能成功地将其暴力统治制度转变为基于受统治者在意识形态方面一致赞同的统治制度，那么他们终究将会在新的斗争中屈服。所有已建立持久政府体系的获胜少数人，皆已通过一种迟来的意识形态优势地位使他们的影响力变得持久。他们要么屈服于战败者的意识形态，要么改造这种意识形态，从而使自己的霸权合法化。若这两种情形皆未发生，则作为多数人的受压迫者将会要么通过公开的反抗、要么通过意识形态力量沉默而坚定的运作，剥夺作为少数人的压迫者的财产。

许多伟大的历史征服之所以能够持久，是因为入侵者跟那些被统治意识形态支持并因此被认为是"合法统治者"的战败国阶级结盟。这是俄罗斯的鞑靼人、多瑙河公国的土耳其人、匈牙利和特兰西瓦尼亚大多数人以及印度群岛的英国人和荷兰人所采用的制度。数量相对较少的英国人竟然可以统治数亿印度人，因为印度的王子和贵族地主们将英国人的统治看作是维护他们特权的一种手段，并以公认的印度意识形态为他们自己至高无上地位提供的支持来拥护英国人的统治。只要公众舆论认可传统的社会秩序，英国的印度王国就会江山稳固。不列颠治世（Pax Britannica）保障了印度王公和地主们的特权，亦保护了平民百姓免受公国之间战争和公国内部继位战争的痛苦。在我们这个时代，来自国外的颠覆性思想的渗透已终结了英国人在印度的统治，并威胁到该国古老社会秩序的维护。

获胜的少数人有时将他们的成功归功于他们的技术优势。但情况并不会因此而改变。从长远来看，不可能不让作为"大多数"一方的成员拥有更好的武器。并非他们武装部队的装备，而是意识形态因素为驻印度的英国人提供了安全保障。[1]

一个国家的公众舆论可能会在意识形态上出现分歧，以至于没有任何一个团体强大到足以建立一个持久的政府。于是，无政府状态出现了。革命和内乱成为永久性的事件。

作为意识形态的传统主义

传统主义是一种意识形态，它认为：忠于祖先传下来或据称传下来的价值评估、风俗习惯和议事方法，既是正确之举，亦是上策之选。"这些祖先是'传统主义'这一术语在生物学意义上的祖先，或者这些祖先可以公平地被认为是如此"——这并非"传统主义"的一个基本标志；他们有时只是有关国家先前的居民或同一宗教信条的拥护者，或只是执行某些特殊任务的先驱而已。谁被认为是祖先、传承下来的传统其主体内容是什么，取决于每一种传统主义的具体教义。

---

〔1〕我们此处讨论的是在非欧洲国家维护欧洲少数人统治的问题。关于亚洲侵略西方的前景，后文有详述。

意识形态一方面突出一些祖先，另一方面使另一些祖先被遗忘；它有时将与所谓后代毫无关系的人称为祖先。它经常构建一种"传统"学说，这种学说具有近代起源，与祖先真正持有的意识形态背道而驰。

传统主义试图通过引用其过去获得的成功来证明其信条的合理性。这一断言是否符合事实，是另一个问题。研究有时可以揭露某一传统信仰的历史陈述中的错误。然而，这么做并不总是能够打破传统学说。因为传统主义的核心，并不是真实的历史事实，而是对这些事实的一种看法——无论其多么错误，以及愿意相信具有古老起源权威性之事物的一种意愿。

4 社会改良主义与进步思想

"进步"和"倒退"这两个概念，只有在目的论的思想体系中才有意义。在这样一个框架中，将朝向所追求的目标迈进称为"进步"、将相反方向的背道而驰称为"倒退"，这是明智之举。若不述及某一主体的行为及其明确的目标，则这两个概念皆是空洞的，没有任何意义。

19世纪哲学的缺点之一，就是误解了宇宙变化的含义，并将进步的理念偷偷引入到生物转化理论之中。从任何给定的事物状态回溯到过去的状态，皆可以在中立意义上公平地使用"发展"和"进化"这样的术语。那么，"进化"表示从过去的状况演变到现在的状况的过程。但是，我们必须警惕将"变化"与"改进"混淆、将"进化"与"向更高生命形式演进"混为一谈的致命错误。同样，也不允许用一种伪科学的人类中心主义代替宗教的人类中心主义和旧的形而上学学说。

然而，行为学毫无必要对这种哲学进行批判。它的任务是消除当前意识形态中所隐含的错误。

18世纪的社会哲学坚信：人类现在终于进入了理智时代。虽然在过去神学错误和形而上学错误占主导地位，但从今以后理智将是至高无上的。人们将越来越摆脱传统与迷信的枷锁，并会将全部精力皆投入到社会制度的不断完善之中。每一代新人均将为这项光荣任务贡献自己的一份力量。随着时间推移，社会将越来越成为自由人的社会，以最大多数人的最大幸福为追求的目的。当然，暂时的挫折并非不可能。但最终，正当的事业会取得胜利，因为它是理智的事业。人们称自己是幸福的，因为他们是启蒙时代的公民，而启蒙通过发现理性行为法则为人类事务的稳步改善铺平了道路。他们哀叹的只是"他们自己太老了，因而无法见证新哲学的一切有益的影响作用"这一事实。边沁对菲拉莱特·夏斯勒说："我希望获得一项特权——在我死后的每个世纪末，我都能有幸活着；这样，我就可以见证我著作所产生的效果。"[1]

所有这些希望皆建立在适合这个时代的坚定信念——"群众既道德良好，又十分理智"的基础之上。上层阶层，即依靠土地之肥沃而养尊处优的特权贵族，被视为堕落阶层。平民百姓，尤其农民和工人，被一种浪漫情怀美化为高贵阶层并具有准确无误的判断力。为此，哲学家们相信民主、民治政府，会带来完美的社会。

这一偏见是人道主义者、哲学家和自由主义者所犯的致命错误。人并不是万无一失的；他们经常犯错。"群众总是对的，并且知道实现所追求之目的应采取的手段"，这一说法并不正确。"相信普通人"，并不比相信国王、牧师和贵族的超自然天赋更有根据。民主保证了一个遵循大多数人的意愿与计划的政府制度。但它既不能防止大多数人成为错误思想的牺牲品，亦不能防止采取不恰当的政策，而这些政策不仅不能实现目的，而且会导致灾难。大多数人同样也可能犯错并破坏我们的文明。正当的事业不会仅仅因其合理性和上策性质而取得最终胜利。只有当人们最终支持的政策既合理又有可能实现所追求的终极目的时，文明才会进步，而社会和国家也才会使人们更加满意，尽管在形而上学意义上并不幸福。是否会有这种情况，只有未知的未来才能揭晓。

在行为学体系内，没有给改良主义和乐观宿命论留出任何空间。人须每天在"导致成功的政策"与"导致灾难、社会解体和野蛮的政策"之间重新选择，在这个意义上，人是自由的。

当应用于宇宙事件或一种全面的世界观时，"进步"一词是毫无意义的。关于原动力的计划，我们不掌握任何相关信息。但它在意识形态学说框架中的使用则不同。绝大多数人皆在争取更多更好的食物、衣服、住房和其他物质性享受设施的供给。在将"群众生活水平的提高"称为"进步和改善"时，经济学家本意并不是支持卑鄙的唯物主义。他们只是确立了一个事实：激励人们的是改善其生活的物质条件的强烈愿望。经济学家们从人们想要实现的目的角度对各项政策加以判断。谁若不屑于婴儿死亡率的下降以及饥荒与瘟疫的逐渐消失，谁就可能会向经济学家们的唯物主义投下第一块石头。

评价人的行为的衡量标准只有一个：它是否适合达到行为人想要达到的目的。

---

[1] 菲拉雷特·沙斯勒（Philaréte Chasles），《十九世纪人与习俗研究》（*Études sur les hommes et les moeurs au XIXe siècle*）（巴黎，1849），第89页。

第十章　社会内部的交流

1 自闭交流与人际交流

行为本质上始终是用一种事态交换另一种事态。如果行为是由一个人单独施展而不涉及与任何其他人的合作，那么我们就可以将其称为"自闭交流"。举个例子：离群索居的猎人为了他自己的消费而猎杀某一动物；他是在用他的闲暇时间和一个弹药筒来换取食物。

社会合作，则用人际交流或社会交流来代替自闭交流。人给予他人是为了从他人那里有所得到。于是互利互惠出现了。人为了被别人服务而去服务别人。

交流关系是最基本的社会关系。商品与服务在人与人之间的交流编织了将人联合到社会中的纽带。社会公式是：do ut des（我给予你亦可以给予的东西）。若没有刻意的互利互惠关系，若在无意从其他人的伴随行为中受益的情况下施展某一行为，则不存在任何人际交流，而只有自闭交流。自闭行为对其他人有益还是有害，或者根本与他人无关，皆无关紧要。一位天才可以为他自己而不是为大众来完成他的工作任务；然而，他是人类的一位杰出行善者。一个强盗为他自己的利益而杀害一位受害者；被谋杀的人绝不是这起罪行的一名同伙，他只是该罪行实施的对象；罪行所作所为是针对他而做的。

敌对的侵略，是人类的非人类祖先的一种普遍做法。人与人之间有意识、有目的之合作，是一个长期进化过程的结果。民族学和历史学已为我们提供了关于人际交流的初始和原始模式的有趣信息。一些人认为相互赠送和回赠礼物以及预先规定某一回礼的习俗是人际交流的一种前兆模式。[1]其他人则将沉默的易货

---

[1] 古斯塔夫·卡塞尔（Gustav Cassel），《社会经济理论》[*The Theory of Social Economy*，巴农（S. L. Banon）译，新版，伦敦，1932年]，第371页。

交易视为原始的贸易方式。然而，赠送礼物以期得到收礼人的回礼，或赠送礼物是为了获得一个其敌意可能是灾难性的人的青睐，这已经等同于人际交流了。这同样适用于沉默易货交易，而它与其他易货交易和贸易模式的区别仅在于没有口头议价而已。

人的行为范畴的本质特征在于，它们是无可置疑和绝对的，并且不允许有任何等级划分。有"行为"也有"非行为"，有"交换"也有"不交换"；适用于行为和交换本身的一切，皆是根据是否存在行为和交换而在每个个体实例中给出或不给出的。同样，自闭交流与人际交流之间，界限也很明显。单方面馈赠礼物，而不是为了获得礼物接受者或第三方以任何行为进行的奖励，这就属于自闭交流，捐赠者获得的是接受者因捐赠而改善的状况给捐赠者带来的满足感。接受者得到的礼物是作为上帝送来的一件礼物。但是，如果馈赠礼物是为了影响受赠者的行为，那么礼物就不再是单方面馈赠性质的了，而是捐赠者与受赠者之间的一种人际交流。尽管人际交流的出现是一个长期演变的结果，但自闭交流和人际交流之间的任何渐进式过渡是无法想象的。二者之间并不存在任何中间过渡式的交流方式。从自闭交流到人际交流的步骤，与从细胞和神经的自动反应到有意识和有目的之举动也即行动的步骤一样，是跃入全新的、本质上不同的东西。

2 契约关系与霸权关系

社会合作有两种不同类型：凭借契约与协调的合作，以及凭借命令与服从或霸权的合作。

在合作基于契约的情况下，合作个人之间的逻辑关系是对称的。他们皆是人际交流契约的当事人。约翰与汤姆的关系跟汤姆与约翰的关系相同。只要合作是建立在命令与服从的基础之上的，就有发出命令的人，也有服从其命令的人。这两类人之间的逻辑关系是不对称的。有发号施令者，也有受其呵护的人。发号施令者独自做出选择并发号施令；其他人——受监护者只是他行为中的棋子而已。

唤起生命和激发任何社会团体的力量，始终都是意识形态的力量；而使一个人成为任何社会复合体之成员的事实，始终皆是他自己的行为。这对于一种霸权性质的社会关系而言同样有效。诚然，人们通常生来就具有最重要的霸权关系——与家庭的关系以及与国家的关系；以前的霸权关系——西方文明世界已然消失的奴隶制和农奴制亦是如此。但是，任何身体上的暴力与强迫，皆不可能迫使一个人违背其意愿继续处于一种霸权秩序的监护之下。暴力或暴力威胁所带来的是一种事态，在这种事态下，人们普遍认为服从比反抗更可取。在"服从的后果"与"不服从的后果"二者之间选择，受监护者更喜欢前者，从而将自己融入霸权关系之中。每一个新命令皆会再次将这一选择摆在受监护者面前。在一次又一次的屈服中，受监护者自己为霸权性社会团体的持续存在贡献了自己的一份力量。即使作为这样一个体系中的受监护者，他也是一个施展行为的人，也即一个并不是简单屈服于盲目冲动的人，而是利用其理智在替代方案之间作选择的人。

霸权关系与契约关系之间的区别在于决定事件进程之个人选择的范围。一旦一个人决定服从一个霸权体系，他就会在这个体系的活动范围内并在他服从的时间内成为发号施令者行为的一枚棋子。在霸权性质的社会团体内，只要其有指挥其下属的行为，就只有发号施令者在施展行为。受监护者仅在选择服从时施展行为；一旦选择了服从，他们就不再为了自己施展行为，而是被动地接受照顾。

在一种契约社会的框架中，个体成员之间相互交换一定数量和一定质量的商品与服务。在一个霸权团体中选择服从时，一个人既不给予亦不接受任何确定的东西。他将自己融入了一个体系，在该体系中，他必须提供无限期的服务，并且会得到发号施令者愿意分配给他的东西。他任由发号施令者摆布。只有发号施令者才可以自由地做出选择。发号施令者是否为某一个人还是某一有组织的个人团体、某一指挥部，以及发号施令者是否为一个自私的暴君还是一个仁慈的父权专制君主，与整个体系的结构无关。

这两种社会合作之间的差别，对于所有社会理论而言都是相同的。弗格森将其描述为好战国家与商业国家之间的对比；[1]圣西门（Saint-Simon）将其描述为好斗国家与和平或工业国家之间的对比；赫伯特·斯宾塞将其描述为个人自由社会与激进好斗社会之间的对比；[2]桑巴特将其描述为英雄豪杰与贩夫走卒之间的对比。[3]纳粹哲学家将资产阶级安全保障的假冒体系与独裁主义领导（Führertum）的英雄体系区分开来。不同的社会学家，对这个体系的评价是不同的。但他们完全同意建立对比，而且同样承认——任何第三条原则皆是无法想象

---

[1] 参见亚当·弗格森（Adam Ferguson），《公民社会史论文》（*An Essay on the History of Civil Society*）（新版，巴塞尔，1789年），第208页。

[2] 参见赫伯特·斯宾塞（Herbert Spencer），《社会学原理》（*The Principles of Sociology*）（纽约，1914年），第三部分，第575—611页。

[3] 参见维尔纳·桑巴特（Werner Sombart），《商人与英雄》（*Händler und Helden*）（慕尼黑，1915年）。

□ 赫伯特·斯宾塞

赫伯特·斯宾塞（1820—1903年），出生于英国德比的一个备受尊崇的教育家庭，哲学家、社会学家、教育家，被誉为"社会达尔文主义之父"，主张每个个体在不侵犯别人的权利下，可以根据自己的选择而做事。斯宾塞主张教育的目的就是让人们用知识来武装大脑，从而改变个人处境，过上"完美"生活。

的，亦是不可行的。

西方文明和更先进之东方民族的文明，皆是人类按照契约协调模式进行合作的成果。这些文明确实在某些方面采用了霸权结构的关系。作为一个强制与胁迫工具的国家，也必然是一个霸权组织。家庭及其家庭社区亦是如此。然而，这些文明的显著特征在于适合个体家庭之间合作的契约结构。曾经普遍存在着个别家庭单位几乎完全自给自足和经济孤立。当家庭间的商品与服务交换取代了每个家庭的自给自足经济时，在被普遍认为处于文明状态的国家，这是一种基于契约的合作。历史经验迄今为止所知的人类文明，绝大多数皆是契约关系的产物。

任何类型的人类合作与社会互利互惠关系，本质上皆是一种以和解方式解决争端的和平秩序。在任何社会的国内单位中，无论是一种契约关系还是一种霸权关系，皆必须有和平。在有暴力冲突的地方，只要有这种冲突存在，就会出现一种状况：既无合作，亦无社会关系。那些急于用霸权制度取代契约制度的政党在指出和平的腐朽性和资产阶级安全保障的腐朽性的同时，又颂扬暴力与流血的道德高尚性，并且赞扬战争与革命是人际关系中极其自然的方式方法，这些政党的这些做法就属于自相矛盾了。因为他们自己的乌托邦被设计成"和平的国度"。纳粹的德意志帝国被规划为"不受干扰之和平的社会"。它是通过绥靖——对那些不准备在不抵抗情形下屈服的所有人以暴力方式降服——来创造的。在一个契约世界中，各国可以安安静静地和平共存。在一个霸权世界中，只能有一个帝国或共和国，也只有一个独裁者。人们必须在"否认涵盖整个地球及全人类之分工的优势"与"建立一种世界范围的霸权秩序"之间做出选择。正是这一事实，使得德国纳粹主义和意大利法西斯主义"充满活力"，也即具有侵略性。在契约条件下，各帝国被溶解为一个由自治成员国所组成的松散同盟。霸权体系必然会争取吞并所有独立国家。

契约性质的社会秩序就是一种权利与法律的秩序。它是一个法治政府，有别于福利国家或父权国家。权利或法律，是决定个人可以自由施展行为之轨道的规则的复合体。在一个霸权社会里，并未给受监护者留下任何此类轨道。在霸权国家，既无权利，亦无法律；只有一些指令与规定，且发号施令者可以每天更改这些指令与规定，并以他喜欢的区别对待方式加以应用，而受监护者必须遵守这些指令与规定。受监护者只有一种自由：无条件服从，且不提出任何疑问。

3 计算行为

所有的行为学范畴皆是永恒且是无法改变的，因为它们是由人之心智的逻辑结构和人之生存的自然条件所共同决定的。无论是在施展行为中，还是在关于施展行为的理论思考中，人既不能将自己从这些范畴中解脱出来，亦不能超越这些范畴。一种跟这些范畴所决定的行为完全不同的行为，对于人而言既不可能，亦无法想象。人永远无法理解既不是"行为"也不是"非行为"的东西。不存在任何"行为史"；不存在从"非行为"到"行为"的任何演变；行为与非行为之间，不存在任何过渡阶段。只有"行为"和"非行为"。而且对于每一具体行为而言，所有严格有效的东西皆是关于一般行为从范畴角度建立的。

每一行为皆可使用序数。对于基数的应用以及基于基数的算术运算而言，须具备特殊条件。这些条件出现在契约社会的历史演进中。这样，在规划未来行为和确定过去行为所取得的效果时，为运算与计算开辟了道路。基数及其在算术运算中的使用，亦是人类心智的永恒不变范畴。但是它们对于预先设想和行为记录的适用性取决于某些条件，这些条件在人类事务的早期状态中是没有的，只是后来才出现，而且可能再次消失。

正是对行为可运算、可计算的世界中正在发生之事的认知，才导致人们对行为学与经济学这两门科学进行了详细阐述。经济学本质上是一种关于行为范围的理论，而在此等范围内，若某些条件得以实现，则计算被应用或者可加以应用。对于人之生活而言以及对于人的行为研究而言，任何其他区别，其重要性皆不及"可计算的行为"与"不可计算的行为"之间的区别。现代文明最重要的特点就在于，它制定了一种方法，使得在范围广泛的活动领域中运用算术成为可能。这就是人们在将其赋予——尽管并非上策且经常误导——"理性"这一属性词语时所想到的。

从心理上对一个计算性市场体系中存在的诸问题加以把握与分析，是经济思考的出发点，而该出发点最终将我们引向普遍的行为学认知。然而，并不是对这一历史事实的考虑，才使得我们有必要从对市场经济的分析出发来阐述一个全面的经济学体系，并在此分析之前对经济计算问题加以考察。既不是历史方面，亦不是启发式方面要求采取这样一个程序，而是逻辑严谨性与系统严谨性的要求使然。所涉及的各种问题，只有在计算性市场经济的范围内才是显而易见且实际存在的。这只是一种假设性的和比喻性的转移，使它们可用于对不允许进行任何计算的社会经济组织的其他体系进行详细审查。经济计算是在理解通常称为"经济问题"之所有问题时所面临的最基本问题。

第三部分　经济计算

米塞斯在阐述清楚价值与价格的关系之后,从经济计算和货币计算这两个层面对人的行为进行了深入分析。

第十一章　无计算的估值

1 手段的分级

行为人将他所追求目的之估值转移到为实现目的而采取的手段上。在其他条件相同的情况下，他赋予各手段总量的价值，等同于他为这些手段适合实现之目的所赋予的价值。目前，我们可以忽略目的产生所需时间及其对目的价值与手段价值之间关系的影响。

对手段进行分级，正如对目的进行分级一样，是一个宁愿选择a而不选择b的过程。实际上这就是偏爱与割舍。这体现的是一种判断——a比b更受青睐。它为序数的应用开辟了一个领域，但它并不适合基数的应用和基于基数的算术运算。如果有人让我在歌剧《阿依达》《法斯塔夫》和《茶花女》的三张演出门票中选择，而且，若我只能选其中一张，我就选《阿依达》这张门票，若我还能再多选一张，我就选《法斯塔夫》这张门票，那么，这样我就做出了自己的选择。这意味着：在给定条件下，我更喜欢的是《阿依达》和《法斯塔夫》，而不是《茶花女》；如果我只能从它们中选择一个，我宁愿选择《阿依达》而放弃《法斯塔夫》。若我将《阿依达》《法斯塔夫》和《茶花女》三场歌剧演出的入场券分别叫做a、b和c，则我可以说：在a和b之间选择时，我取a而舍b；在b和c之间选择时，我取b而舍c。

行为的直接目标通常是：为了获得可计数且可衡量的有形物品的供应。然后，行为人必须在可计数数量之间选择；例如，他宁愿选择15r而不选择7p；但若他必须在15r和8p之间选择，则他可能宁愿选择8p。我们可以通过声明"他认为15r的价值低于8p的价值，但却高于7p的价值"来表述这种情况。这等同于如下陈述：他宁愿取a而舍b、宁愿取b而舍c。用8p代替a、用15r代替b、用7p代替c，这么做既不会改变陈述的含义，亦不会改变它所描述的事实。它当然不会使基数的计算成为可能。它并没有为经济计算以及基于这种计算的心理运算开辟领域。

2 价值与价格基本理论关于易货的虚构

经济理论的详尽阐述，从启发探索角度很大程度上依赖于计算的逻辑过程，以至于经济学家未能意识到经济计算方法所涉及的基本问题。他们倾向于将经济计算视为理所当然的事情；他们没有看到它并不是一个终极给定，而是一个需要还原为更基本现象的衍生物。他们曲解了经济计算。他们将其视为所有人的行为的一个范畴，而忽略了一个事实——它只是在特殊条件下施展行为所固有的一个范畴。他们充分意识到一个事实：人际交流，以及因此受一种共同交易媒介——货币之中介影响的市场交易，二者皆是社会之经济组织某一状态的特殊特征，而这种特征在原始文明中是不存在的，并且有可能在未来的历史变迁过程中消失。[1] 但他们并未领悟到货币价格是经济计算的唯一工具。因此，他们的大部分研究并无多大用处。即使是最杰出经济学家的著作，在某种程度上也被他们关于经济计算的观点所蕴含的谬误而玷污。

价值与价格的现代理论说明了个人的选择——也即他们对事物的取舍——是如何在人际交流领域导致市场价格出现的来龙去脉。[2] 然而，这些精辟的论述在一些次要问题上的表述并不尽如人意，且因不恰当的表述而"容颜受损"，但它们本质上是无可辩驳的。就它们尚需进一步修订而言，这一修订工作须通过对其作者之基本思想的一致阐述——而不是通过驳斥他们的推理——方可完成。

为了将这一市场现象追溯到"取a而舍b"的普遍范畴，价值与价格的基本理论必然会使用一些想象的结构。使用在现实中并无任何对应物的想象结构，这是一种必不可少的思考工具。没有任何其他方法将会对现实的解释做出任何贡献。但是，科学所面临的最重要问题之一，就是避免因错误地考虑使用此类结构而可能导致的乖违。

价值与价格的基本理论，除了稍后要讨论的其他想象结构之外，还采用了"所有交易皆以直接交换方式来进行的市场"之结构。在这样的市场中，不存在任何货币；一方的商品与服务直接跟另一方的商品与服务进行易货交易。这一想象的结构是必要的。人们必须忽略货币所起的中介作用，才能认识到——最终互相交

---

[1] 德国历史学派对这一点的表述方式是断定——生产资料、市场交换和货币的私有制属于"历史范畴"。

[2] 尤其参见欧根·冯·庞巴维克（Eugen von Böhm-Bawerk），《资本与资本利息》（*Kapital und Kapitalzins*），第三卷，第二部分。

换的始终是一阶经济商品A与其他一阶经济商品B。货币不过是人际交流的一个媒介而已。但人们必须小心谨慎，以防这种直接交换市场的结构容易产生的错觉。

一个严重的错误是假设"交换媒介只是一个中性因素"，而这一错误的起源与固执正是由于对这一想象结构的误解。根据这种观点，直接交换与间接交换之间的唯一区别就在于——只有后者才使用交换媒介。有人断言：在交易中插入货币并不影响业务本身的主要特征。人们并未忽视一个事实：在历史进程中，货币的购买力已发生巨大变化，而这些波动常常使整个交换体系发生震动。但人们认为：此类事件只是政策不当所造成的例外而已。据说，只有"坏的"货币才能带来这种混乱。此外，人们误解了这种混乱的前因后果。他们心照不宣地假设"所有商品与服务的购买力变化同时发生，且程度相同"。当然，这就是货币中性寓言所蕴含的内容。人们认为：整个交易经济学理论可以在"（市场中）只有直接交换（这一种交易方式）"这一假设下进行阐述。如果这一旦实现，唯一需要添加的就是将货币术语"简单地"插入到有关直接交换的复杂定理之中。然而，交易经济学体系的这种最终完成被认为只是次要的。人们并不相信它可以改变经济教义结构中任何至关重要的内容。经济学的主要任务被设定为"对直接交换进行研究"。除此之外，剩下要做的事情充其量只是对"坏的"货币问题作详细审查。

按这一观点的说法，经济学家忽视了对间接交换问题的应有重视。他们对货币问题的处理是肤浅的；它只是与他们对市场过程作详细审查的主体松散地联系在一起而已。大约在20世纪初，间接交换的问题大体上被贬低至次要地位。有一些关于交易经济学的论文只是偶然地以粗略方式处理货币问题，还有一些关于货币与银行业的书籍甚至并未尝试将它们的主题整合到交易经济学体系的结构中。在盎格鲁-撒克逊国家的大学里，经济学和货币银行学分别设有教授，而在大多数的德国大学中，货币问题几乎完全被忽视。[1]后来的经济学家才意识到：交易经济学中一些最重要和最复杂的问题出现在间接交换领域；而一个不充分重视这些

---

〔1〕对间接交换问题的忽视肯定受到政治成见的影响。人们不想放弃这样一个论点，即经济萧条是资本主义生产方式所固有的弊病，而且其绝不是由于试图通过信贷扩张来降低利率的尝试所造成的。思想观念紧跟潮流的经济学教师们认为，将萧条解释为一种"仅仅"源于货币与信贷领域事件的现象是"不科学的"。甚至有一些关于商业周期理论历史的调研忽略了对货币理论的任何讨论。参见，例如，欧根·冯·伯格曼（Eugen von Bergmann），《经济危机理论史》（*Geschichte der nationalokonomischen Krisentheorien*）（斯图加特，1895年）。

问题的经济理论是有缺陷的，令人遗憾。"自然利率"与"货币利率"二者关系研究的兴起、贸易周期货币理论的优势地位，以及货币购买力变化之同时性与均匀性学说的彻底瓦解，标志着经济思想的新基调。当然，这些新想法在本质上其实是大卫·休谟、英国货币学派、约翰·斯图亚特·穆勒和凯尔恩斯（John Elliott Cairnes）光荣地启动之工作的延续。

更有害的是第二个错误，而这个错误的产生源于粗心地运用了直接交换市场的想象结构。

一个根深蒂固的谬误断言——互相交换的事物与服务具有同等价值。价值被认为是客观的，是事物固有的内在品质，而不仅仅是对各种人想获得它们之渴望的表达。其中假设的情形是：人们首先通过一种测量行为来确定商品与服务应当具备的价值大小，然后将它们与具有等量价值的相应数量之商品与服务进行易货交易。这一谬误不仅挫败了亚里士多德处理经济问题的方法，并且在近两千年里，同样挫败了以亚里士多德观点为权威观点的所有人的推理。它严重损害了古典经济学家们的非凡成就，而且使他们的追随者的著作完全徒劳无功。现代经济学是基于如下认知：正是被交换对象所赋予之价值存在明显差异才导致了它们被相互交换。人们之所以买卖，只是因为他们对自己放弃的东西的评价低于所收到东西的评价而已。正因如此，"价值测量"的概念是徒劳无益的。交换行为既不先于，亦不伴随任何可称为"价值测量"的过程。一个人可能对两个事物赋予相同的价值；但这样就不会导致任何交换了。但是，若对a和b二者的估值存在差异，那么就该差异而言我们可以说：一个a的价值更高，它比一个b更受青睐。价值与估值皆为强度的量，而不是数量的量。它们不容易通过运用基数来进行心理估量。

然而，"价值是可测量的，并且在经济交易行为中被真正测量"的虚假观念是如此根深蒂固，以至于即使是杰出的经济学家也成为所暗示的谬误的受害者。甚至弗里德里希·冯·维泽尔（Friedrich von Wieser）和欧文·费雪也理所当然地认为：必须有类似"价值测量"的东西，而且经济学必须能够指出并解释这种测量得以实现的方法。[1] 大多数不那么知名的经济学家则只是简单地主张货币的作

---

[1] 若需了解对费雪论点的批判性分析与驳斥，请参见米塞斯所著、巴特森（H. E. Batson）所译的《货币与信贷理论》（*The Theory of Money and Credit*）（伦敦，1934年），第42—44页；若需了解针对维泽尔论点的批判性分析与驳斥，请参见米塞斯所著《国民经济学》（*Nationalokonomie*）（日内瓦，1940年），第192—194页。

用在于作为"价值的一个测量标准"。

现在，我们必须认识到：估值意味着取a而舍b（也即更喜欢a而不是b）。在逻辑上、认识论上、心理上和行为学上，只有一种偏好模式。一个恋爱中的男孩是否对某一女孩情有独钟而对其他女孩视而不见；相较于对其他人的喜欢程度，一个人是否更喜欢某位朋友；一个业余艺术爱好者是否更喜欢的是某一幅画，而不是其他绘画作品；或者一位消费者更喜欢的是一个面包而不是一块糖果，这都不重要。偏好始终意味着：面对a和b，更喜爱或渴望得到的是a而不是b。正如性爱、友情和同情、审美享受既无标准亦无测量一样，商品的价值也不存在任何测量。如果一个人用两磅黄油换了一件衬衫，那么就这次交易而言我们可以说的只不过是：在交易发生的那一刻、在这一刻向他提供的条件下，他更喜欢的是一件衬衫，而不是两磅黄油。可以肯定的是，每一个偏好行为皆以它所暗示之情感的一种明确心理强度为特征。想要达到一个明确目标的愿望的强度是分等级的，而这种强度决定了成功的行为给行为人带来的心理利益。但心理量只能被感觉到。它们完全是个人性质的，而且没有任何语义手段来表达它们的强度并将有关它们的信息传达给其他人。

没有任何可用的方法来建构一种价值单位。让我们记住：两个单位的同质供给，对其估值必然不同。附加到第n个单位的价值低于附加到第$(n-1)$个单位的价值。

在市场社会中，存在着货币价格。经济计算是货币价格方面的计算。商品与服务的各种数量与用于在市场上买卖它们或预期可以买卖它们的货币金额一起进入此计算。这是一个虚构的假设——一个孤立的自给自足的个人或某一公有主义体系（即一个无生产资料市场的体系）中的总经理可以进行此计算。没有任何方法可以将一种市场经济的货币计算引向一种非市场经济中的任何一种计算。

3 经济计算问题

行为人运用由自然科学提供的知识来详细阐述技术，即在外部事件领域可能的行为应用科学。技术展示了一个人若想要实现且可能实现什么样的目的，以及若此人已准备好使用所指示的手段则其目的是如何实现的。随着自然科学的进步，技术也在进步；许多人更愿意说：改进技术方法的愿望促进了自然科学的进步。

自然科学的量化使技术也被量化了。现代技术本质上是对可能行为的结果进行量化预测的应用艺术。一个人以合理的精确度计算已计划行为的结果，而且一个人之所以进行计算，是为了安排一个行为，使一个明确的结果得以出现。

然而，只有当所有生产资料包括物质的和人的，能够按照特定比例完全相互替代时，或者如果它们都是绝对具体的生产资料时，技术所传递的信息才足以进行计算。在前一种情况下，所有生产资料皆适用于达到所有目的，尽管其依据的比率不同；事情就好像只有一种生产资料——一种更高阶经济商品存在。在后一种情况下，每一种生产资料皆只能用于达到一个目的；人们会给每一组互补的生产要素附加为一阶相应商品所附加的价值。（这里我们再次暂时忽略时间因素所带来的修改。）在人类施展行为的宇宙中，这两种情况均不存在。这些生产资料只能在狭窄的限定范围内相互替代；它们或多或少是实现各种目的之具体手段。但是，另一方面，大多数手段并不是绝对具体的；它们中的大多数均适合各种不同用途。"存在着不同类别的手段""大多数手段更适合实现某些目的A，而不太适合实现某些其他目的B，且对于第三类目的C之生产绝对无用""因此各种不同手段可以有各种不同用途"，这些事实使得人们须承担起"将这些不同手段分配给它们可以提供最佳服务的应用"这项任务。在这里，技术所运用的实物计算毫无用处。技术凭借可计数和可测量的外部事物及其影响之数量进行运作；技术知道它们之间的因果关系，但技术并不知晓它们对于人类需求及欲望的相关性。其领域仅为"客观使用价值"领域。它从物理、化学和生物事件之中立观察者的公正角度判断所有问题。对于"主观使用价值"概念，对于具体人的角度，以及对于行为人的困境，技术的教义没有留出任何空间。它忽略了这样一个经济问题：要使用可用的手段，使得任何更紧迫的需求皆不应该持续处于"尚未满足"的状态，而其之所以处于"尚未满足"状态，是因为适合实现该等需求的手段已被使用——已被浪费了——用于实现不那么紧迫的需求。对于这些问题的解决，技术及其计数与测量方法并不合适。技术告诉我们如何通过使用能够以各种组合一起使用的各种手段来实现某一既定目的，或者如何为了某些目的而使用各种可用的手段。但是，要对一个人告知他应该从无数种可以想象的和可能的生产方式中选择哪些程序，技术就束手无策了。行为人想知道的是：他必须如何使用可用的手段才能尽最大可能地最经济地消除不安感。但技术为他提供的不过是关于外部事物之间因果关系的陈述而已。例如，技术会告诉他：$7a+3b+5c+\cdots+xn$ 可能会产生 $8P$。但是，尽管技术知道行为人对各种一阶商品所附加的价值，但它却无法确定——这一公式或无数类似建构公式中的任何其他公式是否最适合于实现行为人所追求的目的。工程艺术可以确定必须如何建造一座桥梁才能在给定点跨越一条河流并承载确定的载荷。但它不能回答这样一个问题：建造这样一座桥梁是否会使物质生产要素与劳动从它们能够满足更紧迫需要的运用中撤出来。它根本无法判断——这座桥是否应该建造、应该在哪里建造、应该具有多大的承载能力，以及在建造这座桥的众多可能性中到底应该选择哪一种可能性。技术计算只能在各种类型的手段之间建立关系，且前提是它们可以相互替代以期达到某一确定目标。但是，无论各种手段有多么不同，行为必然会发现所有手段之间的关系，而无需顾及"它们在执行相同服务时是否可以相互替代"这一问题。

若不可能将商品与服务的货币价格引入技术以及由其产生的考虑的方案，则技术及此等考虑对于行为人而言将毫无用处。若工程师们不能在一个共同基础上对投入与产出作比较，则他们的项目与设计将是纯粹学术性质的。在实验室中离群索居、与世隔绝的崇高理论家并不会为这些琐事而烦恼；他正在探索的是宇宙中各元素之间的因果关系。但务实的人则渴望通过尽可能消除不安感来改善人的状况，他必须知道：在给定条件下，他所规划的是否是减少人们不安的最佳方法，或者甚至是否是一种减少人们不安的方法。他必须知道：跟目前的情况相比，跟执行其他技术上可实现——若他所设想之项目A吸收了可用手段则无法实施——之项目B所预期的优势相比，他想要实现的目的是否将会是一种改进。这种比较只能通过运用货币价格来进行。

因此，货币成为经济计算的工具，这并不是货币的一项单独功能。货币是普遍使用的交换媒介，仅此而已。只是因为货币是常见的交换媒介，因为大多数商品与服务均可在市场上用货币买卖，而且只有在这种情况下，人们才能使用货币价格来进行计算。货币与过去市场上建立的以及未来市场上预期建立的各种商品与服务之间的交换比率，是经济计划的心智工具。没有货币价格之地，就没有"经济数量"之类的东西。在外部世界中的各种前因后果之间，只有各种量化关系。人无法找出哪一种行为最有利于他尽可能地消除其不安。

自给自足的农民家庭经济的原始状况无需赘述。这些人只进行了非常简单的生产过程。对于他们而言，无需任何计算，因为他们可以对投入与产出直接作比较。如果他们想要衬衫，他们就会种植火麻，然后纺纱、织布和缝制衣服。无需任何计算，他们就能够轻松地决定——所付出的辛劳与麻烦是否通过产品获得了补偿。但对于已处于文明阶段的人类而言，回到这样的生活是绝无可能的。

4 经济计算与市场

经济问题的量化处理，绝不能跟用于处理物理与化学事件之外部体系问题的量化方法相混淆。经济计算的显著标志是：它既不基于可以被描述为"测量"的任何东西，也不与之相关。

一个测量过程，在于建立一个对象相对于另一个对象（即测量单位）的数值关系。测量的终极来源就是空间维度。借助参照外延定义的单位，我们可以测量能量与潜能、一个事物引起其他事物与关系之变化的力量以及时间的流逝。一个指针读数直接表示一种空间关系，而且仅间接表示其他数量。测量背后的基础假设是单位的不变性。长度单位是所有测量所依据的基石。我们假定人们不得不认为它是不可改变的。

过去的数十年间，物理学、化学和数学的传统认识论环境发生了一场革命。我们正处于创新的前夕，而这些创新的范围无法预见。未来几代物理学家们可能将不得不在某种程度上面对与行为学必须处理的问题相似的问题。也许他们将被迫放弃一种想法，即存在某种不受宇宙变化影响的东西，观察者可将其用作一种衡量标准。但无论怎样，宏观物理学或摩尔领域中世间实体测量的逻辑结构将不会改变。微观物理学范畴轨道上的测量，也是用米尺、千分尺、光谱仪进行的——最终是用人（也即观察者和实验者）的粗略感觉器官来进行的，而观察者和实验者自己就是摩尔性质的。[1] 衡量无法摆脱欧几里得几何学和"一个不变标准"概念。

各种买卖的经济商品以及许多——但并非全部买卖的服务，既有货币单位，也有可衡量的物理单位。但是我们必须处理的交换比率是永久波动的。它们没有什么是一成不变的。它们无视企图对它们进行衡量的任何尝试。它们并不是"物理学家将对一定数量铜的重量的确定称为一个事实"这一意义上的事实。它们是历史事件，表达了在特定时刻和特定情形下曾经发生的事情。相同的数字交换比率可能会再次出现，但决不能确定这是否真的会发生，而且如果发生了，那么就有一个悬而未决的问题：这个相同的结果是保持相同情形的结果，还是恢复相同情形的结果，而不是一系列截然不同的价格决定因素相互作用的结果。

---

[1] 参见阿瑟·爱丁顿（A. Eddington），《物理科学的哲学》（*The Philosophy of Physical Science*），第70—79页、第168—169页。

行为人在经济计算中应用的数字并不是指计量的数量，而是指交换比率，因为它们在理解的基础上被期望在未来的市场上实现，而所有的行为皆只针对未来的市场，且只有未来的市场对行为人才有意义。

在我们研究的这一点上，我们并不是在处理"经济学的定量科学（计量经济学）"问题，而是在分析行为人在规划其行为过程中应用定量区分时所执行的心理过程。由于行为总是针对影响一种未来的事态，因此经济测量也总是针对未来。至于它将过去的事件与过去的交换比率纳入考虑范围，这么做只是为了对未来的行为进行安排。

行为人想要通过经济测量来完成的任务，就是通过对比投入与产出来确定行为的结果。经济测量要么是对未来行为的预期结果的一种估计，要么是对过去行为结果的确定。但后者并不仅仅服务于历史目的和教诲目的。它的实际意义在于显示一个人在不损害未来生产能力的情况下可以自由消费多少。正是针对这一问题才发展了计量经济学的基本概念——资本与收入、利润与亏损、支出与储蓄、成本与收益。这些概念以及从它们衍生出的所有概念的实际应用跟一种市场的运作密不可分，在该市场中，所有订单的商品与服务均与普遍使用的交换媒介——货币进行交换。这些概念若与一个具有一种不同行为结构的世界中的行为无任何相关性，它们将只会是一些学术性概念而已。

第十二章 经济计算层面

1 货币分录的性质

经济计算可以理解与货币进行交换的一切。

商品与服务的价格要么是描述过去事件的历史数据，要么是对可能发生的未来事件的预测。有关某一过去价格的信息传达了"一种或几种人际交换行为是根据该比率进行的"这一知识。它并不直接传达有关未来价格的任何知识。我们可能经常假设：决定近期价格形成的市场条件根本不会发生变化，或者至少在不久的将来不会发生很大变化，因此价格也将保持不变或仅略有变化。如果有关价格是许多准备买卖的人互动的结果（只要交换比率似乎对他们有利），而且如果市场情况不受被认为是偶然、不寻常和不可能恢复之情况的影响，那么这样的期望就是合理的。然而，经济计算的主要任务并不是处理"不变或只是轻微变化之市场情况与价格"的问题，而是处理变化本身的问题。行为个人要么预测将在不受他自己干预的情况下发生的变化，并希望调整他的行为以适应这种预期的事态；要么他想着手一个项目，该项目即使没有任何其他因素产生变化，也会让状况发生改变。过去的价格对他而言只是他努力预测未来价格的起点。

历史学家和统计学家自我满足于过去的价格。而务实的人则着眼于未来的价格，无论是下一小时、下一天还是下一月的即期。对他而言，过去的价格只是预测未来价格的一种帮助而已。不仅在他对已规划行为之预期结果的初步计算中，而且同样在他试图确定他过去交易的结果时，他主要关注的是未来价格。

在资产负债表与损益表中，过去行为的结果，作为报告期间初期与末期所拥有资金（总资产减去总负债）的货币等值之间的差额以及所发生成本与所赚取总收入的货币等值之间的差额，变得可见。在此类报表中，有必要纳入除现金以外的所有资产与负债的估计货币等值。这些项目的估价应根据它们将来可能出售的价格，或者，尤其是在有生产过程设备的情况下，应参考在它们的帮助下所制造出的商品的预期销售价格。然而，旧的商业惯例以及商业法与税法的规定，已导致了对健全会计原则的偏离，而健全会计原则的目的仅仅是为了达到可实现的最正确程度。这些惯例与法律，与其说关心的是资产负债表与损益表的正确性，不如说关心的是对其他目的之追求。商业立法旨在采用一种可以间接保护债权人免受损失的会计方法。它或多或少倾向于将资产按低于其估计市场价值的估值加以评估，以使净利润和拥有的资金总额看上去比实际要小。这样，就产生了一个安全边际，它降低了以下风险：对债权人不利的是，太多的东西可能会被作为所谓的利润从公司提取走了；而一个已经资不抵债的公司可能会继续经营下去，直至它用尽了可用的手段，以便让债权人满意。相反，税法通常倾向于采用一种使收益看起来比无偏方法所处理的要高的计算方法。这一想法是为了提高有效税率，且不会使这种提高在名义税率表中可见。因此，我们必须区分商业人士在规划未来交易时所作的经济计算与用于其他用途的商业事实的计算。应缴税款的确定与经济计算是两件不同的事情。如果一项对雇用家庭用人征税的法律规定"一名男性用人应被计为两名女性用人"，那么除了确定应纳税额的一种方法外，没有人会将这一规定解释为其他任何东西。同样，如果某一遗产税法规定"证券应按死者死亡当日股票市场报价进行评估"，那么此规定也只是为我们提供了一种确定税额的方法。

在一个正确记账系统中妥善维护的账目，是精确到元、角、分的。它们显示出令人印象深刻的精确度，其项目的数字精确度似乎消除了所有疑虑。事实上，它们包含的最重要的数字是对未来市场格局所作的投机性预测。将任何商业账户的项目与纯技术计算中（例如在某一机器制造的设计中）使用的项目作比较，这是一种错误做法。工程师——就其工作的技术方面而言——只应用由实验自然科学方法建立的数值关系；商人无法避免数值术语，而数值术语则是他对未来人行为理解的结果。资产负债表与损益表的主要内容是对非现金类资产与负债的评估。所有此类余额与报表实际上皆是临时余额与临时报表。它们尽可能地描述了某一任意选择瞬间的事态，而生活与行为仍在持续且不会停歇。个别业务单位有可能终止运营，但整个社会生产体系永远不会终止。以现金构成的资产与负债也不能免除所有商业会计项目所固有的不确定性。它们取决于未来的市场格局，其程度不亚于任何库存或设备项目取决于未来的市场格局。商业账户与计算的数值精确性，并不能阻止我们意识到它们的项目以及基于它们的所有计算的不确定性与投机特性。

然而，这些事实并没有降低经济计算的效率。经济计算应尽可能高效。任何改革皆无法提高其效率。它为行为人提供了他可以从数值计算中获得的所有服务。当然，它并不是一种确定地了解未来状况的手段，而且它也不会剥夺行为的投机特性。但是，只有那些认识不到如下事实的人才会认为这是一种缺陷："生活并不是一成不变的"；"一切事物皆在不断变化"；而且"人们对未来并没有任何确切的了解"。

扩展人们关于未来状况的信息，这并不是经济计算的任务。它的任务是尽可能地调整他的行为，以适应他对"未来需求满足"的当前看法。为此，行为人需要一种计算方法，而计算则需要一个公分母，所有输入的项目均可参照该公分母。经济计算的公分母就是货币。

2 经济计算的极限

经济计算不能理解不用货币进行买卖的事物。

有些事物是非卖品，为了获得它们必须付出货币和货币价值之外的牺牲。一个人若想要修炼自己以取得伟大成就，就必须运用多种手段，其中一些手段可能需要花费金钱。但是，用于这种努力的基本事物是不可购买的。荣誉、美德、荣耀以及活力、健康和生命本身，它们在行为中既作为手段又作为目的发挥作用，但它们并不进入经济计算。

有些事物根本无法用货币加以评估，还有一些事物只能就分配给它们的价值的一小部分用货币来评估。对一座旧建筑物的评估必须忽略其艺术上和历史上的卓越性，只要这些品质并不是获得货币类收益或可出售商品类收益的来源。什么只打动人心而不引诱他人为实现它而做出牺牲，这始终不在经济计算的范围之内。

然而，这一切丝毫不影响经济计算的实用性。那些不进入会计核算项目的东西，要么是目的，要么是一阶商品。无需计算即可完全承认它们并对它们作适当的考虑。为了做出选择，行为人所需要的只是将它们与获取或保留它们所需的成本总额作对比即可。让我们假设：一个镇议会必须在两个供水项目之间做出抉择。其中一个项目意味着要拆除一个历史地标，而另一个项目则提议以增加货币支出为代价来保留该地标。建议对纪念碑加以保护的情感无法用某一货币金额来估计，这一事实丝毫不妨碍议员们的决策。相反，没有反映在任何货币交换比率中的价值，正是由于这一事实而被提升到一个特定位置，而这使得决策变得更加容易。没有什么抱怨比哀叹"市场的计算方法不能理解不可出售的东西"更不合理了。由于这一事实，道德价值和审美价值并不会受到任何损害。

货币、货币价格、市场交易和基于它们的经济计算，这些被称为批评的主要对象。喋喋不休的布道者将西方文明贬低为一种卑鄙的贩卖与兜售体系。自满、自以为是和虚伪，以蔑视我们这个时代的"美元哲学"为乐。神经质的改革者、精神失常的文人以及雄心勃勃的煽动者，他们皆乐于控诉"理性"和宣扬"非理性"的福音。在这些喋喋不休者看来，货币与计算是最严重的罪恶之源。然而，"人们已经发展出一种方法来尽可能地确定他们的行为是否合宜并以最实际和最经济的方式消除不安"，这一事实并不妨碍任何人按照其认为正确的原则来安排其行为。证券交易所和商业会计的"唯物主义"并不妨碍任何人达到托马斯·坎佩斯（Thomas à Kempis）的标准或为一项崇高的事业而死。"大众更喜欢的是侦探小说而不是诗歌，因此写前者比写后者更划算"，这一事实并不是由于使用货币和货币会计而造成的。世上有黑帮、盗贼、杀人犯、妓女、贪官，这并不是金钱的错。诚实并不"值得"——这一说法并不正确。有些人宁愿忠实于他们认为正确的东西而不去选择他们可以从不同态度中获得的好处，对于这样的人而言，诚实是值得的。

对经济计算的其他批评者并没有意识到：它是一种方法，而这种方法只有在以生产资料私有制为基础的社会秩序框架下在基于分工的经济体系内施展行为的人们才可以使用。它只能为在这种社会秩序的制度环境中运作的个人或个人群体服务。因此，它是对私人利润的计算，而不是对"社会福利"的计算。这意味着市场价格是经济计算的终极事实。它不能适用于那些其标准并非市场上所表现出来的消费者需求的考虑因素，而适用于管理所有国家事务或全球事务的独裁机构的假设估值。如果一个人寻求从一个自以为是的"社会价值"的角度——从"整个社会"的角度——来判断行为，并寻求通过与一种想象的，且他自己的意志在其中是至高无上的社会主义制度中的事件进行比较来批评这些行为，那么这样的人对于经济计算而言毫无用处。基于货币价格的经济计算，是为市场社会的消费者生产产品的企业家们的计算。这样的计算对于其他任务而言毫无用处。

想要运用经济计算的人，决不能以一种专横的心态看待事物。价格可以用于资本主义社会企业家、资本家、地主和工薪阶层所进行的计算。对于这些范畴以外的事情，它是不合适的。用货币来评估并未在市场上议价的物品，以及在计算中使用不涉及现实的任意项目，这些做法毫无意义。法律确定了对于造成一个人死亡所应支付的赔偿金额。但是，为确定此等应付赔偿金而制定的法规并不意味着"人的生命一定有一个价格"。有奴隶制的地方，就有奴隶的市场价格。在没有奴隶制的地方，人的生命与健康皆为商业以外之物（res extra commercium）。在一个自由人的社会中，"维护生命与健康"是目的，而不是手段。它们并不进入任何会计处理过程。

可以用货币价格来确定一些人的收入或财富总额。但计算国民收入或国民财富则毫无意义。一旦我们开始考虑与在市场社会范围内运作的某个人的推理不同的问题，我们就不再得到货币计算方法的帮助。试图用货币来确定一个国家或全人类财富的尝试，其幼稚程度就跟试图通过费尽心机计算埃及胡夫金字塔的尺寸来解决宇宙之谜的神秘努力一样。如果一项商业计算将一批土豆供应估价为100元，那么这个想法是：土豆供应商是可以按这一金额来出售这批土豆的，或者卖家是可以用这批土豆来换取这笔钱的。如果一整个企业实体单位估计为100万元，那么这意味着一个人希望以这个金额出售它。但是，一个国家财富总额报表中各个项目的含义是什么呢？计算的最终结果的含义何在？哪些项目必须输入报表，哪些得排除在报表之外？将国家的气候以及人民的先天能力与后天技能的"价值"也纳入报表，这一做法是否正确？商人可以将其财产换成金钱，但一个国家不能这么做。

行为中所使用的货币等价物和经济计算中所使用的货币等价物皆为货币价格，也即货币与其他商品和服务之间的交换比率。价格并不是用货币来衡量的；但价格是以货币的形式存在的。价格要么是过去的价格，要么是未来的预期价格。一个价格必然要么是过去的某一历史事实，要么是未来的某一历史事实。价格中并无任何东西可以让我们将其比作对物理和化学现象的衡量。

3 价格的可变性

汇率会不断变化，因为产生汇率的条件会不断变化。个人对货币以及对各种商品与服务所附加的价值，只是一时选择的结果而已。以后的每一个瞬间皆可能产生新的东西，并带来其他的考虑因素和估值。并不是"价格在波动"而是"价格没有更快地变动"可以公平地被认为是一个需要解释的问题。

日常经验告诉人们：市场的交换比率是可变的。人们会假设：他们关于价格的想法会充分考虑这一事实。然而，所有流行的"生产与消费、营销与价格"概念皆或多或少地受到"价格刚性"这一模糊而矛盾的概念的污染。外行则倾向于认为"保持昨天的价格结构既正常又公平"，并倾向于谴责"交换比率变化违反自然法则和正义法则"。

若将这些流行的信念解释为"在生产与营销条件更为稳定的早期所构思的旧观点的沉淀",这就是一种错误做法了。在较为早期的岁月,价格是否变动不大,是值得怀疑的。相反,我们毋宁这样断言:地方市场合并为规模更大的国家市场,一个拥抱全球市场的世界的最终出现,以及旨在为消费者提供持续供应的商业演变发展,这些因素已使得价格波动变得不那么频繁和不那么剧烈。在前资本主义时代,生产的技术方法更加稳定,但在供应各种当地市场和根据其不断变化的需求调整供应方面,存在着更多的无规律性。但是,即使在遥远的过去价格确实比较稳定,这对于我们这个时代而言也没什么用处。关于货币与货币价格的流行观念并非源自过去形成的观念。将它们解释为返祖残余是错误的做法。在现代条件下,每个人每天皆面临如此多的买卖问题,因此当我们假设"他对这些问题的思考不只是对传统观念的轻率接受"时,我们这么做是对的。

不难理解,为何短期利益受到某一价格变动伤害的人会反感这种变动,且强调"以前的价格不仅更公平而且更正常",并认为"价格稳定符合自然法则和道德法则"。但是价格的每一次变动皆会促进其他人的短期利益。那些受到价格波动青睐的人,肯定不会被想要强调价格刚性的公平性与正常性的冲动所驱使。

无论是返祖回忆还是自私的群体利益状态,皆无法解释价格稳定理念流行的原因。其根源在于一个事实:有关社会关系的观念是按照自然科学的模式建立起来的。旨在根据物理学或生理学模式塑造社会科学的经济学家和社会学家,他们只不过是沉迷于流行的谬论早已采用的思维方式而已。

即使是古典经济学家,也迟迟没有摆脱这一错误。对他们而言,价值在某种程度上是客观的,也即,价值是外部世界的一种现象和事物所固有的一种品质,因此价值是可衡量的。他们完全无法理解价值判断的纯粹人性的和唯意志论的特征。就我们今天所见,是塞缪尔·贝利首先披露了取A而舍B的来龙去脉。[1]但他的书和主观价值理论其他先驱的著作一样被忽视了。

摒弃行为领域中有关可测量性的错误,这不仅是经济科学的一项任务。这同

---

[1] 参见塞缪尔·贝利(Samuel Bailey),"有关价值的性质、尺度和起因的一篇批判性论文 *A Critical Dissertatlan on the Nature, Measures and Causes of Values*,"伦敦,1825年。《经济学与政治学领域稀缺领地再版丛书》第七卷(*No.7 in Series of Reprints of Scarce Tracts in Economics and Political Science*),伦敦经济学院(伦敦,1931年)。

样是经济政策的一项任务。因为当今经济政策的失败在一定程度上是由于"人与人之间的关系中存在某种固定的、因而可衡量的东西"这一观念所带来的可悲的混乱。

4 稳定

所有这些错误的一个副产物就是关于稳定的想法。

政府处理货币问题的缺陷，以及旨在降低利率和通过信贷扩张鼓励商业活动的政策所带来的灾难性后果，催生了最终产生"稳定"这一口号的想法。人们可以解释它的出现及其流行的吸引力；人们也可以将其理解为过去150年货币与银行业历史的成果；可以说，人们可以以情有可原为理由来为所涉及的错误作辩护。但没有任何这种同情的欣赏可以使它的谬误更站得住脚。

稳定计划旨在建立的稳定，实际上是一个空洞且矛盾的概念。对施展行为——也即改善生活条件——的渴望是人与生俱来的。人本身时时刻刻都在变化着，而他对各种事物的估值、意志力以及所施展的行为亦随着他的变化而变化。在行为的领域里，除了变化之外，没有什么是永恒的。在这种永无止息的波动中，除了永恒的先验性行为范畴之外，无任何固定的点。将估值与行为跟人的不稳定性及其行为的可变性割裂开来，且认为宇宙中存在独立于人类价值判断以外并适合作为衡量实际行为之标准的永恒价值，无疑是徒劳的。[1]

人们建议用来衡量货币单位购买力变化的所有方法，无一不或多或少地建立在一个"永恒不变之人"的虚幻形象之上，而此人运用一个不变的标准来确定一个单位的货币给他带来的满足的数量。

"想要的只是衡量货币购买力的变化"，这一针对该不明智想法的理由并不充分。"稳定"概念的症结正是在于"购买力"这一概念。外行人，在物理学的思想下不辞劳苦地工作，曾经将货币当作价格的一个衡量标准。他认为，交换比率的波动只发生在各种商品与服务之间的关系中，而不发生在货币跟商品与服务"整体"之间的关系中。后来，人们推翻了这一论点。被赋予价值恒定性的不再是货币，而是可出售和可购买之事物的"整体"。人们开始设计"将商品单位之

---

[1] 关于"心智倾向于将刚性与不变性视为本质而将变化与运动视为偶然性"，参见柏格森所著《思想与运动》，第85页。

复合体与货币单位作对比"的方法。找到购买力衡量指标的渴望消除了所有顾虑。所采用之价格记录的可疑性与不可比性,以及用于计算平均值之程序的任意性,二者皆被忽略了。

著名经济学家欧文·费雪是美国稳定运动的拥护者,他将美元与一个篮子作对比,该篮子装着家庭主妇为满足其家庭目前生活需要而在市场上购买的全部商品。美元购买力成比例地随着购买这个篮子里的全部商品所需的货币量的变化而变化。稳定政策的目标是保持这种货币支出的不变性。[1]假如家庭主妇和她想象中的篮子是不变元素,假如篮子总是包含相同的商品且每种商品数量相同,而且假如这一商品类别组合在该家庭的生活中所扮演的角色没有改变,那么实现这个目标没有任何问题。但在我们生活的这个世界里,这些条件一个都没有实现。

□ 欧文·费雪

欧文·费雪(1867—1947年),出生于纽约州的少格拉斯,是经济计量学的先驱,美国第一位数理经济学家,在货币数量论和宏观经济学方面均有重要贡献。他被美国加利福尼亚大学伯克利分校经济学教授 J. B. 迪龙称为"第一代货币主义者"。费雪还是一个关怀人类的世界和平主义者,他在1922年写了《联盟或战争》一书,主张美国放弃孤立主义,参加国际联盟,为世界和平而努力。

首先,有这样一个事实:生产和消费的商品,其质量在不断变化。将此小麦视为彼小麦是错误之举,更不用说鞋帽和其他制造品了。世俗言论和统计数据在同一类别中安排的商品,其同步销售的巨大价格差异清楚地证明了这一自明之理。一个惯用表达断言"两粒豌豆是一样的";但买卖双方会区分豌豆的不同质量和等级。如果不能确定"它们的质量——除了产地差异之外——完全相同",那么,对在不同地点或不同日期为技术或统计所称的同名商品所支付的价格作比较,这是毫无用处的做法。在这方面,质量意味着:买家和潜在买家关注的所有财产。"所有一阶商品与服务的质量皆可能发生变化",这一事实本身就破坏了所有指数方法的基本假设之一。无关紧要的是,数量有限的较高阶商品——尤其是可以由某一分子式唯一确定的金属与化学

---

[1]欧文·费雪,《货币幻觉》(*The Monetary Illusion*,纽约,1928年),第19—20页。

品——易于精确描述其特征。购买力的衡量将必须依赖于一阶商品与服务的价格以及——更重要的是——所有这些价格。采用生产者商品的价格于事无补，因为它不可避免地要对同一种消费品生产的各个不同阶段进行多次（重复）计算，从而使最终的价格计算结果失真。将计算对象限定为一组选定的商品，这一做法相当武断，因此是错的。

但即使抛开所有这些不可逾越的障碍，这项任务依然无法得到解决。因为不仅商品的技术特征发生了变化，而且新的商品种类出现了，而许多旧的商品种类消失了。估值也在发生变化，而且它们会导致需求和生产发生变化。衡量学说的假设将会要求人们的需求与估价是刚性的。只有当人们总是以同样的方式评估同样的事物时，我们才能将物价变化视为货币购买力变化的表现。

由于无法确定给定时间段内购买消费品所花费金钱的总金额，因而统计学家必须依赖于为个别商品所支付的价格。这引发了另外两个没有任何必然解决方案的问题。有必要为各种不同的商品分别赋予相应的重要性系数。若不考虑各种不同商品在个人家庭整个系统中所起的不同作用就让这些商品的价格进入计算，显然是错误之举。但是，建立此等适当的权重同样也是武断的。其次，有必要根据收集和调整的数据来计算平均值。但是存在不同的平均值计算方法。有算术平均值、几何平均值、调和平均值，还有被称为"中位数"的准平均值。它们中的每一个皆会导致不同的结果。它们中没有任何一个可以被认为是"获得逻辑上无懈可击答案的独特方式"。赞成这些计算方法中任何一种方法的决定是武断的。

假如所有人类条件皆不变，假如所有人总是重复相同的行为——因为他们的不安和他们对消除不安的想法是不变的，或者假如我们能够假设"这些因素在某些个人或群体身上发生的变化总是抵不过相同因素在其他个人或群体身上发生的相反变化，并因此不会影响总需求和总供给"，那么我们将生活在一个稳定的世界中。但是，"在这样一个世界里，货币的购买力会发生变化"这种想法就是矛盾的。如后文所述，货币购买力的变化必然会在不同时期、在不同程度上影响不同商品与服务的价格；它们因此也必然会导致需求与供给、生产与消费的变化。不恰当术语"物价水平"一词所蕴含的想法，仿佛——在其他事物相同的情况下——所有价格皆可均匀上升或下降，是站不住脚的。若货币的购买力发生变化，其他事物就无法保持不变。

在行为学和经济学领域，"测量"的概念是毫无意义的。在各项条件皆刚性不变的假设状态下，不存在任何要衡量的变化。在现实的变化世界中，不存在任何可作为一项标准的固定点、维度或关系。对于所有可出售和可购买的事物，货币单位的购买力永远不会均匀变化。如果"稳定"和"稳定化"的概念并不涉及刚性不变状态及其保持，那么它们就只是空洞的概念而已。然而，针对这种刚性不变状态，我们甚至无法一以贯之地考虑到其终极逻辑后果，遑论实现了。哪里有行为，哪里就有变化。行为是一种变化杠杆。

统计学家和统计局在计算购买力指数与生活成本指数时所表现出的自命不凡的庄严是不合时宜的。这些指数充其量只是对已发生变化的粗略且不准确的说明。在货币供求关系缓慢变化的时期，它们根本不传达任何信息。在通胀引起价格急剧变化的时期，它们提供了每个人在其日常生活中经历的诸多事件的粗略图像。一个头脑精明的家庭主妇，对物价变化对其自己家庭影响的了解远比统计数据平均值所能说明的要多得多。若物价计算忽略这位家庭主妇能够或被允许以进入计算之价格购买的商品质量与数量发生的变化，则她对于此等计算而言并没有什么用处。若她仅以两三种商品的价格作为一个衡量标准来"测量"她个人偏好的变化，则在选择市场数据处理方法时，她并不比老练的数学家更不"科学"，亦不比他们更武断。

在实际生活中，没有人会让自己被指数所迷惑。没有人会同意"这些指数将被视为测量标准"的杜撰之说。在数量被测量的地方，关于其维度的所有进一步怀疑与分歧均将停止。这些问题统统都解决掉了，没有人敢与气象学家争论他们对温度、湿度、大气压强和其他气象数据的测量。但另一方面，没有人会默认一个指数，如果他不希望从公众舆论对该指数的认可中获得某种个人利益的话。指数的建立并不能解决争议，它只是将争议转移到一个对立的意见于利益之间的冲突不可调和的领域。

人的行为引发变化。只要有人的行动，就不存在稳定，就会永无止息的变化。历史进程就是由一系列变化构成的。人的力量无法阻止这一趋势，亦无法带来一个所有历史皆停滞不前的稳定时代。人的天性就是追求进步、产生新的想法，并根据这些想法重新安排自己的生活条件。

市场价格是历史事实，表达了在不可逆转的历史进程的特定时刻盛行的事态。在行为学的轨道上，"测量"概念没有任何意义。在想象的——而且当然也是无法实现的——刚性不变和稳定的状态中，不存在要加以衡量的任何变化。在永久变化的现实世界中，没有任何其变化可以衡量的固定点、对象、性质或关系。

5 稳定思想的根源

经济计算不需要"稳定运动"的拥护者使用"货币稳定"术语意义上的货币稳定。"货币单位购买力的刚性是不可想象和不可实现的",这一事实并不影响经济计算的方法。经济计算需要的是一个其运行不受政府干预破坏的货币体系。为了增加政府的消费能力或为了暂时降低利率而扩大流通货币量的举措,将会使得所有货币事务陷入崩溃并扰乱经济计算。货币政策的首要目标必须是——防止政府引发通胀并防止政府创造条件来鼓励银行扩张信贷。但这一方案与旨在稳定购买力的混乱而自相矛盾的方案大有区别。

出于经济计算之目的,所需要的只是避免货币供应发生巨大而突然的波动。黄金以及直至19世纪中叶的白银,二者皆很好地服务于经济计算的所有目的。贵金属供需关系的变化以及由此产生的购买力变化进行得如此缓慢,以至于企业家的经济计算可以忽略它们而不会偏离正确计算结果太远。在经济计算中,精确是无法达到的,更何况还有因未适当考虑货币变化而产生的诸多缺陷。[1] 进行业务规划的商人不得不采用关于未知的未来的数据;他要研究分析未来的价格和未来的生产成本。会计与簿记,二者在努力确定过去(经营)行为之结果方面处于相同的位置,只要它们还依赖于对固定设备、库存和应收账款的估计。尽管存在所有这些不确定性,经济计算依然能完成其各项任务。因为这些不确定性并非源于计算系统的缺陷。它们是始终应对不确定未来的经营行为的本质中所固有的。

使购买力稳定的想法并非源于旨在努力使经济计算更加正确的做法。其源头是希望创造一个远离人类事务不断变化的领域,一个历史进程无法对其产生影响的领域。旨在为教会团体、慈善机构或家庭提供永续年金的各个捐赠基金,长期以来均建立在土地或实物农产品支出之中。后来增加了以货币方式进行结算的年金。捐赠人和受益人预计:以一定数量的贵金属确定的年金将不会受到经济状况变化的影响。但这些希望无一不是虚幻的。后人得知其祖先的计划并未实现。受到这种经历的刺激,他们开始探究如何才能实现所寻求的目的。因此,他们开始尝试衡量购买力的变化并消除此类变化。

---

[1] 任何实际计算都不可能精确。计算过程所采用的公式可能是精确的;计算本身依赖于数量的近似确定,因此必然是不准确的。如上文所述,经济学是一门研究真实事物的精确科学。但是,一旦价格数据被引入思维链,确切性就被抛弃了,并且经济史页已被提交给了经济学理论。

当政府启动其"长期不可赎回和永续贷款"政策时，这个问题变得更加重要。国家，这个中央集权论黎明时代的新神，这个超越世俗脆弱的永恒和超人机构，为公民提供了一个机会，使其能够安全保全其财富并享受稳定收入而不受任何变化的影响。它开辟了一条道路，使个人不必每天在资本主义市场上冒险，并可以重新获得其财富与收入。将资金投资于政府及其分支机构发行之债券的人，不再受制于不可避免的市场规律和消费者的主权。他不再需要以最能满足消费者需求与需要的方式投资其资金。他是安全的，他被保护免受竞争性市场的危险，而在竞争性市场中，亏损是对低效率的惩罚；永恒国家已将他置于其羽翼之下，并保证他能够不受干扰地享用他的资金。从此以后，他的收入不再源自以可能的最佳方式满足消费者需求的过程，而是源自国家强制与胁迫机器所征收的税款。他不再是其同胞公民的一名仆人，不再受制于同胞消费者的主权；他成为了统治人民并向人民纳贡之政府的一位伙伴。政府支付的利息低于市场提供的利息。但债务人——国家——无可置疑的偿付能力远远超过了这一差异，而国家的收入并不依赖于满足公众，而是坚持于纳税制度。

尽管在早期的公共债务方面经历了不愉快的经历，但人们已准备好自由地信任19世纪的现代化国家。当时的人们普遍认为：这个新的国家会严格履行其自愿签订契约的义务。资本家和企业家充分意识到一个事实：在市场社会中，除了每天在与所有竞争对手——既有现有公司，也有"从事小本买卖"的新来者——的激烈竞争中重新获得财富外，没有任何其他办法来保全已获得的财富。年事已高、疲惫不堪且不再准备用自己辛苦赚来的财富去冒险以满足消费者需求的企业家，以及生性懒惰且完全意识到自己在理财方面无能的其他富人的子弟，二者皆更偏好投资公债债券，因为他们希望不受市场规律的约束。

现在，不可赎回永续公债以购买力的稳定为前提。尽管国家及其强制力可能是永恒的，但公债所付利息只有基于某一不变价值标准才能永恒。在这种形式下，为了安全而避开市场、企业家精神和自由企业投资但却更偏好政府债券的投资者，再次面临着"所有人类事务之可变性"问题。他发现：在一个市场社会的框架下，不依赖市场的财富已无立足之地。他寻找取之不尽用之不竭的收入来源的努力最终失败了。

这个世界上根本就不存在"稳定"和"安全"这样的东西，也没有任何人类的努力强大到足以实现它们。在市场社会的社会体系中，除了成功地为消费者服务之外，并无任何其他手段可以获取财富并保全财富。当然，国家可以向其子民征收税款并借入资金。然而，从长远来看，即使是最冷酷无情的政府，也无法违抗决定人类生活和行为的法则。若政府将借来的资金投入到最能满足消费者需求的领域，并且若在与所有民营企业家自由平等竞争情况下此等投资在这些创业活动中取得成功，则政府与任何其他商人处于相同的地位；政府可以支付利息，因为它已创造了盈余。但如果政府投入资金并不成功，并未取得任何盈余，或者如果政府将（借来的）钱花在经常性支出上，那么借来的资金就会缩水或甚至完全花光，根本无法开创可用于支付利息和偿还本金的财源。那么，对人民征税就成为遵守信贷合同条款的唯一方法。在针对此类款项征税时，政府让公民对（政府）过去挥霍的钱负责。政府机构提供的任何现有服务均不对已缴税款作补偿。政府针对已消耗且不再存在的资本支付利息。国库背负着过去政策之不幸结果的负担。

特殊情况下的短期政府公债可以作为一个很好的案例。当然，为战争贷款辩护的流行理由是荒谬的。进行一场战争所需的一切物资，必须通过限制平民消费、通过用尽部分可用资金并通过加倍努力工作来提供。交战的全部负担落在了战时生活的一代人身上。后代受到的影响仅限于：因战争开支，他们从现在活着的父辈那里继承的财产比无战争时所继承的财产要少一些。通过贷款资助一场战争，这么做并不会将负担转移到儿子辈和孙子辈身上。[1]这只是在公民之间分配负担的一种方法而已。如果战争的全部支出必须由税收提供，那么只有那些有流动资金的人们才可能被征收税款。其余的人将不会做出足够的贡献。短期贷款有助于消除这种不平等，因为它们允许对固定资本所有者作公允评估。

长期的公共和半公共信用是一个市场社会结构中的一个外来干扰因素。它的建立是为了试图超越人类行为的界限并且创造一个安全保障与永恒的轨道，从而摆脱尘世事务的短暂与不稳定，可惜这只不过是一种徒劳的尝试而已。永远地借入金钱和贷出金钱、订立永恒的契约、约定未来的一切，这是多么傲慢的假设啊！在这方面，贷款是否以正式方式变得不可收回已无关紧要；有意地而且实际上，它们通常是这样被考虑和处理的。在自由主义的全盛时期，一些西方国家确实通过诚实偿还方式偿还了其部分长期债务。但对于大部分长期债务而言，只是

---

[1] 在这种情况下，贷款是指从那些有资金可供放贷的人那里借来的资金。我们这里不涉及信贷扩张，而当今美国信贷扩张的主要手段是从商业银行借款。

在旧债基础上继续堆积新债而已。19世纪的金融历史表明：公共债务额在持续稳步增长。无人相信各个国家会永远背负这些利息支付的负担。很明显，所有这些债务迟早会以某种方式被清偿，但肯定不会是根据合同条款支付利息和偿还本金的方式。一众老于世故的著作家已经在忙于阐述债务最终解决之日的道德缓和措施。[1]

"以货币为单位的经济计算并不等于在这些虚幻方案中分配给经济计算的任务——建立一个无法实现的平静领域，从而摆脱人类行为的不可避免的限制，并提供永恒的安全保障"，这一事实并不能被称为缺陷。根本不存在"永恒的、绝对的、不变的价值"这种东西。探寻此类价值的标准，无疑是徒劳之举。经济计算之所以不完美，并非因为它不符合人们渴望"一种不依赖于人的生产过程的稳定收入"的混乱想法。

---

[1] 这些学说中最流行的说法可以概括为这样一句话：公共债务根本不是一项负担，因为这是我们自己欠自己的。如果这是真的，那么大规模消除公共债务将是一项无害的操作，仅仅是记账与会计行为而已。事实是，公共债务体现了过去已将资金委托给政府的人们对所有那些每天都在创造新财富的人的债权。为了另一部分人民的利益，它加重了生产阶层的负担。通过专门从债券持有人那里收取各种付款所需的税款，就有可能将新财富的生产者从这种负担中解放出来。但这意味着毫不掩饰的否定。

第十三章　作为行为工具的货币计算

1 作为思维方法的货币计算

货币计算是在社会分工制度下施展行为的指路明灯。它是开始生产之人的指南针。进行计算是为了将有利可图的生产线与无利可图的生产线区分开来，即将主权消费者可能赞成的生产线与他们可能不赞成的生产线区分开来。创业活动的每一步皆受到货币计算的详细审查。计划行为的预先谋划成为对预期成本与预期收益的商业预算。对过去行为之结果的追溯性确立成为对损益的会计处理。

以货币为单位的经济计算系统受某些社会制度的制约。它只能在劳动分工与生产资料私有制的制度环境中运行，在这种制度环境中，所有各阶商品与服务皆可根据普遍使用的交换媒介（即货币）进行买卖。

货币计算在以私人控制生产资料为基础的社会框架内施展行为之人所采用的计算方法。它是行为人的一种手段；它是一种计算方式，旨在确定在一种自由企业社会中代表其自己行事的个人的私人财富与收入以及私人损益。[1]其所有结果均仅涉及个人行为。当统计学家总结这些结果时，结果所显示的是多个自我指导的个体的自主行为的总和，而不是某一集体、某一整体或某一整体之行为的影响效果。货币计算对于任何不从个人角度看待事物的考虑皆是完全不适用和无用的。它涉及计算个人的利润，而不是想象中的"社会"价值观和"社会"福利。

在一个由市场及其价格指导和控制的自由企业社会的社会环境中，货币计算是规划与行为的主要工具。它就是在这一框架下发展起来的，并随着市场机制的完善以及市场上以货币议价之事物范围的扩大而逐步完善。正是经济计算赋予了

---

[1]在合伙企业和公司中，施展行为的始终是个人，尽管并不是一个人在施展行为。

测量、数字和计算这三者在我们的量化与计算文明中所扮演的角色。物理与化学的测量对于实际行为而言具有意义，只是因为存在着经济计算。正是货币计算本身使得算术成为争取更美好生活的一种工具。它提供了一种最有效的利用实验室成果消除不安的模式。

货币计算在资本会计中达到了完美的境界。它确定了可用手段的货币价格，并用行为以及其他因素的作用所带来的变化来对抗这一总量。这种对抗显示了行为人之事务状态发生了哪些变化以及这些变化的幅度；它使成败与盈亏皆成为确定的事。自由企业制度被称为"资本主义"是为了贬低和抹黑它。然而，这一术语可以被认为是非常中肯贴切的。它指的是这个制度最为典型的特征，它的主要优势，即"资本"概念在其行为中所起的作用。

有些人厌恶排斥货币计算。他们并不想被批判性理智的声音从其白日梦中唤醒。现实让他们恶心；他们渴望一种无限机会的境界。他们对一切皆以美元和美分为单位作精细计算的社会秩序之卑鄙吝啬感到厌恶。他们称他们的抱怨是高尚的举止，配得上具有精神、美丽和美德的朋友，而不是具有巴比特式市侩卑劣和邪恶的朋友。然而，对美和善的崇拜、对智慧和真理的追寻，并没有被算计心智的理性所阻碍。只有浪漫的幻想才无法在清醒冷静批评的环境中茁壮成长。头脑冷静的计算者是心醉神迷的幻想家的严厉惩罚者。

我们的文明跟我们的经济计算方法密不可分。若我们放弃这一最宝贵的行为心智工具，我们的文明就会灭亡。歌德将复式记账法称为"人类心智方面最优秀的发明之一"，这是对的。[1]

2 经济计算与人的行为学

资本主义经济计算的演变发展，是建立一门系统的、逻辑上连贯的人的行为学的必要条件。在人类历史的演变以及科学研究过程中，行为学与经济学具有一定地位。只有当行为人成功地创造出能够计算其行为的思维方法时，这两门学问才会出现。人的行为学起初只是一门研究分析那些可通过货币计算进行检验其行为的学科。它专门研究分析我们可从狭义角度称为"经济学轨道"的事物，即

---

[1] 歌德，《威廉·迈斯特的学徒生涯》（*Wilhelm Meister's Apprenticeship*）第一卷，第十章。

在市场社会中通过货币中介进行交易的那些行为。对其加以阐述的最初步骤是针对货币、放债和各种商品价格进行的奇怪调查。格雷欣定律（Gresham's Law）所传达的知识、货币数量论的首批粗略公式——例如博丹（Jean Bodin）和达万扎蒂（Bemardo Davanzati）的那些公式——以及格雷戈里金定律（Law of Gregory King），标志着"现象的规律性与无法避免的必然性在行为领域占上风"这一认识的第一缕曙光。首个经济理论综合体系，即古典经济学家们的杰出成就，其本质上是一种计算行为理论。它含蓄地划出了被视为经济行为和超经济行为之间的界线，而正是这条界线将按货币计算的行为与其他行为区分开来。在此基础上，经济学家们必然会逐步拓宽他们的研究领域，直到他们最终发展出一个研究分析所有人类选择的体系，即一种行动通论。

第四部分　市场社会的交易经济学或经济学

米塞斯不只是对价格、工资、利率、货币、垄断和经济周期作简单的描述，而且将它们解释为无数有意识、有目的的行为、选择及偏好的结果。

第十四章　交易经济学的研究范围与研究方法

1 交易经济学问题之界定

人们对经济学的研究范围从来没有过任何怀疑和游移。自从人们渴望系统地研究经济学或政治经济学以来，大家一致认为：这门学科的任务是研究市场现象，即确定在市场上议价的商品与服务的相互交换比率、它们在人的行为中的起源及其对后来行为的影响。若要给经济学范围下一个准确的定义，其复杂性并非源于有待研究现象的运行轨道的不确定性。这是因为这样一个事实：试图阐明有关现象的努力必须跳出市场和市场交易的范围。为了充分理解市场，人们一方面不得不研究假设的孤立个体的行为，另一方面又不得不将市场体系与一个想象中的公有主义国家作对比。在研究人际交流时，无法避免对自闭交流的研究分析，但这样一来，狭义上属于经济科学适当领域的行为类型与其他行为之间的界限就不再可能清晰地加以界定了。经济学扩大了它的视野，变成了一门涵盖所有人类行为的通用科学，变成了行为学。这就出现了一个问题，即如何在更广泛的一般行为学领域内准确地区分特定经济问题的狭义轨道。

解决"精确界定交易经济学的范围"这一问题的失败尝试，选择了"导致行为的动机"或"行为所针对的目标"作为标准。但是，促使一个人施展行为的动机，其多样性与繁复性跟行为的综合研究之间并不存在相关性。每一个行为，其动机皆是迫切希望消除不安感。对于行为科学而言，人们如何从生理、心理或伦理角度来界定这种不安并不重要。经济学的任务是研究分析所有商品的价格，因为它们在市场交易中真正被询问到且真正被支付。它绝不能局限于研究那些源于或可能源于某种展示各种态度之行为的价格，而心理学、伦理学或看待人类行为的任何其他方式将为这些态度分别贴上一个明确的标签。根据行为的不同动机对行为进行分类，此举可能对心理学具有重要意义，并可能为道德评价提供一个标准；但对于经济学而言，这无关紧要。对于将经济学的研究范围限制在"旨在为人们提供外部宇宙有形物质事物的那些行为"的各种努力而言，本质上亦是如此。严格地说，人们渴望的并不是有形商品本身，而是这些商品为他们提供的服务。他们希望获得这些服务能够传递的福祉提升。但如果是这样，就不允许将那些直接消除不安的行为排除在"经济"行为的运行轨道之外，而无需任何有形和可见事物的介入。一名医生的医嘱、一个老师的教导、一位艺术家的独奏会以及其他个人服务，皆是经济研究的对象，一如建筑师为某座建筑物设计的蓝图、科学家研究出的生产某种化合物的配方以及作者对一本书出版所做的贡献一样。

交易经济学的研究主题是所有市场现象及其所有根源、波及面和后果。事实是：人们在市场上进行交易的动机不仅是渴望获得食物、住所和性享受，还有多种"理想"的渴求。行为人始终既关心"物质的"东西，又关心"理想的"东西。他在各种备选方案中进行选择，无论它们被归类为"物质的"还是"理想的"。在实际的价值尺度中，物质的事物和理想的事物是混杂在一起的。即使在"物质的"和"理想的"之间划清界限是可行的，人们也必须认识到：每一个具体行为要么旨在既实现物质目的又实现理想目的，要么是在"物质的东西"和"理想的东西"之间作选择的结果。

是否有可能将"那些旨在满足完全由人的生理构造决定需要的行为"与"其他'更高级的'需要"巧妙地区分开来，这尚无定论。但我们绝不能忽视这样一个事实：没有任何一种食物仅仅因为其营养价值而受到重视，也没有任何一种衣服或房子仅仅因为它能够抵御寒冷天气与雨水而受到重视。不可否认，对商品的需求受到形而上学、宗教和伦理考虑因素、受到审美价值判断、受到习俗、习惯、偏见、传统、不断变化的时尚以及许多其他因素的广泛影响。对于一个试图将其调查研究限制在"物质的"方面的经济学家而言，只要他一想抓住它，探究的主题就会立刻消失。

唯一可争论的地方是：经济学的主要关注对象是对"市场上交换的商品与服务的货币价格的确定"的分析。为了完成这项任务，它必须从人的行为的综合理论入手。此外，它不仅必须研究市场现象，而且还必须研究一个孤立之人的假设行为和一个公有主义社会的假设行为。最后，它不能将其研究局限于在世俗言论中被称为"经济的"行为的那些行为模式，还必须研究分析在松散言论中被称为"非经济的"行为的那些行为。

行为学即人的行为通论的研究范围可以精确地加以定义和界定。具体的经济问题，也即狭义经济行为问题，大体上只能脱离行为学理论的综合体。科学史或惯例的偶然事实在所有试图提供"真正"经济学范围定义的尝试中皆发挥了作用。

我们宣称交易经济学或狭义经济学分析的是市场现象,并非基于严谨的逻辑或认识论,而是考虑传统惯例的权宜之计。这相当于声明:交易经济学是对基于货币计算进行的那些行为的分析。市场交易与货币计算,二者密不可分。一个只有直接交换的市场只是一种想象的结构。另外,货币与货币计算是以市场的存在为前提的。

分析一种想象中的公有主义生产体系的运作,无疑是经济学的任务之一。但是,也只有通过交易经济学的研究阐明一个存在货币价格与经济计算的体系,方能进入本项研究。

对经济学的否定

有些学说断然否定存在经济学这样一门科学。现在大多数大学里以"经济学"名义教授的内容,实际上是在否定经济学的存在。

质疑经济学存在的人,实际上是在否认人的福祉受外部任一稀缺性因素的干扰。他暗示:只要改革成功地克服了不适当的人为制度所带来的某些障碍,每个人皆可享受到"其所有愿望皆得到完全满足"这样一种状态。大自然是张开双手的,它慷慨地向人类馈赠礼物。对于无限数量的人而言,各种条件可能是天堂般的。稀缺性是既定做法的人为产物。废除此类做法将导致富足。

激进的通胀论者,例如蒲鲁东和欧内斯特·索尔维,在他们看来,是银行家及其他剥削者的自私性阶级利益,人为制止信贷扩张及其他增加流通货币量的方法,使公众上当受骗,从而造成了稀缺。他们建议将无限制的公共支出作为灵丹妙药。

这就是潜在丰富与富足的神话。这种一厢情愿的想法和沉迷于白日梦为何广为流行的原因,经济学可能会留给历史学家与心理学家来解释。关于这种闲谈,经济学只能说,经济学处理的是人必须面对的问题,因为他的生活受到自然因素的制约。它涉及行为,也即涉及有意识地尽可能消除不安感的努力。对于一个无法实现的、对于人类理智而言甚至是不可思议的机会无限的宇宙中的事态,它没有什么可断言的。可以承认,在这样的世界里,将会既无价值规律,亦无稀缺性,更无经济问题。这些事物均将缺席,因为不会有要做出的选择、不会有行为,也不会有需要理性解决的任务。在这样的世界中,繁荣兴旺的人永远无须推理与思考。如果将这样一个世界赐予人类的子孙后代,那么这些有福的人将会看到他们自己的思考能力逐渐枯竭，最终结果必定是"人将不人"。因为理智的首要任务是有意识地应对自然强加给人类的各种限制，是与稀缺性作斗争。施展行为和进行思考的人是一个稀缺性世界的产物，而在这个世界中，能够获得的任何福祉皆是辛劳与麻烦的奖品，通常称为"经济行为"的奖品。

2 想象性建构法

经济学的具体方法是想象性建构法。

这种方法是行为学的方法。它在狭义的经济研究领域得到了认真的阐述和完善，这是因为经济学——至少到现在为止——一直是行为学最为发达的部分。想对通常所谓"经济问题"发表意见的每个人皆求助于这种方法。可以肯定的是，对这些想象性建构的运用并不是对这些问题进行科学分析所特有的一种做法。外行在处理它们时采用的是相同的方法。但是，虽然外行的建构或多或少有些迷茫困惑与杂乱无章，但经济学致力于以极其细致、谨慎和精确的方式来阐述它们，并批判性地检查它们的各项条件与假设。

一种想象性建构是关于一系列事件的一种概念图像，从其形成过程中所运用的行为元素逻辑演变而来。它是演绎的产物，最终源自行为也即取舍行为的基本范畴。在设计这样一个想象性建构时，经济学家并不关心"它是否描述了他想要分析的现实条件"这一问题。他也不关心"像他想象性建构所假设的这样一个系统是否可以被认为是真的存在并处于运行之中"这一问题。即使是不可思议的、自相矛盾的或无法实现的想象性建构，只要经济学家知道如何正确使用它们，也可以为理解现实提供有用的甚至是必不可少的服务。

想象性建构的方法因其成功而证明其正当合理性。行为学不能像自然科学一样将其教义建立在实验室实验和对外部物体的感官知觉之上。它必须开发出与物理学和生物学完全不同的方法。在自然科学领域寻找针对想象性建构的类比，这一做法是一个严重的错误。行为学的想象性建构永远无法面对对外部事物的任何经验，也永远无法从这种经验的角度来加以评价。它们的功能是在无法依靠人之感官的详细审查中为人服务。在将想象性建构与现实进行对照时，我们无法提出"它们是否符合经验并充分描述经验数据"的问题。我们必须问这样一个问题：关于我们建构的各项假设，是否与我们想要设想的那些行为的各项条件一致？

用于设计想象性建构的主要公式，是从实际行为中存在的一些条件的运行中抽象出来。然后我们就能够把握这些条件不存在的假设后果，并设想它们的存在所产生的影响。这样，我们通过构建一个无任何行为的状态的形象来构想行为的范畴，要么是因为个人完全满足并且不会感到任何不安，要么是因为他不知道有什么程序预期可以使他的福祉得到改善。这样，我们从一种想象性建构中构想出"原始兴趣"的概念，而在这种建构中，在长度相等但与行为瞬间的距离不同的时期内的满足之间不存在任何区别。

想象性建构法对于行为学而言是必不可少的；它是行为学和经济调查的唯一方法。可以肯定的是，这是一种难以处理的方法，因为它很容易导致谬误的三段论。它沿着锋利的刀刃前进；刀刃两边皆是荒谬言论和胡言乱语的万丈深渊。只有无情的自我批判才能阻止一个人一头扎进这些无底深渊。

3 纯粹的市场经济

一种纯粹的或不受阻碍的市场经济的想象性建构假设：存在着劳动分工和生产资料的私有制，并因此存在着商品与服务的市场交换。它假设市场的运行不受制度因素的阻碍。它假设：政府作为强制和胁迫的社会机器致力于维护市场体系的运行，不妨碍市场体系的运作，并保护市场体系免受其他人的侵犯。市场是自由的；不存在与市场无关的因素对价格、工资费率和利率的干扰。从这些假设出发，经济学试图对一种纯粹市场经济的运行加以阐明。只是到了后期，在用尽了对这种想象性建构的研究所能学到的一切之后，才转向研究政府和其他机构以胁迫与强制手段干预市场所引发的各种问题。

令人惊讶的是，这一逻辑上无可争议的处理程序，唯一适合解决所涉及问题的处理程序，却受到了猛烈的攻击。人们将其标记为"支持自由经济政策的先入之见"，将其污名化为"反动主义、经济保皇主义、曼彻斯特主义、消极主义"等等。他们否认"任何东西皆可通过这种想象性建构来获得对现实的认识"。然而，这些骚动的批评者却自相矛盾，因为他们采用相同的方法来推进他们自己的主张。在要求最低工资费率时，他们描述所谓的"自由劳动力市场不令人满意的条件"，而在要求关税时，他们则描述所谓的"自由贸易带来的灾难"。当然，要对旨在限制在不受阻碍的市场上运作的各种因素的自由发挥的某项措施加以阐明，除了首先研究经济自由下普遍存在的事态之外，别无其他方法可以利用。

诚然，经济学家已从其调查中得出这样一个结论，即大多数人——实际上甚至是所有人——打算通过辛勤劳作或经济政策来实现的各项目标，在自由市场体系不受政府法令阻碍的情况下可以完美地加以实现。但这并不是因对政府干预经营的操作进行的深度思考不够充分而产生的一种先入为主的判断。相反，这是对干预主义所有各个方面进行仔细、公正审查的结果。

古典经济学家及其追随者也确实曾将不受阻碍的市场经济体系称为"自然的"市场经济体系，而将政府对市场现象的无端干预称为"人为的"市场经济体系和"紊乱的"市场经济体系。但这一术语也是他们仔细审查干预主义问题的产物。他们将不受欢迎的社会事务状态称为"违背自然"，这符合他们那个时代的语义惯例。

启蒙时代的有神论和自然神论将自然现象的规律性视为天意法令的显灵。当启蒙运动的哲学家发现在人类行为和社会进化中也普遍存在现象的规律性时，他们准备将其同样解释为宇宙造物者慈父之爱的证据。这就是某些经济学家所阐述的"预定和谐学说"的真正含义。[1] 专权制的社会哲学强调国王和独裁者具有注定要统治人民的神圣使命。自由主义者则反驳说：消费者即每个公民拥有消费者主权的不受阻碍市场的运作会带来比受膏者的法令更令人满意的结果。他们说，若观察市场体系的运作，你会发现其中也有上帝之手在发挥作用。

随着对一种纯粹市场经济的想象性建构，古典经济学家详细阐述了它的逻辑对应物，即一种公有主义国家的想象性建构。在最终导致发现市场经济运行的启发式过程中，这种公有主义秩序的形象甚至具有逻辑上的优先性。经济学家们首先关心的问题是：如果没有政府法令强制面包师和鞋匠满足裁缝对面包和鞋子的需求，那么裁缝是否可以获得面包和鞋子的供给。第一个想法是：需要专制性的干预才能让每个专业工作者为他的同胞服务。当经济学家发现根本不需要这种强制时，他们大吃一惊。他们对市场体系的"自动"转向调整感到惊讶，正是因为他们意识到一个事实："无政府的"生产状态比一个中央集权的全能政府的命令能够更好地为人民供给所需产品。一种完全由计划当局控制和管理的分工制度的理念并非起源于乌托邦式改革者的头脑。这些乌托邦主义者的目标是自给自足的小团体以各自经济独立的方式共存；以傅立叶方阵为例。改革者的激进主义转向公有主义，是因为他们将经济学家理论中隐含的由某一国家政府或某一世界权威机构管理的一种经济的形象作为他们新秩序的模式。

---

[1] 不受阻碍的市场体系的运行中预定和谐学说，不能与市场体系内正确理解利益之和谐的定理相混淆，尽管它们之间有类似的东西。

利润最大化

人们普遍认为：经济学家在处理市场经济问题时，假设"所有人总是渴望获得可达到的最高利益"是非常不现实的。据说：他们塑造了一个完全自私和理性的人的形象，对于这样一个人而言，除了利润之外，什么都不重要。这样一个经济人（Homo oeconomicus）可能类似于股票交易员和投机者。但是绝大多数人与此是非常不同的。并不能从研究这个迷幻形象的行为中学到任何对现实的认知。

没有必要再次反驳这一论点所固有的全部混乱、错误和歪曲。本书的前两部分，揭示了隐含的谬误。在这一点上，处理利润最大化的问题足矣。

一般行为学和特殊领域的经济学假设：人类行动的源泉，除了"行为人想要消除不安"之外，别无其他。在行为人在市场上进行交易的特定条件下，行为意味着买卖。经济学关于供需关系的所有断言，皆是指供需关系的每一个例子，而不仅仅是指由需要特定描述或定义的某些特殊情形引起的供需关系。要断言"一个人若面对通过出售他想要出售的商品而获得更多或更少的选择，在其他条件相同的情况下（ceteris paribus）他将选择高价"，并不需要任何进一步的假设。对于卖方而言，更高的价格意味着更好地满足他的需求。在对细节进行适当调整的情形下（mutatis mutandis），上述法则同样适用于买方。购买有关商品所节省的金额使他能够花更多的钱来满足其他需要。贱买贵卖——也即在最便宜的市场买进和在最贵的市场卖出——在其他条件相同的情况下，这种贱买贵卖行为并不是以关于行为人之动机与道德的任何特殊假设为前提的行为。它只不过是市场交换条件下任何行为的必要衍生而已。

一个人如果作为一个商人，那么他就是消费者的一位仆人，必须服从他们的意愿。他不能沉迷在自己的异想天开和幻想之中。但他的顾客的异想天开与幻想对他而言则是终极法则，只要这些顾客准备好为这些异想天开和幻想买单。他有必要根据消费者的需求来调整自己的行为。如果消费者并不喜欢美丽的东西，而是更喜欢丑陋和粗俗的东西，那么他作为商人就必须违背自己的信念，向他们提供这些东西。[1] 如果消费者不想为国产产品支付比国外产品更高的价格，那么

---

[1] 一位画家若一心要画出能卖到最高价的画作，那么他就是一个商人。一位画家若不妥协于买画大众的品味、不屑于所有不愉快的后果而是让自己完全被理想所引导，那么他才是一位艺术家、一个创造性的天才。

他就必须购买外国产品，只要它更便宜。一位雇主，不能以牺牲其客户的利益为代价来给人恩惠。如果买方不准备为工资费率高于其他工厂B的工厂A所生产的商品支付相应更高的价格，那么作为雇主他就不能支付高于市场所确定的工资费率。

当人作为其收入的花销者时，情形就不同了。他可以自由地做他最喜欢的事情。他可以布施。在各种学说与偏见的驱使下，他可以歧视某一原产地或来源的商品，并喜欢质量更差或价格更昂贵的产品，而不喜欢技术上更好、价格更便宜的产品。

通常，买东西的人不会向卖家赠送礼物。但尽管如此，这种情况还是会发生。有时，购买所需商品和服务与施舍之间的界限难以分辨。在慈善义卖中购买东西的人，通常出于慈善目的而将购买与捐赠结合起来。给一位街头盲人音乐家一角硬币的人，肯定不会为有问题的表演买单，他只是施舍而已。

施展行为的人是一个统一体。独资拥有整个公司的商人，有时可能会抹去商业与慈善之间的界限。如果他想安慰一个痛苦的朋友，情感的体贴入微可能会促使他采取一种有别于直接施舍的变通做法，使后者免于遭受以施舍为生的尴尬窘境。尽管他不需要这位朋友的帮助，或者他本可以以更低的薪水聘请一位能力相当的帮手，但他还是在其办公室里为这位朋友安排了一份工作。然后，给予这位朋友的薪水在形式上作为业务支出的一部分出现。事实上，这只是这位商人收入中的一小部分支出而已。从正确的角度来看，它的性质属于消费，而不是旨在增加公司利润的支出。[1]

尴尬窘境的错误是由于倾向于只看有形的、可见的和可衡量的事物，而忽略其他一切。消费者购买的不仅仅是食物或卡路里。他并不想像一匹狼一样饥不择食地吃东西，而是希望像一个人一样举止优雅、细嚼慢咽地吃东西。食物越能满足很多人的胃口，做的越是开胃、越是别有风味，餐桌布置得越精致，用餐的环境就越宜人。若仅考虑消化过程的化学方面，这些因素被认为是无关紧要的。[2]但

---

〔1〕商业支出与消费支出之间界限的这种重叠常常受到制度条件的鼓励。作为借项记入交易费用账目的支出减少了净利润，从而减少了应缴税款。如果税收吸收了50%的利润，那么商人在慈善捐赠方面的开支只有50%是从自己腰包中掏出来的，而剩余的50%则是由国税局承担的。

〔2〕诚然，从营养生理学角度进行的考虑不会认为这些事情可以忽略不计。

是，"它们在决定食品价格中发挥着重要作用"这一事实，与"人们更喜欢——在其他条件相同的情况下——在最便宜的市场购买"这一主张完全一致。无论何时，若一位购买者在被化学家和技术专家视为完全相同的两个东西之间进行选择时最终选择其中价格更昂贵的，这个时候他总是有这么做的理由。若并非因为犯迷糊或犯错才这么做，那么他是在为化学与技术以其特定调查方法所无法理解的服务买单。若一个人更喜欢待在一个价格昂贵之地而不是一个更便宜的地方，是因为他喜欢靠近一位公爵啜饮他的鸡尾酒，我们可以对他可笑的虚荣心评头论足，但决不能说"这个人的行为并不是为了改善他自己的满足状态"。

一个人所做的一切始终旨在改善他自己的满足状态。在这个意义上而不是其他意义上——我们可以自由地使用"自私自利"这个词，并强调行为必然总是自私自利的。即使是直接以改善他人状况为目的的行为，同样也是自私性质的。这个行为人认为"让别人吃"比"自己吃"更让他自己满意。他之所以感到不安，是由于他意识到他人正在忍饥挨饿。

事实上，许多人的行为方式与此大不一样，他们更喜欢填饱他们自己的肚子，而不是其同胞的肚子。但这与经济学毫无关系；这是一种历史经验数据。无论如何，经济学涉及的是每一种行为，无论是出于一个人自己吃东西的欲求还是为了让别人吃东西的欲求。

如果"利润最大化"意味着一个人在所有市场交易中的目的皆是"最大限度地增加所获得的利益"，那么这只不过是一种重复啰嗦且迂回婉转的修辞而已。它只断言行为范畴中所隐含的内容。若它还有别的含义，那就是一种错误观念的表达。

一些经济学家认为：经济学的任务是确定如何在整个社会中实现所有人或最大多数人的尽可能最大的满足。他们没有意识到：没有任何方法可以让我们衡量不同个体的满意状态。他们误解了根据不同人的幸福感进行比较所做判断的性质。在表达武断性价值判断的同时，他们认为自己是在确立事实。人们可以将劫富济贫称为"正义之举"。但是，将某事称为"公平"或"不公平"始终是一种主观性的价值判断，因而纯粹是个人的价值判断，并因此不用承担任何证实或证伪的责任。经济学并不打算发表价值判断。它旨在认知某些行为方式的后果。

有人断言：所有人的生理需求皆是相同的，而且这种相同为衡量他们的客观满足程度提供了一个标准。在表达这样的意见并建议使用这样的标准来指导政府的政策时，人们建议像养牛者对待他的牛一样对待人。但是改革者没有意识到：

根本不存在对所有人皆有效、放之四海而皆准的营养补给原则。面对各种各样的原则，一个人最终选择其中哪一种，完全取决于这个人想要达到何种目的。养牛者喂养他的奶牛并不是为了让它们幸福快乐，而是为了达到他在自己的计划中分配给它们的目的。他可能更喜欢的是更多的牛奶或更多的牛肉或其他东西。人的抚养者想要培养什么样的人——运动员还是数学家？军营战士还是工厂工人？一个人若将人作为有目的繁育与喂养系统的材料，他就会为自己僭取专制权力，并利用他的同胞作为实现自己目的的手段，而他自己的目的与他同胞们的目的并不相同。

一个人的价值判断区分什么让他更满意、什么让他较不满意。一个人对另一个人的满意度所作的价值判断，并不能针对这另一个人的满意度做出任何断言。这些价值判断只断言这另一个人的什么条件能够让作出判断的那个人更满意。寻求最大普遍满足的改革者们只是告诉我们——别人事务的哪一种最适合他们自己。

4 自闭经济

没有任何其他想象的建构比完全依赖他自己的孤立经济行为人的想象建构更能引起反感。然而，经济学离不开它。为了研究人际交换，必须将其（人际交换）跟不存在人际交换的条件进行比较。它构建了两种仅有自闭交换的自闭经济形象：孤立个人的经济和公有主义社会的经济。在运用这种想象的建构时，经济学家并不关心"这样一个体系是否真的可以发挥作用"的问题。[1]他们完全意识到——他们的想象建构是虚构的。鲁滨逊，无论如何这样的人可能已经存在，以及一个从未存在过的完全孤立的公有主义国家的一把手，他们可能并不会像人们只有在求助于经济计算时才进行的计划与行为那样进行计划并施展行为。然而，在我们想象建构的框架内，我们可以自由地自诩他们可以计算出这样的虚构何时对于待处理特定问题的讨论更有用。

自闭经济的想象建构，是生产力与盈利能力之间流行区别的底部，因为它已发展成为价值判断的衡量尺度。那些诉诸这种区别的人认为，自闭经济尤其公有主义类型的自闭经济是最可取和最完善的经济管理体系。市场经济的每一种现

---

[1] 我们在这里讨论的是理论问题，而不是历史问题。因此我们可以不反驳通过提述自给自足家庭经济之历史作用而针对"孤立行为人"的概念提出的反对意见。

象，皆是从公有主义体系的观点来看是否有正当性来加以判断的。只有在这样一个体系的管理者的计划中有目的的行为，才可以被赋予积极的价值并配得上"生产性的"这样的形容词。在市场经济中进行的所有其他活动，皆被称为"非生产性活动"，尽管这些活动对于从事这些活动的人而言可能是有利可图的。因此，例如，促销、广告和银行业务被视为有利可图但却是非生产性的活动。

当然，经济学对这种武断的价值判断无话可说。

5 静止状态与均匀旋转的经济

处理行为问题的唯一方法，就是设想行为的最终目的是带来一种不再有任何行为的状态，无论是因为所有的不安已经消除，还是因为对不安的任何进一步消除都是不可能的。因此，行为趋向于一种静止状态，也即没有任何行为的状态。

价格理论相应地从这个方面分析了人际交换。人们继续在市场上进行交易，直到无法进行进一步的交易，因为没有任何一方期望通过新的交易行为来对自己的状况作任何进一步改善。潜在买家认为，潜在卖家要求的价格令人不满意，反之亦然。没有更多的交易发生，一种静止状态出现了。这种静止状态——我们可以称之为"普通的静止状态"——并不是一种想象的建构。它一次又一次地应验。当股市收盘时，经纪人已经执行了可按市场价格执行的所有订单。只有那些认为市场价格太低的潜在卖家才没有卖出，也只有那些认为市场价格太高的潜在买家才没有买入。[1] 所有交易皆是如此。整个市场经济可以说是一个大交易所或一个大市场。买卖双方皆已准备好以可实现价格进行的所有这些交易时时刻刻都在发生。只有当至少一方的估值已改变时，才能进行新的销售。

有人已断言："普通静止状态"的概念是差强人意的。人们说，它只是指对已有一定供应量商品的价格的确定，而丝毫未提及这些价格对生产的影响。这一反驳毫无根据。"普通静止状态"概念中蕴含的诸定理对所有交易而言均有效，无一例外。诚然，生产要素的购买者将立即开始生产，并很快重新进入市场，以出售其产品并购买其想要的东西，以供自己消费和继续生产过程。但这并不会使该计划无效。可以肯定的是，这个计划并不认为"静止状态将会持续下去"。一旦导致这种平静的暂时条件发生变化，这种平静肯定会消失。

---

[1] 为了简单起见，我们忽略了工作日期间的价格波动。

"普通静止状态"概念并不是一种想象的建构，而是对每个市场上重复发生的事的充分描述。在这方面，它与最终静止状态的想象建构完全不同。

在分析普通静止状态时，我们只看现在正在发生的事情。我们将我们的注意力限制在瞬间发生的事情上，而忽略了随后会发生的事情，即下一瞬间、明天或以后发生的事情。我们只分析在销售中实际支付的价格，即刚刚过去片刻的价格。我们不问未来的价格是否会等同于这些价格。

但现在我们更进一步。我们关注那些必然导致某一价格变动趋势的因素。我们尽力试图找出这种趋势在其所有驱动力耗尽并出现新的静止状态之前必须达到何种目标。与这种未来静止状态相对应的价格，被老一辈经济学家称为"自然价格"；现在经常使用的术语是"静态价格"。为了避免误导性关联，将其称为"最终价格"并相应地提及"最终静止状态"更为合适。这种最终静止状态是一种想象的建构，而不是对现实的描述。因为市场价格永远不会达到最终静止状态。新的干扰因素在这种状态实现之前就会出现。之所以有必要求助于这种想象的建构，是因为市场每时每刻皆在迈向一种最终静止状态。之后的每一个新瞬间皆可创造新的事实来改变这一最终静止状态。但是，市场总是会因为追求某种确定的最终静止状态而感到不安。

市场价格是一种真实现象；它是已交易的业务中实际发生的交换比率。最终价格是一种假设价格。市场价格是历史事实，因此我们可以准确地以元、角、分来记录它们。最终价格只能通过定义其出现所需条件来加以确定。货币或其他商品数量的任何特定数值皆不能用于界定最终价格。它永远不会出现在市场上。市场价格永远都不会跟与这种市场结构实际存在的瞬间相协调的最终价格一致。但是，如果交易经济学忽略处理最终价格，那么它在分析价格确定问题这项任务上就会不幸劳而无果。因为在市场价格出现的市场行情中，已经有隐藏的力量在运作，而这将继续引起价格变化，直至没有任何新数据出现时最终价格和最终静止状态方才确立。假若我们只关注暂时的市场价格和普通静止状态，而忽视"市场已经被必然导致价格进一步变化和趋向于一种不同静止状态的因素所搅动"这一事实，我们就会不适当地限制我们对价格确定的研究。

我们必须应对的现象是这样一个事实：确定价格形成因素的变化并不会立即产生其所有影响。在其所有影响耗尽之前，必须经过一段时间。在某一新数据出现和市场对其进行完美调节之间，必须经过一段时间。（当然，在这段时间流逝时，又会出现其他新数据。）在分析市场上运行因素的任何变化所产生的影响时，我们绝不能忘记，我们是在分析先后连续发生的事件，随之而来一系列影响也在相继发生。我们无法提前知道这将需要经过多少时间。但我们可以肯定地知道：必须经过一段时间，尽管这段时间有时可能很短，以至于在实际生活中几乎没有发挥任何作用。

经济学家经常错误地忽略了时间因素。以关于货币量变化的影响的争论为例。有些人只关心其长期影响，即最终价格和最终静止状态。其他人则只看到了短期影响，即数据变化后的瞬间价格。这两种人都错了，而他们的结论也因此被推翻。还可以列举更多相同错误的例子。

最终静止状态之想象建构的标志是充分考虑事件时间相续性的变化。在这方面，它不同于以消除数据变化和时间因素变化为特征的"均匀旋转经济"的想象建构。（像往常一样将这种想象建构称为"静态经济"或"静态均衡"，既不合适，亦具有误导性，并且将其与静态经济的想象建构混淆是一个严重错误。）均匀旋转经济是所有商品与服务的市场价格与最终价格一致的一种虚构系统。在其框架内无任何价格变化；其价格稳定性堪称完美。相同的市场交易一次又一次地重复。高阶商品以相同数量通过相同的加工阶段，直至最终生产出来的消费品到达消费者手中并被消费。市场数据不发生任何变化。今天与昨天一模一样，明天与今天毫无二致。系统时时刻刻永远在变化，但它始终处于同一地点。它围绕一个固定的中心均匀地循环往复，它均匀地旋转。普通静止状态一而再再而三地被扰乱，却又瞬间重新恢复到之前的水平。所有因素，包括那些导致普通静止状态反复出现混乱的因素，皆是恒常不变的。因此价格——通常称为"静态价格"或"均衡价格"——同样保持恒常不变。

这种想象建构的本质是消除时间流逝和市场现象的永恒变化。"供需方面任何变化"的概念与这种建构毫不相容。只有不影响价格确定因素配置的变化，才可以在其框架中予以考虑。毫无必要用"长生不老、永不衰老、不会增殖的人"作为想象中的均匀旋转经济世界的人口。如果总人口数和每个年龄组的人数保持相等，我们可以自由地假设婴儿出生、变老并最终死亡。然后，对仅限于特定年龄组消费之商品的需求不会改变，尽管作为该需求来源的个人并不相同。

实际上，从来就不存在"均匀旋转经济体系"这回事。然而，为了分析数据变化问题以及不均匀和不规则变化运动的问题，我们必须面对一个虚构的状态，在这种状态下，两者皆被假设性地消除了。因此，坚持认为"构建一种均匀旋转经济并不能阐明一个不断变化的宇宙中的状况"，并要求经济学家用他们所谓的对"静态"的专属思考来代替对"动态"的研究，这是荒谬的。这种所谓的静态方法恰恰是检验变化的恰当心理工具。若要研究复杂的行为现象，除了"首先完全抽象出变化，然后引入一个引发变化的孤立因素，并最终在'其他条件保持不变'的假设下分析其影响"之外，别无他法。更荒谬的是，认为：我们研究的对象——实际行为领域——在缺乏变化方面越符合这种结构，那么由一个均匀旋转经济的建构所提供的服务就越有价值。静态方法，即均匀旋转经济之想象建构运用，是分析有关变化的唯一适当方法，而不管这些变化是大是小、是突然的还是缓慢的。

迄今为止，反对使用均匀旋转经济之想象建构的反对意见完全没有达到目的。持有这些意见的文章的作者们并没有掌握这种建构在哪些方面存在问题，以及为何它很容易产生错误和混乱。

行为就是变化，而变化是按时间顺序排列的。但在均匀旋转经济中，变化和事件的相续性被消除了。行为就是做出选择并应对不确定的未来。但在均匀旋转经济中，无任何选择，而且未来也不是不确定的，因为未来与现在已知状态并无区别。在这样一个刚性体系中，栖居的并不是做出各种选择且易犯错的活生生的人；这是一个没有灵魂、没有思想的机器人的世界；它并不是人类社会，它是一座蚁丘。

然而，这些无法解决的矛盾并不影响这种想象建构为解决如下唯一问题（该等问题的处理既合适又不可缺少）所提供的服务：产品价格与产品生产所需要素价格之间关系的问题，以及隐含的企业家精神问题和损益问题。为了把握企业家精神的功能和损益的含义，我们构建了一个没有创业和损益的体系。这一景象只是我们思考的一款工具而已。它并不是对可能的和可实现的事态的描述。甚至不可能将一个均匀旋转经济体系的想象建构推向其最终的逻辑结果。因为不可能将企业家从一种市场经济的画面中剔除出去。各种互补的生产要素不能自发地走到一起。它们需要通过旨在实现某些目的并受到改善其满意状态的渴望激励之人的有目的努力结合起来。在消除企业家的过程中，这么做同时也消除了整个市场体系的驱动力。

然后还有第二个缺陷。在一个均匀旋转经济的想象建构中，间接交换和货币的使用是被心照不宣地默认的。但那可能是一种什么类型的货币呢？在一个没有变化的体系中，未来没有任何不确定性，没有人需要持有现金。每个人皆确切知道他在未来任何日期需要多少钱。他因此可以借出他收到的所有资金，以使贷款在他需要这些资金的日期到期。让我们假设只有黄金货币和只有一个中央银行（"央行"）。随着向一种均匀旋转经济状态的不断进步，所有个人和公司均逐步限制其对现金的持有，而因此释放的黄金量流入非货币性工业的运用之中。当最终达到均匀旋转经济的均衡时，不会有更多的现金持有；不会有更多黄金用于货币目的。个人和公司拥有对央行的债权，而此等债权每一部分的到期日精确地对应于个人和公司在各自日期清偿其债务所需的金额。央行并不需要任何准备金，因为其客户每日支付的总金额正好等于其客户取款的总金额。事实上，所有交易皆可通过在银行账簿中"转账"来实现，而无需任何现金。因此，这一体系中的"货币"并不是交换媒介；它根本就不是金钱；它只是一个计价单位而已，一个虚无缥缈的、不确定的会计单位，其所具有的模糊而无法定义的特征，正是某些经济学家的幻想和许多外行人的谬误将这些特征错误地归因在货币身上。这些数字表述在买卖双方之间的插入并不影响销售的本质；它对于人民的经济活动而言是中性的。但"中性货币"这一概念本身既无法实现，又无法想象。假若我们使用许多当代经济著作中所使用的不恰当术语，我们将不得不说：货币必然是一个"动态因素"；在一个"静态"系统中根本没有货币的一席之地。但是，"无货币市场经济"这一概念本身就是自相矛盾的。

　　一种均匀旋转经济体系的想象建构是一个限制性概念。在它的框架中，实际上不再有任何行为。在消除不安之后，自动反应取代了思考者的自觉努力。只有当我们永远不忘记这种有问题的想象建构的设计目的是什么的时候，我们才能使用这种建构。我们首先要分析，在每一个行为中普遍存在的趋向于建立一种均匀旋转经济的趋势；在这么做时，我们必须始终考虑到，这种趋势永远无法在一个不完全刚性和不变的宇宙中——也就是说，在一个活着而不是死去的宇宙中实现其目标。其次，我们需要了解：一个有行为的活生生世界的状况与一个刚性世界的状况究竟在哪些方面存在差异。我们只能通过一种刚性经济景象所提供的对照或直接相反的论证或证明（argumentum a contrario）来发现这一点。这样，我们就会领悟到：分析未知未来的不确定条件即投机是每一个行为所固有的，而利润与亏损是行为的必要特征，任何一厢情愿皆无法用魔法驱除这些特征。那些充分了解这些基本认识的经济学家所采用的程序，与经济学的"数学法"技术相比，可以称为经济学的"逻辑法"。

　　数理经济学家不理会那些在"没有更多新数据出现"这一想象无法实现的假设下预计会产生的均匀旋转经济行为。他们并没有注意到还存在着个别投机者，其目标并非建立均匀旋转经济，而是从一种行为中获利，而这种行为可以更好地调整事务的开展，以达到行为所寻求的目的——在可能的情形下，以最佳方式消除不安。他们只强调想象的均衡状态，在数据没有任何进一步变化的情况下，所有此类行为的整个复合体将达到这种均衡状态。他们通过联立微分方程组来描述这一想象的均衡。他们没有认识到：他们正在分析的事态是一种不再有任何行为而只有由神秘原动力引发的一系列事件的状态。他们竭尽全力用数学符号来描述各种"均衡"，即静止状态和无行为状态。他们将均衡当作一个真实的实体来处理，而不是作为一个限制性的概念、一个纯粹的心理工具。他们所做的，只是徒劳地玩弄数学符号，而这只不过是一种不适合传达任何知识的消遣罢了。[1]

6 静态经济

一种静态经济的想象建构有时容易与均匀旋转经济的建构相混淆。但事实上，这两种建构是不同的。

静态经济是一种个人财富与收入保持不变的经济。变化对于这种景象而言是兼容的，而对于均匀旋转经济的建构则是不相容的。人口数字可能会上升或下降，前提是它们伴随着财富与收入之和的相应上升或下降。对某些商品的需求可能会发生变化；但是这些变化必须发生得如此缓慢，以至于资本从根据这些变化受到限制的生产部门转移到将要扩大的生产部门，可以通过不更换生产收缩部门用尽的设备而是投资于生产扩大的部门来实现。

静态经济的想象建构会导致两个进一步的想象建构：经济扩张和经济收缩。前者个人的人均财富与收入指标与人口数字趋向于较高的数值，而后者则趋向于较低的数值。

在静态经济中，所有利润和所有亏损的总和为零。在进步经济中，利润总额超过亏损总额。在倒退经济中，利润总额小于亏损总额。

这三种想象建构的不稳定性在于：它们暗示了对财富与收入进行衡量的可能性。由于无法进行甚至无法想象这样的衡量，因此无法将其应用于对现实状况所作的严格分类。每当经济史冒险按照"静止、前进或倒退"的方式对一定时期内的经济演变进行分类时，实际上都是在诉诸历史的理解，而并不是在进行"衡量"。

---

[1] 有关数理经济学的进一步批判性检讨，请参见后文。

7 交易经济学功能的整合

当人们在处理其自身行为的问题时，当经济史、描述经济学和经济统计在报告其他人的行为过程中使用"企业家""资本家""地主""工人"和"消费者"等术语时，他们谈论的皆是理想类型。当经济学使用相同术语时，它指的是交易经济学范畴。经济理论中的企业家、资本家、地主、工人和消费者，并不是我们在生活现实和历史中遇到的活生生的人。它们是市场运作中不同功能的体现。行为人和历史科学二者皆在其推理时应用了经济学的结果，而且二者皆依据并参考了行为学理论范畴来构建其理想类型，这一事实并没有混淆理想类型和经济范畴之间的根本逻辑区别。我们所关心的经济范畴指的是纯粹综合功能，而理想类型则指的是历史事件。活生生的行为人必然会结合各种不同的功能。他绝不仅仅是一个消费者。此外，他要么是一个企业家、一个地主、一个资本家或一个工人，要么是由这些人所赚取的收入所支持的一个人。此外，企业家、地主、资本家和工人的功能经常结合在同一个人身上。历史旨在根据人们所追求的目的以及他们为实现这些目的而采用的手段对他们进行分类。经济学——探索市场社会中行为的结构而不考虑人们追求的目的和他们所采用的手段——旨在识别不同的类别与功能。这是两项不同的任务。在讨论交易经济学上的"企业家"概念时，可以最好地证明这种差异。

在均匀旋转经济的想象建构中，没有为创业活动留下任何空间，因为这种建构消除了可能影响价格的任何数据变化。一旦放弃这一数据刚性假设，我们就会发现行为必须受到数据中每一次变化的影响。由于行为必然是为了影响一种未来事态，即使有时只是下一瞬间的即期未来，它也会受到数据变化开始和它旨在提供的持续时间段结束之间这段时间内发生的每一次错误预期数据变化的影响。正因如此，行为的结果始终是不确定的。行为始终是一种投机。这不仅适用于一种市场经济，而且同样适用于鲁滨逊·克鲁索这一想象中的孤立行为人，并且适用于一种公有主义经济的状况。在一个均匀旋转经济体系的想象建构中，无人扮演企业家和投机者的角色。在任何活生生的实体经济中，每个行为人皆是企业家和投机者；被行为人照顾的人——市场社会中的小家庭成员和公有主义社会的普通群众——尽管他们自己并不是行为人，并因此亦不是投机者，但也受到行为人投机结果的影响。

经济学，在谈到企业家时，所考虑的并不是"人"，而是一个确定的"功能"。此功能并不是特殊群体或特殊类别人群的特殊功能；它是每一个行为所固有的，而且是每一个行为人的负担。在一个想象图形中体现这一功能时，我们采用了一种方法论的变通办法。交易经济学理论所使用的"企业家"一词的含义是：仅从每个行为所固有之不确定性方面来看待的行为人。在使用这一术语时，永远不要忘记，每一个行为皆嵌入时间的流逝中，并因此皆涉及一种投机。资本家、地主和工人必然是投机者。消费者在提供预期的未来需求方面亦是如此。世事往往功亏一篑。

让我们试着思考一位纯粹企业家的想象建构，以及它的终极逻辑后果。这位企业家不拥有任何资本。他的创业活动所需的资金，是由资本家以货币贷款的形式借给他的。诚然，在法律上他被视为"通过扩大借入金额而购买的各种生产资料的所有者"。尽管如此，他依然没有财产，因为他的资产数额与他的负债数额正好相等。若他成功了，净利润就是他的。若他失败了，亏损必然落在借给他资金的资本家身上。实际上，这样一位企业家将成为资本家们的一名雇员，他们在自己的账户上进行投机，并在不担心亏损的情况下获得百分之百的净利润。但是，即使该企业家能够为自己提供所需资本的一部分，并只借入其余部分，本质上情况并无不同。若所招致的亏损不能由企业家的自有资金承担，则无论合同条款如何，这些亏损皆由借贷资本家承担。一位资本家实际上始终都是一位企业家和一名投机者。他始终冒着损失其资金的风险。根本不存在"绝对安全投资"这回事。

耕种自己庄园，只是为了供养自己家庭的自给自足土地所有者，会受到影响其农场肥力或他个人需求的所有变化的影响。在一个市场经济中，一位农民各项活动的结果受到关于他的那块土地在供应市场方面重要性的所有变化的影响。显然，即使从世俗术语角度而言，这位农民也是一个企业家。任何生产资料，无论是有形商品还是货币，其所有者皆不会不受到未来不确定性的影响。使用任何有形商品或货币进行生产，即为以后的日子提供物资，其本身就是一种企业家活动。

对于劳动者而言，事情基本上是一样的。他生来就拥有某些能力；他与生俱来的才能是一种生产资料，他更适合某些类型的工作，不太适合某些其他类型的工作，而且根本不适合另外某些其他类型的工作。[1]如果他后天已经习得了从事某些类型劳动所需的技能，那么，就这种培训所耗费的时间和物质方面的支出而言，他就是一位投资者。他做出了投入，期望得到足够的产出来获得补偿。只

---

[1] 在何种意义上劳动将被视为一种非特定的生产要素？请参见上文。

要劳动者的工资是由市场允许为他所从事的那种工作支付的价格所决定的，那么劳动者就是一名企业家。这一价格随着条件的变化而变化，其变化方式跟任何其他生产要素的价格变化方式一样。

在经济理论的背景下，相关术语的含义如下：企业家是指针对市场数据发生变化而施展行为的人。资本家和地主是指针对价值和价格变化而施展行为的人，即使在所有市场数据保持不变的情况下，这些变化也仅仅随着时间流逝发生，作为当前商品与未来商品不同估值的后果。工人是指使用人之劳动这一生产要素的人。因此，每项功能皆很好地整合在一起：企业家赚取利润或遭受亏损；生产资料所有者赚取原始利息；工人则挣工资。在这个意义上，我们详细阐述了与实际历史分配结构不同的功能性分配的想象建构。[1]

然而，经济学一直并且依然在某种意义上使用"企业家"这一术语，该意义不同于在功能性分配的想象建构中附加在此术语上的意义。它还将企业家称为"那些特别渴望通过调整生产以适应条件预期变化而获利的人，那些眼光比普通大众更积极主动、更有冒险精神和更敏捷的人，以及推动和促进经济改善的开拓先锋"。这一概念比用于构建功能性分配建构中所使用的企业家概念更狭义；它不包含后者所包含的许多实例。用同一术语来表示两个不同概念是令人尴尬的举动。为这第二个概念使用另一术语将会更方便，例如"促进者"这一术语。

必须承认，"企业家——促进者"这一概念不能用行为学上的严谨方式来加以定义。（在这方面，正如"货币"概念一样，它也挑战了——与"交换媒介"概念不同——严格意义上的行为学定义。）然而经济学不能没有"促进者"概念。因为它指的是作为一个人性普遍特征的一个数据，一个存在于所有市场交易中并深刻标记它们的数据。事实是：不同的个人并不会以相同速度和相同方式对条件的变化做

---

〔1〕让我们再次强调：每个人，包括外行，在处理收入决定问题时总是求助于这种想象的建构。它并不是经济学家发明的；他们只是清除了流行观念特有的缺陷而已。对于功能分布的认识论处理，请参见约翰·贝茨·克拉克（John Bates Clark），《财富的分配》（*The Distribution of Wealth*）（纽约，1908年），第5页，以及欧根·冯·庞巴维克，《庞巴维克著作全集》（*Gesammelte Schriften*），韦斯（F. X. Weiss）编著（维也纳，1924年），第299页。"分配（distribution）"一词不能欺骗任何人。在市场经济的运作中，没有任何东西可以恰当地称为"分配"。商品并不是首先生产出来然后进行再分配。用在"功能分配（functional distribution）"术语中的"分配"一词符合150年前赋予"分配"一词的含义。在当今的英语用法中，"distribution"表示商品受商业影响而在消费者之间的分散。

出反应。人的不均等，由其先天素质和其生活沧桑两方面的差异而造成，也以这种方式将其自身体现出来。市场上既有示范标兵，也有只模仿他们更敏捷同胞做事方法的其他人。领导现象在市场上的真实性不亚于人类活动的任何其他分支。市场的驱动力，这种趋向于不断创新和改进的因素，是由促进者的焦躁不安以及他对尽可能大利润的渴望所提供的。

然而，这一术语模棱两可的使用不会导致对交易经济学体系的解释产生任何歧义。无论在哪里可能出现任何疑虑，皆可通过使用"促进者"一词而不是"企业家"一词来消除这种疑虑。

静态经济中的企业家功能

期货市场可以减轻一个促进者的部分创业功能。只要企业家通过适当的远期交易对冲他可能遭受的损失，他就不再是企业家，而企业家功能转移到了合约另一方。为其加工厂购买原棉并销售相同数量期货的棉纺商已经放弃了他的部分企业家功能。他不会因有关时期内发生的棉花价格变动而获利或亏损。当然，他并没有完全停止发挥企业家功能。尽管如此，他生产的普通纱线价格的变化或其生产的特殊支数和品种纱线价格的变化——并非由原棉价格变化所引起——依然影响着他。即使他只是为了获得一笔约定报酬而以承包商的身份进行纺纱，就投资于他公司的资金而言，他依然具有企业家的功能。

我们可以构建一个经济体的景象，在这个经济体中，建立期货市场所需的各项条件对于所有类型的商品与服务均已实现。在这样一个想象建构中，企业家功能与所有其他功能完全分离开来。出现了一类纯粹的企业家。在期货市场上确定的价格指导着整套生产设备运行。只有期货交易商才能获利，也只有期货交易商才会蒙受亏损。可以说，所有其他人都获得了保险，以应对未来不确定性可能带来的不利影响。他们在这方面享有安全保障。可以说，各个业务部门的负责人实际上皆是有一份固定收入的雇员。

如果我们进一步假设此经济是一种静态经济，且所有期货交易均集中在一家公司里，那么很明显，这家公司的亏损总额正好等于它的利润总额。我们只需将这家公司国有化，就可以建立一个没有盈亏的国家，一个在安全和稳定方面不受干扰的国家。但这仅仅是因为我们对"静态经济"所下定义意味着亏损总和跟利润总和相等。在一个不断变化的经济中，一定会出现超额利润或超额亏损。

长时间停留在无法进一步分析经济问题的这种过于复杂的景象上，这将是一种浪费时间的举动。提到它们的唯一原因是：它们反映了针对资本主义经济制度的一些批评和一些不切实际计划的根本思想。现在，均匀旋转经济的和静态经济的无法实现的想象建构，二者在逻辑上的确相容。数理经济学家们几乎只研究这些想象建构的条件以及其中隐含的"均衡"状态的这一偏好，使得人们忽略了这样一个事实：这些都是不真实的、自相矛盾的、想象的思想权宜之计，除此之外别无其他。它们当然并不是构建一个行为人的活生生社会的合适模式。

第十五章 市场

1 市场经济的特征

市场经济是生产资料私有制下的社会分工体系。每个人皆代表自己施展行为；但是每个人的行为皆是为了满足别人的需要，亦是为了满足自己的需要。施展行为的每个人皆在为他的同胞服务。另一方面，每个人也皆由他的同胞提供服务。每个人既是他自己的一个手段，亦是他自己的一个目的，是他自己的一个终极目的，也是其他人努力实现自己目的的一个手段。

此系统由市场进行引导。市场将个人的活动引导到他最能满足其同胞需求的渠道中。市场运行中无任何强制和胁迫。国家作为胁迫和强制的社会机器并不干涉市场，亦不干涉市场引导下的公民活动。它利用其权力迫使人们屈服，仅仅是为了防止破坏市场经济的维护和平稳运行的行为。它保护个人的生命、健康和财产免受国内匪徒和外部敌人的暴力性或欺诈性侵略。因此，国家创造并维护了市场经济能够安全运行的环境。"无政府生产"这一口号恰如其分地将这种社会结构描述为一种经济体系，该体系并不受"为每个人分配一项任务并迫使其服从这一命令"的一位独裁者、生产沙皇的指导。每个人皆是自由的；没有人受制于一名暴君的统治。个人出于自愿将他自己融入合作体系之中。市场指引他并向他揭示以何种方式可以最好地促进他自己和他人的福利。市场至高无上。只有市场才能使整个社会体系井然有序，并赋予它意义和含义。

市场并不是一个地方、一个事物或一个集体实体。市场是一个过程，由在分工下合作的各个个人的行为的相互作用所驱动。决定不断变化的市场状态的各种力量是这些个人的价值判断以及他们在这些价值判断指引下的行为。任何时刻的市场状态皆是价格结构，即由渴望购买者和渴望出售者相互作用所建立的交换比率的总和。市场没有任何"非人"或"神秘"的事物。市场过程完全是人的行为的结果。每一市场现象皆可追溯到市场社会成员的确定选择。

市场过程是市场社会各成员的个体行为为了适应相互合作要求而做出的调整。市场价格告诉生产者要生产什么、如何生产以及生产多少。市场是个人活动汇聚的焦点。它是个人活动向外辐射的中心。

市场经济必须与第二种可以想象（尽管无法实现）的分工下的社会合作制度——生产资料的社会或政府所有制——严格区分开来。第二种制度通常被称为"计划经济"或"国家资本主义"。通常所说的市场经济或资本主义与计划经济相互排斥。两种制度的任何混合皆是不可能的，亦不可想象；不存在"混合经济"这样的东西，也即不存在一种"部分是资本主义和部分是计划经济"的制度。生产要么由市场所指引，要么由一位生产沙皇或一个生产沙皇委员会的法令所指引。

如果在一个以生产资料私有制为基础的社会中，其中一些生产资料是由公共所有和经营的——也即是由政府或其某个机构拥有和经营的，那么这并不构成一个将计划经济主义和资本主义结合起来的混合制度。国家或市政府拥有和经营一些工厂，这一事实并没有改变市场经济的特征。这些公共所有和经营的企业受制于市场主权。作为原材料、设备和劳动力的购买者，以及商品和服务的销售者，他们必须使自己融入市场经济体系。他们受市场规律的约束，并因此取决于可能会或可能不会光顾他们的消费者。他们必须争取利润，或者至少得避免亏损。政府可以通过动用公共资金来弥补其工厂或商店的亏损。但这既没有消除也没有削弱市场的至高无上地位；它只是将其转移到另一个部门而已。因为必须采取征税这一手段才能弥补亏损。但是这种税收会对市场产生一定的影响，并根据市场规律影响经济结构。正是市场的运作而不是征税的政府决定了税收将发生在谁身上，以及它们将如何影响生产和消费。正因如此，是市场，而不是某一政府部门，决定了这些公共运营企业的运作。

国营企业和俄罗斯经济——仅仅因为他们在市场上进行买卖——就与资本主义制度有关联。他们自己通过货币计算来见证这种关联。这样，他们就利用了他们狂热谴责的资本主义制度的心智方法。

因为货币经济计算是市场经济的心智基础。若无经济计算，则设置为在任何分工制度下施展行为的任务皆无法完成。市场经济以货币价格进行计算。它能够进行这样的计算，这一点有助于它的演变并且设定了它当今的运作。市场经济是真实的，因为它可以计算。

2 资本货物与资本

一切众生皆有一种内在冲动，引导其对保存、更新和加强其生命能量的物质进行同化。行为人的卓越之处表现在他有意识地、有目的地以"保持和增强他的活力"为目的。在追求这一目的的过程中，他的独创性使他制造了工具，这些工具首先帮助他分配食物，然后在后期引导他设计增加可用食物数量的方法，最后，为他提供属于确切的人的欲望中最紧迫欲望的满足。正如庞巴维克所描述的："人选择需要更多时间的迂回生产方法，并通过生产更多更好的产品来弥补这种延迟。"

在通往更丰富生存的道路上迈出的每一步的开始皆是储蓄——提供的产品可以延长从生产过程开始到生产出可供使用和消费的产品之间流逝的平均时间。为此目的而积累的产品要么是技术工艺流程中的中间阶段（即工具和半成品），要么是可供消费的商品，而这些产品使人可以将一个耗时更多的流程替代为另一个耗时更短的流程，且在等待期间不用遭受匮乏之苦。这些货物被称为"资本货物"。因此，储蓄和由此产生的资本货物积累，是旨在改善人的物质条件的一切尝试的开始；它们是人类文明的基础。没有储蓄和资本积累，就不可能有追求非物质目的的任何奋斗。[1]

我们必须将"资本"概念跟"资本货物"概念明确区分开来。[2] "资本"概念是经济计算的基础概念，是在市场经济中开展各种事务所用到的最为重要的心理工具。与之相关的是"收入"概念。

在会计领域以及"会计仅仅是一种精致之事"的世俗反思中所应用的"资本与收入"概念，跟"手段与目的"的概念形成鲜明对照。行为人的精明头脑在他计划为立即满足其需求而使用的消费品和他计划通过进一步行为来满足未来需求而使用的所有各阶商品（包括一阶商品）[3]之间划出了一条界限。因此，手段与目的之

---

[1] 资本货物也已经被定义为"生产性生产要素"，并因此与给定性质或原始的生产要素即自然资源（土地）和人力相对立。这一术语必须非常谨慎地加以使用，因为它很容易被误解并导致下文批评的"真实资本"的错误概念。

[2] 但是，当然，如果按照习惯用语，为了简明起见，偶尔用"资本积累"（或"资本供应""资本短缺"等）来代替"资本货物积累""资本货物供应"等，也并无任何害处。

[3] 对于这个人而言，这些货物并非一阶货物，而是更高阶货物，是进一步生产的要素。

间的差异，变成了获取与消费之间、商业与家庭之间、交易资金与家庭用品之间的差异。用于获取的整个商品组合皆以货币形式进行评估，而这一总和——资本是经济计算的起点。获取行为的直接目的是增加或至少保全资本。可以在一个特定时间段内消费而又不减少资本的金额称为"收入"。若消费金额超过了可用收入，则超出部分的差额称为"资本消费"。若可用收入大于消费金额，则二者的差额称为"储蓄"。经济计算的主要任务之一是确定收入、储蓄和资本消费的规模大小。

将行为人引向"资本和收入"概念中所隐含诸多概念的反思，潜伏在每一次对行为进行的预谋和规划中。即使是最原始的农夫，也能模糊地意识到在现代会计看来是资本消费行为的后果。猎人不愿杀死一头怀孕的母鹿，即使是最冷酷无情的战士在砍伐果树时也会感到不安，这些都是受这类考虑因素影响的一种心态的表现。这些考虑，存在于古老的用益权法律制度以及类似的习俗和实践中。但是，只有能够诉诸货币计算的人才能完全清楚地区分一个经济实体和由此产生的优势，并且可以将其巧妙地应用于所有类别、种类和阶次的商品与服务。对于高度发达加工业不断变化的条件以及数十万种专业工作和绩效表现之社会合作的复杂结构，只有他们才能确立这种区分。

从现代会计提供的认知回溯到人类野蛮祖先的处境，我们可以从比喻角度说他们同样也使用了"资本"。一位当代会计师可以将他职业的所有方法应用于他们的原始狩猎和捕鱼工具、应用于他们的养牛和土地耕作之中，如果他知道对各种相关项目分配什么价格的话。一些经济学家由此得出结论："'资本'是一个所有人类生产的范畴，它存在于每一个可以想象的开展生产过程的体系之中——不亚于公有主义社会的鲁滨逊式的非自愿隐居中——而且它并不依赖于货币计算的实践。"[1] 然而这是一种混淆之见。"资本"概念不能脱离货币计算的背景，亦不能脱离在其中只可能进行货币计算的一种市场经济的社会结构。这是一个若脱离市场经济条件则毫无意义的概念。在这种生产资料私有制的体系中，它只在个人的计划与记录中才发挥作用，并且随着采取货币方式的经济计算的普及而发展。[2]

---

[1] 参见理查德·冯·施特里格尔（R. von Strigl），《资本与生产》（*Kapital und Produktion*）（维也纳，1934年），第3页。

[2] 参见弗兰克·阿尔伯特·费特（Frank A. Fetter），《社会科学百科全书》（*Encyclopaedia of the Social Sciences*，第三卷，第190页）。

现代会计是历史长期演变的成果。今天，在商人和会计师之间，对于资本的含义已经达成了一致。资本是在某一特定日期专门用于某一特定业务单位运营开展的"所有资产之货币等价物总和"减去"所有负债之货币等价物总和"的余额。这些资产可能包含什么并不重要，无论它们是土地、建筑物、设备、工具、任何种类和阶次的商品、权利主张、应收账款、现金还是任何其他东西。

存在一个历史事实：在会计的早期，商人作为通向货币计算之路的领跑者，在很大程度上并未将其建筑物和土地的等价货币纳入"资本"概念。另一个历史事实是：农业学家在将"资本"概念应用到其土地上时动作迟缓。即使在今天最先进的国家，也只有一部分农民熟悉健全会计的做法。许多农民默认一种忽视土地及其对生产之贡献的记账系统。他们的账簿账目并不包括土地的等价货币金额，并因此对这种等价物的变化漠不关心。这样的账目是有缺陷的，因为它们未能传达作为资本会计所寻求的唯一目的之信息。它们没有说明农场的经营是否导致土地对生产之贡献能力下降，即其客观使用价值下降。若土壤被侵蚀，他们的账簿会忽略它，因此计算出的收入高于更完整簿记方法所显示的收入。

有必要提及这些历史事实，因为它们影响了经济学家构建"真实资本"概念的努力。

经济学家过去和今天依然面临这样一种迷信的信念，即通过增加流通中的货币量和扩大信贷规模，可以完全或至少在一定程度上消除生产要素的稀缺性。为了充分处理经济政策的这一基本问题，他们认为有必要构建一个"真实资本"概念，并将其与商人所应用的"资本"概念相对立，而商人的计算涉及他的整个渴求获取财物的活动。在经济学家开始做这些努力之时，土地之货币等价物在"资本"概念中的地位依然受到质疑。因此，经济学家认为在构建他们的"真实资本"概念时忽略土地是合理的。他们将"真实资本"定义为"可用生产性生产要素之总和"。针对"业务部门所持有的消费品库存是否是真实资本"这一问题，人们开始了吹毛求疵的讨论。但大家几乎一致认为现金并不是"真实资本"。

现在，"生产性生产要素之总和"这一概念依然是一个空洞的概念。一个业务单位所拥有的各种生产要素的货币等价物是可以确定和汇总的。但是，如果我们从这种货币方面的评价中抽象出来，那么生产性生产要素之总和就仅仅是对成千上万种不同商品的物理数量的枚举而已。这样一种存货盘点，对于行为而言毫无用处。它是从技术和地形角度对宇宙的一部分做出的描述，跟改善人类福祉的努力所引发的问题没有任何关系。我们可以默认将"生产性生产要素"称为"资本货物"的这一术语用法。但这并未使"真实资本"概念变得更有意义。

使用"真实资本"神话概念最糟糕的结果是经济学家开始推测一个被称为"真实资本生产力"的虚假问题。根据定义，一种生产要素是一种能够促进某一生产过程获得成功的事物。它的市场价格完全反映了人们给这种贡献所赋予的价值。在市场交易中，期望从运用一种生产要素中获得的服务是根据人们赋予它们的全部价值而付费的。仅仅因为这些服务，这些生产要素才被认为是"有价值的"。这些服务是为这些生产要素支付价格的唯一原因。一旦支付了这些价格，就不会再有任何东西可以带来由任何人做出的进一步支付作为对这些生产要素的额外生产服务的一种补偿。将利息解释为"源自资本生产力的收入"，是错误的。同样有害的是源自"真实资本"概念的第二种混淆用法。人们开始对不同于"私人资本（亦称为'民营资本'）"的"社会资本"概念进行调和。他们从一种公有主义经济的想象建构出发，意在定义一个适合这种经济体系之总经理角色的各项经济活动的"资本"概念。他们假设这位经理会渴望知道他开展的事务是否成功（也即从他自己的估值和根据这些估值所追求的目的角度是否成功）以及他可以为他的受监护人的消费花费多少而不会减少生产要素可用存量从而损害进一步生产的收益，他们这样假设是对的。一个公有主义政府非常需要将"资本"与"收入"概念作为其运作的一个指南。然而，在一个没有生产资料私有制、没有市场、没有此类（资本）货物价格的经济体系中，"资本"与"收入"概念只是没有任何实际应用的学术假设而已。在一个公有主义经济中，有资本货物，但没有资本。

"资本"概念只有在市场经济中才有意义。在这样的经济中，它为了为了自己而独立经营的个人或个人团体的审议和计算服务。它是资本家、企业家和农场主渴望获利和避免亏损的一种手段。它并不是一个涵盖所有行为的范畴。它是一个涵盖市场经济中行为的范畴。

3 资本主义

迄今为止，所有文明皆建立在生产资料私有制的基础之上。在过去，文明与私有财产是联系在一起的。那些坚持认为"经济学是一门实验科学"但依然建议对生产资料实行公共控制的人，可悲地自相矛盾着。如果历史经验可以教给我们什么，那就是私有财产与文明密不可分。

市场经济体系从未被充分、纯粹地尝试过。但自中世纪以来，总体而言在西方文明轨道上普遍存在着一种"废除阻碍市场经济运行的各种制度"的普遍趋势。随着这一趋势的不断发展，人口数量成倍增加，群众生活水平提高到前所未有、迄今为止未曾意料到的水平。普通的美国工人享受着就连克罗伊斯（Croesus，公元前595年—公元前546年，吕底亚王国最后一位君主）、克拉苏斯（Crassus，约公元前115年—公元前53年，罗马将军）、美第奇家族（The Medici，意大利佛罗伦萨15世纪至18世纪中期名门望族）和路易十四（Louis XIV）也会羡慕的便利设施。

极权主义和干预主义对市场经济的批判所提出的问题纯粹是经济问题，而且只能通过本书试图处理它们的方式来处理，也即通过对人类行为和所有可想象的社会合作体系的透彻分析来处理。为何人们蔑视和诋毁资本主义，并将他们不喜欢的一切皆称为"资本主义的事物"，而将他们赞美的一切皆称为"社会主义的事物"，这一心理学层面的问题事关历史，必须留给历史学家来破解。但在这一点上，我们还必须强调几个其他问题。

□ 路易十四的加冕典礼

路易十四（1638—1715年），全名路易·迪厄多内·波旁，自号太阳王，是法国波旁王朝的国王，在位长达72年110天，是世界历史上有确切记录的在位最久的主权国家君主。路易十四与康熙同时代，以其雄才大略，使法国成为了当时西欧最强的国家。

极权主义的拥护者认为"资本主义"是一种令人恐怖的邪恶，一种降临到人类身上的可怕疾病。这是人类进化不可避免的阶段，但无论如何都是最邪恶的；幸运的是，救赎迫在眉睫，而且会让人类永远摆脱这一灾难。在其他人看来，如果人在选择经济政策时更有道德或更为娴熟，就有可能避免资本主义。所有这类苦心孤诣皆有一个共同特征。他们将资本主义看作是一种偶然现象，而这种偶然现象可以在不改变文明人的行为和思想所必需的条件的情况下予以消除。由于他们并不操心经济计算的问题，他们并未意识到废除货币计算必然会带来的后果。他们并未意识到：极权主义者——对其而言算术在规划行为方面毫无用处——在其心态和思维方式上将与我们同时代的人完全不同。在研究分析极权主义的过程中，我们决不能忽视这种精神上的转变，即使我们已经准备好默默地忽略那些将对人类物质福利造成的灾难性后果。

市场经济是一种分工下的人为行为方式。但这并不意味着它是偶然的或矫揉造作的事物,亦不意味着可以被另一种模式取代。市场经济是一个长期演变过程的产物。它是人类努力以尽可能最佳的方式调整其行为以适应其无法改变之环境的给定条件的结果。可以说,正是通过应用这种策略人类已经成功地从野蛮迈向了文明。

一些作者认为:资本主义是在过去两百年间已取得惊人成就的经济制度;因此,现在不行了,因为过去有益的东西对于我们目前的时代和未来而言,不可能也同样有益。这种推理与实验认知原理是公开矛盾的。在这一点上,没有必要再次提出"人的行为科学是否可以采用实验自然科学的方法"这一问题。即使可以肯定地回答这个问题,但若采取这些方式错误的(a rebours)实验主义者的争论方式进行争论同样也是荒谬的。实验科学认为:因为a在过去是有效的,所以它在未来同样也是有效的。它绝不能反其道而辩之——断言"因为a在过去有效,所以它在未来无效"。

指责经济学家所谓"无视历史"已成为一种惯用做法。据称,经济学家认为市场经济是社会合作的理想且永恒的模式。他们将其研究集中在调查研究市场经济的条件上,而忽略了其他一切。他们并不在意如下事实:资本主义只是在最近两百年才出现的,而且,即使是在今天,它的影响范围也仅限于地球表面相对较小的区域和少数人。这些批评者说,过去和现在,皆有心态不同、开展经济事务方式不同的其他文明。资本主义,从永恒的观点或心理意象角度(sub specie aeternitatis)来看是一种过渡现象,是历史演变的一个短暂阶段,只是从"前资本主义时代"到"后资本主义未来"的过渡。

所有这些批评都是虚假的。当然,经济学并不是历史学或任何其他历史科学的一个分支。它是关于所有人的行为的理论,是关于不变的行为范畴及人在其下施展行为的所有可想象的特殊条件下运作的一般科学通论。这样一来,它就为处理历史学问题和民族志问题提供了不可或缺的心理工具。一位历史学家或民族志学者若在其工作中忽视充分利用经济学的成果,那么他的工作质量一定是堪忧的。事实上,他在处理其研究主题时并不会不受到他所蔑视为理论之物的影响。他在收集据称为"纯粹事实"、整理这些事实以及从这些事实得出结论中的每一步时,无一不受到拙劣者在阐述一门经济科学之前数个世纪构建的,但早已被完全推翻的敷衍粗疏经济学说令人费解且杂乱无章的残余思想的引导。

对市场社会问题的分析——可以在规划行为的过程中运用计算的唯一人类行

为模式——为分析历史学家和民族学家所面临的所有可思考的行为模式和所有经济问题开辟了道路。所有非资本主义的经济管理方法，只能在"在这些方法中，基数也可以用于记录过去的行为和规划未来的行动"这一假设下进行研究。这就是为何经济学家将纯市场经济研究置于其研究中心位置的原因。

缺乏"历史感"而忽视进化因素的并非经济学家们，而是经济学家们的批评者。经济学家们一直非常清楚这样一个事实：市场经济是人类从其他灵长类动物行列中脱颖而出的一个漫长历史过程的产物。被批评者错误称为"历史决定论"的学说，其拥护者一心要消除进化变化的影响。在这些拥护者眼中，凡是他们无法追溯到遥远过去或无法在一些原始波利尼西亚部落习俗中发现的存在，统统皆是人工的，甚至是腐朽的。他们将"一个机构不为野蛮人所知"这一事实视为它无用和腐烂的一个证据。普鲁士历史学派的教授们，在得知私有财产"只是"一种历史现象时欣喜若狂。对于他们而言，这证明了"他们的社会主义计划是可以实现的"。[1]

这位创造性天才（福楼拜）与其同胞们意见相左。作为前所未闻新事物的先驱，他与他们对传统标准和价值观的不加批判的接受相冲突。在他眼里，普通公民、普通人或寻常人的常规言行简直就是愚蠢之举。对他而言，"资产阶级"就是愚钝的同义词。[2]那些乐于模仿天才的作态以便忘记和掩盖自己无能的沮丧

---

[1]这种普遍存在的思维模式，其最令人惊奇的产物是一位普鲁士教授伯恩哈德·劳姆（Bernhard Laum）的著作《封闭型经济》（*Die geschlossene Wirtschaft*，图宾根，1933年）。劳姆在书中汇集了大量来自民族志著作的引文，表明"许多原始部落认为经济自给自足是自然的、必要的且道德上是好的"。他由此得出结论：自给自足是经济管理的自然的也是最有利的状态，而且他所提倡的回归自给自足是"一个生物学上必要的过程"。

[2]居伊·德·莫泊桑（Guy de Maupassant）在《福楼拜研究》（*Etude sur Gustave Flaubert*）中分析了福楼拜所谓的对资产阶级的仇恨（转载于《古斯塔夫·福楼拜全集》）（*Oeuvres completes de Gustave Flaubert*，巴黎，1885年，第七卷）。莫泊桑说，福楼拜"热爱这个世界（aimait le monde）"（第67页）；也就是说，他喜欢在由贵族、富有资产阶级和艺术家、作家、哲学家、科学家、政治家和企业家精英组成的巴黎社会圈子里活动。他将"资产阶级"一词用作"愚蠢行为"的同义词，并这样定义它："凡是思想卑鄙的人，我都称其为'资产阶级'。"因此很明显，在使用"资产阶级"一词时，福楼拜并没有将资产阶级看作一个社会阶级，而是当作他在这个阶级中最常发现的一种愚蠢行为。他对"普通人（le bon peuple）"也充满了蔑视。然而，由于他与"世界人民（gens du monde）"的接触比与工人的接触更频繁，前者的愚蠢比后者的愚蠢更令他恼火（第59页）。莫泊桑的这些观察不仅适用于福楼拜，而且适用于所有艺术家的"反资产阶级"情绪。顺便说一句，必须强调的是，从左派的观点来看，福楼拜是一位"资产阶级"作家，而且他的小说是"资本主义或资产阶级生产方式"的"意识形态上层建筑"。

艺术家们采用了这一术语。这些波西米亚人将他们不喜欢的一切统统称为"资产阶级"。由于马克思将"capitalist"一词等同于"bourgeois",因此他们将这两个词用作同义词。在所有语言的词汇中,"资本主义"和"资产阶级"这两个词在今天都象征着所有可耻、有辱人格和声名狼藉的事物。[1]相反,人们将他们认为好的和值得称赞的所有事物一律称为"社会主义的"。争论的常规模式是这样的:一个人将他不喜欢的任何东西武断地称为"资本主义的",然后从这一称谓中推断出这个东西是坏的。

□ 西斯蒙第

西斯蒙第(1773—1842年),出身于瑞士日内瓦的一个新教牧师家庭,法国古典政治经济学的集大成者,经济浪漫主义的奠基人,其代表作为《政治经济学研究》。西斯蒙第最早论述了资本主义生产过剩危机的必然性,他指出,资本家为利润拼命扩大生产,必然产生经济危机。

这种语义混淆在歧路上走得更远了。西斯蒙第(中世纪浪漫主义颂词的作者)、所有社会主义作家、普鲁士历史学派和美国制度主义者皆认为:资本主义是一种不公平的剥削制度,为了一小撮奸商的唯一利益而牺牲了大多数人的重要利益。任何一个正派的人皆不可能提倡这种"疯狂的"制度。那些认为"资本主义不仅对一小部分人而且对所有人皆有好处"的经济学家就是"资产阶级的马屁精"。他们要么因太迟钝而无法认清真相,要么因受贿为剥削者的自私阶级利益辩护。

资本主义,在这些"自由、民主和市场经济之敌人"的术语中,是指大企业和百万富翁们所倡导的经济政策。面对"当今一些(但肯定不是全部)富有的企业家和资本家赞成采取限制自由贸易和竞争并导致垄断的措施"这一事实,他们说:当代资本主义代表着保护主义、卡特尔和废除竞争。他们补充说,确实,在过去的某个特定时期,英国资本主义在国内市场和国际关系上都支持自由贸易。这是因为当时这种政策最符合英国资产阶级的阶级利益。然而,时移世易,情况已发生变化,今天的资本主义即剥削者所倡导的学说瞄准了另一种政策。

已经有人指出,这种学说严重歪曲了经济理论和历史事实。曾经而且永远会

---

[1]纳粹使用"犹太人"作为"资本主义"和"资产阶级"两个词语的同义词。

有一些人的自私野心要求保护其既得利益，并希望从限制竞争的措施中谋利。企业家年事已高、身心俱疲，而过去取得成功之人的纨绔子弟又不喜欢那些向他们的财富和显赫社会地位发起挑战的敏捷新贵。他们使经济条件刚性不变和阻碍改善的愿望能否实现，取决于公众舆论的气氛。19世纪的意识形态结构，其由自由主义经济学家教义的威望所塑造，并使这些愿望落空。当自由主义时代的技术进步彻底改变了传统的生产、运输和营销方式时，那些既得利益受到伤害的人并没有寻求保护，因为这将是一场无望的冒险。但今天，阻止效率高的人跟效率低的人竞争，这已被视为政府的一项合法任务。公众舆论对强力施压团体阻止进步的需求表示同情。黄油生产商在与人造黄油的斗争中以及音乐家在与音乐唱片的斗争中皆取得了相当大的成功。工会是每一台新机器的死敌。在这样的环境中，效率较低的商人旨在保护自己免受更有效率的竞争对手的影响，这并不奇怪。

用这种方式描述这种事态，这将是正确的做法：今天，许多或一些商业团体不再是自由主义性质的团体；他们并不提倡一种纯粹的市场经济和自由企业，而是要求政府对企业采取各种干预措施。但如果说"'资本主义'概念的含义已发生变化，'成熟的资本主义'——美国制度主义者的叫法——或者'晚期资本主义'——马克思主义者的叫法——表现为旨在保护工薪阶层、农民、店主、工匠既得利益，有时也保护资本家和企业家既得利益的限制性政策"，那么这完全是一种误导。"资本主义"概念作为一个经济概念是不变的；如果它意味着什么，那就意味着市场经济。如果一个人默认使用一套不同的术语，那么他就会剥夺自己充分处理当代历史和经济政策问题的语义工具。只有当我们意识到应用它的伪经济学家和政客想要阻止人们了解市场经济究竟是何物的时候，这一错误的术语表才变得可以理解。他们想让人们相信：限制性政府政策的所有令人反感的表现形式皆是由"资本主义"产生的。

4 消费者的主权

一切经济事务的方向皆是市场社会中企业家的一项任务。他们的任务就是控制生产。他们是掌舵人，为这艘船掌舵。肤浅的观察者会认为他们是至高无上的。但他们并不是。他们必须无条件服从船长的指令。而船长就是消费者。企业家、农民和资本家皆不能决定必须生产什么。消费者才能决定。如果一个商人不严格遵守市场价格结构向他传达的公众指令，他就会遭受亏损，他就会破产，从而失去掌舵人的显赫地位，在满足消费者需求方面做得更好的其他人就会取代他。

消费者会光顾物美而价最廉的商店。他们的购买和放弃购买行为，决定了谁应该拥有和经营工厂和农场。他们让穷人变得富有，让富人变得贫穷。他们精确地确定应该以何种质量、多少数量生产何种产品。他们是冷酷无情的老板，头脑中充满着各种心血来潮的奇思妙想，善变且无法预测。对于他们而言，再没有什么东西比他们自己的满足感更重要的了。他们丝毫不关心过去的功绩和既得利益。如果有人向他们提供他们更喜欢或更便宜的东西，他们就会抛弃原有的供应商。作为买家和消费者，他们铁石心肠、冷酷无情，丝毫不为他人着想。

只有一阶商品和服务的卖家才跟消费者直接接触，并直接依赖于他们的指令。但是这些卖家会将从公众那里收到的指令传递给所有生产更高阶商品和服务的人。因为消费品制造商、零售商、服务行业和专业人士被迫从那些以最低廉价格供货的供应商那里获得他们开展业务所需的商品。如果他们不打算在最便宜的市场上采购并安排其生产要素加工，以便以最好和价格最低廉的方式满足消费者的需求，那么他们将被迫倒闭。在购买和加工生产要素方面取得更大成功的效率更高的人将取代他们。消费者可以自由发挥其任性的幻想，对此，企业家、资本家、农场主皆束手无策，他们必须遵循买方公众的指令。对消费者需求规定的各需求项的每一项偏离，皆会从他们的账户中扣除。最轻微的偏离，无论是故意造成的，还是由于错误、判断错误或效率低下造成的，皆会限制他们的利润或使他们从市场上消失。更严重的偏离会导致亏损，从而损害或完全榨干他们的财富。资本家、企业家和地主，只能通过最好地满足消费者的指令来使其财富保值和增值。他们不能随意花销消费者不准备通过为产品支付更多的方式退还给他们的资金。他们在做生意时必须冷酷无情、铁石心肠，因为消费者——他们的老板——本身就是冷酷无情、铁石心肠的。

消费者不仅最终决定消费品的价格，而且同样最终决定所有生产要素的价格。它们决定了市场经济中每一个成员的收入。是消费者，而非企业家，最终支付了每一名工人、每一位迷人的电影明星和每一个女佣的工资。消费者，通过其花费的每一分钱，决定了所有生产过程的方向和所有商业活动的组织细节。这种事态的描述，是将市场称为"民主制度"，其中每一分钱皆赋予一项投票权。[1]

---

[1] 参见弗兰克·阿尔伯特·费特（Frank Albert Fetter），《经济学原理》（The Principles of Economics）（第三版，纽约，1913年）。

更正确的说法是：一套民主宪法就是在政府行为中将市场经济赋予公民消费者身份的同样至高无上地位（消费者主权）赋予公民的一个体系。然而，这种比较并不完美。在政治民主中，只有投给多数候选人或多数计划的选票才能有效地影响事情的进程。少数派所投的票并不直接影响政策。但在市场上，没有任何一张投出去的票是徒劳的。花费的每一分钱，皆有在生产过程中发挥作用的权力。出版商不仅通过出版侦探小说来迎合大多数读者的需求，而且也迎合阅读抒情诗和哲学小册子的少数读者的需求。面包店不仅为健康的人烘焙面包，而且也为有特殊饮食需求的患者烘焙面包。一名消费者的决定，是通过他准备花费一定数额金钱的意愿度而赋予该项决定的全部动力而生效的。

诚然，市场中各种消费者的投票权并不相同。富有的公民相较于贫穷的公民投的票更多。但这种不平等本身就是先前投票过程的结果。在一个纯粹的市场经济中，致富是在最能满足消费者需求方面获得成功的结果。一个有钱人只有继续以最有效方式为消费者服务，才能保住他的财富。

因此，物质生产要素所有者和企业家实际上是消费者的被委托人或受托人，而这一身份通过每天重复的选举进行可撤销任命。

在市场经济的运作中，只有在一种情况下专有类别不完全受制于消费者的至高无上地位。垄断价格是对消费者影响力的一种侵犯。

政治统治术语之隐喻运用

商人在处理事务中发出的指令是可以听见和看见的。没有任何人意识不到它们。即使是送信的男孩，也知道老板在运作其商店周围的事物。但要注意到创业者对市场的依赖，还需要多动一点脑筋。消费者下达的指令是无形的，人仅凭感官无法感知这些指令。许多人缺乏认识这些指令的洞察力。他们误以为企业家与资本家是不负责任的独裁者，没有人要求为这些独裁者的行为负责。[1]这种心态的产物，是将政治统治和军事行动的术语应用于商业的实践。成功的商人被称为"国王"或"公爵"，他们的企业则被称为"帝国""王国"或"公爵领地"。如果这一习语只是一个无害的比喻，那就没有必要批评它了。但它是严重错误的

---

[1]比阿特丽斯·韦伯（Beatrice Webb），帕斯菲尔德男爵夫人（Lady Passfield），她本人是一位富商的女儿，可被引用为这种心态的一个杰出例子。

根源，在当代学说中扮演着一个邪恶的角色。

政府是一个强制与胁迫机器。它有能力通过武力获得服从。政治主权者，无论是独裁者还是其受托人所代表的人民，只要其意识形态力量存在，就有权镇压叛乱。

企业家与资本家在市场经济中所占据的地位在性质上是不同的。一个"巧克力大王"对于消费者而言并无任何权力。他为消费者提供质量最优、价格最便宜的巧克力。他并不统治消费者，而是为他们服务。消费者并不受他的束缚。消费者可以随时自由选择不再光顾他的店铺。若消费者更愿意将钱花在其他地方，他就失去了他的"王国"。他也并不"统治"他的工人。他雇用工人们为他提供服务，而他向工人们支付的工资恰好等于消费者在购买（他的）产品时准备返还给他的金额。更不用说资本家与企业家可以施行政治控制了。欧美文明国家一直长期受政府控制，对市场经济运行并无太大影响。今天，这些国家也被敌视资本主义的政党所主导，而且他们认为对资本家和企业家的每一次伤害皆是对人民极为有利的。

在一个不受阻碍的市场经济中，资本家与企业家不能指望从贿赂公务员和政客中获得好处。另一方面，公务员和政客不能对商人进行敲诈勒索。在一个干涉主义国家，强大的施压团体意图以牺牲较为弱势团体与个人的利益为代价为其成员争取特权。然后，商人可能认为"通过贿赂保护自己免受行政官员和立法机关的歧视行为"是上策；一旦习惯了这种方法，他们可能会试图尽量使用这些方法以确保自己所享有的特权。无论如何，"商人贿赂政客和公务员并被这些人敲诈勒索"这一事实并不表明他们是至高无上的，并统治着国家。行贿和进贡的是那些被统治者而不是统治者。

大多数商人由于其道德信念或恐惧而无法诉诸贿赂。他们冒险维护自由企业制度，并通过合法的民主方法来保护自己免受歧视。他们组建行业协会，并试图影响公众舆论。这些努力的结果一直以来相当糟糕，反资本主义政策的胜利推进就是明证。他们能够做到的最好的事情，就是将一些特别令人讨厌的措施推迟一段时间。

煽动者以最粗鲁的方式歪曲这种事态。他们告诉我们：这些银行家和制造商协会是他们国家的真正统治者，而且他们所谓"财阀民主"政府的整个机构，皆由他们掌控。简单列举任何一个国家的立法机关在过去几十年通过的法律，就足以打破这样的传说。

5 竞争

在自然界中，存在着不可调和的利益冲突。生存资料的稀缺呈现为一种常态。繁殖速度往往超出生存资料有限供给的能力。适者生存——只有最适合的植物与动物才能生存下来。一只快要饿死的动物与另一只抢夺它食物的动物之间的对立，是难以调和的。

分工模式下的社会合作消除了这种对立。它用伙伴关系和相互关系代替了敌意。社会成员团结在一个共同的事业中。

用于描述动物生活状况的"竞争"一词表示动物之间的较量，而这种较量体现在动物们寻找食物的过程中。我们可将这一现象称为"生物竞争"。"生物竞争"绝不能与"社会竞争"——个人力争为在社会合作体系中获得最有利地位而做出的奋斗——混为一谈。由于总会有一些人比另外一些人更看重的职位，因此人们会为了获取这样的职位而奋斗，并试图超越竞争对手。因此，社会竞争存在于每一种可以想象的社会组织模式中。如果我们设想一种没有社会竞争的事态，我们就必须构建一个公有主义制度的景象，而在这种制度中，领导人在努力为每个人分配其在社会中的位置与任务时，他的臣民没有任何野心来帮助他做这件事情。个人完全无动于衷，而且并不申请特殊任命。他们的行为就像种马——当主人挑选种马让其最好的母马受孕时，种马们并不会试图让自己处于交配的有利位置。但这样的人将不再是行为人。

交易经济竞争是人与人之间一个人想要超越另一个人而展开的竞争。这不是一场战斗，尽管通常以比喻方式将"战争与内部冲突""攻击与防御""战略与战术"等术语应用于它。竞争中的失败者并没有被消灭；他们被转移到社会系统中的一个位置，而这个位置比他们计划达到的位置更谦卑，但与他们的成就更相称。

在一种极权主义体制下，社会竞争体现在人们奋力争取当权者青睐的努力中。在市场经济中，竞争表现为：卖方必须通过提供质量更好或价格更便宜的商品与服务来超越竞卖对手，而买方则须通过给出更高的价格来超越竞买对手。在处理这种可以称为"交易经济竞争"的社会竞争时，我们必须对各种流行的谬论保持警惕。

古典经济学家赞成废除阻止人们在市场上开展竞争的所有贸易壁垒。他们解释说：这种限制性法律，导致生产从自然生产条件更有利的地方转移到自然生产条件较差的地方。这些法律保护效率低下的人，使其能够对抗其效率更高的对手。这些法律倾向于使落后的技术性生产方法永久化。简而言之，这些法律缩减了生产，从而降低了生活水平。经济学家认为：为了让所有人变得更加繁荣，对于所有人而言，竞争皆应当是自由的。在这个意义上，他们使用了"自由竞争"这个词。他们对"自由"一词的运用没有任何形而上学的意思。他们主张取消那些禁止人们进入某些行业和市场的特权。对形容词"自由的"用于竞争的形而上学内涵吹毛求疵的所有复杂的深入研究皆是虚假的；他们根本没有提到竞争的交易经济问题。

就自然条件发挥作用而言，只有对于那些并不稀缺因此并不是人的行为对象的生产要素而言，竞争才可能是"自由的"。在交易经济领域，竞争始终受到经济商品与服务的难以阻挡的稀缺性的限制。即使没有设置制度障碍来限制竞争者的数量，情况也永远不会使每个人都能够在市场的所有领域开展竞争。在市场的每个领域，只有相对较小的群体可以参与竞争。

交易经济竞争——市场经济的特征之一——是一种社会现象。这并不是一项由国家和法律保障、使每个人皆可随意选择分工结构中自己最喜欢位置的权利。为每个人分配其在社会中的适当位置，这是消费者的任务。他们的购买行为与不购买行为有助于确定每个人的社会地位。他们的至高无上地位（消费者主权）不受授予作为生产者之个人的任何特权的影响。新来者几乎可以自由进入特定的工业部门，前提是消费者同意该部门的扩张，或者新来者通过提供物美或价廉商品或服务满足消费者需求而成功取代已经占据该部门的市场主体。追加投资只有在其能够满足消费者尚未满足的需求中最迫切的需求时才是合理的。若现有工厂已经足够，则在同一行业投入更多资金将是一种浪费。市场价格结构将新投资者推向其他领域。

之所以有必要强调这一点，是因为未能掌握这一点是许多关于无法参与竞争的普遍抱怨的根源。大约六十年前，人们曾经宣称：你无法与铁路公司开展竞争；不可能通过开辟新的竞争性铁路线来挑战现有铁路公司的地位；陆路运输领域不再有竞争了。事实是：当时已经运行的铁路线大体上已经足够了。对于额外的资本投资而言，改善已运营铁路线和其他业务部门的可用性的前景比建设新铁路的前景更为有利。然而，这并不妨碍运输技术的持续进步。铁路公司的庞大规模和经济"力量"，并没有阻碍汽车和飞机的出现。

今天，人们对大企业的各个业务分支也有同样的看法：你无法挑战他们的地位，他们规模太大了，而且实力太强了。但竞争并不意味着任何人皆可通过简单模仿他人行为而繁荣。这意味着有机会以物美或价廉方式为消费者服务，而不受因创新而受到伤害之既得利益者的特权的限制。一个想要挑战老牌企业既得利益的市场新来者，最需要的是头脑和想法。如果他的项目适合满足消费者未满足需求中最迫切的需求，或者如果他的项目以比消费者的老供应商更便宜的价格提供这些产品，那么尽管老供应商的规模和实力已广为人知，他依然会取得成功。

不得将交易经济竞争跟有奖拳击赛和选美比赛混淆起来。这种竞赛与比赛的目的，是为了发现谁是最好的拳击手或最漂亮的女孩。可以肯定的是，交易经济竞争的社会功能并不是为了确定谁是最聪明的男孩，而是为了以冠军称号和奖牌奖励获胜者。它的功能，是保障消费者在给定经济数据状态下可实现的最佳满意度。

机会平等，既不是有奖拳击赛和选美比赛的一个因素，也不是任何其他竞争领域——无论是生物领域还是社会领域的因素。绝大多数人由于其身体的生理结构而被剥夺了获得拳击冠军或选美皇后荣誉的机会。只有极少数人，可以作为歌剧歌手和电影明星在劳动力市场上开展竞争。在科学成就领域竞争的最有利机会被提供给了大学教授们。然而，成千上万的教授，在思想史和科学进步史上，并未留下任何痕迹就逝去了，而许多肢体残障的局外人却通过了不起的贡献赢得了荣耀。

人们通常会指责"交易经济竞争并不是以同样方式对每个人开放"这一事实。一个穷孩子的开始比一个富人儿子的开始要困难得多。但消费者并不关心"为他们服务的人是否在平等条件下开始其职业生涯"这一问题。他们唯一的兴趣是确保他们的需求尽可能得到最好的满足。由于世袭财产制度在这方面更为有效，因此他们更喜欢这种制度，而不喜欢其他效率较低的制度。他们从社会权宜之计和社会福利的角度来看待这一问题，而不是从每个人都能够以平等机会开展竞争的所谓的、想象的和无法实现的"自然"权利的角度来看问题。实现这种权利需要将那些天生比普通人更聪明、意志力更强大的人置于不利地位。很明显，这将是荒谬之举。

"竞争"一词主要用作"垄断"的对立面。在这种词性中，"垄断"一词在应用时具有不同的含义，必须明确加以区分。

"垄断"的第一个含义（在该术语的流行使用中被经常暗示）表示垄断者——无论是某一个人还是某一个人群体——完全控制一项人类生存之重要条件的事态。这样的垄断者有权将所有不服从其命令的人饿死。他发号施令，而其他人别无选择——要么臣服，要么去死。对于这样的垄断，不存在任何市场，亦不存在任何类型的交易经济竞争。垄断者就是主人，而其余的人皆为完全依赖其恩宠的奴隶。这种类型的垄断无需赘述。它与市场经济毫无关系。

垄断的第二个内涵与第一个不同，它描述了一种与市场经济状况相适应的事态。一个这种意义上的垄断者，是对特定商品的供应拥有排他性控制权的某一个人或某一个群体。如果我们以这种方式定义"垄断"这个词，那么垄断的领域就会显得非常广阔。加工业的产品相互之间或多或少是不同的。每个工厂生产的产品皆不同于其他工厂的产品。每家酒店都具有在其场地现场销售其服务的垄断权。一位医生或一位律师提供的专业服务永远不会完全等同于任何其他医生或律师提供的专业服务。除了某些原材料、食品和其他大宗商品外，市场上处处皆有垄断。

但是，单纯的垄断现象对于市场的运行和价格的确定而言没有任何意义和关联性。它并不会给垄断者在销售其产品时带来任何优势。根据版权法，每一位吟游诗人对其诗歌销售皆享有垄断权。但这并不影响市场。他写的东西可能卖不出任何价格，而他的书可能不得不以废纸论斤出售。

□ 哈耶克

哈耶克（1899—1992年），出生于奥地利维也纳的一个杰出知识分子家庭，英国知名经济学家、政治哲学家，1974年获诺贝尔经济学奖，被广泛誉为20世纪最具影响力的经济学家和社会思想家之一，代表作包括《通往奴役之路》《致命的自负》《自由秩序原理》等。哈耶克说，人们把经济学视作与物理学、化学、医学一样的精密科学，他常常为此感到忧虑。

只有当相关垄断商品的需求曲线以某一特定方式形成时，该术语第二种含义中的垄断才会成为价格确定的一个因素。如果条件是垄断者可以通过以较高价格出售其较少数量产品——而不是通过以较低价格出售更多数量产品——来获得更高的净收益，那么就会出现一种相较于无垄断的潜在市场价格更高的垄断价格。垄断价格是一个重要的市场现象，而垄断本身只有在其能够导致垄断价格形成的情况下才具有重要性。

人们通常将不是垄断价格的价格称为"竞争价格"。虽然这一术语是否恰当值得怀疑，但它已被普遍接受并且很难改变。但人们必须谨防自己对它的误解。如果从垄断价格与竞争价格之间的对立中推断出"垄断价格是缺乏竞争的产物"，那将是一个严重的错误。市场上始终存在着交易经济竞争。交易经济竞争在决定垄断价格中的作用不亚于决定竞争价格的因素。使垄断价格的出现成为可能并指导垄断者行为的需求曲线形状，是由所有其他商品争夺买主金钱的竞争所决定的。垄断者确定他准备出售的价格越高，潜在买主就越会将他们的金钱转向其他可出售的商品。在市场上，每一种商品皆与所有其他商品开展竞争。

有人认为价格的交易经济理论对于现实的研究而言毫无用处，因为从来就没有"自由"竞争，或者至少在今天，不再有任何这样的东西。所有这些学说皆是错误的。[1] 他们误解了现象，根本不知道真正的竞争究竟是什么。事实上，过去数十年的历史就是一部旨在限制竞争的诸多政策的记录。这些计划的明显意图，是通过保护某些生产者群体免受效率更高竞争对手的竞争来授予特权。在许多情形下，这些政策已经带来了垄断价格出现所需的条件。在许多其他情形下，情况并非如此，而且结果只是一种事态阻止了许多资本家、企业家、农场主和工人进入那些他们本可以为同胞提供最有价值服务的工业部门。交易经济竞争已受到严重限制，但市场经济依然在运行，尽管受到政府和工会干预的蓄意破坏。尽管劳动生产率已严重降低，但交易经济竞争制度依然在发挥作用。

这些反竞争政策的最终目的是用完全没有交易经济竞争的公有主义规划制度来代替资本主义。规划者在为竞争的衰落流下"鳄鱼眼泪"的同时，还想废除这种"疯狂"的竞争制度。他们已经在一些国家达到了他们的目标。但在世界其他地方，他们只是通过增加在其他业务部门竞争的人数来限制某些业务部门的竞争。

旨在限制竞争的力量在我们这个时代发挥着巨大的作用。研究分析这些力量，是我们这个时代历史的一项重要任务。经济理论毫无必要特别提及它们。"存在着贸易壁垒、特权、卡特尔、政府垄断和工会"这一事实，仅仅只是一个经济史数据而已。它的解释并不需要特殊定理。

6 自由

哲学家和律师在尝试定义"freedom"或"liberty"概念方面付出了巨大的痛苦。很难说这些努力是成功的。

"freedom"的概念只有在涉及人与人之间的关系时才有意义。有些作家讲述

---

[1] 对于流行的不完美学说和垄断竞争学说的驳斥，参考哈耶克，《个人主义与经济秩序》(*Individualism and Economic Order*，芝加哥，1948年)，第92—118页。

了一种原始的——自然的——自由的故事,在建立社会关系之前,人应该在一种美妙的自然状态中享受这种自由。然而,这些精神上和经济上自给自足的个人或家庭,在这个国家漫游,只要他们没有遇到更强大的人,他们就是自由的。在冷酷无情的生物竞争中,强者永远是对的,弱者除了无条件屈服别无选择。原始人当然不是生而自由的。

只有在社会制度的框架内,才能给"自由(freedom)"一词赋予意义。作为一个行为学术语,"自由"是指一个行为人能够在替代行为模式之间进行选择的范围。一个人是自由的,只要他被允许选择目的并选择为达到这些目的而使用的手段。一个人的自由受到自然法则和行为学法则的最严格限制。他无法达到彼此不相容的目的。若他选择沉迷于对他的身体或心智的功能产生明确影响的满足,则他必须忍受这些后果。说"人不自由,因为他不能享受沉迷于某些药物的乐趣而不受其不可避免结果——通常被认为是非常不受欢迎结果的影响"是不恰当的。尽管所有有理智的人大体上都承认这一点,但对于行为学法则的评价却并没有达成这样的一致意见。

人不能既拥有社会框架内分工原则下和平合作所衍生的优势,又拥有从事必然瓦解社会之行为的许可。他必须在"遵守使社会框架内生活成为可能的某些规则"与"独立个体之间永久战争状态下'危险生活'的贫困和不安全"之间做出选择。这条决定所有人类行为结果的定律,其严格程度并不亚于物理定律。

然而,在无视自然法则所产生的后果与无视行为学法则所产生的后果之间,存在着一种深远的差异。当然,这两类法则皆可以自行运行,而无需人的任何强制执行。但是个人做出的一项选择所产生的影响是不同的。一个吸毒的人只会伤害他自己。但是一个选择采取抢劫手段的人会扰乱整个社会秩序。虽然他一个人享受着他的行为带来的短期收益,但灾难性的长期影响却伤害了所有人。他的行为是一种犯罪行为,因为其行为对其同胞产生了不利影响。如果社会不阻止这种行为,那么它很快就会变得普遍并结束社会合作以及后者赋予每个人的所有好处。

为了建立和维护社会合作和文明,需要采取措施,以防止非社会人施展的"必然会破坏人类从尼安德特人水平开始所取得所有进展"的行为。为了保持"保护个人免受更强大和更聪明之人的无限暴政"这一状态,需要一个遏制所有反社会因素的机构。和平——没有每个人针对每个人的永恒斗争——只有通过如下方式才能实现:建立一个"诉诸暴力行为的权力被强制与胁迫的社会机器所垄断"的体系,并且这种权力在任何个案中的应用皆由一套规则——人制定的法律——进行调节，而这些法律既不同于自然法则，也不同于行为学的法则。社会制度的基本实施是这种通常称为"政府"的机构的运作。

"自由（freedom）"和"奴役"的概念只有在提到政府运作的方式时才有意义。说"一个人不自由是因为如果他想活下去，他在喝水和喝氰化钾之间做出选择的能力受到大自然的限制"是非常不恰当的，而且具有误导性。称"一个人不自由，因为法律对他杀害另一个人的欲望施加了制裁，而且因为警察和刑事法庭强制执行这些制裁"同样不恰当。只要政府——施行强制与压迫的社会机器——将其暴力的行使和这种暴力的威胁限制在对反社会行为的镇压与预防中，就存在着可以合理且有意义地称为"自由（liberty）"的东西。被约束的只是那些"必然会瓦解社会合作与文明从而使所有人皆回到智人从其非人类祖先的纯动物存在中脱颖而出时的状态"的行为。这种胁迫并没有实质上限制人的选择权。即使没有政府强制执行人制定的法律，个人也不能一方面拥有社会合作的存在所带来的好处而另一方面却享受自由沉迷于侵略的贪婪动物本能的乐趣。

在市场经济这种自由放任型社会组织中，个人可以自由选择各种不同的行为方式且不受惩罚威胁的约束。然而，如果政府所做的不仅仅是保护人们免受反社会个人的暴力或欺诈性的侵略，那么政府就会缩小个人超出行为学法则限制程度而自由行动的范围。因此，我们可以将"自由（freedom）"定义为这样一种状态：个人的自由选择权不受超出行为学法则限制范围之政府暴力的限制。

若将"自由"定义为一个人在市场经济框架内的状况，其表达的就是这个意思。法律和政府不会比不可避免的行为学法则在更大程度上迫使一个人放弃自治和自决，在这个意义上，他是自由的。他所放弃的只是动物性的生存自由，而不考虑他物种的其他种类的存在。施行强迫和胁迫的社会机器所取得的成果是：那些因恶意、短视或智力低下而无法认识到"由于沉溺于破坏社会的行为，他们正在伤害自己和所有其他人"的个人被迫避免这种行为。

从这个角度来看，人们不得不处理一个经常被提出的问题，即征兵和征税是否意味着对自由的限制。如果全世界所有人民皆承认市场经济的原则，那么就没有任何理由发动战争，各个国家就可以生活在不受干扰的和平之中。但是，就我们时代的情况而言，一个自由的国家总是不断受到极权专制政权侵略计划的威胁。如果它想维护自己的自由，就必须做好充分准备来捍卫自己的独立。如果一个自由国家的政府强迫每个公民充分配合其击退侵略者的计划而且强迫每个健全的人加入武装部队，那么它并没有将超越行为学法则规定任务范围的职责强加给个人。在一个充满坚定不移的侵略者和奴役者的世界里，完整的无条件和平主义就等于无条件地向最冷酷无情的压迫者投降。想要保持自由的人，必须与那些企图剥夺他自由的人战斗至死。由于每个人的孤立尝试皆注定要失败，唯一可行的方法是由政府组织抵抗。政府的基本任务是保卫社会制度，不仅要抵御国内的匪徒，还要抵御外部的敌人。在我们这个时代反对军备和征兵的人，也许他自己都不知道，他本人就是那些旨在奴役所有人的教唆者。

维护由法院、警察、监狱和武装部队组成的政府机器需要相当大的支出。为了这些目的而进行征税，完全符合个人在自由市场经济中所享有的自由。当然，断言这一点并不等于为今天自封的进步政府所实行的没收性和歧视性税收方法进行辩护。有必要强调这一事实，因为在我们这个干预主义和向极权主义稳妥"进步"的时代，政府利用征税权力来破坏市场经济。

政府在履行其保护市场经济平稳运行不受国内外干扰者侵犯的基本职能之外所采取的每一步，皆是在直接通向根本无任何自由可言的极权主义体系的道路上向前迈出的一步。

Liberty（自由）和freedom（自由）是人在一个契约社会中（必须具备）的条件。生产要素私有制下的社会合作意味着：在市场范围内，个人不必服从，也不必服务于超负荷。就他给予和服务他人而言，他这么做是出于自愿，以便得到接受者的回报与服务。他交换商品与服务，他并不做强制性的劳动，而且他并不纳贡。他当然不是独立的。他依赖于社会的其他成员。但这种依赖是相互的。买方依赖卖方，而卖方同样依赖买方。

许多19世纪和20世纪的作家主要关心的是歪曲和曲解这种明显的事态。他们说，工人受其雇主的摆布。现在，雇主确实有权解雇其雇员。但是，如果他利用这一权利来放纵自己的奇想，那就是在损害他自己的利益。如果他解雇了一个更好的人以雇用一个效率较低的人，那么这对他自己来说是不利的。市场并不直接阻止任何人对其同胞任意施加伤害；它只对这种行为进行处罚。只要店主准备好承担相应后果，店主就可以自由地粗鲁对待其顾客。消费者可以自由地抵制一个供应商，只要他们愿意支付费用。在市场上，促使每个人竭尽全力为其同胞服务并遏制天生的专横和恶意倾向的，并不是宪兵、刽子手和刑事法庭的强迫与胁迫，而是自利。一个契约社会的成员是自由的，因为他只在为自己服务时才为他人服务。束缚他的只是稀缺的必然自然现象。至于其他方面，他在市场范围内皆是自由的。

除了市场经济带来的那种自由（freedom）和获得自由（liberty）之外，没有任何其他自由（freedom）和获得自由（liberty）。在一个极权主义的霸权社会中，留给个人的唯一自由是自杀的自由，因为它不能被剥夺。

国家——施行胁迫与强制的社会机器——必然是一种霸权债券。如果政府能够随意扩大其权力，那么它就可以废除市场经济，并以全方位极权社会主义取而代之。为了防止这种情况，有必要遏制政府的权力。这是所有宪法、权利法案和法律的任务。这就是人们为获得自由（liberty）而奋斗的一切斗争的意义所在。

在这个意义上，获得自由（liberty）的诋毁者将自由称为一个"资产阶级"问题并指责"保障自由的权利是消极的"，这是对的。在国家和政府领域，自由意味着对行使警察权力的限制。

如果废除自由的拥护者没有故意造成语义上的混乱，就没有必要详述这一显而易见的事实。他们意识到：公开真诚地争取约束和奴役是没有希望的。"获得自由（liberty）"和"自由（freedom）"的概念具有如此高的声望，以至于任何宣传都无法动摇它们的受欢迎程度。在西方文明领域，自古以来自由就一直被认为是最宝贵的财富。赋予西方显赫地位的正是它对获得自由（liberty）的关注。西方的社会哲学本质上是一种自由哲学。欧洲历史和欧洲移民及其后裔在世界其他地方建立的各个社区的主要内容是争取获得自由（liberty）的斗争。"顽固"的个人主义是我们文明的标志。对个人之自由的公开攻击没有任何成功的希望。

因此极权主义的拥护者们选择了其他策略。他们颠倒了词语的意思。他们将真实的或真正的自由称为"个人在一个除了服从命令之外没有任何其他权利的制度下的状况"。在美国，他们称自己为"真正的自由主义者"，因为他们追求这样一种社会秩序。他们将独裁政府的方法称为"民主"。他们将工会的暴力与胁迫方法称为"工业民主"。他们将新闻自由称为"一种只有政府才能自由出版书籍和报纸的状态"。他们将自由（liberty）定义为做"正确"事情的机会，当然，他们自以为是地决定何为正确、何为不正确。在他们眼中，政府的全能意味着完全的自由。将警察权力从一切束缚中解放出来，才是他们争取自由的真正意义。

这些学说之所以能够取得胜利，是因为它们还没有遇到有效的理性批评。一些经济学家在揭露它们愚蠢的谬论与矛盾方面做得非常出色。但是公众却忽视了经济学的教义。普通政治家和作家提出的反对公有主义的论点，要么十分愚蠢，要么无关紧要。若其他人断言"最重要的'自然'权利是收入平等权"，则坚持"个人对自己的财产拥有所谓的'自然'权利"毫无用处。此类争论永远都无法解决。批评公有主义纲领的非本质的、伴随的特征，这么做并未切入正题。不能通过攻击公有主义者在宗教、婚姻、节育和艺术上的立场来反驳公有主义。此外，在处理此类问题时，公有主义的批评者往往是错误的。

尽管经济自由的捍卫者有这些严重缺点，但若要在公有主义的本质特征方面在所有时间欺骗所有人，这是不可能的事情。最狂热的规划者们被迫承认他们的项目涉及废除人们在资本主义和"富豪民主"下享有的许多自由。迫于巨大的压力，他们采取了一个新的诡计。他们强调：将要废除的自由只是伤害普通人的资本家的虚假"经济"自由而已。在"经济领域"之外，自由不仅会得到充分保护，而且会大大扩展。"为自由而规划"最近成为极权主义政府拥护者们最为流行的口号。

这一论点的谬误源于人类生活与人类行为这两个领域之间的虚假区别，即"经济"领域与"非经济"领域二者彼此完全分离。关于这个问题，在本书前面章节已讲过的话，没有必要再做任何补充了。然而，还有一点需要强调。

在旧自由主义胜利的年代，西方文明的民主国家的人们所享有的自由并不是宪法、权利法案、法律和法令的产物。这些文件的目的只是为了维护自由，而这种自由是由市场经济运作牢固确立，防止受到官员侵犯的。除了支持和捍卫市场经济的基本制度之外，任何政府、任何民法皆无法保证和实现自由。政府总是意味着胁迫和强制，并因此必然成为自由的对立面。政府是自由的保证者，而且只有当其范围被充分限制在维护所谓的"经济自由"上时，它才与自由相容。在没有市场经济的地方，宪法与法律的最善意条款依然是一纸空文。

在资本主义制度下，人的自由是竞争的结果。工人并不依赖于雇主的恩惠。如果他的雇主解雇了他，他就会找到另一个雇主，消费者并不受店主的摆布。如果他愿意，他可以自由光顾另一家商店。没有人必须亲吻别人的手，亦没有人必须害怕别人的不悦。人际关系具有商业化性质。商品和服务的交换是相互的；买卖不是恩惠，而是双方皆在己方自私支配下进行的交易。

诚然，作为生产者，每个人要么直接（例如企业家）、要么间接（例如雇用工人）依赖于消费者的需求。然而，这种对消费者至高无上地位的依赖并不是无限的。如果一个人有很重大的理由反对消费者的主权，他可以尝试一下。在市场的范围内，有一项非常具有实质性且十分有效的抵制压迫的权利。任何人，若其良心反对，则任何人皆不会被迫进入酒类行业或进入枪支工厂。他可能要为他的信念付出代价；在这个世界上，没有任何目的实现是免费的。但是，在物质优势和一个人认为是其职责的召唤之间做出选择，这是由一个人自己决定的。在市场经济中，每个人独自扮演其满意事项的最高仲裁者角色。[1]

资本主义社会没有办法强迫一个人改变其职业或工作地点，只能以更高的报酬奖励那些满足消费者需求的人。正是这种压力，很多人认为是无法承受的，并希望在公有主义制度下予以废除。他们太迟钝了，以至于无法意识到：唯一的选择应该是将决定一个人应该在何行业和何地工作的全部权力移交给当局。

作为消费者，人同样是自由的。他独自决定对他而言什么更重要、什么不那么重要。他根据自己的意愿选择如何花自己的钱。

以经济规划取代市场经济，这么做剥夺了一切自由，只给个人留下了服从的权利。指导所有经济事务的权威控制着一个人生活和活动的所有各个方面。它是唯一的雇主。所有的劳动皆变成了强制劳动，因为雇员必须接受酋长提供给他的任何工作。经济沙皇决定每一个消费者可以消费什么、消费多少。人类生活的任何领域皆不会由个人的价值判断来决定。当局给个人分配一项明确的任务、针对他的岗位工作对他进行培训，并在当局认为合适的地方、以当局认为合适的方式雇用他。

一旦市场经济赋予其成员的经济自由被取消，所有的政治自由和权利法案就都变成了骗局。如果当局以经济上策为借口完全有权将其不喜欢的每一个公民送到北极或沙漠并指派他终身从事"艰苦劳动"，那么人身保护令和陪审团审判就都是虚假的。如果当局控制了所有印刷厂和造纸厂，那么新闻自由就只是一纸空文而已。人的所有其他权利亦是如此。

只要一个人按照自己的计划塑造自己的生活，他就是自由的。一个人，若其命运是由拥有规划专属权力的上级主管当局的计划所决定的，那么在我们这个时代的语义革命带来语言混乱之前，在所有人皆使用和理解的"自由"一词的意义上，一个人并不是自由的。

---

[1] 在政治领域，对既定政府压迫的抵抗是被压迫者的最后手段。不管压迫多么非法和难以忍受，无论造反者的动机多么高尚和崇高，也不论他们暴力抵抗的结果多么有利，它始终是一种非法行为，破坏了国家和政府的既定秩序。公民政府的一个重要标志就是：它是其领土内唯一能够诉诸暴力措施或将其他机构实施的任何暴力行为宣布为合法性质的机构。暴力对抗是公民之间的一种战争行为，它废除了合法性的基础，而且充其量受到有关交战的可质疑国际惯例的限制。如果获胜，它可以随即建立一个新的合法秩序和一个新政府。但它永远无法制定一项合法的"反抗压迫的权利"。对冒险武装抵抗政府武装力量的人的这种有罪不罚无异于无政府状态，而且与任何政府模式皆不相容。

7 财富与收入的不均等

个人在财富与收入方面的不均等是市场经济的一个基本特征。

许多作者皆强调了"'自由'跟'财富与收入均等'并不相容"这一事实。没有必要对这些著作中提出的情绪化论点进行检讨。也没有必要提出"放弃自由本身是否可以保证建立财富与收入均等？"以及"一个社会是否可以在这种均等的基础上存续下去？"的问题。我们的任务只是描述不均等在市场社会框架中所起的作用。

在市场社会中，实行直接强制和胁迫，只是为了防止有损社会合作的行为。其余的个人不会受到警察权力的骚扰。遵纪守法的公民不受狱卒和刽子手的干扰。需要何种压力才能促使一个人为生产的合作努力贡献自己的一份力量，取决于市场的价格结构。这种压力是间接的。它为每个人的贡献增加了一个溢价，而该溢价是根据消费者对该贡献的重视程度进行分级的。在根据个人努力的价值奖励个人所做出的努力时，每个人皆可以在或多或少完全利用自己的才能与能力之间做出选择。当然，这种方法并不能消除固有的个人自卑的弊端。但它为每个人提供了一个激励措施，使每一个人最大限度地发挥其才能与能力。

市场施加的这种财务压力的唯一替代方案是警察权力所施加的直接压力与强制。当局必须被委以一项任务——负责确定每个人必须完成的工作的数量与质量。由于个人的能力是不相同的，因此需要当局对他们的个性进行检查。一个人成为一座监狱的一名囚犯，可以说是被分配了一项明确的任务。若他未能完成当局已经命令他完成的事情，他就有可能受到处罚。

重要的是，要认识到"为预防犯罪而对某个人施加的直接压力"与"为强制某人施展某一特定行为而施加的压力"之间的区别。在前一种情况下，个人所需要的只是避免由法律精确确定的某一行为方式。一般而言，很容易确定是否已观察到某人受到这种禁止。在第二种情况下，个人有责任完成某项明确任务；法律迫使他施展某项不确定的行为，而确定该行为的决定留给行政权。个人必须服从行政当局命令他做的任何事情。行政权下达的命令是否适合他的力量与才能以及他是否已尽其所能遵守该命令，这是极难确定的。每个公民在其性格的所有方面以及其行为的所有表现上皆服从当局的决定。在市场经济条件下，在刑事法庭的审判中，检察官有义务提供充分的证据证明被告有罪。但在履行强制性的工作情况下，被告必须证明——分配给他的任务超出了他的能力范围，或者他已经完成了可以期望他完成的所有事情。行政当局集立法者、法律执行者、检察官和法官职能于一身。被告完全任由他们摆布。这就是人们在谈到"缺乏自由"时所想到的。

任何社会分工制度皆离不开一种"使个人负责各自对共同生产努力作出贡献"的方法。如果这种责任不是由市场的价格结构和由此产生的财富与收入的不均等造成的，那么它必须通过警察机构实行的直接强制方法来强制执行。

8 企业家的盈亏

利润，在广义上是指从行为中获得的收益；它是带来的满足感的增加；它是"所获得的结果所附加的较高价值"与"为达到该结果而做出的牺牲所附加的较低价值"之间的差值；换句话说，它等于收益减去成本。赚取利润始终是任何行为所追求的目标。若一个行为未能达到其所寻求的目的，则收益要么并未超过成本，要么落后于成本。在后一种情况下，结果意味着亏损，也即满足感下降。

在这个原始意义上的利润与亏损是心理现象，因此无法衡量，并且是一种表达方式，可以向其他人传达有关其强度的精确信息。一个人可以告诉他的一位同胞——相较于b，a更适合他；但他无法向另一个人传达——除非用模糊不清的术语——从a获得的满足感到底在多大程度上超过从b获得的满足感。

在市场经济中，所有用货币买卖的东西皆标有货币价格。在货币演算中，利润表现为"收到的货币"超过"支出的货币"的盈余，而亏损则表现为"支出的货币"超过"收到的货币"的盈余。利润与亏损可以用一定数量的货币来表示。可以用金钱来确定一个人获利或亏损了多少。然而，这并不是关于这个人的心理盈亏的陈述。它是关于一种社会现象的一项陈述，是关于个人对社会努力所作贡献按社会其他成员对其贡献所做评价的一项陈述。它并没有告诉我们有关个人满足感或幸福感的增加或减少的任何信息。它仅仅反映了他的同胞对于他对社会合作所作贡献所给予的评价。这种评价最终取决于每个社会成员为获得尽可能高的心理利润所做的努力。它是所有这些人在市场上的行为所表现出的主观性的和个人的价值判断之综合影响的结果。但它绝不能与这些价值判断本身相混淆。

我们甚至无法想象"人们在没有打算获得心理利润的情况下施展行为并且他们的行为既不会导致心理利润也不会导致心理亏损"这样一种事态。[1]在一个

---

[1] 如果一个行为既没有改善也没有损害满意状态，它仍然涉及一种精神损失，因为已耗费的精神努力是无用的。如果有关个人一味享受生活，他将会过得更好。

均匀旋转经济的想象架构中，既无货币利润，亦无货币亏损。但是每个人皆从其行为中获得心理利润，否则他根本不会施展行为。农民饲养奶牛、从奶牛身上挤奶并出售牛奶，因为，相较于他养奶牛所花费的成本，他更看重他用养牛赚到的钱所买到的东西。在这样一个均匀旋转经济体系中没有货币盈亏，这是因为：若我们不考虑当前商品与未来商品相比估值较高所带来的差异，则生产所需的所有互补性生产要素的价格总和正好等于产品的价格。

在不断变化的现实世界中，互补性生产要素的价格总和与产品价格之间的差异一再出现。正是这些差异带来了货币利润和货币亏损。就这类变化会对劳动力的出售者、原始性质生产要素的出售者以及作为放债人的资本家产生影响而言，我们将在后面对这类变化进行讨论。此刻我们正在讨论的是企业发起人的创业盈亏。人们在日常谈话中使用术语"盈亏"时想到的就是这个问题。

像每个行为人一样，企业家始终都是一个投机者。他处理的是未来的不确定状况。他的成功或失败取决于他对不确定事件的预测是否正确。如果他不能正确理解未来的事情，他就注定要失败。企业家利润的唯一来源是他比其他人更好地预测消费者未来需求的能力。如果每个人针对某种商品的未来市场状况进行的预测皆是正确的，那么它的价格以及相关互补性生产要素的价格就已被调整到符合这一未来状况。对于从事这一业务的人而言，既不会出现利润，亦不会出现亏损。

具体的创业功能在于确定生产要素的使用。企业家是将他们自己奉献给特殊目的的人。在这样做的过程中，他完全受赚取利润和获取财富的自私利益所驱使。但他无法逃避市场规律。只有为消费者提供最好的服务，他才能获得成功。他的利润取决于消费者对他所施展的行为的认可。

不得将创业盈亏跟影响创业者收益的其他因素混为一谈。

企业家的技术能力并不会影响具体的创业盈亏。就他自己的技术活动为所赚取的收益做出贡献和增加他的净收入而言，我们面临着对他所做工作支付报酬的问题。这是针对企业家付出的劳动而支付给企业家的工资。"并非每个生产过程都能在技术上成功地产生预期产品"这一事实也不会影响特定的创业盈亏。这种失败要么是可以避免的，要么是不可避免的。在第一种情况下，这种失败是由于做事方面技术上的无效率。那么由此产生的亏损得归咎于企业家的个人不足，即要么归咎于他缺乏技术能力，要么归咎于他没有能力聘请适当的助手。在第二种情况下，失败是由于技术知识的现状使我们无法完全控制成功所依赖的条件。这种缺陷可能要么是由于对成功条件的了解并不完全而造成，要么是由于不知道完全控制某些已知条件的方法而造成的。生产要素的价格考虑到了我们的知识和技术力量的这种不令人满意的状态。例如，耕地价格充分考虑了庄稼歉收的事实，因为它是由预期平均产量所决定的。"爆瓶现象会减少香槟产量"这一事实并不影响企业家的盈亏。它只是决定生产成本和香槟价格的因素之一而已。[1]

影响生产过程、生产资料或仍在企业家手中之产品的事故是生产成本清单中的一项。向商人传达所有其他技术知识的经验，也为他提供了有关此类事故可能导致的物理输出数量平均减少的信息。通过开设应急准备金，他将此类事故的影响转化为常规生产成本。对于预期发生率太低且太无规律而无法由正常规模的单个公司以这种方式处理的意外事件，规模足够大的公司集团采取的一致行动可解决这一问题。各单个公司根据对火灾、水灾或其他类似意外事件造成的损害办理保险的原则进行合作。然后用一笔保险费来代替对一笔应急准备金的拨款。无论如何，事故带来的风险不会给技术流程的实施带来不确定性。[2]如果一个企业家没有及时处理这些风险，那么这一点就可以证明他的技术不足。由此产生的亏损将归咎于所采用的不良技术，而不是归咎于他的企业家功能。

那些未能为其企业提供充分程度技术效率的企业家或因技术无知而有损其成本计算的企业家，对这类企业家的淘汰在市场上的影响跟那些在履行特定企业家功能方面表现不佳的企业家被淘汰的方式相同。一个企业家可能会在他的特定企业家功能上如此成功，以至于他可以弥补因其技术失败而造成的亏损。一个企业家还可以通过其技术优势所产生的优势或通过其使用的生产要素的更高生产率所导致的级差租金所产生的优势来抵消他的企业家功能失败造成的损失。但绝不能混淆在业务单位的经营行为中组合的各种功能。技术上效率更高的企业家比效率较低的企业家赚取更高的工资费率或准工资费率，正如效率更高的工人比效率较低的工人挣得更多一样。机器效率越高、土壤越肥沃，所耗费的单位成本的实物回报就越高；与效率较低的机器和肥沃程度较低的土壤相比，前者会产生级差租金。在其他条件不变的情况下，更高的工资费率和更高的租金是更高实物产出的

---

[1] 参见曼戈尔特（Mangoldt），《企业家利润原则》（*Die Lehre vom Unternehmergewinn*）（莱比锡，1855年），第82页。100升普通葡萄酒并不能生产出100升香槟，而只能生产出不到100升的香槟，同理，100公斤甜菜并不能生产出100公斤糖，而只能生产出不到100公斤糖。

[2] 赖特（Knight），《风险、不确定性和利润》（*Risk, Uncertainty and Profit*，波士顿，1921年），第211—213页。

必然结果。但具体的企业家盈亏并不是由实物产出量产生的。这种盈亏依赖于根据消费者的最迫切需求对产出量进行的调整。产生这种盈亏的是企业家在预测未来（必然是不确定的）市场状态方面成功或失败的程度。

企业家还受到政治危险的威胁。政府政策、革命和战争皆可能破坏或摧毁他的企业。此类事件并不仅仅只对他一个人产生影响；它们影响整个市场经济本身和所有个人，尽管影响程度各不相同。对于单个企业家而言，它们是他无法更改的数据。如果他有效率，他会及时预料到它们。但他并不总是能够调整其经营以避免损害。如果预期的危险只涉及他的企业家活动可以进入的部分领土，那么他可以避免在受威胁的地区开展业务，而可以选择危险不太迫在眉睫的国家。但如果他不能移民，他就必须留在原地。若资本家预料其财产即将被没收，则这种预料将促使资本家消耗他们的资金。企业家将被迫调整他们的计划，以适应这种资本消耗所造成的市场形势以及他们的商店和工厂面临公有化的威胁。但他们不会停止运营。如果一些企业家退出经营，其他企业家就会取代他们——新来的或原有的企业家会扩大其企业的规模。在市场经济中，始终都会有企业家。敌视资本主义的政策可能会剥夺消费者从不受阻碍的企业家活动中获得的大部分利益。但是，如果他们不将市场经济完全摧毁，他们就无法消灭企业家本身。

产生企业家盈亏的最终来源是未来供需格局的不确定性。

如果所有的企业家皆能正确地预测市场的未来状态，那就既不会有利润、亦不会有亏损。今天所有生产要素的价格均已完全适应明天的产品价格。在购买生产要素时，企业家将不得不花费（适当考虑当前商品价格与未来商品价格之间的差异）不低于购买者以后为该产品而支付给他的金额。一个企业家，只有当他能够比其他企业家更准确地预测未来状况时，才能获利。然后，他以低于其销售产品之价格的总金额（包括时间差因素）购买互补性生产要素。

如果我们想要构建一个既无利润也无亏损的不断变化的经济状况的景象，我们就必须求助于一个无法实现的假设：所有个人皆能够对所有未来事件进行完美无瑕的预见。人们习惯上将生产性生产要素的首次积累归功于原始猎人和渔民，如果这些原始猎人和渔民事先知道人类事务的所有未来变迁，而且如果具备同样全知的他们及其所有子孙后代直到判断的最后一天对所有生产要素进行了相应的评估，那么企业家盈亏就永远不会出现了。企业家盈亏是通过"预期价格"与"后来市场上实际确定的价格"之间的差异而产生的。可以将利润没收，并将利润从已将利润计到其名下的个人转移给其他人。但是，无论是利润还是亏损，皆不会从一个并非完全是由全知人所构成的不断变化的世界中消失。

9 进步经济中的创业盈亏

在一个静态经济的想象建构中,所有企业家利润的总和等于所有企业家亏损的总和。一个企业家在整个经济体系中所赚取的利润由另一个企业家的亏损所抵消。所有消费者一起为购置某种商品而多支出的钱,被他们购置其他商品而少支出的钱所抵消。[1]

在一个"持续进步经济"中,情况则不同。

我们称"持续进步经济"为人均资本投资配额不断增加的经济。在使用这一术语时,我们并不暗示价值判断。我们既不采用"这种进步是好的"这种"唯物主义"观点,也不采用"它是坏的或至少从'更高角度'来看是无关的"这种"理想主义"观点。当然,有一个众所周知的事实:绝大多数人认为这种意义上的进步的后果是最理想的事态,并渴望只有在一种持续进步经济中才能实现的状况。

在静态经济中,企业家在发挥其特定功能时,除了撤回生产要素外,无法实现任何其他功能,前提是这些生产要素依然可以从一个业务领域转换[2]到另一业务领域,或者以牺牲行业其他部门为代价,将生产过程中消耗掉的资本商品之等价物的恢复导向行业某些部门的扩张。此外,在持续进步经济中,企业家活动的范围还包括确定对新储蓄所积累的额外资本商品的运用。这些额外资本商品的注入必然会增加所产生收入的总金额,即可以在不减少可用资本从而不减少未来生产产出的情况下所消费的消费品供应的总金额。收入的增加要么是通过在不改变生产的技术方法的情况下扩大生产来实现的,要么是通过在以前资本商品供应不足的条件下不可行的技术方法的改进来实现的。

企业家利润总额超过企业家亏损总额的盈余正是从这种额外财富中流出的。但很容易证明:这种盈余永远不会耗尽经济进步所带来的财富总增长。市场规律将这些额外财富在企业家和劳动力供应者以及某些物质生产要素供应者之间进行分配,使得这些额外财富的大部分份额流向了非企业家群体。

---

[1] 如果我们使用通俗语言中所使用的错误的"国民收入"概念,我们将不得不说国民收入中没有任何部分进入利润。

[2] 资本商品可转换性的问题在后文进行讨论。

首先我们必须认识到：企业家利润并不是一种持久现象，而只是暂时的现象。盈亏逐步消失的一种内在趋势正在盛行。市场始终在走向最终价格和最终静止状态的出现。如果数据的新变化不会中断这种运动，也不会产生对已变化条件进行新的生产调整的需要，那么所有互补性生产要素的价格——考虑到时间偏好因素——最终将等于产品的价格，而不会给利润或亏损留下任何空间。从长远来看，生产力的每一次提高都只会使工人和某些土地所有者和资本商品所有者群体受益。

在资本商品所有者群体中，受益者包括：

1. 那些储蓄增加了可用资本商品数量的人。他们拥有这些额外财富，这是他们克制消费的结果。

2. 先前已存在的资本商品的所有者，由于生产技术手法的改进，其资本商品得到了更好的利用。当然，这样带来的收益只是暂时的。它们必然会消失，因为它们会导致一种相关资本商品之集约化生产的趋势。

另一方面，可用资本商品数量的增加降低了这些资本商品的边际生产力；因此，它导致资本商品价格下降，从而损害了所有那些根本没有参与或没有充分参与储蓄过程和资本商品额外供给积累的资本家的利益。

在土地所有者群体中，所有受益者都是新事态导致其农场、森林、渔业、矿山等土地资源的生产力更高的人。另一方面，由于受益者拥有的土地所产生的收益更高，所有那些财产可能会变得低于收益边际的人皆会受到伤害。

在劳动群体中，所有人皆从劳动的边际生产力的提高中获得持久收益。但是，另一方面，短期内，有些人可能会遭受不利影响。这些人专门从事的工作因技术进步而变得过时，他们只适合从事尽管工资费率普遍上涨但其收入比以前少的工作。

生产要素价格的所有这些变化，均立即开始于旨在调整生产过程以适应新事态的企业家措施的启动。在以市场数据变化之其他问题的处理方式处理这一问题时，我们必须警惕在短期影响和长期影响之间划清界限的流行谬误。短期内发生的恰恰是一系列先后连续转变的第一阶段，而这些转变往往会带来长期的影响。在我们的案例中，长期影响就是企业家盈亏的消失。短期影响是这一消除过程的初步阶段，该过程若不因数据的进一步变化而中断，最终将导致均匀旋转经济的出现。

有一点有必要理解：企业家利润总额超过企业家亏损总额的现象，取决于这样一个事实——消除企业家盈亏的这一过程开始的时间也是企业家们开始根据变化的数据调整生产活动复杂性的时间。在整个事件序列中，从来没有一个瞬间，从可用资本数量的增加和技术改进中获得的好处仅仅只使企业家们受益。如果其他阶层的财富与收入要保持不受影响，这些人只能通过相应地限制他们购买其他产品的方式来购买额外产品。那么一个企业家群体的利润将恰好等于其他企业家群体的亏损。

发生的事情是这样的：开始利用新积累的资本商品和改进的生产技术方法的企业家需要互补性生产要素。他们对这些要素的需求是一种新的额外需求，而这种额外需求必然会提高这些要素的价格。只有在价格和工资费率上升的情况下，消费者才能在不减少其他商品的购买情况下购买新产品。只有这样，所有企业家利润的总和超过所有企业家亏损的盈余才会出现。

经济进步的载体是通过储蓄和改进生产技术方法来积累额外资本商品，而储蓄和改进的实施几乎总是以这种新资本的可用性为条件。进步的推动者希望通过调整事务行为以使消费者尽可能满意的方式来获利而促进企业家。在为了实现进步而开展其各个项目的过程中，他们必须与工人分享进步所产生的好处，也必须与一部分资本家和土地所有者进行这种分享，并且必须逐步增加分配给这些人的份额，直到他们自己的份额完全融化掉。

由此可见，说"利润率"或"正常利润率"或"平均利润率"皆是荒谬的。利润与企业家所使用的资本数量无关，而且利润亦并不依赖这样的资本数量。资本本身并不会"产生"利润。盈亏完全取决于企业家在根据消费者需求调整生产方面的成败。利润中并无任何"正常"的东西，也永远不会有关于它们的"平衡"。相反，盈亏始终是一种偏离"常态"的现象，是一种大多数人无法预见的变化的现象，是一种"不平衡"的现象。它们在常态和平衡的想象世界中没有任何位置。在一种不断变化的经济中，总是存在着一种固有趋势，即利润和亏损会逐步消失。只有新变化的出现才能使它们再次出现。在静态条件下，盈亏的"平均比率"为零。利润总额超过亏损总额，证明了经济在进步、所有阶层人民生活水平在提高。这种超出额越大，一般繁荣的增量就越大。

许多人完全不适合在不沉迷于嫉妒性怨恨的情况下处理企业家利润现象。在他们看来，利润的来源是对工薪阶层和消费者的剥削，即不公平地削减工资费率和同样不公平地提高产品价格。按理说，根本就不应该有任何利润。

经济学对这种武断的价值判断漠不关心。经济学对"从所谓自然法则角度以及所谓永恒不变道德准则角度，利润是应该被批准还是应该被谴责"的问题不感兴趣；关于该问题，个人直觉或神圣启示应该能够传达准确的信息。经济学仅仅确立了"企业家盈亏是市场经济的基本现象"这一事实。没有企业家盈亏，就不可能有市场经济。警察机关当然有可能没收所有利润。但这样一项政策必然会使市场经济陷入一种无谓的混乱。毫无疑问，人拥有毁灭许多事物的力量，而且人在历史进程中充分利用了这一能力。人还可以毁灭市场经济。

如果那些自封的道德家们没有被他们的嫉妒所蒙蔽，他们就不会在处理利润的同时不处理它的必然结果——亏损。他们不会沉默地忽略这样一个事实：经济改善的初步条件是那些储蓄积累了额外资本商品的人和发明者的成就，而利用这些条件来实现经济改善是由企业家来完成的。其余的人没有为进步做出贡献，但他们受益于其他人的活动倾注在他们身上的丰饶之角。

关于持续进步经济的说法，加以必要的变通，适用于持续倒退经济的状况，即人均资本投资配额日益减少的经济。在这样的经济中，企业家亏损的总和超过了企业家利润的总和。无法摆脱"集体"和"整个群体"概念的思维谬误的人，可能会提出这样一个问题：在这样一个持续倒退经济中，怎么可能有任何企业家活动？任何人，若他事先知道从数学角度自己赚取利润的机会比遭受亏损的机会小，那他为何要创办一家企业呢？然而，这种提出问题的方式是错误的。和其他任何人一样，企业家并不是作为一个阶级的成员，而是作为个人。没有任何一位企业家对企业家整体的命运感到哪怕一丝一毫担忧。对于个体企业家而言，理论根据某一特征将他们归类于同一阶级的其他阶级成员身上发生了什么事情是无关紧要的。在活生生的、恒久变化的市场社会中，高效的企业家总是可以赚取利润。"在一种持续倒退经济中，亏损总额超过利润总额"这一事实并不能阻止一个人对自己的卓越效率充满信心。一个有前途的企业家不会参考概率计算，而概率计算在理解领域是毫无用处的。他相信自己比天赋较低的其他人具备更好地理解未来市场状况的能力。

企业家功能——企业家追求利润的奋斗——是市场经济的驱动力。盈亏是消费者在市场上行使其主权的手段。消费者的行为使盈亏出现，从而将生产资料所有权从效率较低的人手中转移到效率较高的人手中。它使一个人在商业活动的方向上越有影响力，他就越能成功地为消费者服务。在没有盈亏的情况下，企业家不会知道消费者最迫切的需求是什么。就算一些企业家能够猜测到它，他们也将缺乏相应调整生产的手段。

营利业务须服从消费者主权，而非营利机构则独立自主且无需向公众负责。为利润而生产必然是为使用而生产，因为只有为消费者提供他们最急需使用的东西，才能获得利润。

道德家和布道家对利润的批评没有抓住重点。消费者——人们，普通百姓——更喜欢的是烈酒而不是圣经，更喜欢的是侦探故事而不是严肃书籍，而政府更喜欢的是枪支而不是黄油，这并不是企业家的错。企业家卖"坏"东西所赚取的利润并不比卖"好"东西所赚取的利润更高。他的利润越大，他就越能成功地为消费者提供他们最强烈要求的东西。人们并不会为了让"酒水资本"开心而喝醉人的饮料，也不会为了增加"死亡商人"的利润而发动战争。军备工业的存在是穷兵黩武好战精神的结果，而不是其原因。

让人们用健全的意识形态代替不健全的意识形态，这并不是企业家的职责。要改变人们的思想和理想，这是哲学家的任务。企业家为今天的消费者服务，无论消费者多么邪恶和无知。

我们可能会钦佩那些本可以从生产致命武器或烈酒中获得收益但却并没有这么做的人。然而，他们值得赞赏的行为只是一种姿态，并无任何实际效果。即使所有企业家和资本家都以他们为榜样，战争和酗酒也不会消失。与前资本主义时代的情况一样，政府会在自己的武器库中生产武器，而酗酒者会自己通过蒸馏法酿造烈酒。

关于利润的道德谴责

利润是通过"调整人力和物质性生产要素的利用以适应条件的变化"而获得的。正是那些从这种调整中受益的人，争先恐后地购买相关产品，并为其提供和支付超过卖方所花费成本的价格，从而产生了利润。企业家利润并不是客户给予那些比反应迟钝的墨守成规者更好地为他服务的供应商的一项"奖励"；这是由于买家急于出价高于同样急于获得有限供应份额的其他人的结果。

公司的股息通常被称为"利润"。实际上，它们是所投资资本的利息加上未投入企业的那部分利润。若企业经营不善，则要么不支付任何股息，要么股息只包含全部或部分资本的利息。

干预主义者将利润与利息称为"不劳而获的收入"，是剥夺工人相当一部分辛劳成果的结果。在他们看来，产品是通过辛劳本身而不是任何其他因素产生的，并且理所当然地应该只使辛劳者受益。

然而，若未借助于利用先前储蓄和资本积累的结果，则仅凭劳动的产出将微乎其微。产品是具有先见之明的企业家设计指导下的劳动与工具及其他资本商品合作的产物。其储蓄积累了资本并维持着资本的储蓄者，以及将资本引导到能为消费者提供最佳服务的运用领域的企业家，对于生产过程而言，跟辛劳者一样不可或缺。将整个产品完全归功于劳动提供者，而悄无声息地忽略资本提供者和企业家思想提供者的贡献，这是荒谬之举。产生可使用商品的并不是体力劳动本身，而是由人类思想恰当地引导到一个明确目标的体力劳动。资本商品的作用越大（随着普遍福利的提高），它们在生产要素合作中的利用效率越高，对单纯从事日常体力工作的浪漫颂扬就变得越荒谬。过去200年间取得的惊人经济进步，是提供所需资本商品的资本家以及技术专家精英和企业家精英取得的成就。体力劳动者群众受益于他们不仅没有产生反而往往试图阻止发生的变化。

对消费不足难题与购买力论的一些看法

说到消费不足，人们的意思是描述一种状态，在这种状态下，一部分生产出来的商品无法被消费，因为可以消费这些商品的人由于贫困而无法购买这些商品。这些商品始终未售出，或只能以低于生产成本的价格进行交换。因此，各种混乱和扰乱就产生了，其总体复合状态被称为"经济萧条"。

现在，企业家在预测市场的未来状态时一次又一次地犯错。他们不去生产消费者需求最为强烈的商品，而去生产不太急需的商品或根本无法出售的商品。这些效率低下的企业家将蒙受亏损，而准确预料消费者意愿的效率更高的竞争对手则将获得利润。效率低下企业家的亏损并不是由于公众普遍不买东西造成的，而是因为公众更喜欢购买效率更高企业家所生产的其他商品造成的。

如果确实如消费不足的荒诞说法所暗示的那样，工人太穷乃至无法购买产品，因为企业家和资本家不公平地将按理说应归工薪者所有的东西据为己有，那么事态就不会改变。"剥削者"不应该从纯粹的肆意放纵中进行剥削。有人暗讽：他们希望以牺牲"被剥削者"为代价来增加其自己的消费或其自己的投资。他们不会从宇宙中撤回他们的战利品。他们要么将战利品用于为自己的家庭购买奢侈品，要么将战利品用于购买生产者商品以扩大其企业。当然，如果他们的利润被没收并在工薪阶层之间进行分配，那么他们的需求就会指向工薪阶层会在这种情况下购买之商品以外的那些商品。在这种"剥削"造成的各类商品市场状况方面，企业家所犯的错误跟任何其他企业家的缺陷并无任何不同。企业家所犯错误导致低效率企业家遭受的亏损正好被高效率企业家赚取的利润所抵消。它们使业务对某些行业群体不利,而对其他行业群体有利。它们不会导致普遍的贸易萧条。

消费不足的荒诞说法是毫无根据的自相矛盾的胡言乱语。一旦人们开始对它进行检讨,它的推理就会崩溃。即使有人仅仅为了争论而认可"剥削"学说是正确学说,也是站不住脚的。

购买力论点的运行方式略有不同。它认为工资费率的提高是扩大生产的一个先决条件。若工资费率不上升,企业就没有必要增加所生产商品的数量并提高其质量。因为额外的产品将找不到任何买家,或者只能找到限制他们自己购买其他商品的那些买家。实现经济进步首先需要的是使工资费率持续上升。政府或工会以"强制执行更高工资费率"为目标的压力和强制措施是取得进步的主要手段。

如上所述,企业家利润总额超过企业家亏损总额现象的出现跟如下事实密不可分:源于可用资本商品数量增加和源于技术程序改进的收益属于非企业家群体。互补性生产要素——首先是工资费率——价格上涨,既不是企业家不管愿意还是不愿意必须向其他人做出的一个让步,也不是企业家为了赚取利润而采取的一个巧妙手段。企业家为了赚取利润而调整消费品供给以适应新形势所做的努力必然会产生的一系列接连发生的事件中不可避免的必然现象,导致企业家利润超过企业家亏损的同一过程首先——在这种超额出现之前——导致出现一种工资费率和许多物质性生产要素价格上涨的趋势。而且,如果不发生进一步的变化(增加可用资本商品数量),那么在进一步的事件过程中,同样的过程将使这种利润超过亏损的现象消失。利润超过亏损,这并不是生产要素价格上涨的结果。这两种现象——生产要素价格上涨和利润超过亏损——皆是生产调整过程中的步骤,而这种调整旨在适应资本商品数量的增加和企业家行动所启动的技术变革。只有在其他人口阶层因这种调整而富足的情况下,才能暂时产生利润超过亏损的现象。

购买力论证的基本错误在于误解了这一因果关系。当考虑到工资费率的上升是带来经济改善的力量时,事情就天翻地覆了。

我们将在本书稍后阶段讨论政府和有组织的劳工暴力试图强制执行高于不受阻碍市场所确定工资费率的后果。在这里我们必须再添加一个解释性备注。

当谈到利润与亏损、价格和工资费率时,我们想到的总是实际损益、实际价格和实际工资费率。正是货币术语与实物术语之间的任意互换,使许多人误入歧途。这一问题也将在后面章节中详尽地加以讨论。让我们顺便提一下,实际工资费率的上升与名义工资费率的下降是相容的。

10 发起人、经理、技术人员和官僚

企业家雇用技术人员，即具备能力和技能执行特定种类和数量工作的人。技术人员类别包括伟大的发明家、应用科学领域的领军人物、施工人员和设计师以及最简单任务的执行者。只要企业家自己也参与其计划的技术执行，那么企业家也加入了技术人员的行列。技术人员贡献自己的辛劳和劳神费力；但是，正是企业家以企业家的角色将技术人员的劳动引向明确的目标。企业家本人扮演的可以说就是"消费者的受托人"这一角色。

企业家并非无所不在。他们自己无法完全独立处理他们肩负的各种任务。调整生产以尽可能最好地向消费者提供其最迫切需要的商品，并不仅仅在于确定资源利用的总体计划。当然，这无疑是发起人和投机者的主要职能。但除了大调整之外，许多小调整亦是必要的。每一个小调整皆可能看起来微不足道且对整体结果几乎没有什么影响。但是，许多这些小问题中所存在缺点的累积效应可能会完全阻碍大问题正确解决的成功。无论如何，可以肯定的是，每一次未能处理较小的问题，皆会导致稀缺生产要素的浪费，从而损害消费者可能有的最佳满意度。

重要的是要设想我们所考虑的问题在哪些方面不同于技术人员的技术任务。企业家在就总体行动计划做出决定时所着手的每个项目的执行皆需要许多微小的决定。每一个此类微小决定皆须以如下方式进行：在不干扰整个项目的总体规划设计的情况下，优先选择最经济划算的问题解决方案。它必须以与总体计划相同的方式避免耗费不必要的多余成本。技术人员从其纯粹技术角度要么可能看不到解决此类细节的各种方法所提供的替代方案之间有任何差异，要么可能会因其中某一方法的物理产出量更大而优先选择该方法。但企业家则是由利润动机所驱动的。这促使他倾向于选择最经济划算的解决方案，即"避免使用一旦运用则会损害消费者更强烈需求之满足的生产要素"的解决方案。在技术人员保持中立的各种方法中，企业家会更偏好应用成本最低的方法。若他的计算表明产量增加所带来的收入并不会弥偿所需成本的增加，则他可能会拒绝技术人员提出的"选择一种成本更高的方法来确保更大的物理产出量"的建议。不仅在重大决策和计划中，而且在日常事务中出现的小问题的日常决策中，企业家均须履行其"调整生产以适应反映在市场价格中的消费者需求"这项任务。

市场经济中实行的经济计算，尤其复式记账制度，使得企业家可以免于身陷过多细枝末节的琐事。他可以全身心地投入到他的重大任务之中，而不会被任何凡人视线范围之外的众多琐事所纠缠。他可以任命多位助理，将下一级的企业家

职责委托给这些助理来履行。反过来，这些助理也可以根据同样的原则，任命自己的助手来帮助履行更小范围的职责。这样，一个整体管理分层架构就可以建立起来了。

经理可以说是企业家的初级合作伙伴，无论企业家雇用他的合约条款和薪酬条款如何。唯一相关的是，经理自己的经济利益迫使他尽其所能去完成在有限且精确确定的行为范围内分配给他的企业家功能。

正是复式记账制度使得管理系统的运作成为可能。正是因为有了它，企业家才能将其整个企业的每个部分的计算分开，这样他就可以确定它在整个企业中所扮演的角色。因此，他可以将每个部分皆视为一个单独实体，并可以根据它对整个企业成功的贡献来评估它。在这个业务计算系统中，公司的每个部门皆代表一个完整实体，可以说是一个假设的独立业务单元。假定这个部门"拥有"企业所用全部资本的一个特定部分，它从其他部门购买产品然后将产品出售给其他部门，它有自己的费用和收入，它的交易要么导致利润、要么导致亏损，而此等盈亏归因于它有别于其他部门业绩的做事效率。因此，企业家可以为每个部门的管理分配很大程度的独立性。他对他委托管理一项划定界限工作的人下达的唯一指令就是尽可能多地赚取利润。对账目的检查可显示经理们在执行该指令方面有多么成功或有多么失败。每个经理和副经理皆对其部门或子部门的工作负责。若账目显示盈利，那就是他的功劳，但若账目显示亏损，那就归咎于他的过错。他自己的利益促使他在处理本部门的事务时耗费最大心血、尽最大努力。如果他蒙受亏损，他将被企业家期望经营更成功的人所取代，或者他所在的整个部门将被终止运营。无论如何，这位经理将失去工作。如果他成功地赚取利润，他的收入就会增加，或者至少他不会有失去收入的危险。一位经理是否有权分享归属于其部门的利润，对于他在其部门的交易结果中获得的个人利益而言并不重要。无论如何，他的福利跟他所在部门的福利密切相关。他的任务并不像技术人员那样——技术人员的任务是按照一定的规律去做一定的工作。他的任务是在他可自行酌情决定的有限范围内，调整他所在部门的运作，以适应不断变化的市场状况。当然，正如一个企业家可将他个人的企业家功能和一个技术人员的功能结合起来一样，经理也可以进行这种各种不同功能的结合。

管理功能始终服从于企业家功能。管理功能可以免除企业家的部分次要职责，但它永远不能演变成企业家精神的替代品。相反的谬误是由于错误地混淆了企业家精神的范畴，因为它是在功能分配的想象建构中以活生生的、运作中的市场经济条件进行定义的。企业家的职能离不开利用生产要素完成一定任务的方向。企业家控制着生产要素；正是这种控制为他带来了企业家利润或企业家亏损。

可以通过按经理所在部门对企业家所赚取利润的贡献，按比例为经理的服务支付报酬的方式来奖励经理。但这无济于事。正如已指出的，经理在任何情形下皆对委托他负责照管的那部分业务的成功感兴趣。但不能要求经理对由此造成的亏损负责。这些亏损由所用资本的所有者承担。它们不能转移到经理头上。

社会可以自由地将对资本商品进行可能的最佳运用这一照管责任留给资本商品的所有者。这些所有者在开展特定项目时暴露了他们自己的财产、财富和社会地位。对于创业活动的成功，他们比整个社会更感兴趣。对于整个社会而言，在某一特定项目上所投入资本的浪费只是亏损了整个社会资金总额的一小部分而已；但对于所有者而言，亏损比例就大得多了，在很大程度上甚至亏损掉的是他的全部财产。但是，如果经理获得"一只完全自由的手"，情况就不同了。他用别人的钱冒险投机。他从另一个角度——而不是从亏损承担者的角度——看待一个不确定企业的前景。正是当他获得一份利润作为其奖励时，他才变得鲁莽，因为他也没有分担亏损。

"管理是企业家活动的全部，而且管理是企业家精神的完美替代品"这一错觉，是对公司——当今商业的典型形式——状况误解的产物。有人断言，公司是由受薪经理经营的，而股东只是被动的旁观者而已。所有权力均集中在受雇员工手中。股东闲置无用；他们收获的是经理们播种的东西。

该学说完全无视资本和货币市场、股票和债券交易所在公司业务指导方面所起的作用。这个市场的交易被流行的反资本主义偏见标记为危险游戏——仅仅是赌博而已。事实上，普通股、优先股和公司债券价格的变化正是资本家对资本流动进行最高控制的手段。由资本和货币市场以及大型商品交易所的投机操作决定的价格结构不仅决定了每家公司开展业务的可用资金数量；它还创造了一种经理必须对其业务作详细调整的事态。

一家公司开展业务的总体指导是由股东及其选定的受托人——董事来施行的。董事负责任命和解雇经理。在规模较小的公司中，有时甚至在规模较大的公司中，董事职务和经理职务常常合并在同一个人身上。一家成功的公司最终永远不会被聘请的经理所控制。无所不能的经理阶层的出现并不是自由市场经济的现象。相反，它是干预主义政策的产物，而这些政策有意识地旨在消除股东的影响并实际上没收他们的财产。在德国、意大利和奥地利，这是朝着以政府对商业的控制取代自由企业的道路上迈出的第一步，正如英国在英格兰银行和铁路方面的情形一样。类似趋势在美国公用事业中也很普遍。公司业务的非凡成就并不是受薪经理寡头统治活动的结果；它们是由通过拥有公司相当一部分或大部分股票的所有权而与公司发生联系的人以及被部分公众贬斥为"发起人"和"牟取暴利者"的人实现的。

企业家在没有任何经理干预的情况下单独决定在哪些业务领域运用资本以及运用多少资本。他决定企业整体业务及其主要部门在规模上的扩张和收缩。他决定企业的财务结构。这些是有助于开展业务的基本决策。在公司以及其他类型的企业法律结构中，它们始终属于企业家的职责范围。在这方面向企业家提供的任何协助皆只是辅助性质的协助；他从法律、统计和技术领域专家那里获取有关过去事态的信息；但蕴含对市场未来状态之判断的最终决策仅由他一个人负责进行。然后可将其项目之细节任务的执行委托给经理来完成。

对于市场经济的运行来说，经理精英的社会功能跟发明家、技术人员、工程师、设计师、科学家和实验者等精英的功能一样不可或缺。在经理行列中，许多最杰出的人士为经济进步事业服务。成功的经理获得高薪报酬，而且其报酬通常是企业毛利润的一个份额。他们中的许多人在其职业生涯中成为了资本家和企业家。尽管如此，经理功能与企业家功能并不相同。

如同将"管理"与"劳动"对立起来这一严重错误的流行做法一样，将"企业家精神"与"管理"等同起来亦是一个严重的错误。当然，这种混淆是故意的。它旨在掩盖这样一个事实：企业家精神的功能跟那些关注商业行为的次要细节的经理的功能完全不同。业务结构、对各生产部门和各企业的资本分配、每个工厂和商店的规模与经营范围皆被视为既定事实，而且这意味着不会对它们做出任何进一步的改变。唯一的任务就是按照老套路继续下去。在这样一个静态世界里，当然不需要创新者和发起人；利润总额刚好被亏损总额抵消。为了打破这一学说的谬误，只需将1960年的美国商业结构与1940年的美国商业结构作比较即可。

此外，还有一种将经理与官僚混为一谈的倾向。有别于利润管理的官僚管理，是在行政事务开展过程中应用的方法，其结果在市场上无任何现金价值。成功履行赋予警察局的职责对于维护社会合作和造福社会每个成员来说皆至关重要。但成功履行赋予警察局的职责在市场上没有价格，不能进行买卖；因此，成功履行赋予警察局的职责无法解决为保障职责的成功履行所作努力过程中发生的费用。它会带来收益，但这些收益并不会反映在可用货币表达的利润中。经济计算方法，尤其是复式记账法，并不适用于警察局。警察局活动的成败，无法按照营利业务的算术程序来加以确定。没有任何会计师可以确定警察局或其分支机构之一是否已取得成功。

营利性工商企业的每一个部门将要花费资金的金额，是由消费者的行为决定的。若汽车工业要使所用资本增加两倍，它肯定会改善它为公众提供的服务。市场上会有更多汽车提供给公众。但是，汽车工业的这种扩张将会抑制其他生产部门的资本，而这些部门本可以满足消费者更为迫切的需求。这一事实将使汽车工业的扩张变得无利可图，并增加其他业务部门的利润。在他们努力争取可获得的最高利润的过程中，企业家们被迫在不损害消费者更迫切需求之满足的情况下，只将尽可能多的资本分配给每个业务部门。因此，企业家活动可以说是自动地受消费者意愿的指导，因为这些意愿反映在消费品的价格结构中。

执行政府活动承担之任务所用资金的分配不受此限制。毫无疑问，通过将预算拨款增加两倍，纽约市警察局提供的服务可以得到显著的改善。但问题是：这种改善是否足以证明限制其他部门提供的服务（例如卫生局的服务）或限制纳税人的私人消费是正当的呢？这一问题不能用警察局的账目来回答。这些账目仅提供已发生费用的信息。这些账目无法提供关于所得结果的任何信息，因为这些结果不能以货币等价物来表示。公民必须直接确定他们想要获得并准备为其付款之服务的数量。公民通过选举准备遵照其意图的议员和公职人员来完成这项任务。

因此，一个城市的市长以及该市各部门的负责人受到预算的限制。他们不能自由地采取他们自认为对公民必须面对的各种问题最为有益的解决方案。他们必须将分配的资金作为预算分配给这些资金的目的。他们不得将特定用途的资金用于其他任务。公共行政领域的审计跟营利性工商企业领域的审计完全不同。公共行政领域的审计，其目标是确定分配的资金是否已严格按照预算规定使用。

在营利性工商企业中，经理和副经理的自行决定权受到盈亏考虑因素的限制。利润动机是使他们屈从于消费者意愿所需的唯一指令。毫无必要通过细致入微的指示与规则来限制他们的自行决定权。如果他们效率很高，那么这种对细节的干涉，就算不至于束缚他们的双手，充其量也是多余的。如果他们效率低下，这种干涉也不会使他们的活动更为成功。它只会为他们提供一个蹩脚的借口——失败是由不适当规则造成的。唯一需要的指示是自己理解的指示，而且并不需要被特别提到：寻求利润。

在公共行政管理中，在政府事务的开展中，情况就不一样了。在这一领域，公职人员及其下属的自行决定权并不受盈亏考虑因素的限制。如果他的拥有最高权力的老板——无论他是至高无上的人民还是至高无上的暴君——任由他们自由支配，那么拥有最高权力的老板放弃自己的至高无上的地位将于他们有利。这些官员将成为不负责任的代理人，而且他们的权力将取代人民或暴君的权力。他们会做让他们愉悦的事情，而不是他们老板希望他们做的事情。为了防止这种结果并使他们服从其老板的意志，有必要给他们详细的指示，以规范他们各个方面的行为。然后，严格遵守这些规章制度来处理所有事务成为他们的职责。他们调整自己的行为以适应这些规章制度的限制，而放弃对某一具体问题之最合适解决方案的自由裁量权。他们是官僚，即在任何情况下皆须遵守一套僵化规定的人。

官僚主义，就是必须遵守上级机关制定的详细规章制度的行为表现。它是利润管理的唯一备选方案。利润管理不适用于从事在市场上无现金价值的事务，也不适用于亦可基于利润开展经营的非营利性事务。前者是胁迫与强制的社会机器进行行政管理的情形；后者是非营利机构（例如学校、医院或邮政系统）行为的情形。每当一个系统的运行不受利润动机的指导时，它就必然受官僚规则的指导。

官僚主义本身并不邪恶。它是处理政府事务的唯一适当方法，也是强制与胁迫的社会机器。由于政府是必要的，因此官僚主义在这个领域同样是必要的。在经济计算不可行之处，官僚方法必不可少。干预主义政府必须将它们应用于所有事务。

任何企业，无论其规模或具体经营任务如何，只要其完全以盈利为基础进行运营，就不会变得官僚化。但是，一旦它放弃了逐利并代之以所谓的"服务原则"——提供服务而不考虑为它们获得的价格是否足以支付费用——它就必须用官僚方法来代替企业家管理的方法。[1]

11 选择过程

市场的选择过程是由市场经济所有成员的共同努力所驱动的。受尽最大可能消除自己不安感的渴望所驱使，一方面，每个人皆致力于达到他可以为其他所有

---

[1] 对于所涉及问题的详细处理，参考米塞斯，《官僚主义》（Bureaucracy，纽黑文，1944年）。

人的最佳满足做出最大贡献的位置，另一方面，每个人也皆致力于最大限度利用其他所有人提供的服务。这意味着他试图在最昂贵的市场上卖出并在最便宜的市场上买入。这些努力所产生的结果不仅有价格结构，而且同样有社会结构，导致明确的任务分配给不同的个人。使人变得富有或贫穷，决定由谁来经营大工厂、由谁来擦地板，决定多少人应在铜矿工作、多少人应在交响乐团工作——这一切皆是市场的功劳。任何一项此等决定皆非一劳永逸的决定；它每天皆可撤销。选择过程永远不会停歇。它持续调整社会生产机器，以适应需求与供给的变化。它一次又一次地审查其先前的决定，并迫使每个人皆接受对其个案所作的新审查。既无任何保障，亦无任何所谓权利来保留过去获得的任何职位。没有任何人可以不受市场规律——消费者主权——的约束。

生产资料的所有权并不是一项特权，而是一项社会责任。资本家和地主不得不使用他们的财产来尽可能满足消费者的需求、使消费者尽可能地满意。如果他们在履行其职责时行动迟缓、表现无能，就会受到亏损的惩罚。如果他们不吸取教训并且不改变他们的行为方式，他们就会失去手中的财富。没有任何投资是永远安全的。不以最有效方式利用其财产为消费者服务的人，注定要失败。想在赋闲懒散和轻率言行中享受财富的人，已经没有任何生存空间。资本所有者必须致力于以本金和收益至少不受损的方式投资他的资金。

在种姓特权和贸易壁垒时代，曾经有不依赖于市场的收入。王子和领主靠牺牲地位卑贱的奴隶和农奴的利益为代价而生活，而这些奴隶和农奴欠他们什一税、法定劳动和贡品。土地所有权只能通过征服的方式或者通过征服者的慷慨赠与而获得。它只能通过捐赠者的放弃或另一个征服者的征服而被没收。甚至后来，当领主及其臣仆开始在市场上出售他们的盈余之物时，他们也不会因更有效率之人的竞争而被赶下台。竞争仅在非常狭窄的范围内是自由的。庄园的购置权属于贵族，城市不动产的购置权属于乡镇公民，农田的购置权属于农民。艺术和手工艺领域的竞争受到行会的限制。消费者无法以最廉价的方式满足自己的需求，因为价格控制使得卖家不可能出价过低。买家受其供应商的摆布。若享有特权的生产者拒绝使用最充足的原材料和最有效的加工方法，消费者就不得不忍受这种固执和保守的后果。

依靠自己耕作所获果实完全自给自足的地主，独立于市场而生存。但是现代农场主购买设备、化肥、种子、劳动力以及其他生产要素并销售农产品，是受市场规律支配的。他的收入取决于消费者，而且他必须根据消费者的意愿调整其经营。

市场的选择功能也对劳动力起作用。工人被那种他可以期望挣得最多薪水的工作所吸引。与物质生产要素的情况一样，劳动力要素也被分配到能够为消费者提供最佳服务的那些工作中。若更为紧迫的需求依然未获满足，则普遍存在"不浪费任何数量的劳动力来满足较不紧迫的需求"的趋势。像所有其他社会阶层一样，工人服从于消费者的至高无上地位。如果他不服从，他将会受到收入削减的惩罚。

企业家和促进者也并未形成一个完整的社会阶级。若每个人皆依靠自己比同胞更好地预测未来市场状况的能力，并且若他试图自担风险、自担责任的尝试得到消费者的认可，则每个人皆可以自由地成为发起人。一个人进入发起人的行列，其方式是：自发地将其事业向前推进，并因此服从市场对每个想要成为发起人或保持这一杰出地位之人的考验，而这种考验对每个人皆一视同仁。每个人皆有机会抓住他的机会。新来者无需翘首等待任何人的邀请或鼓励。他必须依靠自己向前跃进，必须自己知道如何提供所需的手段。

一直以来人们一再争辩说，在"晚期"或"成熟"资本主义条件下，一文不名之人不再可能爬上财富和企业家地位的阶梯。从来没有人试图证明这一论点。自从该论点首次提出以来，企业家和资本家群体的构成已发生很大变化。很大一部分以前的企业家以及他们的继承人已被淘汰，而其他人——新来者——已取代他们的位置。诚然，在过去的数年里，一些制度是有目的地发展起来的，而如果不很快加以废除，这些制度就会使市场在各个方面皆无法发挥作用。

消费者选择工业和商业领袖的角度，完全是工商业领袖是否具备根据消费者需求调整生产的资格。消费者并不关心其他功能和优点。他们希望制鞋商能制造出物美价廉的鞋子。他们无意将鞋业的经营委托给潇洒英俊、和善可亲的小伙，亦无意将之委托给有良好客厅礼仪、艺术天赋、学术习惯或任何其他美德或才能的人。一个精通经营之道的商人可能经常缺乏许多成就，而这些成就有助于一个人在其他生活领域取得成功。

如今，抨击资本家和企业家是极为寻常的事。一个人很容易嘲讽那些比自己更富裕的人。他认为，这些人之所以更富有，仅仅是因为他们没有他那么谨小慎微。如果他没有因适当考虑道德和体面的法则而受到限制，他的成功将不亚于他们。因此，人们以自鸣得意和法利赛人自以为是的光环为荣。

现在，在干预主义带来的条件下，许多人确实可以通过贪污贿赂获取财富。

在许多国家，干预主义已经严重削弱了市场的至高无上地位，以至于商人依靠政界人士的帮助比依靠对消费者需求的最佳满足更为有利。但批评他人财富的那些流行批评家心中所想的并不是这个。他们认为，在一个纯粹市场社会中获取财富的方法从伦理角度来看是令人反感的。

针对这样的说法，有必要强调的是，只要市场的运行不受政府干预和其他胁迫因素的破坏，那么商业上的成功就是为消费者提供服务的证明。穷人在其他方面不必逊于富商；他有时可能在科学、文学和艺术成就或公民领导力方面表现出色。但是在社会的生产体系中，穷人的表现就逊色多了。创造性天才对商业成功的蔑视也许是对的。如果他不喜欢其他事情而专注于经商，他可能会在经商方面飞黄腾达。但是那些吹嘘自己道德优越的职员和工人却是在自欺欺人，并在这种自欺欺人中找到慰藉。他们并不承认——他们已被他们的同胞——消费者——考验过，并被发现他们不行。

人们经常断言：穷人在市场竞争中的失败是由于其缺乏教育造成的。据说，只有让所有人皆能接受各级教育，才能做到机会平等。当今盛行的一个趋势是：将不同人之间的所有差异皆缩减到他们的教育上，并否认在智力、意志力和性格方面存在与生俱来的不均等。人们普遍没有意识到，教育只能灌输已经发展起来的理论和思想。教育，无论它可能带来何种益处，皆是传统学说和估值的传播；它必然是保守的。教育产生的是模仿和常规，而不是改进和进步。学校无法培养出创新者和创造性天才。而他们正是违背学校向其传授内容之人。

为了在商业上取得成功，一个人并不需要工商管理学院颁发的学位。这些院校培养的只是从事日常工作的部下而已。这些院校当然并不能够培养企业家。一个企业家是无法培养的。一个人是在抓住机会和填补空白的过程中才成为企业家的。这种敏锐判断力、远见和能量的展现并不需要特殊的教育。若以教师的职业学术标准来衡量，最成功的商人往往并没有受过什么教育。但他们的重要性等同于他们所具备的调整生产以满足最紧迫需求的社会功能。由于这些优点，消费者选择他们作为商业领导者。

12 个人与市场

人们习惯上用比喻方式谈论驱动市场"机制"的自动、无名的力量。在使用这样的比喻时，人们已经准备好无视这样一个事实：指导市场和决定价格的唯一因素就是人的有目的行为。没有任何自动性；只有有意识地、刻意追求所选择目的的人。没有任何神秘的机械力；只有旨在消除不安的人的意志。没有任何无名氏；有你和我、张三和李四，以及所有其他人。我们每个人既是生产者，亦是消费者，概莫能外。

市场就是一个社会实体；而且它是最重要的社会实体。市场现象就是社会现象。这些现象是每个人积极贡献的结果。但这些现象不同于每一种这样的贡献。在个人看来，这些现象是他自己无法改变的既定事物。他并不总是明白——他自己就是决定市场每一个瞬间状态的要素复合体的一部分，尽管只是一小部分。因为他并没有意识到这一事实，所以他觉得，自己在批评市场现象时可以自由地针对他的同胞谴责某一行为方式，而针对他自己时他就认为该行为方式完全正确。他将市场对人的麻木不仁和漠视归咎于市场，并要求对市场进行社会控制以使其"人性化"。他一方面要求采取措施来保护消费者免受生产者的侵害。但另一方面，他更加热情地坚持保护自己作为生产者免受消费者侵害的必要性。这些矛盾要求的结果就是现代的政府干预方法，其中最为突出的例子就是德意志帝国的"社会政策（Sozialpolitik）"和美国的"新政"。

"保护效率较低生产者免受效率较高生产者的竞争是公民政府的一项合法任务"，这是一个古老的谬论。有人要求不同于"消费者政策"的"生产者政策"。在夸张地重复"生产的唯一目的就是为消费提供充足的供应"这一自明之理的同时，人们以同样的雄辩强调——应该保护"勤奋的"生产者免受"闲散的"消费者的侵害。

然而，生产者和消费者是相同的人。生产和消费只是行为的不同阶段而已。交易经济学在谈到生产者和消费者时体现了这些差异。但实际上二者是相同的人。当然，保护效率较低生产者免受效率较高生产者的竞争，这是可能做到的事情。这样一项特权将不受阻碍的市场只提供给那些成功地以最佳方式满足消费者需求之人的利益传递给特权者。但这必然会损害消费者需求的满足。如果只有一个生产者或一小群人享有某项特权，那么受益者会以牺牲其他人的利益为代价来享受某项优势。但是，如果所有生产者皆享有同等程度的特权，那么每个人作为消费者身份损失的就恰好跟他作为生产者身份获得的一样多。此外，如果阻止最有效率的人在他们可以为消费者提供最佳服务的领域中运用他们的技能，那么所有人皆会受到伤害，因为产品供应会下降。

如果一位消费者认为"为国内谷物支付比从国外进口的谷物更高的价格，或者为在由小企业经营或雇用工会工人的工厂加工的产品比为其他来源的产品支付更高的价格，这么做是合宜的或对的"，那么他可以自由地这么做。他只需要让自己确信：供出售的商品符合他考虑更高价格所依赖的条件。禁止假冒原产地标签和商标的法律，将成功实现关税、劳工立法和授予小企业的特权所要达到的目的。但毫无疑问，消费者并没有准备好以这种方式施展行为。若一款商品物美或价廉或二者兼而有之，则将该款商品标记为进口商品并不会影响其适销性。通常，购买者希望以尽可能便宜的价格购买，而不考虑物品的来源或生产者的某些特定特征。

今天在世界各地实行的生产者政策的心理根源在于站不住脚的经济学说。这些学说断然否认"授予效率较低生产者的特权将会给消费者带来负担"。他们的拥护者争辩说：此类措施只对他们歧视的人有害。当进一步施压时，他们被迫承认"消费者也受到了损害"，同时他们坚持认为"消费者的损失远远超过相关措施必然会带来的其货币收入的增加额"。

因此，在欧洲以工业为主的国家，保护主义者首先急于宣称：农产品关税完全损害了以农业为主的国家的农民和粮食经销商的利益。可以肯定的是，这些出口利益亦受到了损害。但同样可以肯定的是，采用关税政策的国家的消费者正在遭受损失。他们必须为其食物支付更高的价格。当然，保护主义者反驳说，这并不是一项负担。他认为，这是因为国内消费者支付的额外金额增加了农民的收入及其购买力；他们会将全部盈余用于购买更多由非农业人口阶层生产的产品。只需引用一个众所周知的轶事，这个谬论就很容易被攻破。这个轶事是：一个人走进一家旅馆，向旅馆老板乞讨十元钱，并告诉老板这么做不会让他吃任何亏，因为这个行乞者答应在他的旅馆里花掉这十元钱。但尽管如此，保护主义的谬论还是控制了舆论，仅此一点就解释了受其启发之措施的受欢迎程度。许多人根本没有意识到：保护的唯一效果是将生产从其可产生更多耗费单位资本和劳动力的那些地方转移到其可产生更少耗费单位资本和劳动力的地方。它使人们变得更加贫穷，而不是更加富裕。

现代保护主义和每个国家争取经济自给自足的最终基础在于如下错误信念：它们是使每个公民或至少是绝大多数公民变得更富有的最佳手段。在这方面，"财富"一词意味着个人实际收入的增加和个人生活水平的提高。诚然，国家经济隔绝政策干涉国内工商业的必然结果，它是好战倾向的结果，亦是产生这些倾向的因素之一。但事实依然是：如果不能让选民相信"保护不仅不会损害他们的生活水平，而且会大大提高他们的生活水平"，那么就永远不可能向选民兜售关于"保护"的想法。

强调这一事实很重要,因为它彻底戳穿了许多流行书籍所传播的神话。据这些神话所言,当代人不再被改善其物质福利和提高其生活水平的愿望所驱使。经济学家的相反断言是错误的。现代人优先考虑"非经济的"或"非理性的"事物,并准备在物质改善阻碍那些"理想的"关注的情况下放弃物质改善。从"经济的"角度来解释我们这个时代发生的各种事件并就所谓蕴含的经济谬误批评当前的意识形态,这是一个严重的错误,而这种错误在经济学家和商人中很常见。比起美好的生活,人们更渴望其他的东西。

对于我们这个时代的历史,几乎不可能有比这更粗鲁的曲解了。我们的同时代人被渴望获得更多便利设施的狂热所驱使,被无拘无束享受生活的欲望所驱使。我们这个时代的一个典型社会现象是压力集团——由渴望通过运用合法或非法、和平或暴力的一切手段来促进自己物质福祉的人们所组成的联盟。对于压力集团而言,只有增加其成员的实际收入才重要,除此之外,别无其他要紧的事。压力集团不关心生活的任何其他方面。它不关心其计划的实现是否会损害其他人、本民族以及全人类的切身利益。但是,当然每个压力集团皆急于证明其要求有利于一般公众福利,并将针对它的批评者诬蔑为"卑鄙的恶棍、白痴和叛徒"。在追求其计划时,压力集团表现出一种类似宗教般的热情。

所有政党无一例外地向其拥护者许诺——他们必将获得更高的实际收入。在这个方面,民族主义者与国际主义者之间、市场经济拥护者与干预主义拥护者之间并无任何区别。如果一个政党要求其拥护者为其自己的事业做出牺牲,那么它就会始终将这些牺牲解释为"实现最终目标——改善其成员的物质福祉的必要临时手段"。每个政党,若有人冒险质疑其各个项目是否真正具备使其集团成员变得更加繁荣富足的能力,则该政党就会认为这是针对其声望和生存的阴险图谋。每个政党皆对着手进行这种批评的经济学家怀着一种致命的仇恨。

各种生产者政策,无一不是以其所谓的"提高支持者生活水平的能力"为由而提倡的。保护主义和经济自给自足、工会压力和强迫、劳动立法、最低工资标准、公共支出、信贷扩张、补贴以及其他权宜之计,总是被其倡导者推荐为增加他们拉票对象实际收入的最合适手段或唯一手段。每一位当代政治家或政客皆总是告诉他的选民:我的计划将在条件允许的情况下使你们变得富足与安逸,而我对手的计划将会给你们带来贫困和痛苦。

诚然,政客们深谙圈子里一些避世隐居的知识分子说话的内容和方式是与众不同的。他们宣称他们所谓"永恒绝对价值"的优先地位，并在他们的慷慨演说中，而不是在他们的个人行为中——假装对世俗的和短暂的事物不屑一顾。但是公众对这样的言论置若罔闻。当今政治行动的主要目标，就是为各自的压力集团成员确保最高的物质福祉。一位领袖要想取得成功，唯一途径就是向人们灌输这样一种信念：他的计划最有助于实现这一目标。

生产者政策的错误之处在于其运用的错误的经济学。

如果一个人准备沉迷于用精神病理学的术语来解释人类事物的流行趋势，那么这个人可能会禁不住说：现代人在对比生产者政策与消费者政策时已沦为一种精神分裂症的牺牲品。他并未意识到：他是一个未分割且不可分割的人，即个人，并且因此，他作为一个消费者并不亚于作为一个生产者。他的意识统一体分为两部分；他的心智在内心分裂，反对他自己。但是，我们是否采用这种方式来描述"导致这些政策的经济学说是错误的"这一事实并不重要。我们所关心的并不是错误可能的病态根源，而是错误本身及其逻辑根源。通过推理来揭露错误，这是主要的事。如果一个陈述没有被揭露出逻辑上的错误，那么精神病理学就无法将其起源的心理状态定性为"病态"。如果一个人想象自己是暹罗国王，那么精神科医生必须确定的第一件事就是——这个人是否真的就是他相信自己是那个样子。只有在这个问题的答案是否定之时，这个人方能被认为是疯了。

的确，我们同时代的大多数人皆致力于对"生产者—消费者关系"进行一种错误的解释。在购买时，他们表现得仿佛他们只是作为买家与市场发生联系一样，而在销售时亦然——在销售时，他们表现得仿佛他们只是作为卖家与市场发生联系一样。作为买家，他们主张采取严厉的措施来保护他们免受卖家的侵害；而作为卖家，他们又主张对买家采取同样严厉的措施。但这种动摇社会合作之基础的反社会行为，并不是一种病态心理状态的产物。这是一种既未能设想市场经济之运作，亦未能预见自己行为之最终效果的狭隘思想。

可以说，我们同时代的绝大多数人在精神上和心智上皆没有适应市场社会的生活，尽管他们自己以及他们的父辈在不知不觉中通过其行为创造了这个社会。但这种适应不良无非在于未能承认错误的学说本身。

13 商业宣传

消费者并非无所不知。他并不知道在何处能够以最便宜的价格获得他想要的东西。很多时候，他甚至不知道哪种商品或服务适合最有效地消除他想要消除的特定不安。他充其量只是熟悉刚刚过去的市场状况,并根据这些信息来安排他的各项计划。向他传达有关市场实际状况的信息,这是商业宣传的任务。

商业宣传必须咄咄逼人和明目张胆。它的目的是:吸引迟钝之人的注意力,唤起人们潜在的愿望,诱使人们用创新来代替死守传统常规的惰性。为了获得成功,广告必须适应广告对象的心态。广告必须符合广告对象的品味并使用他们的习语。广告的特点是尖锐刺耳、鼓噪嘈杂、粗俗粗劣、吹嘘浮夸,因为公众并不会对庄严的典故做出反应。正是公众的不良品味,才迫使广告商在其宣传活动中展现出不良品味。广告艺术已发展成为教育学的姊妹学科——应用心理学的一个分支。

正如为迎合大众口味而设计的所有东西一样,广告也令感觉细腻的人讨厌。这种憎恶影响了对商业宣传的评价。广告以及所有其他商业宣传方法,皆被谴责为无限制竞争最令人无法容忍的副产品之一。应该对其加以禁止。消费者应接受公正专家的指导;公立学校、"无党派"媒体和合作社应该执行这项任务。

限制商人为其产品做广告的权利,这么做将限制消费者根据自己需要和心愿花费其收入的自由。这将使消费者无法尽可能多地了解市场状况以及他们可能认为在选择买什么和不买什么方面具有相关性的条件。他们将不再能够根据他们自己针对卖方对其产品的评价形成的意见做出是否购买的决定;他们将被迫根据其他人的建议来做出购买决定。而这些导师不太可能为他们避免一些错误。但个人消费者因此将受到监护人的监护。若广告不受限制,则消费者总体上处于一种"陪审团"的地位,该陪审团通过听取证人的意见并直接审查所有其他证据资料来了解案情。若广告受到限制,则消费者就处于另一种陪审团的地位,一位官员向该陪审团报告他自己审查证据的结果。

"巧妙的广告可以说服消费者购买广告商希望消费者购买的任何东西",这是一个广为流传的谬论。根据这一传说,消费者对"高压"广告毫无抵抗力。如果这是真的,那么商业的成败将仅仅取决于广告模式。然而,没有任何人相信——任何类型的广告皆能成功地使蜡烛制造者与电灯泡相抗衡、使马夫与汽车相抗衡、使鹅毛笔与钢笔以及后来的自来水笔相抗衡。但无论谁承认这一点,皆意味着——所宣传商品的质量有助于广告活动取得成功。那么,就没有任何理由来认为广告是一种欺骗容易受骗的大众的方法。

广告商当然有可能诱使一个人尝试一种若他事先知道其质量就不会购买的物品。但只要所有竞争公司皆有做广告的自由,那么从消费者胃口的角度来看,更好的物品最终会胜过不太合适的物品，无论采用何种广告方式。广告的花招和诡计可供质量较差产品的销售商使用，同样亦可供质量较好产品的销售商使用。但只有后者才能享受其产品质量更优带来的益处。

商品广告的效果取决于这样一个事实：买方通常能够对所购物品的有用性形成一种正确的意见。尝试过特定品牌肥皂或罐头食品的家庭主妇从经验中了解到，将来再次购买和消费该产品是否对她有好处。因此，只有消费者在对看了广告后所购第一个样品进行的检查并没有导致消费者拒绝购买更多产品的情况下，广告商才值得做这个广告。商人之间的共识是，不值得花钱为质量差的产品做广告。

在经验无法教给我们任何东西的那些领域，情况则完全不同。宗教的、形而上学的和政治宣传的陈述，既不能被经验证实，亦不能被经验证伪。关于来生和绝对存在，生活在这个世界上的人无法获得任何经验。在政治事务中，经验始终都是对可以有不同解释的复杂现象的经验；可以应用于政治学说的唯一衡量标准是先验推理。因此，政治宣传和商业宣传，二者本质上是不同的事情，尽管它们经常采用相同的技术方法。

许多弊病是当代技术和疗法无法解决的。既有不治之症，亦有无法修补的个人缺陷。可悲的是，有些人试图通过向同胞兜售专利药物的方式以利用同胞的困境为自己谋利。这样的庸医不会使老人变年轻，亦不会让丑女变漂亮。他们只会给人们带来如梦似幻的希望而已。如果当局阻止其真实性无法通过实验自然科学的方法来证明此类广告，那么这么做不会损害市场的运作。但是，任何人，若他一方面准备将这一权力授予政府，另一方面又反对"将教会和教派的布道内容提交当局进行同样审查"这一要求，那么他的做法就前后矛盾了。自由是不可分割的。一旦开始限制它，就会进入难以停止的下降趋势。如果一个人将"让香水和牙膏广告盛行说真话"的任务交给政府，那么他就不能对政府在宗教、哲学和社会意识形态等更重要问题上关注真理的权利提出异议。

"商业宣传可以迫使消费者服从广告商的意志"，这一想法与事实不符。广告永远无法成功地用质量更差的商品取代质量更好或价格更便宜的商品。

从广告商的角度来看，广告产生的成本只是生产成本总额的一部分而已。一个商人，只要他预计销售额的增加会增加净收益总额，他就会在广告上花钱。在这方面，广告成本与所有其他生产成本之间并无任何区别。已经有人尝试将生产成本与销售成本区分开来。据说，生产成本的增加会增加供应量，而销售成本

（包括广告成本）的增加会增加需求量。[1]这是一个错误。所有生产成本皆是为了增加需求量而花费的。若糖果制造商使用更好的原材料，则他的目的就是增加需求量，就像他使包装变得更具吸引力、使他的店铺变得更吸引人以及在广告上花费更多其目的同样是为了增加需求量一样。在增加每单位产品的生产成本时，想法始终是增加需求量。若一个商人想增加供应量，则他须增加生产总成本，而这往往会导致单位生产成本降低。

14 "国民经济（Volkswirtschaft）"

市场经济本身并不尊重政治边疆。它的领域是整个世界。

德国的政府无所不能的拥护者长期以来一直使用"国民经济"一词。直到很久以后，英国人和法国人才开始将"英国经济（British economy）"和"法国经济（l'économie Francaise）"与其他国家的经济区分开来。但无论是英语还是法语皆未产生跟"Volkswirtschaft"一词等效的词。随着国家规划和国家自给自足的现代趋势，此德语单词所涉及的学说在世界各地逐渐流行起来。尽管如此，只有德语才能够用一个词来表达蕴含的所有想法。

国民经济是一个主权国家的由政府指导和控制的经济活动的复合总体。在使用这一术语时，人们充分意识到这样一个事实：现实条件与他们认为唯一合适和理想状态的事态不同。但他们从其理想的角度来判断市场经济中发生的一切。他们认为，国民经济的利益与急于谋取利益的自私个人的利益之间存在着不可调和的冲突。他们毫不犹豫地将国民经济的利益置于个人利益之上。正直的公民应始终将国民经济的利益置于他自私利益之上。他应该按照自己的意愿行事，如同他是一位执行政府命令的政府官员一样。国家福利优先于个人自私，这是纳粹经济管理的基本原则。但是，当人民因"太迟钝""太邪恶"而无法遵守这一规则时，执行该规则就成了政府的一项任务。17和18世纪的德意志诸侯——其中最重要的是勃兰登堡的霍亨索伦选帝侯（Hohen zollern Electors）和普鲁士国王——完全可以胜任这项任务。19世纪，即使在德国，从西方引进的自由主义意识形态也取代了久经考验的民族主义和干预主义的自然政策。然而，俾斯麦（Otto von

---

[1] 张柏伦（Edward Chamberlin），《竞争垄断理论》（The Theory of Monopolistic Competition）（剑桥，马萨诸塞州），第123页及后页。

Bismarck）及其继任者的社会政策以及最终的纳粹主义恢复了它们。

国民经济的利益被视为不仅与个人的利益不可调和地相左，而且同样与任何外国的国民经济的利益不可调和地相左。国民经济最理想的状态是经济的完全自给自足。一个完全依赖从国外进口的国家缺乏经济独立性；它的主权只不过是一个幌子而已。因此，一个不能在国内生产其所需一切的国家，必然要征服所有需要的领土。一个国家要想真正拥有主权和独立，就必须拥有生存空间，即一个幅员如此辽阔、自然资源如此丰富的领土，以至于这个国家的人民能够以不低于任何其他国家的标准自给自足地生活。

因此，国民经济的理念是对所有市场经济原则的最为激进的否定。过去数十年间，或多或少指导着所有国家之经济政策的正是这一理念。正是对这一理念的追求，才引发了我们世纪的可怕战争，并可能在未来引发更为凶险的战争。

□ 俾斯麦

俾斯麦（1815—1898年），德意志帝国首任宰相，人称"铁血宰相""德国的建筑师""德国的领航员"。俾斯麦通过立法，建立了世界上最早的工人养老金、健康医疗保险、社会保险制度；在外交上纵横捭阖，是19世纪下半叶欧洲政治舞台上的风云人物；在政治上，他是保守派，维护专制主义，晚年著有回忆录《思考与回忆》。苏联历史学家叶鲁萨里姆斯基说俾斯麦："不仅仅是1848年不彻底的革命的掘墓人，同时也是这场革命的遗嘱执行人。"

从人类历史的早期开始，市场经济和国民经济的两种相反原则就一直在相互斗争。政府，即胁迫与强制的社会机器，是和平合作的一个必要条件。市场经济离不开警察权力，警察权力通过威胁或对和平破坏者施加暴力来保障市场经济的平稳顺利运作。但不可或缺的行政官员以及他们的武装部属总是试图利用他们的武器来建立他们自己的极权统治。对于雄心勃勃的国王和大元帅而言，个人生活不受管制领域的存在本身就是一个挑战。王公、总督和将军从来都不是自发的自由主义者。只有在公民的强迫下，他们才会变成自由主义者。

干预主义者的计划所提出的问题将在本书后面部分进行讨论。在这里，我们只需回答"国民经济的任何基本特征是否与市场经济相容"这一问题。因为国民经济理念的拥护者并不认为他们的方案仅仅是针对建立一种未来社会秩序的一种模式。他们着重强调，即使在市场经济体制（在他们眼中当然是反人性政策的堕落和恶毒产物）下，各国的国民经济也是一体化单位，而其利益与所有其他国家的利益不可调和地相左。在他们看来，将一个国民经济与所有其他国民经济区分开来的东西，并不像经济学家希望于我们相信的那样，仅仅是政治制度。造成国内贸易和对外贸易之间区别的，并不是政府干预商业所建立的贸易和移民壁垒，以及立法差异和法院与法庭对个人提供的保护方面的差异。他们说，这种多样性反而是事物本质的必然结果，是一种不可分割因素的必然结果。任何意识形态皆无法消除它，而且无论法律、行政官员和法官是否愿意注意到它，它都会产生影响。因此，在他们眼中，国民经济似乎是自然赋予的现实，而包容世界的人类普世社会——世界经济（Weltwirtschaft）——只是一种虚假学说的一个想象幻影，是一项旨在毁灭文明而设计的计划。

事实是，个人作为生产者和消费者、作为卖家和买家，在他们的行为中并没有在"国内市场"与"国外市场"之间做出任何区分。就运输成本起作用而言，个人区分了"本地贸易"和"与更远地方进行的贸易"。如果政府干预（例如关税）使国际交易变得更加昂贵，他们会以与他们考虑运输成本相同的方式考虑这一事实。对鱼子酱征收关税，这么做除了会增加运输成本之外，别无任何其他影响。严格禁止进口鱼子酱所产生的状况，与鱼子酱无法做到"经长途运输而不发生实质性变质"所产生的状况，二者并无任何区别。

西方历史上从未有过地区或国家自给自足这样的事情。正如我们可能承认的那样，有一个时期，分工并未超出家庭成员的范围。曾经有过不进行人际交流的家庭和部落自给自足。但人际交流一出现，就跨越了政治共同体的界限。彼此相距较远地区的居民之间的易货交易，以及不同部落、村庄和政治共同体成员之间的易货交易，先于近邻之间的易货交易实践。人们首先想通过易货交易和贸易获得的东西，是他们不能用自己的资源生产的东西。盐、其矿藏在地球表面分布不均的其他矿物和金属、不能在国内土壤上生长的谷物、只有某些地区的居民才能制造的手工艺品，这些东西是最初的贸易对象。贸易最初的形式是对外贸易。直到后来，近邻之间的国内交流才发展起来。敲破封闭型家庭经济的"蛋壳"开启人际交流之先河的首批洞口是由遥远地区的产品"凿开"的。没有任何消费者为了自己的利益而关心他所购买的盐和金属其原产地是"国内"还是"国外"。如果不是这样，政府将没有任何理由通过关税和其他对外贸易壁垒进行干预。

但是，即使政府成功地使分隔国内市场与国外市场之间的壁垒变得不可逾越从而建立起了完美的国家自给自足，它也没有创造出一种国民经济。无论如何，完全自给自足的市场经济依然是一种市场经济；它形成了一个封闭和孤立的交易经济体系。"它的公民错过了他们本可以从国际分工中获得的益处"，这一事实只是他们经济状况的一个数据而已。只有这样一个孤立的国家变为彻底的公有主义状态，它才会将其市场经济转变为国民经济。

由于着迷于新重商主义的宣传，人们使用的习语跟他们作为指导方针的行为准则以及他们所生活在其中的社会秩序的所有特征形成鲜明对比。很久以前，英国人开始将位于大不列颠的工厂和农场，甚至那些位于自治领、东印度群岛和殖民地的工厂和农场称为"我们的"。但是，如果一个人并不只是想表现出他的爱国热情并给别人留下深刻印象，那么他就不准备为"本国"工厂的产品付出比"外国"工厂的产品更高的价格。即使他以这种方式行事，将位于其国家政治边界内的工厂指称为"我们的"也是不够的。在国家化之前，一个伦敦人在何种意义上可以将他并不拥有的位于英格兰的煤矿称为"我们的"煤矿，将鲁尔的煤矿称为"外国的"煤矿？无论他购买的是"英国"煤炭还是"德国"煤炭，他始终必须支付市场全价。并不是"美国"从"法国"购买香槟，而始终皆是"一个美国人"从"一个法国人"那里购买。

只要个人的行为尚有一些空间，只要个人之间存在着私有制和商品与服务的交换，那么就根本不存在国民经济。只有当完全的政府控制取代了个人的选择时，国民经济才会成为一个真正的实体。

第十六章 价格

1 定价过程

通常不与他人做交易的人，若偶尔交换通常不进行讨价还价的商品，则在这种偶尔的以物易物行为中，交换比率仅在较大范围内确定。交易经济学，即交换比率和价格的理论，无法确定具体比率将在这些边际内的哪个点确立。关于这种交换，该理论所能断言的是，只有当每一方皆更看重的是其收到的东西而不是他放弃的东西时，这种交换方能生效。

随着以财产私有制为基础的社会内分工不断演进，个体交换行为的反复出现逐步产生了市场。随着"为他人的消费而生产"成为一项常规，社会成员必须进行买卖。交换行为的倍增以及提供或要求相同商品之人数的增加，缩小了交换各方估值之间的差距。间接交换及其通过使用货币的完善，将交易分为两个不同的部分：销售和购买。在一方看来是销售，对于另一方而言则是购买。货币的可分割性（其可分割性对于所有实际目的而言皆是无限的）使得精确确定交换比率成为可能。交换比率现在通常是"以货币进行计算的价格（货币价格）"。它们是在极为狭窄的边际之间确定的：一方面是边际买家的估值和放弃卖出的边际要约人的估值，另一方面是边际卖家和放弃购买的潜在边际买家的估值。

市场的串联是企业家、促进者、投机者和交易商在期货和套利中开展的各项活动的结果。有人断言，交易经济学是基于这样的假设——与现实相反——所有各方皆获得了关于市场数据的完美知识，因此能够充分利用最有利的机会进行买卖。诚然，一些经济学家真的相信"这样一种假设蕴含在价格理论之中"。这些作者不仅没有意识到——由知识和远见上皆完全平等之人所组成的世界，与所有经济学家在发展其理论时想要解释的现实世界，二者究竟在哪些方面有所不同；而且他们还没有意识到——他们自己在处理价格时没有采用这种假设，是错误的。

在每个参与者皆能够以相同程度的洞察力正确识别市场情况的经济体系中，

针对数据的每次变化所作的价格调整皆可一举实现。除非通过超人机构的调解，否则无法想象在对数据变化的正确认知和评估方面的这种一致性。我们将不得不假设：每个人皆被一位天使接近，天使将告知每个人已经发生的数据变化，并建议每个人如何以最适当的方式调整自己的行为以适应这种变化。当然，交换学所涉及的市场充满了不同程度地意识到数据变化的人，即使他们拥有相同的信息，他们也会以不同的方式评估它。市场的运作反映了这样一个事实：数据的变化首先只有少数人才能感知，而不同的人在评估这些变化的影响时会得出不同的结论。越聪明、越有进取心的人带头做一件事情，其他人就会越晚效仿。更精明的人比不那么聪明的人能够更准确地理解有关条件，并因此能够付诸行动并取得更大的成功。经济学家在他们的推理中绝不能忽视这样一个事实：人与生俱来的和后天习得的不平等使他们对其所处环境的条件的适应也各不相同。

市场过程的驱动力既不是由消费者提供的，也不是由生产资料——土地、资本商品和劳动力——的所有者提供的，而是由开展推销和投机活动的企业家提供的。这些人意图利用价格差异获利。他们比其他人理解更快、更有远见，他们四处寻找利润来源。他们在他们认为价格过低的地方和时间买入，并在他们认为价格过高的地方和时间售出。他们接近生产要素的所有者，而且他们的竞争使这些要素的价格上升到跟他们对产品未来价格的预期相对应的极限。他们接近消费者，而且他们的竞争迫使消费品价格下降到可以出售全部供应品的价格低点。逐利投机是市场的驱动力，因为它是生产的驱动力。

在市场上，躁动从未停歇。一种均匀旋转经济的想象架构在现实中不存在任何对应物。永远不会出现这样一种情况：在适当考虑时间偏好的情况下，互补性生产要素的价格总和等于产品价格，并且预计不会有任何进一步的变化。始终会有某些人可以赚取到利润。投机者总是被对利润的期望所吸引。

均匀旋转经济的想象架构是理解企业家盈亏的一个心智工具。可以肯定的是，它并不是为了理解定价过程而设计的。与这种想象的概念相对应的最终价格绝不与市场价格相同。企业家的活动或经济舞台上任何其他行为者的活动不受诸如均衡价格和均匀旋转经济等任何此类因素的指导。企业家考虑的是预期的未来价格，而不是最终价格或均衡价格。他们发现互补性生产要素的价格高度与产品的预期未来价格之间存在差异，并打算利用这种差异。如若数据不出现任何进一步的变化，则企业家的这些努力最终将导致均匀旋转经济的出现。

在适当考虑运输成本以及运输所花费时间的情形下，企业家的运作导致了所有细分市场中相同商品价格均等化的趋势。价格差异——这些差异不仅是暂时的，而且必然会被企业家行为所消除——始终是阻碍趋向平等化内在趋势的特定障碍的结果。一些检查可以防止营利性业务的干扰。对实际商业情况不够熟悉的观察者，往往无法认识到阻碍这种均等化的制度障碍。但有关商人总是知道到底是什么让他们无法利用这种差异。

统计学家在对待这一问题上太掉以轻心了。当他们发现两个城市或两个国家之间某种商品的批发价格存在差异，并不完全可用运输成本、关税和消费税来解释时，他们才默认货币的购买力和价格"水平"是不同的。[1]基于这样的陈述，人们起草各项计划，以通过货币措施来消除这些差异。然而，这些差异的根本原因不可能在于货币状况。如果两国的价格均以同一种货币计价，那么有必要回答一个问题："是什么因素阻止了商人从事那些必然会使价格差异消失的交易呢？"若价格以不同种类的货币来表示，事情在本质上是相同的。因为各种货币之间的相互交换比率（"汇率"）趋向于一个点，而在这个点上，没有任何进一步的余地可以利用商品价格的差异来获利。每当各地之间在商品价格上的差异持续存在时，经济史和描述经济学的任务就是确定——哪些制度障碍阻碍了必然导致价格均等化之交易的执行。

我们知道的所有价格皆是过去的价格，它们是经济史的事实。在谈到"当前价格"时，我们暗示的是——即期未来的价格不会跟即期过去的价格不同。然而，所有关于"未来价格"的断言仅仅是对"未来事件"加以理解的一个结果。

经济史的经验告诉我们：在一个确定的日期和一个确定的地点，甲乙两方用一定数量的商品a针对一定数量的货币单位p做交易。在谈到这种以商品a的市场价格做买卖的行为时，我们受到一种理论洞察的指导，而这种洞察是从一个先验出发点推导出来的。这种洞察认为：在无"造成价格差异之特定因素"的情况下，在相同的时间和相同的地点为相同数量之相同商品所支付的价格趋于均等化，即趋于形成一个最终价格。但实际的市场价格永远不会达到这一最终状态。我们可以获得其有关信息的各种市场价格是在不同条件下确定的。不允许将根据它们计

---

[1] 有时，价格统计数字所确定的价格差异只是看上去很明显而已。报价可能参考有关商品的各种不同的质量。或者，它们可能为了符合当地商业习惯而意味着不同的东西。例如，它们可包含或不包含包装费；它们可能指的是现金支付金额或以后支付金额，等等。

算的平均值跟最终价格混淆。

只有针对在组织有序的股票交易所或商品交易所议价的可替代商品，在比较价格时才允许假定"它们所指的是相同的质量"。除了在交易所议定的此类价格以及可以通过技术分析精确确定其同质性之商品的价格之外，忽视所讨论商品的质量差异是一个严重错误。即使在纺织原料的批发贸易中，物品的多样性也起着主要作用。消费品价格的比较之所以产生误导，主要是由于质量上的差异。一笔交易中交易的数量在确定为每单位商品支付的价格方面亦具有相关性。一家公司的股票，若大批量出售，其价格就跟小批量出售的价格不一样。

的确有必要一再强调这些事实，因为现在习惯于将"价格数据的统计性阐述"与"价格理论"相提并论。然而，价格的统计完全值得怀疑。它的基础并不稳固，因为在大多数情况下，环境条件并不允许对各种数据加以比较，并不允许将这些数据串联在一起，亦不允许对平均值加以计算。统计学家们充满热情地着手于数学运算，他们屈服于"无视可用数据的不可比性"的诱惑。"某家公司在某一特定日期以每双六美元的价格出售某一特定款式的鞋子"，这一信息跟经济史的某一事实有关。针对1923年至1939年间鞋类价格行为进行的研究是推测性的，无论所采用的方法有多么复杂。

交易经济学表明：企业家活动倾向于消除并非由运输成本和贸易壁垒所引起的价格差异。没有任何经验与这个定理相矛盾。通过武断地确定不等同的事物而获得的结果是无关紧要的。

2 估值与评估

价格决定的最终来源是消费者的价值判断。价格是偏好"甲"而非"乙"（即取甲而舍乙）的估值之结果。它们是社会现象，因为它们是由参与市场运作的所有个人进行的估值相互作用而产生的。每个人，无论是买还是不买、卖还是不卖，皆对市场价格的形成做出了他自己的那一份贡献。但市场规模越大，每个人贡献的权重就越小。因此，市场价格的结构在个人看来是一个他必须调整自己行为去适应的数据。

导致特定价格决定的估值各不相同。每一方对他收到的物品所附加的价值，高于对他赠送出去的物品所附加的价值（换言之，相较于赠送出去的物品，他更看重收到的物品）。交换比率即价格并不是交换双方估值相等的产物，相反，是估值差异的产物。

评估必须与估值明确区分开来。评估决不取决于进行评估之人的主观估值。他的目的并不是要确定有关商品的主观使用价值，而是要预测市场将要决定的价格。估值是表达某一价值差异的一种价值判断。评估则是对某一预期事实的预期。它旨在确定在市场上为某一特定商品支付的价格或购买某一特定商品所需的金额。

然而，估值与评估，二者密切相关。一位自给自足的农夫所做的各项估值直接比较了他对消除不安的不同手段所附加的权重。一个在市场上做买卖的人的估值决不能忽视市场价格的结构；他们依赖于评估。一个人，若要了解某一价格的含义，就必须知道相关货币金额的购买力。总的来说，有必要熟悉人们想获得的那些商品的价格，并在这种知识基础上形成对这些商品未来价格的看法。若一个人谈到已获得的某些商品在购买时发生的成本或将要购买他计划获得的商品所发生的成本，则他是用货币来表示这些成本的。但这一货币金额在他眼中代表了他用它来购买其他商品所能获得的满足程度。估值走了一条迂回之路，它"路过"对市场价格结构的评估；但它的最终目标始终是对旨在消除不安感的各备选模式加以比较。

最后决定价格形成的始终是个人的主观价值判断。在构思定价过程方面的交易经济学必然会回归到基本的行为范畴，即取甲而舍乙。鉴于普遍存在的错误，有必要强调交易经济学分析处理的是真实的价格（因为这些价格是在特定交易中支付的），而不是虚构的价格。"最终价格"的概念仅仅是一个把握某一特定问题——企业家盈亏的出现——的心智工具。"公正"价格或"公平"价格的概念无任何科学意义；它是一种对愿望的伪装，一种试图实现跟现实不同事态的努力。市场价格完全取决于人们实际施展行为时的价值判断。

若有人说价格将会趋向于总需求量等于总供给量的那个点，则他会采取另一种方式来表达相同的现象串联。需求和供给是施展买卖行为的那些人导致的结果。在其他条件相同的情况下，若供给增加，则价格必然下降。以之前的价格，准备支付这一价格的所有人皆可以购买他们想要购买的数量的商品。若供给量增加，他们必然会购买更大数量的商品，否则之前没有购买的其他人必然会对购买产生兴趣。而这只能以一个较低的价格实现。

可以通过绘制两条曲线——需求曲线与供给曲线来呈现这种交互，而这两条曲线的交点显示的就是价格。同样也不可能用数学符号来表达它。但有必要理解的是：这种图表式或数学式的呈现方式并不影响我们解释的本质，亦不会增加一丁点我们的洞察力。此外，重要的是得意识到：我们对这种曲线的形状并无任何知识或经验。自始至终，我们所知道的仅仅是市场价格而已——也即，我们所知道的并非曲线，而只是我们解释为"两条假设曲线之交点"的一点。画出这样的曲线，可能有助于将院校中本科生所面临的问题可视化。对于交易经济学的真正任务而言，它们只是无足轻重的配角而已。

3 高阶商品价格

市场过程是前后连贯、不可分割的。它是行为与反应、措施与应对措施难分难解的交织。但是，我们心智能力的不足迫使我们必须将它分成多个部分，并分别分析其中每一部分。在诉诸这种人为的分裂时，我们绝不能忘记：这些部分看似自主的存在只是我们思想的一种想象的权宜之计而已。它们只是一个整体的组成部分，也即，它们甚至不能被认为存在于由它们所构成的结构之外。

高阶商品的价格最终是由第一阶或最低阶商品——消费品——的价格所决定的。由于这一依赖性，它们最终由市场社会中所有成员的主观估值决定。然而，重要的是要认识到：我们所面临的是一种价格的联系，而非一种估值的联系。互补性生产要素的价格取决于消费品的价格。生产要素是根据产品的价格来评估的，并从这种评估中产生它们的价格。不是估值而是评估从第一阶商品转移到更高阶商品。消费品的价格所产生的行为最终导致生产要素价格的确定。这些价格主要仅与消费品价格有关。它们与个人的估值只是间接地联系在一起，也即通过消费品——它们的共同运用所产生的产品之价格的中介作用联系在一起。

生产要素价格理论所承担的各项任务，将通过与处理消费品价格相同的方法来解决。我们以双重方式构想消费品市场的运作。一方面，我们考虑导致交换行为的事态；情况是这样的：不同个人的不安可以在一定程度上消除，因为不同的人会以不同的方式对相同的商品予以估值。另一方面，我们想到了一种情况：在该情况下，不会发生任何进一步的交换行为，因为没有任何行为人期望通过进一步的交换行为使其满意度有任何进一步的提高。我们接着以同样的方式理解生产要素价格的形成。这个市场的运作是通过发挥市场促进企业家的作为来驱动和保持运行的，这些企业家渴望从生产要素的市场价格与产品预期价格的差异中获利。如果出现一种情况——互补性生产要素价格总和（若不考虑利息）等于产品价格，并且无人相信预期会出现进一步的价格变化，那么这个市场的运作就会停止。由此，通过指出是何因素正面地驱动着它（市场运作）以及是何因素将会负面地暂停其运行，我们已充分而完整地描述了市场运作过程。我们将更多重要性附加在正面描述上。导致最终价格与均匀旋转经济之想象架构的负面描述仅仅是辅助性的描述。因为我们的任务并不是处理那些从未出现在人们生活与行为中的想象概念，而是处理高阶商品真正买卖所采取的市场价格。

这一方法归功于戈森、卡尔·门格尔和庞巴维克。该方法的主要优点在于：它暗示了"我们面临着一种与市场过程密不可分的价格决定现象"这一认知。它区分了两件事情：（a）生产要素的直接估值，将产品的价值附加到互补性生产要素的复合总体上；以及（b）作为价格竞争最高出价者同时行动之必然结果而在市场上形成的单一生产要素价格。一个孤立行为人（《鲁滨逊漂流记》主人公）可以实行的估值永远不会导致对诸如"价值配额"之类东西的确定。估值只能按"偏好尺度"来排列商品。它永远也不可能将可称之为"价值量"或"价值量级"的东西附加到一款商品上。谈论估值或价值的总和将是荒谬的。我们可以这么说：在适当考虑时间偏好的情况下，附加到某一产品上的价值，等于互补性生产要素复合总体的价值。但是，断言"附加到某一产品上的价值等于附加到各种互补性生产要素上的价值的'总和'"则是荒谬的。一个人无法将价值或估值相加。一个人可以将用货币表示的价格相加，但不能将偏好尺度相加。一个人不能划分价值或挑出它们的配额。价值判断就是"取甲而舍乙"，除此之外，别无他事。

价值估算的过程并不会使单个生产要素的价值从其联合产品的价值中推导出来。它并不会产生可以作为经济计算要素的结果。只有市场——别无其他因素——在为每种生产要素确定价格时才为经济计算创造出必要的条件。经济计算处理的始终是价格，而从来不是价值。

市场决定生产要素价格的方式跟其决定消费品价格的方式相同。市场过程就是人们为了尽可能以最佳方式消除不满而刻意努力的一种互动。不可能在市场过程中刻意不理睬或排除那些启动市场运作的人。一个人不能只分析研究消费品市场而忽视消费者的行为。不考虑企业家的行为以及"货币的使用在高阶商品的交易中是必不可少的"这一事实，就不能分析处理高阶商品的市场。市场的运作中，没有任何东西是自动的或机械的。生产要素的所有者在拍卖会上出售土地、资本商品和劳动力，而渴望赚取利润的企业家们在拍卖会上可以说是以竞标者身份出现的。企业家们渴望通过以高于其竞争对手的价格竞标来超越对方。他们的出价受到如下两方面因素的限制：一方面因素是他们对产品未来价格的预期，另一方面因素是他们必须从与其竞争的其他企业家手中抢夺生产要素。

企业家其实就是防止生产状态持续不适合以最便宜方式满足消费者最迫切需求的中介代理。所有人皆渴望尽最大可能地满足他们的需求，并在这个意义上为他们可以获得的最高利润而奋斗。促进者、投机者和企业家的心态与他们同胞的心态毫无二致。他们只是在心力和精力上优于普通群众而已。他们是迈向物质进步之康庄大道上的领军者。他们是最先明白已完成之事与可做之事之间差异的人。他们猜测消费者想要拥有什么，并且打算为消费者提供这些东西。在实施这些计划时，他们针对某些生产要素给出更高的竞价，并通过限制他们对其他生产要素的需求来降低其他生产要素的价格。在向市场供应那些通过销售可以赚取最高利润的消费品时，他们会造成这些消费品价格下降的趋势。在限制那些其生产并不能提供赚取利润机会的消费品的产量时，他们带来了这些消费品价格上涨的趋势。所有这些转变皆在无休止地进行着，而且只有在实现均匀旋转经济和静态均衡的不可实现条件时方能停止。

企业家在起草其计划时，首先会考虑即期过去的价格，而这些价格被错误地称为"当前价格"。当然，企业家们从来不会在不考虑预期变化的情况下将这些价格纳入他们的计算。对于他们而言，即期过去的价格只是导致未来价格预测的考虑起点而已。过去的价格并不影响未来价格的确定。相反，正是对产品未来价格的预期决定了互补性生产要素的价格状态。就各种商品之间的相互交换比率而言，[1] 价格的决定与过去的价格之间不存在任何直接的因果关系。不可转换生产要素在各生产部门之间的分配[2]以及可用于未来生产的资本商品数量是历史数值；在这方面，过去有助于塑造未来生产过程并影响未来的价格。但是，生产要素的价格仅由对产品未来价格的预期直接决定。昨天人们以不同方式估值和评估商品，这已无关紧要。消费者既不关心针对过去市场条件所作的投资，亦不关心企业家、资本家、土地所有者和工人的既得利益，而这些人可能会因价格结构的变化而受到伤害。这种情绪在价格的形成中不起任何作用。（恰恰是"市场不尊重既得利益"这一事实，使得有关人士要求政府加以干预。）过去的价格对于企业家——未来生产的塑造者——而言只是一款心理工具而已。企业家们既不会每天皆重新构

---

〔1〕货币与可供出售的商品和服务之间的相互交换比率是不同的。参见下文。
〔2〕不可兑换资本商品的问题在后文进行讨论。

建一个全新的价格结构，亦不会将生产要素重新分配给产业的各个部门。他们只是改变过去已经传递的东西，使其更好地适应已变化的条件。至于先前的条件，他们保留了多少，又改变了多少，皆取决于数据已发生改变的程度。

经济过程是生产与消费之间彼此持续作用的过程。今天的活动，通过手头掌握的技术知识、可用资本商品的数量与质量以及这些商品的所有权在不同个人之间的分配，跟过去的活动联系在一起。它们通过人的行为的本质跟未来联系在一起；行为始终以改善未来状况为目标。为了在未知的和不确定的未来中找到自己的道路，人在自己可及范围内只有两种因素可提供帮助：对过去事件的经验以及他的理解能力。对过去价格的了解是这种经验的一个组成部分，同时亦是了解未来的起点。

如果关于过去所有价格的记忆统统消失了，那么定价过程将会变得更加麻烦，但就各种商品之间的互换比率而言，定价过程并非不可能。企业家调整生产以迎合公众的需求将会变得比较困难，但还是可以做到的。他们有必要重新收集他们需要的所有数据，作为他们开展运营的依据。他们不会避免他们眼前由于手头掌握的经验而回避的错误。初期，价格波动会比较剧烈，生产要素会被浪费，需求满足会被削弱。但最终，在付出了高昂代价之后，人们将再次获得市场过程顺利运作所需的经验。

基本事实是：正是营利型企业家之间的竞争不能容忍生产要素虚假价格的继续存在。若不发生进一步的变化，企业家的活动将成为导致均匀旋转经济无法实现状态的因素。在被称为"市场"的涵盖全世界的公开销售中，他们是生产要素的竞标者。在投标中，他们可以说是消费者的受托人。每个企业家皆代表消费者需求的一个不同方面，而此不同方面要么是一款不同的商品，要么是生产相同商品的另一种方式。企业家之间的竞争，归根结底是人面对"通过获取消费品来尽可能消除他们的不安"的各种可能性之间的竞争。消费者购买一种商品并推迟购买另一种商品的决定，决定了制造这些商品所需生产要素的价格。企业家之间的竞争在生产要素价格的形成中反映了消费品的价格。它在外部世界中反映了生产要素的不可阻挡的稀缺性给每个人的灵魂带来的冲突。它使消费者关于"非特定要素应当用于什么目的"以及"应当在何种程度上使用特定生产要素"包含在内的决定变得有效。

定价过程实际上是一个社会过程。它是通过社会所有成员的互动来完成的。所有人皆展开协作和合作/配合，且每个人皆扮演着他在分工框架中为自己选择的特定角色。在合作中竞争、在竞争中合作，所有人皆有助于产生结果，也即市场的价格结构，生产要素在不同"需求—满足线"上的分配，以及每个人份额的确定。这三个事件并不是三件不同的事情。它们只是一种不可分割现象的不同方面而已，是我们的分析研究将其人为地分成了三个部分。在市场过程中，它们是通过一个单一行为（uno actu）来完成的。只有具有干预主义倾向且无法摆脱对社会主义方法之渴望的人，才会谈到在分析处理市场现象方面的三个不同过程：价格的确定；生产努力的方向；以及利润的分配。

对生产要素定价的限制

使生产要素的价格来源于产品价格的过程，要想得出其结果，必须符合如下条件：在不可被替代品替代的互补性生产要素中，不超过一种要素具有绝对特性，也即，该要素不适合任何其他用途。若某一产品的生产需要两个或多个绝对特定因素，则只能为它们分配一个累积价格。若所有生产要素皆为绝对特定要素，则定价过程的结果将不会超过这样的累积价格。它只会完成这样的陈述：由于3个a和5个b组合产生一个单位p，3个a和5个b加起来等于1个p，并且3个a和5个b的最终价格是——应考虑时间偏好——等于1个p的最终价格。由于想要将a和b用于生产p以外其他目的的企业家不会为它们竞标出价，因此不可能进行更为详细的价格确定。只有当希望将a（或b）用于其他目的的企业家对a（或b）的需求出现时，他们与计划生产p的企业家之间才会出现竞争，并且才会产生a（或b）的价格，而且其价格高度也决定了b（或a）的价格。

一个所有生产要素皆绝对特定的世界可以用这样的累积价格来管理其各项事务。在这样一个世界里，不存在"如何将生产资料分配给负责满足（消费者）需求的各个部门"这样的问题。在我们的现实世界中，情况则不同。有许多稀缺生产资料可以用于各种任务。那里的经济问题是以这样一种方式来使用这些生产要素的：若这种运用妨碍了某项更紧迫需要的满足，则这些生产要素中的任何一个单位皆不应该用于满足任何一项不太紧迫的需要。这就是市场在决定生产要素价格时所解决的问题。这一解决方案所提供的社会服务丝毫未受到如下事实的损害：对于只能以累积方式加以运用的生产要素而言，所决定的价格除了累积价格之外，别无其他价格。

可以按相同组合比率用于生产各种商品但不允许用于任何其他用途的生产要素，应视为"绝对特定要素"。它们绝对特定于可用于各种用途的某一中间产品的生产。该中间产品的价格只能累积性地分配给这些生产要素。该中间产品是否可以被感官直接感知，或者它是否仅仅是这些生产要素共同运用的隐形、无形结果，没有任何区别。

4 成本会计核算

在企业家的计算中，成本就是采购生产要素所需的金额。企业家打算着手开展那些他预计收益超过成本之盈余最高的商业项目，并回避那些他预计利润较低甚至亏损的项目。在此过程中，他调整自己的努力，以尽最大可能满足消费者的需求。一个项目因为成本高于收益而无法盈利，这是如下事实所导致的结果：所需的生产要素有更加有用的用武之地。市场上还存在其他产品，在购买这些产品时，消费者愿意考虑这些生产要素的价格。但是消费者不愿意支付这些价格来购买其生产无利可图的商品。

成本会计核算受"如下两个条件并不总是存在"这一事实的影响：

首先，用于生产某一消费品的生产要素，其数量的每次增加皆会增强其消除（消费者）不安的能力。

其次，某一消费品数量的每次增加，皆需要生产要素支出成比例增加，甚至增加幅度超过这些生产要素支出的成比例增加。

若这两个条件始终且无任何例外地得到满足，则为了增加商品g的数量m而花费的每一个增量成本z，均将用于满足一项需要y，而该需要y被视为比"可用数量m先前已满足的最不紧迫需要x"更不紧迫。同时，为了生产出m数量的边际单位，增量成本z将会要求将生产要素的运用从满足其他需要B的运用中撤出，而这些其他需要B被认为比那些其满足已被放弃的需要A更为迫切。一方面，商品g可用数量增加所带来的消费者需求获得满足的边际价值将会下降。另一方面，生产额外数量的商品g所需的成本将会增加边际负效用；生产要素将不会用于它们本可满足更紧迫需求的运用操作。生产必须在增量成本的边际效用不再补偿成本负效用之边际增加的那个点停止。

现在，这两种情况经常出现，但并非普遍没有例外情形。存在许多所有各阶商品属性的商品，因其物理结构并不是同质的，因此也并不是完全可分割的。

当然，可以通过复杂的文字游戏来消除与上述第一个条件的偏离。一个人可以说：半辆汽车并不是一辆汽车。若一个人将一辆车的四分之一添加到半辆汽车上，则他并不会增加可用汽车"数量"；只有可生产出一辆完整汽车的生产过程完成之后，才能生产出一辆车，并增加可用汽车"数量"。然而，这样一种解释并未抓住重点。我们必须面对的问题是：并不是支出的每一次增加皆会成比例地增加客观使用价值——某一事物提供某一特定服务的物理能力。支出的增量不同，带来的结果亦不同。若不再添加某一特定数量的增量，则有些增量的支出依然无用。

另一方面——而且这是对第二个条件的偏离情形——物理产出的增加并不总是需要支出的成比例增加，甚至不需要任何额外的支出。可能发生这样的情况：成本根本不上升，或者，成本上升所增加的产出量超过了随成本上升而成比例增加的产出量。因为许多生产资料既不是同质的，亦不是完全可分割的。这就是商业上称为"大规模生产之优越性"的现象。经济学家谈到了收益增加或成本减少的规律。

我们考虑——作为案例A——在这种状态下，所有生产要素皆不是完全可分割的，而且，若要充分利用每个生产要素的每一个进一步不可分割元素所提供的生产性服务，就需要充分利用每一个另外的互补性生产要素的进一步不可分割元素。那么，在每一个生产要素聚合中，每一个组装要素——每台机器、每一个工人、每一块原材料——只有在其他要素的所有生产性服务亦得到充分利用的情况下才能得到充分利用。在这些限度内，可达到最大产出量的那一部分的生产并不需要比生产尽可能高的产出更高的支出。我们也可以说：最小规模的聚合总是生产相同数量的产品；即使其中一部分没有任何用处，亦不可能生产数量更少的产品。

我们考虑——作为案例B——在这种情况下，一组生产要素（p）对于所有实际目的而言皆完全可分割。另一方面，不完全可分割生产要素可以按如下方式划分：充分利用一个生产要素的每个进一步不可分割部分所提供的服务，需要充分利用其他不完全可分割补充性生产因素的进一步不可分割部分。然后，将进一步不可分割生产要素聚合的生产从部分利用其生产能力扩展到更完全地利用其生产能力，只需要增加完全可分割生产要素p的数量即可。然而，人们必须警惕这样一种谬论：这必然意味着平均生产成本的降低。诚然，在不完全可分割生产要素的聚合中，它们中的每一个现在皆得到了更好的利用，而且因此，只要生产成本是由这些生产要素的合作所造成的，生产成本就保持不变，而归属于一个单位产出的配额就减少了。但另一方面，完全可分割生产要素运用的增加只有通过将它们从其他运用中撤出方能实现。在其他条件不变的情况下，这些其他运用的价值随着它们的缩减而增加；这些完全可分割生产要素的价格趋于上涨，因为它们中的更多要素被用于更好地利用所讨论的不可进一步分割要素之聚合的生产能力。我们不能将我们问题的考虑限制在这样一种情况：从以较低效率方式生产相同产品的其他企业提取额外数量的p，并迫使这些企业限制其产出量。很明显，在这种情况下——也即同样使用相同原材料生产相同产品的效率更高与效率更低企业之间开展竞争的情况——在生产规模逐渐扩大的工厂，其平均生产成本也逐渐下降。对问题进行更一般的审查，将会导致不同的结果。如果生产要素p从本来用于生产其他物品的其他用途中撤出，那么就会出现这些生产要素价格上涨的趋势。这一趋势可能会被相反方向运行的偶然趋势所补偿；它有时可能非常微弱，以至于其影响可忽略不计。但它始终存在并可能影响成本的配置。

最后，我们考虑——作为案例C——在这种情况下，各种不完全可分割的生产要素只能以这样一种方式进行划分，即在给定市场条件的情况下，可以为它们在生产聚合中的组合而选择的任何规模皆不允许这样一种组合，即充分利用一个生产要素的生产能力，使得充分利用其他不完全可分割生产要素的生产能力成为可能。仅此案例C就具有实际意义，而案例A和案例B在实际业务中几乎不起任何作用。案例C的特点是：生产成本的配置，其变化呈不均状态。若所有不完全可分割生产要素均被利用到低于全部产能，则生产的扩张将会导致平均生产成本的下降，除非为完全可分割生产因素支付的价格上涨抵消了这一结果。但是，一旦充分利用了其中一个不完全可分割生产要素的生产能力，进一步的生产扩张将会导致成本骤然急剧上升。然后，平均生产成本下降的趋势再次出现，并继续发挥作用，直到其中一个不完全可分割生产要素重新得到充分利用。

在其他条件相同的情况下，某一物品的产量增加得越多，必须从本来用于生产其他物品的其他用途中撤出的生产要素就越多。因此在其他条件相同的情况下——平均生产成本随产量的增加而增加。但是这一普遍规律部分被这样一种现象所取代，即并非所有生产要素皆是完全可分割的，而且，就这些要素可以分割而言，它们不能以如下方式进行分割：对其中一个要素的充分利用导致其他不完全可分割要素的充分利用。

正在做规划的企业家总是面临这样一个问题：产品的预期价格会在多大程度上超过预期成本？若企业家依然不受所讨论项目的束缚，因为他尚未为该项目的变现进行任何不可转换的投资，则他看重的是平均成本。但若他已在相关业务领域拥有某项既得利益，则他会从将要花费的额外成本的角度来看待事情。已经拥有尚未充分利用的生产聚合的人，并不会考虑平均生产成本，而是会考虑边际成本。他并不考虑已经用于不可转换投资的金额，而只关心"销售额外数量产品所带来的收益是否会超过生产这些产品所产生的额外成本"这一问题。即使必须将投资于不可转换生产设施的全部金额作为一项亏损一笔勾销，只要他期望收益超过当前成本的盈余是合理的[1]，他就会继续生产。

就普遍的错误而言，有必要强调的是：若出现垄断价格所需的条件不存在，则企业家就无法通过将生产限制在符合消费者需求的数量之外来增加其净收益。但此问题将在后面第6节中进行分析研究。

一个生产要素不是完全可分割的，这并不总是意味着"该要素只能以一种规模来加以构建和使用"。当然，这在某些情况下可能会发生。但通常可以改变这些生产要素的维度。若在这样一个生产要素（例如机器）可能存在的各种维度中，一个维度的区别在于"其生产和运营所产生的成本所获得的每单位生产性服务比其他维度获得的此等服务更低"，则事物本质上是相同的。那么规模较大工厂的优势并不在于——它充分利用机器的产能，而规模较小工厂只利用相同尺寸机器的一部分产能。而是在于，规模较大工厂使用的机器，比规模较小工厂所使用的较小机器能够更好地利用工厂建造与运营所需的生产要素。

许多生产要素并不是完全可分割的，这一事实在所有生产部门中起的作用是非常巨大的。它在工业事务过程中至关重要。但是人们必须谨防自己对其意义产生许多误解。

其中一个错误是这样一种学说：根据该学说，在加工业中普遍存在收益递增规律，而在农业和采矿业中普遍存在收益递减规律。其中蕴含的谬误上文已破解。就农业状况与加工业状况之间在这方面的差异来说，是数据的差异导致了这些谬误。土壤的固定性以及"各种农业经营活动的业绩表现取决于季节或天气情况"这一事实，使得农场主不可能在大部分制造条件允许的范围内利用许多可移动生产要素的能力。相较于加工业中一整套生产设备的最佳规模，农业生产中一整套生产设备的最佳规模通常小得多。很明显，且无需任何进一步解释为何不能将农业集中化程度推到接近加工业集中化程度。

然而，地球表面自然资源分布的不均等（导致分工生产率提高的两个因素之一）

---

[1]此处的"合理的"是指：用于继续生产的可转换资本的预期收益至少不低于该等资本用于其他项目所获得的预期收益。

也限制了加工业集中化的进程。自然资源的地理分散抵消了"逐步专业化和综合工业过程仅仅集中在少数工厂"这一趋势。原材料与食品的生产不能集中化并迫使人们分散在地球表面各个部分,这一事实也为加工业带来一定的分散度。这使得有必要将运输方面的问题视作生产成本的一个特定因素来考虑。运输成本必须与更为彻底的专业化所期望的经济相权衡。虽然在加工业的某些分支部门中,最大程度的集中化是降低成本的最适当方法,但在其他分支部门中,一定程度的分散更具优势。在服务行业中,集中化的缺点变得如此之大,以至于这些缺点几乎完全超过了其所产生的优点。

然后,一个历史因素开始发挥作用。在过去,资本商品被固定在我们同时代人不会设置它们的地方。这种固定化是否是产生它的几代人可以采用的最为经济的程序,无关紧要。无论如何,当代人皆面临着既成事实(fait accompli)。其必须根据该事实调整其经营,而且其在处理加工业区位问题时必须虑及这一点。[1]

最后还有制度因素。存在着贸易壁垒和移民壁垒。各国在政治组织和治理方式上存有差异。广大地区的管理方式使得无论其物理条件多么有利,选择它们作为任何资本投资项目所在地实际上皆不可能。

企业家成本会计核算必须分析处理所有这些地理因素、历史因素和制度因素。但就算除此之外,依然还有纯粹的技术因素限制了工厂与公司的最佳规模。规模较大的工厂或公司可能需要遵循规模较小工厂或公司可以避免遵循的规定与程序。在许多情形下,此类规定与程序造成的支出可能会因更好地利用所采用的某些不可完全分割生产要素的生产能力而降低的成本而过度补偿。在其他情形下,情况可能并非如此。

在资本主义制度下,成本会计核算所需的算术运算以及成本与收益的对比很容易实现,因为有可用的经济计算方法。然而,成本会计核算以及所考虑的商业项目具有经济意义的计算并不仅仅是一个所有熟悉基本算术规则的人皆可圆满解决的数学问题。主要问题是确定要进入计算的项目的货币等价物。正如许多经济学家的做法——假设这些等价物所具有的大小是由经济状况的状态唯一决定的,而这种做法是错误的。它们是对不确定的未来状况的投机性预期,并因此取决于

---

[1] 关于许多资本商品(历史决定的生产要素)其有限可转换性给人们带来的保守主义的彻底分析,后文有详述。

企业家对市场未来状态的理解。"固定成本"一词在这方面也具有一定程度的误导性。

每一个行为皆旨在尽可能最好地满足未来的需求。为了达到这些目的,其必须尽可能最好地利用现有可用的生产要素。然而,导致现有可用生产要素现状的历史过程是无关紧要的。决定和影响有关未来行为的决定,完全取决于这一历史过程的结果,即今天可用生产要素的数量与质量。这些生产要素仅根据它们为消除(消费者的)未来的不安而提供生产性服务的能力来加以评估。过去为了生产和获取它们所耗费资金的金额是无关紧要的。

有人已指出:当一个企业家不得不做出一个新决定时,他已经为实现一个特定项目而耗费资金了,而这与一个重新开始的人所处的位置是不同的。前者拥有一整套不可转换的生产要素复合体,他可以为了某些目的而运用这些生产要素。他关于进一步行为的决定将受到这一事实的影响。但他并不是根据他过去为获得这一复合体所花费的资金来评估该复合体。他完全从它对未来行为的有用性的角度来评估它。"他或多或少将资金花费在对它的购置上",这一事实是微不足道的。这一事实只是决定该企业家过去盈亏金额及其财富现状的一个因素而已。它是导致了生产要素供应现状的历史过程中的一个元素,而因此对未来的行为具有重要意义。但是,它并不看重未来行为的规划和有关此类行为的计算。公司账簿中的条目,跟这些不可转换的生产要素的实际价格不同,这一点无关紧要。

当然,这种已完成的亏损或利润可能会促使一家公司以另外一种方式开展经营,而该方式不同于在它不受这些盈亏影响的情况下所采取的经营方式。过去的亏损可能会使一家公司的财务状况岌岌可危,特别是在这些亏损带来债务并以支付利息和本金分期还款方式使其承受负担之时,尤其如此。然而,将此类付款称为"固定成本的一部分"是不正确的。它们跟当前的经营毫无关系。它们并不是由生产过程所引起的,而是由企业家过去用于采购所需资本和资本商品的方法所引起的。对照"持续经营",它们只是偶然发生而已。但是,它们可能会强制我们正在讨论的这家公司采取一种若其财务上更强大则不会采取的开展事务的行为方式。为支付到期应付款项而急需现金,这并不影响其成本会计核算,而会影响其对现款与只能在以后收到的现金进行比较的评估。它可能会促使该公司在并不恰当的时间出售库存,并以过分忽视保存库存以供以后使用的方式来使用其耐用生产设备。

对于成本会计核算问题来说,一家公司是否拥有投资于其企业的资本,或者此类资本中更多或更少部分是否是该公司借入的并且该公司是否必须遵守严格确定利率之贷款合同条款以及利息和本金到期日，这无关紧要。生产成本仅包括在企业中依然存在并运作的资本的利息。它不包括过去因不良投资或当前业务运营效率低下而浪费的资本的利息。商人义不容辞的任务始终是：以尽可能最佳的方式利用现在可用的资本商品供应来满足消费者未来的需求。在追求这一目的的过程中，商人绝不能被后果已然无法抹去的过去的错误和失败所误导。过去某个人可能已经建造了一座工厂，而假若此人当时能够更准确地预测目前的情况，他当时就不会建造这座工厂。哀叹这一历史性事实纯属徒劳。主要的事是查明"该工厂是否依然可以提供任何服务"，以及若对此问题的回答是肯定的，则考虑如何以最佳方式利用它。对于个体企业家而言，他没有避免错误，这当然是可悲的。他所遭受的亏损损害了他的财务状况。它们并不影响在规划进一步行为时将要考虑的成本。

强调这一点很重要，因为它在针对各种措施做出的当前解释和正当理由证明中已被扭曲了。减轻一些企业和公司的债务负担，这么做并不能"降低成本"。完全或部分勾销债务或债务产生的到期应付利息的政策并不会降低成本。它将财富从债权人转移到债务人；它将过去亏损的发生率从一群人转移到另一群人，例如，从普通股所有者转移到优先股与公司债券所有者。这种降低成本的论点通常以有利于以货币贬值的方式提出来。在这种情况下，该论点的谬误程度并不亚于为此目的提出的所有其他论点。

通常所说的"固定成本"也是利用现有可用生产要素而产生的成本，这些生产要素要么是严格意义上不可转换的，要么只能在必然发生相当大亏损的情形下才能用于其他生产目的。与所需的其他生产要素相比，这些生产要素具有更为持久耐用的特性。但它们绝不是永久性的。它们在生产过程中将被消耗殆尽。随着每件产品的生产，机器皆有一部分生产能力被耗尽。这种磨损的程度可以通过技术精确地确定，并可以用货币金额作相应的评估。

然而，企业家计算必须考虑的并不仅仅是这些机器磨损的货币等价物。商人关心的并不仅仅是机器技术寿命的持续时间。他还必须考虑市场的未来状况。尽管一台机器在技术上可能依然可以完美地加以利用，但市场条件可能会使其过时且毫无价值。若对其产品的需求大幅下降或完全消失，或者若出现向消费者提供这些产品的更高效率方法，则该机器在经济上只是废铁一堆而已。企业家在规划其业务的开展时，必须充分考虑市场的未来状况。进入他计算的"固定"成本金额取决于他对未来事件的理解。其不能简单地通过技术推理来"固定"。

技术人员可以确定一个生产聚合体之利用的最优水平。但是，这种技术性的最优水平可能不同于企业家根据其对未来市场状况的判断而输入其经济计算过程的那个最优水平。让我们假设一家工厂配备了可以使用十年的机器。每年有10%的主要成本计入折旧。在第三年，市场状况让企业家面临两难境地。他可以将当年的产量翻一番，并以超过当年折旧配额和上一期折旧配额现值的价格（除了弥补可变成本增加值之外）出售其产品。但是，这种产量翻倍使设备的磨损增加了两倍，而且销售翻倍数量产品的盈余收益还不足以弥补第九年折旧配额的现值。若该企业家将年度折旧配额视为其计算的一个刚性要素，则他将不得不认为产量翻倍是无利可图的，因为额外收益滞后于额外成本。他将避免出现如下情形：尽管生产扩大了，但却失去了技术性最优水平。然而，该企业家却以不同的方式进行计算，尽管在他的会计核算中，他可能每年皆留出相同的折旧配额。企业家是否更偏爱第九年折旧配额现值的一小部分，而不是机器在第九年可以为他提供的技术服务，这取决于他对未来市场状况的看法。

公众舆论、政府和立法者以及税法皆将商业机构视为持久收入的来源。他们认为：通过年度折旧配额适当考虑资本维护的企业家，将始终能够从投资于其耐用生产者商品的资本中获得合理的回报。实际情况并非如此。一个生产聚合体（例如一家工厂及其设备）是一种生产要素，而其有用性取决于不断变化的市场状况以及企业家根据状况变化来运用该生产聚合体的技能。

在经济计算领域，就技术事实使用"确定的"这一术语而言，没有任何东西是"确定的"。经济计算的基本要素是对未来状况的投机性预期。商业习惯、商业惯例以及商业法律已经为会计和审计工作制定了明确的规则。记账方面存在准确性要求。但它们仅就这些规则而言是准确的。账面价值并不能精确反映实际情况。一个耐用生产者商品聚合体的市场价值可能与会计账簿所显示的名义数字不同。证据就是：证券交易所在评估其市场价值时对这些数字毫无考虑。

因此，成本会计核算并不是一个可以由一位冷漠的裁判建立和检查的算术过程。它并不是能够以客观方式发现的唯一确定幅度运行的。其基本项目是对未来状况的一种理解的结果，必然总是受到企业家对未来市场状况看法的影响。

希冀在"公平公正"基础上建立成本账目，这样的尝试注定要失败。对成本进行计算是一种行为的心理工具，是一种有目的的设计，旨在充分利用可用手段来改善未来的状况。其性质必然是意志性的，而不是事实性的。在一位冷漠的裁判手中，它完全改变了它的性格。裁判并不期待未来。他回顾木已成舟的过去，回顾对现实生活和行为而言毫无用处的僵化规则。他并不预计会发生变化。他不知不觉地被一种先入为主的观念所引导，即"均匀旋转经济是人类事务正常的和最可取的状态"。利润并不符合他的计划。对于"公允"利润率或"公允"投资资本回报率，他感到十分困惑。然而，并不存在任何这样的事情。在均匀旋转经济中，根本不存在任何利润。在一个不断变化的经济中，利润的确定并不参考可将利润分类为"公允"或"非公允"的规则。利润从来都没有所谓"常态"一说。在有所谓"常态"之处，也即没有变化的地方，就不会出现任何利润。

5 逻辑交易经济学与数学交易经济学

曾经也有人采用数学方法来处理价格和成本问题。甚至曾经有经济学家认为"处理经济问题的唯一适当方法就是数学方法"，并将逻辑经济学家戏称为"文学"经济学家。

若逻辑经济学家与数理经济学家之间的这种对立仅仅是在经济学研究中所应用的最适当程序方面发生的分歧，则关注它就是多余之举。更好的方法将通过带来更好的结果来证明其卓越性。另外，要解决不同的问题，还可能需要采取不同的程序，并且对于其中一些问题，一种方法可能比另一种更有用。

然而，这并不是关于启发式问题的争论，而是关于何为经济学基础的争议。数学方法必须弃用，不仅仅因为它毫无成果。它是一种完全恶毒之法，从错误的假设开始，导致错误的推论。其三段论不但没有结果，而且还转移了人们对现实问题的研究，扭曲了各种现象之间的关系。

数理经济学家们在思想和程序上并不统一。有三种主要思潮必须分别加以分析处理。

第一种以统计学家为代表，他们旨在从经济经验的研究中发现经济规律。他们的目标是将经济学转变为一门"定量"科学。他们的纲要浓缩在世界计量经济学会的座右铭中：科学就是测量。

这一推理所隐含的根本错误已在上文中说明。经济史的经验始终都是现实世界各种复杂现象的经验。它永远无法传达实验者从实验室实验中抽象出来的那种知识。而统计学则是一种方法，用来展现有关价格以及人类行为其他相关数据的历史事实。它并不是经济学，亦不能产生经济定理和理论。价格统计即经济史，在其他条件相同的情况下，需求的增长必然导致价格的上涨，这一观点并非来自经验。在其他条件相同的情况下，过去没有人能够观察到某一市场数据的变化，将来也永远不会有。世上本来就不存在所谓的数量经济学。我们所知的所有经济数量皆是经济史的数据。任何一个理智的人都不会说：价格和供给之间的关系总体而言是恒常不变的，或者就某些商品而言是恒常不变的。相反，我们知道外部现象会以不同的方式影响不同的人；即使相同的人对相同外部事件的反应也不尽相同；因此不可能对个人以如下方式进行划分：以相同方式做出反应的人归于同一类别。这种见解是我们先验理论的产物。诚然，经验主义者反对这一理论；他们假装自己致力于仅仅借鉴历史经验。然而，一旦他们超越对单个价格的纯粹记录、开始构建各个相关系列并计算平均值时，他们就与自己的原则自相矛盾了。某一经验数据和某一统计事实只是在特定时间、特定地点购买特定数量的某种商品所支付的价格而已。各种价格数据分组排列和平均值计算是由在逻辑上和时间上先行的理论审议指导的。在多大程度上考虑或不考虑有关价格数据的某些主要特征和偶发意外事件，取决于同样的理论推理。没有人如此大胆地坚持认为：任何商品的供应量增加百分之a始终必然会——在每个国家、在任何时候——导致其价格下降百分之b。但是，由于没有一位数量经济学家敢于冒险根据统计经验精确定义导致$a:b$比率出现明显偏差的特殊条件，因此数量经济学家的努力最终一无所获是显而易见的事情。此外，货币不是衡量价格的标准；它是一种交换比率以相同方式变化的媒介，尽管通常情况下其变化速度和变化程度各不相同，且其中可售商品和服务的相互交换比率亦各不相同。

几乎没有必要再花费更多时间对数量经济学的主张进行阐述。尽管该理论的倡导者发表了很多高调声明，但始终没有为实现其计划付诸任何实际行动。已故的亨利·舒尔茨（Henry Schultz）曾专门研究如何测量消费者对各种商品之需求的弹性。美国经济学家保罗·霍华德·道格拉斯（Paul Howard Douglas）教授称赞舒尔茨的研究成果是"一项必要的工作，有助于使经济学成为一门大体精确的科学，正如原子量的测定对于化学发展的必要性一样"[1]。实际上，舒尔茨从未着手确定对任何商品本身之需求的弹性；他所依赖的数据仅限于某些地理区域和历史时期。他针对某种特定商品（例如土豆）的研究结果仅针对1875年至1929年间美

---

[1] 参见保罗·霍华德·道格拉斯在《计量经济学杂志》（*Econometrica*）第七卷第105期中的论述。

国本土的土豆，而不是针对一般意义上的土豆。[1]这些研究结果充其量只是对整部经济史不同篇章做出了并不完全令人信服和满意的贡献而已。这些研究当然并不是数量经济学混乱且自相矛盾计划得以实现的步骤。必须强调的是：另外两种数理经济学已充分意识到了数量经济学的徒劳性。因为他们从未冒险将计量经济学家发现的任何量值加入到他们的公式和方程式中，也从未冒险因此调整这些量值以获得特定问题的解决方案。在人的行为领域中，除了理解所提供的方法之外，别无其他方法可以分析处理未来事件。

数理经济学家研究的第二个领域是价格与成本关系领域。在分析处理这些问题时，数理经济学家无视市场过程的运作，甚至还假装从所有经济计算固有的货币使用中抽象出来。然而，当他们谈到一般的价格与成本时，他们却默认了货币的存在和使用。价格始终都是货币价格，而且，成本若不以货币来表示，就不能将成本纳入经济计算的考虑范围。若不用货币来表述成本，那么成本就会以将用于某一产品采购的复杂数量的各式各样商品和服务来表示。另一方面，价格——若此术语完全适用于以物易物确定的交换比率——是"卖方"可以用来交换某一特定供应的各种商品之数量的枚举。此类"价格"中所涉及的商品与"成本"中所涉及的商品并不相同。对此类实物价格和此类实物成本进行比较是不可行的。卖方对他送出去的商品所给的估值低于他对用送出的商品换取的商品所给的估值，卖方和买方对所交换的两件商品的主观估值亦存在分歧，企业家只有在他期望用其产品通过交换获得他所给予的估值高于其生产中所耗用物品的商品时才会开始一个生产和销售项目，所有这一切我们在行为学理解的基础上已经知道了。正是这种先验知识使得我们可以预测那些能够进行经济计算的企业家的行为。但是，当数理经济学家通过忽略对货币计算方式的任何提及这一做法来假装以更普遍的方式分析处理这些问题时，这就纯属自欺欺人了。研究生产要素之不完全可分割性的实例而不提及以货币为单位的经济计算，是徒劳无益的。这样的审查永远不会超出已有知识的范畴；换言之，每个企业家皆打算生产这样的物品：这些物品的销售会为他带来他更看重的收益，而他对此等收益的估值高于他对在这些物品的生产中所耗用之全部生产要素商品的估值。但是，若无间接交换，而且若

---

[1]参见亨利·舒尔茨，《需求的理论与衡量》（*The Theory and Measurement of Demand*，芝加哥大学出版社，1938年），第405—427页。

无任何交换媒介处于常用状态，他就能取得成功，前提是他已正确地预测了市场的未来状态，而且大前提是他被赋予了一种超人的才智。他必须对市场上确定的所有交换比率一目了然，以便在他的审慎考虑中根据这些比率准确地分配每一种商品应该获得的位置。

不可否认，有关价格与成本关系的所有调查研究均以货币的使用和市场过程为先决条件。但是数理经济学家对这一显而易见的事实视而不见。他们制定方程式并绘制各种曲线，而这些曲线本应该对现实进行描述。事实上，这些曲线只描述了一种假设的和无法实现的事态，与所讨论的交易经济学问题完全不同。他们用代数符号代替经济计算中所使用的确定货币计算方式，并自认为这一程序使他们的推理更科学。他们给容易上当受骗的外行留下了深刻的印象。事实上，他们只不过是混淆和弄乱了商业算术和会计教科书中本就已经阐述得很好的事情。

其中一些数学家甚至宣称：经济计算可以建立在效用单位的基础之上。他们将他们的方法称为"效用分析"。第三种数理经济学思潮也犯有同样的错误。

这类经济学家的特点是：他们公开地、有意识地致力于解决交易经济学问题，而丝毫不提及市场进程。他们的理想是按照力学模式构建一套经济理论。他们反复与经典力学做类比，因为在他们看来，经典力学是科学探究独特而绝对的模式。无需再解释为何这种类比既肤浅，又具有误导性，以及有目的之人类行为在哪些方面跟运动——力学主题——有着根本的区别。微分方程在两个领域的实际意义——只需强调这一点就够了。

导致一个方程公式化的审议必然具有非数学特性。方程的公式化制定是我们知识完善的结果；它并不会直接扩展我们的知识。然而，在力学中，方程却具有非常重要的实用性。由于各种机械元件之间存在着恒定关系，并且这些关系可以通过实验来加以确定，因此可以用方程来解决确定的技术问题。我们的现代工业文明，主要是以这种方式利用物理学微分方程所取得的成就。然而，经济要素之间并不存在这种恒定关系。由数理经济学制定的方程式依然只是一种无用的心理体操而已，而且即使它们要表达的内容比实际表达的多得多，也依然是这样。

一个健全的经济审议过程绝不能忘记价值理论的如下两条基本原则：首先，导致行为的估值（价值判断）始终意味着取舍，而绝不意味着等值或无差异。其次，不同个人的估值或同一个人在不同时刻的估值，除了确定不同的个人或不同时刻的同一个人是否以相同的偏好顺序来排列相关替代方案之外，根本没有任何其他方法可以对这些估值进行比较。

在均匀旋转经济的想象建构中，所有生产要素均以如下方式加以运用：它们中的每一个要素皆提供最有价值的服务。任何可以想象和可能发生的改变皆无法改善满足状态；假设生产要素的所有者有a和b两项需求，且他认为对需求b的满足比对需求a的满足更有价值，那么，若对生产要素的运用阻碍了对需求b的满足，则生产要素的所有者不会运用任何生产要素来满足需求a。当然，可以用微分方程来描述这种想象的资源分配状态，并以曲线形式将其呈现为可视化的形象。但此类手法针对市场过程没有做出任何断言。它们只是标出了市场过程将停止运作的想象情形。数理经济学家无视对于市场过程的整体理论阐释，并以一种在其上下文中运用但在该上下文之外使用时毫无意义的辅助概念闪烁其词地自得其乐。

在物理学中，我们面临着各种感官现象中发生的变化。我们发现了这些变化顺序中的规律性，而且这些观察结果引导我们构建了一门物理学。我们对驱动这些变化的终极力量一无所知。这些终极力量是专门针对探索心灵的终极给定，而且对任何进一步分析关闭了门庭。我们从观察中所知道的是各种可观察实体和属性的常规关联。物理学家在微分方程中所描述的正是数据的这种相互依赖性。

在行为学中，我们知道的第一个事实是：每个人皆有目的地想要带来一些变化。正是这一认知整合了行为学的主题，并将其与自然科学的主题区分开来。我们知道变化背后的力量，而且这种先验知识引导我们构建了对行为学过程的认知。物理学家并不知道电为何物。他只知道归因于一种叫做"电"的东西的现象。但是经济学家知道是什么驱动着市场过程。正是由于有了这一认知，他才能够将市场现象跟其他现象区分开来，并且能够描述市场过程。

而现在，数理经济学家对解释市场过程毫无建树。他只是将逻辑经济学家所运用的一种辅助性的权宜之计描述为一种限定性概念，即一种"不再有任何行为且市场过程已陷入停滞"状态的定义。他能说的也就这么多了。逻辑经济学家在定义"最终静止状态和均匀旋转经济的想象架构"时用文字阐述的内容，以及数理经济学家在着手其数学工作之前必须用文字描述的内容，皆被转化成了代数符号。一个肤浅的类比如同棉花糖一样吹胀得过于冗长，仅此而已。

逻辑经济学家和数理经济学家皆断言：人的行为最终旨在建立这样一种均衡状态，并且若数据的所有进一步变化均停止，就会达到这种均衡状态。但逻辑经济学家所知道的远不止这些。他说明了那些渴望从价格结构差异中获利的创业者、促进者和投机者所开展的活动如何趋向于消除这种差异，从而趋向于消除企业家盈亏的来源。他说明了这一过程如何最终导致均匀旋转经济的建立。这是经济理论的任务。对各种均衡状态进行的数学描述仅仅是一种游戏而已。问题在于如何对市场过程作客观、准确的分析。

通过对两种经济分析方法进行比较，我们就不难理解，为何经常有人提出通过构建一种动态理论——而不是仅仅在静态问题上纠缠不休——来扩大经济科学的范畴。就逻辑经济学而言，这一假设毫无意义。逻辑经济学本质上是一门关于过程与变化的理论。它诉诸于不变性的想象架构，仅仅是为了阐明变化现象而已。但数理经济学就不同了。其方程和公式仅限于对均衡状态和非作用状态的描述。只要它依然属于数学程序的范畴，它就不能就此类状态的形成以及它们向其他状态的转变做出任何断言。与数理经济学相比，我们亟需一套动态理论，这一点已得到充分证实。但数理经济学无法满足这一要求。过程分析问题，也是唯一重要的经济问题，任何数学方法皆无法解决。

□ 约瑟夫·熊彼特

约瑟夫·熊彼特（1883—1950年），奥地利政治经济学家，被誉为"创新理论的鼻祖"。1912年，熊彼特在《经济发展理论》一书里提出了"创新"及其在经济发展中的作用，轰动了当时的西方经济学界。据统计，熊彼特提出的"创造性毁灭"，在经济学界的被引用率仅次于亚当·斯密的"看不见的手"。

即使将时间参数引入方程，亦同样无解。它甚至没有指出数学方法的本质缺陷。"每一变化皆涉及时间，而且变化始终按时间顺序进行"，这种说法仅仅是为了表述如下事实而已：只要存在着刚性和不变性，就不存在着时间。数理经济学的主要缺陷并不在于它忽视了时间顺序，而在于它忽视了市场过程的运行。

数学方法无法说明——那些趋向于建立均衡状态的行为是如何从非均衡状态中涌现出来的。当然，数学方法可以指出将"某一特定非均衡状态的数学描述"转换为"均衡状态的数学描述"所需的数理运算。但这些数学运算绝不能描述出由价格结构差异所驱动的市场过程。力学的微分方程应该可以精确地描述时间流逝过程中任何时刻瞬间所涉及的运动。然而，对于处于"非均衡状态"与"均衡状态"之间时间间隔里每一瞬间的各种实际情况，经济方程没有丝毫涉及。只有那些完全被"经济学必须是力学苍白的复制品"这一先入观念蒙蔽了双眼的人，才会低估这一反对意见的分量。一个非常不完善且肤浅的比喻并不能替代逻辑经济学所提供的效用。

在交易经济学的每一章节中，皆可看到用数学方法处理经济学问题的毁灭性后果。仅举两个实例即足以佐证这一点。第一个实例是所谓的"交换方程"，即数理经济学家试图处理货币购买力变化而进行的徒劳且具有误导性的尝试。第二个实例最好的表述是引用约瑟夫·熊彼特（Joseph A. Schumpeter）教授的名言——消费者在评估消费品时，"根据事实（ipso facto）也同时在评估进入这些商品生产过程的生产资料"[1]，用这样的方式诠释市场过程，再没有比这更错误的做法了。

经济学的研究对象并不是商品和服务，而是活生生的人的行为。其目标并不是纠缠于诸如均衡之类的想象架构。这些架构仅仅是推理工具而已。经济学的唯一任务是对人的行为进行分析，对各种过程进行分析。

6 垄断价格

竞争价格是卖方进行全面调整以满足消费者需求的结果。在竞争价格情形下，全部可用供给商品皆被出售，而且特定生产要素在非特定互补性生产要素价格允许的范围内被运用。可用供给商品中，没有任何一部分永久性地被市场搁置，而且所运用的特定生产要素的边际单位不会产生任何净收益。整个经济过程皆是为了消费者的利益而进行的。买方利益与卖方利益之间、生产者利益与消费者利益之间不存在任何冲突。各种商品的所有者不能将消费和生产从由消费者所做的估值、所有各阶商品与服务的供应状况以及技术知识状态所规定的路线中转移出去。

若一个卖方的竞争对手所支配商品供应量的下降会提高该卖方自己可以出售自己商品供应量的价格，则每个卖方皆会必然看到自己的收益会增加。但在一个竞争激烈的市场上，他无法带来这种结果。除了因政府干预商业而获得的某项特权之外，他必须臣服于市场现状。

企业家以其企业家能力始终臣服于消费者完全至高无上的地位（消费者主权）。对于可供销售商品和生产要素的所有者而言，情况就不同了，当然企业家

---

[1] 约瑟夫·熊彼特，《资本主义、社会主义与民主》（*Capitalism, Socialism and Democracy*）（纽约，1942年），第175页。对于这一观点的批判，参见哈耶克《个人主义与社会秩序》（*Individualism and the Social Order*）"知识在社会中的运用"（芝加哥，1948年），第89页。

作为这些商品和要素的所有者，情况亦是如此。在某些条件下，通过限制这些商品和要素的供应量并以更高单位价格出售，他们将获得更好的收益。以这种方式决定的价格，即垄断价格，是对消费者至上地位和市场民主的一种侵犯。

垄断价格出现所需的特殊条件和情形及其交易经济学特征为：

1. 市场上必然盛行供应垄断。垄断商品的全部供应皆由单个卖方或一群行动一致的卖方控制。垄断者——无论是一个人还是一群人——皆能够限制供出售的供应商品或用于生产的供应商品，以提高每单位商品售出价格，并且不必担心他的计划会因相同商品的其他销售者的干扰而受挫。

2. 垄断者要么不能歧视买方，要么自愿放弃这种歧视。[1]

3. 作为买方的公众对超过潜在竞争价格范围的价格上涨所做出的反应——需求下降——并不会使"以超出竞争价格的任何价格全部售出商品所得收益"小于"以竞争价格全部售出商品所得总收益"。因此，就"什么必须被视为某一物品的同一性标志"进行复杂的探究是多余之举。没有必要提出这样一个问题：是否所有领带皆应称为"同一物品的样本"，或者，是否应根据面料、颜色和图案来区分它们。对各种物品进行学术划分毫无用处。唯一重要的是买方对价格上涨的反应方式。对于垄断价格理论而言，观察每个领带制造商生产不同的物品并将他们中的每一个均称为"垄断者"，这么做是无关紧要的。交易经济学分析处理的并不是垄断本身，而是垄断价格。一个卖领带的，若他出售的领带不同于别人出售的领带，则只有在买方不对任何价格上涨做出不利于卖方之反应的情况下，才能获得垄断价格。

垄断是垄断价格出现的一个前提，但并非唯一前提。垄断价格出现还需要另一个条件，即需求曲线的某种形状。在这方面，仅存在垄断本身并不意味着什么。一本版权书籍的出版商就是一位垄断者。但是，无论他要的价格多低，皆有可能他连一本都卖不出去。一个垄断者出售某一垄断商品，并非其每个价格皆是垄断价格。相较于将销售扩大至竞争激烈市场所允许的限度而采取的价格，垄断者在限制其销售总量的情形下所采取的价格更为有利，而这样的价格才是垄断价格。垄断价格实际上是一种趋向于限制贸易的人为刻意设计的结果。

4. 如果有人假设"存在第三类价格——既非垄断价格，亦非竞争价格"，那

---

[1] 后文将讨论价格歧视问题。

么这就犯了一个根本性错误。若我们不考虑后面要处理的价格歧视问题，则某一确定价格要么是竞争价格，要么是垄断价格。相反的断言是由于错误地认为"竞争并不是自由的或完美的，除非每个人皆能够将自己表现为某一特定商品的卖方"。

每种商品的可用供应量皆是有限的。若某物在公众需求方面并不是稀缺性的，则该物既不会被认为是一种"经济商品"，消费者亦不会为它付出任何代价。因此，让"垄断"概念涵盖整个经济商品领域，以这种方式来应用此概念，这么做具有误导性。仅仅限制供应是经济价值和所有支付价格的来源；因此，还不足以产生垄断价格。[1]

今天，"垄断性竞争"或"不完全竞争"一词被应用于不同生产商和销售商的产品存在一些差异的情况。这意味着几乎所有消费品皆属于"垄断商品"范畴。然而，与价格确定研究相关的唯一问题是：卖方是否可以利用这些差异来实施一项旨在故意限制供应量以增加其净收益总额的计划。只有当这一点成为可能并付诸实施时，垄断价格才能作为跟竞争价格区分的价格出现。诚然，每个卖方皆有一个客户群，该客户群更偏爱的是该卖方的品牌而非该卖方竞争对手的品牌，而且即使该卖方的商品售价高于该卖方竞争对手的商品售价，该客户群也不会停止购买该卖方的商品。但是对于卖方而言，问题是：这样的人（也即忠诚客户）的数量是否足够多，足以过度补偿由于其他人不购买而导致的总销售量的减少。只有在这种情况下，他才能认为以"垄断价格"代替"竞争价格"是有利的。

相当大的混乱源于对"供应控制"一词的一种误解。在对供出售商品的供应量进行控制方面，每一产品的每个生产商皆能出自己那一份力。假若他已生产更多的商品a，他就已经使得供应量增加并已导致价格下降的趋势。但问题是——为何他并没有生产更多的商品a呢？他将其商品a的生产限制在数量p上，此举是否旨在尽其所能满足消费者的意愿呢？还是为了他一己私利而不顾消费者的订单？在第一种情况下，他之所以没有生产出更多的商品a，是因为若将商品a的产量增加至超过p，将会从其他部门撤出稀缺生产要素，而在这些部门这些稀缺生产要素本来可以用于满足消费者更为紧迫的需求。他将商品a的产量设定为p，而不是$p+r$，因为若将商品a的产量增加r，将会使他的业务无利可图或利润减少，而与此

---

[1] 关于对垄断概念的误导性延伸的驳斥，参见理查德·西奥多·伊利（Richard Theodore Ely），《垄断与信托》（Monopolies and Trusts）（纽约，1906年），第1—36页。

同时还有其他更有利可图的运用可用于资本投资。在第二种情况下，他之所以没有将商品a的产量增加r，是因为让垄断的特定生产要素的一部分可用供应m处于不使用状态对他而言更为有利。如果这一部分要素的可用供应m没有被他垄断，他不可能期望限制他生产商品a有任何好处。他的竞争对手将会填补这个空白，而他也无法要求更高的价格。

在分析处理垄断价格时，我们必须始终探寻垄断要素m。若无这类要素，就不会出现任何垄断价格。要出现垄断价格，第一项要求就是必须有垄断商品存在。若不持有一定数量的商品m，一个企业家就不可能有机会用垄断价格来代替竞争价格。

企业家利润与垄断，二者从根本上就毫无关系。若一个企业家能够以垄断价格出售其商品，则他会将这一优势归功于他对垄断要素m的垄断。他是从他对要素m的所有权中——而不是从他的特定企业家活动中——获得了特定垄断收益。

我们假设：一次事故切断了一座城市的电力供应好几天，迫使这里的居民在夜里只能点蜡烛来照明。蜡烛价格应声上涨到了s；在这个价格下，所有可供出售的蜡烛皆售罄了。销售蜡烛的各个商店通过以s价格出售其全部蜡烛存货而获得高额利润。但可能会发生这样的情况：各店主联合起来，从市场上留置部分蜡烛库存，并以s+t价格出售其余蜡烛库存。虽然s是竞争价格（具有竞争力的价格），但s+t是一个垄断价格。店主们以s+t价格出售蜡烛所赚取的利润P_a超过他们仅以s价格出售蜡烛所赚取的利润P_b的盈余部分，就是他们的特定垄断收益。

至于店主们以何种方式形成对可供出售之蜡烛供应量的限制，则无关紧要。将一部分可用库存蜡烛进行物理性销毁，属于垄断行为的典型案例。就在不久前，巴西政府就采取了这种做法：焚毁了大量咖啡。但同样的效果可通过让一部分库存商品闲置不用的方式获得。

虽然利润跟均匀旋转经济的想象建构并不相容，但垄断价格和特定垄断收益却可彼此相容。

5. 若商品m的可用数量并不仅仅是由一个人、一家企业、一家公司或一个机构所拥有，而是由几个想要一起合作以垄断价格代替竞争价格的所有者所拥有，则他们之间的协议在美国反托拉斯法中被称为"共谋"行为——它规定须向每一方分配允许以垄断价格出售的商品m的数量。任何卡特尔协议的最基本组成部分就是向合作伙伴们分配明确的配额。制定卡特尔的技艺在于达成配额协议的技巧。一旦成员们不再准备坚持配额协议，卡特尔就会瞬间崩溃。仅在商品m的所有者之间谈论更高价格的可取性是无济于事的。

通常，使垄断价格的出现成为可能的事态是由政府政策（例如关税壁垒）带来的。若商品m的所有者不利用向他们提供的联合起来以实现垄断价格的机会，则政府往往会自行组织美国法律所称的"贸易限制"。政府的警察权力迫使商品m——主要是土地、采矿和渔业设施——的所有者限制产量。在国家层面，美国农业政策提供了这种方法最著名的案例，而在国际层面，委婉的半遮半掩风格的《政府间商品控制协定》（Inter-governmental Commodity Control Agreements）提供了这种方法最著名的案例。人们已经开发出一种新的语义来描述政府干预商业的这一分支。限制产出量从而限制所涉及的消费量，称为"避免盈余"，其旨在提高商品销售价格的效果称为"稳定化"。很明显，这些数量的商品m在那些将会消耗它们的人（消费者）眼中并没有显示为"过剩"。同样明显的是，这些人宁愿选择一个较低的价格，而不愿意选择一个较高价格的"稳定"。

6. "竞争"概念并不包括"应该有许许多多竞争商品"这项要求。竞争始终是一个人或一家企业跟另一个人或另一家企业之间的竞争，无论有多少其他人或其他企业正在争取同一奖项。少数人之间的竞争并不是一种行为学上不同于多数人之间的竞争。从来没有人认为：两党制下针对竞选职位展开的竞争，其激烈程度不如多党制下对竞选职位的竞争。竞争对手的数量仅在垄断价格分析中才发挥作用，但前提是该数量是联合竞争者组成卡特尔联盟的努力取得成功所依赖的因素之一。

7. 若卖方有可能通过限制销售和提高售出商品的价格来增加其净收益，通常有几个垄断价格满足这一条件。在这些垄断价格中，其中一个价格会产生最高净收益。但也可能发生各个垄断价格对该垄断者同样有利的情况。我们可以将对垄断者最为有利的垄断价格或这些垄断价格称为"最优垄断价格"。

8. 垄断者事先并不知道消费者将会对价格上涨做出何种反应。他必须通过反复试验来确定——垄断商品是否能够在对他有利的前提下以超出竞争价格的任何价格出售，而且若是这样，在各个可能的垄断价格中，确定哪一个是最优垄断价格或最优垄断价格之一，这实际上比经济学家在绘制需求曲线时假设何时垄断者具有完美远见要困难得多。因此，我们须将"垄断者发现这种价格的能力"列为出现垄断价格所需的一项特殊条件。

9. 不完全垄断提供了一个特例。可用商品供给总量的大部分归垄断者所有；其余部分则由一个或几个不准备跟垄断者合作实施旨在限制销售并带来垄断价格之计划的人所有。但是，若跟局外人部分p_2的总和相比，垄断者所控制的部分p_1足够大，则这些局外人不情愿合作并不能阻止垄断价格的确立。我们假设：全部供给（$p=p_1+p_2$）中的每件商品均能够以单价c出售，而供给数量$p-z$中的每件商品能够以垄断价格d出售；若dx（p_1-z）得出的销售金额高于cxp_1得出的销售金额，则无论局外人施展怎样的行为，垄断者对自己的销售进行垄断限制皆是对垄断者有利的。他们可能会继续以价格c出售其商品，亦可能会将其商品售价提高到最高d。唯一重要的一点是，局外人不愿意忍受他们自己商品销量的减少。形成垄断价格所需的全部减少量均须由供给p_1的所有者来承担。这会影响他的计划，并且通常会导致出现一个跟完全垄断下所确立的垄断价格不同的垄断价格。[1]

10. 双头垄断和寡头垄断并不是垄断价格的特殊品种，而只是用于确立一个垄断价格的各种方法而已。两个人或几个人拥有整个供给。他们皆准备以垄断价格出售商品，并相应地限制他们的销售总量。但出于某种原因，他们并不想采取一致行动。他们中的每个人皆走自己的路，并未跟其竞争对手达成任何正式协议或默契。但他们每个人也都知道，其竞争对手有意对他们自己的销售进行垄断限制，以获取更高的销售单价和特定垄断收益。他们每个人皆仔细观察其竞争对手的行为，并试图根据他们的行为来调整自己的计划。一连串相互以智取胜的措施和反制措施，其结果取决于对方的诡诈。双头垄断者和寡头垄断者心中有两个目标：一方面确定对卖方最为有利的垄断价格，另一方面将限制销售量的负担尽可能地转移给竞争对手。正因为他们并不同意分配给每一方的销售量削减配额，所以他们并未像卡特尔成员那样一致行动。

"双头垄断和寡头垄断"不得跟"不完全垄断"或"旨在建立垄断的竞争"混为一谈。在不完全垄断的情况下，只有垄断集团准备限制其销售，以使某一垄断价格占上风；其他卖方则拒绝限制他们的销售。但双头垄断者和寡头垄断者已准备好从市场中留置一部分他们的供应。在大幅降价的情况下，一个集团A计划通过迫使其所有或大部分竞争对手B停业来实现完全垄断或不完全垄断。该集团将价格降低到一个水平，而该价格水平对其更脆弱的竞争对手而言是毁灭性的举动。集团A也可能因以该低价出售其商品而蒙受亏损；但该集团能够比其他竞争对手承受这种亏损的时间更长，而且该集团相信这么做会在以后通过充足的垄断收

---

[1] 显然，若局外人能够扩大他们的销售量，则不完全垄断计划必然会崩溃。

益为其带来好处。这一过程与垄断价格无关。这是一项获得一个垄断地位的计划。

人们可能想知道——双头垄断和寡头垄断是否具有实际意义。通常，有关各方会就销售量削减配额至少达成一项默契谅解。

11. 通过部分留置市场供应而使垄断价格占上风的垄断商品，既可能是一种最低阶商品，亦可能是一种更高阶商品、一种生产要素。垄断商品还可能是控制生产所需的技术知识，即"配方"。这类配方通常是免费商品，因为它们产生明确效果的能力是无限的。它们只有在被垄断和限制使用的情况下才能成为经济商品。为某一配方所提供的服务而支付的任何价格始终是一种垄断价格。限制某一配方的使用是因为制度条件（例如专利和版权法）还是由于"某一配方保密而其他人无法猜到"这一事实而成为可能，这无关紧要。

互补性生产要素，若其垄断可能导致垄断价格的确立，则互补性生产要素也可能在于一个人有机会使他在某一商品之生产中的合作为那些认为这种合作具有特殊意义的消费者所知。这一机会可能来自相关商品或服务的性质，亦可能来自商标保护等制度规定。消费者如此高度重视一个人或一家企业所做的贡献，原因是多方面的，可能是因为如下因素而对相关个人或企业产生的特别信任：以前的经验；纯属毫无根据的偏见或错误；势利；走火入魔的或形而上学的先入之见（其毫无根据被更讲道理的人所嘲笑）。标有商标的某一药物在其化学结构和生理功效上可能并不异于未标有相同标签的其他化合物。然而，若买方对该标签附加了某一特殊意义，而且准备为标有该标签的产品支付更高的价格，则卖方可以在需求配置有利的情况下获得垄断价格。

使垄断者能够在不受其他人反作用的情况下限制供销售商品数量的垄断可以在于：他拥有且可支配的某一要素的生产率，高于其潜在竞争者可支配的相应要素的生产率。若他提供的垄断要素的较高生产率与其潜在竞争者的生产率之间的边际足够宽，足以出现垄断价格，则我们可以将这种情况称为"边际垄断"。[1]

让我们通过参照当今条件下最常见的例子来说明边际垄断，该例子就是：保护性关税在特殊情形下产生垄断价格的力量。亚特兰蒂斯对每件商品p的进口征收关税t，而其世界市场价格为s。若在亚特兰蒂斯以价格s+t对商品p的国内消费量

---

[1] "边际垄断"这一术语的使用，正如任何其他术语的使用一样，是可选的。对"导致垄断价格的任何其他垄断亦可被称为一种'边际垄断'"这一说法的反对是徒劳的。

为a，而且商品p的国内生产量为b，且b小于a，则边际经销商的成本为$s+t$。国内工厂能够以$s+t$的价格出售其总产量的全部产品。关税发挥了作用，并激励国内企业将商品p的产量从b扩大到略小于a的数量。但若b大于a，情况就不同了。若我们假设——国内产量b如此之大，以至于即使国内售价采取世界市场价格s，国内消费依然落后于国内产量，因而剩余产品必须出口销往国外，那么征收关税并不会影响商品p的价格。商品p的国内市场价格和世界市场价格均保持不变。然而，在区分商品p的国内生产和国外生产时，关税赋予国内工厂一项特权，该特权可用于垄断联合体，前提是存在某些更多条件。若能够在$s+t$和s之间确定一个垄断价格，则国内企业结成卡特尔将是有利可图之举。该卡特尔以某一垄断价格在亚特兰蒂斯的国内市场上出售商品p，并以世界市场价格s在国外处理剩余商品p。当然，由于亚特兰蒂斯国内销量限制而导致世界市场上供出售的商品p数量增加，世界市场价格从s下降到s_1。因此，国内垄断价格的出现还有一项要求，即世界市场价格的这种下跌所导致的对收益的总限制不能大到可吸收国内卡特尔的全部垄断收益。

从长远来看，若市场新来者可以自由进入此等国家卡特尔的生产部门，则此等国家卡特尔就无法保持其垄断地位。卡特尔为了垄断价格而限制其服务的垄断要素（就国内市场而言）是一项地理性条件，每个在亚特兰蒂斯境内建立新工厂的新投资者皆可轻松复制该项条件。在以技术稳定进步为特征的现代工业条件下，最新的工厂通常比老工厂效率更高，而且平均生产成本更低。因此，对潜在新来者的激励是双重的。它不仅在于卡特尔成员的垄断收益，还在于以较低生产成本超过这些潜在新来者的可能性。

在这一点上，各机构再次行动起来一起帮助那些形成卡特尔的老企业。专利赋予他们任何人皆不得侵犯的合法垄断地位。当然，仅仅有他们的部分生产工艺才可能受到专利保护。但是，一个竞争者若被阻止采用这些工艺和生产有关物品，那么他可能会受到严重的阻碍，以至于他无法考虑进入垄断行业领域。

专利权人享有法律上的垄断权，在其他有利条件下，该垄断权可用于获得垄断价格。在一项专利本身所涵盖的领域之外，若出现这种垄断权所需的主要制度条件占主导地位，则该专利可在建立和维持边际垄断方面提供辅助服务。

我们可以假设：即使没有任何政府干预为其他商品提供构建垄断联合体所需的必不可少条件，一些世界级的卡特尔亦会存在。有一些商品，例如钻石和汞，其供应本质上仅限于少数来源。这些资源的所有者可以轻而易举联合起来采取一致行动。但这样的卡特尔在世界生产格局中仅扮演次要的角色。它们的经济意义将会相当小。卡特尔在我们这个时代所占据的重要地位，实际上是所有国家的政府所采取的干预主义政策的一个结果。人类今天不得不面对的垄断问题，并不是市场经济运行的产物。它是政府有目的行为的产物。它并不是煽动者们所大肆宣传的资本主义的固有弊端之一。相反，它是敌视资本主义并意图破坏和摧毁资本主义运作的那些政策的产物。

卡特尔案例的经典国家是德国。19世纪最后数十年，德意志启动了一项规模庞大的社会政策计划。其理念是通过所谓"亲劳工立法"的各种措施、通过广受赞誉的俾斯麦社会保障计划以及通过旨在获得更高工资费率的工会施压和强制行动来提高工薪阶层的收入和生活水平。这项政策的倡导者们无视经济学家的警告。他们宣称：根本就不存在所谓"经济规律"之类的东西。

在赤裸裸的严峻现实中，社会政策提高了德国国内的生产成本。所谓的"亲劳工立法"的每一次进步以及每一次成功的罢工皆扰乱了工业条件，从而对德国企业不利。这让德国企业更难超越其外国竞争对手，因为对于这些外国对手而言，德国的国内活动并没有提高他们的生产成本。假若德国人能够放弃产品出口并只为国内市场生产，则关税本可以保护德国本土工厂免于遭受外国企业的激烈竞争。德国企业本来是能够以更高价格出售其产品的。一个工薪族从立法机关和工会所取得的成就中本来可以获得的收益，将因为他不得不为所购物品支付更高的价格而被吞噬。实际工资费率将只会上升到企业家可以改进技术程序从而提高劳动生产率的程度。关税将使社会政策变得无害。

但德国目前以及在俾斯麦开始其亲劳工政策时已然是一个以工业为主的国家。德国本土工厂的总产量中，有相当一部分出口到了国外。这些出口使德国人能够进口他们无法在人口相对过剩、自然资源匮乏的国家种植的食品和原材料。这种情形不能简单地通过保护性关税来加以纠正。只有卡特尔才能使德国摆脱其"进步的"亲劳工政策的灾难性后果。卡特尔在国内对所售商品收取垄断价格，而在国外则以更便宜的价格出售。只要卡特尔影响到依赖于国外市场销售的行业，卡特尔就是"进步的"亲劳工政策的必要伴随物和结果。当然，卡特尔并没有为工薪阶层保障那些劳工政客和工会领导人向他们许诺的虚无缥缈的社会收益。对于所有渴望赚取高于每种劳动的生产率所确定的工资水平的人而言，根本没有任何办法来提高其工资费率。卡特尔所取得的成果仅仅是通过国内商品价格的相应上涨来抵消名义工资费率的明显增长而已。但是，最低工资费率的最为严重的灾难性影响——永久性大规模失业——在最初就被避免了。

对于所有不能仅仅满足于国内市场的销售并打算将其部分产品出售到国外的行业而言，在这个政府干预商业的时代，关税的作用就是促成国内垄断价格的确立。无论关税在过去是出于何种目的而征收以及产生了何种影响，一个出口国一旦开始采取措施将工薪阶层或农民的收入提高到高于潜在市场工资费率的水平，它就必须制订相应的计划，从而导致有关商品的国内垄断价格。一个国家，其政府的权力仅限于其主权范围内的领土。它有能力提高国内生产成本，但它无权强迫外国人为其产品支付相应更高的价格。若不停止出口，政府就必须为出口提供补贴。补贴可以从国库中公开支付，也可以通过卡特尔的垄断价格将补贴负担强加给消费者。

政府干预商业的拥护者将仅仅通过一纸法令就可使市场框架内某些群体受益的权力归于"国家"。事实上，这种权力就是政府培育垄断联合体的权力。垄断收益就是用来资助"社会收益"的资金。只要这些垄断收益还不够充足，各种干预主义措施就会立即使市场运行陷于瘫痪；随之就会出现大规模失业、经济萧条和资本消耗现象。这解释了为何当代所有政府皆渴望在与出口贸易有着千丝万缕联系的市场中所有行业领域中促进垄断。

一个政府若主观上并不或客观上不能设法间接地实现其垄断目的，那么它就会诉诸其他手段。在煤炭和钾肥领域，德意志帝国政府培育了强制性卡特尔。美国新政因商业界的反对而被阻止以强制卡特尔为基础来组织这个国家的伟大工业。在一些至关重要的农业部门，在为了形成并维护垄断价格而采取的限制产量的措施方面，美国新政的表现要好一些。世界上最著名的政府之间缔结的一长串协定旨在针对各种原材料和食品建立全球市场垄断价格。[1] 联合国公开宣布的目的就是继续执行这些计划。

12. 有必要将当代政府的这种亲垄断政策视为一种性质一致的现象，以便找出激发它的原因。从交易经济学的角度来看，这些垄断在性质上并不统一。企业家利用保护性关税提供的激励措施而加入的契约卡特尔，属于边际垄断的实例。在政府直接培育垄断价格的地方，我们面临着许可垄断的实例。产生垄断价格的

---

[1] 国际劳工局（International Labor Office）于1943年以《政府间商品控制协定》（*Intergovernmental Commodity Control Agreements*）为标题出版了一部这些协定的专辑。

限制使用的生产要素是法律规定的供应给消费者的必要条件的许可证。[1]

此类许可可通过多种不同方式授予：

（a）几乎向每一位申请人皆授予一项无限制许可。这相当于一种根本无需任何许可的事态。

（b）许可仅授予选定的申请人。竞争受到限制。然而，只有当被许可人一致行动且需求配置有利时，垄断价格才可能出现。

（c）只有一个被许可人。被许可人，例如一项专利或一项版权的持有者，就是一个垄断者。如果需求配置是有利的，而且如果被许可人想要获得垄断收益，那么他可以要求施行垄断价格。

（d）授予的许可是有限的。此类许可仅授予被许可人生产或销售一定数量产品的权利，以防止他破坏当局的计划。当局本身指导垄断价格的确立。

最后，还有政府为了财政目的而建立垄断的实例。垄断收益进入国库。许多欧洲国家政府已经建立了烟草垄断。其他欧洲国家政府则分别垄断了食盐、火柴、电报和电话服务、广播，等等。无一例外，每个国家的邮政服务皆由政府垄断。

13. 边际垄断不一定总是由于关税等制度因素而出现。它亦可通过某些生产要素的肥力或生产力的充分差异来产生。

前文已说过，在解释农产品价格和土地租金时，谈到"土地垄断"并提到"垄断价格"和"垄断收益"，这是一个严重的错误。就历史上的农产品垄断价格实例而言，其性质就属于政府法令所培育的许可垄断。然而，承认这些事实并不意味着土壤肥力的差异永远不会带来垄断价格。若依然在耕种的最贫瘠土地与

---

[1] 这里所使用的"许可"和"被许可人"术语并非专利法技术意义上的含义。

可用于扩大生产的最肥沃休耕地之间，肥力的差异如此巨大，以至于已开发土地的所有者能够在这个边际范围内找到有利的垄断价格，则他们可以考虑通过一致行动对生产予以限制，以便获得垄断价格。但事实是，农业的物理条件并不符合这些要求。正是由于这一事实，渴望实行垄断价格的农民并没有采取自发的行动，而是要求政府加以干预。

在采矿业的各个部门，条件往往更有利于基于边际垄断的垄断价格的出现。

14. 人们已经一次又一次地断言：大规模生产的经济已在加工行业中产生了垄断价格趋势。这种垄断在我们的术语体系中被称为"边际垄断"。

在开始讨论这一话题之前，必须澄清一件产品平均生产成本的增加或减少在一个寻求最有利垄断价格的垄断者的诸多考虑因素中所起的作用。我们考虑这样一种情况：某一垄断互补性生产要素（例如一项专利）的所有者同时生产产品p。若一件产品p的平均生产成本（与专利无关）随着产量增加而下降，则垄断者必须将这一点跟限制产量所带来的预期收益加以权衡。另一方面，若每件产品的生产成本随着总产量的限制而降低，则垄断者采取垄断限制的动机就会增强。很明显，"大规模生产通常会降低平均生产成本"，这一事实本身并不是一个推动垄断价格出现的因素。恰恰相反，它是一个阻碍因素。

那些将垄断价格的蔓延归咎于大规模生产经济的人试图说的是：大规模生产的更高效率使小规模工厂难以甚至不可能在竞争中取得成功。他们认为：一个大型工厂可以实行垄断价格而不受惩罚，因为小企业无法挑战其垄断地位。现在，在加工行业的许多分支领域，以装备不齐全的小型工厂所生产的高成本产品进入市场确实是愚蠢之举。一座现代化棉纺厂无需担心老式家庭作坊女工的竞争；它的竞争对手是其他或多或少装备齐全的工厂。但这并不意味着它享有以垄断价格出售产品的机会。大企业之间同样存在竞争。若大企业的产品销售以垄断价格占优势，则其原因要么是专利，要么是对矿山或其他原材料来源的垄断或基于关税的卡特尔。

我们绝不能混淆"垄断"概念和"垄断价格"概念。若不导致垄断价格，则单纯的垄断本身就没有任何交易经济学意义。垄断价格之所以重要，仅仅是因为它们是一种商业行为的结果，而这种行为违背了消费者的至高无上地位并且以垄断者的私人利益取代了公众的利益。若人们愿意无视"垄断收益与利润本身毫无关系"这一事实，则垄断价格是市场经济运行中唯一可在一定程度上区分"为利润而生产"和"为使用而生产"的例子。垄断价格并不是交易经济学中可以称之为"利润"的一部分；它们是通过销售某些生产要素所提供的服务而获得的价格的增加，其中一些要素是物理要素，而另一些仅仅是制度要素而已。如果企业家和资本家在没有垄断价格格局的情况下放弃扩大某一工业部门的生产是因为其他部门提供给他们的机会更具吸引力，那么他们就不会无视消费者的需求。相反，他们精确地遵循市场上表达的需求所指示的路线。

政治偏见之所以混淆了对垄断问题的讨论，是因为它忽视了对所涉及的本质问题的关注。在分析处理每一个垄断价格案例时，我们必须首先提出一个问题："是什么障碍阻止人们挑战垄断者？"在回答这一问题时，我们会发现制度要素在垄断价格的出现中所起的作用。说美国企业与德国卡特尔之间的交易存在不可告人的阴谋，这无疑是一种无稽之谈。若一个美国人想要制造一种受德国人所拥有之专利保护的物品，美国法律会迫使他与德国企业达成一项协议。

15. 一种特殊情况是可以称之为"失败垄断"的情况。过去，资本家将资金投资于专为生产物品p而设计建造的工厂。后来的事件证明这项投资失败了。在出售p时可以获得的价格是如此之低，以至于投资于该工厂不可转换设备的资本不会产生任何回报。投入的资本化为泡影。然而，这些价格已足够高，足以为用于当前生产物品p的可变资本产生一笔合理回报。若投资在不可转换设备上的资本的不可挽回的亏损在账簿上注销，并且在账目中作所有相应更改，则在业务经营中减少的营运资本大体上是如此有利可图，乃至于完全停止生产将是一个新的错误举动。该工厂满负荷生产数量为q的物品p，并以单价s销售该物品。

但条件可能是这样的：企业有可能通过将产量限制在$q/2$并以单价$3s$出售物品p的方式来获得垄断收益，那么投资在不可转换设备上的资本就不再显得是完全亏损掉了。它产生了一笔适度的回报，也即垄断收益。

这家企业现在以垄断价格销售产品并获得垄断收益，尽管与投资者若将所有资本投资于其他业务领域所赚取的利润相比，目前所有资本产生的收益很少。该企业将其耐用设备的闲置产能所能提供的服务搁置起来并不投入市场，并且比满负荷生产时所获得的收益更高。该企业无视公众的指令。若投资者已避免犯下"将其部分资本固定在生产物品p中"这一错误，则公众（也即大众消费者）将会处于更有利的位置。当然，公众不会获得任何物品p。但是他们反而会获得他们现在错过的那些物品（而现在错过，是因为生产这些物品所需的资本已浪费在用于生产物品p的聚合体的建造上）。然而，在这个不可挽回的错误发生之后，就现在的情况而言，公众想要获得更多的物品p并准备为它支付现在是其"潜在竞争市场价格"之价格，即s。就现在的情况而言，公众并不赞成企业留置一笔本可用于生产物品p的可变资本。这笔留置的资本当然不会一直闲置不用。它进入其他业务领域并为之生产其他东西，即物品m。但就现在的情况而言，消费者更愿意增加物品p的可用数量，而不是增加物品m的可用数量。证据是：在生产物品p的产能没有受到垄断限制的前提下，由于是在给定条件下，那么相较于物品m产量增加带来的盈利能力，生产将以价格s销售的数量为q之产品的盈利能力将带来更好的回报。

本案例有两个显著特点。首先，若充分考虑投资者的全部投入，则买方所支付的垄断价格依然低于物品p的生产总成本。其次，企业的垄断收益是如此微薄，以至于此等收益不会使整个风险投资看起来是一项好投资。其性质依然属于不良投资。正是这一事实构成了该企业的垄断地位。没有局外人愿意进入其企业家的活动领域，因为生产物品p会导致亏损。

失败垄断绝不是单纯的学术建构。例如，今天某些铁路公司的情形，就是这样的。但必须谨防犯下"将闲置未用产能的每一个实例皆解释为失败垄断"这样的错误。即使在没有垄断的情况下，相较于将企业的生产扩大到其耐用不可转换设备的能力所确定的限度，将可变资本用于其他目的可能更为有利可图；那么产量限制正好符合竞争市场的状态和公众的意愿。

16. 地方垄断通常源于制度。但也有一些地方垄断源于不受阻碍市场的诸多条件。通常，制度垄断旨在处理业已存在或可能会出现的垄断，而不受针对市场的任何威权主义干预。

地方垄断的交易经济学分类必须区分三个细分类别：边际垄断、有限空间垄断和许可垄断。

地方边际垄断的特点是：阻碍局外人在地方市场展开竞争并打破地方卖方垄断的障碍是运输成本比较高。不需要任何关税来为拥有生产砖块所需的所有相邻自然资源的企业提供有限的保护，以对抗位于遥远之地的瓷砖厂的竞争。运输成本为他们提供了边际利润空间，在需求配置有利的情况下，从该边际利润空间中可以找到一个有利的垄断价格。

到目前为止，地方边际垄断跟其他边际垄断的实例并无交易经济学上的区别。区分它们并需要以特殊方式分析处理它们的，一方面是它们与城市地租的关系，另一方面则是它们与城市发展的关系。

我们假设：一个为不断增加的城市人口的聚集提供有利条件的区域A受建筑

材料之垄断价格的影响。因此，建筑成本高于在没有这种垄断的情况下的建筑成本。但是，没有任何理由让那些在区域A选择住所位置和选择工作室位置上权衡利弊的人为购买或租用这些房屋和工作室而支付更高的价格。这些价格一方面取决于其他区域的相应价格，另一方面取决于与在其他地方定居相比在区域A定居所提供的优势。施工建设所需的较高支出并不会影响这些价格；此类支出的发生率取决于土地的收益。建筑材料卖方垄断收益的负担落在了城市土地的所有者身上。这些垄断收益吸收了土地收益，而这些土地收益在没有垄断收益的情况下本来是归这些土地所有者的。即使在（不太可能）"对房屋和工作室的需求使得土地所有者有可能在出售和租赁土地中获得垄断价格"的情况下，建筑材料的垄断价格也只会影响土地所有者的收益，而不会影响买方或租户支付的价格。

垄断收益的负担回归到土地的城市运用价格上，这并不意味着它不会阻碍城市的发展。它延缓了周边土地用于城市定居点扩张的运用。一块郊区土地的所有者将该土地从农地用途或其他非城市用地中撤出并将其用于城市发展，在这样的举措对该所有者而言变得有利的时刻出现在稍后的日期。

现在，阻止一个城市的发展是一种"双刃剑"措施。它对垄断者的用处是模糊不清的。他不知道未来的情况是否会将更多的人吸引到他产品的唯一市场——区域A。一个城市为新来者提供的吸引力之一是它的庞大社区和它的众多人口。工商业趋向于聚集在各个中心。若垄断者的行为延缓了城市社区的发展，则可能会将人口流动引向其他地方。一个机会可能会被错过，而一旦错过，永不再来。为了相对较小的短期收益，可能牺牲掉未来更大的收益。

因此，地方边际垄断所有者开始以垄断价格出售其产品，这一举动从长远来看是否非常符合其自身利益，至少值得怀疑。对他而言，区分不同的买方往往更为有利。他能够以较高价格出售城市中心地带的建筑项目，并以较低价格出售周边地区的此类项目。地方边际垄断的范围比一般假设的范围更受限制。

有限空间垄断是"物理条件限制了经营领域，以至于只有一家企业或少数几家企业可以进入该领域"这一事实的结果。当该领域仅有一家企业开展经营或当少数经营企业联合起来采取一致行动时，就会出现垄断。

有时，两个相互竞争的电车公司可能会在某个城市的同一条街道上开展运营。在某些情况下，两家甚至更多公司共同为一个区域的居民提供天然气、电力和电话服务。但即使在这种特殊情况下，也几乎没有任何真正意义上的竞争。有关情况向竞争对手表明：他们至少默契地结合在一起。空间的狭窄以一种或另一种方式导致垄断。

实际上，有限空间垄断跟许可垄断密切相关。一家企业若未跟控制着街道及其底土的地方当局达成任何谅解，则它几乎不可能进入该区域。即使没有法律要求针对建立公用事业服务的特许经营权，企业亦有必要跟市政当局达成相关协议。这种协议是否在法律上被描述为"特许经营权"，并不重要。

当然，垄断并不一定会导致垄断价格。一家垄断型公用事业公司能否施行垄断价格，取决于每个案例的特殊数据。但肯定有它可以采取垄断价格的情况。还有一种情形是：该公司在选择垄断价格政策时失策，而降低价格将会更好地服务于其长期利益，但不能保证垄断者会找出对他最为有利的东西。

必须认识到：有限空间垄断往往会导致垄断价格。在这种情况下，我们面临的情况是市场过程没有完成其民主功能。

私营企业在我们同时代的人中很不受欢迎。即使公司不收取垄断价格、即使其业务只产生微利或甚至亏损，生产资料私有制在那些出现有限空间垄断的领域依然格外不受欢迎。一家"公用事业"公司在干预主义和社会主义政客眼中是一个公敌。选民赞成当局对它（公用事业公司）施加任何恶行。人们一般认为，这些企业应该属于国有化企业或归市政所有的企业。据说，垄断收益绝不能归市民私人所有。这些收益应该专属于公共基金。

过去数十年推行的市政化和国有化政策，其结果几乎无一例外皆是财务失败、服务糟糕和政治腐败。人们被其反资本主义偏见蒙蔽了双眼，纵容糟糕的服务和腐败的行为，很长一段时间都没有为财务失败而烦恼。然而，这种失败正是导致当今干预主义危机出现的因素之一。

17. 人们通常将工会政策描述为"旨在以垄断工资费率代替竞争性工资费率的垄断计划"。然而，通常情况下，工会并不以实现垄断工资费率为目的。工会有意限制其自身劳动力市场部门的竞争，以提高其会员的工资费率。但不能将限制竞争和垄断价格政策混为一谈。垄断价格的特征在于：相较于出售总供应量P，仅出售总供应量P其中一部分p，获得的净收益更高。垄断者通过不向市场提供供应量$P-p$来获得垄断收益。标志着垄断价格状况本身的并不是这种收益的水平，而是垄断者带来这种收益的有目的的行为。垄断者关心的是整体可用存货的运用。他对此存货的每一部分皆同样感兴趣。若其中一部分始终未售出，那就是他的亏损。尽管如此，他还是选择让一部分闲置不用，因为在当前盛行的需求配置下，以这种方式进行经营对他而言更为有利。正是市场的特殊状态才促使他做出了经营决策。垄断，作为垄断价格出现的两个不可或缺的条件之一，可能是而且通常是制度干预市场数据的产物。但这些外力并不直接导致垄断价格。只有满足第二个要求，才有机会采取垄断行动。

单纯供应限制的情况则不同。在这里，宣扬限制的作者们并不关心他们禁止进入市场的那一部分供应可能会发生什么。拥有这部分供应的人的命运对于他们而言并不重要。他们只关注市场上留存的那一部分供应。只有当实行垄断价格的净收益总额超过实行潜在竞争价格的净收益总额时，垄断行动才对垄断者有利。另一方面，限制性行动总是对特权群体有利，而对排除在市场之外的群体不利。它总是提高商品的单价，从而提高特权群体的净收益总额。特权群体并不考虑被排除群体的亏损。

特权群体从限制竞争中获得的利益可能比任何可想象的垄断价格政策都更加有利可图。但这又是另一个问题了。它并不会消除这两种行为方式之间的交易经济学差异。

工会的目的是在劳动力市场上占据垄断地位。但是一旦他们实现了这一目的，他们的政策就变成了限制性政策，而不是垄断价格政策。他们有意限制他们所在领域的劳动力供应，而丝毫不关心那些被排除在外的人的命运。他们在每个人口相对较少的国家皆成功地设置了移民壁垒。因此，他们保持了相对较高的工资费率。被排除在外的外国工人被迫留在他们自己的国家，而他们自己国家的边际生产力较低，因此工资费率亦较低。在劳动力在国家之间自由流动的情况下普遍存在的工资费率均等化趋势已经瘫痪。在国内市场上，工会不会容忍非工会工人的竞争，并且只允许数量有限的人加入工会。那些未被工会吸纳的工人不得不从事报酬较低的工作，或者不得不继续处于失业状态。工会对这些非工会工人的命运不感兴趣。

即使工会接管对其失业成员应承担的责任，并通过其受雇成员的缴款支付不低于受雇成员收入的失业救济金，其措施亦不是垄断价格政策。因为失业工会成员并不是收入能力受到"以较高工资费率代替潜在较低市场工资费率"这一工会政策不利影响的人。被排除在工会会员群体之外的人，其利益未被纳入考虑范围。

垄断价格理论之数学处理

数理经济学家特别关注垄断价格理论。似乎垄断价格将成为交易经济学的一个章节，而数学处理对于该章节而言比对交易经济学的其他章节更为合适。然而，数学在这个领域所能提供的服务亦相当捉襟见肘。

关于竞争价格，数学所能做到的只不过是对各种均衡状态和均匀旋转经济之假想建构中的条件给出数学上的描述。若数据不发生任何进一步变化，则关于将最终建立这些均衡和这一均匀旋转系统的诸多行为，数学无法给予任何描述或说明。

在垄断价格理论中，数学更接近于行为的现实。它说明了垄断者如何在掌握所有所需数据的情况下找到最佳垄断价格。但是垄断者并不知道需求曲线的形状。他所知道的只是过去需求曲线和供给曲线相互交叉的点。因此，他无法利用数学公式来发现——他的垄断商品是否有任何垄断价格；以及，若有，那么在各种垄断价格中，哪一个是最优价格。因此，数学探究和图形探究在这一行为领域的徒劳无益，不亚于它们在任何其他领域的表现。但是，至少，它们做到了用图表解释垄断者的思虑，并且不像在竞争价格的情况下那样满足于仅仅描述一种在实际行为中不起任何作用的理论分析的辅助架构。

当代数理经济学家混淆了对垄断价格的研究。他们并不将垄断者视为垄断商品的销售者，而是将其视为企业家和生产者。但是，有必要将垄断收益跟企业家利润明确区分开来。垄断收益只能由商品或服务的卖方获得。企业家只能以其作为垄断商品销售者的身份而不是以其企业家身份来获得垄断收益。随着总产量的增加，每件产品单位生产成本下降或上升可能导致的利弊将会减少或增加垄断者的净收益总额并影响其行为。但是，对垄断价格的交易经济学处理绝不能忘记：在适当考虑需求配置的情况下，特定垄断收益仅仅源于对某一商品或某项权利的垄断。正是这一点为垄断者提供了限制供应的机会，而不必担心其他人会通过扩大其出售商品的数量来挫败垄断者的行为。企图通过借助生产成本的配置来定义垄断价格出现所需的条件，显然是徒劳的。

通过宣称"单个生产者亦能够以市场价格出售比他实际出售商品数量更多的商品"来描述导致竞争价格的市场情况的做法，具有误导性。只有在满足两个特殊条件时，这才成立：有关的生产者A并不是边际生产者B，而且生产者A扩大生产并不需要在销售额外数量产品时无法收回的额外成本。然后生产者A的生产扩张迫使边际生产者B停止生产；供出售的商品供应总量保持不变。

区别竞争价格与垄断价格的特征标志在于：前者是所有各阶商品和服务的所有者皆被迫为了以最佳方式满足消费者的意愿而提供服务的结果。在一个竞争市场中，根本就没有所谓"卖方价格政策"之类的东西。除了以提供给他们的最高价格尽可能多地出售其商品之外，他们别无选择。但垄断者则可通过"从市场中留置其可支配的一部分供应以获得特定垄断收益"的方式来获得更好的收益。

7 商誉

必须再次强调的是：市场上的人并不是无所不知的，他们对当前情况仅有的了解或多或少是有缺陷的。

买方必须始终依赖卖方的可信赖性。即使在购买生产者商品时，尽管买方通常是该领域的专家，但在某种程度上他依然取决于卖方的可靠性。消费品市场上的情况更是如此。在这个市场上，卖方在技术洞察力和商业洞察力方面大多优于买方。销售人员的任务并不仅仅是销售顾客想要的东西。他必须经常建议顾客如何选择最能满足其需求的商品。零售商的角色不仅仅是供应商；他还是一个友好的帮手。公众并不会粗心大意地光顾每一家商店。若有可能，一个人更喜欢选择光顾他自己或值得信赖的好友过去曾经有过美好购物体验的商店或品牌。

商誉是一家企业因过去的成就而获得的声誉。这意味着公众期望商誉持有人在未来将达到他先前的标准。商誉并不是仅出现在商业关系中的一种现象。它存在于所有社会关系当中。它决定了一个人对其配偶、朋友的选择以及在选举中对候选人的投票情况。当然，交易经济学仅仅分析处理商业性商誉。

无论商誉是否基于真正的成就和功绩，亦无论商誉是否仅仅是想象和错误想法的产物，都没有关系。人的行为中重要的并不是真相，因为在一个无所不知的人看来，它可能是易出错的人的意见。在某些情况下，客户愿意为某一化合物的一个特殊品牌支付更高的价格，尽管该品牌产品的物理和化学结构与另一种更便宜产品并无区别。专家可能认为这种行为是不理智的。但是，没有任何人能够在与他的选择相关的所有领域中皆获得专业性。他无法完全避免用对人的信任来代替对真实情况的了解。普通客户并不总是选择商品或服务，而是选择他信任的供应商。他向他认为可靠的供应商支付溢价。

商誉在市场上所起的作用并不会损害或限制竞争。每个人皆可自由地获得商誉，而每一商誉的持有者一旦获得商誉之后也可能再次失去商誉。许多改革者，受其对父权式政府之偏见的推动，主张用威权等级标签来代替商标。假若统治者和官僚被赋予无所不知和完全公正的属性，那么他们将是对的。但由于公职人员无法摆脱人性的弱点，这些计划的实现只会以政府任命的人的缺陷代替公民个人的缺陷。阻止一个人区分他喜爱的一个香烟或罐头食品品牌和他不那么喜欢的另一品牌，这么做并不会让他更快乐。

获得商誉不仅需要诚实和热情地为客户提供周到体贴的服务，而且还需要花费不少金钱。一家企业若要获得稳定的客户群需要时间。在此期间，它必须经常忍受亏损，以平衡预期的后期利润。

从卖方的角度来看，商誉可以说是一个必要的生产要素。卖方会对商誉作相应的评估。商誉的货币等价值通常并不会出现在账簿分录和资产负债表中，而这一点并不重要。若一家企业被出售，只要可以将商誉转让给收购方，那么收购方就会为商誉支付一定的价格。

因此，探究这种称为"商誉"之特殊事物的性质是一个交易经济学问题。在这种详细审查中，我们须区分三种不同的情况。

情况1. 商誉使卖方有机会以垄断价格出售其商品或区分不同类别的买方。这一点跟垄断价格或价格歧视的其他情形并无区别。

情况2. 商誉仅仅给予卖方以与其竞争对手所获得的价格相对应的价格出售其商品的机会。若他没有商誉，他就根本不会出售其商品或仅通过降价来出售其商品。对他而言，商誉的必要性不亚于经营场所、保持品种齐全的商品库存和雇用熟练的助手。购买商誉所发生的成本将发挥与任何其他业务费用相同的作用。而且，商誉购置成本和任何其他业务费用必须用总收入超过总成本的部分以相同方式列支。

情况3. 卖方在人数有限的忠实顾客圈子中享有如此辉煌的声誉，以至于他能够以比支付给其不太知名竞争对手之价格更高的价格向其忠实顾客出售其商品。然而，这些价格并不是垄断价格。这些价格并不是有意限制总销售量以提高净收益总额之政策的结果。卖方可能根本没有机会出售更多产品，一位医术高超且超级繁忙的医生同样属于这种情形：虽然该医生收费比不那么受欢迎的同事要高，但是他可用的时间和精力已全部付出、达到了他工作能力的极限，因而他无法再通过诊疗更多患者来"出售他的医术服务"。还有一种可能的情形：销售的扩大需要投入额外的资金，而卖方要么缺乏这笔资金，要么认为他可将这笔资金投入到一个更有利可图的用途之中。阻止产量扩大和供出售商品或服务数量扩大的因素，并不是卖方有目的的行为，而是市场的状况。

由于对这些事实的曲解产生了"不完全竞争"和"垄断竞争"的整个谬误，因此有必要对一个正在权衡其业务扩张利弊的企业家的诸多考虑因素作更为详细的审查。

扩大一个生产聚合体，以及将生产从对这种聚合体的部分利用增加到满负荷生产，皆需要投入额外资金，而这只有在没有更多有利可图的可用投资项目时才是合理的。[1] 至于企业家是否足够富有，足以用自己的资金去投资，或者他是否必须借入所需资金，这并不重要。此外，一个企业家自有资金中尚未用于其企业的那部分资金也并非处于"闲置"状态。企业家将这一部分资金用在了经济体系框架内的某个其他地方。为了将资金用于相关业务的扩张，这些资金必须从其目前用途中提取出来。[2] 企业家只有在期望净收益增加的情况下才会着手做出这种投资变化。此外，即使市场形势似乎提供了有利机会，也有一些其他疑问可能会阻碍一个业务繁荣的企业扩张的倾向。企业家可能并不信任自己成功管理规模更大企业的能力。他还有可能被"企业曾经一度繁荣但最终扩张导致失败"的例子吓坏了。

　　一个商人，若由于其出色的商誉而能够以高于不那么知名的竞争对手的价格销售其商品，则他当然可以放弃他的优势，并将他的价格降低至其竞争对手的水平。正如每一个商品或劳动力的卖方一样，他可以避免充分利用市场状况并以需求超过供给的价格出售其商品或劳动力。在这么做时，他会向一些人赠送礼物。受赠人将是那些能够以此已调低之价格购买的人。其他人虽然准备以相同的价格购买，但由于市场供应不足，将不得不空手而归。

　　对已生产和供出售的每种物品的数量进行限制，这始终是企业家为了获得尽可能高的利润并避免亏损而做出的决定所产生的结果。垄断价格的特征并不在于——企业家没有生产更多的有关物品，因此没有导致该物品价格下降；也不在于——尽管互补性生产要素的更充分运用会降低产品价格，但这些要素依然闲置未用。唯一具有相关性的问题是：生产限制是否是扣留了其部分供应以使其余部分供应获得更高价格的商品和服务供应的——垄断型——所有者之行为的结果。垄断价格的特征是垄断者对消费者意愿的蔑视。铜的竞争价格意味着：铜的最终价格趋向于在所需非特定互补性生产要素价格允许的范围内开采矿床的那个价格点；边际铜矿并不产生采矿租金。消费者所购铜的数量，正好等于他们根据其允

---

[1] 额外广告支出也意味着额外资金投入。
[2] 持有现金，即使它超过了惯常数额并被称为"囤积"，是一种可用的资金运用方式。在当前市场状况下，行为人认为持有现金才是其部分资产最合适的运用方式。

许铜及所有其他商品实行的价格而自行决定的数量。铜的垄断价格意味着铜矿床的利用程度较小，因为这对铜矿床所有者更为有利；若消费者的至高无上权利未受到侵犯而本来会被用来生产更多铜的资本和劳动力，现在却被用来生产消费者需求不那么强烈的其他物品。铜矿床所有者的利益优先于消费者的利益。可用的铜资源并未按照公众的意愿和计划加以利用。

当然，利润也是消费者意愿与企业家行为之间存在着不一致的结果。若所有企业家在过去皆对市场现状有完美的预见，就不会出现任何盈亏。他们的竞争在过去——适当考虑到时间偏好因素——将会使互补性生产要素的价格调整为产品的当前价格。但这种说法并不能抹去利润与垄断收益之间的根本区别。企业家只有已经成功地为消费者提供比其他人更好的服务方可获利。垄断者通过损害消费者的需求满足来获取垄断收益。

8 需求垄断

垄断价格只能从供给垄断中出现。需求垄断所带来的市场情况，并不会不同于非垄断需求所带来的市场情况。垄断买方——无论他是一个人还是一群行动一致的人——不能获得与垄断卖方之垄断收益相对应的特定收益。若他限制需求，他就会以较低的价格购买。但随后购买的数量亦会下降。

正如政府限制竞争以提高特权卖方的地位一样，政府也可以限制竞争以使特权买方受益。政府一次又一次地针对某些商品的出口实施禁运。这样一来，通过排除外国买方，他们旨在降低国内商品价格。但这样一个降低的价格并不是垄断价格的对应物。

通常作为需求垄断加以分析处理的是为特定互补性生产要素决定价格的某些现象。

一件商品m的生产，除了运用各种非特定生产要素之外，还需要运用一个单位的绝对特定要素a和一个单位的绝对特定要素b。要素a和要素b皆不能被任何其他要素代替；另一方面，要素a若不与要素b结合运用则毫无用处，反之亦然。要素a的可用供应量远远超过要素b的可用供应量。因此，要素a的所有者不可能为要素a获得任何价格。对要素a的需求总是落后于要素a的供应；因此要素a并不是一种经济商品。若要素a是矿床，而开采它需要使用资金和劳动力，则矿床的所有权并不会产生特许权使用费。根本不存在采矿租金。

但是，若要素a的所有者们组建一个卡特尔，他们就可以扭转局面。他们可以将供出售之要素a的供应量限制在让要素b的供应量超过要素a的供应量的范围内。现在，既然要素a变成了一种经济商品，那么当要素b的价格下降为零时，买方就会为该经济商品支付价格。若此后要素b的所有者也通过组建卡特尔来应对，则两个垄断联合体之间势必会出现价格斗争，而关于该斗争的结果，交易经济学无法做出任何陈述。正如前文已指出的，在一个以上所需生产要素具有绝对特定性质的情况下，定价过程并不会带来唯一确定结果。

市场形势是否可以使要素a和要素b一起以垄断价格出售，并不重要。包含一个单位要素a和一个单位要素b的一个产品批次的价格，是垄断价格还是竞争价格，并无任何区别。

因此，有时被视为"需求垄断"的东西最终变成了在特定条件下形成的供给垄断。要素a和要素b的卖方有意以垄断价格出售其要素a和b，而不考虑"商品m的价格是否可以成为垄断价格"这一问题。对于这些卖方而言，唯一重要的是获得买方愿意为结合在一起的要素a和要素b支付的联合价格中尽可能大的份额。该案例没有表明可以使其适用术语"需求垄断"的任何特征。然而，若考虑到标志着两个群体之间竞争的偶然特征，则这种表达方式就变得可以理解了。若要素a（或要素b）的所有者同时亦是进行商品m加工的企业家，则他们所组成的卡特尔就会呈现出垄断需求的外观。但是这种结合了两种不同交易经济学功能的个人联盟并没有改变本质问题；利害攸关的是解决两个垄断卖方群体之间的事务。

我们的例子，加上必要的变通，比照适用于要素a和要素b亦可用于生产商品m以外其他目的的情况，前提是这些其他用途只产生相对较小的收益。

9 受垄断价格影响之消费

个人消费者可能以不同方式对垄断价格作出反应。

1. 尽管价格上涨，个人消费者却并不限制其对垄断商品的购买。他宁愿限制对其他商品的购买。（假若所有消费者皆以这种方式对垄断价格作出反应，那么竞争价格将已经上升到垄断价格的高度了。）

2. 消费者将其对垄断商品的购买限制在一定程度，即他为垄断商品所花费的金额不会超过他在竞争价格下——为购买更多数量的垄断商品——而花费的金额。（假若所有人皆以这种方式对垄断价格作出反应，那么在垄断价格下，卖方并不会比在竞争价格下得到更多；他不会通过偏离竞争价格而获得任何收益。）

3. 消费者将其对垄断商品的购买限制在一定程度，即他用于购买垄断商品的花费少于他在竞争价格下购买该商品的花费；他用通过这种方式节省下来的钱购买了他本来不会购买的商品。（假若所有人皆以这种方式对垄断价格作出反应，那么卖方将会因为用更高价格代替竞争价格的做法而让自己的利益受损；而且不会出现任何垄断价格。在这种情况下，只有想让自己同胞戒除毒瘾的行善者，才会将有关商品的价格提高到竞争价格水平之上。）

4. 消费者以垄断价格在垄断商品上的花费比其在竞争价格下在该商品上的花费更多，但只获得更少数量的垄断商品。

无论消费者将如何作出反应，从他自己估值的角度，他自己需求的满足似乎受到了损害。在垄断价格下，他享受到的服务并不如在竞争价格下享受到的服务那么好。卖方的垄断收益由买方的垄断剥夺来承担。即使某些消费者（如案例3）购置了在没有垄断价格的情况下他们本来不会购买的商品，他们的需求满足水平也低于不同于垄断价格状态下的需求满足水平。由于对产品A生产所必需的某一互补性生产要素供应的垄断限制，产品A的生产量下降，从产品A的生产中撤出的资本和劳动力被用于生产其他本来不会生产的东西。但消费者对这些其他东西的重视程度较低。

但是，这个一般规则有一个例外，即垄断价格使卖方受益，但损害买方利益，而且侵犯消费者利益的至上地位。若在一个竞争市场上，生产消费品g所需的互补性要素之一（即要素f）根本没有获得任何价格，尽管要素f的生产需要各种支出并且消费者愿意为消费品g支付一个价格，从而使其（消费品g）生产在竞争市场上有利可图，则要素f的垄断价格成为生产消费品g的一个必要条件。人们提出的旨在支持专利和版权立法的正是这一想法。如果发明者和著作者无法通过发明和写作来赚钱，那么他们将无法将自己的时间投入到这些活动当中，也无法支付此类活动的相关费用。要素f若无垄断价格，公众不会从中获得任何好处。相反，公众将错过其从购置消费品g中可能获得的满足感。

许多人对不计后果地使用无法替代的矿物和石油矿床感到震惊。他们说：我们的同时代人浪费了一种可被用尽的存量，而不顾及子孙后代。我们正在消耗我们自己与生俱来的权利以及未来的权利。现在这些抱怨毫无意义。我们并不知道——以后的时代是否依然会依赖我们今天所依赖的相同原材料。诚然，石油矿藏甚至煤炭正在以极快的速度趋向枯竭。但很有可能不出一百年或五百年，人们将采取其他产生热量和电力的方法。无人知道，若我们不那么恣意挥霍这些矿藏，我们是否是在自己既剥夺我们本应该享受的资源但却又对21世纪或24世纪的人并无任何益处。为我们甚至连做梦都无法想象其技术能力之时代的需求做准备，这就是徒劳之举。

但是，若有人一边为某些自然资源之枯竭而哀叹，一边又同样强烈指责在其当今进行的资源开采利用中存在着垄断限制，那就纯属自相矛盾了。汞之垄断价格的影响作用当然是减缓了汞资源枯竭的速度。在那些害怕未来会发生汞短缺的人眼中，这种影响的作用一定是非常可取的。

经济学在揭露这些矛盾时并非旨在为石油、矿产和矿石的垄断价格"辩护"。经济学既无辩护的任务，亦无谴责的任务。它只须仔细检查人的行为所有模式的影响作用即可。它并不会进入垄断价格的朋友和敌人意图为其理由辩护的领域。

在这场激烈的争论中，双方采取的论点皆为谬误。反垄断方赋予每一个垄断者通过限制供应和带来垄断价格的方式来损害买方处境的权力，这是错误的。假设"在市场经济中普遍存在着一种不受政府干预之阻碍与破坏、逐步形成垄断格局的总体趋势"，这种想法同样是错误的。只提及垄断资本主义而不提及垄断干预主义、只提及私有卡特尔而不提及政府组建的卡特尔，这是对真实状况的荒谬歪曲。垄断价格将仅限于某些只能在少数地方开采的矿产，若政府不打算扶持它们就仅限于当地有限空间垄断领域。

垄断方将大规模生产的经济情况归功于卡特尔，这种做法是错误的。他们说，一方面，生产的垄断集中通常会降低平均生产成本，从而增加可用于额外生产的资本和劳动力数量。然而，并不需要任何卡特尔来消除以更高成本生产的工厂。自由市场上的竞争在无任何垄断以及无任何垄断价格的情况下即可达到这一效果（也即消除以更高成本生产的工厂）。相反，政府支持的卡特尔化的目的往往是保护工厂和农场的存在，而自由市场恰恰因为它们的生产成本太高而迫使它们停止运营。例如，自由市场会淘汰次边际农场，而只保留那些在现行市场价格下生产能够产生回报的农场。但美国新政倾向于不同的安排。它迫使所有农场一律按比例限制产量。它通过其垄断政策将农产品价格提高到如此高的水平，以至于在次边际土地上的生产再次变得合理。

从实行产品标准化与垄断之经济的混淆中得出的结论同样是错误的。若人们只要求一种标准类型的某种特定商品，一些物品的生产将能够以更经济的方式来安排，而成本亦会相应降低。但是，若人们以这种方式行事，则在无垄断的情况下，标准化和相应的成本降低亦会出现。另一方面，若强迫消费者只满足于一种标准类型的商品，则不会增加他们的满足感；相反，这么做损害了他们的满足感。独裁者可能认为消费者的行为相当愚蠢。为何女人就不能像士兵一样穿制服呢？为何她们对个性化时髦服装如此着迷呢？从独裁者自己的价值判断的角度来看，他可能是对的。但问题在于估值的性质是个人的、个体的和武断的。市场的民主在于：人们自行做出自己的选择，没有任何独裁者有权强迫他们服从独裁者的价值判断。

10 卖方的价格歧视

对于所有买方而言，竞争价格和垄断价格皆是相同的价格。市场上普遍存在着一种"消除同一商品或服务的所有价格差异"的永恒趋势。尽管买方所给出的估值跟他们在市场上生效之需求的强度不同，但他们支付的是相同的价格。有钱人购买面包所支付的价格，并不高于不那么有钱的人买面包所支付的价格，尽管有钱人若不能以更便宜价格买到面包则会愿意支付更高的价格。一个宁愿少吃东西也不愿错过一场贝多芬交响乐演出的音乐迷，他购买音乐会入场券所支付的价钱并不比一个非音乐迷人所支付的价钱更高，而对于非音乐迷而言，音乐只是一种消遣，而且他若能去听音乐会仅仅是因为他放弃了自己对一些琐事的欲望，那么他就根本不会关心音乐会。人们必须为某一商品支付的价格与人们愿意为该商品支付的最高金额，二者之间的差额有时被称为"消费者剩余"[1]。但是，市场上可能会出现使卖方有可能区分买方的情况。他能够以不同的价格向不同的买方出售某一商品或服务。他可以获得这样一个价格，该价格有时甚至会上升到使某一买方的全部消费者剩余消失的地步。为了使价格歧视对卖方有利，须同时满足两个条件。

第一个条件是：那些以较便宜价格购买某一商品或服务的人，无法将买到的该商品或服务转售给歧视性卖方仅以较高价格向其出售的人。若不能阻止这种转售，第一卖方的意图就会受挫。第二个条件是：公众做出反应的方式不会使得卖方的净收益总额落后于他在价格统一下获得的净收益总额。这第二个条件始终存在于"将使卖方有利于以垄断价格代替竞争价格"这一条件下。但它也可能出现在"不会带来垄断收益"的市场情况下。因为价格歧视并没有要求"卖方必须限

---

[1] 参见阿尔弗雷德·马歇尔（A. Marshall），《经济学原理》（*Principles of Economics*，第八版，伦敦，1930年），第124—127页。

制销售量"的必要性。卖方并没有完全失去任何买方；他必须仅仅考虑"一些买方可能会限制他们的购买数量"这一因素。但通常而言，他有机会将他的剩余供应商品出售给那些根本不会购买或若他们不得不支付统一竞争价格则只会购买较少数量商品的人。

因此，生产成本的配置在歧视性卖方的考虑中并不发挥任何作用。生产成本并不受影响，因为生产总量和销售总量保持不变。

最常见的价格歧视案例是医生的案例。有一位医生，一周内可为患者进行80次治疗、每次治疗收费3美元，他受雇满负荷工作来照护30名患者，每周可赚240美元。有10名最富有的患者，他们原本每周总共消费50次治疗，这位医生若针对这10名患者每次治疗收费标准不是3美元而是4美元，这10名患者一共将只消费40次治疗。该医生将剩余的10次治疗以每次2美元的价格出售给那些原本不会为他的专业服务每次花费3美元的患者。然后他的每周收入上升到[（40次×4美元/次）+（10次×2美元/次）+（30次×3美元/次）=]270美元。

由于只有在价格歧视比以统一价格进行销售对卖方更为有利的情况下，卖方才会实行价格歧视，因此很明显：这将会导致消费的改变和生产要素针对各种不同用途的分配。价格歧视的结果始终是：买方为获得有关商品所花费的总金额将会增加。买方必须通过削减其他购买来弥补其超额支出。由于受益于价格歧视的人不太可能将其收益用于购买跟其他人不再购买的相同数量的相同商品，因此市场数据的变化和生产的变化变得不可避免。

在上述例子中，最富有的10名患者利益受损；他们要为一项服务支付4美元的单价，而过去他们只需支付3美元的单价。但是，从价格歧视中获益的不仅仅是医生；被医生收取2美元单价的那些患者亦从中受益。诚然，他们必须通过放弃其他满足的方式来支付该医生收取的费用。然而，他们对这些其他满足的重视程度低于医生治疗带给他们的满足。他们获得的满足程度增加了。

为了充分理解价格歧视，最好记住：在分工模式下，那些渴望获得相同产品的人之间开展的竞争，并不一定会损害个别竞争者的地位。不同竞争者的利益仅在由互补性的自然禀赋生产要素提供的效用方面是对立的。这种不可避免的自然对立被分工带来的优势所取代了。就平均生产成本可以通过大规模生产降低而言，那些渴望获得相同商品的人之间开展的竞争将会改善个别竞争对手的情况。不仅仅是少数人，而且还有很多人皆渴望获得（购置）商品c，这一事实使得以节省成本的工艺制造该商品成为可能；那么即使是经济能力有限者亦负担得起。同样，有时会发生这样一种情形：价格歧视使得满足某一需求成为可能，而该需求在没有这种价格歧视的情况下依然无法得到满足。

一座城市里住着p位音乐爱好者，他们每个人皆愿意花2美元去观赏一场某一位演奏家的独奏音乐会。但要举办这样一场音乐会，举办方的开支超过了$2p$美元，入不敷出，这场音乐会因资金缺口而无法安排。但是，若可以区分音乐会门票价格——也即实行门票价格歧视政策，并且在p位音乐爱好者中，有n位愿意支付4美元的门票价格，那么，只要$2(n+p)$美元的门票收入足以用来举行一场独奏音乐会，举办该音乐会就变得可行了。然后n个乐迷每人花费4美元，$(p-n)$个乐迷每人花费2美元用于购买门票，并且放弃了他们若不选择去听演奏会则本可满足的最不迫切需求的满足。听众中每个人都会比音乐会演出因价格歧视之不可行性而无法举行的情形过得更好。有一个临界点数字A，若听众人数大于A，则音乐会所涉及的举办成本将高于听众愿意掏钱购买门票的总金额，而将听众人数增至这个临界点数字A符合音乐会举办方的利益。

若即使门票价格不超过2美元也可以安排独奏音乐会，则情况会有所不同。那么价格歧视就会损害那些门票价格按4美元收取之人的满足感。

以不同票价出售文艺演出门票和火车票的最常见做法，并不是交易经济学意义上价格歧视的结果。相较于支付较低票价的人，支付较高票价的人获得更好的待遇。他得到了一个更好的座位、一个更舒适的旅行机会，等等。如下医生示例中存在着真正的价格歧视：尽管医生为每位患者提供相同的护理，但他们向更富有患者客户收取的费用，高于向不那么富有患者客户收取的费用。如下铁路运输示例中亦存在真正的价格歧视：铁路公司对因运输而价值增加较多的货物收取更高的运输费用，尽管铁路公司产生的成本相同。显然，医生和铁路公司都只能在让患者和托运人可以找到另一更有利于他们自己的问题解决方案的机会所确定的范围内实行价格歧视。但这指的是价格歧视出现所需的两个条件之一。

指出所有种类的商品与服务的所有卖方皆可实行价格歧视的情况，这是无用的。更重要的是要确立这样一个事实，即在不受政府干预破坏的市场经济中，价格歧视所需的条件是如此罕见，以至于可以公平地将其称为一种"异常现象"。

11 买方的价格歧视

垄断价格和垄断收益不能以有利于垄断买方的方式实现，但价格歧视的情况则不同。垄断买方在自由市场上出现价格歧视只需一个条件，即卖方对市场状况一无所知。由于这种一无所知不可能持续很长时间，价格歧视只能在政府进行干预的情况下实行。

瑞士政府建立了一个由政府所有并经营的谷物贸易垄断机构。它以世界市场价格在国外市场采购谷物，并以更高价格从国内农民那里采购谷物。在国内采购中，它向以较高成本在山区岩石土壤上进行谷物生产的农民支付更高的价格，而向耕种更肥沃土地的农民支付较低的价格——尽管依然高于世界市场价格。

12 价格的关联性

若一个确定的生产过程同时产生产品p和产品q，则企业家是通过权衡产品p和产品q的预期价格之和来指导其决策与行为的。产品p和产品q的价格尤其相互关联，因为对产品p之需求的变化会引起产品q供给的变化。产品p和产品q二者价格之间的相互关系可以称为"生产关联性"。商人将产品p称为"产品q的副产品"。

消费品z的生产需要运用生产要素p和生产要素q；要素p的生产需要运用要素a和要素b；要素q的生产需要运用要素c和要素d。然后，要素p供给的变化将会导致对要素q之需求的变化。至于利用要素p和要素q生产出消费品z的过程，是"利用要素a与要素b生产出要素p"和"利用要素c和要素d生产出要素q"的同一家企业完成的，还是由财务上相互独立的企业家完成的，或是由消费者自己作为其消费的初步步骤来完成的，这并不重要。要素p和要素q的价格尤其相互关联，因为在没有要素q的情形下要素p毫无用处或效用较小，反之亦然。要素p和要素q二者价格之间的相互关系可以称为"消费关联性"。

若一种商品b提供的效用可以替代另一种商品a提供的效用，即使这种替代方式并不完全令人满意，则其中一种商品的价格变化亦会影响另一种商品的价格。要素a和要素b二者价格之间的相互关系可以称为"替代关联性"。

生产关联性、消费关联性和替代关联性是数量有限商品之价格的特殊关联性。从这些特殊关联性中，我们必须区分所有商品和服务之价格的一般关联性。这种一般关联性是如下事实的结果：对于每一种需求满足而言，除了各种或多或少的特定要素之外，还需要一个稀缺要素，而该稀缺要素，尽管其定性生产能力不同，但在上文精确定义的限度内可被称为"非特定因素"——"劳动力"。

在一个所有生产要素皆绝对特定的假设世界中，人类行为将在多个相互独立的需求满足领域中运作。而在我们的现实世界中，将各种不同的需求满足领域联系在一起的是大量非特定要素的存在，它们适合用于实现各种不同的目的，并且在某种程度上可以相互替代。劳动力这一要素一方面是每种生产所必需的，另一方面在规定限度内是非特定的，这带来了所有人类活动的一般关联性。它将定价过程整合为一个整体，其中所有齿轮相互配合、相互带动。它使市场成为一个相互依存现象的串联体。

将某一特定价格看作一个自身孤立的对象，是荒谬的。一个价格表达了行为人在当前努力消除不安的状态下对某一事物附加的地位。它并不表示与不变事物的一种关系，而只是表示在万花筒式千变万化集合中的瞬时地位。在这个被行为人之价值判断认为有价值之事物的集合中，每个粒子的位置皆与所有其他粒子的位置相互关联。所谓"价格"，始终是一个综合系统中的一种关系，而该综合系统是人际关系的综合效应。

13 价格与收入

市场价格是一种真实的历史现象，是两个人在一个特定日期、在一个特定地点交换一个特定数量的两种特定商品的量化比率。该市场价格是指具体交换行为的特殊条件。它最终由相关个人的价值判断决定。它并不是从一般价格结构或一个特殊类别商品或服务的价格结构中推导出来的。所谓的"价格结构"，是从多个单独具体价格中推导出来的。市场一般不会产生"土地价格"或"汽车价格"，也一般不会产生"工资费率"，而是会产生某块土地的价格和某种汽车的价格以及某种工作的工资费率。从任何角度而言，将交换的物品分配到哪个类别对定价过程并无任何影响。然而，它们在其他方面可能有所不同，就交换行为本身而言，它们只不过是商品而已，也即因其消除不安的能力而受到重视的东西。

市场并不会创造或决定收入。这并不是一个收入形成的过程。若一块土地的所有者和工人节约使用有关物质资源，则土地和人将更新并保留其提供效用的能力；农业用地和城市用地实际上可无限期使用，人则按其寿命使用数十年。若这些生产要素的市场状况不恶化，未来亦有可能为它们的生产性运用确定价格。土地和工作能力若按原样处理（也即若它们的生产能力不会因不计后果的利用而过早枯竭），则可被视为收入来源。是生产要素使用方面的深谋远虑的克制，而不是生产要素的自然和物理特性，将它们转化为某种持久的收入来源。自然界中并无收入流这样的东西。收入是一种行为范畴；它是谨慎节约利用稀缺要素的结果。这在资本商品情形中更为明显。生产出来的生产要素并不是永久性的。尽管它们中的一些可能有很多年的寿命，但它们最终皆会因磨损而变得无用，有时甚至只是随着时间流逝而变得无用了。只有当它们的所有者这样对待它们时，它们才会成为持久的收入来源。若在市场条件保持不变的情况下，资本产品的消费受到限制以至于不影响磨损部件的更换，则资本可以作为一种收入来源保留下来。

市场数据的变化可能会挫败使收入来源永久化的每一项努力。若需求发生变化或工业设备被更好的东西所取代，工业设备就会过时。若能获得足够数量的更肥沃土壤，土地就会变得毫无用处。从事特殊工作所需的专业知识与技能，当新的时尚或新的生产方法缩小了它们的运用机会时，它们就失去了报酬获得性。为不确定未来所做的任何准备若要取得成功，取决于指导这种准备工作的预期是否正确。没有任何收入可以抵御未充分预见的变化。

定价过程亦不是一种分配形式。正如前文已指出的，市场经济中没有任何东西可以应用"分配"这一概念。

14 价格与生产

不受阻碍市场的定价过程将生产引导到那些最能满足市场上所表现出来的消费者意愿的渠道中。只有在垄断价格的情况下，垄断者才有能力在有限范围内将生产从这个业务领域转移到其他业务领域并从中谋取自己的利益。

价格决定了哪些生产要素应该被运用、哪些应该被闲置不用。只有当互补性非特定要素没有更具价值的运用机会时，才会运用特定生产要素。有些技术配方、土地和不可转换资本商品，其生产能力依然闲置着未得到利用，因为它们的运用将意味着浪费所有要素中最稀缺的要素——劳动力。虽然在我们世界目前的条件下，从长远来看，在自由劳动力市场上不可能出现"劳动力未运用"的现象，但土地和不可转换工业设备的未利用产能却是一种普遍现象。

感叹闲置产能的事实纯属无稽之谈。因技术进步而淘汰的设备闲置产能是物质进步的一个标志。若建立持久和平会使军需品工厂闲置，或者若发现一种防治结核病的有效方法会使治疗遭受这种疾病影响之人所住疗养院变得过时，那将是一件幸事。对过去因缺乏供应而导致资本商品投资不当感到遗憾，这是明智的。然而，人无法总是做到万无一失。一定金额的不当投资是不可避免的。必须做的是：避免像信贷扩张那样人为地助长不当投资的政策。

现代技术让人们可以轻而易举地在北极和亚北极国家的温室中种植橙子和葡萄。每个人皆会将这样的冒险称为"疯狂行为"。但是，通过关税和其他保护主义手段来保护落基山谷中的谷物种植，而在其他地方却有大量休耕肥沃土地，二者在本质上是相同的，只是程度有差别而已。

瑞士汝拉（Jura）的居民更喜欢制造手表而不是种植小麦。制表是他们获取小麦最便宜的方式。另一方面，种植小麦却是加拿大农民获得手表最便宜的方式。汝拉人并不种植小麦、加拿大人并不制造手表，这一事实并不比"裁缝并不制作鞋子、鞋匠并不制作衣服"这一事实更值得关注。

15 非市场价格之幻想

价格是一种市场现象。它们是市场过程产生的，而且是市场经济的精髓。世上根本没有所谓"市场之外的价格"这样的事物。价格不能像以前那样以综合方式加以构建。它们是某一特定系列的市场数据、某一市场社会之成员的行为和反应的结果。若某些决定因素不同，则思考价格会是多少就是徒劳的。这些奇妙的设计并不比"假若拿破仑在阿尔科尔战役中丧生，或者假若林肯命令安德森少校从萨姆特堡撤军，历史进程将会怎样"这样异想天开的推测更明智。

思考价格应该是多少，这同样是徒劳的。每个人，若他想买的东西价格下降而他想卖的东西价格上涨，则每个人皆会很高兴。在表达这种愿望时，若一个人承认他的观点是其个人观点，他就是真诚的。另一个问题是：从他个人角度来看，稳妥起见他是否应该促使政府利用其强制与压迫的力量来干预市场的价格结构呢？本书第六部分将展示这种干预主义政策会产生怎样的必然后果。

但是，若将这种愿望和武断的价值判断称为"客观真理之声"，那就纯属自欺欺人了。在人类行为中，只有各种不同的个人对达到目的的渴望才是重要的。关于这些目的的选择，无关真相；重要的是价值。价值判断，其性质必然总是主观的，无论它们是由一个人做出的，还是由许多人，或一个傻瓜、一位教授或一名政治家做出的。

在一个市场上决定的任何价格，皆是各运作力量，即需求与供应相互作用的必然产物。无论产生这个价格的市场形势如何，就它而言，该价格的性质始终是充分的、真正的和真实的。若未出现愿意给出更高报价的任何投标人，价格就不可能更高；若没有任何卖方愿意以更低价格交付标的商品，价格就不可能更低。只有愿意以这种方式购买或出售的人的出现，方能改变价格。

经济学分析的正是产生商品价格、工资费率和利率的市场过程。但经济学并未开发出一个公式——该公式能让任何人皆可计算出一个"正确"的所谓价格，该价格不同于由买卖双方进行互动而在市场上决定的价格。

人们为何要在决定非市场价格方面做出许多努力，其根本原因在于混淆和矛盾的"实际成本"概念。若成本是一个真实的事物，即一个独立于个人价值判断并且客观上可识别和可测量的数量，则一个公正的仲裁者就有可能决定成本的高度，从而决定正确的价格。这个想法如此荒谬，实无必要花费更多时间为之纠缠不休了。成本是一种估值现象。成本是附加在最有价值的需求满足上的价值，而该需求满足依然尚未得到满足，因为满足它所需的手段（生产资料）被用于我们正在处理其成本的需求满足。使得产品的价值超过其成本且有盈余——利润——是每一项生产努力要实现的目标。利润是成功行为的回报。若不提及"估值"，就无法定义"利润"。利润是一种估值现象，而且跟外部世界的物理现象及其他现象之间并无直接关系。

经济分析不能帮助还原从成本到价值判断的所有项目。干预主义者将企业家利润、资本利息和土地租金称为"不劳而获（非劳动所得）"，因为他们认为：只有工人的辛劳和麻烦才是真实的、才值得获取回报。然而，现实并不奖励辛劳和麻烦。若按照精心构思的计划来付出辛劳和麻烦，其结果将会增加可用于需求满足的手段。无论有些人怎么定义何为公正和公平，唯一重要的相关问题始终是相同的：何种社会组织体系更适合实现人们愿意为之付出辛劳和麻烦的目的，是市场经济，还是干预主义？除此之外，别无第三种解决方案。"带有非市场价格的市场经济"，这样的概念是荒谬的。成本价格的想法是无法实现的。即使成本价公式仅适用于企业家利润，它亦会使市场陷于瘫痪。若商品与服务的售价低于市场业已为其决定的价格，则供给始终会落后于需求。那么，市场既不能决定应该生产什么、不应该生产什么，亦不能决定商品和服务应该流向谁，结果是混沌一片。

这也指"垄断价格"。放弃可能导致垄断价格出现的所有政策，是合理的。但是，无论垄断价格是由这种亲垄断性政府政策带来的，还是尽管没有这种政策，任何所谓的"事实调查结果"和伏案沉思皆无法发现供求正好相等的另一个价格。针对公用事业的有限空间垄断，所有实验皆未能找到一个令人满意的解决方案，清楚地证明了这一事实。

价格的本质在于：价格是代表自己行事的个人和个人群体之行为的衍生物。"交换比率"和"价格"的交易经济学概念排除了中央当局的行为、以社会或国家或武装压力集团之名义诉诸暴力和威胁的那些人的行为所产生的影响。在宣布"确定价格并不是政府的事情"时，我们并未超越逻辑思维的界限。政府不能决定价格，就像鹅不能下鸡蛋一样。

我们可以想象一个根本没有价格存在的社会体系，而且我们可以想象旨在将价格高度确定为不同于市场所决定之价格高度的政府法令。研究其中所隐含的问题是经济学的任务之一。然而，正是因为我们要研究这些问题，所以有必要明确区分价格与政府法令。根据定义，价格是由人们的买卖或不买卖所决定的。不得将它们与政府或其他机构通过强制和强制工具执行命令而发布的法令相混淆。[1]

---

[1] 为了不使读者因引入过多新术语而感到困惑，我们将继续如下广泛用法：将此类命令称为"政府或其他强制机构（如工会）颁布并强制执行的价格、利率、工资费率"。但是，我们绝不能忽视"价格、工资和利率的市场现象"与"旨在使这些市场现象无效的最低价格、工资和利率之最高限度的法律现象"之间的根本区别。

第十七章　间接交换

1　交换媒介与货币

若在以互惠交换为交换最终目的的商品和服务之间插入一种或几种交换媒介，则人际交换可称为"间接交换"。间接交换理论的主题是研究交换媒介与所有各阶商品和服务之间的交换比率。间接交换理论的陈述涉及间接交换的所有实例以及被用作交换媒介的所有事物。

以此方式常用的一种交换媒介称为"货币"。"货币"概念是模糊的，因为其定义涉及"常用"这一模糊术语。在某些边缘情况下，我们无法确定一种交换媒介是否"常用"以及是否应该被称为"货币"。但是，货币本义的这种模糊性绝不会影响行为学理论所要求的精确性和精准性。因为所有关于货币的断言皆适用于每一种交换媒介。因此，是保留"货币理论"这一传统术语，还是用另一术语代替它，无关紧要。货币理论过去曾经是并且永远是间接交换理论和交换媒介理论。[1]

2　对一些普遍错误的观察

假若许多经济学家在分析处理货币问题时自己没有犯错误并且没有顽固地坚持这些错误，那么导致几乎所有政府之货币政策皆误入歧途的流行货币学说的致命错误就几乎不会出现。

首先，存在所谓"货币中立性"这一站不住脚的想法。[2]这一学说的一个

---

〔1〕货币计算理论并不属于间接交换理论。它是行为学一般理论（行为学通论）的一个组成部分。

〔2〕哈耶克所著《价格与生产》（*Prices and Production*，修订版，伦敦，1935年，第1页、第129页）对这一学说的历史和术语皆作出了重要贡献。

产物是随着流通货币量增加或减少而成比例上升或下降的价格"水平"概念。人们并未意识到：货币量的变化永远不会同时在相同程度上影响所有商品和服务的价格。人们亦未意识到：货币单位购买力的变化必然与买卖双方之间相互关系的变化有关联。为了证明"货币量与价格成比例升降"这一学说，在处理货币理论时不得不求助于一个程序，而该程序完全不同于现代经济学在处理所有其他问题时所采用的程序。并不是从个人的行为入手——毫无例外地，交易经济学亦须这么做——而是构建一些公式，以期理解整个市场经济。这些公式的要素是：国民经济中可用货币供应总量；贸易量即在国民经济中进行的所有商品和服务转移的货币等值；货币单位的平均流通速度以及价格水平。这些公式似乎提供了价格水平学说之正确性的证据。然而，事实上，这一整个推理模式只不过是一个典型的循环论证案例而已。因为交换等式已包含了它试图证明的价格水平学说。"货币量变动和价格变动之间存在比例关系"，这本质上只不过是对那个站不住脚的学说的数学式表达而已。

在分析交换等式时，人们的做法是假设其中一个要素——货币供应总量、贸易量、货币流通速度发生了变化，而无需询问这些变化是如何发生的。人们并未认识到：这些幅度的变化并不出现在国民经济本身之中，而是出现在各个行为人的情况中，并且正是这些行为人所做出的各种反应相互作用才导致了价格结构的变化。数理经济学家拒绝从不同个人对货币的需求和供给入手。相反，他们引入了根据力学模式形成的流通速度的虚幻概念。

在我们推理的这一点上，实在毫无必要分析处理如下这一问题：数理经济学家假设"货币提供的效用完全或主要在于货币周转、在于货币流通"，他们这么假设是否成立呢？即使这一假设成立，根据货币单位的效用来解释货币单位的购买力——价格——依然是错误的。水、威士忌和咖啡所提供的效用并不能解释为这些东西所支付的价格。它们所解释的仅仅是"为何人们——就他们认识到这些效用而言——在某些进一步条件下需要特定数量的这些东西"而已。影响价格结构的始终是需求，而不是客观使用价值。

诚然，交易经济学在"货币"方面的任务比其在"可销售商品"方面的任务更为广泛。解释"为何人们希望获得各种可销售商品可以提供的效用"，这并不是交易经济学的任务，而是心理学和生理学的任务。然而，处理这个与货币有关的问题是交易经济学的任务。我们仅凭交易经济学就可以知晓：一个人期望从持有货币中获得什么好处。但决定货币购买力的并不是这些预期的好处。一个人渴望获得这些好处,仅仅是导致他对货币的需求的因素之一。正是需求,其强度完全由价值判断决定的这一主观因素,而不是任何客观事实、产生一定效果的任何力量,在市场汇率的形成中起到了一定作用。

交换等式及其基本要素的不足之处在于它们是从一个整体角度来看待市场现象的。它们被"国民经济"概念的先入观念所蒙蔽。但是,在存在严格意义"国民经济"的地方,就既无市场,亦无价格和货币。市场上只有一致行动的个人或个人群体。激励这些行为人的是他们自己的关切,而不是整个市场经济的关切。若"贸易量"和"流通速度"等概念有任何意义,则它们指的是个人行为的合成矢量结果。但不允许诉诸这些概念来解释个人的行为。关于市场体系中可用货币总量的变化,交易经济学必须提出的首个问题就是:这种变化是如何影响不同个人的行为的呢?现代经济学并不问——"铁"或"面包"值多少钱,而是问——一块铁或一块面包在特定日期、特定地点对于一个施展行为的个人而言值多少钱。在货币方面,它不得不采取同样的方式。交换等式与经济思想的基本原则并不相容。这是对人们还无法理解行为学现象的旧时代之思想的一种故态复萌,因为那时的人们致力于整体概念。它毫无成果,正如早期时代关于"铁"和"面包"之一般价值的推测同样毫无结果一样。

货币理论是交易经济理论的一个重要组成部分。我们必须以处理所有其他交易经济学问题所采用的相同方式来处理货币理论。

3 货币需求与货币供给

各种不同商品和服务之间,在适销性方面存在着很大差异。对于某些商品,不难找到意向买家愿意向卖方支付其在给定事态下可能获得的最高对价,或愿意支付仅略低一些的对价。还有一些商品,很难较快找到客户,即使供应商愿意满足于一个很低的对价,即便该对价甚至比他在找到另一个需求更为强烈的有抱负买家的情况下所能获得的对价要少得多。正是这些不同商品和服务在适销性方面存在的差异创造了间接交换。一个人,若一时无法获得他想要的东西来经营自己的家庭或生意,或者还不知道在不确定的未来他需要什么样的商品,那么,若他用一种他想要出手的不太适销的商品换取一种更为适销的商品,他将会更接近他的最终目标。还可能发生一种情形:他想要出手的商品,其物理特性(例如:其易腐性或存储或类似情形所产生的成本)促使他迫不及待地将商品(以较低价格)卖掉。有时他可能会因为害怕某一商品的市场价值会贬值而被迫将其匆忙出售。在所有这些情形下，他通过获得一种更适销的商品来改善自己的处境，即使这种商品并不适合直接满足他自己的任何需求。

交换媒介是这样一种商品：人们获得它既不是为了自己的消费，亦不是为了在自己的生产活动中加以运用，而是为了在以后某一天用它来跟他们想要用于消费或生产的那些商品交换。

货币是一种交换媒介。它是人们获得的最具适销性的商品，因为人们想在以后的人际交换行为中使用它。货币这一事物，其角色是作为人们普遍接受和常用的交换媒介。这是其唯一功能。人们赋予货币的所有其他功能只是其主要和唯一功能的特定方面，即作为交换媒介的功能。[1]

交换媒介是经济商品。它们有稀缺性，市场上存在着对它们的需求。市场上有人希望获得它们并准备用它们来交换商品和服务。交换媒介具有交换价值。人们为获得它们而做出牺牲；他们为它们付出"代价"。这些价格的特殊性仅仅在于——它们不能用货币来表示。关于可出售商品和服务，我们谈到"价格"或"货币价格"。关于货币，我们谈到它对各种可出售商品的购买力。

市场上存在着对交换媒介的需求，因为人们想要大量储存它们。一个市场社会的每个成员皆希望在其口袋或匣子里有一定数量的钱，也即手中持有一定数量的现金，或在其银行账户上有一定数量的现金余额。有时他想保持较大的现金持有量，有时又想保持较小的现金持有量；在特殊情况下，他甚至可以放弃任何现金持有。无论如何，绝大多数人的目的并不仅仅是拥有各种可出售商品；他们同样希望持有货币。他们持有的现金并不仅仅是一种剩余物，其财富的一种未动用盈余。这并不是所有刻意买卖行为皆已完成后的无意剩余。其数量是由对现金的审慎需求所决定的。与所有其他商品一样，正是货币供求关系的变化才导致了货币与可出售商品之间交换比率的变化。

每一块钱皆归市场经济的一位成员所有。货币从受控于一个行为人转移到受控于另一个行为人，这种转移在时间上是即时的和连续的。在这段时间之间，金钱不是个人或公司持有的现金的一部分，而只是处于"流通"状态。[2] 区

---

[1] 参见米塞斯，《货币与信贷理论》，第34—37页。
[2] 货币可以处于运输过程中，它可以"乘坐"火车、轮船或飞机从一地前往另一地。但即使在这种情况下，它也始终受控于某个人，是某个人的财产。

分流通货币与闲置货币是不合理的做法。区分流通货币和囤积货币同样是错误的做法。所谓的"囤积"是指一种现金持有水平——根据某一观察者的个人意见——超过了被认为是"正常"和"充足"的水平。然而，囤积在性质上属于现金持有。囤积的货币依然是货币，而且它在囤积中的用途与其在被称为"正常"现金持有中的用途相同。囤积货币的人认为：积累现金持有量超过他自己在非特殊条件下所持有的金额、或其他人所持有的金额、或谴责其行为的经济学家认为合适的金额，这么做在某些特殊条件下是上策。他以这种方式施展行为会影响货币需求的配置，正如每个"正常"的货币需求皆会影响它一样。

许多经济学家皆避免在"现金持有的货币需求和货币供给"意义上使用"需求"和"供应"术语，因为他们担心跟银行家们所使用的现有术语混淆。事实上，人们习惯上将货币需求称为"对短期贷款的需求"，将货币供给称为"短期贷款的供应"。因此，人们将短期贷款市场称为"货币市场"。有人说，若短期贷款利率呈普遍上升趋势，货币就变得稀缺；有人说，若短期贷款利率下降，货币就变得充足。这些说话方式如此根深蒂固，乃至于根本不可能冒险抛弃它们。但它们倾向于传播致命的错误。它们使人们混淆了"货币"与"资本"的概念，并相信增加货币量可以持久地降低利率。但也正是这些错误的粗鲁，才使得所建议的术语不太可能造成任何误解。很难假设经济学家们会在这些基本问题上犯错。

其他人则认为：不应谈论货币的供求，因为那些需要货币的人，其目的跟那些需要可出售商品的人的目的不同。他们说：人们对商品的需求，其最终目的是为了消费；而人们对货币的需求，是为了在进一步的交换行为中将货币出手。这种异议同样无效。人们对某一交换媒介的使用最终在于其被放弃。但首先，他们急于积累一定数量的交换媒介，以便为可能完成某项采购的那一刻准备就绪。正是因为人们并不想在他们将自己带入市场的商品和服务送出的那一刻立即满足自己的需求，正是因为他们想继续等待或被迫继续等待直至出现有利的购买条件，他们才选择并不直接地进行易货交易，而是通过交换媒介的介入间接地进行易货交易。"货币不会因使用它而消耗殆尽，而且它实际上可以无限长时间地提供其效用"，这一事实是其供应配置的一个重要因素。但这并没有改变这样一个事实：对货币之估价与对所有其他商品之估价，二者的解释方式相同——由渴望获得一定数量货币的人的需求来加以解释。

经济学家们已经尝试努力列举整个经济系统中可能增加或减少货币需求的因素。这些因素是人口数字；个体家庭通过自给自足的生产方式满足自身需求的程度，以及他们为他人的需求而生产、在市场上销售其产品和购买产品供自己消费的程度；一年中不同季节的业务活动分布和付款结算情况；通过相互撤销来解决索赔和反索赔的机构，例如清算所。所有这些因素确实影响了对货币的需求以及各种个人和公司持有现金的水平。但这些因素只是间接地通过它们在人们考虑确定他们认为适当的现金余额数量时所起的作用来影响货币需求和现金持有水平。决定事情的始终是当事人的价值判断。不同的行为人自己打定主意决定他们认为他们充足水平的现金持有量应该是多少。他们通过放弃购买商品、证券和计息债权，并出售这些资产或相反地增加其购买来执行他们的决议。对于货币而言，事情跟对于所有其他商品和服务而言并无任何区别。对货币的需求取决于人们为了持有现金而打算获得货币的行为。

另一个针对"货币需求"概念的反对意见是：相比其他商品的边际效用，货币单位的边际效用下降速度慢得多；事实上，它的下降速度是如此缓慢，乃至于其下降几乎可以忽略不计。关于货币，没有任何人会说他的需求得到了满足，亦没有任何人会放弃获得更多货币的机会，只要获取更多货币所需做出的牺牲并不是太大。因此，不能认为对货币的需求是有限的。然而，"无限需求"概念本身就是自相矛盾的。这种流行的推理是完全靠不住的。它混淆了"旨在持有现金的货币需求"与"以货币形式表达的对更多财富的渴望"。一个人如果说他对更多货币的渴望永远无法熄灭，并不是说他对现金持有永远都不会嫌太多。他真正的意思是：他永远都不够富有。若有额外的钱流入他的手中，他不会将其用于增加他的现金余额，或者他仅仅会将其中的一部分钱用于此目的（即增加其现金余额）。他会将余下的钱用于即时消费或用于投资。没有任何人会保留比他想要的现金持有量更多的钱。

"货币与可出售商品之间的交换比率，正如各种可出售商品之间的相互交换比率一样，由供求决定"，这一观点正是货币数量论之精髓。该理论本质上是将一般供求理论应用于货币的特殊情形。其优点在于其努力通过诉诸与解释所有其他交换比率所采用的相同推理来解释货币购买力的决定。其缺点在于其诉诸的是一种整体性解释。它着眼于国民经济中的货币供应总量，而不是着眼于个人和公司的行为。这种错误观点的一个结果就是认为——货币"总"量的变化与货币价格的变化之间存在着一种比例关系。但是，较老的批评家们为试图打破货币数量论中所固有的错误并用更令人满意的理论代替它所作的尝试失败了。他们并没有去跟货币数量论中的错误作斗争；相反，他们攻击的却是真理的核心。他们打算否认"价格变动与货币量变动之间存在着一种因果关系"。这种否认将他们带入了一个充满错误、矛盾和胡说八道的迷宫。现代货币理论承袭了传统货币数量论的思路,因其首先认识到:货币购买力的变化必须按照用于所有其他市场现象的原则来予以分析处理,并且,货币供求变化与货币购买力变化,二者之间存在某种联系。在这个意义上,可以将现代货币理论称为"货币数量论的一个改进变种"。

卡尔·门格尔货币起源理论之认识论意义

卡尔·门格尔不仅提供了无可辩驳的货币起源之行为学理论。他还认识到他的理论对于阐明行为学基本原理及其研究方法的重要性。[1]

有些作者试图通过法令或契约来解释货币起源。当局、国家,或者公民间契约,已经有目的地、有意识地建立起了间接交换和货币。这一学说的主要缺陷并不在于假设"一个不熟悉间接交换和货币时代的人可以设计一项与他们自己的时代的实际情况完全不同的新经济秩序计划,并且可以理解这样一项计划的重要性"。这一学说的主要缺陷亦不在于:历史并未提供任何线索来支持这种说法。要驳斥它,还有更充分的理由。

若假定"从直接交换到间接交换,再到将某些具有特别高适销性之商品优先作为一种交换媒介加以使用的每一步,有关各方的条件皆得到了改善",则很难想象——为何在分析处理间接交换之起源时,还要额外求助于威权法令或公民间的明确契约。若一个人发现很难通过直接易货交易来获取他想要获得的东西,则他在以后的交换行为中通过购买一款更适销的商品来获得这种东西的机会会更大。在这些情形下,无需政府干预或公民间契约。以这种方式进行交换的愉快想法可能会打动最精明的人,而不那么足智多谋的人则可以效仿前者的方法。理所当然地认为"间接交换所带来的直接好处得到了交换行为各方的认可",貌似比假设"一个以货币为手段进行交易之社会的整个形象是由一位天才构想出来的,而且通过说服使其他人明白(如若我们采取契约学说的话)"更有道理。

然而,如果我们并不假设"个人发现——相较于等待直接交换机会,间接交

---

[1] 参见卡尔·门格尔的著作:《国民经济学原理》(*Grundsatze der Volkswirtschaftslehre*)(维也纳,1871年),第250及后页;及第二版,维也纳,1923年,第241页及后页;《社会科学方法研究——特别关注经济学》(*Untersuchungen uber die Methode der Sozialwissenschaften*,莱比锡,1883年),第171页。

换会让他们过得更好",并且我们为了争论,承认"当局或公民间契约引入了货币",那么进一步的问题就被提出来了。我们必须首先问这样一个问题:究竟采取了什么样的措施,来诱使人们采用他们其实并不理解其效用且在技术上比直接交换更为复杂的程序(间接交换)?我们可以假设在这方面施行了强迫。但接下来我们必须进一步追问:间接交换和货币使用后来在什么时间、在什么情况下对于有关个人而言不再是麻烦的或无关紧要的而变得对他们有利。

行为学方法将所有现象皆追溯到个人的行为层面。如果人际交换的条件是"间接交换促进了交易",并且如果且只要人们意识到这些优势,那么间接交换和货币就会应运而生。历史经验表明:这些情况过去和现在皆存在。在没有这些条件的情况下,不可想象人们可能采用间接交换和货币,并固守这些交换方式。

关于间接交换和货币起源的历史问题毕竟与行为学无关。唯一相关的是,间接交换和货币之所以存在,是因为它们存在的条件过去和现在皆存在。如果是这样,行为学就无需求助于"是权威法令或契约发明了这些交换模式"这一假设。如果他们愿意,国家主义者可能会继续将货币的"发明"归功于国家,尽管这不太可能。重要的是,一个人获得一种商品并不是为了消费它或在生产中使用它,而是为了在进一步的交换行为中将其出手。人们的这种行为使一种商品成为一种交换媒介,而且若这种行为对于某种商品而言变得普遍,那么它就可以赚钱。交易经济学理论关于交换媒介和货币的所有定理皆涉及商品作为一种交换媒介的角色所提供的效用。即使引入间接交换和货币的冲动确实是由当局提供的或者是由社会成员之间的一种君子协定所提供的,但"只有交换者的行为才能创造间接交换和货币"这一说法依然没有被动摇。

历史可能会告诉我们:人们何时何地开始首次使用交换媒介,以及随后用于此途之商品的范围如何受到越来越多的限制。由于广义的"交换媒介"概念和狭义的"货币"概念之间的区别并不明显,因此人们无法就从简单交换媒介到货币的历史过渡达成一致意见。回答这样一个问题是一件关乎历史理解的事情。但是,正如上文已提到的,直接交换与间接交换,二者之间的区别十分明显,而且交易经济学就交换媒介所建立的一切皆明确地涉及作为这种媒介而被需求和被获得的所有商品。

至于"间接交换和货币是通过法令或契约建立起来的"这一说法是对历史事件的描述,历史学家的任务是揭露其虚假性,就其仅作为一种历史性陈述而言,它绝不会影响货币的交易经济学理论及其对间接交换演变的解释。但是,如果它被设计为关于人类行为和社会事件的陈述，那么它就毫无用处，因为它丝毫未提及"行为"。宣布"有一天，统治者或集会上的公民突然受到一个灵感的启发——通过一种常用交换媒介进行间接交换将是一个好主意"，这并不是一种关于人类行为的陈述。它只是将涉及的问题踢回去而已。

有必要理解的是：若宣称"国家或一位蒙受神恩的领导人或一种降临在所有人身上的灵感创造了它们（间接交换和货币）"，则这么说并不会对"人类行为"和"社会现象"的科学概念作出任何贡献。这样的陈述也没有驳斥这样一种理论的教义，该理论表明这些现象何以被承认为"无意的结果，不是由社会成员的具体个人努力故意设计和瞄准的"。[1]

4 货币购买力的确定

一种经济商品，一旦它不仅被那些想要将其用于消费或生产的人所需求，而且还被那些想要将其作为一种交换媒介并在以后的交换行为中在需要时将其出手的人所需求，那么对这种商品的需求就会增加。这种商品新的运用方式已经出现，并创造了对该商品的额外需求。与任何其他经济商品一样，这种额外需求会导致该商品之交换价值上升，也即导致为换取该商品而需提供的其他商品的数量增加。将一种交换媒介出手所能获得换取的其他商品B的数量——以各种商品和服务计价的该交换媒介之"价格"——部分取决于那些想要获得它作为交换媒介之人的需求。如果人们停止使用商品A作为一种交换媒介，那么这种额外的特定需求就会消失，"价格"亦会随之下降。

因此，对某一交换媒介的需求是如下两个部分需求的组合：将其用于消费和生产的意图所展现的需求，以及将其用作交换媒介的意图所展现的需求。[2] 关于现代金属货币，我们会提到"工业需求"和"货币需求"。一种交换媒介的交换价值是两个部分需求的累积效应的结果。

现在，由于其作为一种交换媒介的效用而展现出来的对该交换媒介的那部分需求的程度，取决于它的交换价值。这一事实提出了许多经济学家认为无法解决的困难，以至于他们决定放弃沿着这条推理路线走得更远。他们说：用提及货币

---

[1] 参见卡尔·门格尔，《社会科学方法研究——特别关注经济学》，第178页。
[2] 关于专门用于交换媒介效用而不适合提供可能被需求的其他效用的货币问题，将在下文第9节中进行论述。

需求的方式来解释货币的购买力以及货币购买力的方式来解释货币需求，这种做法不合逻辑。

然而，困难显而易见。我们通过提及"特定需求之程度"来解释的购买力，跟其水平决定该特定需求的购买力不同。问题在于如何设想对即期未来——即将到来的那一刻的购买力的决定。为了解决这一问题，我们所提及的是即期过去——刚刚过去的那一刻的购买力。这是两个不同的量级。反对我们的定理（可称为回归定理）是错误的，认为它在恶性循环中移动。[1]

但是，批评者说，这无异于仅仅是将问题踢回去而已。现在依然必须解释对昨天购买力的决定。如果用提及前天购买力等同样的方式来解释这一点，就会陷入无限的回归（regressus in infinitum）。他们断言：这种推理肯定不是针对所涉及问题的一个完整且合乎逻辑的圆满解决方案。这些批评者没有看到的是，回归并不会无休止地倒退。它达到了"解释已完成且无任何更多问题尚未得到解答"的一个点。如果我们逐步追溯货币的购买力，我们最终会到达作为交换媒介的相关商品的效用开始的那个点。在这一点上，昨天的交换价值完全由非货币需求——工业需求决定，而只有那些想将这种商品用于他途而不是作为交换媒介的人方能展现该需求。

但是，批评者继续说：这意味着通过货币用于工业来解释因货币作为一种交换媒介的效用而产生的那一部分货币的购买力。问题本身即对其交换价值的具体货币成分的解释依然未得到解决。在这一点上，批评者亦错了。货币价值的该成分——货币作为一种交换媒介而提供之效用的结果——完全可以通过提及这些特定的货币效用及其创造的需求来加以解释。有两个事实，既不可否认，亦不被任何人否认。第一个事实是：对一种交换媒介的需求，取决于对其交换价值的考虑，而其交换价值是其提供的货币效用和工业效用这两种效用的结果。第二个

---

[1] 本书作者在其著作《货币与信贷理论》（Theory of Money and Credit）一书第一版（1912年出版，参见英译版第97—123页）中首次提出了这一购买力回归定理。他的定理受到了从不同观点提出的批评。在众多反对意见中，有一些反对意见——尤其是本杰明·麦卡莱斯特·安德森（Benjamin McAlester Anderson）在他发人深省的著作《货币价值》（The Value of Money）（1917年首次出版，参见1936年版第100页及其后页）一书中提出的反对意见——值得仔细研究。所涉及问题的重要性也使得有必要权衡霍华德·西尔维斯特·埃利斯（Howard Sylvester Ellis）（《1905—1933年德国货币理论》German Monetary Theory，1905—1933；剑桥，1934年；第77页）的反对意见。在上面的文本中提出的所有反对意见均已经过详细说明和严格检查。

事实是：一种商品若尚未被人们需求用作一种交换媒介，则其交换价值完全取决于那些渴望将其用于工业（也即用于消费或用于生产）的人们的需求。现在，回归定理旨在解释人们对某一商品的货币性需求的首次出现情形：该商品以前曾经被人们需求专门用于工业，而受此时仅由于其非货币效用而赋予它的交换价值的影响，人们产生了对该商品的货币性需求。这当然不涉及根据一种交换媒介的工业交换价值来解释其具体货币交换价值。

最后，有人反对回归定理，认为它的方法是历史性方法，而不是理论性方法。这种反对同样是错误的。从历史角度解释一个事件，这意味着要说明该事件是如何由在某一确定日期、某一确定地点起作用的力量与因素共同作用而产生的。这些单个力量与因素是解释所包含的终极要素。它们是终极数据，因此无法将它们再作任何进一步的分析和还原。从理论上解释一个现象，这意味着将该现象的出现追溯到已包含在理论体系中的一般规则的运行。回归定理符合这一要求。它将一种交换媒介的特定交换价值追溯到它作为这种媒介的功能，并且追溯到由一般交易经济学理论发展而来的有关估价和定价过程的定理。它从一个更普遍理论的规则中推导出一个更特殊的情形。它显示了特殊现象如何必然出现在对所有现象皆普遍有效之规则的运行中。它并没有说：这发生在哪个时间、哪个地点。它是这样说的：这总是在相关条件出现时发生；每当一种以前没有被需求用作交换媒介的商品开始被需求用于此途时，同样的效果必须再次出现；任何商品，若在它用作交换媒介之初因其他用途而并无交换价值，则它无法用作交换媒介。回归定理中隐含的所有这些陈述皆不容置疑地被宣布隐含在行动学的先验论之中。它必须以这种方式发生。至今尚无任何人能够成功地构建一种"事情将以一种不同方式发生"的假设情形。

货币的购买力是由供求决定的，正如所有可出售商品和服务的价格（亦是由供求决定的）一样。由于行为总是旨在对未来状况作更令人满意的安排，因此考虑获得货币或将货币出手的人当然首先对其未来购买力和未来价格结构感兴趣。但他只能通过观察货币在即期过去的配置来判断货币的未来购买力。正是这一事实从根本上区分了"货币购买力的确定"与"各种可出售商品和服务之间相互交换比率的确定"。对于后者，行为人除了考虑它们对未来需求满足的重要性之外，别无其他需要考虑的因素。如果出售一种以前闻所未闻的新商品，例如在几十年前出售收音机，那么对于个人而言唯一重要的问题是：这种新玩意所提供的满足感，是否大于他为了购买这个新东西而不得不放弃的那些商品预期能够提供的满足感。对于买方而言，对过去价格的了解仅仅是获得消费者剩余的一种手段而已。若他并不打算达到这个目标，若需要，他可以在丝毫不熟悉即期过去的市场价格（通常称为"当前价格"）的情况下安排购买。他可以在不作评估的情况下做出价值判断。正如上文已提到的，抹去过去所有价格的记忆并不会阻止各种可出售物品之间形成新的交换比率。但是，若有关货币购买力的知识逐渐消失，则发展间接交换和交换媒介的过程将不得不重新开始。有必要重新开始使用一些——比其他商品更具适销性的商品作为交换媒介。对这些商品的需求将会增加，并将在从其工业（非货币）用途中衍生出的交换价值金额的基础上，添加由于它们作为交换媒介的新用途而产生的一个具体价值成分。就货币（金钱）而言，只有在价值判断可以基于评估的情况下，才有可能做出价值判断。接受一种新型货币的前提是：由于它可以直接提供给消费或生产的效用，所讨论的事物（新型货币）已经具有先前的交换价值。若买方或卖方没有关于某一货币单位在即期过去时刻之交换价值——也即其购买力——的任何信息，他就无法判断该货币单位的价值。

货币需求与货币供给之间的关系——可称为"货币关系"——决定了购买力的水平。今天的货币关系是在昨天购买力的基础上形成的，而今天的货币关系决定了今天的购买力。一个人若想要增加其现金持有量，就会限制其购买量并增加其销售量，从而导致价格下跌的趋势。一个人若想要减少其现金持有量，就会增加其购买量——无论是为了消费还是为了生产和投资——并限制他的销售量，从而导致价格上涨的趋势。

货币供给的变化必然会改变各种个人和公司所拥有之可出售商品的处置方式。整个市场体系中可用的货币量不能增加或减少，除非首先增加或减少某些个别成员的现金持有量。如果我们愿意，我们可以假设：市场体系的每个成员在额外货币流入市场体系的那一刻就立即获得了其中的一份，或者分摊了货币量的减少。但无论我们是否这样假设，我们演示的最终结果都将保持不变。这样的结果将是：经济体系中可用货币供应量的变化所带来的价格结构变化，永远不会在同一日期对各种商品和服务的价格产生相同程度的影响。

我们假设政府发行了额外数量的纸币。政府计划要么购买商品和服务，要么偿还所产生的债务或支付此类债务的利息。不管情况如何，国库进入市场时对商品和服务有额外的需求；它现在可以购买比以前更多的商品。它购买的商品价格也随之上涨。如果政府在采购上花费了通过征税收上来的钱，那么纳税人就会限制他们的采购，而政府所采购商品的价格就会上涨，而其他商品的价格就会下降。但是，如果政府在不减少公众手中所持货币量的情况下增加其可支配货币量，那么纳税人过去所购商品的价格就不会出现这种下降。一些商品即政府所采购的商品的价格会立即上涨，而其他商品的价格则暂时保持不变。但这个过程还在持续。那些销售政府所要求之商品的人，现在他们自己可以购买比以前更多的商品了。这些人大量购买的东西，其价格也因此上涨。因此，繁荣从一组商品和服务扩散至其他组商品和服务，直至所有物价和工资费率皆上升。因此，各种不同的商品和服务，其价格上涨并不同步。

当最终在货币量进一步增加的过程中所有物价均上涨时，这种上涨不会对各种不同的商品和服务产生同等程度的影响。因为这个过程不同程度地影响了不同个人的物质地位。在这一过程中，一些人享受到他们所售商品或服务价格上涨的好处，但与此同时他们所购买的东西的价格尚未上涨或即使上涨但并未上涨到同样的程度。另一方面，有些人在销售商品和服务时处于不愉快的境地，因其所售商品和服务的价格尚未上涨，或即使上涨，上涨幅度并未达到他们为了日常消费而必须购买之商品的价格上涨幅度。对于前者而言，物价的逐步上涨无疑是一件好事，然而对于后者而言则是一场灾难。此外，债务人得到好处，但却是以牺牲债权人的利益为代价。当这个过程结束时，不同个人的财富均已受到不同方式和不同程度的影响。有的日渐富有，有的则穷困潦倒。状况不再是以前的样子。事物的新秩序导致对各种商品的需求在强度上发生变化。可供出售商品和服务，其货币价格的交换比率不再像以前那样。除了"所有以货币计价的物价皆上涨"之外，价格结构亦发生了变化。在货币量增加的影响完全发挥之后市场趋向于建立的最终价格，并不等于先前的最终价格乘以相同的乘数。

旧有的货币数量论和数理经济学家的交换方程，二者的主要缺点是忽略了这一基本问题。货币供应量的变化亦必然会带来其他数据的变化。一定数量的货币流入或流出前后的市场体系，其变化不仅仅在于个人现金持有量和物价的增加或减少。各种商品和服务之间的相互交换比率同样亦发生了变化，若用比喻来形容这种变化，则用"价格变革"的形象比用"价格水平"上升或下降的误导性图形来描述更为恰当。

在这一点上，我们可以忽略合同规定的所有递延付款内容所受影响带来的影响作用。稍后我们将讨论它们以及货币事件对消费和生产、资本商品的投资以及资本积累和资本消费的作用。即使抛开所有这些因素，我们亦绝不能忘记：货币量的变化对价格的影响也并不是均匀的。这取决于"各种不同商品和服务的价格在哪一时刻、在何种程度上受到影响"的每个特定案例的数据。在货币扩张（通胀）的过程中，第一反应并不仅仅是其中一些商品和服务的价格比其他商品和服务的价格上涨得速度更快、曲线更陡峭。还有可能会发生如下情形：一些商品和服务的价格起初会下降，因为这些商品和服务大部分是那些利益受到损害的群体所需求的。

货币关系的变化并不仅仅是由政府增发纸币引起的。用作货币的贵金属，其产量的增加具有相同的效果，当然，尽管其他阶层的人口可能会因此受益或受到伤害。若在可用货币量没有相应减少的情况下，由于现金持有量呈现出一种总体上的缩减趋势而使得货币需求下降，则物价亦会以相同方式上涨。这种"减少货币持有量"操作所额外花费的钱，与从金矿或印钞厂流出的货币一样，将会导致一种物价上涨的趋势。相反，当货币供应量减少（例如：通过从市场上撤回纸币）或对货币的需求量增加（例如：通过"囤积货币"的趋势，保持更大的现金余额）时，物价就会下降。这一过程始终是不均匀的，而且是逐步的、不成比例的、不对称的。

有人可能反对说，而且已经有人反对说：进入市场的金矿正常生产量很可能会增加货币量，但并不会增加矿主的收入，更不用说增加其财富了。这些人只赚取他们的"正常"收入，而且因此他们花费该等"正常"收入并不会扰乱市场状况，亦不会扰乱朝"最终价格之确定"和"均匀旋转经济之均衡"方向发展的普遍趋势。对于他们而言，矿山的年产量并不意味着财富的增加，亦不会促使他们提供更高的价格。他们将继续按照他们以前的生活标准生活。他们在这些限度内的支出并不会彻底改变市场。因此，正常的黄金产量，虽然肯定会增加可用货币量，但并不能推动贬值过程。它在价格方面保持中立性质。

与这种推理相反，我们必须首先观察到：在人口数量不断增加、劳动分工及其必然结果——工业专业化——得到完善的不断进步的经济中，存在着一种货币需求增加的趋势。更多的人出现在经济舞台上并希望建立现金持有。经济自给自足——也即旨在满足家庭自身需求的生产的程度缩减，人们变得更加依赖市场；总体而言，这将促使他们增加其现金持有量。这样一来，源自所谓"正常"黄金生产量的提价趋势，遭遇到了源自现金持有量需求增加的降价趋势。然而，这两种相反的趋势并不能相互抵消。这两个过程各行其道，皆导致现有社会状况的混乱无序，从而使一些人变得更富有，而一些人变得更贫穷。二者皆在不同日期、不同程度上影响各种商品的价格。诚然，由其中一个过程所引起的某些商品价格的上涨，最终可以由另一个过程所引起的物价下跌来加以弥补。最终，一些或许多种物价可能会回到之前的水平。但是这一最终结果并不是没有"货币关系变化所引起的运动"的结果，而是两个相互独立的过程同时发生作用的结果，其中每一个过程皆带来市场数据的变化以及各种个人和个人群体之物质状况的变化。新的价格结构可能与以前的结构并无太大区别。但它是已完成所有内在社会变革之两个系列变化的结果。

金矿矿主们依靠其黄金生产所产生的稳定年度收益，这一事实并不能消除新开采黄金对价格的影响。矿主们用他们生产的黄金作为交换媒介，从市场上换取他们进行开采作业所需的商品和服务、换取他们消费所需的商品、换取他们对其他生产领域的投资。假若他们没有生产这么多的黄金，那么物价就不会受到其影响。他们已预测了金矿的未来产量并将其资本化，并且他们已调整其生活水平，以期从采矿经营中获得稳定收益，但这一点已无关紧要。新开采的黄金对他们的支出所产生的影响，以及对这些黄金后来逐步进入其现金持有范围的那些人们的支出所产生的影响，只有在这些黄金到达矿主们手中的那一刻才开始。如果在对未来收益的预期中，他们在较早日期就花费了资金，但预期收益并未出现，那么情况与如下其他情形并无区别：在这些情形下，基于后来事件并未实现的预期，消费是通过信贷方式提供的资金而进行的。

不同人所期望现金持有程度的变化，只会在它们定期重复出现并通过因果互惠相互联系的范围内相互抵消。受薪人员和工薪阶层并非每天领取薪水，而是在特定发薪日领取一周或几周的薪水。他们并不打算在发薪日之间将其现金持有量保持在同一水平；随着下一发薪日的临近，他们口袋里的现金量减少了。另一方面，为他们提供生活必需品的商人也随之增加了其现金持有量。这两种运动相互制约；它们之间存在因果相互依赖性，而这种因果相互依赖性使它们在时间上以及在数量上均协调一致。经销商和他的客户皆不会让自己受到这些反复出现的波动的影响。他们的现金持有计划、他们的经营计划以及他们的消费支出计划，皆是分别出于全期考虑和统筹考虑。

正是这种现象使得经济学家脑海中产生了货币正常流通的印象，而忽视了个人现金持有量的变化。然而，我们面临着一个仅限于一个狭窄而整齐划定领域的串联。只有当一群人的现金持有量的增加与另一群人的现金持有量的减少在时间上和数量上相关，并且只要这些变化在这两个人群的成员在计划其现金持有量时皆是整体考虑的一个时期内是自我清偿的，中和方能发生。在这个领域之外，根本不存在这种中和的可能。

5 休谟和穆勒问题与货币的驱动力

有没有可能设想这样一种情况——所有商品和服务在货币购买力方面的变化以同样的程度同时发生,并且与货币需求变化或货币供给变化成比例?换句话说,是否有可能在不同于一种均匀旋转经济想象架构的一个经济体系框架内考虑中性货币?我们可将这个相关问题称为"休谟和穆勒问题"。

毫无疑问,休谟和穆勒皆没有成功地为这个问题找到一个肯定答案。[1]那么对于这个问题,是否可以断然回答以"否"呢?

我们想象一个均匀旋转经济的两个系统:系统A和系统B。这两个系统是相互独立的,彼此之间没有任何联系。这两个系统的不同之处仅在于:对于系统A中的每个货币金额m,在系统B中皆有一个对应的货币金额$n×m$,而n大于或小于1;我们假设没有递延付款,而且两个系统中所使用的资金仅用于货币用途,而不允许用于任何非货币用途。因此,两个系统中的价格比例为$1:n$。是否可以考虑:系统A中的条件可以一蹴而就加以改变,从而使其与系统B中的条件完全等同(等效)?

这个问题的答案显然是否定的。一个人若想要对这个问题给以肯定的回答,他必须假设:一个天外救星(deus ex machina)在同一时刻接近每个人,通过将其现金持有量乘以n来增加或减少其现金持有量,并告诉他从此以后他必须将他在评估和计算中所使用的所有价格数据皆乘以n。若无奇迹,就不可能发生这种

□ 约翰·斯图亚特·穆勒

约翰·斯图亚特·穆勒(1806—1873年),出生于伦敦的一个教育家庭,是19世纪英国著名哲学家、逻辑学家和经济学家,古典自由主义最重要的代表人物之一,著有《论自由》《逻辑体系》《政治经济学原理》《代议制政府》《功利主义》等。约翰·斯图亚特·穆勒的经典之作《论自由》被认为是对19世纪维多利亚社会中弥漫着的强制性道德主义的反抗。如果说书中有哪一句话最能揭示《论自由》全书的宗旨,那这句话就是:"如果整个人类,除一人之外,意见都一致,而只有那一个人持相反意见,人类也没有理由不让那个人说话。正如那个人一旦大权在握,也没有理由不让人类说话一样。"

---

[1] 参见米塞斯,《货币与信贷理论》,第140—142页。

事情。

已经有人指出：在一个均匀旋转经济的想象架构中，"货币"概念本身就消失在一个无实质意义的计算过程中，自相矛盾且无任何意义。不可能在一个特征为"条件的不变性和刚性"的想象结构中为间接交换、交换媒介和货币赋予任何功能。

若关于未来不存在任何不确定性，就无需持有任何现金。由于货币必须由人们在其现金持有中持有，因此不可能有任何货币。交换媒介的使用和现金持有的保持取决于经济数据的可变性。货币本身就是会改变的一个要素；它的存在跟"在均匀旋转经济中定期发生事件"这一想法是不相容的。

货币关系的每一次变化皆会改变——除了其对递延付款的影响之外——社会个人成员的状况。有些人变得更富有，有些人则变得更贫穷。货币需求和货币供给变化的影响，可能会遇到在同一时间以相同程度发生的相反变化的影响；两种相反走势的结果可能会导致价格结构没有出现任何明显变化。即便如此，对不同个人状况的影响也并非不存在。货币关系的每一次变化皆有其自身的过程并产生特定效果。若一个通胀运动和一个通缩运动同时发生，或者若一个通胀在时间上紧随其后的是通缩且物价最终不发生太大变化，则这两个运动中每一个运动的社会后果皆不会互相取消。除了通胀的社会后果之外，还增加了通缩的后果。没有任何理由来假设"所有甚至大多数受益于一种运动的人皆会受到第二种运动的伤害"，反之亦然。

货币既不是抽象的货币兑换率计价标准（numéraire），亦不是价值标准或价格标准。货币必然是一种经济商品，并且正因如此，货币是根据其自身优点即一个人期望从持有现金中获得的效用来加以估值和评估的。市场上始终有变化和运动。只是因为有波动，才有了货币。货币是变化的一个要素，并非因为它"在流通"，而是因为它保存在现金持有中。仅仅是因为人们期望发生变化，而他们并不掌握关于其变化种类和程度的任何确定知识，他们才会持有货币。

虽然货币只能在一个不断变化的经济中纳入考虑范畴，但它本身就是进一步变化的一个要素。经济数据的每一次变化皆会启动货币，并使其成为新变化的驱动力。各种非货币商品之间交换比率相互关系的每一次变化，不仅会引起生产和所谓"分销"的变化，而且还会引起货币关系的变化以及因此而发生的进一步变化。在可出售商品的轨道上发生的任何事情，皆不会影响到货币的轨道，而在货币的轨道上发生的一切却皆会影响到商品的轨道。

"中性货币"概念与"具有稳定购买力的货币"概念同样矛盾。正如人们所认为的那样，没有自身驱动力的货币不会是一种完美的货币，甚至根本就不是货币。

人们普遍认为完美的货币应该是中性的，且应被赋予不变的购买力，并且货币政策的目标应该是实现这种完美货币——而这却是一种流行的谬论。人们很容易将这种想法理解为"针对通胀主义者更为流行假定所做出的反应"。但它是一种过度反应，它本身是混乱而矛盾的，而且它造成了严重破坏，因为它被许多哲学家和经济学家思想中根深蒂固的错误所强化。

这些思想家们被一种普遍信念——静止比运动更完美所误导。他们心中关于"完美"的观念意味着——无法想象出比静止更完美的状态，并且因此每一次变化皆会损害它。关于一种运动的最佳描述是：它旨在达到一种完美的状态，而在这种状态中之所以有静止，是因为每一个进一步的运动皆会导致一种不太完美的状态。运动被视为缺乏均衡和完全满足，被视为麻烦和匮乏的表现。如果这些想法仅仅证明"行动的目的是为了消除不安，并最终达到完全满足"这一事实，那么这些想法还是有充分根据的。但是我们不应忘记：静止和均衡并不仅仅存在于一种"完全满足已使人们完全幸福"的状态中，而且同样存在于一种"人们虽然在许多方面匮乏，但却看不到改善自己状况的任何方法"的状态中。不施展任何行为，不仅是完全满足的结果，同样也是无法使事情变得更令人满意的必然结果。它可能意味着绝望以及满足。

无论是跟行为和不断变化的真实世界，还是跟不能僵化的经济体系，货币的中性和货币购买力的稳定性皆不与之相容。中性且稳定的货币，其必要求所预设的那种世界，将是一个没有行为的世界。

因此，在这样一个不断变化的世界的框架下货币的购买力既不中性亦不稳定，这既不奇怪，也并非坏事。旨在使货币保持中性和稳定的所有计划皆是矛盾的。货币是行为的要素，因此亦是变化的要素。货币关系的变化，也即货币供求关系的变化，影响着货币与可出售商品之间的交换比率。这些变化不会同时以相同程度影响各种商品和服务的价格。因此，它们以不同的方式影响着社会不同成员的财富。

6 现金引起的和商品引起的购买力变化

货币购买力的变化，也即货币与可出售商品之间交换比率的变化，既可以源于货币方面，亦可以源于可出售商品方面。引起货币购买力变化的数据变化，既可以发生在货币需求和货币供给中，也可以发生在其他商品和服务的需求和供给中。因此，我们可以区分由现金引起的货币购买力变化和由商品引起的货币购买力变化。

由商品引起的货币购买力变化可以通过商品和服务之供应的变化或对个别商品和服务之需求的变化来实现。对所有商品和服务或大部分商品和服务之需求的普遍上升或下降，只能从货币方面方能实现。

现在让我们在如下三个假设下仔细研究货币购买力变化所引起的社会和经济后果：第一，所讨论的货币只能用作货币也即作为交换媒介而不能用于他途；第二，只有现存商品的交换，没有现存商品针对未来商品的交换；第三，我们忽略货币购买力变化对货币计算的影响。

在这些假设下，所有由现金引起的货币购买力变化所带来的，皆是不同个人之间财富处置的变化。一些人变得更为富有，另一些人变得更为贫穷；一些人获得较好的商品和服务供应，另一些人获得的商品和服务供应则不那么好；有些人获得的收益是以另一些人遭受的损失为代价。然而，要对这一事实进行解释，我们不可以说成是"满足总量保持不变"，亦不可以说成是"虽然总供给并未发生任何变化，但满足总量状态或幸福总和状态却因财富分配的变化而增加或减少了"。"满足总量"或"幸福总量"的概念是空洞的。我们不可能找到一个标准来比较不同的个人所获得的不同程度的满意或幸福。

由现金引起的货币购买力变化通过有利于额外资本的积累或可用资本的消耗而间接产生进一步的变化。是否以及在什么方向带来这样的继发效应，取决于每一个案例的具体数据。我们以后再分析处理这些重要问题。[1]

由商品引起的货币购买力变化，有时只不过是需求从某些商品转向其他商品的结果而已。若这种变化是由商品供应量的增加或减少引起的，则这种变化并不仅仅是从一些人向另一些人的转移。这种变化并不意味着——张三获得了李四失去的东西。虽然没有人变得贫穷，但有些人可能会变得更为富有，反之亦然。

我们可以用如下方式来描述这一事实：设系统A和系统B是两个相互独立的系统，它们之间没有任何联系。在这两个系统中，皆使用同一种货币，而这种货

---

[1] 参见下文第二十章。

币不能用于任何非货币用途。现在我们假设作为案例1，系统A和系统B之间的区别仅在于：在系统B中，货币供应总量是$n \times m$，其中m代表系统A中的货币供应总量；系统A中的每一现金持有量c以及以货币计算的每一货币要求权d，分别对应系统B中的每一现金持有量$n \times c$和以货币计算的每一货币要求权$n \times d$；在所有其他方面，系统A皆等同于系统B。然后我们假设作为案例2，系统A和系统B之间的区别仅在于：在系统B中，某一商品r的供应总量为$n \times p$，其中p代表系统A中该商品的供应总量；而且系统A中该商品r的每一库存量v，对应于系统B中的每一库存量$n \times v$。在这两个案例中，n皆大于1。如果我们询问系统A中的每一个人——他是否愿意做出最小的牺牲以换取系统B中的相应地位，那么在案例1中，被询问者将一致性地给出否定回答。但是在案例2中，商品r的全部拥有者以及虽不拥有任何商品r但渴望获得一定数量商品r的所有人——至少有一个人——将给出肯定的回答。

货币提供的效用取决于其购买力的水平。任何人在其现金持有中想要保持的并不是一定数量的货币或一定重量的货币；他在其现金持有中想要保持的是一定数额的购买力。由于市场的运作往往倾向于将货币购买力的最终状态确定在货币供给和货币需求正好一致的水平，因此永远不会发生货币过剩或货币不足的现象。无论货币总量多少，每一个人和所有个人一起始终能够充分享受间接交换和使用货币所带来的好处。货币购买力的变化，将会引起社会不同成员之间财富处置的变化。从渴望通过这种变化而富裕起来的人的观点来看，货币供给可能被称为"不足"或"过剩"，而且对这种收益的欲求可能导致旨在带来由现金引起的货币购买力变化的政策。然而，货币所提供的效用既不能通过改变货币供给来加以改善，亦不能通过这种方式加以修复。在个人的现金持有量方面，可能会出现货币过剩或货币不足的现象。但这种情况可以通过增加或减少消费或投资来补救。（当然，绝不能陷入将"用于现金持有的货币需求"与"对更多财富的欲求"二者混为一谈的流行错误。）整个经济中的可用货币量，总是足以保证每个人皆能获得货币所做以及能够做到的一切。

从这种洞察的观点来看，可以将为增加货币量而发生的一切支出皆称为"浪费性支出"。可提供某些其他有效用的东西被用作货币，并因此不用于这些（货币用途之外的）其他用途，这一事实似乎意味着对有限的需求满足机会的一种多余削减。正是这种想法使亚当·斯密和李嘉图认为：通过使用纸质印刷货币来降低货币制造成本是非常有益的。然而，对于货币史的学生而言，事情是以不同的角度出现的。若看一看纸币引起的大幅通胀的灾难性后果，则必须承认：黄金生产的昂贵只是一个次要问题而已。如果反驳说"这些灾难是由于政府不当使用了信用货币和法定货币放置在其手中之权力而造成的，而更明智的政府将会采取更明智的政策"，那么这种反驳将是徒劳的。由于货币在购买力方面永远不可能保持中性和稳定，因此一个政府关于确定货币量的计划永远不可能对社会所有成员皆是公正和公平的。一个政府在追求旨在影响购买力水平的目的时所做的任何事情，皆必然取决于统治者的个人价值判断。它始终致力于促进某些群体A的利益，但其代价是牺牲其他群体B的利益。它从来不为所谓的"公益"或"公共福利"服务。在货币政策领域，亦没有所谓"科学应当"之类的事物。

选择将要作为交换媒介和作为货币的商品，从来都不是无所谓有、无所谓无的事。它决定了由现金引起的货币购买力变化的过程。问题只是谁应该做出选择：是在市场上进行买卖的人，还是政府？是市场，在一个持续了很长时间的选择过程中，最终为贵金属——黄金和白银——赋予了货币的性质。两百年来，政府一直在干预市场对货币媒介的选择。即使是最固执己见的国家主义者也不敢断言——这种干预已被证明是有益的。

通胀与通缩；通胀主义与通缩主义

"通胀"和"通缩"的概念并不是行为学的概念。它们并不是由经济学家创造的，而是由公众和政治家的世俗言论创造的。它们暗示了如下流行的谬论：存在着中性货币或具有稳定购买力的货币，而且健全的货币应该是中性的且具有稳定的购买力。从这个观点来看，"通胀"一词被用来表示"由现金引起的变化导致购买力下降"，而"通缩"一词则被用来表示"由现金引起的变化导致购买力上升"。

然而，那些应用这些术语的人并未意识到一个事实：货币购买力从来都没有始终保持不变，因此总是有通胀或通缩。他们忽略了这些必然属于永久性质的波动，只要它们只是小幅的、不明显的波动，并针对货币购买力的大幅变化依然使用这些术语。由于购买力变化在何时开始值得被称为"大幅变化"这一问题取决于个人的相关性判断，所以很显然通胀和通缩属于缺乏行为学、经济学和交易经济学概念所需范畴精确度的术语。"通胀"和"通缩"这两个术语的应用适用于历史学和政治学。交易经济学只有在将其定理应用于解释经济史事件和政治计划时才可以自由地诉诸这两个术语。此外，即使是在死板的交易经济学研究中，只要不可能造成曲解而且可以避免迂腐沉闷的表达，那么使用这两个术语是非常有利的。但有必要永远谨记：交易经济学关于通胀和通缩的所有说法——由现金引起的货币购买力的大幅变化——对于小幅变化亦是有效的，尽管小幅变化的后果当然不如大幅变化的后果明显。

术语"通胀主义"和"通缩主义""通胀主义者"和"通缩主义者"，指的是在"由现金引起的货币购买力大幅变化"意义上针对通胀和通缩的政治方案。

语义革命，作为当今时代的特征之一，亦改变了"通胀"和"通缩"这两个术语的传统内涵。今天许多人所说的"通胀"或"通缩"，不再是货币供应量的大幅增加或大幅减少，而是其不可避免的后果，也即商品价格和工资费率上升或下降的总趋势。这一创新绝不是无害的。它在煽动通胀主义的流行趋势方面发挥了重要作用。

首先，现在已经不再有任何术语可以用来表示"通胀"过去所表示的含义了。你不可能去奋力反对一个你连名字都叫不出的政策。政治家和作家在质疑发行金额巨大之额外货币的有利性时，不再有机会诉诸公众接受和理解的术语。他们必须对这一政策作详细的分析和描述，无论何时，只要他们想提及它，就必须巨细无靡地加以完整说明，而且他们必须在处理这一主题的每一句话中重复这一繁琐而麻烦的程序。由于这一政策没有任何名字，它在性质上变成了自我理解性质，变成了一个事实问题，它欣欣向荣地自行其道。

第二个恶作剧是：那些试图对抗通胀之不可避免的后果——物价上涨——但徒劳无望的人，正在将他们的努力伪装成对抗通胀。在仅仅对抗症状的同时，他们假装在对抗错误的根源。由于他们并不了解货币量增加与物价上涨之间的因果关系，因此他们实际上使事情变得更糟糕了。最好的例子是：美国、加拿大和英国政府在第二次世界大战中给予农民的补贴。价格上限减少了有关商品的供应量，因为生产涉及边际生产者的亏损。为了防止这种结果，政府向以最高成本进行农业生产的农民发放补贴。这些补贴是通过额外增加的货币量提供的。若消费者不得不为有关产品支付更高的价格，就不会出现任何进一步的通胀影响。消费者将不得不把以前已经发行的货币用于这种盈余支出。因此，通胀与其后果的混淆实际上可能会直接导致更多的通胀。

很明显，"通胀"和"通缩"这两个术语的新奇内涵是完全混淆的和误导性的，因而必须无条件地予以驳斥。

7 货币计算与购买力变化

货币计算是根据在市场上已确定的、本来会确定的或大概将会确定的商品和服务价格来加以计算的。它渴望发现价格差异，并渴望从这种发现中得出结论。

在这种计算中，不能考虑由现金引起的货币购买力变化。可以用一种基于另一种货币b的计算方式来代替基于一种特定种类货币a的计算方式。这样，计算结果就不受货币a购买力所发生变化的影响；但它依然可能受到货币b购买力所发生变化的影响。任何经济计算模式皆无法摆脱其所依据的特定种类货币购买力变化的影响。

经济计算的所有结果和由此得出的所有结论，皆受到"由现金引起的货币购买力变化"之变迁的制约。根据货币购买力的上升或下降，在反映较早物价的品项与反映较晚物价的品项之间出现了具体差异；计算所表明的仅仅是由现金所引起的货币购买力变化而产生的利润或亏损。若我们将这种利润或亏损跟在其购买力受到不那么剧烈变化影响的一种货币基础上进行计算的结果相比较，我们就只能称它们为"想象盈亏"或"表观盈亏"。但是，绝对不能忘了：只有作为对用不同种类货币进行的各种计算作比较的结果，这种陈述才是可能的。由于根本不存在"具有稳定购买力之货币"这样的事物，这种表观盈亏存在于每一种经济计算模式中，无论它可能是基于何种货币。任何人皆不可能准确地区分真正的盈亏和仅仅是表观的盈亏。

因此，可以坚持认为——经济计算并不完美。然而，无人能提出一种方法来使经济计算摆脱这些缺陷，亦无人能设计出一种货币体系来完全消除这一误差来源。

不可否认的事实是：自由市场已成功地发展了一个货币体系，该体系很好地满足了间接交换和经济计算的所有要求。货币计算的目的在于：它们不会因货币购买力缓慢且相对轻微的变动而产生的不准确而受挫。在过去两个世纪由现金引起的金属货币（尤其金币）购买力的变化，并不能对商人经济计算的结果产生如此大的影响，以致使这种计算变得毫无用处。历史经验表明：对于商业行为的所有实际目的而言，使用这些计算方法可以很好地开展经营管理。理论上的考虑表明：要设计一个更好的方法是不可能的，更不用说实现了。鉴于这些事实，宣称"货币计算并不完善"是徒劳的。人没有能力改变人的行为的范畴，他必须调整自己的行为来适应这些范畴。

商人从来不认为有必要使以黄金进行的经济计算摆脱对购买力波动的依赖。

在商业交易和货币计算方面，没有任何人曾经提出"通过采用以指数为基础的表格标准或采用各种商品标准方法来改进货币体系"的建议。其目的是为长期贷款合同提供一个波动较小的标准。商人甚至不认为"在那些容易缩小由货币购买力波动所引起的某些错误的方面修改其会计方法"是有利的。例如，它本来可以放弃"通过总是按耐用设备购置成本的一个百分比确定的每年折旧定额来核销耐用设备"这一做法。可以取而代之的是采取一种办法，即尽可能多地留出必要的更新资金，以在需要更换设备时支付更换的全部成本。但企业并不急于采用这样一种程序。

所有这些皆仅对不受由现金引起的购买力迅速大幅变化影响的货币有效。但是，发生如此迅速大幅变化的货币完全失去了其作为一种交换媒介的适宜性。

8 购买力预期变化之预测

个人在决定其货币方面的行为时所有的思考，是以其对即期过去价格的了解为基础的。若他们缺乏这方面的了解，他们就无法决定其现金持有量应该达到什么样的合适水平，以及他们应该花多少钱购买各种商品。一个没有"过去"的交流媒介，是不可想象的。如果一种交换媒介以前并不是一种经济商品，而且人们在需求它作为这种交换媒介之前就已经给它分配了交换价值，那么，没有任何东西能够发挥这种交换媒介的作用。

但是，从即期过去传下来的购买力被今天的货币需求和货币供给改变了。人的行为始终在为未来做准备，有时也仅仅是为即将到来时刻之未来做准备。买东西的人之所以买东西，目的是为了将来的消费和生产。只要他相信"未来将不同于现在和过去"，他就会修改他所作的估值和评估。对于所有可出售商品而言是这样，而对于货币而言亦然。在这个意义上，我们可以说：今天的货币交换价值是对明天交换价值的一个预期。关于货币之所有判断的基础就是其购买力，正如其在即期过去一样。但就由现金引起的货币购买力变化也是属于预期性质，第二个因素进入了我们分析讨论的视野，即对这些变化的预期。

一个人，若相信他感兴趣的商品的价格会上涨，则他在持有这种信念时所购买的该等商品要比没有这种信念时所购买的该等商品要多；相应地，他限制了其现金持有量。相信价格会下降的人会限制其购买，从而扩大他的现金持有量。只要这种投机性预期仅限于某些商品，它们就不会带来现金持有量变化的普遍趋势。但若人们认为他们正处于由现金引起的货币购买力大幅变化的前夕，情况就不同了。当他们预期所有商品的货币价格（物价）皆会上升或下降时，他们就会随之扩大或限制其购买（量）。这些态度大大加强和加速了预期趋势。这种情况一直持续到货币购买力方面预计不会有任何进一步变化时为止。只有到那时，这种购买或出售的倾向才会停止，而且人们才会再次开始增加或减少其现金持有量。

但是，一旦公众舆论确信"货币量的增长将会继续下去且永远不会停止，并且因此所有商品和服务的价格将不会停止上涨"，每个人就会渴望尽可能多地购买，并将其现金持有量限制在最低限度。因为在这种情形下，由于货币购买力逐步下降而造成的亏损增加了持有现金所产生的经常性费用。持有现金的好处必须以被认为是"不合理负担"的牺牲为代价。在20世纪20年代的欧洲通货大膨胀中，这种现象被称为向"实物商品的飞奔（Flucht in die Sachwerte）"或"崩溃式繁荣（Katastrophenhausse）"。数理经济学家无法理解货币量增加与他们所说的"流通速度"之间的因果关系。

这一现象的特征标志是：货币量的增加导致货币需求的下降。因货币供应增加而产生的货币购买力下降趋势，由于它所带来的限制现金持有量的普遍倾向而加剧。最终达到一个点，在这个点上，人们准备放弃"实物"商品价格折扣到购买力下降的预期进展程度，以至于没有任何人手头有足够现金来为实物商品付款。货币体系崩溃；以有关货币进行的所有交易停止；恐慌使其货币购买力完全消失。人们要么返回到物物交换模式，要么返回到使用另一种货币。

一个渐进式通胀的发展过程是这样的：一开始，额外货币流入市场使一些商品和服务的价格上涨；其他商品和服务的价格随后上涨。正如上文已表明的，物价上涨在不同的日期以不同程度影响着各种商品和服务。

通胀过程的第一阶段可能会持续多年。当这个阶段持续的时候，许多商品和服务的价格还没有进行调整以适应已经改变的货币关系。这个国家依然有一些人尚未意识到：他们正面临着一场价格革命，而这场革命最终将导致所有物价大幅上涨，尽管这种上涨幅度在不同商品和服务中不会相同。这些人依然相信物价总有一天会下降。在等待这一天到来的过程中，他们限制其购买，同时增加其现金持有量。只要公众舆论依然持有这种想法，那么政府放弃其通胀政策还不算太晚。

但最后群众醒悟了。他们突然意识到——原来通胀是一种蓄意的政策，而且还会无休止地持续下去。于是崩溃发生了。崩溃式繁荣出现了。每个人皆急于将他手中的钱换成"实物"商品，不管他是否真正需要它们，亦不管他要为它们支付多少钱。在很短时间内，在几周甚至几天之内，被用作货币的东西不再被用作交换媒介。它们变成了废纸一堆。没有任何人想用他们手里的任何东西来换取这样一堆废纸。

1781年出现的美国大陆货币（Continental Currency）、1796年出现的法国土地担保纸币（Mandats Territoriaux），以及1923年出现的德国马克（Mark），情形皆是如此。每当同样的条件出现时，它就会再次发生。若一种东西必须被当作交换媒介使用，公众舆论就不能相信——这种东西的数量将会无限增长。通胀是一种不能持久的政策。

□ 美国大陆货币

美国独立战争期间，殖民地的联合中央政权机构大陆会议为了筹集战争资金，批准发行不可兑现的"大陆币"。短短几年间，大陆币因发行量巨大，且易于伪造，很快走上"一文不值"的不归路。

9 货币的特定价值

只要作为货币使用的一种商品是根据它为非货币目的提供的效用来进行估值和评估的，就不会产生需要特殊处理的任何问题。货币理论的任务仅仅在于分析处理货币估值中受货币作为交换媒介的功能所制约的那一部分。

在历史进程中，有各种各样的商品都曾经被用作交换媒介。长期的演变使这些商品的绝大部分皆从货币功能中消失了，只剩下两种——贵金属黄金和白银。19世纪下半叶，越来越多的政府有意地转向白银的非货币化。

在所有这些情形下，作为货币使用的是一种同时亦用于非货币目的的商品。在金本位制下，黄金就是货币，货币就是黄金。法律是否将法定货币属性仅仅赋予给政府铸造的金币，无关紧要。重要的是：这些硬币确实含有固定重量的黄金，而且每一根金条也皆可以重新铸造成硬币。在金本位制下，在法律精确确定的非常狭窄的范围内，美元和英镑只不过是一定重量黄金的代名词而已。我们可以将这种货币称为"商品货币"。

第二种货币是信用货币。信用货币是由货币替代品的使用演变而来的。习惯上使用见票即付且绝对可靠的货币要求权，作为他们对其提出货币要求权的一定数额货币的替代品。（我们将在后续章节讨论货币替代品的特点和问题。）当有一天这些货币要求权的立即赎回被暂停，从而使人们对其安全性和权利人的偿付能力产生怀疑时，市场并没有停止使用这些货币要求权。只要这些货币要求权是针对一个偿债能力毫无争议的债务人提出的每日到期货币要求权，并且可以不经通知免费收取，则其交换价值等于其面值；正是这种完美的等值性给它们赋予了货币替代品的性质。现在，由于赎回暂停，到期日推迟到一个未确定日期，因此出现了对债务人偿付能力或至少对其支付意愿的怀疑，它们损失了以前赋予这些货币替代品之价值的一部分。它们现在只是针对一个有问题的债务人提出的不计息的货币要求权而已，而且到期应付日期不确定。但是，由于它们被用作交换媒介，它们的交换价值并没有下降到若它们仅仅是货币要求权则会下降到的水平。

可以公平地假定：这种信用货币即使失去了它作为针对银行或国库的货币要求权的性质，亦可以继续作为交换媒介使用，从而成为法定货币。法定货币是一种仅由代币组成的货币，这种货币既不能用于任何工业用途，亦不能表达针对任何人的货币要求权。

研究过去是否出现了法定货币实例，或者所有性质上不属于商品货币的各种货币是否皆是信用货币，这并不是交易经济学的一项任务，而是经济史的一项任务。交易经济学唯一要确定的是：必须承认法定货币存在的可能性。

必须记住的重要一点是：对于每一种货币，非货币化即放弃其作为交换媒介的用途，必然导致其交换价值的严重下降。过去的九十年间，白银作为商品货币的用途已逐渐受到限制，上述这一点的实际意义就变得显而易见了。

亦有以金属硬币作为信用货币和法定货币的实例。这种货币可以说是印制在银、镍或铜上的货币。若这样一枚法定货币被去货币化，则作为一块金属它依然保留了其交换价值。但对于其所有人而言，这只不过是一个很小的补偿而已。它并无任何实际的重要性。

保持现金持有量需要做出牺牲。只要一个人将钱放在自己的口袋里或存在银行的存款余额里，他就放弃了对他可以消费或用于生产之商品的立刻获得。在市场经济中，这些牺牲可通过计算加以精确确定。它们等于他通过投资这笔钱本可以赚取的原始利息的金额。一个人将这种损失考虑在内证明：他更偏好现金持有的好处，而不是利息收益损失。

具体说明人们期望从保持一定数量现金中得到哪些好处，是可能做到的。但是，如果认为对这些动机的分析可以为我们提供一个决定购买力的理论，而这个理论可以没有现金持有和货币供求的概念，那是一种错觉。[1] 现金持有所产生的利弊并不是可以直接影响现金持有规模的客观因素。每个人皆将它们放在天平上，相互衡量。其结果是受个人个性影响的一种主观价值判断。不同的人以及相同的人在不同时间以不同方式评价相同的客观事实。正如对一个人财富及身体状况的了解并不能告诉我们他准备花多少钱来购买具有某种营养能力的食物一样，因此对一个人物质状况数据的了解亦不能使我们对其现金持有规模作出明确的断言。

10 货币关系的重要性

就货币与可出售商品和服务之间的互惠交换比率而言，货币关系——也即货币需求与货币供给之间的关系（"货币供求关系"）——唯一地决定着价格结构。

若货币关系保持不变，就既不会出现针对贸易、商业、生产、消费和就业的通胀（扩张主义）压力，亦不会出现针对这些因素的通缩（收缩主义）压力。相反的断言反映了那些不愿意调整自己经营活动以适应市场上表现出来的同胞要求的人们的不满。然而，并不是因为所谓的资金短缺才使得农产品价格太低乃至于无法确保次边际（收益标准以下）农民获得他们希望获得的特定金额收益。这些农民苦恼的原因是其他农民正在以较低的成本进行农业生产。

在其他条件不变的情况下，生产的商品在数量上的增加，必然带来人民物质生活条件的改善。其后果是产量增加之商品的货币价格下降。但货币价格的这种下跌丝毫不会损害从所产生的额外财富中获得的好处。人们可以认为增加债权人的额外财富份额是不公平的，尽管这种批评是有问题的，因为货币购买力的上升已经被正确地预料到了，并通过价格上的负溢价充分地考虑到了。[2] 但是，人们决不能说：由有关商品产量增加所引起的价格下降证明了某种不均衡只能通过增加货币量方可消除。当然，一般而言，某些商品生产量或全部商品生产量的每一次增加，皆要求生产要素在各商业部门中重新进行一次分配。若货币量保持不变，则这种重新分配的必要性在价格结构中将会变得显而易见。有些生产细分领

---

[1] 这种尝试由格雷达努斯（Greidanus）提出，参见其著作《货币的价值》（*The Value of Money*，伦敦，1932年），第197页。

[2] 关于市场利率与货币购买力之间的关系，参见下文第二十章。

域利润增加了，而有些生产细分领域利润则下降了甚或出现了亏损。因此，市场的运作倾向于消除这些被广泛讨论的不均衡。通过增加货币量来推迟或中断这一调整过程，是可能做到的。但若要使其变得多余，或若要减轻有关当事人的痛苦，则皆无可能。

若政府主导下由现金引起的货币购买力变化仅仅导致财富从一些人手中转移到另一些人手中，则从交易经济学之科学中立性角度来谴责它们是不被允许的。以"公益"或"公共福利"为借口为其辩解，显然是欺诈性的。但是，人们依然可以认为它们是政治措施，而这些措施适合于以牺牲一些群体之利益为代价来促进另一些群体的利益，但不会造成进一步的损害。然而，依然还有其他事情牵涉其中。

没有必要指出一项持续通缩政策必然导致的后果。没有任何人赞成这样的政策。民众以及渴望喝彩的作家和政客们皆支持通胀。关于这些努力，我们必须强调三点。第一，通胀政策或扩张主义政策一方面必然导致过度消费，另一方面必然导致不良投资。正因如此，它浪费了资本，而且损害了未来的需求满足状态。第二，通胀过程并未消除调整生产和重新分配资源的必要性。只可能推迟它，并因此使它变得更麻烦。第三，通胀不能作为一种永久性政策，因为如果通胀继续下去，它必然最终导致货币体系的崩溃。

一个零售商或旅店老板很容易陷入一种错觉：让他和他的同行们变得更繁荣所需的就是公众更多的支出。在他看来，头等大事就是促使人们花更多的钱。但令人惊讶的是，这种信念可以作为一种新的社会哲学呈现给世界。凯恩斯勋爵（Lord Keynes）和他的门徒们认为：消费倾向的缺乏是他们认为经济状况不令人满意的原因。在他们看来，要使人变得更富足，所需要的并不是生产者产量的增加，而是消费者支出的增加。为了使人们有可能花更多的钱，他们建议采取"扩

□ 约翰·梅纳德·凯恩斯

约翰·梅纳德·凯恩斯（1883—1946年），出生于英格兰的剑桥，是现代经济学最有影响的经济学家之一，他的宏观经济学与弗洛伊德的精神分析法、爱因斯坦的相对论，一并被知识界誉为"二十世纪人类的三大革命"。凯恩斯参与了国际货币基金组织、国际复兴开发银行（即世界银行）和关贸总协定（世贸组织之前身）等机构（它们构成了所谓的"华盛顿体系"）的组建工作，是当今世界经济秩序的主要奠基人之一。1998年的美国经济学会年会上，在150名经济学家的投票中，凯恩斯被评为20世纪"最有影响力"的经济学家（弗里德曼排名第二）。

张主义"政策。

这种学说既陈腐又恶毒。对它的分析和反驳将在"贸易周期"一章中进行。

11 货币替代品

若一位债务人的偿债能力和偿债意愿没有丝毫疑问，则向该债务人提出的一定数额货币的见票即付且可赎回货币要求权就可以向该债务人提供货币所能提供的一切效用，前提是他可能与之进行业务往来的所有各方皆完全熟悉有关货币要求权的如下基本性质：债务人一方的每日到期状态以及毫无疑问的偿债能力和偿债意愿。我们可以将这种货币要求权称为"货币替代品"，因为它们可以完全替代个人或公司现金持有中的货币。货币替代品的技术特征和法律特征跟交易经济学无关。货币替代品既可以体现在钞票（也即纸币）上，亦可以体现在具备支票功能之银行的活期存款（"支票货币"或存款货币）上，前提是银行准备好每天将钞票或存款跟正式货币进行兑换。代币亦是货币替代品，前提是代币所有者能够在需要时免费且不延迟地将代币与正式货币进行兑换。要做到这一点，并不要求政府在法律约束下赎回这些代币。重要的是，这些代币可以免费和无延迟地跟正式货币进行真正的兑换。若代币发行总量维持在合理限度内，那么政府就无须作出特别规定来使代币的交换价值跟其面值保持相等。公众对零钱的需求使每个人皆有机会轻松地将零钱跟整钱进行兑换。最重要的是，每一位货币替代品的所有者皆完全肯定，货币替代品可以随时免费地跟货币进行兑换。

如果债务人——政府或某家银行——针对货币替代品全部金额保留了100%的正式货币准备金，那么我们就将这种货币替代品称为"货币凭证"。单张货币凭证——不一定是法律意义上的，但始终是交易经济学意义上的——代表保留在银行准备金中的相应数量的正式货币。货币凭证的发行并未增加适合满足用于现金持有之货币需求的物品的数量。因此，货币量的变化并不会改变货币供应和货币关系。它们在决定货币购买力方面并不发挥任何作用。

若债务人对发行的货币替代品保留的货币准备金少于此类替代品的总量，则我们将超过准备金的替代品数量称为"信用媒介"。一般而言，不可能确定货币替代品的具体实例样本是一种货币凭证还是一种信用媒介。已发行货币替代品总量的一部分，通常由银行所持有的一定数额货币准备金进行兑换。这样，已发行货币替代品总量的一部分是货币凭证，其余部分则是信用媒介。但这一事实只有熟悉该银行之资产负债表的人方能认识到。单张钞票、存款或代币并不表明其交易经济学性质。

发行货币凭证并不增加银行在进行其贷款业务时可动用的资金。一家银行若不发行信用媒介，就只能发放商品信贷，即它只能贷出自己的资金和其客户已委托给它的货币金额。信用媒介的发行扩大了银行在超出这些限制之外可用于放贷的资金。它现在不仅可以授予商品信用，而且还可以授予流通信贷，即出于发行信用媒介而授予的信贷。

货币凭证的数量无关紧要，而信用媒介的数量则并非如此。信用媒介影响市场现象的方式跟货币一样。它们数量的变化影响着货币购买力的确定和价格的确定，而且暂时也影响着利率的确定。

早期的经济学家们使用的是一个不同的术语。许多人愿意将货币替代品简单地称为"货币"，因为它们适合提供货币所提供的效用。然而，这一术语并非上策。一个科学的术语，其首要目的是便于对所涉及的问题进行分析。交易经济学货币理论的任务——有别于法律理论，亦有别于银行管理学和会计学的技术学科——是研究价格和利率确定问题。这项任务需要在货币凭证与信用媒介之间作明确的区分。

"信贷扩张"一词经常被误解。重要的是要认识到——商品信贷不能扩张。信贷扩张的唯一工具就是流通信贷。但流通信贷的授予并不总是意味着信贷扩张。若先前发行的信用媒介数量已完成其对市场的所有影响，若价格、工资费率和利率已根据正式货币加上信用媒介的供应总量（广义上的货币供应量）进行调整，则在信用媒介数量没有进一步增加的情况下授予流通信贷就不再属于信贷扩张。只有当通过发行额外数量的信用媒介而授予信贷时——而不是当银行将旧债务人偿还给银行的信用媒介重新借出时——信贷扩张才会出现。

12 信用媒介发行的限制

人们对待货币替代品，仿佛它们就是货币一样，因为他们完全有信心在任何时候皆可以毫无延迟且毫无成本地将其跟货币进行兑换。我们可以将那些共同拥有这种信心并因此准备好对待货币替代品仿佛它们就是货币一样的人称为"发行银行机构、发行银行或发行当局的客户"。该发行机构是否按照银行业务惯常的行为模式进行运作，并不重要。一国国库发行的代币同样也是货币替代品，尽管国库通常并不将发行的该等数额作为债务录入其账目，亦不认为该数额是国债的一部分。货币替代品所有者是否有可诉赎回权亦同样无关紧要。重要的是，货币替代品是否真的可以毫无延迟且毫无成本地跟货币进行兑换。[1]

发行货币凭证是一项代价昂贵的冒险。钞票须印刷，代币须铸造；须建立一个复杂的存款会计制度；银行准备金须安全地加以保存；然后还有被假钞和假支票欺骗的风险。除了所有这些开支外，已发行的钞票中有一些会被销毁的可能性很小，而一些储户忘记其存款的可能性更小。若不与发行信用媒介相关联，则发行货币凭证就是一件毁灭性的事情。在银行业的早期历史中，有些银行的唯一业务就是发行货币凭证。但这些银行的客户对银行所产生的成本进行了补偿。无论如何，交易经济学对银行不发行信用媒介的纯技术问题不感兴趣。交易经济学对货币凭证的唯一兴趣在于发行货币凭证与发行信用媒介之间的关联。

虽然货币凭证的数量在交易经济学上并不重要，但信用媒介数量的增加或减少，正如货币量的变化一样，会以同样方式影响货币购买力的确定。因此，"信用媒介数量的增加是否有限制"这一问题具有根本的重要性。

若一家银行的客户群包括市场经济的所有成员，则对信用媒介发行的限制与对货币量增加的限制是相同的。一家银行，在一个孤立的国家或整个世界上，若是发行信用媒介的唯一机构，并且其客户群包括所有的个人和公司，则该银行在其业务活动中必须遵守两项规则：

第一，银行必须避免可能使客户即公众对其产生怀疑的任何行为。一旦客户开始失去信心，他们就会要求赎回钞票，并提取他们的存款。银行在不引起不信任的情况下能够增发多少信用媒介，这取决于心理因素。

第二，银行不能以如此快的节奏和速度增加信用媒介的数量，以至于客户确信物价将以更快速度无休止地持续上涨。因为如果公众相信情况是这样的，他们就会减少其现金持有量，纷纷奔向"实物"价值，并带来崩溃式繁荣。若不假定"这场灾难的第一个表现形式是信心的消逝"，就不可能想象它的临近。公众肯定会宁愿将信用媒介兑换成货币，也不愿奔向实物价值——也即不加选择地购

---

〔1〕此外，法律是否将法定货币性质赋予货币替代品同样无关紧要。若这些物品真的被人们当作货币替代品加以对待，并因此成为货币替代品，而且其购买力等同于相应数额货币的购买力，那么法定货币性质的唯一作用就是防止恶意的人仅仅为了惹恼其同胞而诉诸欺诈。然而，若有关物品并不是货币替代品，并且以低于其面值的折价价格进行交易，则法定货币性质的分配相当于一个权威价格上限，也即为黄金和外汇设定一个最高价格、为不再是货币替代品而是信用货币或法定货币的东西设定一个最低价格。然后就出现了格雷欣法则所描述的效应。

买各种商品。然后银行必然会破产。若政府通过免除银行按照合同条款赎回钞票和偿付储户存款的义务来加以干预，则信用媒介要么变成信用货币，要么变成法定货币。暂停钱币（金属货币，通常是金币或银币）支付就完全改变了事态。这样就再也没有信用媒介的、货币凭证的和货币替代品的任何问题了。政府以其政府制定的法定货币法律粉墨登场。银行失去其独立存在；它成为政府政策的一个工具，成为国库的一个下属办事机构。

其客户包括所有个人的单独一家银行或一致行动的多家银行发行信用媒介，其在交易经济学上最重要的问题并不是对其发行量进行限制的问题。我们将在专门论述货币量与利率之间关系的第二十章讨论这些问题。

在我们此刻所做的分析研究上，我们必须仔细研究许多家独立银行共存的问题。独立性是指每家银行在发行信用媒介时皆遵循自己的路线，不跟其他银行采取一致行动。共存是指每家银行皆有一个客户群，而每家银行的客户群并不包括市场体系的所有成员。为简单起见，我们将假设——没有任何一个人，亦没有任何一家公司是不止一家银行的客户。若我们假设"还有一些人是不止一家银行的客户，而有些人则不是任何一家银行的客户"，这并不会影响我们演示的结果。

所要提出的问题并不是"对这些独立共存银行发行信用媒介是否有限制"。由于其客户群包括所有人的唯一一家银行发行信用媒介甚至也受到了限制，显然许多家独立共存银行也受到了这种限制。我们想要表明的是：对于这许多家独立共存银行的限制，比对客户群无限的单独一家银行的限制要窄一些。

我们假设：在一个市场体系中，过去已经建立了几家独立银行。虽然以前只使用货币，但这些银行已引入了对货币替代品的使用，其中一部分是信用媒介。每家银行皆有一个客户群，并已发行一定数量的信用媒介，而这些媒介作为货币替代品保存在不同客户的现金持有中。由各家银行发行并由其客户之现金持有所吸收的信用媒介之总量已改变了价格结构和货币单位的购买力。但这些影响已经完成其使命，而且目前市场不再受到过去信贷扩张所产生的任何波动的影响。

但现在，我们进一步假设：只有一家银行开始额外发行信用媒介，而其他银行并不会仿效。该扩张银行的客户——无论是老客户还是由于扩张而获得的新客户——皆获得了额外的信贷，他们扩大了各自的业务活动，他们出现在对商品和服务有了额外需求的市场上，他们抬高了物价。那些不是该扩张银行之客户的人无法负担这些上涨的物价；他们被迫限制自己的购买。这样一来，市场上普遍存在着商品从非客户手中转移到该扩张银行之客户手中的现象。客户从非客户那里买的比他们卖给非客户的更多；他们手里可付给非客户的钱比他们从非客户那里收到的钱更多。但是由该扩张银行发行的货币替代品并不适合支付给非客户，因为这些人并未将货币替代品特征赋予这些货币替代品。为了结算欠非客户的款项，客户必须首先将他们自己银行，也即该扩张银行所发行的货币替代品兑换成货币。该扩张银行必须赎回其钞票并偿付其存款。其准备金——我们假设它已发行的货币替代品中只有一部分具有信用媒介的特征——减少了。在其货币准备金耗尽后，银行将不再能够赎回货币替代品的即时方法依然有效。为了避免资不抵债，它必须尽快恢复一项旨在加强其货币准备金的政策。它必须放弃其扩张主义方法。

市场针对客户群有限的一家银行的信贷扩张所做出的这种反应，货币学派曾有过精彩的描述。货币学派所处理的特殊情形是指：一国享有特权的央行或一国所有银行的信贷扩张与其他国家的银行所采取的非扩张主义政策碰巧同时发生。我们的演示涵盖了"具有不同客户群的许多家银行共存"的更普遍情形，以及如下最普遍情形：在"其余人不光顾任何一家银行，也不将任何货币要求权当作货币替代品"的这样一个体系中，存在着一家拥有有限客户群的银行。当然，是否假定"一家银行的客户跟其他银行的客户在一个特定地区或国家俨然分开居住"，或者"一家银行的客户是否跟其他银行的客户毗邻而居"，并不重要。这些只是数据上的差异，而这些差异并不影响所涉及的交易经济学问题。

一家银行所发行的货币替代品，绝对不能超过其客户在他们现金持有中所能保持的货币替代品数量。一个个人客户在其现金持有总量中，货币替代品的比例绝不能超过他与他自己银行其他客户之间营业额占他总营业额的比例。为了方便起见，他通常会始终让这一比例远远低于该最高比例。这样，对信用媒介的发行就设置了限制。我们可以承认：每个人在其当前交易中，皆准备不分青红皂白地接受任何银行发行的钞票以及向任何银行开出的支票。但他不仅将支票，而且将他自己并不是其客户的银行的钞票毫不延迟地存入他自己的银行。在进一步的过程中，他的银行与所聘用的银行结算其账目。如此一来，上文所描述的过程就开始启动了。

关于公众对名声不佳银行所发行之钞票的有悖常理之偏好，已经有人长篇大论地写了很多废话。事实是：除了一小撮商人能够区分好银行和坏银行之外，人们始终以不信任的心态对待钞票。正是政府授予特权银行的特别特许状使这些怀疑慢慢消失了。"小额钞票落入那些无法区分良币和劣币的穷人和无知之人手中"，这种被经常提出的论点不必认真加以对待。收到一张钞票的人越是贫穷，而且若他对银行事务越不熟悉，那么他就会越快地花掉该钞票，而该钞票就会越快地通过零售和批发贸易渠道回到该钞票的发行银行或熟悉银行状况的人手中。

一家银行很容易增加准备接受通过信贷扩张而发放的贷款的人数，并以一定数量的货币替代品进行支付。但是，任何银行皆很难扩大其客户群，也即准备将这些货币要求权视为货币替代品并将其作为货币替代品保留在其现金持有中的那些人的人数。扩大这一客户群是一个麻烦而缓慢的过程，正如获得任何类型的商誉一样。另一方面，一家银行亦会很快失去其客户群。如果一家银行想要留住其客户群，那么它绝不能允许对它在适当遵守合同条款的情况下履行其所有责任方面的能力和就绪度存有任何疑虑。银行必须保留足够大的准备金，以赎回其任何一位钞票持有者可能为了兑换现金而提交的其持有的所有钞票。因此，任何银行皆不能满足于只发行信用媒介；它必须针对已发行的货币替代品总金额保持一定数额的准备金，从而将发行信用媒介和货币凭证结合起来。

认为"准备金的任务就是为那些已对银行失去信心的钞票持有者提供钞票兑换手段"，是一个严重的错误。一家银行及其已发行的货币替代品所享有的信心是不可分割的。这种信心，要么存在于该银行的所有客户心中，要么完全消失。若其中一些客户对该银行失去信心，则其余的客户亦会同样失去信心。若一家银行的所有客户皆对该银行失去信心，并希望该银行兑换他们手中的钞票、偿付他们的存款，则发行信用媒介和授予流通信贷的任何银行皆无法履行其在发行货币替代品方面所承担的义务。这是发行信用媒介和授予流通信贷业务的一个本质特征或弱点。任何准备金政策制度和任何法律强制执行的准备金要求皆无法弥补这一弱点。准备金所能做的就是使银行有可能从市场上撤出已发行的过多数量的信用媒介。若银行已发行的钞票超过其客户与其他客户做生意时所能使用的钞票，则它必须赎回这种过剩的钞票。

强制银行按存款总额和已发行钞票总额的一定比例保留准备金的法律，须以银行限制信用媒介和流通信贷数额的增加为前提，方才有效。这些法律的目的是在银行客户对银行失去信心的情况下确保银行能够迅速赎回钞票和迅速支付储户存款，但它们是徒劳的。

银行学派在处理这些问题上彻底失败了。该学派被一种虚假想法所迷惑，根据该想法，商业上的要求严格限制一家银行可以发行的可兑换钞票的最高数量。

他们并未看到，公众对信贷的需求在很大程度上取决于银行的放贷意愿，亦未看到，那些不关心其偿付能力的银行能够通过将利率降低到低于市场利率水平来扩大流通信贷。"若一家银行将其贷款限制在销售和购买原材料和半成品所产生的短期汇票贴现上，则它所能贷款的最高金额是由商业状况唯一决定且独立于银行政策之外的一个数量"，这种说法与事实相悖。这一数量随着贴现率的降低或提高而扩大或缩小。降低利率等同于增加了被错误地认为是公平和正常商业要求的数量。

□ 英格兰银行

英格兰银行是英国的中央银行，1694年由英国皇室特许苏格兰人威廉·彼得森等人创办。其创办初期主要是为政府筹措战争经费，并以此而取得货币发行权。英格兰银行对国家的货币政策负责，其职能机构分为政策和市场、金融结构和监督、业务和服务。

货币学派对19世纪三四十年代英国商业状况反复出现的危机给出了相当正确的解释。英格兰银行以及其他英国银行和银行机构实行了信贷扩张，而与英国有贸易往来的国家却并没有实行信贷扩张，或者至少在信贷扩张方面没有达到同样的程度。发生的外部流失是这种情况的必然后果。银行学派为了反驳这一理论而提出的一切皆是徒劳的。不幸的是，货币学派在两个方面皆犯了错误。该学派从未意识到：它所建议的补救办法即严格限制货币准备金以外的钞票发行量，并不是唯一的补救办法。它从未考虑过自由银行的想法。货币学派的第二个错误是：它并未认识到，受支票约束的存款是货币替代品，若其数额超过了银行所保留的货币准备金，则此等存款就成为了信用媒介，并因此与钞票一样成为信贷扩张的工具。它认识到的银行学派的唯一优点就是：所谓的"存款货币"是一种不亚于钞票的货币替代品。但除了这一点，银行学派的所有学说皆是虚假的。它受到关于货币中性的矛盾观念的指导；它试图用所谓"天外救星"的方法来反驳货币数量论，即人们常说的"囤积"，它完全误解了利率的问题。

必须强调的是：信用媒介发行方面的法律限制问题之所以会出现，仅仅是因为政府授予一家或几家银行特殊特权，从而阻止了银行业的自由演变发展。若政府从未为了特别（特权）银行的利益而进行干预，若政府从未免除银行完全按照合同条款清偿其债务的义务——而这也是市场经济中所有个人和公司皆应履行的义务，那么就不会产生任何银行问题。若果真如此，那么对信贷扩张设定的限制原本就会有效地发挥作用了。相应地，出于自身偿债能力的考虑，将会迫使每家银行在发行信用媒介时皆会采取谨慎的克制措施。如此一来，那些不遵守这些必不可少规则的银行就会破产，而公众，由于曾经遭受的损害而受到警告，在跟银行打交道就会变得倍加疑虑和保守。

欧洲各国政府对银行业的态度从一开始就是虚伪和虚假的。假装关心国民的福利、关心一般的公众，特别是关心贫穷无知的群众，只不过是一种幌子而已。政府想要实行通胀和信贷扩张，他们想要经济的繁荣和宽松的货币。那些曾经两次成功废除央行的美国人意识到了这种制度的危险；糟糕的是，他们并未看到他们所对抗的弊端存在于政府对银行业的各种干预之中。今天，即使是最固执己见的国家主义者亦不能否认：与享受特权的政府控制的银行所带来的巨大通胀的灾难性影响相比，自由银行的所有所谓弊端皆不足挂齿。

"政府之所以干预银行业是为了限制信用媒介的发行和防止信贷扩张"，这是天方夜谭。相反，指导政府的思想是对通胀和信贷扩张的渴望。他们之所以向银行授予特权，是因为他们想要扩大不受阻碍市场对信贷扩张的限制，或者是因为他们渴望向国库开放一个收入来源。在很大程度上，这两方面的考虑皆激励了当局。他们确信信用媒介是降低利率的一个有效手段，并要求银行为了企业和国库的利益而扩张信贷。只有当信贷扩张的不良影响变得明显时，才颁布法律限制货币范围未涵盖的钞票的发行，有时也限制存款凭证的发行。自由银行的建立从未被认真考虑过，正是因为它在限制信贷扩张方面过于有效。因为统治者、作家和公众一致认为，商业有公平的权利要求"正常的"和"必要的"流通信用额，而这一数额在自由银行下是不可能达到的。[1]

许多政府从未从财政关切以外的角度看待信用媒介发行的问题。在他们看来，银行的首要任务是将钱借给国库。货币替代品被褒义地认为是政府发行之纸币的领跑者。可兑换钞票只是通往不可兑换钞票的第一步而已。随着中央集权论和干涉主义政策的进展，这些想法已经变得普遍起来，而且不再受到任何人的

---

[1] "正常"信贷扩张的概念是荒谬的。发行额外信用媒介，无论其数量如何，始终会引起价格结构的变化，而对这种变化的描述是贸易周期理论的任务。当然，若发行的额外金额并不大，亦不是扩张的必然影响。

质疑。今天没有一个政府丝毫愿意考虑自由银行计划，因为没有任何一个政府想放弃它认为是便捷的收入来源。今天所谓的"金融战备"仅仅是通过享有特权和政府控制的银行获得交战国可能需要的所有资金的能力而已。激进的通胀主义——虽然没有获得人们的明确承认——正是我们时代经济意识形态的一个基本特征。

但即使在自由主义享有其最高声望且政府更渴望维护和平与福祉而不是煽动战争、死亡、毁灭和痛苦之时，人们在处理银行业问题时依然存有偏见。在盎格鲁-撒克逊国家以外，公众舆论认为：降低利率是开明政府的主要任务之一，而信贷扩张则是实现这一目的的适当手段。

1844年，英国对其银行法实施了改革，从而摆脱了这些错误。但是货币学派的两个缺点却使这一著名举措失效。一方面，政府干预银行业的制度得以保留下来。另一方面，仅对货币未涵盖的钞票的发行施加限制。信用媒介被压制的范围仅限于钞票形式。它们可以作为存款货币繁荣兴旺。

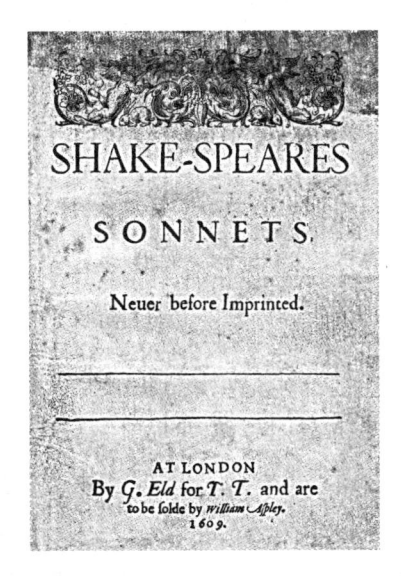

□ 莎士比亚的《十四行诗》

威廉·莎士比亚（1564—1616年），出生于英国沃里克郡斯特拉福镇的一个古老家族，是英国文艺复兴时期剧作家、诗人，被誉为"人类文学奥林匹斯山上的宙斯"。莎士比亚认为人的本质是自由意志，是自由意志中的欲念使人区别于禽兽而成为人，但同时自由意志中的欲念又使人性中充满着各种罪恶。因此，人是有局限性的，人的悲剧性处境几乎是注定的。上图为莎士比亚的《十四行诗》。

在将货币理论中所蕴含的想法带到其完全合乎逻辑的结论之中时，可以建议，依法强制所有银行针对货币替代品（钞票加上活期存款）总额保持100%的货币准备金。这是欧文·费雪教授100%计划的核心。但是费舍尔教授将他的计划跟他关于采用一个指数标准的建议结合在一起。有人已指出：为何这样一个计划是虚幻的，而且相当于公开批准政府享有根据强大压力集团的胃口操纵货币购买力的权力。但是，即使100%准备金计划是在纯正金本位制基础上实施的，它亦不能完全消除针对银行业的政府干预存在的各种固有缺陷。为了防止任何进一步的信贷扩张，需要采取的措施是将银行业务置于商业法和民事法的一般规则之下，从而迫使每个个人和每家公司皆完全按照合同条款履行其所有义务。若银行被保留作为受特别立法规定约束的特权机构，则银行依然是政府可用于财政目的之工具。那么，对信用媒介发行所施加的每一项限制皆取决于政府和议会的良好意图。他们可能会将发行限制在所谓的"正常"时期。每当一个政府认为一个紧急情况提供充分理由可以诉诸非常措施时，这一限制将被取消。若一届政府和支持它的政党希望通过征收更高的税款来增加支出且不损害他们的受欢迎程度，则他们将随时准备将他们的僵局称为"紧急情况"。政府若渴望将钱花在纳税人并不愿意支付更高税收的用途上，则求助于印刷机和愿意迫使当局规范其处事行为的银行经理的谄媚就成为政府最为重要的手段。

自由银行是防止信贷扩张所固有之危险的唯一方法。诚然，这并不会妨碍向公众提供了关于其财务状况之所有必要信息的谨慎行事银行在非常狭窄的范围内缓慢地进行信贷扩张。但在自由银行业情形下，信贷扩张及其不可避免的后果不可能发展成为经济体系的常规——有人想说是"正常"——特征。只有自由银行业才能使市场经济免受危机和萧条的影响。

回顾过去两个世纪的历史，人们不禁会意识到：自由主义在处理银行业问题时所犯的错误是对市场经济的一种致命打击。没有任何理由来放弃银行业领域的自由企业原则。大多数自由派政治家只是屈服于民众对放贷和取息的敌意而已。他们没有意识到——利率是一种市场现象，该现象无法由当局或任何其他机构随意（ad libitum）操纵。他们迷信"降低利率是有益的举措"，以及"信贷扩张是获得这种廉价货币的正确手段"。最有损于自由主义事业的，莫过于狂热繁荣的几乎定期回归和牛市的戏剧性崩溃以及随后挥之不去的暴跌。公众舆论已经确信：在无阻碍市场经济中，这种情形注定不可避免。人们没有想到：他们所哀叹的是旨在通过信贷扩张来降低利率之政策的必然结果。他们顽固地坚持这些政策，并试图通过越来越多的政府干预来对抗他们不想要的后果，但徒劳无功。

关于自由银行讨论的观察

银行学派教导说：若银行将其业务局限于发放短期贷款，它就不可能过度发行钞票。当贷款到期偿还时，钞票又返回到银行，进而从市场上消失。然而，只有在银行限制授予的信贷额度的情形下，才会发生这种情况。（即便如此，它也无法消除其先前信贷扩张的影响。这只会给其增加后来信贷紧缩的影响。）常规做法是：银行通过对新汇票进行贴现来替换已到期和偿还的汇票。然后，由于偿还早期贷款而从市场上撤出之钞票的数量对应于新发行钞票的数量。

在自由银行业体系下，对信贷扩张设定限制的串联举措以不同的方式运作着。它丝毫不涉及所谓"富拉顿原则（Principle of Fullarton）"所考虑的过程。这是因为信贷扩张本身并未扩大一家银行的客户群，也即将货币替代品性质赋予针对银行而提出的活期货币要求权的那些人的人数。正如上文所示，由于一家银行过度发行信用媒介，增加了扩张银行之客户向其他人支付的金额，因此，它同时增加了赎回其货币替代品的需求。这样，它迫使该扩张银行回到一个克制状态。

对于受支票约束的活期存款而言，这一事实从未受到质疑。很明显，一家扩张银行很快就会发现自己在与其他银行进行清算时陷入困境。然而，人们有时坚持认为：就钞票而言，事情并非如此。

在处理货币替代品问题时，交易经济学坚持认为：所讨论的货币要求权是被许多人当作货币来加以分析处理的，而且它们像货币一样在交易中被出手和接收，并保存在现金持有中。交易经济学关于货币替代品的所有断言皆以这种事态为前提。但若相信"任何一家银行发行的每一张钞票皆真的成为一个货币替代品"，那将是荒谬的。使一张钞票成为一个货币替代品的，是发行银行的特殊类型商誉。只要有人怀疑银行是否真正有能力或愿意在任何时候毫不迟延地、不向钞票持有人收取任何费用地赎回每一张钞票，那么任何一丁点这种怀疑就会损害这种特殊商誉，并剥夺钞票作为货币替代品的性质。我们可以假设：每个人不仅准备将这种可疑的钞票作为一种贷款，而且更愿意将它们作为付款来接受，而不是等待更长时间。但若对它们的基本性质存在任何疑问，人们就会迫不及待地尽快摆脱它们。他们将在自己的现金持有中保存货币以及他们认为非常安全的货币替代品，并将处理可疑的钞票。这些钞票将以折价进行交易，而且这么做会将它们带回发行银行，而且须由发行银行独家以钞票全部面值将它们赎回。

通过回顾欧洲大陆的银行业状况，可以更好地澄清这个问题。在这里，商业银行不受对须受支票约束之存款数额设置的任何限制。他们本来可以通过采用盎格鲁-撒克逊国家的银行所采用的方法来发放流通信贷，从而扩大信贷规模。然而，公众尚未准备好将这些银行存款视为货币替代品。通常，收到支票的人会立即将支票兑现，从银行提取现款。商业银行不可能通过贷记债务人的账目来放贷，除非数额微不足道。债务人一开出支票，收到支票的人就会从银行提取现款。只有大企业才会将存款视为货币替代品。虽然大多数这些国家的央行在其存款业务方面并未受到任何法律限制，但由于存款货币的客户群规模太小，这些央行无法将存款作为大规模信贷扩张的工具。钞票实际上成为流通信贷和信贷扩张的唯一工具。

19世纪80年代,通过在邮局储蓄服务处建立一个支票账户部门,奥地利政府启动了一个推广支票簿货币的项目。它在某种程度上取得了成功。在邮局该部门存放的储蓄余额被一个客户群视为货币替代品,该客户群比该国发行央行支票账户部门的客户群范围更广。这一制度后来由在1918年接替哈布斯堡帝国的新国家保留了下来。它还被许多其他欧洲国家,例如德国,所采用。重要的是要认识到:这种类型的存款货币属于纯粹的政府风险,而且该系统授予的流通信贷是专门贷给政府的。其特征在于:奥地利邮局储蓄机构以及大多数外国类似机构的名称并不是"储蓄银行",而是"储蓄所"。除了大多数非盎格鲁-撒克逊国家的政府邮政系统的这类活期存款之外,纸币——在很小程度上,还有政府控制的发行央行的存款——是流通信贷的主要工具。在谈到这些国家的信贷扩张时,人们所指的几乎全部是钞票。

□ 哈布斯堡帝国陷入战火

哈布斯堡帝国纵横欧洲一千年,靠着联姻奠定基业,同时也靠着联姻称霸欧洲、征服世界。上图为哈布斯堡王朝陷于战火的场景。

在美国,许多雇主通过开支票的方式支付薪水甚至工资。只要收款人立即兑现收到的支票并从银行提取全部款项,那么这种方法就仅仅意味着,操纵硬币和钞票的繁重负担由雇主的出纳员身上转移到银行的出纳员身上。它没有任何交易经济学上的意义。若所有公民皆以这种方式处理收到的支票,存款就不是货币替代品了,而且不能作为流通信贷工具。仅仅是因为相当一部分公众将存款视为货币替代品,才使它们成为通常所说的"支票簿货币"或"存款货币"。

将"自由银行业"的概念与"人人皆可自由发行钞票和随意欺骗公众"的形象联系在一起是错误的做法。人们经常提到图克(Thomas Tooke)引用的一位匿名美国人士的格言:"银行业的自由交易就是诈骗的自由交易。"然而,自由发行钞票即使不能完全抑制钞票的使用,亦将会在很大程度上减少钞票的使用。在1865年10月24日举行的法国银行业调查听证会上,切尔努斯基(Cernuschi)提出的正是这一想法:"我认为所谓的银行业自由将会导致法国全面抑制纸币的使用。我想给每个人授予发行钞票的权利,这样就没有人再拿钞票了。"[1]

人们可能会坚持认为钞票比硬币更方便,并且出于方便的考虑,建议使用钞票。在这种情况下,公众会准备支付一笔额外费用,以避免在口袋里携带沉重的硬币所带来的不便。因此,在早期,由偿付能力不容置疑的银行发行的钞票相对于金属货币而言略有溢价。因此,旅行支票相当受欢迎,尽管发行旅行支票的银行针对其发行会收取一笔手续费。但所有这些皆与所讨论的问题无关。这并没有为促请公众使用钞票的政策提供理由根据。政府并没有鼓励使用钞票以避免给女士购物带来不便。政府只是想要降低利率,并为其国库开辟一个廉价信贷来源。在他们看来,增加信用媒介的数量是促进福利的一种手段。

钞票并非不可或缺。资本主义的所有经济成就,如果不曾存在的话,皆是可以完成的。此外,存款货币还可以做钞票所做的所有事情。而且,政府对商业银行存款所做的干预不能以伪善的借口——所谓"必须保护贫穷、无知的工薪阶层和农民免受邪恶银行家的侵害"——为理由。

但是,有人可能会问,商业银行卡特尔该怎么办?难道各家银行就不能为了无限扩大其信用媒介的发行而串通一气吗?这种反对是荒谬的。只要公众没有因政府干预而被剥夺提取其存款的权利,那么任何银行皆不能拿自己的商誉冒险去跟商誉不如自己高的银行勾结串通。我们绝不能忘记:发行信用媒介的每家银行皆处于相当不稳定的地位。它最有价值的资产就是它的声誉。一旦(公众)对其完美的可信度和偿付能力产生怀疑,它就必然会破产。如果一家信誉良好的银行将自己的名称跟其他商誉较差的银行关联起来,那将是一种自杀行为。在自由银行业制度下,一个由银行组成的卡特尔将摧毁一个国家的整个银行体系。而这并不符合任何一家银行的利益。

在很大程度上,声誉良好的银行因其稳健性原则和不愿扩大信贷而受到指责。在不值得获得信贷的人看来,这种克制似乎是一种罪恶。但它是在自由银行业制度下开展银行业务的首要和最高规则。

我们同时代的人极难想象自由银行业的状况,因为他们认为政府干预银行是

---

[1] 切尔努斯基,《控制钞票》(Contre le billet de banque)(巴黎,1866年),第55页。

理所当然的，亦是必要的。然而，人们必须记住：这种政府干预是建立在一个错误假设基础上的，而这个错误假设就是：信贷扩张是永久降低利率的适当手段，而且除了伤害冷酷无情的资本家之外，不会伤害任何其他人。政府进行干预，恰恰因为他们知道自由银行业将信贷扩张控制在狭窄范围内。

经济学家认为"银行业目前的状况使得政府干预银行业问题成为明智的举措"，这种看法可能是对的。但银行业的现状并不是不受阻碍市场经济运行的结果。它是各国政府试图创造大规模信贷扩张所需条件的产物。假如政府从未进行过干预，那么钞票的使用和存款的使用将仅限于那些非常了解如何区分有偿付能力银行和无偿付能力银行的人口阶层。任何大规模信贷扩张都将不可能实现。只有政府才应该对这种迷信式敬畏的传播负责，这种敬畏是普通人看待国库或其控制的机构印有"法定货币"这一神奇字样的每一张钞票时所表现出来的。

如果政府干预银行事务现状的目的是为了通过防止或至少严重限制任何进一步信贷扩张来消除不令人满意的状况，那么这种干预就是合理的。事实上，目前政府干预的主要目的是为了进一步加强信贷扩张。这项政策注定要失败。或迟或早这必然会导致一场灾难。

13 现金持有之规模与构成

货币和货币替代品的总量等于个人和公司的现金持有总量。每个人/每家公司的持有份额由边际效用来决定。每个人皆渴望将自己全部财富的某一特定部分以现金形式保存。他通过增加购买来消除现金过剩、通过增加销售来弥补现金不足。有些流行的术语混淆了"针对现金持有的货币需求"和"对财富与可出售商品的需求"，而这样的流行术语绝不能欺骗任何一位经济学家。

对个人和公司有效的东西，对于许多个人和公司的每一笔现金持有量而言同样适用。我们将许多这样的个人和公司作为一个整体来对待并汇总他们的现金持有量，这样的视角是无关紧要的。一座城市、一个省份或一个国家的现金持有量，是其所有居民现金持有量的总和。

我们假设：市场经济只使用一种货币，而且货币替代品要么是未知的，要么在整个区域被每个人毫无区别地加以使用。例如，由一家世界银行发行的金币和可兑换钞票，每个人皆将它们当作货币替代品。根据这些假设，阻碍商品和服务交换的措施并不影响货币事务状态和现金持有规模。关税、禁运和移民壁垒影响着物价、工资费率和利率的均等化趋势。它们并不会直接对现金持有量做出反应。

如果一个政府的目的是为了增加其臣民百姓所持有的现金数额，那么它必须命令他们在一个机构存入一定金额的现金，并且不要动用它。实现这一数额的必要性将迫使每个人多卖少买；国内物价将下降；出口将增加，进口将减少；一定量的现金将输入到国内。但若政府只是阻止商品的进口和货币的输出，它就不能达到其目的。若进口下降，在其他条件相同的情况下，出口亦会随之下降。

货币在国际贸易和在国内贸易中所起的作用，二者并无区别。货币在对外贸易中的角色，跟其在国内贸易中一样，同样是一种交换媒介。在国内贸易和国际贸易中，只有当人们特意增加或限制其现金持有量时，购买和销售才会导致个人和公司现金持有量发生超越过往水平的变化。只有当一个国家的居民比外国人更渴望增加其现金持有量时，盈余的货币才会流入该国。只有当一个国家的居民比外国人更渴望减少其现金持有量时，才会发生货币外流。货币从一个国家向另一个国家转移，若无相反方向的转移来补偿，那么这种转移绝不是国际贸易交易的意外结果。它始终是居民现金持有量预期变化的结果。正如只有当一个国家的居民想出口过剩的小麦时小麦才会出口一样，只有当居民想输出他们认为是盈余的一笔钱时货币才会输出到国外。

若一个国家转向使用在国外未使用的货币替代品，这种盈余就出现了。这些货币替代品的出现，就等同于增加了该国的广义货币供应量，即货币加上信用媒介的供应量；它带来了广义货币供应量的盈余。国内居民们渴望通过增加对国内或国外商品的购买来摆脱他们在这种盈余中的份额。在第一种情形下，出口下降；而在第二种情形下，进口增加。在这两种情形下，盈余的货币皆流向了国外。根据我们的假设，由于货币替代品不能输出到国外，因此只有正式货币外流。其结果是，在广义货币（货币+信用媒介）的国内供给中，货币部分数量下降，而信用媒介部分数量增加。狭义货币的国内存量现在比以前要小。

现在，我们进一步假设：国内货币替代品不再是货币替代品。发行这些货币替代品的银行不再以货币赎回它们。这些以前的货币替代品现在成为针对一家不履行其义务之银行——一家在偿还债务的能力和意愿方面值得怀疑的银行——的货币要求权。无人知道这些以前的货币替代品是否会以及何时会被赎回。但这些货币要求权可能被公众当作信用货币来使用。作为货币替代品，它们已经被认为是它们给予的任何时候皆应支付的货币要求权的货币金额之等价物。作为信用货币，它们现在以折价进行交易。

在这一点上，政府可能会进行干预。政府颁布法令，规定这些信用货币作为按面值使用的法定货币。[1] 每个债权人皆不得不在债务人偿付债务时按面值来接受这些信用货币。任何贸易商皆不能自由地歧视这些信用货币。此法令试图迫使公众将交换价值不同的东西当作交换价值相同的事物来加以对待。它干扰了由市场决定的价格结构。它规定了信用货币的最低价格和商品货币（黄金）及外汇的最高价格。但结果并不是政府所要达到的目的。信用货币与黄金之间存在的交换价值差异并未消失。由于禁止按照硬币的市场价格来使用硬币，人们不再使用它们进行买卖和偿还债务。他们保留硬币或者将硬币输出到国外。商品货币从国内市场上消失。格雷欣法则说，劣币会将良币驱逐出这个国家。更为正确的说法是：价值被政府法令所低估的货币从市场上消失，而价值被政府法令所高估的货币则依然在市场上存在。

因此，商品货币的外流并不是国际收支不利的效应，而是政府干预价格结构的效应。

14 收支平衡表

在任何特定时期内一个人或一群人所有收入和所有支出两方面货币等价物的对照情况，就称为"收支平衡表"。贷方和借方总额始终相等。收支天平始终处于平衡状态。

如果我们想知道一个人在市场经济框架中的地位，我们就必须看他的收支平衡表。它将这个人在社会分工体系中所起的一切作用皆告诉了我们。它显示他给他的同胞们提供了什么，以及他从其同胞们那里收到或取走了什么。它表明他究竟是一位自食其力的正派公民，还是一个以偷盗为生的梁上君子或一个依靠施舍度日的贫民。它展示他是否消费了他所有的收益，或者他是否储蓄了其中一部分。有许多人间之事并未反映在收支总账的账目表单上；有些美德和成就、恶习和罪行，在账目上未留下任何痕迹。但是，只要一个人融入了社会生活和活动，只要他对社会的共同努力做出了贡献而且他的贡献得到了他同胞的赞赏，并且只要他消费了市场上出售和购买或能够出售和购买的东西，那么收支平衡表所传达

---

[1] 这些钞票，在它们依然是货币替代品并因此在交换价值上与货币相等时，通常具有法定货币性质。在那个时候，（规定这些信用货币作为法定货币按面值使用的）政府法令没有任何交易经济学上的重要性。但现在这样的政府法令变得很重要，因为市场不再认为它们是货币替代品。

的信息就是完整的。

如果我们将一定数量个人收支平衡合并起来，并将涉及此群体成员之间交易的项目排除在账目之外，我们就可编制这个群体的收支平衡表。该平衡表告诉我们：作为一个综合人群，该群体的成员是如何与市场社会的其他成员联系在一起的。这样，我们就可以编制纽约律师协会会员、比利时农民、巴黎居民或瑞士伯尔尼州居民的收支平衡表。统计学家最感兴趣的是建立作为独立国家组建的各个国家的居民的收支平衡表。

虽然一个人的收支平衡表传达了关于其社会地位的详尽信息，但一个群体的收支平衡表所披露的信息则要少得多。它对该群体成员之间的相互关系只字不提。该群体规模越大，成员的同质性就越低，其收支平衡表所证明的信息就越有缺陷。丹麦的国际收支平衡表就比美国的国际收支平衡表更能反映丹麦人的情况。若要描述一个国家的社会和经济状况，就不需要分析处理每一个居民的个人收支平衡状况。但是，除了由社会地位和经济活动大体相同的成员所组成的群体之外，一个人绝不可构成其他群体。

因此，阅读国际收支平衡表很有启发性。然而，要防范流行的谬误，就必须知道如何解释这些谬误。

习惯上，一国的国际收支平衡表中的货币项目和非货币项目分别列出。若货币与金条的输入额超出了货币与金条的输出额，这种平衡就被称为"贸易顺差"。若货币与金条的输出额超过了货币与金条的输入额，这种平衡就被称为"贸易逆差"。这一术语源于根深蒂固的重商主义错误，然而不幸的是，尽管经济学家们进行了毁灭性的批判，但这些错误依然存在。货币与金条的输入与输出被视为国际收支平衡表中非货币项目配置的非刻意结果。这种看法是完全错误的。货币与金条的输出额超出其输入额，并不是一个国家不幸遭遇一连串不利情形（比如天灾）的产物。这是因为有关国家的居民有意减少持有的货币量并转而购买商品所致。这就是为何黄金生产国的国际收支平衡状况通常是"贸易逆差"状态；这就是为何只要这一过程持续下去，一个用信用媒介代替其部分货币存量的国家的国际收支平衡状况就会是"贸易逆差"状态。

一个父权制政府当局无需采取富有远见的行动，以免一个国家因不利的国际收支平衡状况而损失其全部货币存量。在这方面，个人和群体在收支平衡状况上并无区别。一座城市或一个市区的收支平衡状况与一个主权国家的收支平衡状况，二者在本质上亦无差异。无需政府干预来阻止纽约州的居民将其所有的钱均花在与美国其他49个州的交易上。只要任何一个美国人对现金持有哪怕有一丁点重视，他自己就会自发地负责这件事。因此，他将为维持本国充足的货币供给贡献自己的一份力量。但是，若没有任何一个美国人有兴趣保持任何现金持有量，则关于对外贸易和国际支付结算的任何政府措施皆不能阻止美国货币总存量外流。这样一来，就必须对货币和金条的输出实行严格的强制性禁运。

□ 休斯敦港

休斯敦港是位于美国得克萨斯州东南部的一座港口，号称美国第二国际商港。

15 地区间汇率

我们首先假设只有一种货币。然后，就货币在不同地方的购买力而言，正如就商品价格而言一样，亦是如此。英国利物浦棉花的最终价格，其超过美国得克萨斯州休斯敦棉花最终价格的部分不能超过运输成本。一旦利物浦棉花的价格上升到一个更高的价格点，商人就会将棉花运到利物浦，这样就会带来一种回到最终价格的趋势。在没有制度性障碍的情况下，在荷兰阿姆斯特丹支付一定数额荷兰盾的凭证，其价格在美国纽约不能高于由重新铸造硬币、装运、保险和所有这些操纵所需期间的利息所涉成本而确定的数额。一旦差价上升到超过这个点——黄金输出点，那么将黄金从美国纽约运往荷兰阿姆斯特丹就变得有利可图。这种装运迫使纽约的荷兰盾汇率低于黄金输出点。商品的地区间汇率结构与货币的地区间汇率结构，二者之间之所以有差异，是因为商品通常仅向一个方向移动，即从过剩生产地转移到过剩消费地。棉花是从休斯敦运到利物浦，而不是从利物浦运到休斯敦。休斯敦棉花的价格比利物浦棉花的价格低，其价格差就是两地之间的运费。但货币一时在这个方向上运输，一时在那个方向上运输。

有些人试图解释由国际收支平衡中非货币项目的结构所决定的地区间汇率和地区间货币运输的波动，他们的错误在于：给货币分配了一个特殊的地位。他们不明白：就地区间汇率而言，货币与商品之间并无任何区别。若在休斯敦与利物浦之间完全可能开展棉花交易，则此两地棉花价差不可能超过运输费用总额。正如棉花从美国南部流向欧洲一样,黄金也以相同方式从南非等黄金生产国流向欧洲。

我们暂时不考虑三角贸易和黄金生产国案例情形,我们假定——在金本位制基础上相互开展贸易的个人和公司无意改变其现金持有量。从他们的购买和销售中产生了货币要求权,这使得地区间支付成为必要的支付方式。但根据我们的假设,这些地区间支付在金额上是相等的。甲地居民须向乙地居民支付的金额,等于乙地居民须向甲地居民支付的金额。因此,可以节省从甲地到乙地和从乙地到甲地的黄金运输费用,货币债权和债务可以通过一种地区间清算来解决。至于这种相互均等冲销是由一个地区间清算所组织进行的,还是由一个外国交易所特殊市场交易额形成的,这仅仅是一个技术问题而已。无论如何,甲地(或乙地)居民为一笔乙地(或甲地)到期应付款项而须支付的价格,应保持在由运输费用决定的差额之内。它既不能高于面值加运输费用之和(黄金输出点),亦不能低于运输费用(黄金输入点)。

在我们所有其他假设皆保持不变的情况下,从甲地支付到乙地和从乙地支付到甲地的到期应付款之间可能存在时间差异。因此,只有通过信用交易的介入才能避免地区间黄金运输。今天须从甲地向乙地付款的进口商,若他能在外汇市场上购买九十天后到期的针对乙地居民的货币要求权,他就可以通过在乙地借入有关款项且借款期限为九十天来节省运输黄金的费用。若乙地借款成本超出甲地借款成本的金额并不超过黄金运输费用的两倍,外汇交易商就会采取这种临时办法。若黄金运输费用是0.125%,他们将准备为乙地的一笔为期三个月贷款支付最高不超过货币市场利率的1%(每年),而在没有这种地区间支付要求的情况下,甲地和乙地之间的信用交易将在货币市场利率水平上进行。

可以用以下论点来阐述这些事实:甲地和乙地之间的每日收支平衡状况决定了在黄金输出点和黄金输入点所提取的差额范围内外汇汇率被确定的那个点。但绝不能忘记补充一句:只有当甲地和乙地的居民并不打算改变他们的现金持有量时,这种情形才会发生。只有在这种情形下,才有可能完全避免黄金的转移,并将外汇汇率保持在两个黄金输送点所规定的限度内。若甲地居民想减少其现金持有量,而乙地居民想增加其现金持有量,则黄金必须从甲地运到乙地,直到乙地外汇汇率达到甲地黄金输出点。然后,就像棉花定期从美国运送至欧洲一样,黄金以同样方式从甲地运送至乙地。乙地外汇汇率达到黄金输出点,是因为甲地居民向乙地居民出售黄金,而不是因为他们的收支平衡出现了逆差。

对于在不同地方之间进行的任何付款而言,所有这些陈述皆是有效的。有关城市是属于同一主权国家还是属于不同主权国家，并无区别。然而，政府的干预在很大程度上改变了这一状况。各国政府皆已建立相关制度，使其本国居民能够按面值支付地区间国内款项。将货币从一地运往另一地所涉及的费用，要么由国库承担，要么由该国央行系统承担，要么由另一家政府银行（如欧洲各国的邮政储蓄银行）来承担。这样一来，国内地区间交易所不再有任何市场。向公众收取的地区间支付凭证费用不会比本地支付凭证费用更高，或者，若收费略有不同，则不再涉及国内货币的地区间流动波动。正是这种政府干预加剧了国内支付与国外支付之间的差异。国内支付按面值进行，而国外支付则在黄金点设置的限度内波动。

若使用一种以上的货币作为交换媒介，则它们之间的相互交换比率是由它们的购买力所决定的。用两种或几种货币中的每一种货币表示的各种商品的最终价格，在金额上互成比例。各种货币之间的最终交换比率，反映了它们对商品的购买力。如果出现任何差异，有利可图的交易机会自己就会出现，而渴望利用这一机会的商人的努力往往又会使该机会再次消失。外汇购买力平价理论只不过是关于价格决定的一般定理在各种货币共存的特殊情况下的应用而已。

不同种类的货币是否共存于同一领土范围内，或者它们的使用是否局限于不同地区，这并不重要。在任何情况下，它们之间的相互交换比率皆趋向于一种最终状态：在这种状态下，买卖这种或那种货币不再有任何区别。就地区间转移费用而言，这些费用必须加上或扣除。

对所有商品和服务而言，货币购买力的变化并不是同时发生的。我们再来考虑一个实际上非常重要的示例，即通胀只在一个国家发生的情形。国内信用货币或法定货币数量的增加，首先只影响某些商品和服务的价格。其他商品的价格在一段时间内依然保持以前的水平。本币与外币之间的兑换比例由交易所决定，而该交易所是一个按照证券交易所的模式与商业惯例组建和管理的市场。这个特殊市场上的交易商比其他人能够更快地预测未来的变化。因此，外汇市场的价格结构比许多商品和服务的价格更早地反映了新的货币关系。国内通胀一旦开始影响某些商品的价格，无论如何至少在它对大部分商品和服务价格的全部影响尚未完全消失之前，外汇价格就会趋向于上升到与国内物价和工资费率的最终状态相对应的程度。

这一事实已经完全被人们曲解了。人们并未意识到：外汇汇率的上升仅仅是对国内商品价格变动的预期而已。他们解释说：外汇交易繁荣兴旺是国际收支平衡方面出现贸易逆差的一个结果。他们认为：由于贸易差额或其他国际收支平衡项目的恶化，或者仅仅由于不爱国的投机者的阴谋诡计，对外汇的需求增加了。因外汇而需支付的较高价格导致进口商品的国内价格上涨。国内产品的价格也必然跟着上涨，因为如果不这样，国内产品的低价格将会鼓励企业将这些国内产品从国内消费市场撤出并以溢价出售到国外。

我们很容易指出这一流行学说所涉及的谬误。若通胀并未增加国内公众的名义收入，他们将被迫限制其对进口产品或国内产品的消费。在第一种情况（也即限制进口产品的消费）下，进口将下降；在第二种情况（也即限制国内产品的消费）下，出口将增加。因此，贸易差额将再次回到重商主义者所说的"贸易顺差"状态。

重商主义者迫于压力，不得不承认这一推理的中肯。但是，他们说：它只适用于正常贸易情况。它没有考虑到必须进口粮食和基本原料等至关重要大宗商品的那些国家的状况。这类商品的进口不能缩减到某一最低限度以下。无论为了这类商品必须支付怎样的价格，它们都是要进口的。若进口它们所需的外汇不能由足够数量的出口获得，就会出现贸易逆差，而外汇汇率也就必然会越来越高。

这一点与所有其他重商主义想法一样虚幻。无论一个人或一群人对某些商品的需求多么迫切和至关重要，他们只有支付市场价格才能在市场上满足这种需求。若一个奥地利人要购买加拿大小麦，则他必须以加拿大元（"加元"）支付加拿大小麦的市场价格。他必须通过直接向加拿大或某些其他国家出口商品来获得这些加元。他并没有通过为加元（以奥地利本国货币先令）支付更高价格来增加可用加元数量。此外，若他的（先令）收入保持不变，他就无法为进口小麦（以先令）支付如此高的价格。只有奥地利政府开始实行通胀政策从而增加其公民口袋里的先令数量，奥地利人方能继续以他们过去购买的加拿大小麦数量来购买这种小麦且不减少其他支出。若国内没有通胀，则进口商品价格的任何上涨要么将导致进口商品消费的下降，要么将导致其他商品消费的限制。这样，如上所述的重新调整过程就会启动。

若一个人想要从他的邻居——村里的面包师——那里买面包但缺钱，原因并不是所谓的"金钱稀缺"。其原因是：这个人未能通过销售人们愿意付款的商品或提供人们愿意付款的服务成功地赚取购买面包所需的钱。国际贸易亦是如此。一个国家可能会因为如下情况而陷入窘境：该国无法向国外出售足够多的商品，而只有其出售的商品达到足够的数量方能购买到其公民所需的所有粮食。但这并不意味着外汇处于稀缺状态。这只是意味着该国居民处于贫困状态而已。而国内通胀当然不是消除这种贫困的适当手段。

投机活动亦与外汇汇率的决定无关。投机者只是对预期的变化加以预测而已。若投机者预测错了，若他们认为"通胀正在进行中"的看法是错误的，则物价和外汇汇率的结构将与他们的预测不符，而且他们将不得不以亏损来为他们的错误买单。

认为"外汇汇率由国际收支平衡状态决定"的学说，其错误在于将一种特殊情形做了非法性的一般化处理。若两个地方——甲地和乙地——使用同样的货币，而且若居民并不想丝毫改变他们的现金持有量，则在一个给定时间段内，甲地居民向乙地居民支付的货币金额等于乙地居民向甲地居民支付的货币金额，而且所有付款均可进行结算而无需将货币从甲地运至乙地或从乙地运至甲地。那么，甲地对乙地电汇汇率不能上升至高于略低于黄金输出点的那一点，亦不能下降至低于略高于黄金输入点的那一点，反之亦然。在这一差额范围内，国际收支平衡的每日状况决定了外汇汇率的每日状况。之所以会出现这种情况，只是因为无论是甲地居民还是乙地居民皆不想改变他们的现金持有量。若甲地居民想要减少其现金持有量，而乙地居民想要增加其现金持有量，则货币就会从甲地运至乙地，而甲地对乙地外汇汇率就会达到黄金输出点。但货币并没有运出去，因为甲地的国际收支平衡状况已变成贸易逆差。重商主义者所说的"国际收支贸易逆差"是甲地国公民刻意限制现金持有量和乙地国公民刻意增加现金持有量的结果。若甲地居民不准备减少其现金持有量，则货币从甲地外流现象就永远不会发生。

货币贸易与可出售商品贸易二者的区别是：通常，商品在单向道路上移动，即从过剩生产地转移到过剩消费地。因此，某种商品在过剩生产地的价格，通常会比该种商品在过剩消费地的价格低，且低出的价差就是运输费用金额。若我们不考虑到黄金开采国的情况以及其居民刻意改变其现金持有量的那些国家的情况，则货币的情况就不一样了。货币一时在这个方向上移动，一时在那个方向上移动。一个国家一时输出货币，一时输入货币。每一个货币输出国很快就会恰恰因为其以前的货币输出而成为货币输入国。仅仅鉴于此，就有可能通过外汇市场的相互作用来节省运输费用。

16 利率与货币关系

货币在信用交易中所起的作用，跟其在所有其他商业交易中所起的作用相同。通常，贷款以货币形式发放，利息和本金也以货币支付。此类交易所产生的付款仅仅暂时影响现金持有量。贷款、利息和本金的接受者将收到的款项用于消费或投资。只有资金接受者在不受所收到资金流入影响的情况下进行的明确考虑促使他们增加其现金持有量时，他们才会这么做。

对于性质相同的所有贷款而言，市场利率的最终状态是相同的。利率差异是由债务人的财务稳健性和信用可信度差异或合同条款差异造成的。[1]利率差异若不是由这些条件差异造成，则往往会消失。申请信贷的人向要求较低利率的贷款人求助。贷款人急于迎合那些准备支付更高利率者的需求。货币市场上的事情跟所有其他市场上的事情一样。

关于地区间信用交易，应考虑到地区间汇率以及货币标准上的差异（若有的话）。我们来看看甲、乙两国的情况。甲国实行金本位制，乙国实行银本位制。考虑从甲国借钱给乙国的出借人，必须首先卖出黄金兑换成白银，然后在贷款终止时卖出白银兑换成黄金。若此后某一天，白银对黄金比价下跌了，债务人以白银偿还的本金所能买到的黄金数量，将少于债权人先前启动贷款交易时所花费的黄金数量。因此，只有当甲国和乙国之间市场利率差异足够大，大到足以弥补白银对黄金比价的预期下跌时，债权人才会冒险在乙国放贷。若甲国和乙国皆处于相同货币本位制下会出现的短期贷款之市场利率趋于相等的势头，债权人就会在货币本位制不同的情形下利益严重受损。

若甲国和乙国皆处于相同货币本位制下，则如果乙国的银行不支持信贷扩张政策，那么甲国的银行就不可能进行信贷扩张。甲国的信贷扩张将使其物价上涨，而且乙国的短期利率会暂时下降，而乙国的物价和利率皆保持不变。因此，甲国的出口下降，而甲国的进口增加。此外，甲国的资金出借人渴望在乙国的短期贷款市场上放贷。其结果是：甲国资金外流，从而使甲国银行的货币准备金减少。若甲国的银行不放弃他们的信贷扩张主义政策，他们就会陷入资不抵债状态。

这一过程已被人们完全曲解了。人们谈到一个国家的央行须代表该国履行的一项重要而关键的职能。他们说，央行的神圣职责是：维护外汇汇率稳定；并且保护国家的黄金储备免受外国投机者及其国内帮凶的攻击。事实是：一国央行为避免其黄金储备蒸发所做的一切，皆是为了维护其自身的偿付能力。由于实行信贷扩张，央行已经危及其财务状况，因而现在必须撤销其以前的举措，以避免其灾难性后果。它的信贷扩张主义政策已遭遇到了限制信用媒介发行的障碍。

---

[1] 更为详细透彻的分析，参见下文。

在分析处理货币问题时使用"战争"的术语是不恰当的,正如在处理所有其他灾难性问题时一样。各国央行之间并不存在所谓的"战争"。没有任何邪恶势力在"攻击"一家银行的地位,亦无任何邪恶势力在威胁外汇汇率的稳定。无需"捍卫者"来"保护"一个国家的货币体系。此外,"阻止一国央行或其私人银行降低国内市场利率的原因是为了维护金本位制和外汇稳定,以及为了挫败资本主义放贷人之国际联合集团的阴谋",这种说法也是不对的。市场利率不可能通过信贷扩张而降低,除非是在短时间内,而且即使这样,它也会带来贸易周期理论所描述的所有影响。

当英格兰银行根据合同条款兑换一张已发行钞票时,它并未无私地为英国人民提供一项关键服务。它只不过是做了每个家庭主妇在支付杂货店账单时所做的事情。有人认为"一家央行履行其自愿承担的责任,就体现了某种功劳",而之所以有这种想法,可能仅仅是因为各国政府一次又一次地向这些银行授予特权,使其可以拒绝向其客户支付他们原本拥有合法所有权的款项。事实上,央行越来越多地成为了国库的下属机构,成了仅仅为了实现信贷扩张和通胀的工具。它们是否归政府所有、是否由政府官员直接管理,实际上并无任何区别。事实上,在当今每个国家,发放流通信贷的银行皆只是各国国库的附属机构而已。

要使一个地区和一个国家的货币永久性地跟黄金和外汇持平,只有一个办法:无条件兑换。央行必须以平价买入针对国内钞票和存款货币而要约出售的任何数量的黄金和外汇;另一方面,央行必须一视同仁地向那些准备用国内钞票、硬币或存款货币按平价支付黄金和外汇价款的人们出售他们所要求购买的任何数量的黄金和外汇。这就是金本位制下央行的政策。这也是那些已采用通常称为"金汇兑本位制"之货币制度的政府和央行所推行的政策。"正统"或古典金本位制与金汇兑本位制之间的唯一区别,就是金币在国内市场上使用方面的差异。古典金本位制下,公民的现金持有一部分由金币组成,其余则由货币替代品组成。金汇兑本位制下,现金持有完全由货币替代品组成。

标定某一外汇汇率,等于按此汇率兑换。

一个外汇平衡账户也只有在坚持相同方法的情况下才能成功运作。

过去数十年来,为何欧洲各国政府偏爱的是外汇平衡账户,而不是央行的运作,其原因显而易见。央行立法是自由政府的一项成就,或者是那些不敢公开挑战——至少在金融政策执行方面——自由国家公众舆论的政府的一项成就。央行的运营因此而调整,以适应经济自由的需要。由于该原因,在这个极权主义日渐抬头的时代，央行的表现被认为是不令人满意的。外汇平衡账户运作不同于央行政策的主要特征是：

1. 当局对该账户的交易保密。法律已要求央行每隔很短一段时间就公布他们的实际状况，通常是每周公布一次。但外汇平衡账户的状况只有发起人才知道。只有过了一段时间之后、当这些数字只有历史学家才会感兴趣而对商人毫无用处时，官方才会向公众提供一份数据已过时的报告。

2. 这种秘密使得歧视那些不太受当局欢迎的人成为可能。在许多欧洲大陆国家，它导致了可耻的腐败。其他政府则利用这种权力来歧视那些在语言或宗教上属于少数群体的商人或支持反对党的商人。

3. 平价不再是由议会正式颁布的法律所规定并因此让每个公民皆知悉的事情。决定取决于官僚的专断。报纸不时地报道：鲁里塔尼亚货币表现疲软。更正确的描述应该是：鲁里塔尼亚当局已决定提高外汇价格。

外汇平衡账户并不是纠正通胀祸患的一根魔杖。除了"正统"央行可以使用的手段之外，它无法使用任何其他手段。而且，若国内出现通胀和信贷扩张，它就像央行一样，尽管想方设法努力维持外汇汇率但最终必然失败。

有人已断言：通过使用贴现率来对抗资金外流的"正统"方法已不再奏效，因为各国已不再准备遵守"游戏规则"了。现在，金本位制并不是一种游戏，而是一种社会制度。它是否奏效，并不取决于任何一个人是否准备遵守一些专断的规则。它受制于不可阻挡经济规律的运行。

批评家通过引述如下事实来佐证他们的反对意见：在两次世界大战之间的时期，贴现率的提高并未能阻止资金外流——币外流以及存款转移到外国。但这种现象是由政府的反黄金和亲通胀政策造成的。一个人若预计他将会因即将到来的货币贬值而损失其存款余额的40%，他就会尽力将其存款转移到另一国家，而且即使在这个计划进行货币贬值的国家银行利率上升一个或两个百分点，他也不会改变主意。这种贴现率的提高显然不是针对损失进行的十倍、二十倍甚至四十倍的补偿。当然，若政府急于破坏金本位制的运行，那么金本位制就无法发挥作用了。

17 二级交换媒介

货币的使用并未消除各种非货币商品在其适销性方面存在的差异。在货币经济中，货币的适销性与可出售商品的适销性之间存在很大的区别。但是，即使是在可出售商品的各种样本之间依然存在差异。对于他们中的一些人而言，更容易毫无延迟地找到一个买主愿意支付在市场状况下可能达到的最高价格。对其他人来说就更难了。一张一级债券比一座城市主要街道上的一栋房子更具有适销性，而一件旧裘皮大衣比一个18世纪政治家的亲笔签名更具适销性。人们不再将各种可出售商品的市场性跟货币的完美适销性作比较。人们只是比较各种商品的适销性程度。人们可以谈论可出售商品的二级适销性。

一个人若拥有一批具有高度二级适销性商品的库存，则他可以限制其现金持有量。他可以预期：当有一天他需要增持现金时，他将能够毫无延迟地以市场上可达到的最高价格出售这些具有高度二级适销性的商品。因此，一个人或一家公司的现金持有量受到其是否拥有一批具有高度二级适销性商品的库存的影响。若能获得具有高度二级适销性的可产生收入商品，则现金持有量（规模）和为保持现金持有量而发生的费用就可以减少了。

因此，那些迫切希望保留这类商品以降低现金持有费用的人，出现了专门针对这类商品的特定需求。这些商品的价格，部分由此特定需求决定；若没有此特定需求，这些商品的价格会更低。可以说，这些商品是二级交换媒介，而且它们的交换价值是两种需求的结果：与它们作为二级交换媒介的效用有关的需求；以及与它们提供的其他效用有关的需求。

持有现金所产生的费用，等于有关资金在用于投资时本应赚取的利息金额。持有一定数量二级交换媒介所产生的费用，就等于用于此途之有价证券A的利息收益与其他有价证券B较高收益之间的差额，这些有价证券B与前者的不同之处在于它们的适销性较低并因此不适合充当二级交换媒介的角色。

自古以来，珠宝就一直被用作二级交换媒介。今天常用的二级交换媒介有：

1. 尽管不是货币替代品[1]，但每天到期或可以在短时间提前通知后提款的针对银行、银行机构和储蓄银行的货币要求权。

2. 发行量和受欢迎程度皆很高，乃至于通常情况下即使适量卖出亦不会使其市场价格下跌的债券。

3. 最后，有时甚至某些适销性特别高的股票或甚至商品。

当然，降低现金持有费用的预期好处必须面对发生的一定风险。有价证券的出售，甚至商品的出售，可能只有在亏损情况下才是可行的。这种危险并不存在

---

[1] 例如：不受支票约束的活期存款。

于银行余额中，银行破产的风险通常可以忽略不计。因此，针对银行和银行机构的计息货币要求权——可以在短时间提前通知后提款——是最受欢迎的二级交换媒介。

不能将二级交换媒介跟货币替代品混为一谈。货币替代品在款项结算中像货币一样付出去和收进来。但二级交换媒介必须首先跟货币或货币替代品作交换，若人们想以一种迂回方式用它们来进行支付或增加现金持有量的话。

作为二级交换媒介运用的货币要求权，正因此种运用，具有更为广阔的市场和更高的价格。其结果是：它们所产生的利息低于那些不适合作为二级交换媒介的同一种类货币要求权。可作为二级交换媒介使用的政府债券和国库券，其发行条件可以比那些不适合此用途的贷款对债务人更有利。有关债务人因此渴望为其负债证书组建一个市场，从而使其对那些寻求二级交换媒介的人具有吸引力。他们的目的是使这些有价证券的每一个持有者皆可能在最合理条件下出售它们或在借款时将它们作为抵押品使用。在向公众宣传推广其债券发行时，他们强调这些机会是一种特殊恩惠。

同样，银行和银行机构也有意吸引公众对二级交换媒介的需求。他们向其客户提供便利的条款。他们相互竞争，试图通过缩短允许通知的时间来超越对方。有时，他们甚至为没有通知就到期的钱（*活期存款*）支付利息。在这场竞争中，一些银行因急功近利而做得太过分了，以至于危及它们的偿付能力。

过去数十年的政治情况，已使那些可以作为二级交换媒介使用的银行存款余额变得越来越重要了。几乎所有国家的政府皆在进行一场反对资本家的运动。他们打算通过税收和货币措施来没收资本家的财产。资本家们急于通过将其一部分资金保持流动性的方式来保护自己的财产，以便及时逃避财产没收措施。他们将一部分资金存放在目前在财产没收或货币贬值方面的危险程度比其他国家低的那些国家的银行里。一旦前景发生变化，他们就将其银行存款转移到暂时似乎能够为其资金提供更多安全保障的国家。当人们说到"热钱"时，他们脑海里想到的就是这些资金。

热钱对于货币事务领域的意义在于它是单一准备金制度的产物。为了使央行更容易开始实行信贷扩张，欧洲各国政府很久以前就致力于将自己国家的黄金储备集中在央行里。其他银行（*私人银行，也即那些未被赋予特权和无权发行钞票的银行*）将其现金持有量限制在其日常交易需要的范围内。这些私人银行不再为每日到期债务保留相应的准备金。平衡其负债的到期日和其资产的到期日以便在任何一天皆可以不受帮助地履行其对债权人的义务，这些银行认为没有必要这么做。它们依赖央行。当债权人想要提款的金额超过"正常"数额时，私人银行就从央行借入所需资金。若一家私人银行拥有足够数量的抵押品可凭借其向央行借款，或拥有央行可对其再贴现的汇票，则该银行会认为自己具有流动性。[1]

当热钱开始流入时，热钱流入国接受热钱资金临时存入的私人银行认为，以通常方式对待这些资金并无不妥。这些银行利用信托给他们的额外资金增加对企业的贷款。他们并不担心后果，尽管他们知道：一旦有人对他们国家的财政政策或货币政策产生任何怀疑，这些资金就会被撤回。这些银行缺乏流动性的状况是显而易见的：一方面，客户有权通过短时间提前通知即可提取大量资金；另一方面，发放给企业的贷款只能在日后稍晚日期才能收回。应对热钱的唯一谨慎方法是保持足够多的黄金和外汇储备，以备热钱资金客户突然提取其全部资金时银行能够满足资金偿付需求。当然，这种方法将要求这些银行向客户收取一笔佣金，用于确保客户资金安全。

1936年9月的一天，法国开始让法国法郎贬值，这一天，瑞士各家银行的紧要关头来临了。热钱的储户们变得惊恐起来；他们担心瑞士可能会效仿法国。可以预料，这些储户都将设法将他们的资金立即转移到伦敦或纽约甚至巴黎，因为在接下来的几周时间里，这些地方货币贬值的风险似乎较小。但若没有瑞士国家银行出手相救，瑞士的各家商业银行将无法偿付这些资金。这些商业银行已将这些资金借给了企业——很大一部分是借给了因外汇管制而冻结企业存款的那些国家的企业。唯一的出路就是向瑞士国家银行借款。这样他们就可以保持自己的偿付能力。但是付费的储户会立即要求瑞士国家银行用黄金或外汇兑换所收到的钞票。若瑞士国家银行不遵守这一要求，实际上就已经放弃了金本位制，并使瑞士法郎贬值。另一方面，若瑞士银行兑换了这些钞票，它就会损失其大部分准备金。这将会导致公众恐慌。瑞士人自己就会尽力获得尽可能多的黄金和外汇。这个国家的整个货币体系就会崩溃。

瑞士国家银行唯一的选择就会是：根本不帮助私人银行。但这将相当于该国最重要的各个信贷机构陷入资不抵债状态。

---

[1] 所有这些均是指欧洲的情况。美国的情况仅在技术上有所不同，但在经济上并无区别。

正因如此，瑞士政府别无选择。为防止经济灾难，它只有一个办法：立即效仿法国，让瑞士法郎贬值，而且刻不容缓。

大体上，1939年9月二战爆发时，英国也不得不面对类似的情况。伦敦金融城曾是世界银行业中心，但它早就丧失了这一功能。二战前夕，外国人和自治领的公民们依然在英国的各银行中存放着数额相当大的短期存款。此外，"英镑区"还有各央行存放的巨额存款。若英国政府没有通过外汇限制来冻结所有这些存款，英国各银行的资不抵债状态将变得显而易见。对于各银行而言，外汇管制是一种变相的延期偿付。这使它们摆脱了不得不公开承认其无力履行义务的困境。

□ 伦敦金融城

伦敦金融城，位于伦敦著名的圣保罗大教堂东侧，由于这里聚集了大量银行、证券交易所、黄金市场等金融机构，故而被称为金融城。

18 通胀主义历史观

一种非常流行的学说认为：逐步降低货币单位购买力在历史演变中起着决定性的作用。有人断言：若不是货币供给的增长在较大程度上超过了货币需求的增长，人类就不会达到现在的幸福状态。据说，由此产生的货币购买力下降是经济进步的一个必要条件。劳动分工的加剧和资本积累的不断增长——已经数以百倍地提高了劳动生产率——这两个因素只有在价格逐步上涨的世界里方能出现。通胀创造繁荣和财富；通缩造成痛苦和经济衰退。[1]一项对政治文献和几个世纪以来指导各国货币和信贷政策的思想进行的调查表明：这种观点几乎被人们普遍接受。尽管经济学家们发出了种种警告，但通胀今天依然是外行经济理念的核

---

〔1〕玛丽安·冯·赫茨菲尔德（Marianne von Herzfeld）的批判性研究，"历史作为货币运动的功能（Die Geschichte als Funktion der Geldbewegung）"，《社会科学档案》（*Archiv fuer Sozialwissenschaft*）第五十六卷，第654—686页，以及该研究中所引用的著作。

心。这同样是凯恩斯勋爵及其在东西两个半球的弟子们的教义之精髓所在。

通胀主义的流行在很大程度上是由于人们对债权人根深蒂固的仇恨。人们认为通胀合理正当，仅仅是因为它以牺牲债权人利益为代价有利于债务人。然而，我们在本节中要讨论的通胀主义历史观，只是与这种反债权人的论据有某种程度松散的联系而已。它断言"'扩张主义'是经济进步的驱动力，而'限制主义'则是万恶之首"，这种说法主要是基于其他论据。

很明显，通胀主义学说所提出的问题并不能通过求助于历史经验的教义来解决。毫无疑问，物价历史大体上显示出一种持续——尽管有时短暂中断——上升趋势。当然，若要确立这一事实，不通过历史认识是不可能的。对于历史问题，不能应用交易经济学上的精确度。一些历史学家和统计学家试图追溯几个世纪以来贵金属购买力的变化并对其进行衡量，但这些努力皆是徒劳的。事实已表明：试图衡量经济规模的所有尝试皆是建立在完全错误的假设基础之上的，而且表现出对经济学和历史学基本原理的无知。但是，历史通过其具体方法在这一领域所能告诉我们的，足以证明"货币购买力几个世纪以来呈下降趋势"这一论断是合理的。关于这一点，所有人皆表示同意。

但这并不是我们要阐明的问题。这个问题就是：货币购买力下降是否是从贫穷时代向现代西方资本主义更令人满意条件演变发展的一个不可或缺因素。回答这个问题绝不能参考历史经验，因为历史经验可以而且总是以不同方式加以解释，而每一种理论和对历史的每一种解释的支持者和反对者皆将历史经验作为他们相互矛盾和互不相容陈述的证明。需要做的是，对购买力变化对劳动分工、资本积累和技术改进所产生的影响进行澄清。

在分析处理这个问题时，我们不能仅仅满足于驳斥通胀论者为支持他们的论题而提出的论据。这些论据的荒谬性是如此明显，以至于驳斥和揭露它们确实相当容易。从一开始经济学就已一次又一次地表明：关于所谓"货币充裕的福"和所谓"货币短缺的祸"的断言，皆是推理中粗鲁错误的结果。通胀主义和扩张主义的使徒们试图驳斥经济学家教义的正确性，但却彻底失败了。

唯一具有相关性的问题是：是否可以通过信贷扩张来持久地降低利率呢？这一问题将在论述货币关系与利率之间相互联系的章节中予以详尽讨论。该章节的论述将说明：信贷扩张所带来的繁荣必然会带来什么样的后果。

但是，在我们此刻探究的这一点上，我们必须问自己：是否不可能提出其他理由来支持对历史的通胀解释。难道通胀主义的拥护者就不可能忽视了诉诸一些可以支持他们立场的有效论据吗？当然有必要从一切可能的途径来分析处理这个问题。

让我们来想象一个货币量刚性不变的世界。在历史早期阶段，这个世界的居民已生产出了可能生产的用于货币效用（也即作为货币使用）的全部商品。要想进一步增加货币量是不可能的。人们对信用媒介一无所知。所有货币替代品——包括辅助硬币（"辅币"）——皆是货币凭证。

根据这些假设，劳动分工的加强，从家庭、村庄、地区和国家的经济自给自足向19世纪拥抱世界的市场体系的演变，资本的逐步积累，以及生产技术方法的改进，所有这些因素皆会导致物价不断下降的趋势。这种货币单位购买力的上升会阻止资本主义的演变发展吗？

普通商人会以肯定语气回答这个问题。由于在人们认为"货币单位购买力缓慢而持续下降是正常、必要和有益的"这样一个环境中生活和施展行为，普通商人根本无法理解另一种情况。他将"价格上涨和利润"概念与"价格下跌和亏损"概念关联起来。市场上也有空头交易而且有些空头投机者已经赚得盆满钵满，但这并不能动摇他（普通商人）的教条主义观念。他说，这些只是人们渴望从已生产的可用商品价格下跌中获利的投机性交易而已。创造性的创新、新的投资和改进技术方法的应用，需要价格上涨预期带来的诱因。只有在物价上涨的世界里，经济才有可能进步。

这种观点是站不住脚的。在一个货币单位购买力不断上升的世界里，每个人的思维方式皆会做出调整以适应这种情况，正如在我们现实世界里每个人的思维方式皆会做出调整以适应货币单位购买力下降一样。今天，每个人皆准备将其名义收入或货币收入的增加视为其物质福祉的改善。人们的注意力更多地集中在名义工资率和财富的货币等值额的上升上，而不是商品供应的增加上。在一个货币单位购买力不断上升的世界里，人们更关心的是生活成本的下降。这将使人们更加清楚地认识到：经济进步主要在于使生活便利设施变得更加容易获得。

在商业活动开展过程中，对物价的长期趋势的思考并不起任何作用。企业家和投资者并不关心长期趋势。指导他们行为的是他们对未来几周、几个月或最多几年价格走势的看法。他们并不注意所有物价的一般变动。对他们而言，重要的是互补性生产要素的价格与产品的预期价格之间是否存在差异。没有任何一个商人会因为他相信物价即所有商品和服务的价格将会上涨而启动一个特定生产项目。若他相信他可以从各阶商品价格之间的差额中获利，他就会参与生产活动。在一个物价长期趋向下降的世界里，这种赚取利润的机会将以同样方式出现在一个物价长期趋向上升的世界里。所有物价普遍逐步上升的预期，并不能带来生产的加剧和福祉的改善。它导致的结果是："奔向实物价值"、崩溃式繁荣和货币体系的彻底崩溃。

若认为"所有商品的价格均将下降"的看法变得普遍，则短期市场利率就会降低，而降低额即为负价格溢价金额。这样，使用借来资金的企业家就可以获得担保，以抵御这种物价下降的后果，其程度与在物价上涨条件下贷款人可通过价格溢价获得担保以抵御货币购买力下降的后果相同。

货币单位购买力上升的长期趋势，需要的是商人和投资者的经验法则，而不是在货币单位购买力下降的长期趋势下形成的经验法则。但它肯定不会对经济事务的进程产生重大影响。它并不会消除人们通过适当的生产安排尽可能改善其物质福祉的渴望。它并不会使经济制度失去物质改进的因素，即有进取心的推动者追求利润的努力，以及公众愿意以最低成本购买那些容易使他们得到最大满足的商品。

这样的观察结果肯定不是对通缩政策的恳求。它们仅仅意味着对无法根除的通胀寓言的驳斥。它们揭露了凯恩斯学说——认为"贫困和痛苦、贸易萧条和失业的根源皆应视为在于'收缩主义压力'——的虚幻性。"通缩压力将会阻碍现代工业的发展"这种说法并不成立。信贷扩张带来了"将石头变成面包的'奇迹'"[1]这种说法亦不成立。

经济学既不建议采取通胀政策，亦不建议采取通缩政策。它并不敦促政府干预市场对交换媒介的选择。它只确立如下真相：

1. 政府致力于实行通胀或通缩政策，并没有促进公共福利、公益或整个国家的利益。它仅仅有利于人口中的一个或几个群体，且以牺牲其他群体的利益为代价。

2. 事先并不可能知道某项特定通胀或通缩措施将会有利于哪一个群体，以及在多大程度上有利于该群体。这些影响取决于所涉及的市场数据的整体复杂性。同时，这些影响在很大程度上也取决于通胀或通缩运动的速度，并可能随着这些运动的进展而完全逆转。

---

[1]引用自：国际清算联盟，《英国专家关于建立国际清算联盟之建议文件文本》(*Text of a Paper Containing Proposals by British Experts for an International Clearing Union*)，1943年4月8日（英国政府下属机构英国信息服务处出版），第12页。

3. 无论如何，货币扩张会导致资本投资不当和过度消费。它使整个国家变得更加贫穷，而不是更为富有。这些问题将在本书第二十章中进行讨论处理。

4. 持续的通胀最终必然在崩溃式繁荣——货币体系的彻底崩溃——中结束。

5. 通缩政策对于国库而言代价高昂，而且也不受群众欢迎。但是通胀政策对于国库而言是一个福音，而且很受无知者的欢迎。实际上，通缩的危险很小，而通胀的危险则是巨大的。

19　金本位制

人们选择黄金和白银这两种贵金属作为货币使用，是因为它们所具备的矿物学、物理学和化学特征。在市场经济中使用货币，这是一个行为学上的必然事实。黄金，而不是其他东西被用作货币，这只是一个历史事实，并且因此无法被交易经济学想象出来。在货币史中，正如在历史的所有其他分支中一样，同样必须诉诸历史认识了解。若一个人以将金本位制称为"野蛮的遗迹"为乐[1]，那么，他就不能反对将同样的术语应用于每一个历史上确定的制度。然后，英国人说英语——而不是丹麦语、德语或法语——这一事实也是一个野蛮的遗迹，而且每一个反对用世界语代替英语的英国人，其教条主义和循规蹈矩程度不亚于那些不热衷于管理货币计划的人。

白银的去货币化和黄金单金属本位制的建立，这是政府蓄意干预货币事务的结果。提出"若无这些政策将会发生什么"这一问题是毫无意义的。但绝不能忘记，建立金本位制并非各国政府的本意。各国政府的目的是建立复本位制。他们想用刚性不变、政府颁布的金银兑换比率来代替独立共存的金币与银币之间波动的市场比率。这些举动所依据的货币学说完全曲解了市场现象，而且只有官僚才会这样曲解它们。试图建立金银两种金属复本位制的努力可悲地失败了。也正是这一失败，产生了金本位制。金本位制的出现，表明政府及其所珍视的学说遭到了彻底的失败。

17世纪，英国政府在规定硬币之间相互比价方面，高估了金币对银币的比价，从而使银币销声匿迹了。只有那些因使用而磨损严重或以任何其他方式污损或重量减轻的银币依然在使用；这样的银币不值得输出，也不值得在金条市场上

---

[1] 参见凯恩斯1944年5月23日在英国上议院发表的演讲。

出售。因此，英国实行了金本位制，而这并非其政府的本意。直到很久以后，法律才使事实上的（de facto）金本位制成为法定的（de jure）本位制。政府放弃了向市场注入银本位币的进一步徒劳无功的尝试，仅将银币作为具有有限法偿能力的辅币进行铸造。这些辅币并不是货币，而是货币替代品。它们的交换价值并不取决于它们的含银量，而是取决于它们可以随时、无延迟、无成本地按其全部面值与黄金进行兑换。它们是事实上的银印钞票，是对一定数量黄金的货币要求权。

在19世纪后期，复本位制在法国和拉丁货币联盟的其他成员国家以类似方式导致了事实上的黄金单金属本位制的出现。当19世纪70年代后期银价下跌会自动导致事实上的金本位制被事实上的银本位制所取代时，这些国家的政府为了保持金本位制而暂停了银币的铸造。在美国，内战爆发前，金条市场的价格结构已从法定复金属本位制转变为事实上的黄金单金属本位制。在美钞时期之后，金本位制的赞成者与银本位制的赞成者之间发生了斗争。结果是金本位制阵营取得胜利。一旦经济上最先进的国家采用了金本位制，所有其他国家也纷纷效仿。在经历了第一次世界大战（"一战"）的巨大通胀冒险之后，大多数国家迅速恢复金本位制或金汇兑本位制。

金本位制是资本主义时代的世界本位制，它增进了政治上和经济上的福利、自由和民主。在自由贸易者看来，它的主要优点恰恰在于：它是国际贸易和国际货币与资本市场交易所需要的国际本位制。[1]正是利用了金本位这一交换媒介，西方工业制度和西方资本将西方文明带到地球表面最遥远的地方，所到之处摧枯拉朽，摧毁古老偏见与迷信的羁绊、播撒新生活和新福祉的种子、解放思想和灵魂，并且创造闻所未闻的财富。它伴随着西方自由主义胜利的、前所未有的进步，准备将所有国家团结成一个相互和平合作的自由国家共同体。

为何人们将金本位制视为所有历史变革中最伟大和最有益变革的象征，这一点很容易理解。所有那些企图破坏向福利、和平、自由和民主发展的人皆厌恶金本位制，不仅仅是因为它的经济意义。在他们看来，金本位制就是拉巴鲁姆（labarum），是他们想要摧毁的所有学说和政策的象征。在反对金本位制的斗争中，利害关系的比拼比商品价格和外汇汇率中利害关系的比拼要剧烈得多。

---

[1] 格雷戈里（T. E. Gregory），《金本位制及其未来》（*The Gold Standard and Its Future*，第1版，伦敦，1934年），第22页及后页。

民族主义者之所以反对金本位制，是因为他们想要将他们的国家与世界市场隔绝，并尽可能建立国家自给自足。干预主义政府和压力团体之所以反对金本位制，是因为他们认为金本位制是他们操纵物价和工资率遇到的最严重障碍。但对金本位制最狂热的攻击来自那些致力于信贷扩张的人。对于他们而言，信贷扩张是治疗所有经济弊病的灵丹妙药。它可以降低甚至完全取消利率、为了除寄生资本家和剥削雇主之外所有人的利益而提高工资和物价、使国家摆脱平衡预算的必要性——简而言之，它可以使所有体面的人获得繁荣和幸福。只有金本位制——这种邪恶愚蠢"正统"经济学家的邪恶发明——阻止了人类获得永久的繁荣。

金本位制当然并不是一种完美或理想的本位制。人类的事物中根本就没有"完美"这一回事。但没有任何人能够告诉我们：如何用更令人满意的东西来取代金本位制。黄金的购买力其实并不稳定。但"购买力稳定"和"购买力不变"的概念本身是荒谬的。在一个活生生的、不断变化的世界里，根本就不可能有"购买力稳定"这样的东西。在一个均匀旋转经济的想象建构中，并未给交换媒介留下任何空间。货币的购买力在不断变化，这是货币的一个基本特征。事实上，金本位制的反对者并不想让货币的购买力保持稳定。他们更希望赋予政府可以操纵货币购买力的权力，而不受"外部"因素——金本位制之货币关系——的阻碍。

针对金本位制提出的主要反对意见是：它使任何政府皆无法控制的一个因素——黄金生产的不断变化——在物价决定过程中起了重要作用。这样，一种"外部"或"自动"的力量限制了一个国家政府使其臣民百姓像其希望的那样繁荣的权力。国际资本家发号施令，而国家主权成为一个幌子。

然而，干预主义政策的徒劳与货币事项毫无关系。下文将说明，为何政府干预市场现象的所有孤立措施皆必然无法达到所寻求的目的。若干预主义政府想通过更进一步来弥补其首次干预的缺点，它最终会将其国家的经济制度转变为德国模式的社会主义。然后，它完全废除国内市场，并随之废除货币和一切货币问题，尽管它可能保留市场经济的一些术语和标签。[1] 在这两种情况下，并不是金本位制挫败了仁慈当局的良好意图。

金本位制使黄金供应量的增加取决于生产黄金的盈利能力，这一事实的意义当然在于——它限制了政府施行通胀的权力。金本位制使货币购买力的决定独

---

[1] 参见下文第十九章至第三十章。

立于政党和压力团体不断变化的野心和学说。这并不是金本位制的一个缺陷；相反，这是它的主要优点。每一种操纵货币购买力的方法皆必然是专断的。为发现所谓客观和"科学"的货币操纵尺度而推荐的所有方法，皆基于货币购买力变化可以"衡量"的幻觉。金本位制从政治舞台上消除了由现金引起的货币购买力变化的决定。它的普遍接受要求承认这样一个真理，即不能通过印刷钞票来使所有的人变得更富有。对金本位制的深恶痛绝源于一种迷信：万能的政府可以从细碎的纸片中创造出财富。

已经有人断言：金本位制亦是一种人为操纵的本位制。政府可通过两种方式来影响黄金购买力的水平：第一种方式是通过信贷扩张，即使它被控制在保护货币替代品可兑换性的考虑因素所限制的范围内；第二种方式是间接地通过进一步采取措施，诱使人们限制其现金持有量。这种说法是对的。不可否认，1896年至1914年间商品价格的上涨在很大程度上是由这种政府政策所引起的。但最重要的是，金本位制将所有这些降低货币购买力的举措限制在狭隘的范围内。通胀论者之所以反对金本位制，恰恰因为他们认为这些限制严重阻碍了他们计划的实现。

扩张主义者所说的金本位制的缺陷实际上是它的卓越性和实用性。它可以检讨政府方面的大规模通胀风险。在这方面，金本位制没有失败过。各国政府急于摧毁它，因为他们信奉一种谬论：信贷扩张是降低利率和"改善"贸易收支平衡的一种适当手段。

然而，没有任何一个政府足够强大以至于能够废除金本位制。黄金是国际贸易和人类超国家经济共同体的货币。主权范围仅限于特定国家的政府，其措施不能影响到它（作为货币的黄金）。只要一个国家从严格意义上而言在经济上尚不能自给自足，只要各国政府试图将他们的国家与世界上的其他国家隔离开来的围墙上还留有一些漏洞，黄金就会依然作为货币使用。政府没收其可以查获的金币和金条，并将持有黄金的人作为重罪犯人加以惩罚，这并不重要。各国政府打算通过双边结算协定将黄金从国际贸易中消除，但协定的措辞避免以任何方式提及黄金。不过，根据这些协定进行的交易却是根据黄金价格计算的。在外国市场上进行买卖的人会权衡这种以黄金进行的交易的利弊。尽管一个国家已断绝其本币与黄金之间的任何关联，但其国内物价结构依然与黄金以及世界市场的黄金价格密切相关。若一国政府想要切断其国内物价结构与世界市场的物价结构的关联，则它必须采取其他措施，如禁止性的进出口税和禁运。对外贸易国有化，无论是公开地还是直接地通过外汇管制进行的，皆不会消除黄金的存在。作为贸易商的各国政府正在将黄金用作交换媒介进行交易。

与黄金的斗争——所有当代政府的主要关切之一——绝对不能视为一个孤立现象。这只是我们时代的标志——巨大毁灭过程中的一个项目而已。人们之所以反对金本位制，是因为他们想用国家自给自足代替自由贸易、用战争代替和平、用极权主义政府的无所不能代替自由。

也许有一天，科技会发现一种方法，能够以如此低的成本扩大黄金供应量，以至于黄金在货币效用方面变得毫无用处。于是人们将不得不用另一种本位制来取代金本位制。今天为解决这一问题的方式而烦恼是徒劳的。我们对必须在什么样的条件下作出决定一无所知。

国际货币合作

国际金本位制在政府没有采取任何行动的情况下发挥作用。它是拥抱世界的市场经济所有成员之间有效的、真正的合作。为了使金本位制作为一种国际本位制发挥作用，任何政府皆无需进行干预。

各国政府所说的"国际货币合作"是为了信贷扩张而采取的一致行动。他们已经认识到：信贷扩张若仅仅限于一个国家，将会导致资金外流。他们认为：只有资金外流挫败了他们降低利率从而创造持久繁荣的计划。他们认为：若所有政府皆在信贷扩张主义政策上开展合作，他们就可以消除这一障碍。所需要的是一家发行信用媒介的国际银行，而这些媒介将被所有国家的所有人当作货币替代品来对待。

这里没有必要再强调一点，即不可能通过信贷扩张来降低利率的原因不仅仅是资金外流。这一基本问题在本书其他章节中有详尽论述。但还有另一个重要问题需要提出来。

我们假设存在一家发行信用媒介的国际银行，其客户群是世界上所有人口。这些货币替代品是直接进入个人和公司的现金持有范围，还是仅仅由各国央行作为针对国家货币替代品发行的准备金而保存，并不重要。决定性的一点是有一种统一的世界货币。国家钞票和支票簿货币可兑换成该国际银行发行的货币替代品。保持本国货币与国际货币处于平价状态的必要性，限制了每个国家央行系统进行信贷扩张的能力。但是，该世界银行只受到如下因素的制约：这些因素限制一家在一个孤立经济体系中或在整个世界中运作的单一银行的信贷扩张。

我们不妨假定：该国际银行并不是一家发行货币替代品（其中一部分是信用媒

介）的银行，而是一个发行国际法定货币的世界权威机构。黄金已经完全去货币化了。使用的唯一货币是由该国际权威机构创造的货币。该国际权威机构可以自由地增加此货币的数量，只要它不会导致崩溃式繁荣和此货币的崩溃。

于是凯恩斯主义者的理想就实现了。有一个机构在运作，可以"对世界贸易施加一种扩张主义压力"。

然而，这些计划的拥护者忽略了一个根本问题，即这种信用货币或这种纸币之额外数量的分配问题。

我们假设该国际权威机构将此货币发行量增加一定数额，所有这些增发的货币皆流向一个国家，即鲁里坦尼亚。这种通胀举措的最终结果将是全世界商品和服务价格的上涨。但在这一过程持续进行时，各国公民状况受影响的方式各不相同。鲁里坦尼亚人是首批受惠于天赐甘露的人。他们口袋里有了更多的钱，而世界其他地方的居民尚未分得新发行的货币。他们可以出更高的价钱来买东西，而其他人则不能。因此，鲁里坦尼亚人从世界市场上提取的商品比以前多。非鲁里坦尼亚人被迫限制其消费，因为他们无法跟鲁里坦尼亚人支付的更高价格竞争。当调整价格以适应已改变的货币关系这一过程仍在进行时，鲁里坦尼亚人相对于非鲁里坦尼亚人而言处于有利地位。当这个过程最终结束时，鲁里坦尼亚人已经以牺牲非鲁里坦尼亚人的利益为代价变得富裕起来。

这种扩张主义冒险举措的主要问题在于将要分配给各个国家的额外货币的比例。每个国家皆渴望倡导一种分配方式，使其在额外货币的分配中获得尽可能大的份额。例如，工业落后的东方国家可能会建议针对自己国家所有人口进行人人均等的人均分配，这种模式显然有利于他们但却以牺牲工业先进国家的利益为代价。无论采取何种模式，所有国家皆会感到不满，并抱怨本国获得的待遇不公平。严重的冲突将接踵而至，并将打乱整个计划。

这一问题在国际货币基金组织（IMF）成立之前的谈判中没有发挥重要作用，而且很容易就IMF资源的使用达成协定，这种反对意见是无关紧要的。布雷顿森林会议（Bretton Woods Conference）是在非常特殊的情况下举行的。该会议的大多数参与国当时完全依赖于美国的仁慈。若美国停止为他们的自由而战、停止通过贷款租赁向他们提供物质援助，他们就会被毁灭。另一方面，美国政府将货币协定看作是一项在敌对行动停止后贷款租赁变相持续的计划。美国准备给予，而该会议其他参与国——尤其是欧洲的参与国（其中大部分国家当时仍被德国军队占领）以及亚洲的参与国——准备全盘接纳美国提供给他们的一切。一旦美国对金融和贸易问题的迷惑态度被更为现实的心态所取代，所涉及的问题就会变得显而易见。

IMF并未实现其出资人所期望的目标。在IMF历届年会上，有许多讨论，偶尔也会对各国政府和央行的货币和信贷政策提出中肯的意见和批评。IMF本身与各国政府和央行进行借贷交易。IMF认为其主要职能是协助各国政府为他们过度扩张的国家货币维持不切实际的汇率。IMF在这些举措中所采用的方法跟始终为此目的而采用的方法并无本质上的不同。世界上的货币事务正在进行之中，仿佛《布雷顿森林协定》和IMF根本不存在一样。

□ 国际货币基金组织

国际货币基金组织是根据1944年7月在布雷顿森林会议签订的《国际货币基金组织协定》，于1945年12月27日在华盛顿特区成立的国际组织之一。其与世界银行同时成立、并列为世界两大金融机构。其职责是监察货币汇率和各国贸易情况，提供技术和资金协助，确保全球金融制度正常运作。

世界政治和经济事务局面使得美国政府能够信守其承诺——让外国政府和央行支付35美元就能购得一盎司黄金。但美国"扩张主义"政策的延续和强化，大大增加了黄金的提取，并使人们对未来的货币状况产生了担忧。他们害怕黄金需求进一步增加的幽灵，而这种黄金需求增加可能耗尽美国的黄金资金，并迫使它放弃其目前对待黄金的方法。

对所涉及问题进行的公开讨论的特点是：它小心翼翼地避免提及正在导致黄金需求扩大的各项事实。讨论未提及赤字支出和信贷扩张的政策。相反，人们对所谓"流动性不足"和"储备"短缺提出了抱怨。建议的补救办法是增加流动性，而且是通过"创造"新的额外"储备"来实现。这意味着建议的做法是通过更多的通胀来治愈通胀的影响。

有必要记住一点：美国政府和英格兰银行所实行的旨在维持伦敦黄金市场每盎司黄金35美元价格的政策，是今天防止西方国家陷入无限通胀的唯一措施。这些政策并不会立即受到各国"储备"规模的影响。新"储备"的计划似乎因此并不直接涉及黄金与美元关系的问题。这些计划与此问题间接相关，因为它们试图转移公众对真正问题——通胀——的注意力。至于其余部分，官方学说依赖于长期以来对货币棘手问题所做的并不足信的国际收支平衡解释。

第十八章 时间流逝中的行为

1 时间周期估值视角

行为人会区分某一需求得到满足之前的时间和该满足持续的时间。

行为始终以消除未来的不安为目的，就算这未来只是即期到来的瞬间。从"开始施展行为"到"达到所追求的目的"，这个过程总要经过一段时间，即行为播下的种子从发芽、生长直至开花结果的成熟状态须经过的成熟时间。农业提供了最明显的例子。从"土壤耕作"到"果实成熟"，要经过相当长的一段时间。另一个例子是通过陈年来提升葡萄酒的品质。然而，在某些情况下，成熟时间是如此之短，以至于普通的语言可断言"成功立刻出现"。

就行为需要运用劳动力而言，它与工作时间有关。每一种劳动的施展皆耗费时间。在某些情况下，工作时间是如此之短，以至于人们说"施展根本不需要任何时间"。

只有在极少数情况下，一个简单的、不可分割的、不重复的行为才足以达到所追求的目的。通常，行为人要达到他所做努力意欲实现的目标，不仅仅需要完成一个步骤。他必须完成许多步骤。在先前已完成步骤的基础上，每次再增加一个步骤给行为人，就会再次提出同一个问题：他是否应该朝着曾经选择的目标继续前进。大多数目标是如此遥远，乃至于只有坚定的毅力方能实现。为了取得成功，需要坚定不移指向所追求之目标的坚持不懈行为。所需耗费的全部时间，即工作时间加上成熟时间，可称为"生产周期"。生产周期在某些情况下较长，在另一些情况下较短。它有时是如此之短，以至于在实践中可能完全被忽视了。

达到目的所带来的需求满足的增加在时间上是有限的。所产生的结果仅仅在一段时间内提供效用，我们可将这段时间称为"效用性持续时间"。某些产品的效用性持续时间（即"使用寿命"）较短，而另外一些商品的效用性持续时间较长，这类商品通常被称为"耐用品"。因此，行为人必须始终考虑到产品的生产周期和效用性持续时间。在估计一个纳入考虑范围之项目的负效用时，他不仅关注所需物质要素和劳动的耗费，而且还关注生产周期。在估计预期产品的效用时，他关注的是其效用性持续时间。当然，一个产品越耐用，它提供的效用量就越大。但是，若这些效用并不是在同一天内累积提供的，而是在某一段时间内零敲碎打展开的，则时间因素将在对这些效用的评价中发挥一种特殊作用（见下文详述）。是在同一天提供n个单位的效用，还是以每天只提供一个单位效用的方式在n天内延展效用，二者是有区别的。

重要的是要认识到：生产周期和效用性持续时间属于人的行为范畴，而不是哲学家、经济学家和历史学家作为其解释事件之心智工具而构建的概念。它们是在行为之前进行的并且指导行为的每一个推理行为中皆存在的基本要素。之所以有必要强调这一点，是因为庞巴维克——经济学发现了生产周期所起的作用应归功于他——未能理解两者之间的区别。

行为人并不会用历史学家的眼光来看待自己的状况。他并不关心目前的情况是如何产生的。他唯一关心的是最大限度地利用今天可用的手段，以便尽最大可能消除未来的不安。过去对他来说并不算数。他手中拥有一定数量可供他支配的物质生产要素。他并不问这些要素是自然赋予的，还是过去完成的生产过程的产物。对于他而言，在这些要素的生产过程中消耗了多少自然赋予的也即原始的物质生产要素和劳动，以及这些生产过程已耗费了多少时间，统统皆无关紧要。他对现有手段的评价，其角度完全是从在他为使未来状况变得更令其满意而做出的努力过程中，这些手段能为他提供的效用方面。生产周期和效用性持续时间对于他而言属于规划未来行为方面的范畴，而不是学术回顾和历史研究的概念。在行为人必须在不同时间长度的生产周期之间以及在较耐用品和较不耐用品的生产之间做出选择时，它们发挥了作用。

行为并不是与一般未来有关，而始终是与未来的一个特定的、有限的片段有关。此片段一方面受到行为必须发生的那一瞬间的限制。此片段的另一方面从何处开始取决于行为人的决定和选择。有些人只关心眼下即将到来的瞬间。还有一些人，他们的深谋远虑传之后世，其持续时间跨度远远超出了他们自己的预期寿命。我们可以将某一特定行为中的行为人希望以某种方式和某种程度为未来的一个时间片段做储备的该时段称为"储备期"。正如行为人在未来时间的相同片段内在各种需求满足之间作出选择一样，他也以相同方式在较近未来的需求满足和较远未来的需求满足之间作出选择。每一个选择也皆意味着对某一储备期的选择。在决定如何使用各种可用手段来消除不安时，人也含蓄地决定了储备期。在市场经济中，消费者的需求也决定了储备期的长短。

有各种可用的方法来延长储备期：

1. 积累库存量较大的用于以后消费的消费品。
2. 生产更耐用的商品。
3. 生产需要较长生产周期的商品。
4. 针对也可以在更短生产周期内生产的商品，为其选择耗费更多生产时间的生产方法。

前两种方法均无需任何进一步说明。第三种和第四种方法必须更仔细地加以审查研究。

时间最短的生产过程即生产周期最短的生产过程，并不能完全消除不安，这是人类生活和行为的基本数据之一。若这些时间最短之生产过程所能提供的所有商品皆被生产出来，未满足的需求依然存在，而且施展进一步行为的动力依然存在。由于行为人宁愿选择那些在其他条件相同情况下在最短时间内生产产品的过程[1]，所以只有这样的过程留给那些需要消耗更多时间的进一步行为。人们之所以启动这些更耗时的生产过程，是因为，相较于需为其期待的果实等待更长时间的缺点，他们更看重所期望的满足感的增加。庞巴维克谈到了"需要更多时间的迂回生产方式的更高生产率"。"需要更多时间的生产过程的更高物理生产率"，这么说更为妥帖。这些生产过程的更高生产率并不始终在于——这些生产过程在消耗相同数量生产要素的情况下能够生产出更多数量的产品。更多情况下，这种更高生产率在于——这些生产过程所生产的产品在较短生产周期内根本无法生产出来。这些过程并不是迂回的过程。它们是到达所选目标的时间最短，且速度最快的方法。若一个人想捕到更多的鱼，除了用借助渔网和独木舟的捕鱼法来代替无此等装备的捕鱼法之外，别无其他方法可用。在阿司匹林生产方面，没有任何其他方法比化工厂采用的生产方法在技术上更先进、耗时上更短、成本上更低廉。如果忽略错误和无知，那么所选择之生产过程在最高生产率和有利性方面就不会存在任何疑问。如果人们并不认为它们是最直接的生产过程，即那些通过最短途径到达所追求目的之过程，他们就不会采用这些过程。

---

[1] 为何人会以这种方式继续施展行为，将在以下几页予以说明。

仅仅通过积累消费品库存来延长储备期，是希望提前为更长时间储备期做准备的结果。同样的道理亦适用于耐用性随所需生产要素开支增加而成比例提高之商品的生产。[1]但是，若所追求的目的是时间上更遥远的目标，则延长生产周期就成为该冒险行为的必然结果。所追求的目的不可能在较短生产周期内达到。

某个人将某一消费行为延迟，意味着这个人宁愿选择以后消费将会提供的满足，而放弃立即消费可能提供的满足。选择一个较长的生产周期，意味着：相较于耗时较少的生产过程所能提供的产品，行为人更看重只在相对较晚日期结出果实之生产过程的产品。在这样的深思熟虑和由此产生的选择中，生产周期看上去就像是等待时间一样。杰文斯和庞巴维克说明了"考虑等待时间"所起的作用，这是他们二人做出的巨大贡献。

若行为人不注意等待时间的长短，他们就永远不会说：一个目标在时间上是如此遥远，以至于人们无法考虑去实现它。面对在投入相同但产出不同的两个生产过程中作出非此即彼的二选一选择，人们会始终宁愿选择产品相同但产量更大的生产过程或产量相同但产品质量更优的生产过程，即使这一结果只能通过延长生产周期来实现。投入的增加若导致产品的效用性持续时间超比例增加，则这样的投入增加将无条件地被认为是有利的举措。人们并不以这种方式施展行为，这足以证明：对于相同长度的不同时间片段，他们看重的程度不同，其根据是这些片段离行为人做出决定的那一刻是更靠近还是更遥远。在其他条件相同的情况下，相较于较遥远时段的需求满足，人们宁愿选择较靠近未来时段的需求满足；在等待中存在着负效用。

这一点已隐含在本章开篇强调的陈述中，即行为人会区分某一需求得到满足之前的时间和该满足持续的时间。如果时间因素在人的生活中起了任何作用，那么长度相同的较近和较远时段其估值相等就不会存在任何问题。这种相等的估值将意味着：人们并不在乎获得成功的早晚。这将无异于从估值过程中完全消除了时间因素。

相较于效用性持续时间较短的商品，人们更看重效用性持续时间较长的商

---

〔1〕若耐用性的延长至少不能与所需生产要素开支增加成比例，则增加耐用性较短之商品单位的数量将是更有利的。

品，这一事实本身并不意味着对时间因素的考虑。一个能在十年时间里保护一所房子免受天气影响的屋顶，比一个只能在五年时间里提供这一效用的屋顶更有价值。在这两种案例情形中，所提供的效用量是不同的。但是，我们必须处理的问题是：一个行为人在作出其选择时，对于在较晚未来时段可用的效用和在较早时段可用的效用，他是否会为二者赋予相同的价值？

2 作为行为必要条件的时间偏好

对上面这个问题的回答是：行为人并不只是根据时段的维度来评价时段。他关于消除未来不安的选择，迟早要受到范畴的指导。对于人而言，时间并不是只有长度才算数的同质性物质。它在维度上并不是更多或更少。它是一种不可逆的流动，其片段根据它们离估值和决定的瞬间是近还是远而以不同的视角出现。在其他条件相同的情况下，在较近的将来满足某一需求比在较为遥远的将来满足该需求更可取。现在的商品比将来的商品更有价值。

时间偏好是人的行为的一个范畴性必要条件。在其他条件相同的情况下，没有哪一种行为方式可以被认为在未来较近时段内满足某一需求不比在较晚时段内满足该需求更可取。满足一种欲望的行为本身就意味着：当下时刻的满足比以后时刻的满足更可取。一个人，若他消费的是一种不易损坏的商品，而不是将对该商品的消费推迟到一个期限不定的以后时刻，则他凭此等行为显示出：相较于对以后的满足所给出的估值，他对当下的满足所给出的估值更高。一个人，面对在未来较近时段满足某一需求和在较遥远时段满足该需求，若他并没有取前者而舍后者，那么他就永远不会消费并通过消费这种方式来满足自己的需求。他将始终在积累，而从不消费和享受。他今天不消费，但明天也不消费，因为到了明天他会面临并做出同样的选择。

不仅是通往需求满足的第一步，而且任何进一步的步骤皆是由时间偏好引导的。一旦满足了按价值衡量标准定为1级的欲望a，人们就必须定为2级的愿望b和在无时间偏好情况下定为1级的明天的欲望c之间做出选择。若取欲望b而舍欲望c，则这一选择显然涉及时间偏好。为了实现需求满足而奋力进行的有目的的努力，必然需要以宁愿选择"较临近未来的满足"而不是"较遥远未来的满足"的取舍偏好为指导。

西方资本主义社会的现代人必须施展行为的条件，跟他原始祖先生活和施展行为的条件是不同的。由于我们祖先的恩泽，我们手中拥有可支配的库存充足的中间产品（资本商品或生产性生产要素）和消费品。我们开展的各项活动是为了获得更长的储备期，因为我们是过去的幸运继承人，而过去一步一步地延长了储备期，并给我们留下了扩展等待期的手段。在施展行为时，我们关心的是更长的储备期，而且目标是在选定作为储备期之用的所有部分皆能获得均匀的满足。我们能够依靠持续不断涌入的消费品，并且，我们手中拥有可支配的库存不仅包括随时可供消费的商品之库存，而且包括生产者商品之库存，而通过这些生产者商品，我们的持续不断努力一而再再而三地使新的消费品成熟。肤浅的观察者说：我们在分析处理这种日益增加的"收入流"时，并未注意到与现在商品和将来商品之不同估值有关的任何考虑因素。他断言：我们做了同步化处理，因此时间因素对于事务的开展而言失去了任何重要性。他继续说：因此，在解释现代条件时，诉诸时间偏好是毫无意义的。

与许多其他错误一样，这种流行的反对意见所涉及的根本性错误，是由对均匀旋转经济之想象架构的令人惋惜的误解所造成的。在这个想象架构的框架中，不会发生任何变化；一切事情皆按一个经久不变的过程进行。因此，在均匀旋转经济中，为了满足未来较临近时段和未来较遥远时段的需求而进行的商品分配，没有任何事项发生改变。没有任何人计划进行任何改变，因为——根据我们的假设——目前的分配最适合他，而且亦因为他不相信任何可能的重新安排能够改善他的状况。没有任何人愿意以牺牲他在未来较遥远时段的消费为代价来增加他在未来较临近时段的消费，反之亦然，因为现有的分配方式比任何其他可以想象的和可行的方式都更使他高兴。

资本与收入之间的行为学区别，是一种基于对未来不同时段之需求满足进行的不同估值的思想范畴。在均匀旋转经济的想象建构中，意味着这样一个情形：全部收入皆被消耗，而且因此资本保持不变。在商品分配中达到了一种均衡，以在未来不同时段皆实现需求满足。可以通过断言"无人想在今天消费明天的收入"来描述这种情形。我们已经精确地设计了均匀旋转经济的想象建构，使其符合这种情形。但有必要认识到：我们可以用同样的明文保证来断言——在均匀旋转经济中，无人想拥有比他实际拥有的商品更多的任何商品。这些陈述对于均匀旋转经济而言是正确的，因为它们隐含在我们对此想象架构的定义中。但当针对一个不断变化的经济作出断言时，这些陈述就是荒谬的了，而这个不断变化的经济正是这个世界存在的唯一真实经济。一旦数据发生变化，个人就重新面临着在同一时段的各种需求满足模式之间以及在不同时段的需求满足之间进行选择的必要性。增量既可用于即时消费，亦可用于进一步生产。无论行为人如何运用它，他们的选择必然是对未来不同时段需求满足所带来的预期好处进行权衡的结果。在现实世界中，在活生生的不断变化的天地万物中，每一个人在其每一个行为中皆被迫在不同时段的满足之间做出选择。有些人将其赚取的所有收入都消费掉，另外有些人则将其一部分资本消耗掉，还有一些人将其一部分收入存起来。

那些质疑时间偏好之普遍有效性的人，未能解释——为何一个人并不总是将今天可用的100美元用于投资，尽管这100美元若投资则会在一年时间内增加到104美元。很明显，这个人今天消费这笔钱是由一种价值判断所决定的，而这种价值判断认为现在的100美元比一年后可用的104美元价值更高。但即使他选择投资这100美元，也并不表示他宁愿选择在以后的时段获得满足而舍弃在今天获得满足。这意味着他对今天100美元的估值低于对一年后104美元的估值。恰恰是在资本主义经济（在资本主义经济中，制度使得哪怕是最小的数额亦可能用于投资）的条件下，今天花的每一分钱，皆证明了现在的需求满足其估值比以后的需求满足估值更高。

时间偏好定理必须用一种双重方式来加以证明。首先，针对普通储蓄的案例情况：在这种情况下，人们必须在即时消费一定数量商品与以后消费相同数量商品二者之间做出选择。第二，针对资本主义储蓄的案例情况：在这种情况下，必须在即时消费一定数量商品与以后消费更多数量商品或适合提供一种满足（这种满足除了时间上的差异之外，估值更高）的商品之间做出选择。针对这两种案例情况的证据均已提供。无法想象还有任何其他案例情况。

寻找对时间偏好问题的心理学理解，这是可能的。等待所造成的不耐烦和痛苦当然是心理现象。可以通过提到人之生命的时间限制，个人开始存在、成长与成熟，以及他不可避免的衰老和逝去来阐释它们。在人的一生中，凡事皆有一个最合适的时刻，亦有一个太早和太晚的时刻。然而，行为学问题与心理学问题，二者之间不存在任何关系。我们必须设想，而不仅仅是理解。我们必须设想：面对未来更临近时段内的需求满足与更遥远时段内的需求满足，一个人若不取前者而舍后者，他就永远不会实现消费，亦永远无法体验享受。

也绝不能将行为学问题与生理学问题混为一谈。一个人若想活得更长久一些，首先必须注意在其生命的中间阶段注重养生护命。因此，生存和满足维持生命重要需求是在遥远未来满足任何需求的必要条件。这使我们明白：为何在严格意义上最基本生计都岌岌可危的所有情况下，较临近未来的需求满足比以后时段的需求满足更可取。但我们分析讨论的是行为本身，而不是指导行为过程的动机。正如作为经济学家我们并不问"为何人需要蛋白质、碳水化合物和脂肪"一样，我们亦不问为何对维持生命重要需求的满足显得迫在眉睫、势在必行，而且不容任何拖延。我们必须设想：任何一种消费和享受，皆是预先假定——现在的满足比以后的满足更可取。这一洞察所提供的知识远远超出了有关生理学事实所提供解释的轨道。它涉及的是每一种需求满足，而不只是对仅仅生存所需维持生命重要必需品的满足。

强调这一点很重要，因为庞巴维克所使用的术语"为维持生计而提供的生计"很容易被误解。这当然是这个库存的任务之一——为满足生命的最基本必需品而提供生活资料，从而确保生存。但除此之外，此库存量必须足够大，以满足除了等待时间的必要维护要求之外的所有需求和欲望，而这些需要和欲望——除了仅仅生存之外——被认为比收获耗时更多之生产过程的物质更丰富的果实更紧迫。

庞巴维克宣称，生产周期的每一次延长皆取决于这样一个条件："有足够数量的现有商品，使之有可能桥接从准备工作开始到收获其产品之间延长的平均间隔时间。"[1]"足够数量"的表述需要进一步阐明。它并不意味着足够维持必要生计的数量。所讨论的数量必须足够大，以保证满足所有需求，而满足这些需求在等待时间内被认为比进一步延长生产周期所能提供的好处更为紧迫。若所讨论的数量较少，则缩短生产周期似乎是有利的；由于维持较长生产周期而预期产品数量的增加或产品质量的提高，将不再被视为针对等待时间期间受禁止消费方面限制的充分报酬。生计的供给是否足够，并不取决于可通过技术和生理学方法客观确定的任何生理事实或其他事实。比喻性的术语"桥接"——暗示了一个水体，而该水体宽度对于桥梁建造者而言是一项客观确定的任务——具有误导性。所讨论的数量是由人来评价的，而且他们的主观判断决定此数量是否足够。

假设有这样一个世界——自然界为每个人皆提供了维持（严格意义上的）生物生存的生活资料，而且最重要的食物并不稀缺，且行为也不涉及最基本生计的

---

[1] 庞巴维克，《关于资本与利息的论文》（*Kleinere Abhandlungen uber Kapital und Zins*），《庞巴维克丛集》（*Gesammelte Schriften*）第二卷，韦斯（F. X. Weiss）编著（维也纳，1926年），第169页。

供给，即使在这样的假设世界里，时间偏好现象也会存在，并指导着所有的行为。[1]

关于时间偏好理论演变的观察

似乎可以合理地假定："利息根据时段而递增"，仅凭这一事实，就应该使打算发展一套利息理论的经济学家注意到时间所起的作用。然而，古典经济学家由于其价值理论的缺陷以及其对成本概念的曲解而无法认识到时间因素的重要性。

经济学将时间偏好理论的建树归功于威廉·斯坦利·杰文斯及其详尽阐述，而且最重要的是归功于欧根·冯·庞巴维克。庞巴维克是第一个正确阐述要解决之问题的人、第一个揭示利息生产率理论中隐含谬误的人，亦是第一个强调生产周期所起作用的人。但他并没有完全成功地避免在阐明利息问题方面遭遇的陷阱。他对时间偏好之普遍有效性的证明是不充分的，因为它是基于心理学的考虑因素。然而，心理学永远也无法证明一个行为学定理的有效性。它可能表明一些人或许多人让自己受到某些动机的影响。"人的一切行为必然受一个特定范畴要素支配，而该范畴要素毫无例外地在每一个行为实例中皆起作用"，这一点永远无法加以证明。[2]

庞巴维克推理的第二个缺点是他对"生产周期"概念的曲解。他并未充分认识到这样一个事实，即生产周期是一个行为学范畴，而且它（生产周期）在行为中所起的作用完全在于行为人在时间长度不同的生产周期之间所作的选择。过去为生产今天可用的资本商品所耗费时间的长度根本不算数（不重要）。这些资本商品的价值高低仅仅取决于它们对未来需求满足的有用性。"平均生产周期"是一个空洞的概念。决定行为的是这样一个事实，即在可以消除未来不安的各种方法中进行选择时，每种情况下等待时间的长度皆是纳入行为人考虑范围的一个必要因素。

---

〔1〕时间偏好并不是人所特有的。它是所有生物行为的一个固有特征。人的不同之处在于：时间偏好对他而言并不是无法改变的，而且储备期的延长不仅仅出于本能（正如某些动物储存食物一样），而且是一个估值过程的结果。

〔2〕关于针对庞巴维克这部分推理的详细批判性分析，读者可以参考米塞斯的《国民经济学》，第439—443页。

正是由于这两个错误，庞巴维克在阐述其理论时并未完全避免生产率研究法，而他自己在其针对资本与利息学说的批判历程中曾如此出色地驳斥过这一方法。

这些观察评述丝毫不减损庞巴维克诸多贡献的不朽优点。正是在他所奠定的基础之上，后来的经济学家——其中最重要的是克努特·维克塞尔、弗兰克·艾伯特·费特尔和欧文·费雪——成功地完善了时间偏好理论。

"面对现在的商品和未来的商品，人们普遍宁愿取前者而舍后者"，人们习惯于通过这样一种说法来表达时间偏好理论的精髓。在分析处理这种表达方式时，一些经济学家对这样一个事实感到困惑：在某些情况下，现在的用途在价值上比将来的用途低。然而，表面上的例外情形所引起的问题仅仅是由于对实际情况的误解造成的。

有些享受是无法同时拥有的。一个人不能在同一个晚上同时去看《卡门》和《哈姆雷特》的演出。在买票时，他必须在这两场演出中做出取甲而舍乙的选择。就算将同一晚上两个剧院的演出门票作为礼物送给他，他也必须做出二者取其一的选择。对于他谢绝的那张门票，他可能会想，"我刚才不想去看那场演出"，或者"要是以后有机会去看那场演出就好了"[1]。然而，这并不意味着他宁愿选取未来的商品而舍弃现在的商品。他不必在未来的商品与现在的商品之间做出取舍选择。但他必须在他无法兼得两种享受之间做出取甲而舍乙的选择。这是每一个选择实例中的两难选择。在其目前情况下，他可能更喜欢《哈姆雷特》而不是《卡门》。以后某一天的不同情况可能会导致他做出另一种决定。

第二个似乎属于例外的情形是易变质商品的情况。它们可能在一年中的某个季节大量可用，而在其他季节则可能属于稀缺商品。然而，冬季的冰与夏季的冰之间的区别，并不是现在的商品与未来的商品之间的区别。它是一种"即使未被消费也失去其特定有用性的商品"与另一种"需要不同生产过程的商品"之间的差异。冬季可用的冰，只有在经过一个特殊保存过程的处理之后，方能在夏季使用。就夏季可利用的冰而言，它充其量只是生产所需的互补性生产要素之一而已。单纯通过在冬季限制人们对冰的消耗量来增加夏季可用冰的数量，这是不

---

[1] 弗兰克·艾伯特·费特尔（Frank Albert Fetter），《经济学原理》（*Economic Principles*，纽约，1923年），第一册，第239页。

可能的。就一切实际用途而言，这两种东西属于不同性质的商品。

守财奴的情况跟时间偏好的普遍有效性并不矛盾。守财奴也会将他的一些钱财花在糊口度日的生计上，他宁愿在较近的将来得到某种程度的满足，也不愿在较远的将来得到此种程度的满足。守财奴连不可或缺的最低限度食物都不给自己吃的极端情形，代表着生命能量的一种病态枯萎，其情形正如那些因害怕致病菌而不吃东西的人、那些为了避免遇到危险而自杀的人，以及那些因害怕睡着时会发生不测而无法入睡的人一样。

3 资本商品

现在的需求一旦得到满足，且人们认为满足这种需求比明天的任何供应皆更为迫切，那么人们就开始将消费品可用供给的一部分保存起来供以后使用。这种消费的延迟使得行为人有可能将行为导向时间上更遥远的目的。以前由于所需生产周期的时间长度而无法想象的目标，现在可以设定为要实现的目标了。此外，选择生产方式从而使每单位投入所产生的产品产出量比那些所需生产周期较短的生产方法更大，也成为可行的举措。对所采取的生产过程以任何方式延长的必要条件（sine qua non）是节约，即当前生产量超过当前消费量。节约是改善物质福祉的第一步，亦是在这条道路上取得更进一步的第一步。

即使没有生产周期较长之生产过程的技术优势所提供的刺激，人们亦会实行延迟消费并积累用于以后消费的消费品库存。这类耗时更多之生产过程的较高生产率，大大增强了人们节约的倾向。通过在未来较近时段限制消费所作出的牺牲，不仅被在较遥远时段消费所节约商品的预期所补偿，它也为在较遥远未来获得更充足供应和获得若无这种暂时牺牲就根本无法获得之商品开辟了道路。在其他条件相同的情况下，若行为人并不是"毫无例外地宁愿选择在较临近的将来进行消费而舍弃在较遥远的将来进行消费"，那么他就会总是实行节约，而从不消费。限制储蓄量和投资额的正是时间偏好。

渴望启动生产周期较长之生产过程的人，首先必须通过节约来积累一定数量的消费品，方能满足他们等待期间的一切需求，且他们认为满足这些需求比从更耗时的生产过程中期望获得的福祉增加更为迫切。资本积累始于消费品库存的形成，而这些消费品的消费被延迟到了以后的日子。若这些盈余只是储存和保存起来供以后消费，则它们只是财富而已，或者更准确地说，只是用于雨天和紧急情况的储备而已。它们依然处于生产轨道之外。只有当它们被用作从事更耗时生产过程的工人的维持生计之生活资料时，它们才会——在经济上而不是物理上——融入生产活动。若以这种方式消费掉，它们就从物理上被消耗掉了。但在经济上，它们并未消失。它们首先被一个生产周期较长之生产过程的中间产品所取代，然后被作为这些生产过程之最终产品的消费品所取代。

所有这些商业冒险行为和生产过程皆在心智上受到资本会计的控制，而资本会计是以货币进行的经济计算的极致。若没有货币计算的帮助，人们甚至不能知道——除了生产周期的时间长度之外——一个特定生产过程的生产率是否比另一个生产过程的生产率更高。若不借助基于货币的计算，各种生产过程所需的支出是无法相互衡量的。资本会计从可用于进一步生产之资本商品的市场价格开始，而其总和称为"资本"。它记录了来自该资金的每一项支出，以及由这种支出引起的所有进料品项的价格。它最终确定了资本构成中所有这些转变的终极结果，从而决定了整个生产过程的成败。它显示的不仅是最终结果；它还反映了生产过程的每一个中间阶段。它为可能需要资产负债表的每一天产生临时资产负债表，并为生产过程的每个部分或每个阶段产生损益报表。它是市场经济中不可或缺的生产指南针。

在市场经济中，生产是一个分解成千变万化的各种各样局部过程的连续不断、永无休止之追求。数不胜数的生产周期和不同的生产过程同时进行着。它们相互补充，同时也在争夺稀缺生产要素方面相互竞争。持续不断地，要么新的资本通过储蓄方式积累，要么先前积累的资本被过度消费所吞噬。生产分布在众多单独的工厂、农场、车间和企业中，而其中的每个实体皆只服务于有限的目的。中间产品或资本商品即用于进一步生产的生产要素——在事件过程中易手；它们从一个工厂转移到另一个工厂，直至最终消费品到达使用和享受它们的人手中。社会性的生产过程从未停歇过。在每一个瞬间，皆有无数的过程正在进行之中，其中有些过程更接近于完成其特殊任务，有些过程则距离完成其特殊任务为时尚早。

在这种对财富生产的永无休止的追求过程中，每一个单独表现皆是建立在前几代人的节约和准备工作基础上的。我们是我们父辈和祖先的幸运继承人，他们的节约积累了我们今天赖以开展工作的资本商品。我们所喜爱的电力时代的孩子们依然从原始渔民的原始节约中受益，而这些原始渔民在生产第一批渔网和独木舟时，将他们的一部分工作时间贡献出来为更遥远的未来做准备。如果这些传说中渔民们的儿子们将这些中间产品——渔网和独木舟——用得破旧了而不换新的，他们就会消耗资本，而且节约和资本积累的过程就不得不重新开始。我们比前几代人过得更好，因为我们有他们为我们积累的资本商品。[1]

商人——行为人——全神贯注于一项任务：最大限度地利用一切可以利用的手段来改善未来的状况。他并不是为了分析和理解当前的事态而关注它的。在对用于进一步生产的生产资料进行分类以及评价它们的重要性时，他采用了肤浅的经验法则。他将生产要素分为三类：自然赋予的物质要素，人的要素——劳动，资本商品——过去生产出的中介要素。他并不分析资本商品的性质。在他看来，它们是提高劳动生产率的手段。他很天真地将它们自己的生产力归因于它们。他并不将它们的工具性追溯到自然和劳动。他并不问它们是如何产生的。只有在它们有助于他付出的努力取得成功的情况下，它们才算数。

对于商人而言，这种推理方式没什么问题。但若经济学家同意商人的肤浅观点，这就是一个严重的错误。他们错误地将"资本"同自然赋予的物质资源和劳动一起统统归类为独立的生产要素。资本商品——过去生产出的用于进一步生产的要素——并不是一个独立的（生产）要素。它们是过去所耗费的两个原始要素——自然和劳动——合作的共同产物。它们并没有它们自己的生产力。

将资本商品称为"储藏起来的劳动与自然"亦是不正确的。倒不如说资本商品是储藏起来的劳动、自然和时间。不借助资本商品的生产与借助于利用资本商品的生产，二者的区别就在于时间。资本商品是从生产最开始到其最终目标——生产出消费品——整个历程的各个中间站。相较于没有资本商品而白手起家的人，借助资本商品进行生产的人享有一个巨大的优势：他离他努力想要达到的最终目标在时间上更近了。

不存在所谓"资本商品生产率"的问题。一种资本商品（例如：一台机器）的价格与复制该资本商品所需互补性原始生产要素价格之和，二者之间的差额，完全是由于时间差异造成的。运用机器的人在时间上更接近生产的目标。生产周期对他而言，比对一个必须从头开始的竞争对手而言要短。在购买一台机器时，他购买了生产该机器所耗费的原始生产要素加上时间——他的生产周期被缩短的时间。

时间的价值——时间偏好，或未来较近时段的需求满足比未来较远时段的需求满足在估值上高出的部分——是人的行为的一个基本要素。它决定了每一个选

---

[1] 这些考虑击破了弗兰克·海尼曼·奈特在其文章《资本、时间与利率》（*Capital, Time and the Interest Rates*）中对时间偏好理论提出的反对意见。

择和每一个行为。对于任何一个人而言，早与晚之间的区别皆是重要的。时间要素在所有商品和服务之价格的形成中皆起着重要作用。

4 生产周期、等待时间与储备期

若要衡量制造现在可获得的各种商品所耗费的生产周期的时间长度，就必须将它们的历史追溯到原始生产要素的首次支出发生的那个时间点。必须确定：自然资源和劳动力是何时首次用于——除了有助于其他商品之生产外，还最终有助于讨论有关商品的生产过程。这个问题的解决需要物理归责问题的可解决性。有必要从量化角度确定：直接或间接用于生产有关商品的工具、原材料和劳动力究竟在多大程度上对结果做出了贡献。在这些调查中，必须追溯到通过以前勉强糊口度日之人的节约进行原始资本积累的根源。阻碍这种历史研究的并不仅仅是实际的困难。物理归责问题的难解性本身使我们在这种冒险之旅的第一步就停下了脚步。

无论是行为人本身还是经济理论，皆不需要衡量过去为今天可用商品所耗费的生产时间。即使他们知道这些数据，对于他们而言，这些数据也毫无用处。行为人面临着"如何最大限度利用可用商品供给"的问题。在使用这种商品供给的每一部分时，他皆以可满足尚未满足的最迫切需求的方式做出选择。为了完成这一任务，他必须知道等待时间的长度，而这正是他与他必须选择的各种目标得以实现之间的距离。正如上文已指出并须再次强调的那样，他无需回顾各种可用资本商品的历史。行为人计算等待时间和生产周期始终皆是从今天开始。正如行为人无需知道生产现有可用产品是否消耗了更多或更少的劳动力和物质生产要素一样，行为人亦无需知道生产这些产品是否消耗了更多或更少的时间。事物的价值完全是从它们为满足未来需求所能提供之效用的角度来进行衡量的。已做出的实际牺牲以及在这些产品的生产过程中所耗费的时间，这些因素皆无关紧要。这些东西属于已然逝去的过去。

有必要认识到：所有的经济范畴皆与人的行为有关，而与事物的物理特性根本没有任何直接关系。经济学的研究对象并不是商品与服务；它的研究对象是人的选择和行为。行为学的时间概念并不是物理学或生物学的概念。它指的是在行为人的价值判断中起作用的早或晚。资本商品与消费品，二者之间的区别并不是基于有关商品的物理和生理特性的严密区别。这取决于行为人的立场以及他们不得不做出的选择。同样的商品，既可以看作是资本商品，亦可以看作是消费品。

一个人，若将一种可立即享用的商品供给看作是自己和所雇工人在等待时间期间维持生计的一种手段，则从这个人的观点来看，这种（可立即享用的）商品就是资本商品。

可用资本商品数量的增加，是采用生产周期较长以及因此等待时间亦较长之生产过程的一个必要条件。一个人若想要达到时间上较遥远的目的，他就必须诉诸于较长的生产周期，因为在较短的生产周期内不可能达到所追求的目的。一个人若要采用所耗费单位投入之产出量较高的生产方法，他就必须延长生产周期。一个人之所以选择每单位投入之产出较小的生产过程，只是因为它们所需的生产周期较短而已。但是另一方面，并非为利用通过额外储蓄积累起来的资本商品而选择的每一种用途，皆需要一个从今天起直至产品成熟的生产周期比以前已采用的所有生产过程皆更长的生产过程。有一种可能的情形是：人们在满足了其更迫切需要之后，现在想要的是可以在比较短的时间内生产出来的商品。为何以前没有生产这些商品，其原因并不是它们所需的生产周期被认为太长，而是生产它们所需的生产要素有更为紧迫的运用机会。

若一个人选择断言"可用资本商品供应量的每一次增加皆会导致生产周期和等待时间的延长"，则他是以如下方式进行推理的：如果商品a是以前已经生产的商品，而商品b是借助资本商品的增加而启动的新生产过程中生产的商品，那么显然，人们同时等待商品a和商品b两种商品的时间要比他们单独等待商品a的时间要长。为了生产商品a和商品b，不仅需要获得生产商品a所需的资本商品，而且还需要获得生产商品b所需的资本商品。一个人若已经将原本为了聘请工人来生产商品b而节省下来的生活资料用于增加即时消费，他就会更快地实现对某些需要的满足。

那些反对所谓"奥地利"观点的经济学家们，对资本问题的惯常处理方式是这样假定的：生产中所使用的技术不可改变地由技术知识的既定状态决定。另一方面，"奥地利"经济学家表明，正是每时每刻可得的资本商品的供应，决定了在许多已知的技术生产方法中哪一种将被采用。[1]　"奥地利"观点的正确性很

---

〔1〕参见弗里德里希·奥古斯特·冯·哈耶克，《纯粹资本理论》（*The Pure Theory of Capital*，伦敦，1941年），第48页。给某些思路贴上"国家"标签确实是一件很尴尬的事情。正如哈耶克所做出的针对性评论（第1册，第47页），自李嘉图以来的英国古典经济学家，尤其是约翰·斯图尔特·穆勒（后者可能部分受到约翰·雷的影响）在某些方面比他们最近的盎格鲁-撒克逊继任者更具"奥地利"特征。

容易通过对资本相对稀缺性问题的仔细研究来加以证明。

我们来看看一个饱受这种资本稀缺之痛的国家的情况。以1860年前后罗马尼亚的状况为例。这个国家缺乏的当然并非技术知识。西方发达国家所实行的技术方法并不存在任何秘密。数不胜数的书中已描述了这些技术方法，许多学校亦传授了这些方法。罗马尼亚青年精英在奥地利、瑞士和法国的科技大学获得了关于这些技术方法的完整信息。数以百计的外国专家准备在罗马尼亚应用他们的知识与技能。所需要的是按照西方模式改造罗马尼亚落后生产、运输和通信设备所需的资本商品。若海外先进国家对罗马尼亚人的援助仅仅是向他们提供技术知识，他们就必须认识到：要赶上发达国家尚需很长一段时间。他们要做的第一件事是节约，以便有足够的合适工人和物质生产要素可用于更耗时的生产过程。只有到那时，他们才能陆续生产出建造原始设备工厂所需的工具，然后，这些工厂在接下来的建设过程中将生产出建造和经营现代化工厂、农场、矿山、铁路、电报线路和建筑物所需的设备。数十年过去了，直至他们已经弥补了失去的时间。除了在生理上尽可能地限制当前的消费之外，没有任何其他办法可以加速这一过程。

然而，事情却以不同的方式发展。发达资本主义国家向落后国家提供了必要的资本商品，以便迅速转变这些国家的大部分生产方式。这么做节省了这些国家的时间，使其劳动生产率很快成倍提升。对罗马尼亚人的影响是：他们可以立即享受现代技术程序所带来的好处。他们似乎在更早的时候就开始储蓄和积累资本商品了。

资本短缺意味着：行为人，相较于其更早开始瞄准目标，离实现目标的距离更远。由于过去忽视了这一点，中间产品就匮乏，尽管生产它们所用到的自然赋予要素是可以获得的。资本短缺实际上是缺乏时间。这是如下事实造成的结果：行为人在向有关目标迈进的过程中起步晚了。如果不借助早晚这一时间要素，就不可能描述现有资本商品的优势以及资本商品缺乏所造成的劣势。[1] 拥有可供支配的资本商品，就等同于更接近目标。可获得的资本商品的增加，使得"在不被迫限制消费的情况下达到时间上更遥远的目的"成为可能。另一方面，资本商品的损失，使行为人不得不放弃追求以前可以追求的某些目标或者限制消费。在

---

［1］参见威廉·斯坦利·杰文斯，《政治经济学理论》（*The Theory of Political Economy*）（第4版，伦敦，1924年），第224—229页。

其他条件相同的情况下，拥有资本商品意味着拥有一笔时间性收益。[1]与缺乏资本商品的人相比，在一定技术知识状态下，资本家能够较快地达到某一特定目标，且无需限制消费、无需增加劳动和自然赋予之物质生产要素的投入。他在时间上先发制人。一个被赋予较少资本商品供给的竞争对手，只有限制其消费方能迎头赶上。

西方各民族相较于其他民族所拥有的先发优势在于：他们早就为大规模储蓄、资本积累和投资的顺利和大体上不间断的进程创造了所需的政治和制度条件。因此，到19世纪中叶，他们已经达到了一种远超在用贪婪性资本主义思想代替掠夺性军国主义思想方面不太成功之民族和国家的福祉状态。若放任自流且无外国资本的援助，这些落后国家将需要更多的时间来改进他们的生产、运输和通信方式。

若不理解这种大规模资本转移的重要性，就不可能理解过去数个世纪世界事务的进程以及东西方关系的发展。西方给予东方的并不仅仅是技术和治疗知识，还有直接实际应用这些知识所需的资本商品。东欧、亚洲和非洲的这些国家，由于引入了外国资本，因而能够较早地收获现代工业的成果。在某种程度上，这些国家不必为了积累足够的资本商品库存而限制其消费。

而从中得到的好处是相互的。促使西方资本家启动对外投资的是国内消费者的需求。消费者要求国内市场提供国内根本无法生产的商品，并要求降低只能在生产成本上升的情况下在国内生产的商品的价格。若西方资本主义国家的消费者以不同的方式行事，或者若资本输出的制度障碍已被证明是不可逾越的，则任何资本输出皆不会发生。这样一来，国内生产将会有更多纵向扩张，而不是国外的横向扩张。

分析处理资本市场国际化的后果、资本市场的运作以及由资本接收国采取的征用政策所带来的资本市场最终解体的问题，并不是交易经济学的任务，而是历史学的任务。交易经济学只需仔细研究资本商品的丰盈供给或匮乏供给所产生的影响即可。我们比较一下两个孤立市场体系A和B的条件。两者在规模和人口数量、技术知识状况以及自然资源方面皆是相等的。它们之间的区别仅在于资本商品的供给，市场体系A中的这种供给大于市场体系B中的这种供给。这就要求在市

---

[1] 这也意味着可用自然赋予要素在数量上的均等。

场体系A中，许多生产过程的运用须使每单位投入的产出大于市场体系B中每单位投入的产出。在市场体系B中，由于资本商品相对稀缺，无法考虑采用这些生产过程。若要在市场体系B中采用这些生产过程，则需要限制消费。在市场体系B中，许多操作是由体力劳动完成的，而在市场体系A中则是由省力的机器完成的。在市场体系A中，生产出来的商品具有较长时间的耐用性；而在市场体系B中，必须避免生产这样的商品，尽管商品耐用性的延长是通过投入的不足成比例增加而获得的。市场体系A中的劳动生产率以及由此产生的工薪族工资率及其生活水平均高于市场体系B。[1]

储备期延长至超出行为人预期寿命

"在未来较近时段满足需求"和"在未来较远时段满足需求"，决定在这二者之间作出选择的价值判断，仅仅表达现在的价值，而不表达将来的价值。行为人今天对"在较近未来满足需求"所赋予的重要性和行为人今天对"在较远未来满足需求"所赋予的重要性，行为人的价值判断对这二者（也即两种重要性）进行了权衡。

行为人想要尽可能消除的不安始终皆是当下的不安，也即在行为的瞬间感到的不安，而且这种不安始终指向未来的状况。行为人今天对未来不同时段的预期状态感到不满意，并试图通过有目的之行为来改变它。

若行为主要是为了改善他人的状况并因此通常被称为"利他主义行为"，则行为人想要消除的不安是他自己目前对未来不同时期他人事务之预期状态的不满意。在照顾别人时，他的目的是减轻他自己的不满意。

正因如此，行为人往往有意延长储备期，使其超出他自己的预期寿命，这也就不足为奇了。

5 资本商品之可转换性

资本商品是迈向某一特定目标的中间步骤。若在生产周期过程中目标发生了变化，就不可能总是利用现有可用的中间产品来追求新的目标。有些资本商品可

---

[1] 参见约翰·贝茨·克拉克（John Bates Clark），《经济理论要点》（*Essentials of Economic Theory*，纽约，1907年），第133页及后页。

能变得完全无用，而且在这些资本商品生产过程中发生的一切支出现在看来皆是浪费。其他资本商品可用于新项目，但必须首先经过一个调整过程；若从一开始就瞄准新的目标，就有可能省去这一改动所需的费用。第三种情形的资本商品可用于新的生产过程（新工艺）而无需任何改动；但若在生产这些资本商品的时候就知道它们将以新的方式使用，就能够以较低成本制造出可以提供同样效用的其他商品。最后，还有一些资本商品可用于新项目，正如用于原项目一样。

若不是必须驳斥流行的误解，几乎没有必要提及这些显而易见的事实。离开了具体的资本商品，就根本不存在所谓抽象资本或理想资本这样的东西。若我们不考虑现金持有在资本构成中所起的作用（我们将在后面的一节中讨论这一问题），我们就必须认识到：资本始终体现在特定的资本商品中，并受到与这些商品有关而发生的一切情况的影响。一定数额资本的价值是其所体现的该资本商品价值的一个衍生物。一定数额资本的货币等值额是指在人们谈到"抽象中的资本"所指的资本商品总数的货币等值额之总和。没有任何东西可以称为"自由"资本。资本始终以特定资本商品的形式存在。这些资本商品在某些用途上可利用性更佳、在某些其他用途上可利用性欠佳，而在另外一些用途上则完全无用。因此，每一单位的资本在某种方式或其他方式上皆是固定资本，也即专用于特定生产过程的资本。商人对固定资本与流通资本的区分是一种程度上的区分，而不是种类上的区分。对于固定资本有效的一切东西，对于流通资本亦同样有效，尽管只是在较小程度上有效。所有的资本商品皆或多或少具有特定的性质。当然，对于其中的许多资本商品而言，需求和计划的改变不太可能使它们变得完全无用。

一个特定生产过程越接近其终极目的，其中间产品与目标之间的联系就越紧密。铁的特性不如铁管，而铁管的特性不如铁质机械零部件。通常，一个生产过程的转变越是困难，人们对其进行的探究就越深入，也就越接近它的终结，即消费品的产出。

从资本积累的一开始就观察资本积累的过程，人们很容易认识到：不可能有"自由资本"这种东西。资本仅仅体现在两种商品中：更具特性的商品和特性不那么明显的商品。当需求或关于需求满足方式的意见发生变化时，资本商品的价值也相应地发生改变。只有通过使消费落后于当前的生产，方能产生额外的资本商品。额外资本在其产生的那一刻就已然体现在具体的资本商品中了。这些商品必须首先生产出来，然后才能作为生产超过消费的盈余成为资本商品。货币的介入（在早期版本中被描述为"置入"）在这些事件的顺序中所起的作用将在后面进行讨论。此刻，我们只需要承认：即使是其全部资本皆是货币和货币要求权的资本家，亦不拥有自由资本。他的资金被货币捆住了手脚。这些资金受到货币购买力变化的影响，而且就其被投资于特定金额货币要求权而言，还受到债务人偿付能力变化的影响。

最好用"资本商品可转换性"的概念来代替"固定资本"与"自由资本"或"流通资本"之间的误导性区分。资本商品的可转换性实际上就是根据生产数据的变化调整其用途的机会。（资本商品之）可转换性是分级的。它从来都不是完美的，也即，它从来都不是针对数据所有可能的变化而存在的。在某些绝对特定因素情况下，它是完全不存在的。由于数据出现了不可预见的变化，资本商品从最初计划的用途转换为其他用途变得必要，因此，若不提及已经发生或预期发生的数据变化，就不可能笼统地谈论可转换性。数据的一次彻底改变，可能会使以前被认为很容易转换的资本商品要么根本无法转换，要么转换起来难度很大。

有些资本商品A的效用性在于该等商品可以在一段时间内提供一系列效用，而有些资本商品B的效用性则在于该等商品在生产过程中仅仅提供一种效用就耗尽其效用性了。显然，在实践中，可转换性问题对前者发挥的作用更大。工厂和运输设施的闲置能力以及根据其生产计划设计用于更长时间使用之设备的报废，比扔掉过时的织物和服装以及本身容易变质的商品更为重要。只有在资本会计使可转换性问题在资本商品方面变得特别明显的情况下，可转换性问题才成为资本和资本商品的特有问题。本质上，这种现象亦存在于"一个人为了自己使用和消费而已经获得的消费品"情况中。若导致它们获得的条件发生变化，则其可转换性问题也就成为现实。

资本家和企业家作为资本所有者从来都不是完全自由的；他们从来不会处于将会约束他们的首次决策和施展行为的前夕。他们始终都是以某种方式或其他方式披挂上阵且身不由己。他们的资金并不是处于社会生产过程之外，而是已经投资于特定领域。若他们拥有现金，则根据市场状况，这么做要么是稳健的"投资"、要么是不稳健的"投资"；但这么做始终都是一种投资。他们要么错过了购买他们迟早必须购买的具体生产要素的最佳时机，要么这一最佳时机尚未到来。在第一种情况下，他们持有现金是不稳健的做法；因为他们错过了一个机会。在第二种情况下，他们的选择是正确的。

资本家和企业家在为购买具体生产要素而花钱时，完全是从预期的市场未来状况的角度来对商品进行估值的。他们所支付的价格，就是按照他们自己今天评估的未来情况进行调整的。过去在生产今天可用资本商品时所犯的错误，并不会给买方造成负担；其责任与负担完全落在卖方身上。在这个意义上，企业家用货币来购买资本商品以备将来生产之用，他就将过去抛之身后、一笔勾销了。他的企业家冒险活动并不受他所获得的生产要素在过去发生的估值和价格方面变化的影响。单从这个意义上来讲，我们可以说：拥有现成现金的人拥有的是流动资金，因而是自由的。

6 过去对行为的影响

资本商品积累越多，可转换性问题就越大。早期农民和手工业者的原始生产方法，比现代资本主义生产方法更容易进行调整以适应新的任务。但恰恰是现代资本主义面临着情况的急剧变化。在我们这个时代，技术知识和消费者需求方面发生的日新月异变化，使许多指导生产过程的计划变得过时，并提出了一个问题——我们是否应该沿着已然出发的原有道路继续前进。

席卷一切领域的全面创新精神，可能会抓住人们、可能会战胜惰性与懒惰的禁锢、可能会刺激那些例行公事的怠惰"蚁工们"彻底废除传统估值、可能会断然迫使人们走上通往全新目标的崭新道路。教条主义者可能会试图忘记：在我们所有的努力中，我们皆是我们祖先的继承人；而且我们的文明——长期进化的产物——要想转变，不可能一蹴而就。但是，无论创新的倾向多么强烈，它皆受到一种因素的限制，这种因素迫使人们不要过于匆忙地偏离其祖先选择的道路。一切物质财富皆是过去活动的遗留物，而且体现为具有有限可转换性的具体资本商品。积累起来的资本商品，将在世人们的行为引导到若其自由酌定权未受到过去完成之有约束力行为的限制就不会选择的路线上。行为人对目的做出的选择，以及其对为实现这些目的所采取的手段做出的选择，皆受到过去的影响。资本商品是一种保守要素。它们迫使我们调整我们的行为，以适应我们自己早期行为以及过去数代人之思考、选择和行为所带来的条件/状况。

我们自己可以想象一下：若在具备我们现有关于自然资源、地理、技术和卫生知识的情况下，我们安排一切生产过程并相应地制造出一切资本商品的话，事情将会是怎样的呢？我们会将生产中心设在其他地方。我们会以一种不同的方式在地球表面居住。一些今天人口稠密、充满工厂和农场的地区将减少占用。我们会在其他地区聚集更多的人、更多的商店与农场。所有机构均将配备效率最高的机器与工具。其中每一台机器、每一种工具的尺寸皆是最经济利用其生产能力的大小。在我们完美规划的世界里，不会有任何技术落后，也不会有闲置未用的产能，而且亦不会有不可避免的人员或商品运输。人之努力所呈现的生产率将远远超过我们实际的、不完美的状态。

作家们的著作中充满了这种乌托邦式的幻想。不管他们是技术官僚还是单纯的规划者，他们皆渴望向我们展示：现实中事情的安排是多么愚蠢；如果人们将独裁权力授予改革者，他们将会生活得多么幸福。他们说：正是资本主义生产方式的不足，才使得人类无法享受在当代技术知识状态下所能产生的一切便利。

这种理性主义浪漫精神所涉及的根本错误，是对现有可用资本商品之性质及其稀缺性的误解。今天可用的中间产品是由我们祖先和我们自己在过去制造出来的。指导其生产的计划是当时关于目的与技术程序之流行思想的产物。若我们考虑瞄准不同的目的并选择不同的生产方法，我们就面临着一个替代方案。我们必须将大部分现有可用资本商品闲置下来，并重新开始生产现代化设备，或者我们必须尽可能地根据现有可用资本商品的具体性质来调整我们的生产过程。选择权在消费者手上，正如在市场经济中总是如此一样。他们购买或不购买的行为解决了这一问题。在旧房子与配备了所有舒适陈设的新房子之间、在铁路与汽车之间、在煤气灯与电灯之间、在棉织品与人造丝织品之间、在丝袜与尼龙袜之间作出选择时，他们实际上是变相地在"继续使用以前积累的资本商品"与"报废以前积累的资本商品"之间作出选择。若一座仍可居住数年的旧建筑之所以没有被过早地拆毁而在原地重新建设现代化房屋，是因为房客不愿支付更高的租金且宁愿选择满足其他需求而不愿住在更舒适的房子里，那么这种情形很明显地说明了现在的消费是如何受过去条件影响的。

并非每一项技术改进皆能立即应用于整个领域，这一点并不比"一款更好的汽车上市或服装新款式开始流行时，并非每个人皆会扔掉他的旧车或旧衣服"更引人注目。在所有这样的事情中，人们的动机皆是可用商品的稀缺性。

一台比以前所用机器效率更高的新机器被制造出来了。装备了旧的、效率较低机器的工厂，是否会抛弃这些旧机器（尽管这些旧机器依然可以使用）并用新型号的机器取而代之，这取决于新机器的优越性程度。只有当这种优越性大到足以补偿所需的额外支出时，旧设备的报废才是经济上合理的。设 p 为新机器的价格，q 为旧机器作为废铁出售所能兑现的价格，a 为旧机器生产一件产品的成本，b 为新机器生产一件产品的成本（不考虑购买新机器所需的成本）。我们进一步假设：新机器的优点仅仅在于更好地利用所用的原材料和劳动力，而不在于制造数量更多的产品，因此年产量z保持不变。那么，若收益[z(a-b)]大到足以弥补支出(p-q)，则用新机器替换旧机器是有利的。若假设新机器的年度折旧定额并不比旧机器的大，则我们可以不考虑折旧的核销。同样的考虑亦适用于将一个已存在的现有工厂从生产条件较差之地转移到条件较好之地。

技术落后和经济劣势是两码事，决不可混为一谈。可能发生的一种情况是：仅从技术角度似乎更胜一筹的一个生产聚合体，却能够在竞争中胜过装备更好或位于更有利位置的生产聚合体。与改造所需的额外支出相比，技术上更有效的设备或更有利的位置所提供的优越性程度决定了这个问题。这种关系取决于有关资本商品的可转换性。

正如不切实际的工程师们会让我们相信的那样，技术完美与经济便利之间的区别并不是资本主义的一个特征。诚然，只有在市场经济中才有可能进行经济计算，而只有经济计算才为我们提供机会，让我们可以建立认识有关事实所需的所有计算。

如果适当考虑可转换性问题，就可以很容易地击破许多普遍存在的谬误。以有人提出的赞成对幼稚产业实行保护的论点为例。其支持者声称：幼稚产业需要短期的保护，以便能够在自然条件比已建立竞争对手所在地区更有利或者至少自然条件之有利程度不亚于已建立竞争对手所在地区的地方发展加工业。这些较成熟的产业由于起步早而获得了某种优势。它们现在仅仅是由一个历史的、偶然的和明显"非理性的"因素所促成的。这种优势阻止了在如下地区建立新工厂：这些地区的条件使得新工厂有希望能够以比老工厂更低廉的生产成本进行生产，或者以至少跟老工厂一样低廉的生产成本进行生产。可以承认，对幼稚产业的保护，其代价暂时是昂贵的。但是所做出的牺牲将会从以后收益中获得回报。

事实是：从经济角度来看，只有当用于建立一个幼稚产业的新地点所具备的优越性是如此巨大，以至于它超过了放弃投资于已建立工厂的不可转换和不可转让资本商品所造成的劣势时，建立该幼稚产业才是有利的。若是这样，新工厂将能够在无任何政府援助的情况下成功地与老工厂开展竞争。若不是这样，给予新工厂的保护即使只是暂时的且使新产业在以后的一段时间内能够保持自己的竞争地位而不落下风，那么这种保护也是浪费性质的。关税实际上相当于一种补贴，而消费者被迫支付这种补贴，作为对运用稀有生产要素来替换即将报废的仍可使用的资本商品的补偿以及对搁置这些稀缺生产要素而不将其用于它们本可以提供消费者更看重之效用的其他用途的补偿。消费者被剥夺了满足某些需求的机会，因为满足这些需求所需的资本商品,已被用于生产他们在无关税情况下已经可以获得的商品。

存在着一种趋势——所有产业皆普遍倾向于转移到对于发挥生产潜能最为有利的地方。在不受阻碍的市场经济中,只要对稀缺资本商品之不可转换性的适当考虑需要,这种趋势就可以减缓下来。这种历史要素并未给老产业带来一种永久的优越性。它只是防止了如下投资所导致的浪费:投资一方面造成仍可利用之生产设施的产能闲置,另一方面造成了对可用于满足尚未满足之需求的资本商品的限制。在无关税情况下,产业迁移被推迟,直至投资于旧工厂的资本商品因技术改进而磨损耗尽或变得过时,而该等技术改进是如此重要,以至于必须用新设备来取代这些资本商品。美国的工业史提供了众多例子,说明工业生产中心在美国境内转移,而政府当局并未采取任何保护措施来培育这种转移。幼稚产业保护论跟人们提出来的赞成保护的所有其他论点一样站不住脚。

另一个流行的谬论是指所谓的"对有用专利的压制"。一项专利是向一项新发明的发明者授予的有限年数的合法垄断。在这一点上,我们并不关心"授予发明者这种专有特权是否是一项好政策"这一问题。我们只需要分析处理这样一个说法:"大企业"滥用专利制度,以便截留该制度从技术改进中能够产生的公共利益。

在向一位发明者授予一项专利时,专利局并不调查该发明的经济意义。他们只关心创意的优先权,并将其审查局限于技术问题。他们对一项彻底变革某一整个行业的发明和一些显然无用的小玩意儿皆一视同仁、一丝不苟地对待。因此,他们对大量几乎毫无价值的发明提供了专利保护。这些专利的作者们准备高估他们对技术知识进步之贡献的重要性,并在心中过高期望这种贡献能给他们带来丰厚的物质利益。一旦失望,他们就抱怨经济制度的荒谬性,说"这种经济制度剥夺了人民本应从技术进步中获得的利益"。

上文已指出了在什么条件下用新的改进设备代替仍可使用的旧工具是经济划算的。若不具备这些条件,则无论对于一个市场经济中的私营企业而言,还是对于一个极权体制下的管理当局而言,立即采用新的技术工艺皆是不值得的做法。将用于新工厂之新机器的生产、现有工厂的扩建以及已磨损之旧设备的更换,将根据新的设计进行。但仍可利用的设备将不会报废。新工艺只会逐步采用。配备旧设备的工厂在一段时间内依然能够经受住配备新设备之工厂的竞争。那些质疑这种说法正确性的人应该问问自己:他们是否总是一有更好型号出售就扔掉现有的吸尘器或收音机。

在这方面，新发明是否受某项专利保护并无任何区别。一家获得一项授权许可的公司已经为这项新发明花钱了。假设虽然如此该公司依然不采用新的方法，那么原因只能是采用该方法并不值得。专利所提供的政府创造之垄断阻止竞争者来应用该专利，这是没有用的。唯一重要的是新发明相对于旧方法所具有的优越性程度。优越性是指使购买者愿意支付足够高价格的单位生产成本的降低或产品质量的提高。没有足够的优越性程度来使改造成本有利可图，这就证明了这样一个事实，即消费者更倾向于获得其他商品，而不是享受新发明的好处。最终决定权在消费者手中。

肤浅的观察者有时看不到这些事实，因为他们被许多大企业的如下做法所迷惑：这些大企业在他们的领域内获得某项专利授予的权利，而不管该项专利是否有用。这种做法源于各种考虑因素：

1. 创新的经济意义尚未被认识清楚。

2. 创新显然是无用的。但公司认为：能够以使其有用的方式开发它。

3. 创新的立即应用没有任何回报。但公司打算在以后更换磨损旧设备时应用它。

4. 公司希望鼓励发明者继续他的研究，尽管到目前为止，他的努力尚未导致一个实际可利用的创新。

5. 公司希望安抚那些喜欢打官司的发明者，以节省闲极无聊的侵权诉讼耗费的金钱、时间以及由此引起的神经紧张。

6. 该公司在向作为其客户或潜在客户的公司或机构的高级职员、工程师或其他有影响力人员为相当无用的专利付费时，进行几乎不加掩饰的贿赂或屈服于隐蔽的敲诈勒索。

若一项发明比旧工艺优越得多，以致使旧设备过时，并断然要求立即用新机器替换旧设备，则无论该项专利所赋予的特权是在旧设备所有者手中，还是在一家独立公司手中，这种转变均将实现。相反的主张是基于这样一种假设：不仅发明人及其律师，而且已经活跃在有关生产领域或准备在机会来临时进入该领域的所有人皆不能完全理解该项发明的重要性。发明家为了一丁点报酬而将他的专利权卖给了老公司，因为没有人想获得这些权利。而这家老公司也同样太迟钝了，以至于看不出其可以从应用该项发明中获得的好处。

现在，确实，若人们对一项技术改进的有用性视而不见，它就无法被采用。政府主导领域的发明，情形亦是如此。最明显的例子是著名军事专家未能理解新装备的重要性。伟大的拿破仑并未认识到，汽船可以帮助他实现入侵英国的计划；法国陆军统帅费迪南·福煦（代表协约国）和德国总参谋部（代表同盟国）在一战前夕均低估了航空的重要性，而后来著名的空军先驱美国的比利·米切尔将军（General Billy Mitchell）也曾因为装备认识局限问题而有过非常不愉快的经历。但在市场经济不受官僚狭隘心胸阻碍的轨道上，情况就完全不同了。在这样的轨道上，存在的一种倾向是高估而不是低估创新的潜力。现代资本主义的历史显示了无数试图推动创新但经事实证明徒劳无果的失败实例。许多推动者为毫无根据的乐观付出了沉重的代价。指责资本主义倾向于高估无用的创新，比指责它所谓的"压制有用的创新"更具有现实意义。事实是：大量资金被浪费在购买相当无用的专利权和在实践中应用这些专利权的徒劳冒险上。

谈论所谓的"现代大企业对技术进步的偏见"是荒谬的。大公司会花费巨资寻找新工艺和新设备。

那些哀叹所谓"自由企业方面压制发明"的人绝不能认为：仅仅通过述及"许多专利要么根本没有加以利用，要么只是在拖延很久之后才投入使用"，他们就已经证明了自己的观点。很明显，为数众多的专利，也许甚至是数量多得多的专利，几乎皆是毫无用处的。

资本商品的有限可转换性在人文地理中发挥着一种重要作用。人类居住和工业中心在地球表面的现有分布，在一定程度上是由历史因素决定的。特定地点是人们在遥远的过去选择的，这一事实依然有效。诚然，人们普遍倾向于迁移到最有利于发挥生产潜力的地区。然而，这一倾向不仅受到制度因素（如移徙障碍）的制约，历史因素同样也起着重要作用。可转换性有限的资本商品，已被投资于（从我们目前知识的角度）提供不太有利机会的领域。它们的停止流通抵消了根据我们关于地理学、地质学、动植物生理学、气候学及其他科学分支的当代信息状

□ 费迪南·福煦

费迪南·福煦（1851—1929年），出生于法国上比利牛斯省的首府塔布市，是法兰西第三共和国时期军事家、统帅。费迪南·福煦强调进攻原则和歼灭战思想，认为精神因素在战争中具有决定性作用，著有《战争原则》等军事著作。福煦具有超凡的军事协同组织能力，他成功地指挥英、法、美等协约国部队取得了对德国最后决战的胜利，也为未来战争中多国联合部队的统率、组织和作战提供了宝贵的经验。另一方面，福煦则以顽固坚持反苏政策和复仇主义而遭到历史的谴责。

态来确定工厂、农场和居住地位置的趋势。相对于"向提供更好物质机会的地点转移"的优势，我们必须权衡"留下可转换性和可转让性皆有限的闲置未用资本商品"的劣势。

因此，现有可用资本商品供给的可转换程度影响到有关生产与消费的所有决定。可转换程度越低，技术改进的实现就越延迟。然而，将这种延迟效应称为"非理性"和"反进步"是荒谬的。在对行为进行规划时，考虑所有预期的利弊，并对利弊进行相互权衡，这是一种理性的表现。并非那些精打细算的商人，而是那些不切实际的技术官僚，他们对现实情况的迷惑性理解才是罪魁祸首。减缓技术改进的并不是资本商品的不完全可转换性，而是它们的稀缺性。我们尚未富裕到足以放弃仍可利用的资本商品所能提供之效用的地步。人们可以获取资本商品供给，这并不妨碍技术进步；相反，它是任何技术改进和进步皆不可或缺的条件。体现在我们资本商品供给中的过去的遗产，既是我们的财富，亦是进一步增进福祉的最重要手段。诚然，假如我们祖先和我们自己在过去的行为中能够更好地预测我们今天必然施展行为所依据的条件，我们的生活将会更好。正是对这一事实的认识解释了我们这个时代的许多现象。但它并没有责怪过去，亦没有显示市场经济固有的任何缺陷。

7 资本的积累、维持与消耗

资本商品是中间产品，其在生产活动的进一步过程中转化为消费者商品。所有资本商品，包括那些并不被称为"易变质商品"的资本商品，要么因在生产过程执行中耗尽其效用性而湮灭，要么甚至在此之前通过市场数据变化而丧失其效用性而湮灭。根本不存在"保持资本商品库存完好无损"的问题。它们是转瞬即逝的。

"财富恒久不变"的概念是一个深思熟虑缜密规划和施展行为的产物。它指的是在资本会计中应用的"资本"概念，而不是"资本商品"本身。"资本"的概念在有形事物的物理世界中没有任何对应物。它不在任何地方，而只存在于规划者的脑海中。它是经济计算中的一个要素。资本会计只服务于一个目的。它旨在使我们知道：我们的生产与消费安排如何作用于我们满足未来需求的能力。它回答的问题是：某一行为过程究竟是增加了还是减少了我们未来努力的生产率。

充分保留或增加资本商品现有可用供给的意图，亦可以指导那些没有经济计算心智工具的人们的行为。原始的渔夫和猎人当然知道"保持他们工具和设备的良好形状和效用性"与"不提供充足替代品而使它们磨损殆尽"之间的区别。一个因循守旧的农民——致力于传统的日常生活且对会计一无所知——非常清楚使决定其生死存亡之财产保持完整的重要性。在一种静态经济或缓慢进步经济的简单条件下，即使在没有资本会计的情况下，一个实体亦是可以成功开展经营的。在那里，维持基本不变的资本商品供给，既可通过用于替换磨损殆尽商品之商品的现行生产来实现，亦可通过积累一笔消费品资金（该资金使得以后可以在不被迫暂时限制消费的情况下致力于替换这种资本商品）来实现。但是，一个不断变化的工业经济离不开经济计算及其"资本"和"收入"的基本概念。

概念实在论已经混淆了对"资本"概念的理解。它带来了一种资本神话。[1] "资本"已具有一种存在属性，且资本独立于它体现在其中的资本商品。据说，资本会自我繁殖，从而为自己的维持提供准备。所有这一切皆是一派胡言。

资本是一个行为学概念。它是推理的一个产物，而且其位置在人的头脑中。它是一种看待行为问题的方式，一种从某一特定计划角度评估行为问题的方法。它决定着人之行动的进程，并且仅仅从这个意义上来说，它是一个实物要素。它不可避免地与资本主义——市场经济——联系在一起。

只要人们在其行为中让自己受到资本会计的指导，"资本"概念就在发挥作用。如果企业家使用生产要素的方式使得产品的货币等值额至少等于所消耗生产要素的货币等值额，那么他就能够用"其货币等值额等于所消耗资本商品之货币等值额"的新的资本商品来代替所消耗的资本商品。但是总收益的运用（也即将总收益分配用于资本维护、消费和新资本的积累），始终都是企业家和资本家有目的的行为的结果。它并不是"自动的"；它必然是刻意行为的结果。若它所基于的计算因疏忽、错误或对未来状况的误判而失效，它就可能会受挫。

只有通过储蓄，即生产超过消费的盈余部分，才能积累额外的资本。储蓄可能主要在于限制消费。但是，它亦可通过净生产量的增加——而不进一步限制消费，也不改变资本商品的投入——来实现。这种增加能够以如下不同方式出现：

1. 自然条件已变得更为有利。收成更丰富了。人们获得了更肥沃的土壤，并发现了每单位投入产生回报更高的矿山。反复发生的使人类努力受挫的大灾和灾

---

[1] 哈耶克，"资本的神话（The Mythology of Capital）"，《经济学季刊》（The Quarterly Journal of Economics），L（1936年），第223页及以后。

难，已经变得不那么频繁了。流行病和牛瘟已经消退。

2. 在没有投入更多资本商品，亦没有进一步延长生产周期的情况下，人们已经成功地使一些生产过程变得更加多产。

3. 生产活动的制度性干扰已变得不那么频繁了。战争、革命、罢工、破坏及其他犯罪行为造成的损失已经减少。

若由此带来的盈余被用作额外投资，则它们将进一步增加未来的净收益。这样，扩大消费就成为可能，且不影响现有可用资本商品供给和劳动生产率。

资本始终是由一致行动的个人或个人团体积累的，而绝不会是由国民经济或社会积累的。[1] 可能会发生这样的情形：当一些行为人正在积累额外资本时，另一些行为人同时却在消耗先前积累的资本。若这两个过程在数额上相等，则市场体系中可获得的资本资金的总和保持不变，就仿佛可获得的资本商品总数额并未发生任何变化一样。有些人积累了额外资本，只是消除了缩短某些生产过程之生产周期的必要性而已。但进一步采用生产周期较长的生产过程就变得不可行了。若我们从这一角度看事情，我们就可以说——发生了资本转移。但是，我们必须防止将"资本转移"概念跟"财产从一个人或一群人手中转移到其他人或另一群人手中"混淆起来。

资本商品的销售和购买以及发放给企业的贷款，均不属于此类资本转移。它们是有助于将具体资本商品输送到那些希望运用它们来执行特定项目的企业家手中的交易。它们只是一系列长远行为过程中的辅助步骤而已。它们的综合作用决定着整个项目的成败。但利润和亏损皆不直接导致资本积累或资本消耗。正是那些财富产生利润或亏损之人安排其消费的方式，改变了可用资本的数额。

资本转移，既可在不转移资本商品所有权的情况下进行，亦可在转移资本商品所有权的情况下进行。前者的情形是：一个人消耗资本，而另一个人则独立积累相同数额的资本。后者的情形是：资本商品的卖方消耗收益，而买方支付的价格来自未消耗的——节省的——净收益超过消费的盈余部分。

资本消耗和资本商品的物理消亡是两码事。所有资本商品迟早会成为最终产品，并通过使用、消耗、磨损而不复存在。通过适当的消费安排所能保存下来

---

[1] 在市场经济中，国家和市政当局也不过是代表特定个人群体之一致行动的行为人。

的，只是某一笔资本资金的价值，而不是具体的资本商品。有时，由于天灾或人为的破坏，资本商品的消亡规模是如此之大，乃至于对消费的任何限制皆不可能在短时间内使资本资金补充到先前的水平。但是，造成这种耗竭的原因，始终是因为——用于维持资本的现行生产的净收益其数额不够大。

8 投资者的流动性

资本商品的有限可转换性并不对其所有者具有不可动摇的约束力。投资者可以自由地改变其资金的投资。若他能够比其他人更正确地预测市场的未来状态，他就可以成功地只选择其价格会上涨的投资而避免其价格会下跌的投资。

企业家盈亏源于生产要素对特定项目的投入。证券交易投机以及证券市场外的类似交易，决定了这些盈亏应落在谁的身上。存在着一种趋势，可以明确区分这种纯粹投机性的冒险活动与真正健全的投资。二者的区别只是程度上的一个刻度而已。根本不存在所谓的"非投机性投资"。在一个不断变化的经济中，行为始终涉及投机。投资可能是好的，亦可能是坏的，但它们始终是投机性的。条件的彻底改变可能会使即使通常被认为"完全安全"的投资变得糟糕。

股票投机（炒股）不能撤销过去的行为，亦不能改变已经存在的资本商品之有限可转换性的任何情况。它所能做的是防止对投机者认为是错误投资对象的那些分支机构和企业进行额外投资。市场经济中普遍存在着"扩展有盈利能力的生产企业而限制无盈利能力的生产企业"这一趋势，而股票投机为这一趋势指明了具体途径。在这个意义上，证券交易所只是成为"市场"而已，成为市场经济的焦点，成为使消费者之预期需求在商业活动中至高无上的最终手段。

投资者的流动性本身表现在被误导性地称为"资本外逃"的现象中。个人投资者可以放弃他们认为不安全的投资，只要他们准备接受已被市场折价的亏损。这样，他们就可以保护自己免于遭受预期的进一步亏损，并将亏损转移到对有关商品之未来价格进行的评估不太现实的人身上。资本外逃并不从其投资领域撤出不可转换的资本商品。它仅仅在于所有权的改变。

在这方面，资本家的资金是"逃往"另一国内投资项目还是"逃往"某一外国投资项目，并无区别。外汇管制的主要目标之一是防止资本外逃到外国。然而，外汇管制只是成功地阻止国内投资所有者通过及时将他们认为不安全的国内投资转换成他们认为安全的外国投资来限制其亏损。

若所有类别或某些类别的国内投资受到部分或全部征用的威胁，则市场会通过适当改变这些投资的价格来抵销这一政策的不利后果。当这种情况发生时，为避免受害而采取资本外逃措施为时已晚。只有在大多数人尚未意识到灾难的方式及其意义之时，热衷于预测灾难的那些投资者，才可能仅仅蒙受一点小的损失。无论各种资本家和企业家可能怎么做，他们永远也无法使不可转换的资本商品具有流动性和可转移性。至少对于固定资本而言，大体上是这样的，但对于流通资本而言，则并非如此。有人断言：一个商人可以出口产品，但不能再将收益输入国内。人们没有看到：一个企业若失去了其流通资本，就无法继续其经营。若一个商人将他自己的资金输出到国外，用于当前购买原材料、劳动力及其他基本需求，他就必须用借来的资金来代替这些资金。"流通资本之流动性"的神话中若尚存一丁点真理，那么这一丁点真理就是：在不考虑避免对其固定资本构成威胁之亏损的情况下，一个投资者是有可能避免对其流通资本构成威胁之亏损的。然而，在这两种情况下，资本外逃的过程是相同的。这是作为投资者的人的变化。投资本身并不受影响；有关的资本并不发生移动。

资本外逃到一个外国的前提是：外国人倾向于将其在国外的投资与资本外逃国的投资进行交换。若没有任何外国人购买，一个英国资本家就不能逃离他在英国的投资。因此，资本外逃永远不会导致人们经常所说的国际收支平衡恶化。它亦不能使外汇汇率上升。若许多资本家——无论是英国的还是外国的——想摆脱英国证券，它们的价格就会随之下跌。但这并不会影响英镑与外币之间的兑换比率。

同样的道理亦适用于以现成现金进行投资的资本。法国法郎的所有者若预见到法国政府通胀政策的后果，就可以通过购买商品而逃入"实物商品"，或者逃入外汇。但他必须找到准备接收法国法郎作为交换的人。只要还有人比他自己更乐观地评价法国法郎的未来，他就能逃离。使商品价格和外汇汇率上升的，并不是那些准备出手法国法郎之人的行为，而是那些拒绝接收法国法郎之人的行为，除非他们以较低的汇率接收法国法郎。

在采取外汇限制举措以防止资本外逃时，政府假装其是出于对本国切身利益的考虑。它们真正带来的做法与许多公民的物质利益背道而驰，对任何公民或"国民经济"幻象皆无任何好处。若法国发生持续通胀，所有灾难性后果只会仅仅影响到法国人，而这对整个法国或其任何公民皆不是有利的。若一些法国人通过将法国钞票或用这种钞票兑换的债券卖给外国人的方式将这些亏损的负担卸给外国人，则这些亏损的一部分就会落在外国人身上。阻止这种交易的明显结果就是使一些法国人变得更加贫穷，而没有使任何法国人变得更富有。从民族主义角度来看，这似乎并不可取。

公众舆论在股票市场交易的每一个可能方面皆发现了一些应该加以反对的东西。若物价上涨，投机者就会被指责为"将按理说属于别人的东西据为己有的奸商"。若物价下跌，投机者就会因浪费本国的财富而受到谴责。投机者的利润被诋毁为以牺牲本国其他人利益为代价而进行的"抢劫"和"偷窃"。有人含沙射影地说：他们是公众贫困的原因。人们习惯性地将"股票自营商的这种不正当赏金"与"不仅冒险投机而且向消费者提供商品之制造商的利润"区分开来。即使是金融作家亦未认识到：证券交易既不产生利润，也不产生亏损，而只是交易和制造中产生的利润和亏损的最终完成而已。这些利润与亏损——作为买入股票的公众对过去进行的投资的认可或不认可的结果——通过股票市场呈现出来。股票市场的成交量并不对公众产生影响。相反，是公众对投资者安排生产活动的方式所做出的反应，决定了证券市场的价格结构。最终是消费者的态度使一些股价上涨、使另一些股价下跌。既不储蓄也不投资的那些人，既不会因股市价格波动而盈利，也不会因其而亏损。证券市场上的交易只是决定哪些投资者应当赚取利润、哪些投资者应当蒙受亏损。[1]

9 货币与资本；储蓄与投资

资本是以货币计算的，而且在这种方式记账的会计中，资本表示一个特定金额的货币。但资本亦可以由货币金额组成。由于资本商品也是交换而来的，且由于这种交换是在与所有其他商品交换的相同条件下进行的，所以间接交换和货币使用在这里也成为强制性的必要条件。在市场经济中，任何参与者皆不能放弃现金持有所带来的优势。不仅以消费者身份，而且以资本家与企业家的身份，个人皆有保持现金持有的必要。

在这一点上看到的却是一些令人费解和矛盾东西的那些人，是被对货币计算和资本会计的一种误解所误导了。这些人试图将资本会计永远都无法完成的任务分配给资本会计。资本会计是一种适用于在市场经济中施展行为之个人和个人群

---

［1］弗里茨·马赫鲁普（Fritz Machlup）在《股票市场、信用和资本形成》［《The Stock Market, Credit and Capital Formation》，史密斯（V. Smith）翻译，伦敦，1940年，第6—153页］一书中对"股票交易所'吸收'资本和货币"这一流行学说进行了批判性分析和完全的驳斥。

体的计算心智工具。只有在货币计算框架下，资本才具有可计算性。资本会计所能完成的唯一任务，是向在一个市场经济中施展行为的各种个人表明：他们专门用于营利行为之资金的货币等值额是否发生了变化以及变化的程度如何。对于所有其他目的而言，资本会计可以说是相当无用的。

如果一个人试图确定一个被称为"国民经济资本"或"社会资本"的规模，使之既不同于各种个人的营利资本，又不同于各种个人的营利资本资金之和这一毫无意义的概念，那么，一个人当然就会被一个虚假问题所困扰。有人问：在这样一个"社会资本"概念中，货币的作用究竟是什么？人们会发现：从个人的观点看资本与从社会观点看资本，二者之间存在着巨大差异。然而，这整个推理都是完全错误的。在计算一个若不以货币进行计算则无法计算的规模时，不提及货币显然是自相矛盾的。在一个"不能有任何货币，也不能有生产要素之货币价格"的经济体系中，试图用货币计算来确定一个毫无意义的规模是荒谬之举。一旦我们的推理超越了一个市场社会的框架，它就必须放弃所有关于货币和货币价格的提法。"社会资本"概念只能被认为是"各种商品的集合"。若要比较这种类型的两种集合，除非宣布其中一个比另一个更有助于消除整个社会感到的不安之外，是不可能进行这种比较的。（这样一个全面的判断是否可以由任何一个凡人宣布，这又是另一个问题了。）不能将任何货币表达应用于此类集合。在一个没有生产要素市场的社会体系中，基于货币的计算方式在处理资本问题时是没有任何意义的。

近年来，经济学家已特别关注现金持有在储蓄和资本积累过程中所起的作用。关于这一作用，人们已提出了许多谬误的结论。

若一个人用一笔钱（也即某一金额的货币）并不是为了消费而是为了购买生产要素，则储蓄就直接转化成了资本积累。若个人储蓄者利用其额外储蓄来增加其现金持有量，因为这在他看来是最有利的资金使用方式，那么他就会导致"商品价格下降和货币单位购买力上升"这样一种趋势。若我们假定市场体系中的货币供给不变，则储蓄者的这种行为就不会直接影响资本的积累及其用于扩大生产的使用。[1]我们储蓄者储蓄——已生产的商品超过已消费的商品的盈余——的影

---

[1]间接地，资本积累受到财富与收入变化的影响，而每一次由现金引起的货币购买力变化皆会带来财富与收入的变化。

响作用并不会因为他的现金囤积而消失。资本商品的价格并不会涨到它们在没有这种现金囤积的情况下会达到的水平。但是，有更多资本商品可供使用，这一点并未受到许多人努力增加其现金持有量的影响。若无人为了扩大其消费支出而运用这些商品——这些商品的不消费带来了额外储蓄——那么，无论它们的价格如何，它们依然代表着可用资本商品数量的增量。这两个过程——一些人的现金持有量增加过程和资本积累增加过程——同时发生。

在其他条件不变的情况下，商品价格下降将会导致各种个人的资本之货币等值额的下降。但这并不等同于资本商品供给减少，亦无需调整生产活动以适应所谓的"贫穷"。它只是改变货币计算中要应用的货币项目而已。

现在我们假定：信用货币量或法定货币量的增加或信贷扩张产生了个人现金持有量扩张所需的额外货币。然后，有三个过程各自独立展开：一个过程是"由于可用资本商品数量增加和由此产生的生产活动扩展而导致的商品价格下降"趋势；另一个过程是"由于对用于现金持有的货币需求增加而导致的物价下降"趋势；最后一个过程是"由于（广义）货币供应量增加而导致的物价上升"趋势。这三个过程在某种程度上是同步的。它们中的每一个皆产生其特定效果，根据具体情况，这些效果可能会被另外两个过程中的其中一个过程产生的相反效果所加强或削弱。但最重要的是，额外储蓄所产生的资本商品并没有被同时发生的货币变化——货币需求变化和（广义）货币供给变化所破坏。每当一个人将一笔钱用于储蓄而不是花在消费上时，储蓄的过程就跟资本积累和投资的过程完全一致。个人储蓄者是否增加其现金持有量，这一点并不重要。在已生产商品的供给——而不是已消费商品的供给——中，储蓄行为总是有其相对应物，也即可供进一步生产活动使用的商品。一个人的积蓄始终是体现在具体的资本商品上。

"囤积的货币是财富总量中一个贫瘠无果的部分，而且它的增加导致用于生产的那部分财富的萎缩"，这种观点只有在"货币单位购买力的增加导致为开采黄金而使用额外的生产要素并导致黄金从工业用途转移到货币用途"这个程度上才是正确的。但这是由努力增加现金持有量带来的，而不是由储蓄带来的。在市场经济中，只有通过戒除对一部分收入的耗费，才有可能进行储蓄。个人储蓄者将其储蓄用于现金囤积，这会影响货币购买力的确定，从而可能减少资本的名义数额，即其货币等值额；它并不会使已积累资本的任何部分变得贫瘠无果。

第十九章 利息

1 利息现象

事实已说明：时间偏好是每一个人的行为所固有的一个范畴。时间偏好自身表现在原始利息即未来商品相对于现在商品的折现现象中。

利息并不仅仅是资本的利息。利息并不是利用资本商品而产生的特定收入。古典经济学家所说的"劳动、资本和土地"这三种生产要素与"工资、利润和租金"这三类收入之间的对应关系是站不住脚的。租金并不是来自土地的特定收入。租金是一种普遍的交易经济学现象；它在劳动和资本商品所产生的收益中所起的作用，正如它在土地收益中所起的作用一样。此外，没有任何一个同质收入来源可以被称为古典经济学家应用"利润"这一术语意义上的"利润"。利润（在"企业家利润"意义上）与利息并不比土地更具有资本的特征。

消费品的价格通过在市场上运作的各种力量的相互作用被分配给在消费品生产中相互配合的各种互补性生产要素。由于消费品是现在的商品，而生产要素是生产未来商品的手段，而且由于人们对现在商品的估值高于同种类、同数量的未来商品，因此，即使在均匀旋转经济的想象建构中，这样分配（也即将消费品价格分配给互补性生产要素）的总和也依然落后于有关消费品的现在价格。这种差异就是原始利息。它与古典经济学家所区分的三类生产要素中的任何一种皆无具体联系。企业家利润和亏损是由生产周期流逝过程中发生的数据变化和由此产生的价格变化所产生的。

天真的推理并不认为目前来自狩猎、捕鱼、养牛、林业和农业的收入有任何问题。大自然产生鹿、鱼和牛，并使包括它们在内的万物生长，使牛产奶，使鸡下蛋，使树生出木材并结出果实，使种子发芽出穗。有权支配这种经常性财富的人享有稳定的收入。就像一条不停输送新水的涓涓溪流，"收入流"不停地流动，一次又一次地输送新的财富。整个过程表现为一种自然的现象。但是，对于经济学家而言，在确定土地、牲畜和所有其他东西的价格时，就出现了一个问题。若未来的商品跟现在的商品相比并未打折买卖，则土地的买家将不得不支付相当于未来所有净收入总和的价格，而这将不会留下任何当前可重复申报的收入。

土地和牲畜所有者每年的经常性收益，没有任何特征可以使它们跟生产过程中迟早耗尽的生产要素所产生的收益从交易经济学角度进行区分。对一块土地的处置权，就是对这块场地针对在其土地上可以生长之一切果实的生产进行的合作的控制权；对一个矿山的处置权，就是对该矿山针对可从该矿山开采出之一切矿物的开采进行的合作的控制权。同样，一台机器或一捆棉花的所有权，就是对该机器或该棉花在生产跟它一道合作生产的一切商品方面进行的合作的控制权。关于利息问题的所有生产率和使用方法所隐含的根本谬误是：这些方法将利息现象追溯到生产要素所提供的这些生产性效用上。然而，生产要素的效用性决定的是为它们支付的价格，而不是利息。这些价格耗尽了由某一特定要素的配合所辅助的某一生产过程的生产率与缺乏这种配合之生产过程的生产率之间的全部差异。即使在有关市场数据没有变化的情况下亦会出现的"互补性生产要素价格之和"与"产品价格之和"之间的差额，是现在商品与未来商品相比之下前者估值更高的一个结果。随着生产的进行，生产要素被转化或成熟为价值更高的现在商品。这种增量是流入生产要素所有者手中之特定收益的来源，也即原始利息的来源。

物质生产要素的所有者——有别于一个交易经济学功能融合体之想象架构中的纯粹企业家——获得了两个交易经济学上不同的项目：一方面是为他们所控制的生产要素的生产性配合所支付的价格；另一方面就是利息。这两个东西绝不能混淆。在对利息的解释中，不允许提及"生产要素在产品生产过程中所提供的效用"。

利息是一种同质现象。利息在来源上根本不存在任何差异。耐用品的利息和消费信贷的利息，正如其他种类的利息一样，是现在商品相对于未来商品的更高估值的一个产物。

2 原始利息

原始利息是"分配给即期未来之需求满足的价值"与"分配给未来遥远时段之需求满足的价值"的比率。它自身在市场经济中表现为未来商品相对于现在商品的折现。它是一个商品价格的比率，而并不是一个价格本身。对所有商品而言，普遍存在着一种这一比率均等化的趋势。在均匀旋转经济的想象建构中，所有商品的原始利率皆是相同的。

原始利息并不是"为资本的效用支付的价格"[1]。庞巴维克和后来的一些经济学家在解释利息时提到的"更耗时迂回生产方法之更高生产率"并不能解释这一现象。相反，原始利息现象解释了为何要采用耗时较少的生产方法，尽管更耗时的生产方法会使单位投入产生更高产出。此外，原始利息现象解释了为何可用一块土地能够以一个有限的价格出售和购买。若一块土地所能提供之未来效用的估值方式与其现在效用的估值方式相同，则没有任何一个有限的价格会高到足以促使其所有者出售它。土地既不能用特定数量的货币买卖，亦不能用只能提供有限数量效用的商品进行交换。若要交换，一块土地只能与另一块土地进行物物交换。一个地面建筑物，若其在十年期间每年能产生一百美元的收入，则在这一期间开始时将被定价为一千美元（除了在其上建造该建筑物的土壤之外），在第二年开始时将被定价为九百美元，依此类推。

原始利息并不是通过资本或资本商品的需求与供给相互作用而在市场上决定的价格。原始利息的水平并不取决于这种需求与供给的程度。相反，是原始利率决定了资本和资本商品的需求与供给。它决定了现有可用商品供给中有多少将专门用于即期未来的消费，有多少将专门用于未来较远时段的消费。

人们之所以进行储蓄并积累资本，并不是因为有利息。利息既不是储蓄的动力，亦不是为戒绝即时消费而给予的奖励或补偿。它是现在商品与未来商品相互估值的比率。

贷款市场并不决定利率。但它将贷款利率调整为未来商品贴现中显示的原始利率。

原始利息是人的行为的一个范畴。它在外部事物的任何估值中皆是有效的，而且永远不会消失。若有一天，事情的状况又恢复到基督教时代首个千年结束时——那时一些人相信"所有尘世事物的最终末日即将到来"，人们就不会再为未来的世俗需求进行储蓄了。生产要素在他们眼里就会变得毫无用处、一文不值。未来商品相对于现在商品的折现不会消失。相反，它将会增加到无以复加

---

[1] 这是对利息的流行定义，例如，伊利（Ely）、亚当斯（Adams）、洛伦兹（Lorenz）和杨（Young）在《经济学大纲》（*Outlines of Economics*，第三版，纽约，1920年）第493页给出的利息定义。

的程度。另一方面,原始利息的消退将意味着:人们根本不关心在未来更近时段内的需求满足。这意味着,相较于今天、明天、一年或十年后可以获得的一个苹果,他们宁愿选择一千年或一万年后可以获得的两个苹果。

我们甚至无法想象这样一个世界:在该世界里,原始利息不会作为每一种行为中不可阻挡的因素而存在。无论是否有劳动分工与社会合作,也无论社会是建立在私人控制生产资料的基础上还是建立在公共控制生产资料的基础上,原始利息始终存在。在一个社会主义联邦中,它的作用与其在市场经济中的作用并无不同。

庞巴维克一劳永逸地揭示了对利息进行的幼稚的生产率解释的谬误,也即"利息是生产要素之物理生产率的表现"这一观点的谬误。然而,庞巴维克在一定程度上将自己的理论建立在生产率方法的基础之上。在他的解释中提到"更耗时迂回生产过程的技术优越性"时,他避免了幼稚生产率谬论的粗鲁。但事实上,他回到了生产率方法上来,尽管是以一种更微妙的形式。后来那些忽视了时间偏好观念、只强调庞巴维克理论中所包含的生产率观念的经济学家,不由得得出结论:如果人类有一天达到这样一种状态,即生产周期的进一步延长不能带来生产力的进一步增加,那么原始利息就必须消失了。[1]然而,这是完全错误的。只要存在稀缺性并因此而施展行为,原始利息就不会消失。

只要世界不变成一个无所不有的安乐之乡,人们就面临着稀缺性,而且必须施展行为并实行节约;他们被迫在未来较近时段的满足与未来较遥远时段的满足之间做出选择,因为无论前者还是后者,他们皆不能实现充分的满足。那么,若生产要素的运用发生变化,而该变化使得这些要素从其用于较临近未来之需求满足的用途中撤出来而将它们用于在较遥远的将来实现需求满足,则这种变化必然会损害较临近将来的需求满足状态,并改善在较遥远未来的需求满足。若我们假定情况并非如此,我们就会卷入无法解决的矛盾之中。我们充其量可以想到这样一种情况,即技术知识和技能已达到了一个"对凡人而言不可能有任何进一步进

---

[1] 参见哈耶克,"资本的神话",《经济学季刊》,第223页及以后。然而,哈耶克教授自那以后在一定程度上改变了自己的观点。[参见其文章:"关于时间偏好与生产率的再思考(*Time-Preference and Productivity, a Reconsideration*)",《经济学刊》(*Economica*),第十二册,(1945年),第22—25页。]但前一篇文章中受到批评的观念依然得到了经济学家们的广泛支持。

步"的地步。从今以后，人们再也无法发明出可以增加单位投入之产出的新工艺了。但是，如果我们假定"某些生产要素是稀缺的"，我们就绝不能假定"生产效率最高——除了其所耗用的时间以外——的所有生产过程皆得到充分利用"，而且也不能假定"没有任何一个实现每单位投入之产出较小的生产过程仅仅因为它比其他物理上生产效率更高的生产过程能够更快产生其最终结果而被采用"。生产要素之稀缺性意味着我们能够起草旨在改善我们福祉的计划，但由于现有可用手段数量不足，实现这些计划是不可行的。恰恰是这种可取改进的不可行性构成了稀缺性本身的要素。生产率方法之现代支持者的推理被庞巴维克术语"迂回生产方式"的内涵以及它所建议之技术改进的思想所误导。然而，若存在稀缺性，就总有一个闲置未加利用的技术机会，通过该机会可以通过延长某些工业部门的生产周期来改善福祉状况，而不管技术知识的状况是否已发生变化。若手段是稀缺的，而且若目的与手段之间的行为学相关性依然存在，则在未来较临近的时段和未来较遥远的时段，就逻辑必然性而言肯定会有尚未满足的需要。总有一些商品，我们必须放弃对其采购，因为通向这些商品之生产的道路太长，从而会阻止我们满足更为迫切的需要。我们没有为未来做更充分的准备，这是我们对"未来较临近时段的需求满足"与"未来较遥远时段的需求满足"这两种需求满足进行权衡的结果。作为此估值之结果的比率即为原始利息。

在这样一个具备完美技术知识的世界里，一个发起人起草了一项计划A，根据该计划，应在风景如画但不容易到达的山区建造一座酒店，并应修建通往该酒店的道路。在审查这项计划的实用性时，他发现现有可用手段不足以执行该计划。通过计算投资的盈利能力前景，他得出结论：投资项目的预期收益不足以支付所需耗用的材料与劳动力成本以及将要投入之资本将会产生的利息。他放弃了计划A的执行，转而开始实现另一项目计划B。根据计划B，酒店将建在一个更容易到达的位置，该位置不具备计划A所选风景如画景观的所有优势，但在该位置能够以更低的建筑施工成本建造该酒店或在更短时间内完成该酒店的建造。若计算范围不考虑已投入资本的利息，就可能会产生一种错觉，认为市场数据——资本商品的供给和公众给出的估值——的状况允许计划A的执行。然而，计划A的实现将使稀缺生产要素从其能够满足消费者视为更迫切之需求的用途中撤出。这将意味着一种明显的不当投资，一种对可用手段的浪费。

生产周期的延长可以增加单位投入的产出量，或者生产出在较短生产周期内根本无法生产出来的商品。但是，若有人说"这种额外财富的价值归因于延长生产周期所需的资本商品，而正是这种归因产生了利息"，则这一说法是不正确的。若一个人这么假设，那么他就会重新陷入生产率方法中最粗鲁的错误，而这种错误已然被庞巴维克无可辩驳地击破了。互补性生产要素对生产过程结果的贡献，就是它们被认为有价值的原因；这种贡献解释了为何要给这些要素支付相关价格的原因，而且在确定这些价格时，充分考虑到了这种贡献。除此之外，再无任何内容未加说明且可以用来解释利息。

有人断言，在均匀旋转经济的假想构造中不会出现利息。[1]然而，事实可以表明：这一断言与均匀旋转经济之建构所依据的假设是不相容的。

我们从两类储蓄的区分开始：普通储蓄与资本主义储蓄。普通储蓄仅仅是将消费品堆积起来，供以后消费。资本主义储蓄是积累那些为改进生产过程而设计的商品。普通储蓄的目的是为了以后的消费；这种储蓄仅仅是消费的推迟而已。已积累的商品迟早会被消耗掉，最后什么也不会留下。资本主义储蓄的目的首先是提高生产活动的生产率。它积累的是用于进一步生产的资本商品，而不仅仅是用于以后消费的储备。普通储蓄带来的好处是以后有机会消费那些目前并不即时消耗而是积累起来供以后使用的库存商品。资本主义储蓄的好处是可以增加已生产商品的数量，或生产出那些若无它的帮助就根本无法生产的商品。在构建均匀旋转经济的景象时，经济学家忽略了资本积累的过程；资本商品是既定的且保持不变，因为——根据基本假设——数据没有发生变化。既没有通过储蓄来积累新的资本，亦没有消耗通过消费超过收入的盈余——目前生产减去维持资本所需资金得出的余额——可获得的资本。现在我们的任务是证明：这些假设与没有利息的想法是不相容的。

在这种推理中，毫无必要过多详细讨论普通储蓄。普通储蓄的目标是在储蓄者的供给可能相较于目前不那么充分的未来为储蓄者提供比较充分的供给。然而，描述均匀旋转经济之想象架构特征的一个基本假设是：未来与现在二者根本不存在任何区别，而且行为人充分意识到这一点并相应地施展行为。因此，在这种架构的框架中，并没有为普通储蓄现象留下任何空间。

它不同于资本主义储蓄的果实，即资本商品的积累存量。在均匀旋转经济

---

[1] 约瑟夫·阿洛伊斯·熊彼特，《经济发展理论》（*The Theory of Economic Derelopman*），奥皮（R. Opie）翻译（剑桥，1934年），第34—46页、第54页。

中，既无额外资本商品的储蓄与积累，亦无已存在的现有资本商品的消耗。这两种现象均相当于数据发生了变化，从而扰乱这样一个想象体系的均匀旋转。现在，过去——在建立均匀旋转经济之前的时期——的储蓄和资本积累的规模被调整到利率的水平。若随着均匀旋转经济条件的建立，资本商品的所有者不再收取任何利息，那么，在分配现有商品库存以满足未来各个时段之需求方面发挥作用的各项条件就会被打乱。已改变的事态需要一次新的分配。同样，在均匀旋转经济中，对未来不同时段之需求满足所做估值的差异不可能消失。同样，在这一想象建构的框架中，相较于十年或一百年后可获得的一个苹果，人们会给今天可获得的一个苹果赋予更高的价值。若资本家不再收取利息，则在未来较临近时段的需求满足和在未来较遥远时段的需求满足之间的平衡就会被打乱。"一个资本家将其资本维持在仅10万美元的规模"，这一点是以"现在手里可用的10万美元等于12个月后可用的10.5万美元"为条件的。在他看来，这5000美元足以超过从这笔钱其中一部分的即时消费中预期得到的好处。若利息支付被消除，则资本消耗会紧随其后。

正如熊彼特所描述的，这是静态体系的本质缺陷。若假定"这样一个体系的资本设备皆是过去积累的，它现在可以达到这一以前积累的程度，并且今后不可改变地保持在这一水平"，那么这种假设是不够的。我们还必须在这一想象体系的框架中，为导致这种维持的各力量的运作分配一个角色。若取消了"资本家作为利息接收者"的角色，就会代之以"资本家作为资本消费者"的角色。资本商品的所有者皆不再有任何理由不将这些商品用于消费。在静态条件的想象建构中隐含的假设下，没有必要为了雨天而将它们作为储备而保留。但即使，足够不一致地，我们假设其中一部分用于这一目的并因此搁置目前的消费，至少相当于资本主义储蓄超过普通储蓄之数额的那一部分资本将被消费。[1]

若无原始利息，资本商品就不会用于即时消费，而且资本就不会被消耗。相反，在这样一种不可想象和难以想象的状态下，根本就没有任何消费，而只有储蓄、资本积累和投资。不是原始利息之不可能消失，而是取消向资本所有者支付利息，将会导致资本消耗。资本家将会消耗其资本商品以及其资本，正是因为有

---

〔1〕参见罗宾斯（Robbins），"关于静态平衡概念中的某种模糊性（*On a Certain Ambiguity in the Conception of Stationary Equilibrium*）"，《经济期刊》（*The Economic Journal*），XL（1930年），第211页及后页。

原始利息而且现在的需求满足比以后的需求满足更可取。

因此，不存在"通过任何机构、法律或操纵银行的手段来取消利息"的问题。想要"废除"利息，就必须诱导人们对一百年后可获取的一个苹果的估值不亚于对现在可获取的一个苹果的估值。法律和法令所能废除的，仅仅是资本家收取利息的权利而已。但是这样的法令将会导致资本消耗，而且很快就会使人类回到贫困的自然原始状态。

3 利率水平

在普通储蓄中以及在孤立的经济行为人的资本主义储蓄中，对未来不同时段需求满足所做估值的差异，表现在人们为未来较近时段所做的储备比为未来较远时段所做的储备更充足。在市场经济的条件下，只要假定均匀旋转经济的想象建构存在，原始利率就等于今天可获得的一定数额货币与以后可获得的被认为是其等值额之一定数额货币的比率。

原始利率指导着企业家的投资活动。它决定每个工业部门的等待时间长度和生产周期长度。

人们经常提出这样一个问题，即对储蓄和资本积累的刺激更大的究竟是"高"利率还是"低"利率；另一方面，对储蓄和资本积累的刺激更小的究竟是"高"利率还是"低"利率。这个问题毫无意义。附加到未来商品的贴现越低，原始利率就越低。人们并不会因为原始利率上升而储蓄更多，而且原始利率亦不会因为储蓄额的增加而下降。原始利率的变化与储蓄额的变化——其他方面尤其制度条件相同的情况下——是同一现象的两个方面。原始利率的消失就会等同于消费的消失。原始利息增加到无以复加的程度，就会等同于储蓄和对未来的任何储备皆消失了。

资本商品的可用供应量既不影响原始利率，亦不影响进一步储蓄额。即使是最充足的资本供给，亦不一定会导致原始利率的降低或储蓄倾向的下降。资本积累和人均资本投资额度的增加——作为经济发达国家的一个特征标志——并不一定降低原始利率，亦不一定削弱个人进行额外储蓄的倾向。在处理这些问题时，人们在很大程度上被仅仅比较市场利率所误导，因为市场利率是在贷款市场上决定的。然而，这些总利率并不仅仅表示原始利息的水平。正如稍后将说明的，它们还包含其他因素，这些因素的影响解释了这样一个事实，即贫穷国家的总利率通常高于富裕国家的总利率。

人们普遍认为：在其他条件相同的情况下，个人为即期未来所做的储备越好，他们为较遥远未来的需求所做的储备就越好。因此，据说，一个经济体系中的总储蓄额和资本积累量取决于如何将人口划分成不同收入水平的群体。据说，在一个收入大致均等的社会中，储蓄相较于一个不均等现象更多之社会中的储蓄要少。这种说法有一定的道理。然而，它们是关于心理学事实的陈述，因此缺乏行为学陈述所固有的普遍有效性和必要性。此外，它们所假定均等的其他东西，理解了各种个人的估值——也即他们在权衡即时消费和消费延迟之利弊时的主观价值判断。当然，有许多个人的行为，它们对其的描述是正确的，但也有其他的个人以不同的方式施展行为。法国农民，虽然大部分是财富和收入水平处于中等之人，在19世纪却以其过于节俭的习惯广为人知，而富有的贵族阶级成员以及已积累大量财富之工商业巨贾的富家子弟，亦同样以其肆意挥霍而"声名远播"。

因此，关于全国或个人可用资本量与储蓄额或资本消耗额以及原始利率水平之间的关系，是不可能制定任何行为学定理的。为了未来各时段的需求满足而进行的稀缺资源分配，既由价值判断决定，亦由构成行为人个性的所有因素间接决定。

4 不断变化经济中的原始利息

截至目前为，我们已在如下假设下分析讨论了原始利息问题：商品的周转量受到中性货币之运用的影响；储蓄、资本积累和利率的确定不受制度障碍的阻碍；整个经济过程是在一个均匀旋转经济框架中进行的。我们将在下一章中取消前两个假设。现在我们要分析讨论的是在一个不断变化经济中的原始利息。

一个人若想要为未来需求的满足做好储备，他就必须正确预测这些需求。若他不能对未来有这种了解，他为未来所做的储备将被证明不那么令人满意或甚至完全徒劳无果。根本不存在一种"抽象储蓄"——它可以为所有类别的需求满足做好储备，并且对条件和估值所发生的各种变化保持中性。因此，在不断变化的经济中，原始利息永远不会以纯粹"不掺杂"的形式出现。只有在均匀旋转经济的想象建构中，单靠时间的流逝就可产生原始利息；随着时间推移，而且随着生产过程的进步，越来越多的价值可以说累积增加到互补性生产要素上；随着生产过程的终结，时间的流逝已在产品的价格中产生了全部配额的原始利息。在不断变化的经济中，在生产周期期间，亦会同步出现估值方面的其他变化。人们对有些商品的估值比以前高，有些则比以前低。这些变化是企业家利润与亏损的来源。只有那些在其规划中已正确预测市场未来状况的企业家，方能在销售产品时获得超过已耗费生产成本（包括原始利息净额）的盈余收益。一个企业家若在其对未来的投机性理解上失败了，他也只能以不能完全覆盖其支出加上已投入资本之原始利息的价格出售其产品（如果可能的话）。

正如企业家盈亏一样，利息并不是一种价格，而是一种通过某一特定计算方式从成功的企业经营所产生之产品的价格中分离出来的数额。在英国古典经济学的术语中，一种商品的销售价格与其生产所耗费的成本（不包括已投入资本的利息）之间的总差额称为"利润"[1]。现代经济学认为这种差额是由交易经济学上迥然不同的项目所组成的复合体。古典经济学家称之为"利润"的总收入超过支出的盈余收益，包括企业家在生产过程中所运用的自身劳动的价格、所投入资本的利息，最后是严格意义上的企业家利润。若在产品销售中根本没有获得这种盈余收益，则企业家不仅不能获得严格意义上的利润，而且他既不能获得他所贡献劳动之市场价值的等价物，亦不能获得已投入资本的利息。

将毛利润（在此术语的古典意义上）分解为管理工资、利息和企业家利润，这不仅仅是经济理论的一种手段。随着会计和计算之商业实践的不断完善，它在商业惯例领域中独立于经济学家的推理而发展起来。精明且睿智的商人并不会为古典经济学家所运用的混乱且容易引起误解的利润概念赋予实际意义。他关于生产成本的概念包括他自己贡献之服务的潜在市场价格、为已借入资本支付的利息以及他通过将自己投入到该企业的资本借给别人根据市场情况所能赚取的潜在利息。在他看来，只有以这种方式计算的收入超过成本的盈余部分才是企业家利润。[2]

从古典经济学之"利润"概念中包含的所有其他项目的复合体中沉淀出来的"企业家工资"并未出现任何特别的问题。从原始利息中剥离"企业家利润"则困难多了。在不断变化的经济中，贷款合同中规定的利息始终皆是一个总额，从

---

[1] 参见理查德·沃特利（Richard Whatley），《逻辑要素》（*Elements of Logic*）（第9版，伦敦，1848年），第354页及后页；埃德温·坎南（Edwin Cannan），《1776年至1848年英国政治经济学中的生产与分配学说史》（*A History of the Theories of Production and Distribution in English Political Economy from 1776 to 1848*）（第3版，伦敦，1924年），第189页及后页。

[2] 但是，当然，当今对所有经济概念的故意混淆有助于模糊这一区别。正因如此，在美国，在讨论公司所支付的股息时，人们常说的一个词语是"利润"。

这个总额中，原始利息的纯利率必须通过一个特定的计算和分析再分配过程来进行计算。事实已表明：在每一种放贷行为中，即使除了货币单位购买力变化的问题之外，亦存在着一个企业家冒险行为的要素。信贷的发放必然总是一种企业家投机行为，而该投机行为可能导致失败和损失一部分甚至全部贷款额。贷款中规定和支付的每一笔利息皆不仅包括原始利息，还包括企业家利润。

这一点在很长一段时间内误导了试图构建令人满意利息理论的尝试。只有对均匀旋转经济之想象建构的阐述，才有可能精确区分原始利息与企业家盈亏。

5 利息计算

原始利息是估值不断波动和变化的产物。原始利息随着它们而波动、变化。计算年利息的习惯仅仅是商业惯例，而且是一种方便的计算规则。它并不影响由市场决定的利率水平。

企业家的活动趋向于在整个市场经济中建立一个统一的原始利率。若在市场的一个部门中，在现在商品的价格与未来商品的价格之间出现了一个差额，而这个差额背离了其他部门占主导地位的差额，那么，由于商人努力进入此差额较高的部门而避开此差额较低的部门，就产生了一种差额均等化的趋势。在均匀旋转经济之市场的所有部分，原始利息的最终利率皆是相同的。

导致原始利息出现的估值，倾向于选择未来较近时段的需求满足，而不是在未来较遥远时段内获得相同种类和相同程度的需求满足。没有任何东西可以证明"在未来较遥远的时段，这种需求满足的折现是持续性地和均匀性地进行的"这一假设是合理的。若我们假定这一点，我们就意味着——提供期是无限的。然而，仅仅因为"个人针对未来需要所做的储备是不同的，而且即使对最有远见的行为人而言，超过一定期限的储备似乎也是多余的"，我们就不能将储备期看作是无限的。

贷款市场的惯例绝不能误导我们。通常针对一份贷款合同的整个持续期间规定[1]一个统一利率，并在计算复利时采用一个统一利率。利率的实际确定独立于用于进行利息计算的这些和其他算术方法。若利率在一段时间内由合同固定不变，则市场利率的干预性变化反映在为本金所支付之价格的相应变化中，并

---

[1]当然，也存在着对这种惯例的偏离。

应考虑到"贷款到期时应偿还的本金数额是由借贷双方不可改变地约定好的"这一点。无论是在利率不变但本金价格改变的情况下进行计算，还是在利率改变但本金数额不变的情况下进行计算，或者在利率和本金均发生变化的情况下进行计算，皆不影响结果。

一份贷款合同的条款并不独立于规定的贷款期限。不仅因为总市场利率中那些使其偏离原始利率的成分受到贷款期限差异的影响，而且由于引起原始利率变化的因素，借贷双方也会根据规定贷款的不同期限而对贷款合同进行不同的估值和评估。

第二十章　利息、信贷扩张与贸易周期

1 问题

在一切人际交换行为皆以货币为中介而施展的市场经济中，原始利息的范畴本身主要表现为货币贷款利息。

已经有人指出：在均匀旋转经济的想象建构中，原始利率是统一的。在整个体系中，普遍只有一种利率。贷款利率与体现为"现在商品价格与未来商品价格之间比率"的原始利率一致。我们可将这一利率称为"中性利率"。

均匀旋转经济以"中性货币"为前提。由于货币永远不可能是中性的，因此特别的问题就出现了。

若货币关系——用于现金持有的货币需求与用于现金持有的货币供给之间的比率——发生变化，则所有物价皆会受到影响。然而，这些变化并不同时在同样程度上影响各种不同商品和服务的价格。由此产生的各种不同个人之财富与收入的变化，亦会改变决定原始利益水平的数据。体系趋向于在货币关系变化出现之后建立的原始利率最终状态，就不再是其以前趋向于建立的原始利率最终状态。因此，货币的驱动力有能力使原始利息和中性利息的最终利率发生持久变化。

然后还有第二个更重要的问题，当然，这个问题亦可看作是同一问题的另一个方面。在某些情况下，货币关系的变化可能首先影响贷款市场，在贷款市场中，贷款的需求与供给影响贷款的市场利率，我们可以称之为"总货币（或市场）利率"。总货币利率的这种变化是否会导致其所包含的净利率永远偏离对应于原始利息——现在商品估值与未来商品估值之间差额——比率的水平？贷款市场上的事件能否部分或全部消除原始利息？任何经济学家皆不会犹豫地以否定方式回答这些问题。但随后又出现了一个进一步的问题：各种市场因素之间的相互作用是如何将总货币利率重新调整到受原始利率影响的水平的呢？

这些皆是很重大的问题。这些皆是经济学家在讨论银行业、信用媒介和流通信贷、信贷扩张、信贷信用的无偿性或非无偿性、贸易的周期性运动以及间接交换方面所有其他问题时试图解决的问题。

2 总市场利率中的企业家成分

贷款的市场利率并不是纯粹的利率。在有助于确定它们的成分中，亦有不属于利息性质的成分。放贷人本质上始终皆是一个企业家。每一次信贷发放皆是一次投机性的企业家冒险活动，其成败是不确定的。放贷人始终面临着损失部分或甚至全部出借本金的可能性。他对这种危险的评估，决定了他与潜在债务人就合同条款进行讨价还价的行为。

无论是在放贷中，还是在其他类别的信贷交易和递延付款中，皆不可能有完美的安全性。债务人、担保人和保证人皆可能资不抵债；抵押品和抵押贷款可能会变得一文不值。债权人始终皆是债务人的一个实质合伙人或质押财产和抵押财产的一个实质所有人。他可能会受到有关这些因素的市场数据之变化的影响。他已将自己的命运与债务人的命运或抵押品价格所发生的变化联系在一起。资本本身并不产生利息；资本必须加以有效的运用和投资，且这么做并不仅仅是为了获得利息，而且也是为了避免它完全消失。"钱不能生钱（pecunia pecuniam parere non potest）"这句格言在这个层面上是有意义的，当然，这与古代和中世纪哲学家为其附加的意义大相径庭。只有已经在其放贷方面取得成功的债权人才能获得总利息（也即"毛利息"）。若他们赚得任何净利息，那么该净利息就包含在一笔收益中，而该收益并不仅仅包含净利息。净利息是一个只有分析思维才能从债权人的总收益中提取出来的数额。

包含在债权人总收益中的企业家成分是由在每一个企业家冒险活动中发挥作用的所有因素决定的。此外，它是由法律环境和制度环境共同决定的。一份合同，若将债务人及其财富或抵押品作为债权人与借出资本投资不当的灾难性后果之间的缓冲，那么这样的合同就受到法律和制度的制约。只有在这种法律和制度框架使债权人有可能对想赖账的债务人强制执行其债权的情况下，债权人才比债务人更少受到损失和失败的影响。然而，经济学没有任何必要对债券和债权证、优先股、抵押贷款和其他种类的信贷交易所涉及的法律方面进行详细的审查研究。

所有种类的贷款中皆包含企业家创业成分。人们在习惯上将消费贷款或个人贷款与生产性贷款或经营性贷款区分开来。前一类贷款的特征标志是：它使借款人能够支出预期未来收益。在获得一项针对这些未来收益其中一份的要求权时，

□ 梭伦

梭伦（约公元前640—约公元前558年），出生于雅典一没落贵族家庭，是古希腊时期雅典城邦著名的改革家、政治家、立法者、诗人。年轻时，梭伦一面经商，一面游历四方，考察各地的风土人情。梭伦虽以经商为业，却坚信道德胜于财富。他还在诗中谴责贵族的贪婪、专横和残暴，为他自己赢得了"雅典第一诗人"的美誉。

放贷人实际上变成了一个企业家，正如在获得一项针对一个企业未来收益其中一份的要求权一样。他放贷之结果的特殊不确定性在于对这些未来收益的不确定性。

此外，人们习惯上区分私人贷款与公共贷款——向政府和政府下属机构提供的贷款。这种贷款所固有的特殊不确定性关系到世俗权力的生命。帝国可能会土崩瓦解，而政府可能会被不准备为其前辈签订的债务承担责任的革命者推翻。此外，人们已经指出：在各种长期政府债务中，基本上存在着一些见不得阳光的邪恶之物。

犹如达摩克利斯之剑一样，政府干预的危险笼罩着所有类型的递延付款。公众舆论一向对债权人持有偏见。它一方面将债权人视为游手好闲的富人，另一方面又将债务人视为勤劳朴实的穷人。它憎恶前者是冷酷无情的剥削者，它怜悯后者是遭受压迫的无辜受害者。它认为：旨在限制债权人之债权的政府行为，是以牺牲少数冷面无情高利贷者之利益为代价而对绝大多数人极为有利的措施。它根本没有注意到：19世纪资本主义的革新已彻底改变了债权人和债务人阶层的组成。在希腊雅典梭伦时代、在古罗马土地法时代、在中世纪，债权人基本上是富人，而债务人则基本上是穷人。但在这个债券、债权证、抵押贷款银行、储蓄银行、寿险保单和社会保障福利盛行的时代，有了更多中等收入的普通民众自己反倒成了债权人。另一方面，富人作为普通股、工厂、农场和房地产的所有者，往往成了债务人而不是债权人。在要求没收债权人财产时，普通大众无意中却攻击了他们自身的特殊利益。

在公众舆论处于这种状态的情况下，债权人因反债权人措施而受到损害的不利机会，与因反债务人措施而享有特权的有利机会，二者并不平衡——前者大于后者。若政治危险仅限于贷款市场，这种不平衡就会导致总利率中所包含的企业家成分单方面上升的趋势，而不会以同样方式影响到今天所有类型的生产资料私人所有权。就我们今天的情况而言，任何类型的投资皆无法完全抵御反资本主义措施的政治危险。一个资本家不能通过宁愿直接投资于企业而不愿将其资本借给企业或借给政府来减少其财富的脆弱性。

放贷中所涉及的政治风险并不影响原始利息水平；它们影响到的是包含在总市场利率中的企业家成分（创业成分）。在极端情况下——在预期递延付款相关的所有合同均即将失效的情况下——它们将导致企业家成分增加到无以复加的地步。[1]

3 作为总市场利率成分之一的溢价

若由现金引起的货币单位购买力的变化，同时在同样程度上影响到所有物价，则货币就是中性的。在货币中性的情况下，只要没有任何递延付款，就可以想象利率亦是中性的。若有递延付款，而且我们若不考虑债权人的企业家地位和随之而来的总利率中的企业家成分，我们就还须进一步假定：在规定合同条款时，货币购买力未来变化的可能性亦纳入考虑范围。本金金额将定期乘以指数数字，从而根据货币购买力已经发生的变化而增减。随着本金的调整，计算利率所依据的金额也将随之改变。因此，此利率是一个中性利率。

在货币中性的情况下，利率的中性化亦可通过另一项规定来实现，前提是借贷双方皆能正确预测货币购买力的未来变化。他们可以规定一个总利率，其中包含一个针对这种变化的定量，也即在原始利率基础上上浮或下浮的一个百分比。我们可将这种定量称为"正溢价"或"负溢价"。在通缩快速发展的情况下，负溢价不仅会吞噬原始利息的全部利率，甚至还会将总利率逆转为一个负数，也即记在债权人账上的其应付金额。若溢价计算正确，则债权人和债务人双方的地位皆不会受到货币购买力干预性变化的影响。利率就成了中性利率。

然而，所有这些假设不仅在性质上是虚构的，它们甚至不能以假设方式进行设想而没有任何矛盾。在不断变化的经济中，利率永远都不可能是中性的。在不断变化的经济中，根本不存在统一的原始利率；有的只是建立这种统一的一种趋势。在达到原始利息的最终状态之前，数据中出现了新的变化，而这些变化将利

---

〔1〕这种情形（情形b）与上文中所讨论的所有世俗事物的预期结束情形（情形a）之间的区别在于：在情形a中，由于未来商品变得完全一文不值，原始利息增加到无以复加的地步；在情形b中，原始利息并未发生改变，而企业家成分却增加到了无以复加的地步。

率的运动重新转向一个新的最终状态。在一切皆在永不停歇地流动变化的地方，就不可能建立任何中性利率。

在现实世界中，所有价格均在波动变化之中，而行为人则被迫充分考虑这些变化。企业家开始经营创业活动、资本家改变其投资项目，仅仅因为他们预见到了这些变化并想从中获利。市场经济的本质特征是一种社会体系，在这种体系中存在着一种不断改进的渴望。最有远见和进取心的人，被驱使着通过一次又一次重新调整生产活动的安排来赚取利润，以便尽可能以最佳方式满足消费者的需求，包括消费者自己已经意识到的需求和他们自己尚未想到要去满足的潜在需求。发起人的这些投机性冒险活动，每天皆使价格结构发生革命性的变化，从而也使总市场利率水平发生革命性变化。

预期某些物价上涨的人作为借款人进入贷款市场，并准备允许承受一个更高的总利率，该总利率高于他预期物价不会大幅上涨或根本不上涨时允许承受的总利率。另一方面，若放贷人自己预期物价会上涨，则只有当总利率高于预期价格不会大幅上涨或根本不会上涨的市场状态下的总利率时，放贷人才会发放贷款。若借款人的项目似乎提供了如此良好的机会乃至于其项目能够负担起更高的成本，那么借款人并不会被更高的利率打消其贷款念头。若总利率不能补偿放贷人能够以这种方式获得的利润，那么放贷人将不会进行放贷，并会将自己作为企业家和商品与服务的竞标者进入市场。这样，价格上涨的预期有使总利率上升的趋势，而价格下降的预期则有使总利率下降的趋势。若物价结构的预期变化只涉及有限的一组商品与服务，而且这种变化被其他商品价格相反变化的预期所抵销，如同在货币关系没有变化的情况下一样，这两种相反的趋势大体上是相互抵销的。但是，若货币关系发生了明智的改变，而且所有商品和服务的价格预期会普遍上升或下降，那么就会出现一种趋势。在与递延付款有关的所有交易中，皆会出现一个正溢价或负溢价。[1]

溢价在不断变化经济中的作用，不同于我们在上文提出的假设和无法实现的方案中赋予它的作用。即使仅就信贷业务经营而言，它亦永远不能完全消除货币关系变化的影响；它永远不能使利率变得中性。它不能改变这样一个事实，即货币本质上具有一种自己的驱动力。即使所有行为人皆正确地且完全地知道关于整

---

〔1〕参见欧文·费雪，《利率》（*The Rate of Interest*）（纽约，1907年），第77页及其后页。

个经济体系中（广义）货币供给变化的定量数据，这种变化将要发生的日期以及哪些个人将会首先受到这种变化的影响，他们也无法事先知道：对用于现金持有之货币的需求是否会变化以及会在多大程度上变化；各种商品的价格将会以什么时间顺序发生变化以及会在多大程度上变化。只有在货币关系变动所引起的价格变化发生之前出现溢价，溢价才能抵销货币关系变动对信贷合同之实质重要性和经济意义的影响。它必须是一种推理的结果，根据这种推理，行为人试图预先计算出直接或间接达成其自己满足状态的所有商品与服务的这种价格变动的日期与程度。然而，这种计算是不可能成立的，因为进行这种计算需要对未来的状况与估值有充分的了解。

溢价的出现并不是可以提供可靠知识并消除关于未来不确定性的一个算术运算过程的产物。溢价是发起人对未来的理解以及基于这种理解进行的计算的结果。一旦先是少数人，然后是越来越多的人意识到一个事实——"市场面临着由现金引起的货币关系的变化，并因此面临着朝一个明确方向发展的趋势"，溢价就一步一步形成了。只有当人们开始购买或出售以利用这一趋势时，溢价才会出现。

有必要认识到：溢价是预测货币关系变化的投机活动的产物。在预期一种通胀趋势将持续下去的情况下，引发溢价的原因已经是这种现象的首个迹象，而这种迹象在后来变得普遍时被称为"奔向实物价值"，而且最后产生崩溃式繁荣和有关货币体系的崩溃。正如理解未来发展的每一种情形一样，投机者可能会犯错、通胀运动或通缩运动可能会停止或减缓，而价格可能会与他们预期的不同。

购买或出售倾向的增加产生了溢价，而这种增加的倾向通常会比长期贷款更早、更大程度地影响短期贷款。就这种情况而言，溢价首先影响短期贷款市场，后来由于市场各部分的相关关联效应，才影响长期贷款市场。然而，在某些情况下，长期贷款溢价的出现跟短期贷款正在发生的情况无关。在国际资本市场依然活跃的时代，国际放贷尤其如此。放贷人偶尔会对某一外国国家货币的短期发展充满信心；在以这种货币规定的短期贷款中，根本没有任何溢价，或者只有轻微的溢价。但是，放贷人对有关货币的长期方面所做的评估就不太有利，因此，在长期合同中，一个相当大的溢价被纳入考虑范围。其结果是：以这种货币规定的长期贷款，只能以高于以黄金或某一外币规定的同一债务人其贷款利率水平的利率进行浮动。

我们已说明了一个原因，解释为何溢价实际上充其量可以减少——但永远不能完全消除——由现金引起的货币关系变化对信贷交易内容的（持续不良）影响。

（第二个原因将在下一节中进行讨论。）溢价始终滞后于货币购买力变化，因为产生溢价的并不是（广义）货币供给的变化，而是——必然后来发生的——这些变化对价格结构的影响。只有在一个无休止通胀的最终状态下，事情才会变得不同。对货币灾难即崩溃式繁荣的恐慌，不仅表现为价格上涨到无以复加的地步，而且表现为正溢价上涨到无以复加的地步。对于一个潜在放贷人而言，总利率无论多么高，皆不会高到足以弥补货币单位购买力不断下降预期带来的亏损。他不去放贷，而宁愿选择给自己买"实物"商品。贷款市场停滞不前。

4 贷款市场

贷款市场上确定的总利率并不统一。总利率始终包含的企业家成分根据具体交易的特殊特征而各不相同。所有专门研究利率运动的历史学研究和统计学研究，皆忽视了这一因素，这是这些研究最严重的缺点之一。将公开市场利率或央行贴现率的相关数据按时间序列进行排列整理，这是毫无用处的。可用于建构这种时间序列的各种数据是不可通约的。同一央行的贴现率在不同时段意味着不同的东西。影响各国央行、私人银行以及有组织贷款市场活动的制度条件是如此不同，以至于若不充分考虑到这些多样化差异就对名义利率进行比较将会是一种完全误导性的做法。我们事先知道：在其他条件相同的情况下，放贷人倾向于选择高利率而不是低利率，而债务人则倾向于选择低利率而不是高利率。但这些"其他条件"从来都不会是相同的。在贷款市场上，普遍存在着一种贷款总利率均等化趋势，而对于这种趋势而言，决定企业家成分水平和溢价水平的因素是相同的。这一知识为解释有关利率历史的事实提供了一种心智工具。若没有这一知识的帮助，现有的大量历史资料和统计资料将只不过是积累的一堆毫无意义的数字而已。在排列某些初级商品价格的时间序列时，经验主义至少有一个明显的理由，即所讨论的价格数据涉及的是同一实物。这确实是一个虚假的借口，因为价格与事物不变的物理特性无关，而是与行为人所附加在事物上的不断变化的价值有关。但在利率研究中，即使是这种蹩脚的借口亦无法被提出来。总利率，当它们在现实中出现时，除了交易经济学理论在其身上看到的那些特征之外，没有任何其他共同点。它们是复杂的现象，永远不能用来建构利息的经验理论或利息的后验理论。它们既不能证实，亦不能证伪经济学关于所涉及问题的教义。若用知识经济学所传达的一切来仔细分析，它们就构成了经济史的宝贵文献；对于经济理论而言，它们毫无用处。

人们通常的做法是将短期贷款市场（货币市场）与长期贷款市场（资本市场）区分开来。更深入的分析甚至必须在根据贷款期限对贷款进行分类方面走得更远。此外，在合同条款赋予放贷人之债权的法律特征上亦存在差异。简言之，贷款市场并不具有同质性。但最明显的差异来自包含在总利率中的企业家成分。当人们断言"信贷信用是建立在信任或信心的基础之上"时，所指的就是这一点。

贷款市场的所有部门与在这些部门确定的总利率之间的连通性，是由这些总利率中所包含的净利率向原始利率最终状态发展的内在趋势所造成的。关于这种倾向，交易经济学理论可以自由地将市场利率当作一种统一现象来处理，并从总利率中必然始终包含的企业家成分和总利率中偶尔包含的溢价中抽象出来。

所有商品和服务的价格在任何时刻皆在走向一个最终状态。若要达到这种最终状态，它就会在"现在商品之价格"与"未来商品之价格"之间的比率中显现出原始利息的最后状态。然而，不断变化的经济从未达到过想象中的最终状态。新的数据一次又一次地出现，并将价格趋势从其运动的以前目标转向一个不同的最终状态，而一个不同的原始利率可能对应于该不同的最终状态。在原始利率中，没有任何因素比物价和工资率更持久的了。

那些其富有远见的行为旨在根据数据发生的变化调整生产要素之运用的人——企业家和发起人——根据市场上确定的价格、工资率和利率进行计算。他们发现"互补性生产要素的现价"与"产品的预期价格减去市场利率"之间存在差异，并渴望从中获利。在正在进行经营规划的商人所进行的这些深思熟虑中，利率所起的作用显而易见。利率向他表明：在"不将生产要素用于未来较近时段之需求满足"以及"将这些生产要素专门用于较遥远时段之需求满足"方面，他究竟可以走多远。利率向他表明：在每一个具体情况下，多长的生产周期方能符合公众在现在商品估值与将来商品估值之间比率上得出的差。利率使他无法着手某些项目，这些项目的实施将与公众储蓄所提供的有限数额资本商品相左。

正是在影响利率的这种原始功能时，货币的驱动力才能以一种特殊方式发挥作用。在某些情形下，由现金引起的货币关系变化会在影响商品价格和劳动力价格之前影响贷款市场。（广义）货币供应量的增加或减少，可以增加或减少贷款市场上提供的货币供应量，从而降低或提高总市场利率，尽管原始利率未发生任何变化。若发生这种情况，市场利率就偏离了原始利益状态和可用于生产的资本商品供给所需要的水平。那么，市场利率就无法完成其在指导企业家（创业）决策方面所起的作用。它挫败了企业家的计算，并将他的行为从这些行为本能够以最佳方式满足消费者最迫切需求的那些领域转移开来。

然后，还要认识到第二个重要事实。若在其他条件相同的情况下，（广义）货币供应量增加或减少，从而引起物价上升或下降的总趋势，则必然会出现正溢价或负溢价，并提高或降低总市场利率。但是，若货币关系的这种变化首先影响的是贷款市场，那么这种变化带来的就只会是总市场利率结构的相反变化。尽管需要一个正溢价或负溢价来调整市场利率，以适应货币关系的变化，但总利率实际上是在下降或上升。这就是"为何溢价的工具性不能完全消除由现金引起的货币关系变化对递延付款有关合同之内容的影响"的第二个原因。它的运作开始得太晚，它滞后于货币购买力的变化，如上文所示。现在我们看到：在某些情形下，向相反方向推动的力量自身比一个适当溢价更早地在市场上显现出来。

5 货币关系变化对原始利息的影响

正如市场数据的每一个变化一样，货币关系的变化可能会对原始利率产生影响。根据通胀主义历史观倡导者的说法，通胀大体上倾向于增加企业家的收入。他们是这样推理的：商品价格比工资率上涨得更快，而且上升曲线更陡峭。一方面，工薪族和领薪人员，也即将其大部分收入用于消费而储蓄很少的阶层，受到不利影响，因此必须限制他们的支出。另一方面，人口中的有产阶层，他们将其收入的相当一部分储蓄起来的倾向要大得多，这些人获得了利益；他们不仅不按比例增加其消费，而且还增加其储蓄。因此，在整个社会中，出现了一种新资本加剧积累的趋势。额外投资是对消费经济体系中年产量绝大部分的那部分人口实行消费限制的必然结果。这种强制储蓄降低了原始利率。它加快了经济进步的步伐和技术方法的改进。

诚然，这种强制储蓄可能源于一种通胀运动，过去偶尔也同样源于这种运动。在讨论货币关系变化对利率水平的影响时，不能忽视这样一个事实，即这种变化在某些情形下确实可以改变原始利率。但其他几个事实亦须纳入考虑范围。

首先，必须认识到：强制储蓄可能源于通胀，但不一定必然源于通胀。工资率的上升是否滞后于物价的上升，这取决于每一个通胀实例的特定数据。实际工资率下降的趋势，并不是货币单位购买力下降的一个不可避免结果。名义工资率上升的速度可能会超过商品价格。[1]

---

[1] 我们在这里讨论的是一个不受阻碍劳动力市场的情况。

此外，有必要记住：较富裕阶层更倾向于储蓄和积累资本，这只是一个心理学事实，而不是一个行为学事实。还可能发生一种情况：通胀运动为其带来额外收益的这些人，并不将此收益用于储蓄和投资，而是将其用于增加他们的消费。用所有经济学定理所特有的无可置疑的确定性来预测那些从通胀中获利的人会以何种方式施展行为，这是不可能的。历史可以告诉我们过去发生了什么。但它不能断言（过去发生的）某件事在未来一定会再次发生。

忽视"通胀也会产生倾向于资本消耗的力量"这一事实，将是一个严重错误。其后果之一是它使经济计算和会计变得无效。它产生了虚幻或表观利润的现象。若确定年度折旧限额的方式没有充分考虑到"更换磨损破旧设备所需成本将高于过去购置这些设备的成本"这一点，则这些限额显然是不够的。若在销售存货及产品时，购置存货及产品所支付的价格与销售中实现的价格之间的全部差额作为一笔盈余入账，则错误是相同的。若股票和房地产价格的上涨被认为是一种收益，则虚幻的错觉亦同样明显。使人们相信"通胀导致普遍繁荣"的正是这种虚幻的收益。他们感到幸运，并在消费和享受生活方面变得慷慨大方。他们装饰自己的房子，他们建造新的豪宅，并光顾娱乐业。在花费表观收益——虚假计算的幻想结果时，他们正在消耗资本。这些花钱的人是谁并不重要。他们可能是商人或股票自营商。他们可能是对涨薪要求得到了随和雇主满足的工薪族，而雇主也认为自己的雇员们正在变得一天比一天更富有。他们可能是由通常吸收了很大一部分表观收益之税收补贴的人。

最后，随着通胀加剧，越来越多的人意识到货币购买力在下降。对于那些不亲自从事企业经营和不熟悉股票市场情况的人而言，储蓄的主要工具是积累储蓄存款、购买债券和人寿保险。所有这些储蓄皆受到通胀的影响。因此，储蓄的念头受挫，而铺张浪费似乎成了理所当然。公众做出的最终反应——"奔向实物价值"——只不过是绝望地试图从毁灭性的崩溃废墟中打捞一些碎片而已。从资本保全的角度来看，这并不是一种补救措施，而只是一种糟糕的应急措施。它充其量只能挽救储蓄者资金的一小部分而已。

因此，通胀和扩张主义拥护者们的主要论点相当薄弱。可以承认，在过去，通胀有时（但不总是）会导致强制储蓄和可用资本的增加。然而，这并不意味着它在未来也一定会产生同样的效果。相反，人们必须认识到：在现代条件下，推动资本消耗的力量在通胀条件下比推动资本积累的力量更有可能占上风。无论如何，这种变化对储蓄、资本和原始利率的最终影响，取决于每一种实例情形的特定数据。

对于通缩或限制主义运动的类似后果和影响，经过必要的改变，这一点同样也是有效的。

6 受通胀与信贷扩张影响的总市场利率

无论通胀或通缩运动对原始利率水平的最终影响是什么，它们与由现金引起的货币关系变化能给总市场利率带来的暂时变化之间不存在对应关系。若货币与货币替代品流入市场体系或流出市场体系首先影响到的是贷款市场，则它会暂时扰乱总市场利率与原始利率之间的一致性。市场利率上升或下降，是由于放贷提供之货币数量的减少或增加，而与后来事件过程中可能由货币关系变化引起的原始利率变化无关。市场利率偏离原始利率水平所决定的水平，于是各种力量开始发挥作用，从而使市场利率重新调整到与原始利率相对应的利率水平。在调整所需的时段内，原始利息水平可能会发生变化，而这种变化亦可能是由导致偏离的通胀或通缩过程所引起的。那么，决定重新调整所趋向之最终市场利率的最终原始利率，就不是紊乱前夕盛行的利率。这种情况的发生可能会影响调整过程的数据，但并不影响其实质。

要讨论分析的现象是这样的：原始利率是由未来商品相对于现在商品的折现决定的。原始利率基本上独立于货币和货币替代品的供给，尽管事实上货币和货币替代品供给的变化可以间接影响它的水平。但总市场利率可能会受到货币关系变化的影响。因此必须进行重新调整。导致这一重新调整的过程具有什么样的性质？

在这一节中，我们只关注通胀和信贷扩张。为了简单起见，我们假设：全部额外数额的货币和货币替代品流入贷款市场，并仅通过发放的贷款到达市场的其余部分。这正好与流通信贷扩张的条件相对应。因此，我们的详细审查相当于对信贷扩张所引起的过程进行的一项分析。

在讨论此项分析时，我们必须再次提到溢价。前面已提到，在信贷扩张的最初，没有正溢价出现。在额外的（广义）货币供给已开始影响商品和服务价格之前，溢价是不会出现的。但只要信贷扩张持续进行，而且更多的信用媒介被投掷到贷款市场，总市场利率就会继续承受压力。由于正溢价的出现，总市场利率将不得不上升，而正溢价随着扩张主义进程的进展也将不得不持续上升。但随着信贷扩张继续进行，总市场利率就会继续落后于它将涵盖原始利息和正溢价的水平。

之所以有必要强调这一点，是因为它打破了人们区分他们认为的低利率与高利率的习惯方法。通常人们只考虑利率的算术水平或其运动中出现的趋势。公众舆论对于"正常"利率水平有明确的想法，大约在3%到5%之间。当市场利率上升到这一水平以上，或者当市场利率——不考虑其算术比率——上升到其以前水平以上时，人们就认为他们谈论"高利率"或"利率上升"是对的。针对这些错误，有必要强调的是：在物价普遍上涨（货币单位购买力下降）的条件下，总市场利率只有在其大致上包含足够正溢价的情况下才能被认为在货币购买力基本不变时期的条件下是不变的。从这个意义上说，德国央行——德意志帝国银行在1923年秋实行的90%的贴现率是一个低利率——实际上是一个低得离谱的利率——因为它大大滞后于溢价，而且没有给总市场利率的其他成分留下任何东西。本质上，同样的现象在每一个长时间持续信贷扩张的例子中皆有体现。总市场利率在每一次扩张的进一步过程中皆处于上升状态，但它们依然很低，因为它们并不符合预期的物价进一步普遍上涨所需的水平。

□ 德意志帝国银行

德意志帝国银行，位于法兰克福，曾是德国的中央银行。1876年，新成立的德意志帝国银行取代了原来的普鲁士中央银行。1948年，德意志帝国银行大楼被美国占领当局接管，从此结束营业，成为德国战败的鲜明象征。

在分析信贷扩张过程时，我们假定：经济体系对市场数据进行调整的过程以及朝向最终价格与利率确定的运动过程，受到一个新数据之出现的干扰，而这个数据就是贷款市场上提供的信用媒介的额外数量。按照这场紊乱前夕的总市场利率，凡准备以此利率借款的人，在每一种情况下，皆要为企业家（创业）成分留出适当备抵，就可以想借多少就借多少。额外贷款只能以一个较低的总市场利率发放。总市场利率的下降是否表现为贷款合同中规定的百分比的算术下降，或者名义利率是否保持不变，以及这种扩展是否自身表现为"借贷双方以这些利率就贷款进行协商议价，而这在以前是不可能进行的，因为要包含企业家成分水平"，无关紧要。这样一种结果也相当于总市场利率的下降，并带来同样的后果。

总市场利率的下降会影响企业家对所考虑的项目之盈利机会的计算。与物质生产要素价格、工资率和产品的预期未来价格一起，利率亦是进入正在进行经营规划的商人之计算范畴的项目。此计算的结果向商人表明：一个特定项目是否值得投入。该结果向商人表明：在公众对未来商品的估值与对现在商品的估值之比率的给定状态下，可以进行什么样的投资。该结果使他的行为与这一估值相一致。该结果将阻止他着手进行符合如下特征的项目：这些项目的实现将因其需要的等待时间较长而不被公众批准。该结果迫使他使用资本商品的现有可用存量，以便最大限度满足消费者最为迫切的需求。

但现在利率的下降使这位商人的计算变得无效。虽然可用资本商品数量并未增加，但计算中使用的数字只有在发生这种增加的情况下才能使用。因此，这种计算的结果具有误导性。它们使一些项目看起来有利可图和可实现，而根据不受信贷扩张操纵的利率进行的正确计算将显示这些项目是不可实现的。企业家着手执行这样的项目，商业活动受到刺激，于是繁荣开始了。

正在进行经营扩展的企业家，其额外需求往往会提高生产者商品的价格和工资率。随着工资率上升，消费品的价格也随之上升。此外，企业家们也为消费品价格上涨贡献了自己的一份力量，因为他们也因为被他们商业账户所显示的虚幻收益所迷惑而准备消费更多。物价的普遍上涨使乐观情绪蔓延开来。若生产者商品价格上涨，而消费品价格却并不受影响，那么企业家们就会陷入尴尬状态。他们会怀疑他们的计划是否合理稳健，因为生产成本的上升会打乱他们的计算。但让他们感到放心的是：对消费品的需求加剧，而且使他们有可能在尽管价格上涨的情况下扩大销售。因此，他们满怀信心——生产会有回报，尽管它涉及的成本更高。他们决心将生产继续下去。

当然，为了继续以信贷扩张带来的扩大后规模进行生产，所有企业家——这些企业家确实扩大了其生产活动，且扩大规模不亚于那些仅在他们以前生产之限定范围内生产的企业家——皆需要额外资金，因为现在的生产成本更高了。若信贷扩张仅仅是一次性地（而不是重复性地）向贷款市场注入一定数量的信用媒介然后完全停止，则繁荣必然很快就会停止。企业家无法获得进一步经营其商业冒险活动所需的资金。总市场利率上升，是因为贷款需求的增加并没有被可用于放贷的货币数量的相应增加所抵销。商品价格下跌，是因为一些企业家正在出售库存，而另一些企业家则停止了购买。商业活动的规模再次缩减。繁荣结束，是因为带来繁荣的力量不再发挥作用。流通信贷的额外数量已经耗尽了它对物价和工资率的作用。物价、工资率和各种个人的现金持有量皆根据新的货币关系进行调整；它们走向与这种货币关系相对应的最终状态，而不受额外信用媒介进一步注入的干扰。与这种新的市场结构相协调的原始利率，对总市场利率起着充分的推动作用。总市场利率不再受由现金引起的（广义）货币供应量变化所带来的令人不安的影响。

所有试图解释繁荣（即生产扩大和一切物价上涨的总趋势）而不考虑货币或信用媒介供给变化的尝试，其主要缺陷在于——它们皆忽视了这种情形。物价的普遍上涨，只有在所有商品的供应量下降或（广义）货币供应量增加的情况下才能发生。为了论证起见，我们暂时承认：对繁荣和贸易周期的这些非货币解释的陈述是正确的。尽管货币供应量没有增加，但物价上涨，商业活动规模扩大。然后很快，必然会出现一个物价下降趋势，贷款需求必然会增加，总市场利率必然会上升，而短暂的繁荣就这样戛然而止。事实上，每一个非货币贸易周期学说皆默认假设——或者说逻辑上应该假设——信贷扩张是繁荣的一个伴随现象。[1] 不得不承认：若没有这样的信贷扩张，就不可能出现任何繁荣，而（广义）货币供应量的增加是物价普遍上升运动的必要条件。因此，仔细考察一下，对周期性波动之非货币解释的陈述就会缩小到这样一种断言，即信贷扩张虽然是繁荣的必要条件，但其本身并不足以带来繁荣；繁荣的出现还需要一些进一步的条件。

然而，即使在这个有限意义上，非货币学说的教义也是徒劳无用的。显然，信贷的每一次扩张皆必然带来上述的繁荣。只有当另一个因素同时抵销信贷增长时，创造繁荣的信贷扩张趋势才可能不会到来。例如，若在银行扩大信贷的同时，人们期望政府将商人们的"超额"利润通过征税完全收走，或者一旦"刺激经济的政府投资"导致物价上涨，政府将停止信贷扩张的进一步推进，就不可能出现任何繁荣了。企业家不会借助银行提供的廉价信贷来扩大他们的商业冒险活动，因为他们不能指望增加其收益。之所以有必要提到这一事实，是因为它解释了20世纪30年代美国新政基于政府投资的经济刺激措施和其他事件的失败原因。

只有信贷扩张以不断加速的节奏推进，繁荣才可能持续。一旦额外数量的信用媒介不再投放到贷款市场，繁荣就会结束。但即使通胀和信贷扩张无休止地继续进行，这种情况也不可能永远持续下去。然后，它就会遇到阻碍流通信贷无限

---

[1] 参见戈特弗里德·冯·哈伯勒（Gottfried von Haberler），《繁荣与萧条》（*Prosperity and Depression*）[新版，《国际联盟报告》（*League of Nations' Report*），日内瓦，1939年]，第7页。

扩张的障碍。它将导致崩溃式繁荣和整个货币体系的崩溃。

货币理论的精髓是这样一种认识，即由现金引起的货币关系变化既不同时，也不在同样程度上影响各种物价、工资率和利率。若不存在这种不均匀性，货币将是中性的；货币关系的变化并不会影响商业结构、工业各部门生产的规模和方向、消费以及人口各阶层的财富和收入。那么，总市场利率也不会受到货币和流通信贷领域变化的影响——无论这种影响是暂时的还是持久的。这种变化可以改变原始利率，这是由这种不均匀性在各种不同个人的财富和收入方面所带来的变化引起的。"除了原始利率的这些变化之外，总市场利率也暂时受到影响"，这一事实本身就是这种不均匀性的一种表现。若额外数量的货币进入经济体系的方式是——在这些货币已经使物价和工资率上升的某一天才到达贷款市场，则对总市场利率的这些直接的暂时影响将会要么是轻微的，要么是完全不存在的。总市场利率受到的影响越强烈，流入的货币或信用媒介额外供给就越早到达贷款市场。

当在信贷扩张条件下将全部的额外货币替代品均借给企业时，生产就扩大了。企业家要么着手进行横向生产扩张（即在不延长个别行业生产周期的情况下进行生产扩张），要么着手进行纵向生产扩张（即延长生产周期）。在任何一种情况下，额外的工厂皆需要额外生产要素的投资。但可用于投资的资本商品的数量并未增加。信贷扩张也不会带来一种限制消费的趋势。诚然，正如上文在讨论"强制储蓄"时所指出的：在进一步的扩张过程中，一部分人口将被迫限制其消费。但是，某些人群的这种强制储蓄是否会过度补偿其他人群消费的增加，从而导致整个市场体系中储蓄总额出现一个净增加额，这取决于每一个信贷扩张实例的具体情况。无论如何，信贷扩张的直接后果是那些由于正在进行扩张的企业家对劳动力的需求剧增而涨薪的工薪族的消费增加。为论证起见，我们假定：这些受惠于通胀影响的工薪阶层增加的消费和受害于通胀影响的其他群体的强制储蓄，二者在数额上正好相等，而且消费总额没有发生任何变化。那么情况就会是这样的：生产已经被改变，以至于等待时间的长度已经延长。但对消费品的需求并未下降，从而使可用的供给持续更长一段时间。当然，这一事实会导致消费品价格上涨，从而带来强制储蓄趋势。然而，这种消费品价格的上涨加强了商业扩张的趋势。企业家从"需求和价格均在上涨"这一事实中得出这样的推论，即进行投资和生产更多产品是值得的并将产生回报。他们继续进行投资并生产更多产品，而且他们的生产经营活动加剧，使生产者商品价格和工资率进一步上升，从而再次使消费品价格上升。只要银行越来越多地扩大信贷（规模），商业就会持续繁荣。

在信贷扩张前夕,所有这些生产过程皆处于运行状态,而在给定的市场数据状态下,这些生产过程被认为是有利可图的。该体系正在走向这样一种状态,即所有渴望赚取工资的人们均将被雇用,而且所有不可转换的生产要素均将在"消费者的需求和非特定物质要素和劳动的可用供给允许"范围内被运用。只有当资本商品的数量通过额外储蓄——也即通过已生产但未消费的盈余——增加时,生产的进一步扩张才有可能。信贷扩张繁荣的特征标志是:这种额外的资本商品尚未提供。扩张商业经营活动所需的资本商品必须从其他生产领域撤出。

我们可将在信贷扩张前夕可用资本商品供应总量设为 p,将 p 在一个特定时段内不妨碍进一步生产而可为消费提供的消费品总量设为 g。现在,企业家们在信贷扩张的诱惑下,开始生产他们过去已经生产过的同一类商品之额外数量 g_3 以及他们以前没有生产过的一类商品之额外数量 g_4。g_3 数量的生产需要 p_3 数额的资本商品供给,而 g_4 数量的生产需要 p_4 数额的资本商品供给。但是,根据我们的假设,可用资本商品的数额保持不变,因此缺少 p_3 和 p_4 数额的资本商品。正是这一事实将信贷扩张造成的"人为"繁荣与只有在 p 上增加 p_3 和 p_4 才能带来的"正常"生产扩张区分开来。

我们将在一个特定时段内生产总收益中必须用于再投资以替换生产过程中消耗掉的部分 p 的资本商品数额设为 r。若 r 用于此等替换,则在接下来的一段时间里,一个人将能够再次生产出 g;若将 r 从这一用途中撤出,p 将减少 r,而 $(p-r)$ 在接下来的一段时间内将只产生出 $(g-a)$。我们可以进一步假设:受信贷扩张影响的经济体系是一个不断进步的体系。可以说,在信贷扩张之前的一段时间里,它"正常地"产生了资本商品盈余 (p_1+p_2)。若没有信贷扩张的干预,p_1 原本将用于生产先前生产的那类商品的额外数量 g_1,而 p_2 原本将用于生产先前未生产的那类商品供给 g_2。企业家可以支配的、他们可以自由制订计划的资本商品总额为 $(r+p_1+p_2)$。然而,被成本低廉的货币所迷惑,他们信心满满地施展行为,仿佛 $(r+p_1+p_2+p_3+p_4)$ 是现有可用的一般,而且仿佛他们不仅能够生产 $(g+g_1+g_2)$,而且除此之外还能够生产 (g_3+g_4)。他们在争夺资本商品供给的份额时出价高于对方,而资本商品供给不足以实现他们过于雄心勃勃的计划。

随之而来的生产者商品价格的上扬在开始时可能会超过消费品价格的上涨。因此,它可能会带来一种原始利率下降的趋势。但是,随着扩张主义运动的进一步发展,消费品价格的上涨将超过生产者商品价格的上涨。工资和薪金的增加,以及资本家、企业家和农场主的额外收益——尽管有很大一部分属于表观性质——加剧了人们对消费品的需求。毫无必要仔细研究信贷扩张倡导者的断言，即通过强制储蓄，繁荣可以真正增加消费品的总供给。无论如何，可以肯定的是，当额外投资尚无能力生产出其产品时，对消费品的需求加剧将会对市场产生影响。现在商品的价格与未来商品的价格，二者之间的差距再次扩大。原始利率上升的趋势，代替了在扩张的早期阶段可能开始出现的相反趋势。

这一原始利率上升趋势和一个正溢价的出现，解释了繁荣的某些特征。银行面临着企业方面对贷款和预付款之需求增加的局面。企业家们准备以更高的总利率借款。尽管银行收取更多利息，他们依然继续借贷。从算术上看，总利率正在不断上升，以至于超过了扩张前夕的总利率水平。然而，它们远远落后于其涵盖原始利益加上企业家（创业）成分和溢价的水平。银行认为：当他们以更为苛刻的（贷款）条款放贷时，他们已经采取了一切必要措施来阻止"不合理的"投机行为。他们认为：那些指责他们"为市场繁荣狂热煽风点火"的批评者是错误的。他们并不明白：在向市场注入越来越多的信用媒介时，他们实际上是在点燃繁荣的火种。正是信用媒介供给的不断增加，产生，供养并加速了繁荣。总市场利率的状况仅仅是这种增加的结果而已。若一个人想知道是否存在信贷扩张，他就必须看信用媒介的供给状态，而不是利率的算术状态。

人们习惯将繁荣描述为"过度投资"。然而，只有在可以提供资本商品额外供给的情况下，才有可能进行额外的投资。由于除了强制储蓄之外，繁荣本身并没有导致对消费的限制而是导致消费的增加，因而它并没有为新的投资获得更多的资本商品。信贷扩张繁荣的本质并不是过度投资，而是在错误领域进行的投资，即投资不当。企业家运用现有可用供给（$r+p_1+p_2$），仿佛他们有能力利用供给（$r+p_1+p_2+p_3+p_4$）一样。他们开始着手扩大投资规模，而现有可用资本商品尚不足以满足这一规模的需要。由于资本商品供给不足，他们的项目无法实现。他们迟早会失败。信贷扩张不可避免的结束，使得所犯的错误变得显而易见。有些工厂无法利用起来，因为缺少可以生产互补性生产要素的工厂；有些工厂的产品由于消费者更倾向于购买其他商品而无法销售出去，可是这些"其他商品"的产量却并不充足；有些工厂的建设不能继续进行和竣工，因为很明显这些工厂因产生不了期望的回报而不值得建设。

人们之所以错误地认为"繁荣的本质特征是过度投资，而不是投资不当"，这是因为人们习惯于仅仅根据看得见、摸得着的东西来对情况作出判断。观察者只注意到那些显而易见的投资不当，而没有认识到：这些设施之所以是投资不当之"果",其"因"在于缺少其他工厂——生产互补性生产要素所需的工厂和生产公众更迫切需要之消费品所需的工厂。由于技术条件的限制,必须通过首先扩大那些生产"在阶性上距离消费成品最远的商品"之工厂的规模,从而开始扩大生产。为了扩大鞋类、服装、汽车、家具、房屋的生产,必须首先增加铁、钢、铜及其他此类商品的生产。在运用足以支持生产$(a+g_1+g_2)$的$(r+p_1+p_2)$供给时,就如同运用的是$(r+p_1+p_2+p_3+p_4)$并且足以生产$(a+g_1+g_2+g_3+g_4)$一样,必须首先着手增加由于物理原因首先需要的那些产品和结构的产量。整个企业家阶层可以说皆处于建造大师的地位,他们的任务是用有限的建筑材料建造出一座建筑物。若这个人高估了可用供给的数量,则他起草的计划必然会是他可支配的手段并不足以实现的计划。他规划的地基和基础尺寸过大,直到后来在施工建设过程中才发现——他缺少完成建筑结构所需的材料。很明显,我们这位建筑大师的过错并不在于过度投资,而在于不恰当地运用了他可以支配的手段。

认为"导致危机的事件相当于将'流通'资本不适当地转化为了'固定'资本",这同样是错误的。个体企业家在面对危机中的信贷紧缩时后悔为扩大自己工厂和采购耐用设备花费了太多资金,这是对的;若用于这些用途的资金(未曾花出去而是)依然可由他支配用于目前的业务经营活动,那么他的情况会比目前好一些。然而,在由上升转为萧条的转折点上,原材料、初级商品、半成品和食品并不缺乏。相反,这场危机的特点恰恰是——这些商品的供给量足以使其价格急剧下降。

上述陈述解释了"为何生产设施和重工业生产的扩大以及耐用生产者商品生产的扩大是繁荣的最明显标志"。一百多年来,金融业和商业编年史的编辑们将这些行业和建筑行业的生产数据视为商业波动的一个指数,这是对的。他们只是错误地提到了所谓的"过度投资"。

当然,繁荣亦影响到了消费品行业。这些行业也加大了投资、扩大了产能。然而,新的工厂和在现有工厂基础上增添的新附属设施并不总是用于公众需求最强烈产品的附属设施。这些工厂很可能已经同意旨在生产$(r+g_1+g_2+g_3+g_4)$的整个计划的要求。这个规模过大计划的失败暴露了这些工厂的不适当之处。

物价的大幅上涨并不总是繁荣的一个常见现象。信用媒介数量的增加当然始终皆有使物价上涨的潜在影响作用。但同时亦可能发生这样的情况,即相反方向的作用力强大到足以将物价的上涨控制在狭窄范围内,甚至完全消除物价的上涨。市场经济的顺利运行一次又一次被扩张主义冒险行为打断的历史时期,正是经济持续进步的时代。新资本积累的稳步推进，使技术进步成为可能。单位投入的产出增加了，而且企业用数量日益增加的廉价商品填满了市场。若（广义）货币供给的同步增加比实际的要少，则所有商品价格均下降的趋势就会发生作用。作为一个实际的历史事件，信贷扩张始终植根于一个强大因素正在抵销其提高价格之趋势的环境中。通常，相反力量冲突的结果就是——那些造成物价上涨的力量占了上风。但也有一些例外情形，物价上升幅度很小。最显著的例子是1926年至1929年的美国经济繁荣。[1] 信贷扩张的基本特征不受这样一个特别系列市场数据的影响。诱使一个企业家着手特定项目的，既不是高物价，亦不是低物价，而是生产成本（包括所需资本的利息）与产品预期价格之间的差异。信贷扩张所带来的总市场利率的降低，始终会使一些项目看起来有利可图，而之前这些项目看上去并非如此。信贷扩张激励企业运用（$r+p_1+p_2$），仿佛运用的是（$r+p_1+p_2+p_3+p_4$）一样。它必然导致投资活动和生产活动的结构跟资本商品的实际供给不一致，而且最终必然崩溃。"有时所涉及的价格变动是以货币购买力上升的总趋势为背景的，而且并未将这种趋势转化为其明显的相反趋势，而只是转化为大体上可称为'物价稳定'的趋势"，这仅仅改变了这一过程的一些辅助因素而已。

无论情况如何，可以肯定的是，对银行的任何操纵皆不能为经济体系提供资本商品。一次稳健的生产扩张所需要的，是额外的资本商品，而并不是货币或信用媒介。信贷扩张繁荣是建立在钞票与存款的"沙粒"（而非"坚固水泥"）基础之上的。它必然会土崩瓦解。

一旦银行对繁荣的加速节奏感到恐惧，并开始戒绝进一步的信贷扩张，崩溃就出现了。只有当银行准备好给予企业执行其完全不符合生产要素供给和消费者估值之实际情况的过度项目所需的一切信贷时，繁荣才能持续下去。这些虚幻的计划——由成本低廉货币政策带来的商业计算的证伪提出——只有在能够以符合如下条件的总市场利率获得新信贷的情况下才能推进：该总市场利率被人为地降低到低于在一个不受阻碍贷款市场上可能达到的水平。正是这种利润率给了它们盈利能力的欺骗性外表。银行行为的改变并不会造成危机。它只是使企业在繁荣时期已经犯下的错误所造成的破坏变得显而易见而已。

---

[1]参见穆瑞·牛顿·罗斯巴德（M. N. Rothbard），《美国大萧条》（America's Great Depression，普林斯顿，1963年）。

若银行顽固地坚持他们的扩张主义政策，繁荣也不可能无休止地持续下去。任何试图用额外信用媒介代替不存在的资本商品（即数量p_3和p_4）的企图皆注定要失败。若信贷扩张得不到及时制止，繁荣就变成了崩溃式繁荣；"奔向实物价值"行为就开始了，而且整个货币体系也就随之崩塌了。然而，在过去，银行通常并未将事情推向极端。当最后的灾难还很遥远的时候，他们变得惊慌起来。[1]一旦额外信用媒介的涌入结束，繁荣的空中楼阁就会崩塌。企业家必须限制他们的（生产经营）活动，因为他们缺乏资金继续维持其不当扩大的生产经营规模。物价突然下跌，因为这些陷入困境的企业试图通过以极低价格在市场上抛售库存来获取现金。工厂被关闭，正在进行的施工建设项目被停止，工人被解雇。一方面由于许多企业迫切需要资金以避免破产，另一方面由于没有任何企业再拥有信心，因此总市场利率中的企业家成分跳到了一个过高的水平。

偶然的制度情形和心理情形一般会使危机的爆发变成一种恐慌情绪。描述这些可怕事件的任务可以留给历史学家。详细描述惊慌失措的人们在数天和数周里遭遇的灾难，并详细讨论其有时怪诞的方面，并不是交易经济学理论的任务。经济学对偶然的和由每一个实例的个别历史情形所制约的东西并不感兴趣。相反，经济学的目的是将本质性的和必要性的东西跟仅仅是偶然性的东西区别开来。它对恐慌的心理方面并不感兴趣，而只对这样一个事实感兴趣，即一次信贷扩张繁荣必然不可避免地导致一个日常用语称之为"萧条"的过程。它必须认识到：萧条实际上是重新调整的过程，也即使生产活动重新与如下市场数据的给定状态相一致的过程：生产要素的可用供给、消费者的估值，以及尤其还有公众估值中所显示的原始利益状态。

然而，这些数据跟扩张主义进程前夕盛行的数据不再一致。很多事情皆已发生变化。强制储蓄——甚至在更大程度上，定期自愿储蓄——可能已经提供了新的资本商品，而这些商品并未通过繁荣所导致的投资不当和过度消费而被完全挥

---

[1] 人们不应盲目幻想"银行信贷政策的这些变化是银行家和货币当局对持续信贷扩张不可避免后果的洞见造成的"。导致银行行为转变的是某些制度条件，这些制度条件将在下文进一步论述。在经济学的捍卫者中，一些私人银行家是杰出的；尤其是对商业波动理论的早期形式——货币理论——的阐述，在很大程度上是英国银行家的一项成就。但央行的管理和各国政府货币政策的执行通常被委托给具有如下特点的人：这些人并不觉得无限信贷扩张存在任何过错，并且对其扩张主义冒险行为受到的每一项批评都会生气。

霍掉。各种个人和个人群体的财富与收入的变化，是由每一次通胀运动所固有的不均匀性引起的。除了与信贷扩张之间的任何因果关系之外，人口可能已然在人口数字和构成人口数字之个人的特征方面发生了变化；技术知识可能已经进步，对某些商品的需求可能已经改变。市场趋向于建立的最终状态，不再是其在信贷扩张所造成的紊乱之前趋向于建立的状态。

若用重新调整时期的清醒判断来评价，繁荣时期所做的一些投资就不再因上涨的幻想而黯然失色，而是成为绝对无望的失败。必须放弃这些投资项目，因为进一步开发它们所需的现有手段（生产资料）在销售其产品时无法收回；需求满足的其他分支部门更加迫切地需要这种"流通"资本；事实证明：它能够以更为有利可图的方式运用于其他领域。其他不当投资提供了某种程度上更为有利的机会。诚然，假若一个人计算正确，那么他原本就不会着手将资本商品投入到这些不当投资项目之中。代表他们所做的不可转换投资肯定是白白浪费掉了。但是由于它们是不可转换的，是一个既成事实（fait accompli），因此它们给进一步的行为带来了一个新的问题。若他们产品的销售所承诺的收益预计超过目前经营的成本，则继续经营是有利可图的。虽然购买产品的公众准备允许他们产品所设定的价格尚未高到足以使全部不可转换投资皆有利可图的程度，但它们足以使投资中的一小部分（无论多么小）有利可图。投资的其余部分则必须被视为没有任何补偿的支出，因为用于这一部分的资本被挥霍和损失掉了。

若从消费者角度来看这个结果，结果当然是一样的。倘若宽松货币政策造成的幻想并未诱使企业家浪费稀缺资本商品——将它们投资用来满足较不紧迫的需求，从而将它们从其本可以满足较为紧迫需求的生产领域截留下来，那么消费者将会过得更好一些。但就目前的情况来看，他们只能忍受不可挽回的局面。他们必须暂时放弃某些便利设施，假若繁荣没有导致投资不当，他们本可以享受这些设施。但是，另一方面，他们可以从如下事实中找到部分补偿：现在他们可以享受一些乐趣，而假若经济活动的顺利进行并没有被繁荣的狂欢所干扰，他们是无法获得这些乐趣的。这只是轻微的补偿，因为他们对那些由于资本商品的不适当运用而得不到的其他东西的需求，比他们对这些"替代品"的需求更为强烈。但就目前的条件和数据而言，这是留给他们的唯一选择。

信贷扩张的最终结果是普遍贫穷。有些人可能已经增加了他们的财富；他们并没有让他们的推理因大众的歇斯底里而迷失方向，而且他们及时利用了个人投资者的流动性所提供的机会。其他个人和个人群体可能在他们自己没有任何主动行为的情况下，仅仅因为他们所售商品价格上涨和他们所买商品价格上涨之间的时间滞差而受惠。但绝大多数人必然为繁荣时期的投资不当和过度消费买单。

人们必须防止对"贫穷"这个术语的误解。与信贷扩张前夕盛行的情况相比，这并不一定意味着贫穷。是否发生这个意义上的贫穷，取决于每种情形的具体数据；它不能用交易经济学来进行不容置疑的预测。当交易经济学断言贫穷是信贷扩张的一个不可避免结果时，它所考虑的是与在没有信贷扩张和繁荣的情况下将会发展起来的事态相比较的贫穷。资本主义条件下经济史的特征标志是经济的不断进步、可用资本商品数量的稳定增长以及普通大众生活水平持续提高的趋势。这一进步的节奏如此之快，以至于在一个持续繁荣的时期，它可能远远超过因投资不当和过度消费而造成的同步亏损。然后，整个经济体系在繁荣结束时比繁荣最初开始时更为繁荣；只有当与依然存在可挖掘的满足更好满足状态之潜力相比时，它才显得贫穷。

极权主义管理下所谓的萧条缺失

许多作者皆强调：经济危机和商业萧条的重复出现是资本主义生产方式所固有的一个现象。

正如已然很明显并将在后面再次显示的那样，商业的周期性波动，其发生并非起源于不受阻碍市场领域，而是政府干预商业条件的一个产物，而这种干预其目的是将利率降低到自由市场本来可能确定的利率水平以下。在这一点上，我们只需要分析讨论所谓的由干预主义规划所确保的稳定。

至关重要的是要认识到：促使经济危机出现的是市场的民主进程。消费者并不赞成对受企业家影响之生产要素的运用。他们通过购买（此商品）和不购买（彼商品）的行为来表明他们的不赞成。企业家们——被总市场利率可以人为降低的幻想所误导——未能投资于那些本可以最佳方式满足公众最迫切需求的领域。信贷扩张一结束，这些缺陷就显现出来。消费者的态度迫使商人重新调整他们的生产经营活动，以尽可能佳的方式实现对消费者的需求满足。正是这一对繁荣时期所犯错误的清算以及根据消费者意愿所做的重新调整的过程，被称为"萧条"。

但在一个极权主义经济体系中，只有政府的价值判断才算数，而人民则被剥夺了使他们自己的价值判断占上风的任何手段。一个独裁者并不关心群众是否赞成他所做出的关于投入多少资金用于当前的消费以及投入多少资金用于额外投资的决定。若独裁者投资更多资金，从而削减了可用于当前消费的手段，人民就必须吃得更少并且闭嘴。没有任何危机出现，因为臣民百姓没有任何机会来表达他们的不满。在根本没有生意的地方，生意既不可能好，亦不可能坏。可能会有饥饿和饥荒，但没有"萧条"这一术语在分析处理市场经济问题时所用意义上的萧条。若个人不能自由进行选择，他们就不能抗议那些指导生产活动过程的人所采用的方法。

7 受通缩与信贷紧缩影响的总市场利率

我们假设：在通缩过程中，（广义）货币供给减少的全部数额皆来自贷款市场。然后，贷款市场与总市场利率在这一过程的一开始就受到影响，此时商品与服务的价格尚未因货币关系持续发生的变化而改变。例如，我们可以假设：一个旨在通缩的政府浮动贷款利率，并销毁借来的纸币。过去的两百年间，这样的程序被一次又一次反复采用。这个想法是：在旷日持久的通胀政策期之后，将国家货币单位提高到其以前的金属平价。当然，在大多数情况下，通缩项目很快就被放弃了，因为它们的执行遭遇到了越来越多的反对，而且给国库带来了沉重的负担。或者我们可以假设：银行由于受到信贷扩张带来的危机的不利经历的惊吓，打算增加针对其负债所持有的准备金，从而限制流通信贷的数额。第三种可能性是：危机已导致提供流通信贷的银行破产，而这些银行所发行的信用媒介的湮灭减少了贷款市场上的信贷供给。

在所有这些情况下，总市场利率会出现一个暂时上升的趋势。以前看起来有利可图的项目不再出现了。生产要素价格出现一种下降趋势，随后消费品价格亦出现一种下降趋势。生意变得萧条清淡。只有当物价和工资率大体上已经得到调整以适应新的货币关系时，生意冷清的僵局才会停止。这样，贷款市场也会调整自己以适应新的形势，而且总市场利率就不再因可用于预付款的资金之短缺而紊乱。因此，由现金引起的总市场利率上升会导致商业暂时停滞。通缩和信贷紧缩不亚于通胀和信贷扩张，皆是扰乱经济活动顺利进行的要素。然而，若将通缩与信贷紧缩视为通胀与信贷扩张的简单对应物，则是错误的看法。

信贷扩张首先产生繁荣的假象。它极其受欢迎，因为它似乎让大多数人——甚至每个人——皆变得更加富裕。它有一种诱人的特质。需要一种特别的道德努力来阻止它。另一方面，信贷紧缩立即产生了每个人皆准备谴责为弊端的条件。它的不受欢迎程度甚至大于信贷扩张的受欢迎程度。它制造了激烈的反对。很快，与之进行斗争的政治力量变得不可抗拒。

法定货币通胀和向政府提供的成本低廉贷款向国库输送了额外的资金；而通缩则耗尽了国库的金库。信贷扩张是银行的福音，而信贷紧缩则相当于没收银行的财产。通胀和信贷扩张具有一种诱惑力，而通缩和信贷紧缩则产生一种排斥力。

但这两种相反的货币和信贷操纵模式之间的不同之处，不仅仅在于——其中一种模式很受欢迎，而另一种模式则普遍受到憎恶。通缩和信贷紧缩，造成严重破坏的可能性比通胀和信贷扩张要小，这并不仅仅是因为它们很少被采用。还有一个原因是，由于它们所固有的影响，它们的灾难性也相对较小。信贷扩张由于投资不当和过度消费而浪费了稀缺生产要素。若它一旦结束，就需要一个乏味的恢复过程，以消除它留下的贫穷。但信贷紧缩既不会产生投资不当，亦不会产生过度消费。它对商业活动造成的暂时限制，大体上可以被下岗工薪族和其销售下降之物质生产要素所有者的消费下降所抵销。没有留下任何久治不愈的伤疤。当信贷紧缩结束时，重新调整的过程不需要弥补资本消耗造成的亏损。

通缩和信贷限制在经济史上从未扮演过引人注目的角色。在经历了拿破仑战争的战时通胀以及一战的战时通胀后，英国恢复到了英镑的战前黄金平价，这就是突出的例子。在每一种情况下，英国议会和内阁均在没有权衡可实现金本位制回归的两种方法之利弊的情况下采取了通缩主义政策。在19世纪的第二个十年间，它们可以被证明是没什么毛病的，因为在当时货币理论尚未澄清所涉及的问题。一百多年后，这只不过展现了经济学以及货币史的不可原谅的无知而已。

无知还表现在对通缩与信贷紧缩的混淆以及对每一次扩张主义繁荣必然导致的重新调整过程的混淆之中。危机是否会对信用媒介的数额产生一种限制，这取决于创造繁荣的信贷信用体系的制度结构。当危机导致发放流通信贷的银行破产而其余的银行没有采取相应的扩张措施来抵销这种下降时，这种限制就可能发生。但这不一定是萧条的一种伴随现象；毫无疑问，在过去的八十年间，它在欧洲没有出现过，而根据美国于1913年颁布的《联邦储备法》（*Federal Reserve Act*），它在美国发生的程度被严重夸大了。标志着危机的信贷短缺并非由信贷紧缩造成，而是由避免进一步信贷扩张造成的。它伤害了所有的企业——不仅包括那些无论如何注定要失败的企业，亦包括那些业务稳健、若有适当信贷则可蓬勃发展的企业。由于到期应偿还债务尚未偿还，银行甚至缺乏资金向最稳健的企业发放信贷。危机变得普遍，并迫使所有商业部门和所有企业均限制其经营活动范围。但没有任何办法来避免前一轮繁荣带来的这些次生后果。

萧条一出现，整个社会就普遍哀叹通缩，而且人们喧嚷着要求继续推行扩张主义政策。现在，的确，即使没有正式货币和信用媒介供给方面的限制，萧条亦会带来一种由现金导致的货币单位购买力增加的趋势。每个企业皆打算增加其现金持有量，而这些举措会影响（广义）货币供给予旨在增加现金持有量的（广义）货币需求之间的比率。这可能被恰当地称为"通缩"。但是，若认为物价下跌是由于这种对更大现金持有量的努力举措造成的，那就大错特错了。因果关系正好相反。生产要素——物质生产要素和人力生产要素——的价格在繁荣时期已经达到了一个过高的水平。在企业业务再次变得有利可图之前，这些要素的价格必须下降。企业家扩大其现金持有量，因为只要物价和工资的结构尚未根据市场数据的真实状况进行调整，他们就不购买商品，也不雇用工人。因此，政府或工会试图阻止或拖延这种调整的任何企图除了延长经济停滞之外，起不到任何其他效果。

即使是经济学家也常常无法理解这种关联关系。他们这样争辩说：在繁荣时期发展起来的价格结构是扩张主义压力的一个产物。若受信用媒介的进一步增加告一段落，物价和工资（费率）的上行就必然停止。但是，若无通缩，物价和工资率就不会下降。

若通胀压力在用尽其对物价的直接影响之前尚未影响到贷款市场，则这种推理将是正确的。我们假设一个孤立国家的政府发行额外的纸币，以便向中等收入公民支付失业救济金。由此引起的物价上涨将会扰乱生产；它将倾向于将生产从该国未受补贴人群经常购买的消费品转移到受补贴人群正需要的商品上。若以后放弃对某些人群进行这种补贴的政策，那么，以前受补贴人群所需商品的价格就会下降，以前不受补贴人群所需商品的价格就会更加急剧地上升。但是，不会出现货币单位购买力恢复到其通胀前状态的任何趋势。若政府不将以补贴形式注入的额外数量纸币撤出市场，则价格结构将长期受到通胀风险的影响。

信贷扩张首先影响贷款市场的情况各不相同。在这种情况下，通胀影响与资本投资不当及过度消费的后果相互叠加。为了在有限的资本商品和劳动力供给中争取更大的份额，竞标的企业家们将价格推到一个水平，而只有在信贷扩张以加速节奏持续进行的情况下，企业家们才能将该价格水平保持不变。一旦更多的信用媒介停止进一步流入市场，所有商品和服务的价格就会统统不可避免地大幅下跌。

虽然繁荣正在持续进行之中，但存在的一个普遍趋势是人们会尽可能多地购买，因为人们预计物价会进一步上涨。另一方面，在萧条时期，人们戒绝购买，因为他们预计物价将会继续下跌。只有当物价和工资率下跌到如此之低，以至于有足够多的人认为物价和工资率不会继续下跌时，经济复苏和回归"常态"方能开始。因此，缩短生意糟糕时期的唯一办法是避免试图拖延或抑制物价和工资率下降的任何尝试。

只有当经济复苏开始形成时，受信用媒介数量增加影响的货币关系变化才开始在价格结构中表现出来。

信贷扩张与简单通胀之区别

在分析讨论信用扩张的后果时，我们假设额外信用媒介总数额作为对企业的预付款通过贷款市场进入市场体系。所有关于信贷扩张影响的预测皆提及此条件。

然而，在某些情况下，信用扩张的法律和技术方法被用于与真正的信用扩张在交易经济学上完全不同的一个程序。政治上和制度上的便利，有时使政府利用银行业机构来代为发行政府法定货币成为一种上策。国库向银行借款，银行通过发行额外钞票或将政府作为某一存款账户贷记对象来提供所需资金。在法律上，银行成为国库的债权人。事实上，整个交易相当于实行法定货币通胀。额外的信用媒介通过国库渠道进入市场，作为政府各项支出的付款。正是这种额外的政府需求，煽动企业扩大其经营活动。这些新增法定货币的发行并不会直接影响总市场利率，无论政府向银行支付的利率是多少。只有当这些新增法定货币中的一部分在这些货币对物价和工资率的影响尚未完全完成之时到达贷款市场时，除了出现一个正溢价之外，它们影响到的对象就是贷款市场和总市场利率。

例如，二战中的美国就属于这种情况。除了二战爆发前美国当局已经采取的信贷扩张政策之外，美国政府还向商业银行大量借贷。从技术上讲，这属于信贷扩张；从本质上讲，它是美元发行的一种替代品。在其他国家甚至采用了更为复杂的技术。例如，德意志帝国在一战中曾向公众出售债券。德意志帝国银行（当时的德国央行）通过以同样的债券作为抵押品借出债券买方所需的大部分资金，为这些债券的购买提供资金。除了债券买方从其自己的资金中贡献的那一部分之外，银行和公众在整个交易中所起的作用只是形式上的。实际上，额外的钞票是不可兑换的纸币。

重要的是要注意这些事实，以免混淆信贷扩张本身的后果和政府制造的法定货币通胀的后果。

8 贸易周期的货币信贷或流通信贷理论

英国货币学派所阐述的商业周期性波动理论在两个方面并不令人满意。

□ 纽约联邦储备银行地下金库

纽约联邦储备银行是1924年新文艺复兴时期建造的银行，它是美国联邦储备系统中最重要的、最有影响力的储备银行，在美国的金融领域占据着举足轻重的地位。在该大楼地底20多米深的地方，有全球最大的"黄金宝库"，储存着总价值超过4000亿美元的货币和黄金。

首先，它并未认识到：流通信贷不仅可通过发行超过银行所持现金储备量的钞票来发放，而且还可通过创建超过这种储备量的受支票约束之银行存款（支票簿货币、存款货币）来发放。因此，它没有意识到：按需支付的活期存款亦可作为一种信贷扩张手段加以使用。这一错误没什么分量，因为它可以很容易地予以修正。只要强调一点就足够了，即：所有涉及信用扩张的内容皆适用于所有种类的信用扩张，无论额外的信用媒介是钞票还是存款。然而，货币学派的教义启发了英国立法，这些立法旨在防止信贷扩张繁荣及其必然后果——萧条——的回归，而此时这一根本缺陷尚未得到足够广泛的认识。英国于1844年颁布的《银行特许法案》（*The Bank Charter Act 1844*）及其在其他国家的"仿品"并未达到其所寻求的目的，而这一失败动摇了货币学派的威望。银行学派获得了本不该获得的胜利。

货币理论的第二个缺点更为重要。它将其推理局限于资金外流问题。它仅仅处理了一个特殊情况，即仅在一个国家推行的信贷扩张，而其他地区要么没有任何信贷扩张，要么只有较小程度的信贷扩张。大体上，这足以解释19世纪上半叶发生在英国的各次危机。但这仅仅触及问题的表面，本质问题根本没有被提出来。它没有采取任何举措来澄清范围不仅仅局限于一些客户群有限之银行的信贷全面扩张的后果。它并未分析（广义）货币供给予利率之间的相互关系。旨在通过一项银行改革来降低或完全取消利息的五花八门项目被批评者们傲慢地嘲笑为江湖骗术，但并未受到批判性的剖析和驳斥。货币中性的幼稚假设得到了默许。因此，用直接交换理论来解释危机和商业波动的一切徒劳无功的尝试皆被放手了。数十年过去了，咒语才被打破。

货币信贷或流通信贷理论必须克服的障碍，不仅有理论上的错误，而且还有政治上的偏见。公众舆论倾向于在利息上只看到生产扩张所面临的制度性障碍。它并未意识到：未来商品相对于现在商品的折现是人的行为的一个必要的和永恒的范畴，而且不能通过银行操纵来取消。在想法古怪之人和煽动者看来，利息是顽固剥削者们阴险阴谋的一个产物。古老的对利息的不认可被现代干预主义完全复活了。它坚持这样一个教条，即尽可能降低利率或完全废除利率是开明政府的首要职责之一。当今所有的政府皆狂热地致力于一种宽松货币政策。正如前文已提到的，英国政府已断言：信贷扩张带来了"将石头变成面包的'奇迹'"。纽约联邦储备银行董事会主席宣称，"每一个主权国家，只要其有一个以现代央行方式运作的机构，而且其货币不可转换为黄金或某些其他商品，就有最终脱离国内货币市场的自由"[1]。许多政府、大学和经济研究机构大肆资助出版物，这些出版物的主要目的是赞扬肆无忌惮信贷扩张的好处，并诽谤所有反对者是高利贷者自私利益的不怀好意倡导者。

影响经济体系的波浪式运动，即繁荣时期接着萧条时期的反复出现，是一次又一次重复试图通过信贷扩张来降低总市场利率的不可避免结果。没有任何办法可以避免信贷扩张所带来的繁荣的最终崩溃。另一种选择只是，这场危机是因为自愿放弃进一步信贷扩张而更早到来，还是因为相关货币体系的最终彻底灾难而更晚到来。

针对流通信贷理论曾经提出的唯一反对意见确实是站不住脚的。已经有人断言：将总市场利率降低到其在不受阻碍贷款市场本可以达到的水平以下，可能并不是银行或货币管理当局有意采取的某项政策的结果，而仅仅是它们稳健做法的无意影响而已。面对一种情况，若不加考虑，就会导致市场利率上升，银行就不会改变他们对垫款收取的利息，从而故意陷入扩张。[2]这些断言是无凭无据的。但是，若我们为了论证而准备承认它们的正确性，它们根本不影响贸易周期之货币解释的本质。究竟是什么特殊条件促使银行扩大信贷并使总市场利率出价低于不受阻碍市场本来会决定的水平，这一点并不重要。唯一重要的是，银行和货币管理当局受如下思想的指导：自由贷款市场所决定的利率水平是一种弊端；降低利率是一项良好经济政策的目标；信贷扩张是实现这一目标且不损害除寄生性放债者以外任何人的一个适当手段。正是这种迷恋促使他们开始商业冒险活

---

〔1〕比尔兹利·鲁姆（Beardsley Ruml），"征收所得税已过时（*Taxes for Revenue Are Obsolete*）"，《美国事务》（*American Affairs*），第八卷（1946年），第35—36页。

〔2〕弗里茨·马赫鲁普（Fritz Machlup），《股票市场、信用和资本形成》（*The Stock Market, Credit and Capital Formation*，第248页）将这种行为称为"被动型式通胀主义"。

动，而这些冒险活动最终必然带来经济衰退。

一个人若考虑到这些事实，他可能会试图放弃对纯粹市场经济理论框架中所涉及问题的任何讨论，而将其降级归入对干预主义即政府对市场现象进行的干预的分析。毫无疑问，信贷扩张是干预主义的首要问题之一。然而，分析所涉及问题的正确之地并不在干预主义理论中，而是在纯粹市场经济理论中。因为我们必须分析处理的问题其本质上是货币供给与利率之间的关系，而信贷扩张后果只是这个问题的一个特殊实例而已。

关于信贷扩张的一切主张，对于正式货币供给任何增加所产生的影响，皆同样有效，只要这种额外供给的货币在其流入市场体系的早期阶段就到达了贷款市场。若在物价和工资率尚未完全加以调整以适应货币关系变化之时，额外货币量增加了为贷款提供之货币量，则其影响与信贷扩张的影响并无区别。在对信用扩张问题所作的分析中，交易经济学完善了货币理论和利息理论的教义。它含蓄地摧毁了有关利息的古老错误，并打破了通过货币改革或信贷改革来"废除"利息的异想天开计划。

由于信贷扩张可以出现在一个只使用商品货币而根本不使用任何信用媒介的经济中，因而将信贷扩张与货币供给增加区分开来的因素取决于货币增加量上的差异以及这种增加量对市场各个部分的影响在时间顺序上的差异。即使贵金属生产量的快速增长也永远不可能达到信贷扩张所能达到的范围。金本位制是对信贷扩张的一种有效检查，因为它迫使银行在其进行扩张主义冒险活动时不超过一定的限度。金本位制本身的通胀可能性被黄金开采的变迁限制在一定范围内。此外，只有一部分额外黄金立即增加了贷款市场上提供的货币供给。大部分首先作用于物价和工资率，而且仅在通胀过程后期才影响到贷款市场。

然而，商品货币量的持续增加对贷款市场施加了一种稳定扩张压力。在过去数个世纪里，总市场利率不断受到流入贷款市场之额外货币的影响。当然，在盎格鲁-撒克逊诸国过去一百五十年间以及欧洲大陆诸国过去一百年间，这种压力被银行（除了它们不时重复的通过加强信贷扩张来降低总市场利率的直接努力之外）所提供之流通信贷同步发展的影响作用远远超过了。因此，趋向总市场利率下降的三种趋势同时发生作用，并相互加强。一是商品货币量稳步增加的结果，二是银行业务中信用媒介一种自发发展的结果，三是管理当局支持的并得到公众舆论认可的刻意反利息政策的结果。当然，不可能以定量方式确定它们联合作用的影响效果以及它们各自的贡献；这样一个问题的答案只能由历史理解来提供。

交易经济学推理所能向我们表明的仅仅是：由于黄金数量持续增加，以及由于信用媒介数量的轻微增加，对总市场利率的轻微而持续的压力（这种压力并没有因有目的之宽松货币政策而过度施行和加剧），可以被市场经济中所固有的重新调整和调节力量所抵销。不被市场以外力量蓄意破坏的业务，其适应能力足以抵销贷款市场的这种轻微扰动可能带来的影响。

统计学家已经做出尝试，试图用统计方法来调查研究商业波动的长波。但这样的尝试徒劳无果。现代资本主义的历史就是一部经济稳步发展的记录史，而这种经济发展一次又一次被狂热的繁荣和随之而来的萧条所打断。从已投资资本数额和已生产产品数量增加的总趋势中，通常可以从统计学角度觉察出这些反复出现的振荡。从总趋势本身中是不可能发现任何有节奏波动的。

9 受贸易周期重现影响的市场经济

通胀和信贷扩张的流行，是通过信贷扩张使人民繁荣富裕的反复尝试的最终根源，亦是商业周期性波动的原因；通胀和信贷扩张的流行在习惯术语中表现得很清楚。繁荣被称为"生意兴隆""繁荣兴旺"和"蓬勃上升"。其不可避免的后果即各条件对市场真实数据的重新调整——被称为"危机""衰退""萧条"。人们反对这样一种洞见，即令人不安的因素势必会出现在繁荣时期的投资不当和过度消费中，而这种人为诱导的繁荣注定要失败。他们在寻找"点金石"以使其持久。

已经有人指出在哪个方面我们可以自由地将产品质量提高和产品数量增加称为"经济进步"。若我们用这一尺度来衡量商业周期性波动的各个阶段，则我们必须将繁荣称为"倒退"、将萧条称为"进步"。繁荣由于投资不当而浪费了稀缺生产要素，又因为过度消费而减少了可用商品库存；它所谓的"福泽"是以贫穷为代价的。另一方面，萧条是回到如下状态之道：所有生产要素皆被用来尽可能以最佳方式满足消费者的最迫切需求。

人们不顾一切地试图在繁荣中找到一些对经济进步的积极贡献。有人强调强制储蓄在培育资本积累方面所起的作用。这一论点是徒劳的。事实已表明：强制储蓄是否能取得比抵销繁荣所产生之资本消耗的一部分更大的效果，这是非常值得怀疑的事情。若那些赞扬强制储蓄所谓"有益效果"的人们意见是一致的，他们将倡导一个财政制度，规定从中等收入人群那里课税来补贴富人。通过这一方法实现的强制储蓄将使可用资本数额产生净增加，而不会同步带来更大规模的资本消耗。

信贷扩张的倡导者进一步强调：在繁荣时期进行的一些不当投资后来会变得有利可图。他们说：这些投资只是做得太早了，也就是说，投资时间是在资本商品供给状况和消费者的估值还不允许投资的时候。然而，所造成的破坏还并不算太糟糕，因为这些项目无论如何都将在以后某个时间执行。可以承认：对于由繁荣引起的一些投资不当的例子，这种描述是充分的。但无人敢断言：对于其执行受到宽松货币政策所造成之幻想鼓励的所有项目而言，这种说法皆是正确的。无论其可能怎么样，它无法影响繁荣的后果，亦无法消除或减弱随之而来的萧条。投资不当的影响会出现，而不考虑这些不当投资是否会在后来情况发生变化时作为稳健投资出现。1845年，英国修建了一条铁路，若无信贷扩张，这条铁路是不会修建的，此后几年的情况并未受到"若是等到1870年或1880年再修建这铁路就不缺所需的资本商品了"这一前景的影响。后来由于有关铁路不需要重新投入资本和劳动力来建造所产生的收益，到了1847年却并未补偿过早建造该铁路所造成的亏损。

繁荣产生了贫穷。但更具灾难性的是其对道德的蹂躏。繁荣使人们失望沮丧、意气消沉。人们在繁荣的虚幻兴旺景象下越是乐观，他们的绝望和挫败感就越大。一个人总是愿意将他的好运归因于他自己的效率，并将它作为对其才华、勤奋和正直的应得奖励。但他又总是将命运的逆转归咎于其他人，而且最重要的是归咎于社会和政治制度的荒谬。他并不责怪管理当局助长了繁荣。他因为不可避免的崩溃而斥责管理当局。在公众看来，"以其毒攻其邪"——实行更多的通胀和更多的信贷扩张是对付通胀与信贷扩张所带来的弊端的唯一补救办法。

他们说，这里的工厂与农场的生产能力要么根本没有得到利用，要么没有得到充分利用。这里有成堆的滞销商品和大量的失业工人。但这里也有许多人，只要他们能更充分地满足其需求，他们将是幸运的。所缺少的只是信贷。额外的信贷将使企业家能够恢复或扩大生产。失业者将重新找到工作，并将能够购买所需产品。这一推理看似合理。尽管如此，它是完全错误的。

若商品卖不出去、工人找不到工作，原因只能是要求的商品价格和工资费率太高。一个人若想出售其存货或其工作能力，就必须降低他的存货售价或期望薪酬，直至他找到（愿意购买其存货或工作能力的）买家。这就是市场的规律。这就是市场将每个人的活动引导到那些其活动最能满足消费者需求之领域的办法。繁荣时期的不当投资将不可转换生产要素错误配置在了某些领域，而代价是更急需这些要素的其他领域却缺乏此等要素。不可转换要素在工业各部门的配置并不均衡。只有通过积累新资本并将其用于最迫切需要新资本的那些部门，才能纠正这种不均衡。这是一个缓慢的过程。虽然这个过程正在进行之中，但却无法充分利用一些缺乏互补性生产设施工厂的产能。

"生产特性较低商品的工厂亦有闲置未用的产能"，这种反驳是徒劳的。据说，这些商品的滞销，不能用各部门的资本设备不相称来解释；对于许多不同的运用而言，它们是可以使用而且是被需要的。这也是一个错误。若钢铁厂、铜矿和锯木厂不能以其全部产能充分运转，其原因只有一个：市场上没有足够的买主愿意以足以涵盖这些产能当前利用之成本的价格购买这些厂矿的全部出品。由于可变成本只能包含在其他产品的价格和工资中，而且对于这些其他产品的价格亦是如此，所以这始终意味着工资率太高，以至于不能为所有渴望工作的人提供工作岗位，也无法将不可转换设备用于"非特定资本商品和劳动力不得从它们满足更迫切需要的用途中撤出"这一要求所划定的充分限定范围。

摆脱繁荣的崩溃，只有一条路可以回到这样一种状态，即资本的逐步积累保障了物质福祉的稳步改善：新的储蓄必须积累以所需资本进行生产的所有部门协调运用设备所需的资本商品。必须为那些在繁荣中被过度忽视的部门提供其缺乏的资本商品。工资率必须下降；人们必须暂时限制其消费，直至因投资不当而浪费的资本恢复。那些不喜欢重新调整期的这些艰难困苦的人，必须及时停止信贷扩张。

通过新的信贷扩张来干预重新调整过程，毫无用处。如果不带来新的繁荣及其所有不可避免的后果，这充其量只会中断、扰乱和延长萧条的"治愈"过程。

即使在没有任何新的信贷扩张的情况下，重新调整过程亦会因人们失望和沮丧的心理影响而推迟。人们缓慢地从虚妄繁荣的自欺欺人中将自己解脱出来。商人试图继续进行无利可图的项目；他们对令人痛心的洞见视而不见。工人推迟将他们的薪酬诉求减少到市场状态所要求的水平；若可能，他们希望避免降低其生活水平、改变其职业、更换其住地。人们越是沮丧，他们在经济上升日子里的乐观情绪就越是高涨。他们一时失去了自信和进取精神，乃至于他们甚至连好机会都没有把握住。但最糟糕的是：人是积习难改、无可救药的。数年后，他们又开始了信贷扩张，太阳底下无新鲜事——老故事再次上演。

未利用之生产要素在繁荣最初阶段所起的作用

在不断变化的经济中，总会有未售出的存货（超过由于技术原因而必须储存的数量）、失业的工人和不可转换生产设施的闲置产能。这个系统正在走向一种既没有失业工人也没有过剩存货的状态。[1]但是，随着新数据的出现不断将方向转向一个新的目标，均匀旋转经济的条件永远不会实现。

不可兑换投资的未使用产能的存在是过去所犯错误的一个结果。后来的事件证明：投资者所作的假设是不正确的；市场对其他商品的需求比对这些工厂所能生产之商品的需求更为强烈。过度库存的如山堆积和工人的交易经济学意义上的失业，其性质皆是投机性的。股票的所有者之所以拒绝按市价出售其手里的股票，是因为他希望在以后某一天能够获得更高的股价。失业的工人之所以拒绝改变其职业或其住所，或拒绝满足于较低的薪金，是因为他希望以后在其居住地和他最喜欢的商业部门获得一份薪金较高的工作。上述两人皆不愿根据市场现状调整他们的诉求，因为他们是在等待市场数据发生变化，而这种变化将改变相关情况且对他们有利。他们不情愿降格以求是该体系尚未调整以适应市场情况的原因之一。

信贷扩张的倡导者认为：需要的是更多信用媒介。然后工厂将以满负荷运转，存货将以其所有者认为满意的价格出售，失业者将以其认为满意的工资获得工作。这一非常流行的学说意味着：由额外信用媒介带来的价格上涨将同时在同样程度上影响所有其他商品和服务，而过多库存的所有者和失业工人将满足于他们今天所要求的名义价格和工资——当然是徒劳的。因为若发生这种情况，这些未售出存货的所有者所获得的实际价格和失业工人所获得的实际工资率将会下降——与其他商品和服务的价格成比例——到它们必须下降以便找到买家和雇主的水平。

繁荣的进程并未受到如下事实的实质性影响：繁荣的前夕，存在着闲置的产能、未售出的剩余库存和失业的工人。我们假设有闲置的铜矿开采设施、未售出的铜锭和失业的铜矿工人。铜的价格处于某些矿山若开采就无回报的水平；他们的工人被解雇；有些投机者停止出售他们的存货。为了使这些铜矿重新赢利、为

---

[1] 在均匀旋转经济中，亦可能存在不可转换设备的闲置产能。其未加利用并不会比次边际土壤的休耕更扰乱均衡。

了给失业者提供工作岗位、为了在不迫使铜锭价格低于生产成本的情况下出售这些铜锭，需要的是可用资本商品数额增加 p，且该增量足够大，足以使投资增加而且生产和消费规模增加，而投资、生产和消费规模的增加最终能够使市场对铜的需求随之呈现足够幅度的上升。但是，如果这种增量 p 并未出现，而被信贷扩张所欺骗的企业家们依然表现得仿佛真的有 p 一样，那么在繁荣持续期间，铜市场的状况就仿佛真的将 p 添加到了可用资本商品数额上。但关于信贷扩张不可避免后果的所有预测也都符合这种情况。唯一的区别在于：就铜而言，生产的不适当扩展，不必通过将资本和劳动力从其本可以更好地满足消费者需求的用途中撤出来方可实现。就铜而言，新的繁荣遇到了在前一次繁荣中已发生的资本投资不当和劳动力配置不当的情形，而这种情形在重新调整过程中尚未完全纠正。

因此，很明显，通过提及"闲置产能、未售出的——或者人们错误地说成'滞销的'——存货和失业工人"来证明新一轮信贷扩张的合理正当性是多么徒劳。新一轮信贷扩张的开始跨越了先前投资不当和劳动力配置不当的残余存在（这些残余存在在重新调整过程中尚未被抹去），而且似乎弥补了所涉及的缺陷。然而，事实上，这仅仅是重新调整过程和恢复到健全状况过程的中断而已。[1] 闲置产能和失业的存在并不是反对流通信贷理论之正确性的一个有效论据。信贷扩张与通胀的倡导者认为"戒绝进一步的信贷扩张与通胀，这么做将使萧条长久持续下去"，这是完全错误的看法。这些作者建议的补救措施并不会让繁荣永远持续下去。它们只会扰乱经济复苏进程。

贸易周期之非货币解释的谬误

在分析处理用非货币学说来解释商业周期性波动的徒劳尝试时，必须首先强调一点，而这一点迄今被过分忽视了。

有些思想学派认为：利息仅仅是为了获得一定数量的货币或货币替代品的支配权而付出的代价。从这种观念中，他们很合乎逻辑地得出这样的推论，即废除货币与货币替代品的稀缺性将完全废除利息，并将导致信贷信用的无偿性。然而，如果一个人并不赞同这一观点但却理解原始利息的性质，那么一个问题就出

---

[1] 哈耶克《价格与生产》（*Prices and Production*，第二版，伦敦，1935年，第96页及后页）通过某种程度不一样的推理链得出了同样的结论。

现了，而这个人绝不能回避对该问题的处理。货币或信用媒介数量增加所带来的额外信贷供给，当然有能力降低总市场利率。如果利息不仅仅是一种货币现象，因而不能因货币和信用媒介供给的任何增加（无论多大）而持久地降低或消除，那么就轮到经济学来负责说明——符合市场非货币数据状态的利率水平是如何自己重新建立起来的。它必须解释：是什么样的过程将由现金引起的市场利率偏离从跟人们对现在商品与未来商品之估值中的比率相一致的状态中移除的。若经济学无法做到这一点，它就会含蓄地承认：利息是一种货币现象，而且甚至可以在货币关系变化的过程中完全消失。

对于贸易周期的非货币解释而言，存在反复出现之萧条的经历是首要的事情。首先，它们的拥护者在他们的经济事件序列计划中看不到任何线索可以对这些"高深莫测"的混乱做出令人满意的解释。他们拼命地寻找一种临时方法，以便将它作为所谓的"周期理论"贴在他们的教义上。

这种情况不同于货币或流通信贷理论。现代货币理论最终消除了所有的所谓"货币中性"的概念。它已经无可辩驳地证明：市场经济中存在着一些因素在起作用，而关于这些因素，一个无视货币驱动力的学说是无话可说的。涉及货币的非中性和驱动力知识的交易经济学系统提出了一个问题：货币关系的变化是如何首先在短期内影响利率，然后又是如何长期影响利率的呢？若这个系统不能回答这些问题，它就是有缺陷的。若它提供的答案不能同时解释贸易的周期性波动，那将是自相矛盾的。即使从来没有信用媒介和流通信贷这样的东西，现代交易经济学家亦会被迫提出关于货币关系变化与利率变化之间关系的问题。

前文已提到：对周期的每一种非货币解释皆须承认——货币或信用媒介数量的增加是繁荣出现的一个不可或缺条件。显然，若（广义）货币供给没有增加，就不会出现一个并不是由于生产和商品供给的普遍下降而引起的物价普遍上涨的趋势。现在我们可以看到，那些反对货币解释的人亦被迫求助于他们因第二个原因而进行诽谤的理论。因为这一理论本身就回答了"额外货币和信用媒介的流入是如何影响贷款市场和市场利率的"这一问题。只有认为"利息仅仅是受制度条件影响之货币稀缺性的产物"的那些人，才能毫不讳言地承认关于周期的流通信贷理论。这就解释了为何从来没有任何一位批评家对这个理论提出过任何站得住脚的反对意见。

所有这些非货币理论的支持者皆拒绝承认其错误的盲信狂热，当然是政治偏见的一种表现。干预主义者渴望证明——市场经济无法避免萧条的回归。他们更渴望攻击货币理论，因为货币和信贷操纵是今天反资本主义政府意图建立政府全能力量的主要工具。

试图将商业萧条与宇宙影响联系起来的尝试，其中最显著的是威廉·斯坦利·杰文斯的太阳黑子理论，但彻底失败了。市场经济在调整生产和营销以适应人类生活及其环境的所有自然条件方面已取得相当令人满意的成功。若有人假设"只有一个自然事实——所谓'有节奏的收获变化'——市场经济不知道如何应对"，那么这种假设是相当武断的。为何企业家没有认识到作物波动的事实、没有调整商业活动，以至于在他们的计划中忽略了这些波动的灾难性影响作用？

在"生产的无政府状态"的指导下，当今的非货币周期学说以一种趋势解释了贸易的周期性波动，这种趋势——据称是"资本主义经济所固有的"——也即在工业各个部门进行的投资规模比例失调的发展趋势。然而，即使是这些比例失调理论亦不能反驳这样一个事实，即每个商人皆渴望避免这种错误，而这种错误必然会给他带来严重的经济损失。企业家和资本家所开展之经营活动的本质恰恰是——不从事他们认为无利可图的项目。如果一个人假设"商人在这些努力中普遍有失败的趋势"，那么他的意思是说"所有的商人皆是短视的"。他们太迟钝了，以至于无法避免某些陷阱，因此在处理事务时一次又一次地犯错。整个社会都要为那些笨头笨脑的投机者、发起人和企业家的缺点买单。

现在很明显，人是容易犯错误的，商人当然同样不能摆脱这种人性弱点。但不应忘记，在市场上，选择的过程是在持续运作的。有一种不断的趋势是淘汰效率较低的企业家，即那些在努力正确预测消费者未来需求方面失败的企业家。如果一群企业家生产的商品超过了消费者的需求，因而不能以有利可图的价格出售这些商品，从而蒙受亏损，那么生产公众争相购买之商品的其他企业家群体就获得了所有更大的利润。一些商业细分领域陷入困境，而另一些细分领域却欣欣向荣。不会出现普遍的贸易萧条。

但我们必须分析讨论的那些学说的支持者却有不同的争论。他们认为：不仅仅是整个企业家阶层，而是所有人皆被蒙蔽了。由于企业家阶层并不是一个不允许外人进入的封闭社会秩序，由于每个有进取心的人实际上皆有能力挑战那些已经属于企业家阶层的人，由于资本主义历史提供了无数例子——证明那些身无分文的新人成功地着手生产那些根据他们自己的判断适合满足消费者最迫切需求的商品，所以若有人假定"所有企业家皆经常犯某些错误"，其潜台词就是"所有务实的人皆缺乏智慧"。这意味着，在从事商业的人中以及因已从事商业之人的缺点为其提供了某种机会而考虑从事商业的人中，没有任何一个人足够精明到能够了解市场的真实状况。但是另一方面，理论家们——自己并不积极参与事务而只是对别人的行为进行哲学思考之人——自认为足够聪明、可以发现将做生意之人引入歧途的谬误。这些无所不知的教授们从不被迷惑所有其他人之判断的错误所迷惑。他们清楚地知道私营企业出了什么问题。因此，他们要求被赋予控制商业的独裁权力是完全合理的。

这些学说中最令人惊奇的是，它们进一步暗示——尽管学者们早就揭示了它们的缺点，但商人在他们渺小的头脑中顽固地坚持他们的错误程序。尽管每本教科书皆将这些错误程序各个击破，但商人们还是忍不住一再重复它们、重蹈覆辙。显然，除了按照柏拉图之乌托邦理念将最高权力委托给哲学家之外，没有任何办法可以防止经济萧条的重演。

我们简要地考察一下这些比例失调理论的两个最流行的变体。

首先是耐用品学说。这些商品在一段时间内持续展现其效用性。只要这些商品的生命周期持续下去，已经购买了一件此类商品的人就不会通过再购买一件新的同一款商品来替换现有商品。因此，一旦所有人均已购买了此类同一款商品，那么对同一款新产品的需求就会减少。生意变得冷冷清清。只有在经过一段时间之后，旧房子、旧汽车、旧冰箱等都变得破旧不堪了，而且它们的主人必须购买新品时，生意才有可能再次好起来。

然而，商人通常比这一学说假设的更有远见。他们致力于调整其生产之规模，以适应消费者需求的预期规模。面包师考虑到一个家庭主妇每天需要一条新面包，棺材制造商考虑到棺材的年销售总量不能超过在此期间死亡之人的总数。机械工业对其产品的平均"寿命"的估计不亚于裁缝、鞋匠、汽车制造商、收音机制造商、冰箱制造商和建筑公司。当然，总有一些发起人怀着一种自欺欺人的乐观情绪，倾向于过度扩张他们的企业。在追求这种项目的过程中，他们从同行业的其他工厂和工业的其他部门抢走生产要素。因此，它们的过度扩张导致了对其他领域产量的一种相对限制。一个部门继续扩张，而其他部门则收缩，直至前者的无利可图和后者的有利可图针对各项条件进行重新安排。前一次的繁荣和后一次的萧条均仅仅涉及商业的一部分。

这些比例失调学说的第二个变种被称为"加速原理"。对某种商品之需求的暂时上升导致有关商品的产量增加。若需求后来再次下降，则为此次生产扩张所做的投资就会成为不当投资。这在耐用生产者商品领域变得尤其有害而无益。

若对消费品 a 的需求增加10%，则企业就将其生产所需的设备 p 增加10%。由此产生的对 p 之需求的增加与以前对 p 之需求成比例越重要，一件设备 p 的效用性持续时间就越长，因此以前对替换破旧设备 p 的需求就越小。若一件设备 p 的使用寿命是10年，则用于替换的对设备 p 的年需求量就是该行业以前使用的设备 p 之存量的10%。因此，对 a 的需求增加10%，使得对 p 的需求增加一倍，并且导致生产 p 所需的设备 r 规模扩张100%。若接下来对 a 的需求停止增长，则 r 的50%产能会依然闲置。若对 a 之需求的年增长从10%下降到5%，则 r 的25%产能就无法使用。

这种学说的根本错误在于，它认为企业家创业活动是对需求之瞬时状态的一种盲目自动反应。每当需求增加并使某一商业部门变得更有利可图时，生产设施的规模就会立即按比例扩大。这种观点是站不住脚的。企业家们经常会犯错。他们为自己的错误付出了沉重的代价。但是，按照加速原理所描述的方式施展行为的人并不是一个企业家，而是一个没有灵魂的自动机。然而，真正的企业家是一个投机者[1]，一个渴望利用其对市场之未来结构的看法进行有希望带来利润之商业运作的人。这种对不确定未来之状况的具体预期理解违反了任何规则和系统化。它既不能传授，亦不能习得。若非如此，则每个人皆可以着手进行具有同样成功前景的创业。将成功的企业家和发起人跟其他人区分开来的一点恰恰在于：他并不会让自己被过去和现在的状况所引导，而是根据他对未来的看法来安排他的事务。他像其他人一样看待过去和现在；但他以不同的方式判断未来。在他的行为中，他受到一种对未来看法的指导，这种看法与大众所持有的看法相背离。他行为的推动力在于，他以不同于其他人的方式来评估生产要素以及用这些要素生产出来之商品的未来价格。若目前的价格结构使今天出售有关物品之人的生意非常有利可图，则他们的生产规模只会扩大到企业家认为"有利的市场局面将持续足够长的时间、足以使新的投资值得进行回报"的程度。若企业家没有这样预期，即使已经运营之企业的很高利润亦不会带来扩张。正是资本家和企业家这种不愿意投资于他们认为无利可图之领域的心态，才受到并不了解市场经济运作之人的猛烈批评。具有技术官僚思想的工程师抱怨说，利润至上的动机阻碍了消费者获得技术知识可以提供给他们的所有商品的充足供应。煽动者大声疾呼反对意

---

[1]值得注意的是，同一术语被用来表示发起人和企业家的预谋和随后的行为，以及并不直接导致任何行为的理论家的纯学术推理。

图保持稀缺性之资本家的贪婪。

对商业波动的一种令人满意的解释，绝对不能建立在"单个公司或公司群体对市场未来状态做出误判从而做出错误投资"这一事实之上。贸易周期的目标是商业活动的普遍上升、工业各部门扩大生产的倾向，以及随之而来的普遍萧条。这些现象并不是由如下事实造成的：某些商业部门的利润增加导致它们的扩张以及相应的在制造这种扩张所需设备的行业进行不适当的超比例投资。

一个众所周知的事实是：繁荣发展得越快，购买机器及其他设备就变得越困难。生产这些东西的工厂接到的订单太多，超出其承受范围。他们的客户要想拿到其订购的机器，必须等很长一段时间。这清楚地表明：生产者商品行业并不像加速原理所假定的那样迅速扩大自己的生产设施规模。

但是，即使为了论证起见我们准备承认"资本家和企业家的行为方式与比例失调学说所描述的一样"，在没有信贷扩张的情况下，他们如何继续下去依然令人费解。对这种额外投资的争取提高了互补性生产要素的价格和贷款市场的利率。若无信贷扩张，这些效应将很快遏制扩张主义倾向。

比例失调学说的支持者提到农业领域发生的某些事件，以证实他们关于私营企业所固有的准备不足的断言。但是，不能以指出中小农业领域情况的方式来说明市场经济中运行的自由竞争企业的特征。在许多国家，这一领域从制度上已被取消在市场和消费者心中享有的至高无上地位。政府之所以加以干预，是渴望保护农场主免受市场变迁的影响。这些农场主并不在一个自由市场上开展经营；他们通过各种办法享受特权并养尊处优。他们生产活动的轨道可以说是一个保留地，在这个保留地里，技术方面的落后、心胸狭隘的固执和企业创业的低效被人为地保留下来，但却以牺牲人民中非农业阶层的利益为代价。若他们在做事时犯了错误，政府就会强迫消费者、纳税人和抵押权人买单。

的确，玉米—生猪价格周期及其他农产品生产中的类似现象是存在的。但是，这种周期的重复出现是由于这样一个事实：市场对低效和笨拙企业家的惩罚并没有影响到很大一部分农场主。这些农场主不对他们的行为负责，因为他们是政府和政治家的宠儿。若非如此，他们早就破产了，而且他们以前的农场将由更聪明的人经营。

第二十一章　工作与工资

1　内向型劳动与外向型劳动

一个人可以出于各种原因来克服劳动之负效用（放弃闲暇的享受）。

1. 他可能是为了使他的身心强壮、充满活力和灵活敏捷而工作。劳动之负效用并不是为了达到这些目标而付出的代价；克服它与所寻求的满足是分不开的。最明显的例子是真正的体育运动，这种体育运动不是为了报酬和社会成功而进行的，是为了追求真理和知识而进行的，而不是为了提高自己的效率和技能而从事其他种类的劳动。[1]

2. 他可能为了侍奉神而屈从于劳动之负效用。他牺牲闲暇来取悦神并获得奖赏，而获得奖赏的方式是在超脱中得到永恒幸福、在尘世的朝圣中得到至高无上的喜悦，而且这种奖赏是遵守所有宗教义务之确定性所提供的。（然而，若他侍奉神是为了达到世俗目的——他每天的面包和世俗事务的成功，则他的行为跟其他通过付出劳动来获得世俗利益的努力并无本质上的不同。指导他行为的理论是否正确以及他的期望是否会实现，这跟他行为方式的交易经济学资格确认无关。[2]）

3. 他可能为了避免更大的伤害而辛苦劳作。他屈服于劳动之负效用，以求忘却、以求摆脱令人沮丧的思想、以求驱除恼人的情绪；对他而言，工作可以说是一种对游戏的完善细化。这种精致的游戏绝不能与只是产生快乐的儿童简单游戏相混淆。（然而，也有其他儿童游戏。孩子们足够成熟时，也可以沉溺于精致的游戏。）

---

[1] 认知并不以认识行为以外的任何目标为目标。使思想家满足的是思考本身，而不是获得完美的知识——这是人类无法达到的一个目标。

[2] 将对知识的渴求和虔诚生活的行为跟体育和游戏进行比较，并不意味着对两者中任何一方的任何贬低，这几乎无需赘言。

4. 他之所以工作，可能是因为他宁愿选择通过工作赚取的收益，而舍弃劳动之负效用和闲暇的乐趣。

之所以第1、2和3类劳动被消耗，是因为劳动之负效用本身——而不是其产品——提供了满足。一个人不辞辛苦和自讨苦吃，并不是为了在行脚结束时达到一个目标，而是为了行脚本身。登山者并不想简单快捷地到达顶峰，他想通过亲自攀登来到达顶峰。他鄙视登山铁路，因为铁路会让他更快、更省事地到达顶峰，尽管其票价比攀登发生的费用（例如导游费）更便宜。攀登的辛劳并不能立即满足他；它涉及劳动之负效用。但恰恰是"克服劳动之负效用"本身满足了他。一个不那么用力的向上攀登并不会以更佳方式令他高兴，反而是令他不那么高兴。

我们可以将第1、2、3类劳动称为"内向型劳动"，并将它跟第4类的外向型劳动区分开来。在某些情况下，内向型劳动可能会带来——可以说是作为一种副产品——结果，为了达到该结果，其他人将要屈从于劳动之负效用。虔诚者可以护理病人，以得到上帝的奖赏；真理探索者，专门致力于探寻真知灼见，可能会发现一个实际有用的装置。在这种程度上，内向型劳动可能会影响市场上的供给。但通常情况下，交易经济学只关注外向型劳动。

内向型劳动所引起的心理问题在交易经济学上是毫不相干的。从经济学角度来看，内向型劳动可以被定性为消费。它的施展通常不仅需要有关个人的努力，而且还需要物质生产要素的耗费和必须通过支付工资来购买的他人外向型的不立即令人满足之劳动的成果。信奉宗教需要礼拜场所及其设备；体育运动则需要不同的用具和器械、训练员和教练。所有这些东西皆属于消费的范畴。

2 劳动的快乐愉悦与枯燥乏味

只有外向型的不立即令人满足之劳动是一个交易经济学研究主题。这种劳动的特征标志是：它是为了一个超出其施展范围的目的以及它所涉及的负效用而施展的。人们之所以工作，是因为他们想要收获劳动的成果。劳动本身就会产生负效用。这种负效用令人厌烦，而且，即使一个人的工作能力不受限制而且他能够执行无限的工作，这种负效用亦会使他产生有效利用劳动的渴望，但除了这种负效用之外，有时还会出现特殊情绪现象，即伴随着某些种类的劳动，劳动者产生快乐愉悦或枯燥乏味的感觉。

劳动的快乐愉悦和枯燥乏味，皆在劳动之负效用之外的一个领域。因此，劳动的快乐愉悦既不能减轻，亦不能消除劳动之负效用。也绝对不能将"劳动的快乐愉悦"与"某些类型工作所提供的即时满足"混为一谈。它是一种伴随现象，既来自于劳动之间接满足、成果或奖赏，亦来自于某些辅助情形。

人们并不是为了伴随劳动的快乐愉悦而屈从于劳动之负效用，而是为了劳动之间接满足。事实上，劳动的快乐愉悦在很大程度上是以有关劳动之负效用为前提的。

劳动的快乐愉悦，其源泉是：

1. 对劳动之间接满足的期望，对享受劳动的成功与成果的期望。辛勤劳作者将其工作看作是达到所追求之目的的一种手段，而其工作的进展——作为达到其目标的一个途径——使其感到高兴。他的快乐愉悦是对间接满足所传达的一种满足之预感。在社会合作的框架中，这种快乐愉悦表现对如下事项的满意：能够在社会有机体系中站稳脚跟；能够提供其同胞在购买产品或为所付出的劳动支付报酬方面表示欣赏的服务。工人之所以高兴，是因为他获得了自尊和养活自己及其家人而不依赖他人仁慈怜悯的意识。

2. 在追求其工作的过程中，工人享受对其技能以及运用其技能所呈现产品的审美鉴赏。这不仅仅是一个看待别人所做事情之人的沉思乐趣。这是一个有资格说如下这句话的人的骄傲：我知道怎么做这样的东西，这是我的工作。

3. 在完成一项任务之后，工人享受着"已经成功地克服了所有的辛劳与麻烦"的感觉。他高兴地摆脱了困难、不愉快和痛苦的事情，在一定时间内解除了劳动之负效用。他的感觉是"我做到了"。

4. 有些类型的工作能够满足特定的愿望。例如，有一些职业满足性欲——无论是表意识的还是潜意识的。这些欲望可能是正常的，亦可能是性欲反常的。此外，恋物癖者、同性恋者、性施虐狂者和其他变态者有时可以在他们的工作中找到满足他们奇怪胃口的机会。有些职业对这样的人特别有吸引力。残忍和嗜血在各种职业的外衣下蓬勃发展。

不同种类的工作为劳动的快乐愉悦的出现提供了不同的条件。大体上，这些条件在第1类和第3类中可能比在第2类中更具同质性。很明显，它们出现在第4类中的情形更加少见。

还有一种可能：完全没有劳动的快乐愉悦。心理因素可能会完全消除它（劳动的快乐愉悦）。另一方面，人们可以有目的地寻求增加劳动的快乐愉悦。

人类灵魂的敏锐洞察者一直致力于增强劳动的快乐愉悦。雇佣军的组织者和领导者的大部分成就皆属于这一领域。他们的任务很容易，因为武装这个职业可提供第4类的满足。然而，这些满足并不取决于武器持有者的忠诚。一个士兵，若他离开了他曾经效忠的军阀，并在效忠目前新领导人的服役中将枪口对准他曾经效忠的军阀，那么这个士兵也能体会到满足。因此，雇佣军雇主的特殊任务是促进一种团队精神（esprit de corps）和忠诚精神，以证明其雇佣兵不受诱惑。当然，也有军队首领从不为这种无法理解的事情而操心烦恼。在18世纪的陆军和海军中，确保服从和防止开小差的唯一手段是野蛮的惩罚。

现代工业制度并不打算有计划地增加劳动的快乐愉悦。它依赖于它给雇员们带来的物质改善，而在这个过程中雇员们扮演的角色既是工薪族，亦是产品的消费者和购买者。鉴于"求职者们蜂拥至各工厂，每个人皆争抢着为制造商打工"这一点，似乎无需诉诸特殊的手段。群众从资本主义制度中得到的好处是如此明显，以至于没有任何一个企业家认为有必要用亲资本主义的宣传来对工人进行连篇累牍的思想灌输。现代资本主义本质上是为了群众的需要而进行的大规模生产。产品的购买者大体上是那些作为工薪族在这些产品的制造中开展合作的人。不断增长的销售为雇主提供了有关群众生活水平提高方面的可靠信息。他并不关心其雇员作为工人的感受。他一心一意地将他们当作消费者来服务。即使在今天，面对最执着、最狂热的反资本主义宣传，也几乎没有任何针对这种宣传的反宣传。

这种反资本主义宣传是一种旨在以劳动的枯燥乏味代替劳动的快乐愉悦的系统化计划。第1、2类劳动的快乐愉悦在某种程度上取决于意识形态因素。工人为其在社会中的地位及其在富有成效的努力中的积极合作而高兴。如果一个人贬低这种意识形态A而代之以另一种意识形态B，而该意识形态B将工薪族视为冷酷无情剥削者的痛苦受害者，那么这个人就将劳动的快乐愉悦变成了厌恶反感和枯燥乏味的感觉。

任何意识形态，无论是以多么令人印象深刻的方式强调和教导的，皆不能影响劳动之负效用。不可能通过劝说或催眠暗示来消除或缓解劳动之负效用。另一方面，它无法通过文字和学说来增加。劳动之负效用是一种无条件给定现象。在漫无目的的自由中自动自发、无忧无虑地释放自己的能量和至关重要功能，这比严格限制有目的的努力更适合每个人。劳动之负效用亦使一个全心全意甚至克己自制地投入其工作的人感到痛苦。他也渴望减少劳动的繁重——若这么做可以不影响其预期的间接满足的话，而且他享受到第3类劳动的快乐愉悦。

但是，第1、2类劳动的快乐愉悦，以及有时甚至第3类劳动的快乐愉悦，可以被意识形态的影响所消除，并代之以劳动的枯燥乏味。若工人确信使他屈服于劳动之负效用的并不是他自己对规定报酬的较高估值，而仅仅是一种不公平的社会制度，那么他就会开始讨厌他的工作。因被各种口号所迷惑，他没能认识到——劳动之负效用是人类条件下的一个不可避免事实，是社会组织的手段或方法所不能消除的终极给定之事。

劳动的枯燥乏味代替了劳动的快乐愉悦，这一点既不影响对劳动之负效用的估值，亦不影响对劳动之成果的估值。劳动力需求与劳动力供给皆保持不变。因为人们工作并不是为了劳动的快乐愉悦，而是为了间接满足。改变的仅仅是工人的情绪态度而已。他的工作、他在社会分工复合体中的地位、他与社会其他成员的关系以及与整个社会的关系，在他看来皆是焕然一新的。他可怜自己是一个在荒谬且不公正制度下的手无寸铁毫无防备的受害者。他变成了一个牢骚满腹的坏脾气抱怨者、一个心理不平衡的另类怪人、一个容易被各种庸医和想法古怪之人所俘虏的人。一个人若在执行工作任务过程中以及在克服劳动之负效用方面感到快乐，那么这么做就会使其心情愉快，并增强其精力和活力。工作中感到枯燥乏味会使人变得孤僻郁闷和神经质。一个劳动之枯燥乏味盛行的政治共同体，实质上就是一个充满怨恨、喜欢争吵和满腔愤怒的不满者的集合体。

然而，对于克服劳动之负效用的意志源泉而言，劳动的快乐愉悦和劳动的枯燥乏味所起的作用只是偶然的和超越职责范围的。根本不存在"让人们仅仅为了劳动的快乐愉悦而工作"的问题。劳动的快乐愉悦并不能代替劳动的间接满足。诱使一个人更多更好地工作的唯一方法，就是给他更高的报酬。用劳动的快乐愉悦作为诱饵来引诱他是徒劳之举。当纳粹德国和法西斯意大利的独裁者们试图在其生产体系中赋予劳动之快乐愉悦一个明确功能时，他们看到自己的期望破灭了。

劳动之快乐愉悦与劳动之枯燥乏味皆不能影响市场上提供的劳动力数量。就这些感觉在所有类型工作中以同样的强度出现而言，情况是显而易见的。但是对于快乐愉悦和枯燥乏味来说亦是一样的，因为快乐愉悦和枯燥乏味受到有关工作之特殊特征或工人之特殊性格的制约影响。例如，我们来看看第4类的快乐愉悦。某些人渴望得到某些工作，因这些工作提供了享受这些特殊满足的机会，这种渴望往往会降低这一领域的工资率。但正是这种影响，使得其他人（也即对这些可疑快乐愉悦做出的反应不那么积极之人）宁愿选择他们在其中可以挣得更多的劳动力市场的其他细分领域。因此，一种相反的倾向发展起来，它中和了第一种倾向。

劳动之快乐愉悦与劳动之枯燥乏味皆是心理现象，这种心理现象既不影响个人对劳动之负效用和劳动之间接满足的主观估值，亦不影响为市场上的劳动力所支付的价格。

3 工资

劳动力是一种稀缺生产要素。因此，它在市场上出售和购买。若工作的执行者是产品或服务的销售者，则为劳动力支付的价格包含在允许为产品或服务支付的价格之中。若赤手劳动力是由从事生产以供销售的一个企业家或渴望为自己的消费而使用产品所提供之效用的一个消费者而出售和购买的，则为这种劳动力而支付的价格称为"工资"。

对于行为人而言，他自己的劳动不仅是生产要素，而且也是负效用的源泉；他不仅针对其所期望的间接满足对自己的劳动力进行估值，而且针对自己的劳动所造成的负效用对自己的劳动进行估值。但是对他而言，就像对每个人而言一样，别人在市场上出售的劳动只不过是一种生产要素而已。人对待别人劳动的方式，跟他对待所有稀缺物质生产要素的方式一样。他根据他在评估所有其他商品时所适用的原则来评估它（别人的劳动）。工资率水平在市场上被决定的方式，跟所有商品的价格在市场上被决定的方式一样。在这个意义上，我们可以说：劳动力是一种商品。"雇主对待劳动力的方式正如他们对待商品的方式一样，因为消费者的行为迫使他们不得不这么做"，此处我们只需附带地说上这么一句就足够了。

谈到一般意义上的劳动和工资而不加以一定的限制，这是不行的。统一类型的劳动力或一般的工资率并不存在。劳动力在质量上差异巨大，而且每一种劳动皆提供特定的效用。每一种劳动皆作为产生特定消费者商品和服务的一种互补性生产要素而进行评估。对一位外科医生工作表现进行的评估与对一个装卸工工作表现进行的评估，二者之间并无直接关联。但是，劳动力市场的每个细分领域皆与所有其他细分领域间接地关联在一起。对外科手术服务之需求的增加，无论多么巨大，皆不会使装卸工人蜂拥进入外科手术执业领域。然而，劳动力市场不同细分领域之间，划分的界限并不明显。工人们从其所在行业细分领域转到职业条件似乎提供更好工作机会的其他类似职业，这种趋势持续存在。因此，最终，一个细分领域的需求或供给的每一个变化，皆间接地影响到所有其他细分领域。所有职业群体之间皆在间接地相互竞争。如果更多的人进入医疗行业，这个行业里的一些人就会退出同类职业，而这些人旋即又会被来自其他细分领域的人所取代，等等。在这个意义上，所有职业群体之间皆存在着某种关联，无论每个职业群体的职业要求如何不同。在这一点上，我们再次面临这样一个事实，即满足需求所需之工作在质量上的明显差异大于人们在从事工作之天生能力方面的差异。

不仅在不同类型的劳动与为它们所支付的价格之间存在着关联，而且在劳动与物质生产要素之间亦存在着关联。在一定范围内，劳动可以替代物质生产要素，反之亦然。采取这种替代的程度，取决于工资率水平和物质生产要素的价格。

工资率的决定——正如物质生产要素价格的决定一样——只能在市场上实现。根本不存在所谓"非市场工资率"，正如根本不存在所谓"非市场价格"一样。就存在工资而言，劳动就像任何物质生产要素一样被对待，并在市场上出售和购买。通常将雇用劳动力的生产者商品市场之细分领域称为"劳动力市场"。与市场的所有其他细分领域一样，劳动力市场是由意图获取利润的企业家们驱动的。每个企业家皆渴望以最便宜的价格购买实现其计划所需的所有类型特定劳动力。但他提供的工资必须足够高，足以将工人从跟他展开竞争的企业家手中夺走。他的竞标工资上限是根据他期望从有关工人的雇用中获得的可销售商品的增量中所能获得价格之预期来决定的。他的竞标工资下限是由跟他竞标之企业家的出价所决定的，而这些竞标企业家自己亦同样受到类似考虑的指导。经济学家在断言"每一种劳动之工资率水平是由其边际生产率决定的"时候，正是考虑到了这一点。对同一真理的另一种表达方法可以这么说：工资率一方面由劳动力和物质生产要素的供给决定，另一方面由消费品的预期未来价格决定。

对工资率决定的这一交易经济学解释，一直是满怀热情但完全错误的攻击所针对的目标。有人断言：存在着一种对劳动力需求的垄断。这一学说的大多数支持者认为，他们引用了亚当·斯密关于雇主之间"一种默许但不断的和一致的联合"以压低工资的一些附带言论，从而充分证明了自己的观点。[1]另一些人则含糊其辞地提到各种商人群体所组成的贸易协会的存在。所有这些谈话的空洞性

---

[1] 参见亚当·斯密，《国富论》(*An Inquiry into the Nature and Causes of the Wealth of Nations*，巴塞尔，1791年)，第一卷，第一册，第八章，第100页。亚当·斯密本人似乎在不知不觉中已放弃了这一想法。参见威廉·哈罗德·赫特(William Harold Hutt)，《集体谈判理论》(*The Theory of Collective Bargaining*，伦敦，1930年)，第24—25页。

是显而易见的。然而,"这些乱七八糟的思想是工会主义和当代所有各国政府劳工政策的主要意识形态基础",这一点使我们有必要对其进行最为仔细的分析。

企业家对于劳动力出售方的地位跟其对于物质生产要素出售方的地位是一样的。他们(企业家)必须以最便宜的价格获得一切生产要素。但是,如果在追求这一努力的过程中,一些企业家、某些企业家群体或所有企业家给出的价格或工资率过低——也即不符合不受阻碍市场的状态,那么只有在通过制度障碍阻止其他人进入企业家行列的情况下,他们才能成功地获得他们想要获得的东西。若不阻止新企业家的出现,或若不阻止已在经营之企业家其生产经营活动的扩张,则与市场结构不一致的生产要素价格之任何下降皆必须为赚取利润打开新的机会。会有人渴望利用现行工资率与劳动力之边际生产率之间的差额。他们对劳动力的需求将使工资率回到由劳动力之边际生产率决定的水平。亚当·斯密提到的雇主之间的默契组合——即使其存在——也不能将工资降低到竞争性市场费率水平以下,除非获得企业家身份不仅需要精明头脑和资本(后者总是为承诺获得最高回报的企业所用),而且还需要保留给一个享受特权人士阶层的某一机构头衔、某项专利或某一许可证。

有人已断言:一个求职者,若他完全依靠自己的工作能力且无任何其他收入来源,则他必须以任何价格(无论价格多低)出售其劳动力。他迫不及待,而且被迫满足于足够好心的雇主提供给他的任何奖赏。这种固有的弱点使得雇主们通过采取一致行动很容易就能够降低工资率。如果需要,他们可以等待更长时间,因为他们对劳动力的需求不如工人对生计的需求那么迫切。这个论点存在缺陷。它想当然地认为:雇主将边际生产率工资率与较低垄断工资率之间的差额作为一笔额外垄断收益装入自己腰包,而并不以物价降低形式将其传递给消费者。因为假若他们根据生产成本的下降来降低产品价格,他们——作为企业家和产品销售者——就不会从削减工资中获得任何好处。全部收益将归消费者所有,从而也归作为购买者的工薪族所有;企业家本身将只会作为消费者从中受益。为了保留因"剥削"工人的所谓"低议价能力"而获得的额外利润,将需要雇主以产品销售者的身份采取一致行动。这将要求对所有类型的生产活动实行一种普遍垄断,而这种垄断只能通过对企业家身份的获取实行一种制度性限制方可实现。

问题的要点是:亚当·斯密和大部分公众舆论所说的所谓"雇主垄断组合"将是一种需求垄断。但是我们已经看到:这种所谓的"需求垄断"实际上是具有某一特定性质的供给垄断。只有当雇主准备垄断每一种生产所不可缺少的某一要素并以一种垄断方式限制对该要素的运用时，他们才能够通过一致行动来降低工资率。由于并不存在有一种物质要素对于每一类型的生产而言皆是不可或缺的，因此他们就不得不垄断所有的物质生产要素。只有在一个既无市场，亦无物价和工资率的公有社会中，才会出现这种情况。

物质生产要素的所有者——资本家和土地所有者——也不可能联合成一个反对工人利益的普遍卡特尔。在过去和可预见的将来，生产活动的特征标志是：劳动力之稀缺性超过了大多数初级的、自然给定的物质生产要素之稀缺性。劳动力的相对较高稀缺性，决定了相对丰富的初级自然要素可以被利用的程度。由于没有足够的劳动力可供利用，因而有土地闲置、有矿藏闲置，等等。若今天依然在耕作之土地的所有者为了获得垄断利益而组成一个卡特尔，那么他们的计划将因次边际土地之所有者的竞争而受挫。若无初级生产要素所有者的合作，生产性生产要素所有者反过来就不可能结合成一个全面的卡特尔。

针对"雇主们心照不宣或公开联合起来对劳动力实行垄断剥削"的学说，也有各种其他的反对意见。事实已证明：在不受阻碍的市场经济中，无论何时、无论何地皆不能发现这种卡特尔的存在。相关情况已表明："求职者不能等待，因此必须接受雇主提供给他们的任何工资率，无论多么低"这一说法与事实不符。并非每个失业工人皆面临饥饿；工人也有储备，并可以继续等待；证据是——他们真的在等待。另一方面，等待也会对企业家和资本家造成财务上的毁灭性打击。若他们不能运用他们的资本，他们就会遭受损失。因此，关于工资谈判中所谓"雇主有利"和"工人不利"的所有研究皆是无凭无据的。[1]

但这些皆是次要的、偶然的考虑因素。核心事实是：在一个不受阻碍的市场经济中，对劳动力需求的垄断不可能，亦不存在。它只可能是对企业家身份获取的制度性限制的一种产物。

然而，还有一点必须强调。雇主垄断操纵工资率的学说将劳动力说成是一个"同质的实体"。它涉及"'一般劳动力'需求"和"'一般劳动力'供给"等概念。但是，正如已指出的，这些概念在现实中并不存在对应物。在劳动力市场上出售和购买的并不是"一般劳动力"，而是适合提供特定效用的特定具体劳动。每个企业家皆在寻找适合去完成他为执行其计划而所需的那些具体任务的工

---

[1] 所有这些观点和其他许多观点均由赫特（Hutt）进行了仔细分析。

人。他必须让这些专家退出他们目前碰巧在其中开展工作的运用。要做到这一点，他唯一的手段是给他们更高的薪酬。企业家计划进行的每一项创新——生产一款新的物品，应用一种新的生产工艺，为一个特定分支机构选择一个新的地点，或者仅仅是扩大他自己企业或其他企业中已经存在的生产——皆需要雇用以前在其他地方工作的工人。企业家不仅面临着"一般劳动力"的短缺，而且还面临着其工厂所需具体类型劳动力的短缺。企业家之间在竞标最合适人手方面的竞争，其激烈程度并不亚于他们在竞标所需原材料、工具和机器方面的竞争以及他们在资本和贷款市场上竞标资本方面的竞争。个别企业的经营活动以及整个社会的经营活动的扩大，并不仅仅受到可用资本商品数额以及"一般劳动力"供给量的限制。在每一个生产部门，它还受到专家之可用供给的限制。当然，这只是一个暂时的障碍，从长远来看，当更多工人——受人手相对不足部门的专家较高薪酬的吸引——针对有关特殊工作任务而安排自己接受针对性培训时，这种暂时的障碍便会消失。但在不断变化的经济中，这种专家稀缺情况每天皆在重新出现，并决定了雇主在寻找工人时的行为。

每个雇主皆必然致力于以最便宜的价格购买所需的生产要素，包括劳动力。一位雇主若对其雇员支付的薪酬超过了其雇员为其提供之服务所对应的市场价格，那么这位雇主很快就会被从其企业家位置上移除。另一方面，一个试图将工资率降低到与劳动力之边际生产率相一致水平以下的雇主，将不会招聘到最有效利用其设备所需要的那种人。工资率普遍倾向于达到一个水平点，该水平点与有关类型劳动力之边际产品的价格相等。若工资率低于这一点，则每增加一个工人的雇用所产生的收益将增加对劳动力的需求，从而使工资率再次上升。若工资率上升到这一点之上，则每个工人的雇用所发生的损失将迫使雇主不得不解雇工人。失业者对工作岗位的竞争将造成工资率下降的趋势。

4 交易经济学意义上的失业

若一个求职者不能获得他喜欢的工作岗位，他就必须寻找另一种工作。若他找不到一个愿意付给他期望工资水平的雇主，他就必须打消自命不凡的念头。若他拒绝打消自命不凡的念头，他将得不到任何工作。他就会依然处于失业状态。

导致失业的原因是：与上述工人不能等待的学说相反，渴望赚取工资的那些人可以等待而且确实在等待。一个不想继续等待的求职者总是会在具有如下特征的不受阻碍市场经济中找到一份工作：在该不受阻碍市场经济中，始终有自然资源的闲置产能，而且更为常见的还有生产性生产要素的闲置产能。他只需要减少他现在正在要求的工资数额或改变其职业或其工作地点。

过去和现在都有这样的人：他们先是只工作一段时间，然后用通过工作而已经积累的积蓄再生活一段时间。在大众文化水平较低的国家，往往很难招聘到愿意一直留在工作岗位上的工人。那里的普通人是如此冷酷无情、惰性十足，除了用来"买"一点闲暇时间，他不知道自己的收入还有什么别的用处。他工作只是为了持续不工作一段时间。

在文明国家，情况则不同。在这里，工人们将失业看作是一种罪恶。若所需付出的牺牲不太严重，他想避免这种情况。他在就业与失业之间做出选择，而选择方式就像他在所有其他行为和选择中做出选择的方式一样：他对利弊进行权衡。若他选择失业，这种失业就是一种市场现象，而该市场现象的性质与在一个不断变化的市场经济中出现的其他市场现象并无任何不同。我们可将这种失业称为"市场引发的失业"或"交易经济学意义上的失业"。

可能促使一个人决定选择失业的各种考虑因素可以按如下方式来分类：

1. 这个人相信：他以后会在自己的居住地、在他更喜欢并为之接受过培训的一个职业领域找到一份报酬较高的工作。他力求避免从一个职业转到另一个职业以及从一个地理位置转到另一地理位置所涉及的开支及其他不利因素。可能会有特殊情况增加这些成本。与住在租来公寓里的人相比，拥有宅基地的工人跟其居住地的联系更紧密。一位已婚妇女的流动性不如一个未婚女孩。还有一些职业会损害工人日后恢复其前一份工作的能力。一个钟表匠做了一段时间的伐木工之后可能会失去他上一份钟表工作所需的灵巧。在所有这些情况下，这个人选择暂时失业，因为他认为这种选择从长远来看回报更高。

2. （劳动力市场）对某些职业的需求受到相当大的季节变化的影响。在一年中的某些月份，此类需求非常强烈，而在其他月份，此类需求则减少或完全消失。工资率的结构针对这些季节性波动进行了相应的折扣处理。受这类季节性波动影响的工业部门，只有在其在劳动力需求旺季支付的工资高到足以补偿工薪族因劳动力需求方面的季节性不规律造成的不利条件时，方能在劳动力市场上开展争夺劳动力的竞争。于是，许多工人——由于已经在劳动力需求旺季将其丰厚收入的一部分存了下来——在劳动力需求淡季处于持续（主动）失业状态。

3. 这个人选择暂时失业是出于一些考虑因素，用通俗的话来说，这些考虑因素被称为"非经济考虑因素"甚至是"非理性考虑因素"。他不接受跟他的宗教信仰、道德信仰和政治信仰不相容的工作。他回避会损害他社会声望的职业。他让自己受"什么工作绅士合适做、什么工作不值得做"的传统标准的指导。他不想丢脸或丧失现有社会地位。

不受阻碍市场上的失业始终是自愿性质的。在失业人士看来，失业是他在"两害相较取其轻"中选择的"较轻"弊端。市场的结构有时可能会导致工资率下降。但是，在不受阻碍市场上，针对每一类型的劳动力皆有一个工资率，而渴望工作的所有人皆可以找到一份薪酬标准为该工资率的工作。最终工资率是这样的：所有求职者皆按该工资率找到工作，而所有雇主皆以该工资率并按他们想要雇用的人数招募到需要的工人。最终工资率的水平由各工种的边际生产率决定。

工资率波动是消费者之主权在劳动力市场上体现自身的手段。它们是为了将劳动力分配到各个不同生产部门而采取的措施。在人员相对过剩的部门，他们通过降低工资率来惩罚雇员的不服从行为；而在人员相对不足的部门，他们就通过提高工资率来补偿雇员的服从行为。通过这种方式，他们将这个人置于严酷的社会压力之下。很明显，他们间接限制了这个人选择其职业的自由。但这种压力并不是刚性不变的。它给这个人留下了一个余地，在该余地限度内，他可以在"什么更适合他"与"什么不那么适合他"之间做出选择。在这一轨道内，他可以自由地按照自己的意愿施展行为。这种自由量是一个人在社会分工框架内所能享有的最大自由量，而这种压力量是维持社会合作制度所不可缺少的最小压力量。除了工资制度施加的交易经济学压力之外，只有一种备选方案：通过一个管理当局颁布的强制性法令为每个人分配职业和工作，该管理当局是一个中央委员会，负责规划所有的生产活动。这无异于对一切自由的压制。

的确，在工资制度下，个人不能自由地选择让自己永久性失业。但是没有任何其他可以想象的社会制度能授予个人享有无限闲暇的权利。人不可避免地屈从于劳动之负效用，这并不是任何社会制度的一个产物。它是人类生活和行为的一个不可避免的自然条件。

以借用机械学的一个比喻将交易经济学意义上的失业称为"摩擦性失业"，这是不合适的。在均匀旋转经济的想象建构中，根本不存在失业，因为我们将这个建构建立在这样一个假设之上。失业是一个不断变化经济的一种现象。因生产过程之安排发生变化而被解雇的工人，并未立即利用每一个机会来找另一份工作，而是等待一个更有利的机会，这并不是工人在调整自己以适应条件变化方面应对迟缓的结果，而是减缓这种调适节奏的因素之一。这并不是针对已经发生之变化做出的自动反应——独立于有关求职者的意志和选择，而是他们刻意行为的效果。这是投机性的，而不是摩擦性的。

交易经济学意义上的失业绝不能与制度性失业混为一谈。制度性失业并不是个人求职者所做决定的结果。这是对市场现象进行干预的效果，而这种干预意图通过胁迫与强制手段强制性地实施比不受阻碍市场本来会决定的工资率更高的工资率。对制度性失业的分析处理属于对干预主义问题的分析。

5 毛工资率与净工资率

雇主在劳动力市场上购买的劳动力和他用支付的工资所换取的始终是一个特定业绩，而他根据该业绩的市场价格对该业绩进行评估。劳动力市场各细分领域盛行的惯例与习惯并不影响为一定数量之特定业绩所支付的价格。毛工资率始终趋向于这样一个点，在该点上，毛工资率等于由边际工人的雇用而产生的增量在市场上可以出售的价格，并适当考虑所需材料的价格以及所需资本的原始利息。

在权衡雇用工人的利弊时，雇主并不会问自己"工人的实得工资是多少"这个问题。对他而言，唯一相关的问题是：我为保证这位工人的效用而必须花费的总价是多少？说到工资率的确定，交易经济学所指的始终是雇主为某一特定数量的某一特定类型工作必须花费的总价，即总工资率。若法律或商业惯例迫使雇主在支付给雇员的工资之外进行其他支出，则实得工资相应减少。这些辅助支出并不影响毛工资率。它们的发生落在工薪族身上。它们的总额降低了实得工资水平，即净工资率水平。

必须认识到这种事态的如下后果：

1. 工资是计时工资还是计件工资，这并不重要。而且，若实行的是计时工资，则雇主只考虑一件事，即他期望从每个受雇工人身上将要获得的平均业绩。他的计算考虑到了计时工作给喜欢开小差的懒散工人和滥竽充数的骗子提供的所有钻空子机会。他解雇那些在工作业绩上没有达到最低预期的工人。另一方面，一个渴望挣得更多的工人必须要么转向计件工作，要么找一份工资更高的工作——而该工作之所以工资更高，是因为雇主期望工人完成的最低成就更高。

在一个不受阻碍劳动力市场上，计时工资是按日、按周、按月支付还是按年工资支付也并不重要。不论解雇通知的允许时间是长是短，不论是就特定期限还是就工人的一生来订立协议，不论雇员是否有权退休并为其本人、其遗孀鳏夫及其孤儿领取退休金、是否有权享受带薪休假或无薪休假、是否有权在生病或病残时获得某些援助，或者是否享有任何其他福利和特权，都是无关紧要的。雇主所面临的问题始终是一样的：我签订这样一份合同到底是值得呢还是不值得呢？我是否为将要得到的回报付出得太多了？

2. 因此，所有所谓"社会负担"和"收益"的发生最终皆落在工人的净工资率上。雇主是否有权从他以现金支付给雇员的工资中扣除对所有类型之社会保障的缴款，这是不相关的。无论如何，承担这些缴款负担的是雇员，而不是雇主。

3. 工资税的情形同样也是如此。在这一点上，雇主是否有权从雇员的实得工资中扣除工资税也无关紧要。

4. 缩短工作时间也并不是给工人的一份免费礼物。若他并不通过相应地增加其产量来补偿缩短的工作时间，则计时工资就会相应地下降。若规定缩短工作时间的法律禁止雇主以这种方式降低工资率，则政府下令提高工资率的所有后果就会显现出来。同样的道理也适用于所有其他所谓的"社会福利"，如带薪休假等。

5. 若政府针对雇主雇用某些类别的工人而向雇主提供一项补贴，则他们的实得工资将增加，而增加额即为此项补贴的总额。

6. 若管理当局向每一个自己收入低于某一最低工资标准的受雇工人发放一项津贴，从而将其收入提高到这一最低工资标准，则工资率的水平就不会受到直接影响。只要这一制度能促使以前不工作的人寻找工作，从而增加劳动力供应，就可能间接导致工资率下降。[1]

6 工资与生活费

原始人的生活实质上是一场从不间断的斗争，而斗争对象是供其生存的大自然赋予之手段的匮乏。在这场为保障最基本生存的孤注一掷的努力中，许多个人和整个家庭、部落和种族都败下阵来。原始人始终被饿死的幽灵所困扰。文明已经使我们摆脱了这些危难。人类的生命日夜受到无数危险的威胁；人类的生命可以在任何时刻被我们人类无法控制的或者至少在我们人类目前知识和潜力阶段无法控制的自然力量所摧毁。但是饥饿的恐怖不再使生活在一个资本主义社会的

---

[1] 在18世纪最后几年，在与法国的持久战和通胀式融资方式所造成的困境中，英国采取这种临时办法（斯宾汉兰制度）。其真正目的是阻止农业工人离开自己的农业工作而进入他们可以赚更多钱的工厂。因此，斯宾汉兰制度是对拥有土地的贵族绅士们的一种变相补贴，该补贴节省了他们支付更高工资的费用。

人们感到恐惧。有能力从事工作的人，其挣的钱比仅仅维持生计所需的钱要多得多。

当然，也有不具备工作能力的残障人士。还有一些残疾人，他们可以做少量的工作，但他们的残障使他们无法像正常工人那样挣得那么多；有时他们能挣到的工资率是如此之低，以至于他们无法维持自己的生计。这些人只有在别人的帮助下才能保持肉体和灵魂不散架。近亲、朋友、行善者的慈善捐赠和社会捐款，以及公共贫困救济负责照顾赤贫者。靠救济金生活的人不参与社会性生产过程的合作；就提供用于满足需求的手段而言，他们并不施展行为；他们活着是因为有别人照顾他们。救济不力的问题是消费安排的问题，而不是生产活动安排的问题。它们本身就超出了人类行为理论的框架，人类行为理论只涉及提供消费所需的手段，而不涉及消费这些手段的方式。交易经济学理论只在可能影响劳动力供给的情况下研究分析为赤贫者提供慈善支持所采取的方法。有时发生的情况是：贫困救济中所应用的政策鼓励了身体健全的成年人不愿意工作和无所事事。

在资本主义社会，普遍存在着人均资本投资额度稳步增加的趋势。资本的积累超过了人口数量的增长。因此，劳动力的边际生产率、实际工资率和工薪族的生活水平往往会不断提高。但这种福祉的改善并不是一个人类进化之必然规律运作的表现；这是一种各力量相互作用所导致的趋势，而这些力量只有在资本主义制度下才能自由发挥其影响作用。一方面是资本消费，而另一方面是人口数量的增加或不够充分下降，扭转局面是可能的，而且若我们考虑到当前政策的方向甚至也不是不可能的。于是可能会发生的事情是：人们将会再次明白饥饿的含义，而可用资本商品数量与人口数量之间的关系将变得如此不利，以至于一部分工人的收入低于维持最基本生计的水平。仅仅处理这种情况肯定会在社会内部引起不可调和的分歧，而这种冲突的暴力必然导致所有社会纽带关系的彻底瓦解。若一部分愿意合作的社会成员注定连维持最基本生计的钱都挣不到，那么社会分工就无法维持。

"工资铁律"所提到的、煽动者一再提出的"生理最低限度生计"的概念，对于工资率决定的交易经济学理论是毫无用处的。社会合作所依赖的基础之一是这样一个事实，即根据分工原则进行的劳动比孤立个人的努力要高产得多，以至于身体健全的人不会为从前每天威胁其祖先的饥饿恐惧所困扰。在一个资本主义国家内，最低限度的生计不会起到任何交易经济学的作用。

此外，"生理最低限度生计"的概念缺乏人们已经赋予它的精确性和科学严谨性。原始人——已适应了比人类更像动物的生存方式——可以在资本主义养尊处优环境下长大的娇宠后代无法忍受的条件下生存。没有任何一个所谓"生理学和生物学上确定的最低限度生计"——对"智人"的每一个物种皆有效——这样的东西。一个人需要一个特定数量的热量来保持其健康和繁殖力，而且需要另外一个特定数量的热量来替代工作中所消耗的能量，这样的想法不再站得住脚。诉诸"牛饲养"和"豚鼠活体解剖"等概念，无助于经济学家努力理解有目的之人类行为的问题。"工资铁律"以及内涵基本一致的关于劳动力价值的学说，是在交易经济学领域曾经教导的一切学说中最站不住脚的。

然而，对于工资铁律中所隐含的思想，还是有可能附加某种意义的。如果认为以工资为生者是动物般的，并且认为他在社会中不起任何其他作用，如果认为他的目的只是为了摄取食物和进行繁殖的满足，并且除了获得这些动物性的满足之外并不知道他的收入有任何其他用途，那么就可以将铁律看作是一种工资率决定理论。事实上，古典经济学家——因其失败的价值理论而感到沮丧——针对所涉及的问题想不出任何其他解决办法。对于托伦斯（R. Torrens）和李嘉图而言，"劳动力的自然价格是使工薪族能够维持生存和永久维持其种族的价格，且无任何增减"，这一定理是从他们站不住脚的价值理论中得出的逻辑上不可避免的推论。但是，当他们的追随者明白——他们不能再自我满足于这种明显荒谬的定律时，他们就诉诸于对它进行修改，而这种修改等同于完全放弃了对工资率决定提供一种经济学解释的任何尝试。他们绞尽脑汁，试图通过用"'社会'最低限度生计"概念代替"生理最低限度生计"概念的方式，来保存其所珍视的"最低限度生计"的概念。他们不再谈到为维持劳动者的必要生计和维持劳动力供给不减少所需的最低限度。他们所说的并不是维持被历史传统和继承的风俗习惯所神圣化的生活水平所需的最低限度。虽然日常经验令人印象深刻地告诉我们——在资本主义制度下，实际工资率和工薪阶层的生活水平正在稳步提高，但"由于产业工人条件的社会改善摧毁了关于社会地位和尊严之既有观念，分隔人口各阶层的传统围墙无法继续保留"这一点变得日益明显，这些教条主义者宣称——是旧的习俗和社会惯例决定了工资率的水平。只有被先入为主成见和党派偏见蒙蔽了双眼的人，才能在一个工业一次又一次为大众的消费提供前所未有之新商品并使普通工人获得过去任何国王做梦都想不到之需求满足的时代里诉诸这种解释。

"政治学的经济方面（wirtschaftliche Staatswissenschaften）"的普鲁士历史学派将不低于物价和利率的工资率视为"历史范畴"，而且在分析处理工资率时，它求助于"足以满足个人在社会等级排序中之等级地位的收入"这一概念，这并不特别引人注目。否认经济学的存在并用历史代替经济学，是这一学派之教义的精髓所在。

然而，即使是那些认为"工资率水平（按其现实中实际支付和收到的）是从外部作为基准强加给市场的"之人，也不可避免地发展出一种理论，该理论解释——工资率的决定是消费者估值和决定的结果。若没有这样一个交易经济学工资理论，则对市场的任何经济学分析皆不可能是完整的和逻辑上令人满意的。若将交易经济学研究仅仅局限于"物价与利率之决定"相关问题，并将工资率作为一个历史数据予以认同，则完全没有意义。一个名副其实的经济理论必须能够就工资率不止于断言——工资率是由一个"历史和道德因素"决定的。经济学的特征标志在于：经济学将市场交易中表现出来的交换比率解释为市场现象，而市场现象的确定取决于各种事件在其串联和顺序方面的规律性。正是这一点将经济概念跟历史认识区分开来、将理论跟历史区分开来。

我们可以很好地想象一种历史情形，即工资率水平是通过外部强制和胁迫的干预强加给市场的。这种对工资率的制度性确定是我们这个干预主义政策时代最为重要的特征之一。但是，对于这种情况，经济学的任务是——研究两种工资率之间明显差异所产生的影响，而这两种工资率中，其中一方面的工资率是不受阻碍市场由于劳动力供给予劳动力需求相互作用而产生的潜在工资率，另一方面的工资率是外部强制和胁迫强加给市场交易各方的潜在工资率。

诚然，工薪阶层（"工薪族"）被灌输了这样一种观念，即工资必须足够高，至少足以使他们能够维持与他们的社会等级划分地位相称的那种生活水平。每一个工人对他有权因"身份""等级""传统"和"习俗"而提出的诉求皆有他自己的特殊意见，其方式正如他对自己的效率和他自己的成就有他自己的特殊意见一样。但这种自命不凡和自鸣得意的假设跟工资率的确定没有任何相关性。它们既不限制工资率的上升运动，亦不限制工资率的下降运动。一个工薪族人士有时必须用比他认为足以满足他的地位和效率的东西少得多的东西来满足自己。若他得到的比他预期的更多，他会毫不犹豫地将多余的部分收入囊中。在自由放任时代——工资率铁律和工资率的"历史决定形成"学说皆声称自由放任之有效性——见证了实际工资率逐渐上升——尽管有时暂时中断——的趋势。工薪族的生活水平提高到了历史上前所未有，而且是自由放任时代早期人们从未想到过的水平。

工会自称：名义工资率至少必须始终按照货币单位购买力的变化而提高，

以确保工薪族不受减损地享受以前的生活水平。他们还就战时条件和为战争开支筹措资金而采取的措施提出这些诉求。他们认为：即使在战时，通胀和所得税扣缴绝对不能影响工人的实得实际工资率。因此，他们在资产阶级剥削者发动的战争中是中立的，他们并不关心他们的国家是征服别国还是被别国征服。仔细研究这些说法并不是经济学的任务。经济学只需要确立一个事实，即提出何种理由来支持实施高于不受阻碍劳动力市场将会确定的工资率，这并不重要。若由于这种主张，实际工资率真的提高到与各种类型有关劳动的边际生产率相一致的水平以上，则必然会出现不可避免的后果，而丝毫不用考虑其基本理念。

在回顾从文明早期开始到我们这个时代的整个人类历史时，一般地确定"人类劳动生产率已成倍增长"这一事实是有意义的，因为一个文明国家的成员今天的生产确实比他们的祖先多得多。但是，这个"一般劳动生产率"概念是没有任何行为学意义或交易经济学意义的，亦不允许以任何方式用数字来表达。更不允许在试图分析处理市场问题时引用它。

今天的工会学说是以"劳动生产率"概念运作的，这一概念被特意地构建起来，以便为辛迪加企业提供所谓的"道德辩护"。它将生产率定义为：通过（一个公司或一个工业部门的所有公司）加工而增添到产品上的以货币计算的总市场价值，除以所雇用的工人人数，或（该公司或工业部门的）每人工工时的产出。他们将用这种方法计算出的某一特定时期期初和期末的量值加以比较，就将为期末日期计算出之数字超过期初日期之数字的数额称为"劳动生产率的增加"，并假称"它按理说完全属于工人"。他们要求将这一总额加到工人在这一时期期初时收到的工资率上。面对工会的这些主张，雇主们在很大程度上并不质疑基本学说，亦不质疑所涉及的"劳动生产率"概念。通过指出"工资率已经涨到了按照这种方法计算的生产率增长的全部程度，或者工资率已经涨到了这一限度之外"，他们含蓄地接受了这一点。

现在，计算一个企业或一个行业的劳动力所从事工作之生产率的这种方法是完全错误的。在一家现代化的美国鞋厂，一千名工人每周工作40小时，每月生产出m双鞋。在亚洲落后国家某个地方的小作坊里，一千个工人用传统老式工具工作，在同样时段内生产，即使每周工作时间超过40小时，鞋产量也比m双少得多。在美国与亚洲之间，根据工会学说之方法计算出的生产率差异是巨大的。这当然并不是由于美国工人的任何固有美德所致。美国工人并不比亚洲人更勤奋、更刻苦、更熟练或更聪明。（我们甚至可以假设：一家现代工厂中所雇用的许多工人所做的操作要比操作老式工具的人必须进行的操作简单得多。）美国工厂的优势完全是由其设备的优势以及其企业家行为的审慎造成的。阻止落后国家的商人采用美国生产方式的因素，是已积累资本不足，而不是其工人人数不足。

在"工业革命"前夜，西方的情况跟今天的东方并无太大区别。使西方大众获得目前平均生活水平（与前资本主义状况相比，确实是一个高水平）的状况之根本变化，是通过储蓄进行资本积累和通过富有远见企业家精神对资本进行明智投资的结果。若以前没有通过储蓄提供实际利用新发明所需的额外资本商品，就不可能有技术改进。

虽然工人以其工人身份过去没有、现在也没有对生产器具的改进作出贡献，但他们（在一个不受政府或工会暴力破坏的市场经济中）以其工人身份和以其消费者身份是随后条件改善的最主要受益者。

启动导致经济状况改善的一系列行为的因素，是通过储蓄方式对新资本的积累。这些额外资金使以前由于缺乏资本商品而无法执行的项目得以执行。企业家们开始实施新的项目，在市场上跟已经从事以前项目的所有人争夺生产要素。为了获得必要数量的原材料和人力，他们推高了原材料的价格和工资率。因此，工薪阶层，已经在这个过程的开始，收获了储蓄者已放弃之消费所带来的一部分利益。在这一过程的更远的过程中，它们现在以消费者的身份再次受到青睐，因为产量的增加往往会带来价格的下降。

经济学是这样描述这一系列变化之最终结果的：已投入资本的增加——在想要赚取工资之人的员额不变的情况下——会导致劳动力之边际生产率的提高，从而导致工资率的提高。提高工资率的因素，是资本的增加超过了人口的增加，或者换句话说，是人均投入资本额度的增加。在不受阻碍劳动力市场上，工资率始终趋向于它们等于每种类型劳动力之边际生产率的水平，即等于因雇用或解雇一个人而增加或减去的产品价值的水平。在这种工资率下，所有寻找就业机会的人皆找到了工作，而且所有渴望雇用工人的人皆可以按他们想要雇用的工人员额雇用到工人。若工资提高到该市场工资率水平以上，则必然会导致一部分潜在劳动力的失业。为了证明强制执行超过潜在市场工资率水平的工资率是合理的，提出了什么样的理论并不重要。

工资率最终是由工薪族的同胞们对其服务和成就的重视程度决定的。劳动像商品一样被评估，并不是因为企业家和资本家铁石心肠、冷酷无情，而是因为他们无条件地服从于消费者的至高无上地位，而今天的消费者中，工资和薪金赚取者占了绝大多数。消费者不准备满足任何人的自命不凡、自以为是和清高自负。他们希望以最便宜的方式获得服务。

工资率的历史解释与回归定理的比较

将普鲁士历史学派的学说（根据该学说，工资率是一个历史数据，而不是一个交易经济学现象）与货币购买力之回归定理作比较，这么做可能是有用的。

回归定理证明了这样一个事实，即若一种交换媒介在最初用于这种目的（作为交换媒介）时，由于其他用途而没有交换价值，则任何商品皆不能被用于作为该种交换媒介的功能。这一事实并不在很大程度上影响货币购买力的日常确定，因为它是由有意保留现金的人的货币供给予其货币需求相互作用而产生的。回归定理并没有断言：货币与商品和服务之间的任何实际交换比率皆是一个不依赖于今天市场状况的历史数据。它只是解释了一种新的交换媒介是如何开始使用和继续使用的。在这个意义上，货币的购买力包含有一个历史成分。

它跟普鲁士定理有很大的不同。在这个学说看来，市场上出现的工资率之实际水平是一个历史数据。消费者间接地成为劳动力的购买者，而工薪族是劳动力的销售者；消费者的估值和工薪族的估值皆毫无用处。工资率由过去的历史事件确定。它们既不能上升到这个水平之上，亦不能下降到这个水平之下。"今天瑞士的工资率高于印度的工资率"这一事实只能由历史学来解释，正如只有历史学才能解释——为何拿破仑一世成为了法国人而不是意大利人、为何他当上了皇帝而不是科西嘉岛的一名律师一样。在解释这两个国家的牧羊人或砖匠之工资率差异时，不可能无条件地诉诸每一个市场上运作的因素。只有这两个国家的历史才能提供解释。

7 受劳动负效用影响之劳动力供给

影响劳动力供给的基本事实是：

1. 每个人皆只能消耗一个有限数量的劳动力。

2. 这一确定数量的劳动力不可能在任何需要的时间即刻执行。在劳动过程中穿插休息和娱乐的时段是必不可少的。

3. 并不是每个人皆能从事任何一种劳动。个人在从事某些类型工作的能力方面，既存在先天性的差异，亦存在后天性的差异。某些类型工作所需的先天能力不可能通过任何培训和学校教育习得。

4. 一个人若不想让其工作能力退化或完全消失，就必须适当地对待其工作能力。一个人，在他生命力量发生的不可避免衰退可能允许的时期内，需要特别的呵护，以保护他的能力——包括先天能力和后天能力。

5. 当工作接近一个人当时所能完成的全部工作量耗尽时，如果不插进一段时间的娱乐时间，疲劳就会损害工作的数量和质量。[1]

6. 与劳动相比，人们更喜欢没有劳动，即闲暇，或者正如经济学家所说的：他们为劳动附加了负效用。

一个自给自足的人，若他以经济孤立方式工作只是为了直接满足他自己的需求，那么，当他开始更重视闲暇——没有劳动之负效用——而不那么重视从更多工作中期望得到之满足的增量时，他就会停止工作。在满足了他最迫切需求之后，他认为"满足仍未满足之需求"不如"满足他努力追求闲暇"更可取。

对于工薪族而言亦是如此，其情形不亚于一个孤立的自给自足工人。他们也不准备这么干——一直持续工作直至他们已耗尽他们能够消耗的全部工作能力。他们也渴望在预期的间接满足不再超过执行额外工作所带来的负效用时停止工作。

公众舆论，苦于隔代遗传的陈述的蒙蔽，对这一事实的理解是迟钝的。它一直坚持，甚至在今天依然坚持这样一种看待事物的习惯，也即将一个工薪族人士看作是一个奴隶，而将工资看作是奴隶主和牲畜主必须为其奴隶和牲畜提供的最基本生计之资本主义等价物。在这一学说看来，一个工薪族人士是一个被其贫穷所逼迫而屈从于束缚之人。我们被告知：资产阶级律师的徒劳无用之形式主义将这种服从称为"自愿服从"，并将雇主与雇员之间的关系解释为"两个平等方之间的契约"。然而，事实上，工人并不自由；他在胁迫下施展行为；他必须屈服于实际上相当于农奴制的枷锁，因为他——这个社会被剥夺了继承权的弃儿——别无选择。甚至他选择自己主人的表面权利亦是虚假的。雇主们公开地或悄无声息地联合起来以一种统一方式确定就业条件，这种做法大体上使这种自由变得虚无缥缈。

如果假定"工资仅仅是对工人在保存和再生产劳动力方面所发生费用的报销"，或者"工人的工资水平是由传统决定的"，那么将劳动合同强加给工人

---

[1] 单位时间绩效在数量与质量方面发生的其他波动（例如，在因娱乐而中断的工作刚恢复后的紧接时段内的工作效率较低），对于市场上的劳动力供给几乎没有任何意义。

之义务的每一项减少皆看作是工人的一项单方面收益，这种看法是非常吻合的。若工资率的水平并不取决于工作的数量与质量，若雇主不向工人支付市场为工人的成就分配的价格，若雇主不购买特定数量与质量的工作而是购买一个奴隶，若工资率低到由于自然或"历史"原因而不能再继续下降，人们就通过强行缩短工作日的时间长度来改善工薪阶层的处境。那么，我们可以将限制工作时间的法律看做等同于17世纪、18世纪和19世纪初欧洲各国政府颁布的旨在逐步减少并最终完全废除农奴必须给其领主提供的无报酬法定劳动之数量的法令，或者等同于减轻罪犯所做工作的法令。然后，资本主义工业制度的演变所带来的每日工作时间的缩短，被评价为"受剥削的工薪奴隶战胜了折磨他们的人的顽固自私"。规定"雇主有义务为雇员的利益作出特定支出"的所有法律，皆被描述为"社会收益"，即雇员不必为获得此等利益而作出任何牺牲的自由。

一般认为，这一学说的正确性可以从一个事实得到充分证明，即一个工薪族个人对劳动合同条款的确定只有一种微不足道的影响。关于工作日的时间长度、在星期日和假日的工作、设定的用餐时间以及许多其他事情的决定，皆是由雇主做出的，并未征求雇员的意见。工薪族要么屈服于这些命令，要么只能忍饥挨饿，除此之外别无选择。

这一推理所涉及的主要谬误已在前面几节中指出。雇主所要求的并不是一般劳动力，而是适合从事他们所需要的那种类型劳动的人。正如一个企业家必须为他的工厂选择最合适的地点、设备和原材料一样，他亦必须雇用最有效率的工人。他在安排工作条件时，必须使这些条件对于他想要雇用的那些类别的工人而言看上去具有吸引力。诚然，个别工人对这些安排几乎无话可说。如同工资率本身的水平一样、如同商品价格一样、如同为大众消费而生产的物品之形状一样，这些安排皆是参与市场之社会过程的无数人相互作用的产物。它们本身就是一种群体性现象，很少受到单个个人改变行为的影响。然而，声称"个别选民的选票没有任何影响力，因为决定这个问题需要成千上万甚至数百万张选票，而不隶属于任何政党之人的选票实际上无关紧要"，这种说法是歪曲事实的。即使为了论证而承认这一论点，也不能推断"用极权主义原则代替民主程序会使公职人员比竞选活动更能真正代表人民的意愿"。这些极权主义神话在市场的经济民主领域的对应物，就是断言"个人消费者对供应商是无能为力的，而个人雇员对雇主亦是无能为力的"。当然，决定为大众消费而设计之大量生产的物品的特点的，并不是跟许多人的品味不同的某一个人的品味，而是大多数人的愿望和喜好。并非个人求职者，而是求职者群体，他们的行为决定了行业特定领域或部门所盛行的劳动合同条款。若人们习惯在中午十二点到一点之间吃午饭，则一个喜欢在下午两点到三点之间吃午饭的工人其愿望得到满足的可能性很小。然而，在这种情况下，这个孤立的人所承受的社会压力不是由雇主施加的，而是由其同事施加的。

雇主在寻找合适的工人时，若不能以其他条款找到所需的工人，他们甚至要被迫让自己适应（因招募到的工人的个人特殊偏好而带来的）严重且成本昂贵的不便。在许多国家（其中有些国家被反资本主义倡导者污名化为"社会落后"），雇主必须屈从于工人受宗教仪式或种姓和地位考虑因素驱动的各种愿望。他们必须根据这种意见来安排工作时间、假期以及许多技术问题，无论这种调整有多么繁重。当一个雇主要求的特殊工作表现使雇员感到厌烦或厌恶时，他必须为此支付额外费用，以补偿工人必须付出的过度的负效用。

劳动合同的条款涉及所有的工作条件，而不仅仅涉及工资率水平。工厂里的团队合作和各企业之间的相互依存，使这些安排不可能偏离企业所在国和所在部门的习惯安排，从而使这些安排统一和标准化。但这一点既未削弱，亦未消除员工在这些安排的设置中所做的贡献。当然，对于单个工人而言，这些安排是一个不可更改的数据，正如铁路时刻表对于单个旅行者一样。没有任何人会争辩说——在确定时间表时，公司没有考虑潜在客户的意愿。它的意图恰恰是为他们中尽可能多的人服务。

对现代工业制度演变的解释已完全被政府和表面上亲劳工作家和历史学家的反资本主义偏见所破坏。有人断言：实际工资率的提高、工作时间的缩短、童工的消除和妇女劳动的限制，是政府和工会的干预以及人道主义作家所引起的公众舆论压力的结果。若无这种干预和压力，企业家和资本家就会将资本投资的增加以及由此而来的技术方法改进所带来的一切好处皆保留下来。因此，工薪族生活水平的提高是以牺牲资本家、企业家和土地所有者的"不劳而获"收入为代价的。继续实行这些政策——使许多人受益，而只牺牲少数自私剥削者的利益——并且越来越减少有产阶级所享受的不公平待遇，是非常可取的。

这种解释的不正确是显而易见的。限制劳动供给的一切措施，只要其提高了劳动的边际生产率并降低了物质生产要素的边际生产率，就直接或间接地给资本家造成了负担。由于它们在不减少资本供给的情况下限制了劳动力供给，所以它们增加了生产举措的净产品总额中分配给工薪族的那一部分。但是此净产品总额亦会下降，而一个较小蛋糕的相对较大配额是比一个较大蛋糕的相对较小配额大还是小，要看具体情况而定。利润和利率并不直接受到劳动力供给总量缩小的影响。物质生产要素价格下降了，而每单位工人个人业绩的工资率（不一定也是受雇工人的人均工资率）则上升了。产品的价格也上涨了。正如前文所说，所有这些变化是导致普通工薪族收入的改善还是恶化，在每个实例情况下皆是一个关乎事实的问题。

但是，我们认为"这类措施并不影响物质生产要素的供给"的假设是不允许的。缩短工作时间、限制夜间工作和雇用某些类别的人，损害了一部分现有可用设备的利用，而且等同于资本供给的减少。由此造成的资本商品稀缺性的加剧，可能会完全抵销劳动力之边际生产率相对于资本商品之边际生产率的潜在上升。

若在强制性缩短工作时间的同时，管理当局或工会禁止根据市场状况要求相应降低工资率，或者若以前盛行的制度阻止这样的降低，则试图将工资率保持高于潜在市场工资率水平的每一次尝试似乎皆会带来如下后果：制度性失业。

在西方文明领域，资本主义在过去两百年间的运行历史就是工薪阶层生活水平稳步提高的记录。资本主义的固有标志是：它是由最有活力和最有远见的个人所指导的为大众消费而进行的并且不懈地以改进为目标的大规模生产。它的驱动力是利润动机，而利润动机的工具性迫使商人不断地为消费者提供数量更多、质量更好、价格更便宜的生活用品和便利设施。只有在一个不断进步的经济体系中，而且只有在群众生活水平提高的程度上，才能出现利润大于亏损的现象。因此，资本主义是这样一种制度，在这种制度下，头脑最敏锐和最敏捷的人被驱使竭尽全力、尽其所能地促进处于落后状态之许多人的福利。

在历史经验领域，不可能采取测量手段。由于货币并不是衡量价值和需求满足的尺度，因此它不能用来比较不同时期人们的生活水平。然而，如果历史学家的判断并不被不切实际的先入观念所迷惑，则所有这样的历史学家皆一致认为：资本主义的演变发展使资本设备成倍增长，其规模远远超过了人口数量的同步增长。今天的人均资本设备——无论是总人口的人均资本设备，还是有工作能力之人的人均资本设备——规模都比五十年前、一百年前、两百年前大得多。与此同时，工薪阶层从已生产出的商品总量中所得到的配额也大大增加了，而这一商品总量本身也比过去大得多了。随之而来的群众生活水平的提高——与已然逝去时代的情况相比——可以说是奇迹般的。在那些快乐的旧日时代，即使是最富有的人，跟我们这个时代的美国工人或澳大利亚工人的平均生活水平相比，也只能说是过着必须称之为"拮据"的生活。事实是：资本主义向广大工薪阶层倾注了大量财富，而工薪阶层却经常竭尽全力破坏那些使其生活变得更愉快之创新的采用。假若一个美国工人被迫过着和一个中世纪领主一样的生活，而错过了管道设施以及他认为理所当然必须具备的其他小物件，他将会多么不安！

其物质福祉的改善改变了这个工人对闲暇的估值。若他现在有了更好的生活便利设施，他就会更快地达到这样的地步，即他认为劳动之负效用的任何进一步增加皆是一种弊端，而这种弊端不再被劳动之间接满足的预期进一步增加所超过。他渴望缩短每天的工作时间，而且渴望让他的妻子和孩子不必为有报酬的工作而劳累受苦。并不是劳动立法和工会施加的压力缩短了工作时间并使已婚妇女和儿童离开了工厂；正是资本主义使工薪族变得如此富裕，以至于他能够为自己及其家属购买更多的闲暇时间。总的来说，19世纪的劳工立法所取得的成就无非是为以前市场因素相互作用所带来的变化提供了法律上的批准。就它有时走在工业演变发展的前面而言，财富的快速增长很快就会再次使事情变得正确。就所谓亲劳工法律颁布的措施——这些措施不仅仅是批准已经实施的变革或对预计不久的将来会发生之变革的预期——而言，它们损害了工人的物质利益。

"社会收益"这个词完全是误导性的。若法律强迫那些愿意每周工作48小时的工人每周工作不要超过40小时，或者若法律强迫雇主为了雇员的利益而支付某些费用，那么法律就并不是以牺牲雇主的利益为代价而为工人带来实惠。无论社会保障法的条款内容是什么，它们的发生所带来的负担最终是由雇员承担的，而不是由雇主承担的。它们影响实得工资的数额；若他们将雇主必须为一个单位的业绩支付的价格提高到高于潜在市场工资率的水平，他们就会造成制度性失业。社会保障并没有规定雇主有义务在购买劳动力方面花更多的钱。它对工薪阶层之全部收入的支出施加了一种限制。它限制了工人根据自己的决定安排其家庭生活的自由。

这样的社会保障制度是好政策还是坏政策，本质上是一个政治问题。人们可能会试图通过宣称"工薪阶层缺乏自发性地为自己未来做好储备的洞察力和道德力量"来证明这一点。但是，针对那些质疑"将全国人民的福利委托给法律认为他们没有能力管理自己事务之选民来决定是否会事与愿违"的人，要压制他们的声音并不容易；有些人显然自己需要一个监护人来防止其愚蠢地花费自己的收入，若让这样的人在政府行为方面享有至高无上地位，这难道不荒谬吗？赋予受监护人选举其监护人的权利是否合理？德国，作为社会保障制度的开创国，成为各种现代蔑视民主思潮的摇篮，并非偶然。

关于"工业革命"之大众解读的评论

人们普遍认为，现代工业主义的历史，特别是英国"工业革命"的历史，为"现实（主义）的"或"制度（主义）的"学说提供了经验上的验证，并彻底摧毁了经济学家们的"抽象"教条主义。[1]

经济学家断然否认工会和政府的亲劳工立法能够并确实持久地惠及整个工薪阶层并提高他们的生活水平。但反经济学家说，事实已经驳斥了这些谬论。相较于经济学家，制定工厂法的政治家和立法者对现实有更敏锐的洞察力。虽然自由放任哲学——没有怜悯和同情——教导说"劳苦大众的苦难是不可避免的"，但外行人的常识成功地平息了逐利企业最糟糕的过度行为。工人之条件的改善完全是政府和工会的一项成就。

这是渗透在大多数关于现代工业主义演变的历史研究中的思想。作者们首先勾勒出一幅田园诗般的景象，描绘"工业革命"前夕盛行的状况。他们告诉我们：在那个时候，事情大体上是令人满意的。农民们是幸福快乐的。国内体系下的产业工人亦是如此。他们在自己的小屋里工作，并享有一定的经济独立，因为他们拥有一片园地和他们的工具。但后来，"工业革命像战争或瘟疫一般落在这些人身上"[2]。工厂制度使自由工人沦为实际上的奴隶身份；它将自由工人的生活水平降低到仅能维持最基本生计的水平；它将妇女和儿童塞进工厂，从而摧毁了安宁的家庭生活，并且削弱了社会、道德和公共健康的稳固基础。少数冷酷无情的剥削者巧妙且成功地将他们的枷锁强加给了绝大多数人。

事实是，工业革命前夕，经济状况非常不令人满意。传统的社会制度没有足够的弹性来满足迅速增长人口的需要。农业和各行会皆不需要额外的人手。商业充斥着特权和独家垄断的世袭继承精神；其制度基础是许可和向专利授予垄断权；其理念是限制和禁止国内竞争和外国竞争。在严格的家长制和政府对商业的

---

[1] 将"工业革命"一词归因于最后两个汉诺威王朝的统治，是有意试图将经济历史通俗戏剧化以使其适合普罗克鲁斯派（Procrustean）计划的结果。从中世纪生产方式到自由企业制度的转变，这是一个漫长过程，该过程始于1760年之前的数个世纪，而且即使是在英格兰，这一过程也并未在1830年完成。然而，英国的工业发展的确在19世纪下半叶大大加快了。因此，在考察费边主义、社会主义、历史学派和制度主义赋予它词语的情感内涵时，可以使用"工业革命"一词。

[2] 约翰·劳伦斯·哈蒙德（John Lawrence Hammond）和芭芭拉·哈蒙德（Barbara Hammond），《熟练工人1760—1832》（*The Skilled Labourer 1760—1832*）（第二版，伦敦，1920年），第4页。

监护指导下，没有任何生存空间之人的数量迅速增加。他们实际上已成为弃儿。这些可怜之人中的大多数靠从既得利益集团酒足饭饱后的残汤剩饭过活。在收获季节，他们偶尔在农场打零工挣点小钱；其余的人则依靠私人慈善和公共贫困救济金活命。这些阶层中数以千计最有活力的青年被强行征兵到英国皇家陆军和海军服役；他们中的许多人在军事行动中丧生或致残；更多的人因野蛮训导的艰苦、热带疾病或梅毒不体面地死去。[1]另外成千上万的人，是其各自阶层中最心狠手辣、最胆大妄为、最冷酷无情的人，作为无业游民、街头乞丐、流浪行乞者、强盗劫匪和卖身娼妓在这个国家出没。当局除了救济院和济贫院之外，不知道还有何办法来对付这些人。政府支持公众对引进新发明和省力设备的不满，这使事情变得几乎毫无希望。

工厂制度在与无数障碍的持续斗争中发展起来。它必须使出浑身解数跟普遍的偏见、陈旧的习俗、具有法律约束力的规则与条例、当局的敌意、享有特权者集团的既得利益、行会的嫉妒这种种因素作斗争。个别公司的资本设备不足，提供信贷极其困难和昂贵。技术和商业经验也缺乏。大多数工厂老板都失败了；成功的只是极少数。有时利润很可观，但有时亏损也相当大。经过数十年的时间，把大部分利润再投资的普遍做法才积累了足够资本来开展范围更为广泛的事务。

尽管有这一切障碍，工厂依然能够蓬勃发展，原因有二。首先是经济学家所阐述的新社会哲学理念的教义。他们摧毁了重商主义、家长制和限制主义的威望。他们打破了那种认为"省力的设备和工艺会导致失业并使所有人陷入贫困和衰败"的迷信观念。自由放任主义经济学家是近两百年来史无前例技术成就的开路先锋。

还有另外一个因素削弱了对创新的反对。工厂使当局和处于统治地位的土地贵族摆脱了一个对他们而言已经变得太大的尴尬问题。他们为广大贫民提供食物。他们清空了济贫院、劳动院和监狱。他们将忍饥挨饿的乞丐变成了自食其力的养家糊口之人。

工厂老板没有权力强迫任何人在工厂工作。他们只能雇用那些愿意为其提供的工资而工作的人。尽管这些工资率很低，但它们还是比这些穷人在向他们

---

[1] 在七年之战中，有1512名英国水兵在战争中死亡，另外有133708名英国水兵死于疾病或失踪。参见多恩（W. L. Dorn），《帝国之争1740—1763》（*Competition for Empire 1740—1763*，纽约，1940年），第114页。

☐ 英国圈地运动

英国圈地运动，是15至19世纪发生在英国的一次历时持久、影响深远的土地变革运动。英国圈地运动改变了土地财产权，改变了土地的使用和耕作方式、村庄布局以及农民的生活方式。很多失地农民被迫进入城镇成为劳动力，使劳动者与其劳动条件的所有权分离，为资本主义生产方式的形成奠定了基础。

开放的任何其他领域所能挣的要多得多。有人说"工厂将家庭主妇从托儿所和厨房带走，将孩子从其玩耍中带走"，这是对事实的歪曲。这些妇女原本就无米下锅、没有任何东西可以养活她们的孩子。这些孩子一贫如洗、忍饥挨饿。他们唯一的避难所就是工厂。从严格意义上说，工厂使他们免于饿死。

这种情况的存在令人震惊。但若要责怪那些负有责任的人，就不能责怪工厂老板，而这些工厂老板——当然，他们受自私自利驱动，而不是受"利他主义"驱动——竭尽全力根除弊端。造成这些弊端的是前资本主义时代的经济秩序，即"美好旧时代"的秩序。

在工业革命的最初数十年间，工厂工人的生活水平，跟当时上层阶级的同时代条件和工业群众的目前条件相比，其糟糕情况是触目惊心的。工作时间很长，车间的卫生条件糟透了。个人的工作能力很快就耗尽了。但是事实依然是：对于因圈地运动而陷入极其悲惨境遇、在现行生产体系框架内几乎毫无立足之地的剩余人口而言，在工厂工作简直称得上是一种"救赎"。这些人蜂拥涌入工厂，除了渴望提高其生活水平之外，再无别的原因。

自由放任主义意识形态及其分支——"工业革命"——抨击了阻碍进步和福利的意识形态障碍与制度障碍。它们破坏了在其中越来越多的人注定要穷困潦倒、一贫如洗的社会秩序。早期的加工贸易几乎完全是为了满足富裕人士的需求。他们的扩张受到人口中较富裕阶层所能负担得起的奢侈品数量的限制。那些不从事初级商品生产的人，只有在上层阶级愿意利用这些人的技能和服务的情况下才能谋生。但现在有另外一个不同的原则开始运作。工厂制度开创了一种新的营销模式以及新的生产模式。其特点是：制造品并不是专为少数富裕人士而设计的，而是为那些迄今只是作为消费者起着微不足道作用的人而设计的。为多数人提供廉价的东西，是工厂制度的目标。工业革命早期的传统工厂是棉纺厂。现在，棉纺厂生产出的棉花商品并不是富人想要的东西。这些富有的人对丝绸、亚麻布和细亚麻布钟爱有加。每当具有基于动力驱动机器之大规模生产方法的工厂侵入一个新的生产部门时，它就开始为广大群众生产廉价商品。工厂转向生产更精制因而更昂贵的商品只是在后来的阶段，在这个后来阶段，工厂所造成的群众生活水平的空前提高，使得对这些更好的商品也采用量产方法变得有利可图。因此，例如，工厂制造的鞋子多年来只被"无产者"购买，而较为富裕的消费者则继续光顾提供定制服务的鞋匠。人们经常谈论的血汗工厂其实并不是为富人生产服装的，而是为条件简陋、艰苦朴素的人生产服装的。时尚的女士们和先生们过去更喜欢而且现在依然偏爱量身定制的连衣裙和西装。

工业革命最突出的一点是：它开启了一个为满足大众需求而进行大规模生产的时代。工薪阶层不再是仅仅为别人的福祉而劳苦工作的人。他们自己就是工厂所生产出的产品的主要消费者。大企业依赖于大众消费。在今天的美国，一个大企业的分支部门中，没有一个分支部门不是为了满足大众需求而设立的。资本主义企业家精神的根本原则是为普通人做储备。在消费者身份下，普通人是主权持有者，他的购买或不购买决定着企业家活动的命运。在市场经济中，除了以质量最好和价格最便宜方式向人民群众提供他们所需要的一切商品之外，别无其他获得和保留财富之法。

许多历史学家和作家，因被他们的偏见蒙蔽了双眼，完全没有认识到这一基本事实。在他们看来，工薪阶层是为了其他人的利益而辛勤劳作的。他们从不提出"这些'其他'人是谁"的问题。

哈蒙德夫妇告诉我们：1760年的工人比1830年的工人更幸福。[1]这是一种武断的价值判断。没有任何办法可以比较和衡量任何两个不同的人的幸福以及同一个人在不同时间的幸福。为了论证，我们可以同意：1740年出生的人在1760年比在1830年更幸福。但是我们不要忘记：在1770年，（根据亚瑟·杨的估计）英国有850万居民，而到了1831年，（根据人口普查）这个数字增长到了1600万。[2]这种明显的增长主要是受到工业革命影响而产生的。关于这些新增的英国人，著名历史学家的断言只能得到那些赞同索福克勒斯如下忧郁诗句之人的认可："毫无疑问，不出生是最好的；但当一个人已降临人间，则退而求其次，他应尽快回到

---

[1] 约翰·劳伦斯·哈蒙德和芭芭拉·哈蒙德，见前文的引用。
[2] 迪茨（F. C. Dietz），《英国经济史》（*An Economic History of England*，纽约，1942年），第279页和第392页。

他自从所来之地。"

早期的实业家大多是与其工人出身于同一社会阶层的人。他们过着非常节俭的生活，只将收入的一小部分用于其家庭生活，而其余部分则全部投入到企业的生意中。但随着企业家们越来越富有，成功商人们的儿子们开始闯入统治阶级的圈子。出身名门的绅士们羡慕新贵们的财富，并且怨恨他们对改革运动的同情。这些绅士们通过调查工厂工人们的物质和道德状况以及对工厂制定立法的方式进行反击。

英国以及所有其他资本主义国家的资本主义历史，记录了工薪阶层生活水平不断提高的趋势。这一演变一方面与劳动立法的发展和工会主义的传播相一致，另一方面亦与劳动之边际生产率的提高相一致。经济学家们断言：工人物质条件的改善是由于人均投入资本额度的增加以及这种额外资本的运用所带来的技术成果的增加。只要劳动立法和工会施加的压力没有超过工人在没有它们的情况下所能得到的限度，作为与人口加速相比资本积累加速的一个必然结果，这些立法和工会压力就是多余的。只要它们超过了这些限度，它们就损害了群众的利益。它们延缓了资本的积累，从而减缓了劳动之边际生产率和工资率上升的趋势。它们以牺牲其他群体的利益为代价，赋予某些工薪族群体特权。它们造成了大规模失业，并减少了工人以消费者身份可获得的产品数量。

政府干预商业和工会主义的辩护者将工人条件的所有改善皆归因于政府和工会所施展的行为。他们认为：除了他们之外，今天工人的生活水平不会比工厂制度早期工人的生活水平高。

很明显，这场争论不能依靠历史经验来解决。关于事实的确立，这两个集团之间并无分歧。他们的对立关系到对事件的解释，而这种解释必须以所选择的理论为指导。决定一个理论正确与否的认识论上和逻辑上的考虑因素，在逻辑上和时间上皆是在阐明所涉及的历史问题之前的考虑因素。历史事实本身既不能证明，亦不能否定任何理论。它们需要根据理论洞见加以解释。

撰写资本主义下劳动状况史的大多数作者对经济学皆一无所知，并自夸这种无知。然而，这种对合理经济推理的蔑视并不意味着"他们在接近其研究主题时没有先入为主观念而且也没有偏向于任何理论"。他们受到关于政府无所不能和所谓"工会主义福音"之流行谬论的指导。毫无疑问，韦伯夫妇［The Webbs，也即悉德尼·韦伯（Sidney Webb）和比阿特丽丝·波特·韦伯（Beatrice Potter Webb）］夫妇以及卢乔·布伦塔诺（Lujo Brentano）和许多次要作家在他们的研究刚开始时就充满了对市场经济的狂热厌恶和对干预主义学说的热情支持。他们对自己的信念肯定是诚实和真诚的，并尽力做到最好。他们的坦率和正直可以为他们作为个人而开脱责任；但这并不能为他们作为历史学家而开脱责任。无论一个历史学家的意图多么纯洁，他都没有理由求助于谬误的学说。历史学家的首要职责是极其仔细地审查他在分析处理其著作的主题时所诉诸的全部学说。若他忽视了这一点，并且天真地信奉大众舆论乱七八糟、混淆迷惑的想法，他就不是历史学家，而是辩护者和宣传者。

两种对立观点之间的对立，不仅仅是一个历史问题。它同样提到了当今最迫在眉睫的问题。这是一个在当今美国被称为"劳资关系问题"的争议问题。

让我们只强调问题的一个方面。全球范围的广大地区——东亚、东印度群岛、南欧和东南欧、拉丁美洲——只是表面上受到现代资本主义的影响。这些国家的情况大体上与"工业革命"前夕的英国并无区别。数以百万计的人在传统经济环境中没有安全保障之地。只有工业化才能改善这些可怜群众的命运。他们最需要的是企业家和资本家。由于他们自己的愚蠢政策使这些国家无法进一步享受到从国外输入的外国资本迄今给予他们的援助，他们必须着手国内资本的积累。他们必须经历西方工业主义演变所经历的所有阶段。他们必须从相对较低的工资率和较长的工作时间开始。但是，他们的政治家们被当今西欧和北美盛行的学说所迷惑，认为他们能够以不同的方式进行。他们鼓励工会施压和所谓的"亲劳工立法"。他们的干预主义派激进主义将所有创建国内产业的企图扼杀在萌芽状态。他们顽固的教条主义意味着在饥饿边缘拼命挣扎的印度苦力、墨西哥劳工和数百万其他人民的末日。

8 受市场变化影响的工资率

劳动力是一个生产要素。劳动力卖方在市场上所能获得的价格取决于市场数据。

一个人适合提供的劳动的数量与质量是由他的先天和后天的特征所决定的。与生俱来的能力不能被任何有目的之行为所改变。它们是个人的遗产，而这遗产是他的祖先在他出生的那一天赋予他的。他可以呵护这些天赋并培养他的才能，他可以防止它们过早地枯萎；但他永远无法跨越大自然为他的力量与能力划定的界限。他在努力以在当时条件下市场上可获得的最高价格出售其工作能力时，可以表现出或多或少的技巧；但他不能为了更好地适应市场数据的状态而改变自己的本性。若市场条件是他能够从事的一种类型，劳动将得到丰厚报酬，则这对他而言是好运气；若他与生俱来的才能得到他同胞们的高度赞赏，则这只是碰巧，而不是个人的长处。葛丽泰·嘉宝（Greta Garbo）小姐，假若她活在一百年前，可能会比她在这个电影时代挣得少得多。就她与生俱来的才能而言，她所处的位置类似于一个农场主的位置，该农场主的农场可以卖出一个高价，因为一个邻近城市的扩张将该农场转变成了城市土地。

在一个人与生俱来的能力所划定的严格限定范围内，一个人的工作能力可通过针对完成特定任务进行的培训来加以完善。个人——或其父母——为某项培训而支付费用，而培训的成果是习得从事某些类型工作的能力。这种教育和培训加剧了一个人的片面性；它们使他成为一名专家。每一种特殊训练皆能提高一个人工作能力的具体特性。一个人为了获得这些特殊能力而必须付出的辛劳和麻烦、努力之负效用、培训期间潜在收入的丧失以及所需的货币支出，这些皆是在预期后来收入的增加将对他进行补偿的情况下安排投入的。这些费用是一种投资，因此是投机性的。它们是否会产生回报，取决于市场的未来状况。在训练自己的过程中，工人变成了一个投机者和企业家。市场的未来状况将决定他的投资是导致利润还是亏损。

因此，该工薪族人士在双重意义上拥有既得利益，即作为一个具有特定先天素质的人和作为一个已习得特定特殊技能的人。

该工薪族人士以今天市场针对其劳动力允许的价格在市场上出售其劳动力。在均匀旋转经济的想象建构中，企业家为所有互补性生产要素所必须花费的价格之和必须等于——适当考虑到时间偏好——产品的价格。在不断变化的经济中，市场结构的变化可能会导致这两个量值之间的差异。随之而来的盈亏并不影响该工薪族人士。他们的发生仅仅落在雇主身上。未来的不确定性仅就如下项目而言对雇员产生影响：

1. 培训在时间、负效用和货币方面发生的费用。
2. 搬迁到一个特定工作地点所产生的费用。
3. 若一份劳动合同约定一个特定时间期限，则在此期间发生的特定类型劳动价格变化和雇主清偿能力变化。

9 劳动力市场

工资是为生产要素——人之劳动——而支付的价格。与互补性生产要素的所有其他价格的情形一样，工资水平最终取决于产品的价格，也即在劳动力买卖的那一刻所期望的产品价格。从事劳动的人是否将他的服务卖给一位将这些服务跟物质生产要素及其他人的服务结合在一起的雇主，或者他自己是否为这些结合的行为承担自己的责任和危险，这并不重要。在整个市场体系中，同样质量的劳动力，其最终价格无论如何皆是相同的。工资率始终等于全部劳动成果的价格。流行的口号"工人获得全部劳动成果的权利"是一种荒谬的提法，这种提法主张——消费品应该完全分配给工人，而且一丝一毫都不应该留给企业家和物质生产要素的所有者。无论从什么角度，人工制品皆不能被认为是单纯劳动的产物。它们是劳动和物质生产要素的一种有目的的结合的产物。

在不断变化的经济中，普遍存在着一种趋势，即市场工资率会根据最终工资率的状态自行精确地进行调整。这种调整是一个耗费时间的过程。调整期的长短取决于针对新工作进行的培训以及工人迁移到新居住地所需的时间。它还取决于主观因素，例如工人对劳动力市场之条件与前景的熟悉程度。这种调整是一种投机性冒险活动，因为针对新工作进行的培训和住所的改变涉及成本，而只有当一个人相信"劳动力市场的未来状态将使这样的成本支出看起来有利可图"时，才会支出这些成本。

关于所有这些事情，没有任何一件事情是劳动、工资和劳动力市场所特有的。劳动力市场的一个特殊特征是：工人不仅是生产要素劳动的提供者，而且也是人，并且不可能将"人"从他的工作表现中分离出来。对这一事实的提及大多被用于夸夸其谈的长篇大论以及对有关工资率的经济学教义的徒劳批判。然而，这些荒谬绝不能阻止经济学对这一原始事实给予足够的关注。

对于一个具体的工人而言，在他能够从事的各种类型劳动中最终究竟从事何种劳动、在什么地方从事这种劳动、在什么样的特殊条件和环境下从事这种劳动，是一个关系重大的问题。一个不受影响的观察者可能会认为：促使一个工人更喜欢某些工作、某些工作场所和某些劳动条件而不是其他工作场所的想法和感觉，是空洞甚至荒谬的偏见。然而，不受影响的审查者的这种学术判断是无济于事的。对于所涉及问题的经济分析处理而言，一个具体的工人不仅从劳动之负效用及其间接满足的角度看待他的辛劳和麻烦，而且还考虑到劳动履行的特殊条件和环境是否妨碍他享受生活以及在多大程度上妨碍他享受生活，这一点并无任何特别值得注意之处。一个工人愿意放弃通过移民到一个他认为不太理想之地的方式来增加其货币收入的机会而宁愿留在自己的家乡或国家，这一点并不比"一个没有任何职业的富有绅士宁愿在首都过成本更昂贵的生活而不愿在一个小镇过成本更便宜的生活"这一点更引人注目。工人与消费者为同一人；仅仅是经济推理将社会功能整合起来，并将这种统一体分成两个计划方案。人们不能将他们关于利用其工作能力的决定跟关于享受其收入的决定割裂开来。

血统、语言、教育、宗教、心态、家庭纽带和社会环境，这些因素将工人束缚起来，乃至于使他不会仅仅根据工资率水平的高低来选择其工作地点和工作所在行业细分领域。

若工人并不区别对待不同的工作地，而且在工资率相等的情况下，工人并不会偏爱一个工作地而舍弃另一工作地，则我们可将市场上流行的特定类型劳动的工资率水平称为"标准工资率（S, standard wage rates）"。然而，若工薪族基于上述考虑因素，对不同地方之工作的重视程度不同，则市场工资率（M, market wage rates）的水平可能永远偏离标准工资率。若市场工资率与标准工资率之间的最大差异尚未导致工人从市场工资率较低的地方迁移到市场工资率较高的地方，则我们可以将这种最大差异称为"附加成分（A, attachment component）"。一个特定地理位置或地区的附加成分要么是正数，要么是负数。

此外，我们还必须考虑到：就交通运输费用（最广义的"交通运输费用"）而言，不同的地方和地区在提供消费品方面是不同的。这些费用在一些地区较低，在其他地区则较高。然后，在获得相同数量的物质满足所需的物质投入方面亦存在差异。在某些地方，一个人为了达到同样程度的需求满足必须花费更多，而除了决定附加成分数额的情形之外，他在其他地方可以更便宜地达到这种需求满足。另一方面，在某些地方，一个人可以避免某些费用而丝毫不损害他的需求满足，而在其他地方，放弃这些费用支出则会削减他的需求满足。我们可以将一个工人为了在这个意义上达到同等程度的需求满足而必须在某些地方发生的费用，或者他在不削减需求满足的情况下能够节省下来的费用，称为"成本成分（C, cost component）"。一个特定地理位置或地区的成本成分要么是正数，要么是负数。

若我们假定"不存在阻止或惩罚资本商品、工人和商品从一个地方或地区转移到另一个地方或地区的制度性障碍，并且工人对他们的居住地和工作地漠不关心"，那么就会出现一种趋势，即人口在地球表面的分布与主要自然生产要素之物质生产力和不可转换生产要素之固定性一致，就像过去所造成的那样。若我们不考虑成本成分，就会出现一种趋势，即在全球范围内，同类型工作的工资率趋于均等化。

若一个地区的市场工资率加上（正的或负的）成本成分低于标准工资率，则可将该地区称为"人口相对过剩地区";若一个地区的市场工资率加上(正的或负的)成本成分高于标准工资率,则可将该地区称为"人口相对不足地区"。但是,对所涉及的术语采用这样的定义是不合适的。这无助于我们解释工资率形成的真实情况和工薪族的行为。选择另一个定义更为合适。若一个地区的市场工资率低于标准工资率加上(正的或负的)附加成分和(正的或负的)成本成分,则我们可以将该地区称为"人口相对过剩地区",即 $M<(S+A+C)$。相应地,$M>(S+A+C)$ 的地区就会称为"人口相对不足地区"。在没有制度性迁移障碍的情况下,工人从人口相对过剩地区迁移到人口相对不足地区,直到任何地方皆是 $M=S+A+C$。

个人若自主自愿地为自己的利益工作,并在处理其劳动力之产品或提供个人服务时出售其劳动力,则此等个人的移徙,细节上加以必要变通(mutatis mutandis),情形同样亦是如此。

"附加成分"和"成本成分"的概念同样适用于从一个商业部门或一个职业转移到另一个商业部门或另一职业。

只有在资本、劳动力和商品的流动方面不存在任何制度性障碍的情况下,这些定理所描述的迁移才会发生,这一点毋庸赘言。在这个以"国际分工解体"和"每个主权国家经济自给自足"为目标的时代,这些定理所描述的趋势只在每个国家的边界内完全有效。

动物与奴隶的工作

对于人而言,动物是一种物质生产要素。也许有一天道德情操的改变会诱导人们更加温和地对待动物。然而,只要人不将动物放任不管,不任由它们自行其道,人就永远将动物仅仅当作自己行为的对象来加以对待。社会合作只能存在于人之间,因为只有人能够洞察分工与和平合作的意义与好处。

人征服了动物,并把动物作为一种物质因素融入到他的行为计划之中。在驯服、驯化和训练动物的过程中,人常常表现出对动物心理特征的欣赏;他可以说是在呼唤它的灵魂。但即便如此,人与动物之间的鸿沟依然无法弥合。一个动物,除了满足其对食物和性的欲望,以及针对环境因素造成之伤害的充分保护之外,再也得不到其他任何东西。动物之所以是兽性的和非人的,正是因为它们就像工资铁律所想象的工人那样。若人只致力于吃喝和交配,人类文明就永远不会出现,因此动物既不能在社会纽带关系中结交伴侣,亦不能参与人类社会。

人们试图像看待动物一样看待自己的同胞，并相应地与他们打交道。他们用鞭子强迫厨房奴隶和驳船运输工人像绞盘马一样工作。然而，经验已表明：这些肆无忌惮的残暴方法，其结果非常不令人满意。即使是最粗鲁和最迟钝的人，当他们自愿工作时，也比在鞭子的恐惧下能够取得更大的成绩。

原始人并不区分他在女人、孩子和奴隶方面的财产与他在牲畜和无生命物件方面的财产。但是，一旦他开始期望从他的奴隶那里得到役使动物和群居动物可以提供之效用以外的其他效用，他就被迫松开这些奴隶的锁链。他必须试图用自我利益的激励来代替单纯恐惧的激励；他必须设法用人类情感将奴隶束缚在自己身边。若奴隶被阻止逃跑，不再是完全通过锁链和监视的方式，被迫工作也不再是完全处于被鞭打的威胁下，则主人与奴隶之间的关系就转变成了一种社会联系。奴隶可能会哀叹他的不幸并渴望解放，尤其是如果他对自由的更快乐日子记忆犹新的话。但他忍受似乎无法避免的事态，并以尽可能能忍受的方式让自己适应自己的命运。奴隶开始意图通过申请和执行委托给他的任务来满足他的主人；主人开始意图通过合理的待遇来激发奴隶的热情和忠诚。领主与雇工之间发展了相互熟悉的关系，而这种关系可以恰当地称为"友谊"。

也许奴隶制的颂扬者并不完全错误，他们断言：许多奴隶对他们的地位感到满意，而且并不打算改变这种地位。也许有个人、个人群体甚至整个民族和种族正享受着束缚所提供的安全和保障呢；他们并不感到羞辱和屈辱，乐于付出适度的劳动，以换取分享富裕家庭便利设施的特权；在他们看来，服从主人的奇思妙想和坏脾气只是一个无足轻重的弊端而已，或者根本算不上是弊端。

当然，奴隶工人在大农场和种植园、在矿山、在车间和船上厨房中劳作的条件，跟田园诗中所描述的家庭男侍从、家庭女仆、厨师和保姆的快乐生活以及小农场里不自由的工人、奶牛场女佣、牧民和牧羊人的条件，二者之间有着很大的不同。任何奴隶制的辩护者即便胆量再大，也不敢去美化罗马农业奴隶（这些奴隶被锁链锁在一起、挤在他们的住处——囚禁奴隶的私人监狱）或者美国棉花和甘蔗种植园里黑人的命运。[1]

---

〔1〕玛格丽特·米切尔（Margaret Mitchell）在她广受读者追捧的小说《乱世佳人》（Gone with the Wind，纽约，1936年）中颂扬美国南方的奴隶制度，她足够谨慎，乃至于丝毫不涉及关于种植园工人的细节，而是更喜欢详述家庭用人的情况，甚至在她的描述中，这些家庭用人似乎成了他们社会团体中的精英。

奴隶制和农奴制的废除，既不能归因于神学家和道德家的教导，亦不能归因于奴隶主们的软弱或慷慨。在宗教和伦理学的教士中，有许多能言善辩的奴役捍卫者扮演反对者的角色。[1]奴性劳动因经不起自由劳动的竞争而销声匿迹；它的无利可图注定了它在市场经济中的穷途末路。

购买一个奴隶所支付的价格，是由预期从他的雇用（既作为一个工人，也作为其他奴隶的祖先）中产生的净收益所决定的，正如购买一头牛所支付的价格是由预期从这头牛的利用中产生的净收益所决定的。一个奴隶的所有者没有一种特定的收入。对他而言，"奴隶的工作没有报酬，以及他所提供之服务的潜在市场价格可能高于为他提供食物、住处和监护所花费的成本"，这一点并不意味着任何"剥削"恩惠。购买一个奴隶的人，必须以所支付的价格为这些节约措施带来预期的好处；他为这些措施全额支付费用，并适当考虑到时间偏好因素。无论所有者是在自己的家庭或企业中雇用该奴隶，还是将其服务出租给其他人，他皆不享受奴隶制度的存在所带来的任何具体好处。这种具体的好处完全属于猎奴者，即剥夺自由人之自由并将他们转变成奴隶的人。但是，当然，猎奴者之生意的盈利能力取决于买主愿意为获得奴隶而支付之价格的水平。若这些价格低于猎奴业务的运营和运输成本，该业务就不再产生回报而必须停止。

现在，无论何时、无论何地，雇用奴役劳动力的企业皆不可能跟雇用自由劳动力的企业在市场上开展竞争。奴役劳动力始终仅在不必跟自由劳动力开展竞争的情况下方能得到利用。

如果一个老板像对待牛马一样对待手下的人，他就不能从手下的人身上压榨出比牛马般的表现更多的东西。但是，"人在体力上比不上牛和马，而且为一个奴隶提供食物和监护——按照所要收获的业绩表现的比例——比喂养和看守牛马更昂贵"，这一点就变得很重要了。当人被当作动产加以对待时，跟家畜相比，人在当前提供食物和监护上所花费的每单位成本的收益要小。若一个人要求一个不自由的劳动者提供人的业绩表现，他就必须为该劳动者提供符合人性的诱因条件。

---

[1]关于美国支持奴隶主义学说，参见查尔斯·比尔德（Charles Beard）和玛丽·比尔德（Mary Beard），《美国文明的崛起》（*The Rise of American Civilization*，1944年），第一卷，第703—710页；和查尔斯·爱德华·梅里亚姆（Charles Edward Merriam），《美国政治理论史》（*A History of American Political Theories*，纽约，1924年），第227—251页。

若雇主的目标是获得的产品在质量和数量上均超过他可以用鞭子威逼生产出的产品，则他必须使劳动者对通过自己的贡献所产生的收益感兴趣。他必须奖励勤奋、技能和渴望，而不是惩罚懒惰和懒散。但是，无论他在这方面怎样努力，他都不能从一个债役工人，即一个没有得到其所做贡献之全部市场价格的工人——那里获得与自由人，即在不受阻碍劳动力市场上雇用的人——所提供之业绩表现相等的业绩表现。奴隶和农奴劳动所提供的产品和服务，其在质量和数量上不可能再继续提高的上限远远低于自由劳动的标准。在生产优等品质的物品时，一家雇用非自由工人之明显廉价劳动力的企业是经不起雇用自由劳动力之企业的竞争的。正是这一点使所有的强制劳动制度皆消失了。

社会制度曾经将生产保护区的整个区域或分支部门保留下来，专供从事非自由劳动的人使用，并保护他们免受雇用自由人之企业家的任何竞争。因此，奴隶制和农奴制成为既不能被个人的行为所消除，亦不能被个人的行为所改变的一种僵化种姓制度的基本特征。在情况不同的地方，奴隶主自己采取措施，而这些措施势必逐步废除整个不自由劳动制度。促使古罗马冷酷无情、毫无怜悯之心的奴隶主放松对其奴隶所施加的种种束缚的，并不是他们心中突然生出了人道主义感情和仁慈，而是他们渴望从他们的财产中获得尽可能的最大利益。他们放弃了对其拥有之广袤土地的集中式大规模管理制度——大庄园制，并将奴隶转变为实际上的佃户，让他们自主自愿地耕种自己的租地，只欠地主一笔地租或地里收成的一份收益。在加工贸易和商业中，奴隶摇身一变成为企业家，而他们的资金——私产——则变成了他们的合法准财产。奴隶被大量解放，因为自由人向从前的主人——守护神——提供的服务比期望从奴隶那里得到的服务更有价值。因为奴隶的解放并不是一种恩典行为，亦不是主人的一份无偿礼物。这是一种信贷操作，可以说是以分期付款计划形式购买自由。自由人必须在许多年甚至一生中向从前的主人提供特定的款项和服务。此外，守护神对已故自由人的遗产享有特别继承权。[1]

随着雇用非自由劳动者的工厂和农场的消失，奴役束缚不再是一种生产制

---

〔1〕参见奇科蒂（Ettore Ciccotti），《古代奴隶制的衰落》（*Le Déclin de l'esclavage antique*，巴黎，1910年），第292页及以后；萨尔维奥利（Giuseppe Salvioli），《古代世界的资本主义》（*Le Capitalisme dans de monde antique*，巴黎，1906年），第141页及以后；凯尔恩斯，《奴隶的力量》（*The Slave Power*，伦敦，1862年），第234页。

度，而成为贵族种姓社会团体的一项政治特权。大君主有权得到特定的实物贡品或金钱贡品，并有权得到其部下一定的服务；此外，其农奴的子女必须在一个特定时段内充当他们的仆人或武装随从。但是社会地位低下的农民和工匠自食其力、自担风险经营着他们自己的农场和商店。只有当他们的生产过程完成时，领主才介入并要求分得一部分收益。

后来，从16世纪开始，人们又开始雇用非自由工人从事农业生产，有时甚至从事大规模工业生产。在美洲殖民地，黑人奴隶制成为种植园的标准方法。在东欧——在德国东北部，在波希米亚及其附属地摩拉维亚和西里西亚，在波兰，在波罗的海国家，在俄国，以及在匈牙利及其附属地——大规模农业是在农奴的法定无偿劳动基础上建立起来的。这两种非自由劳动制度均受到政治制度的庇护，以对抗来自雇用自由工人之企业的竞争。在种植园殖民地，高昂的移民费用和对个人缺乏充分的法律和司法保护从而使其免受政府官员和种植园主贵族阶级之专横统治的影响，阻碍了自由劳动力的充分供给和一个独立农民阶级的发展。在东欧，种姓制度使外人无法进入农业生产领域。大规模农业只留给贵族阶级成员。少量的租种土地被保留给不自由的奴隶。然而，雇用非自由劳动力的企业，将无法经受住来自雇用自由劳动力之企业的竞争，这一点并未受到任何人的质疑。在这一点上，18世纪和19世纪早期关于农业管理的作家们在意见上的一致，并不亚于古罗马关于农业问题的作家们在意见上的一致。但是奴隶制与农奴制的废除不能通过市场制度的自由发挥来实现，因为政治制度已经使贵族阶级的地产和种植园脱离了市场的至高无上地位。奴隶制与农奴制是由被严重滥用的自由放任、通行证意识形态之精神所支配的政治行动所废除的。

今天，人类再次面临着以强制劳动代替自由人之劳动的努力，而自由人将其工作能力作为一种"商品"在市场上出售。当然，人们认为：极权主义国家的工人们所承担的任务，跟奴隶或农奴所承担的任务，是有本质区别的。他们说：奴隶和农奴为了实施剥削之领主的利益而辛勤劳动。但是，在一个极权主义制度中，劳动的成果进入社会，而劳动者自己也是社会的一分子；在这里，工人可以说是在为自己工作。这一推理所忽略的是：将个别工人和所有工人整体皆看成是"将一切工作之成果收入囊中的集体实体"，这不过是一种虚构。社会公务员所要达到的目的跟个人的希望与愿望是否一致，这是次要的。重要的是：个人对该集体实体之财富的贡献，并不需要以由市场决定之工资的形式出现。一个极权主义国家缺乏任何经济计算方法；它不能单独地决定将已生产出的商品总量的多少配额分配给各种互补性生产要素。由于它不能确定不同个人所付出之努力对社会所做贡献的大小，因此它不能根据工人工作表现的价值来付给工人报酬。

为了区分自由劳动与强制劳动，不需要就自由和强制的本质描述形而上学意义上的细微之处。我们可以将自由劳动称为一种"外向的、不具备立即满足功能的劳动"，而一个人之所以施展这种劳动，要么是为了直接满足他自己的需求，要么是为了间接满足他自己的需求，而这种间接需求满足是通过花费在市场上出售这种劳动所挣得的价格来获得的。强制劳动是在其他激励措施的压力下进行的劳动。有人之所以对这套术语感到愤怒，是因为使用诸如"自由"和"强制"之类的词语可能让使用者引起一种有损于对所涉及问题进行冷静处理之想法的联想，则人们还可以选择其他术语。我们可以用"F劳动"来代替"自由劳动"、用"C劳动"来代替"强制劳动"。关键问题不可能受到术语选择的影响。唯一重要的是：若一个人自己的需求满足既不直接，也不——在任何明显程度上——间接地取决于他工作表现的数量和质量，那么什么样的诱因能促使他屈服于劳动之负效用呢？

为了便于辩论，我们假设——许多工人，甚至可能是大多数工人，会自愿尽职尽责地竭尽全力完成上司交给他们的任务。但如何处理那些在履行被强加职责方面行动迟缓和粗心大意的人呢？除了惩罚他们，别无他法。他们的上级必须有权确立过错、对过错之主观原因作出判断，并相应地给予惩罚。霸权关系取代了契约关系。工人开始服从其上级的自由裁量权，他个人服从其首长的纪律处分权。

在市场经济中，工人出售他的服务，正如其他人出售他们的商品一样。雇主并不是雇员的领主。雇主只是服务的购买者，而且雇主必须以服务的市场价格来购买该服务。当然，像任何其他购买者一样，一个雇主亦可自由行事。但若他在雇用或解雇工人方面采取专断做法，他就必须为之买单。一个雇主或一个受委托对一个企业某一部门进行管理的雇员，在雇用工人方面可以自由地采取歧视做法、可以自由地随意解雇工人，或可以自由地将工人的工资削减到低于市场工资率的水平。但是，在沉迷于这种专横行为时，他损害了他的企业或部门的盈利能力，从而损害了他自己的收入和他在经济体系中的地位。在市场经济中，这种突发奇想会带来降临自己身上的惩罚。在市场经济中，对工薪阶层的唯一真正有效的保护，是由决定价格形成的各因素发挥作用而提供的。市场使工人独立于雇主及其助手的随意裁量权。工人只服从于消费者的至高无上地位，而他们的雇主亦是如此。在通过购买或不购买来决定产品价格和生产要素的运用时，消费者为每一类型劳动分配其市场价格。

工人之所以成为自由人，恰恰是因为——雇主在市场之价格结构的压力下，将劳动视为一种商品，一种赚取利润的工具。在雇主看来，雇员只不过是一个为了一笔"以货币计算的对价"而帮助他赚钱的人。雇主为雇员所提供的服务而付费，雇员则为赚取工资而工作。在这种关系中，雇主与雇员之间没有任何优劣之分。受雇之人不欠雇主感激之情；他欠他一个特定数量、一个特定种类和一个特定质量的工作。

这就是为何在市场经济中雇主没有惩罚雇员的权力也没关系的原因。所有非市场的生产体系皆必须给予控制者权力，以激发动作慢的工人生发更多的热情和应用。由于监禁使工人退出工作或至少大大降低了其贡献的价值，体罚一直只是让奴隶和农奴继续工作的传统手段。随着不自由劳动的废除，可以不再使用鞭子作为一种刺激工具。鞭打是债役劳动的象征。一个市场社会的成员一致认为体罚既不人道，也有辱人格，以至于在学校里、在刑法中以及在军事纪律中也废除了体罚。

第二十二章　非人类的原始生产要素

1 关于地租理论的一般观察

在李嘉图经济学的框架中，租金的概念是试图处理现代经济学通过边际效用分析处理的那些问题。[1]从当今洞见的观点来看，李嘉图的理论显得相当不令人满意；毫无疑问，主观价值理论的方法要优越得多。然而地租理论的名声当之无愧；对它的启蒙和完善所给予的关怀结出了美好的果实。经济思想史没有任何理由为地租理论感到羞愧。[2]"不同质量和肥力的土地，也即每单位投入产生不同回报的土地，人们对其估值亦不同"，这一点并没有给现代经济学带来任何特殊问题。只要李嘉图的理论提及了土地价格在估值与评估方面的分级，它在生产要素价格的现代理论中就完全可以理解。令人提出异议的并不是地租理论的内容，而是在复杂的经济体系中分配给它的特殊地位。级差地租是一种普遍现象，而且并不局限于土地价格的确定。"租金"与"准租金"，二者之间的复杂区分是虚假的。土地及其提供的效用，跟其他生产要素及其效用的处理方式相同。与不太合适工具所产生的回报相比，对一款较好工具的控制权会产生"租金"，而不太合适的工具必须依靠更为合适工具的供给不足方能加以利用。跟技术不那么熟练和不那么勤奋的竞争对手所赚取的工资相比，更能干、工作上更积极热心的工人赚取的实际上是一种"租金"。

"租金"概念旨在解决的问题，在很大程度上是由于运用了不适当术语而产

---

〔1〕费特（Fetter）说，这是"一个混乱的边际性理论"。《社会科学百科全书》（*Encyclopaedia of the Social Sciences*），第十三卷，第291页。

〔2〕参见阿尔弗雷德·阿蒙（Alfrd Amonn），《作为国民经济理论奠基人之李嘉图》（*Ricard als Begründer der theoretischen Nationalökonomie*，耶拿，1924年），第54页及后页。

生的。在日常语言和世俗思想中使用的一般概念，并不是根据行为学调查研究和经济学调查研究的要求而形成的。早期的经济学家们毫无顾忌、毫不犹豫地采用它们，这种做法是错误的。只有当一个人天真地执着于"土地"或"劳动力"等一般术语时，人们才会对"为何土地与劳动力的估值和评估并不相同"的问题感到困惑。一个人，若他不允许自己被单纯的言辞所愚弄，而是着眼于一个因素与满足人之需求的相关性，那么他就会认为"不同的服务本应得到不同的估值和评估"是理所当然的事。

现代价值与价格理论并不是建立在将生产要素划分为"土地""资本"和"劳动力"的基础上的。其根本区别在于"高阶商品"与"低阶商品"之间、"生产者商品"与"消费者商品"之间。当它在"生产要素类别"范畴内将原始生产要素跟生产性生产要素区分开来，而且在"原始生产要素类别"范畴内将非人类生产要素跟人类生产要素（劳动力）区分开来时，它并没有破坏它关于生产要素价格决定之推理的统一性。控制生产要素价格决定的规律，对于这些要素的所有类别和样本而言皆是一样的。由这些要素提供的不同效用被以不同方式进行估值、评估和分析处理，这一点本不足为奇，也只能让那些没有注意到这些效用性差异的人感到惊讶了。对一幅画的优点视而不见的人，可能会因为"收藏家为委拉斯开兹的一幅画支付的价格竟然比为一个天赋较低艺术家的一幅画支付的价格还要高"而感到奇怪；而对于鉴赏家而言，这是不言而喻、再正常不过的事情。更肥沃的土地相较于不那么肥沃的土地，买主为前者支付的价格更高、租户为前者支付的租金也更高——农民丝毫不为此感到惊讶。老一辈经济学家对这一点感到困惑的唯一原因是：他们用一个忽视生产率差异的笼统术语"土地"来分析问题。

李嘉图地租理论的最大优点是认识到"边际土地并不产生任何地租"这一点。从这一知识出发，只需一步，就能发现估值主观主义的原理。然而，在"实际成本"概念的蒙蔽下，古典经济学家以及他们的追随者们皆未能迈出这一步。

虽然级差地租思想基本上可以被主观价值理论所采纳，但从李嘉图经济学中衍生出来的第二个地租概念——即"剩余地租"概念——必须被完全否定。这种剩余索偿人的想法是基于"实际成本"或"实物成本"的概念，而该等概念在对生产要素价格的现代解释框架中并无任何意义。勃艮第（Burgundy）葡萄酒的价格之所以高于基安蒂（Chianti）葡萄酒，其原因并不在于勃艮第葡萄园的价格高于托斯卡纳（Tuscany）葡萄园的价格。因果关系正好相反。因为人们愿意为勃艮第葡萄酒支付比基安蒂葡萄酒更高的价格，所以葡萄酒种植者也愿意为勃艮第的葡萄园支付比托斯卡纳的葡萄园更高的价格。

在会计看来，利润是在支付了所有生产成本后剩下的一个盈余份额。在均匀旋转经济中，这种产品价格超过成本的盈余现象永远都不会出现。在不断变化的经济中，产品价格与"企业家为购买互补性生产要素所花费的价格加上所投入资本的利息之和"之间的差额，既可能是一个正数，亦可能是一个负数，也即要么是利润，要么是亏损。这些差额是由时间间隔内产品价格发生的变化所引起的。谁比其他人更成功地及时预见到这些变化并相应地施展行为，谁就能获得利润。若他没有努力调整他的企业家冒险活动以适应市场的未来状况，他就会受到亏损的惩罚。

李嘉图经济学的主要缺陷在于：它是关于一个国家共同努力下总产量之分配的理论。正如古典经济学的其他倡导者一样，李嘉图亦未能摆脱国民经济学的重商主义景象。在他的思想中，"价格决定"问题是从属于"财富分配"问题的。人们通常将他的经济哲学描述为"当代英国制造业中产阶级的经济哲学"[1]，这样的描述并没有抓住要点。19世纪早期的这些英国商人对工业的总产量及其分配并不感兴趣。他们被赚取利润和避免亏损的渴望所引导。

古典经济学的错误之处在于：它在其理论方案中赋予土地一个独特的位置。在经济学意义上，土地是一种生产要素，而且决定土地价格形成的规律跟决定其他生产要素价格形成的规律是一样的。关于土地的经济学教义的所有特点皆是指所涉及之数据的某些特点。

2 土地利用中的时间因素

土地经济学理论的出发点是区分两个类别的原始生产要素，即人的生产要素和非人类生产要素。由于对非人类生产要素的利用通常跟利用一块土地的能力有关，所以我们在提到这些要素时就谈到土地。[2]

---

[1] 参见，例如，哈尼（Lewis H. Haney），《经济思想史》（History of Economic Thought，修订版，纽约，1927年），第275页。
[2] 关于狩猎、捕鱼和开采矿藏的权利跟一块土地所有人的其他权利相分离的法律规定对交易经济学没有任何兴趣。交易经济学中使用的"土地"一词亦包括广阔的水域。

在处理土地的经济问题——非人类原始生产要素问题——之时，必须巧妙地将行为学观点与宇宙学观点分开。宇宙学在研究宇宙事件时谈论"恒久性"和"质量与能量守恒"可能是很有意义的。如果将人类行为在其中能够影响人类生活的自然环境条件的轨道跟自然实体的运作加以比较，可以说自然力量是"坚不可摧的"和"永久的"，或者更确切地说是"安全的，不会被人类行为破坏掉"。在宇宙学所提到的重大时期内，土壤侵蚀（在这个术语的最广泛意义上）之所以达到某一强度可能是人类干扰的影响造成，这一点丝毫不重要。今天无人知道：宇宙的变化是否会在数百万年内将沙漠和贫瘠的土壤变成从我们今天知识观点来看将必须描述为"极其肥沃"的土地，而将最茂盛的热带花园变成"贫瘠的"土地？正因为无人能预料到这种变化，也无人敢冒险去影响可能导致这种变化的宇宙事件，所以在分析处理人类行动问题时，对这种变化进行推测是超越职责范围的事。[1]

自然科学可以断言：土壤中那些使其效用性能够服务于林业、畜牧业、农业和水资源利用的力量会周期性地自我再生。即使是人类刻意以最大程度破坏地壳生产能力为目标的努力，充其量也只能在地壳的小部分取得成功——也许确实如此。但这些事实并不严格地算作人类行动。土壤生产力的周期性再生并不是一个将使人类面临一个独特确定情况的刚性不变数据。土壤可能以如下方式加以使用：减缓和推迟这种再生，或者土壤的生产力要么在一个特定时段内完全消失，要么只能通过资本和劳动力的相当大规模投入才能恢复。在处理土壤时，人们必须在各种不同的方法之间做出选择，以期保持土壤的生产力并使其再生。与生产的任何其他部门一样，时间因素也进入狩猎、捕鱼、放牧、畜牧、植物种植、伐木和水资源利用的行为。在这个细分领域，人也必须在"未来更临近时段的满足"与"在未来更遥远时段的满足"之间做出选择。在这个细分领域，每一个人的行为中所包含的原始利息现象亦发挥着至为重要的作用。

有一些制度性条件导致有关个人宁愿选择在较临近的将来获得满足，而完全或几乎完全忽视在较遥远的将来获得满足。如果土地一方面并不为个别所有者所有，另一方面所有人或某些受特殊特权或实际情况恩惠的人可以为自己的利益暂时自由地利用土地，那么就丝毫不考虑将来了。当土地所有者预期他的财产将

---

[1] 因此，熵的问题也不属于行为学深思范畴。

在不太遥远的将来被征用时,情况亦是如此。在这两种情况下,行为人皆致力于为了他们的直接利益尽可能多地从土地上压榨出收益。他们并不关心他们的压榨利用方法将会产生什么样的时间上更遥远的后果。明天对他们来说不重要、不算数。伐木、狩猎和捕鱼的历史提供了大量的说明性经验;但是在土壤利用的其他部门中亦可以找到许多例子。

从自然科学的观点来看,维持资本商品和保持土壤的力量属于两个完全不同的范畴。生产性生产要素在开展生产过程中迟早完全湮灭,零敲碎打地转化为消费品,而该消费品最终被消费掉。若一个人不想使过去储蓄和资本积累之结果消失,则除了消费品之外,他还必须生产出一定数量的资本商品,以替换那些已磨损殆尽的商品。若一个人忽视了这一点,可以说他最终就会消耗资本商品。一个人会为了现在而牺牲未来;一个人今天会过着奢侈的生活,以后会在贫困中度日如年。

但是,人们常说,这与土地的力量是不同的。它们是不可能被消费的。然而,只有从地质学角度来看,这种说法才是有意义的。但是从地质学观点来看,我们可以或者应该同样否认"工厂设备或者铁路可以被'吞噬'"。一条铁路下部结构的砾石和石头,以及铁轨、桥梁、汽车和发动机中的钢铁,在宇宙意义上永远不会湮灭。只有从行为学观点来看,才允许谈论一款工具、一条铁路或一座钢铁厂被"消耗"和被"吞噬"。在同样的经济学意义上,我们谈到土壤生产力的消耗。在林业、农业和水资源利用中,这些力量跟其他生产要素的处理方式相同。关于土壤的力量,行为人亦必须在"以牺牲后期生产率为代价来提高产出的生产过程"与"不损害未来物质生产率的生产过程"之间作出选择。有一种可能的情形是:从某一土壤中提取太多,以至于以后对该土壤的利用将产生较小的收益(每单位已运用资本和劳动力),或者实际上根本没有任何回报。

诚然,人的毁灭性力量是有体力极限的。(伐木、狩猎和捕鱼比耕种土壤使人更早达到这些体力极限。)但这一事实仅仅导致了资本消散与土壤侵蚀之间的数量差异,而不是质量差异。

李嘉图将土壤的力量称为"原始的和坚不可摧的"力量。[1]然而,现代经济

---

[1] 李嘉图,《政治经济学及赋税原理》(*Principles of Political Economy and Taxation*),第34页。

学必须强调的一点是：估值和评估并不区分原始生产要素和生产性生产要素；质量和能量的宇宙学意义上的不可摧毁性，无论它可能意味着什么，并不要求土地利用具有与其他生产部门根本不同的性质。

3 次边际土地

一块特定土地在一个特定时段内所能提供的效用是有限的。假若土地的效用是无限的，人们就不会将土地视为一种生产要素和一种经济商品。然而，可利用的土地数量是如此巨大，大自然是如此慷慨，乃至于时至今日土地依然是丰富的。因此，只有最多产的土地才被利用。人们认为：有些土地——无论是就其物理生产力还是就其地理位置而言——太贫瘠，以至于根本不值得耕种。因此，边际土地，即最贫瘠的耕作土地，并不产生李嘉图意义上的地租。[1]若人们不对这种边际土地进行积极的评估以预期它在以后的日子里被利用，则边际土地将被认为是完全没有价值的。[2]

市场经济并没有一个更为丰富充足的农产品供给，这一点是由资本和劳动力的稀缺性造成的，而并不是由可耕地的稀缺性造成的。在其他条件相同的情况下，只有当额外土地的肥力超过以前已耕种的边际土地时，可用土地表面的增加才会增加谷物和肉类的供给。另一方面，只要消费者不认为额外资本和劳动力的另一种运用更适合于满足他们的最迫切需求，那么可用劳动力和资本数额的任何增加皆会增加农产品的供给。[3]

土壤中所含的有用矿物质在数量上是有限的。诚然，其中一些矿物质是自然过程的产物，而这些自然过程仍在继续并增加了现有的储量。然而，这些自然过程进展缓慢、耗时太久，使得它们对于人的行为而言微不足道。人类必须考虑到——这些矿物的可用储量是有限的。每一个矿场或油源，其资源皆是可以耗尽的；其中许多已经枯竭。我们可能希望发现新的矿藏、希望发明出技术程序，使今天根本不能开采或只能以不合理代价开采的矿藏变得可以利用起来。我们还可

---

[1]有些地区几乎每一个角落的土地皆已被开垦或利用。但这是某些制度条件的结果，这些制度条件阻止这些地区的居民获得更肥沃的闲置土地。

[2]对一块土地的评估不得与对改进的评估相混淆，这里所说的改进即资本和劳动力投资所产生的不可转移和不可转换结果，而这些结果促进了对资本和劳动力的利用并提高了每单位的未来产出量和未来的投入量。

[3]当然，这些观察仅指资本和劳动力之流动不存在制度性障碍的情况。

以假定：技术知识的进步将使我们的子孙后代能够利用今天尚无法利用的物质。但是所有这些对于今天的采矿和石油钻探作业而言皆不重要。矿物质的沉积及其开采所具有的特征并不会为处理它们的人的行为提供一种特殊标记。对于交易经济学而言，用于农业的土壤与用于采矿的土壤，二者之间的区别仅仅是数据上的区别。

尽管这些矿物物质的可获取数量是有限的，而且尽管我们在学术上可能担心存在着"它们有一天会完全耗尽枯竭"的可能性，但行为人并不认为这些矿藏是严格有限的。他们的活动考虑到"某些矿场和石油钻井将变得枯竭"这一点，但他们并未注意到"在不为人知的将来某一天，某些矿物的所有矿藏可能会最终枯竭"这一点。因为在今天的行为中，这些物质的供给似乎是如此丰富，以至于人们不敢冒险在技术知识状态允许的范围内充分开发它们的所有储量。只有在没有更紧迫用途用于所需数量的资本与劳动力的情况下，才会利用这些矿山。因此，有些次边际矿藏根本没有被利用。在每一个经营的矿山中，生产范围是由"产品价格"与"所需非特定生产要素价格"二者之间的关系所决定的。

4 作为容身之地的土地

将土地作为人类住所、车间和交通工具的位置加以运用，这种用途从土地的其他用途中提取了一些土地。

旧理论认为认定具有城市地租属性的特殊地方不必在这里引起我们的关注。有一点并不值得特别注意：相较于人们不那么看重的土地，人们为他们更看重的用于住宅的土地所支付的价格更高。事实上，对于车间、仓库和铁路堆场这些地方的选址而言，人们更偏爱选择运输成本低的地点，而且他们愿意按照预期的经济条件为这类土地支付更高的价格。

土地还用于游乐场地和花园、用于公园以及用于欣赏大自然的雄伟壮丽和如画美景。随着"资产阶级"心理特点之一——热爱自然——的发展，对这种享受的需求已大大增加。高山山脉的土地，曾经仅仅被视为岩石和冰川的贫瘠荒凉之地，今天被高度赞赏为最崇高乐趣的源泉宝地。

自古以来，每个人皆可自由进入这些空间。即使土地归私人所有，土地所有者通常无权对游客和登山者关闭其土地，也无权索要门票费。无论谁有机会参观这些地区，皆有权享受其所有的壮丽景色，并将其视为仿佛是自己的一样。名义上的土地所有者并没有从他的土地财产给游客带来的满足中获得任何好处。但这并没有改变这样一个事实,即这片土地为人类福祉服务并因此受到赞赏。地面受到地役权的限制,该地役权使得每个人皆有权在其地面通过并在上面露营。由于不可能对有关地区进行任何其他用途的利用,因此这种地役权属性完全耗尽了土地所有者可能从其土地所有权中获得的一切好处。由于这些岩石和冰川所能提供的特殊效用实际上是取之不尽、用之不竭的,并且无需投入任何资本和劳动力来保护它们,因此这种安排不会带来任何适用于伐木、狩猎和捕鱼场地的后果。

若这些山脉附近可用于建造庇护所、旅馆和交通工具(如登山铁路)的空间有限,则这些稀有地块所有者就能够以更有利条款出售或出租它们,从而将游客从免费进入山峰区域中获得的部分好处转移给他们自己。若非如此,游客们就可以免费享受这些好处了。

5 土地价格

在均匀旋转经济的想象建构中,买卖特定数量地块的效用跟买卖其他生产要素的效用根本没有任何区别。所有这些要素皆是根据它们在未来不同时段将要提供的效用来进行评估的,并考虑到了时间偏好因素。对于边际土地(当然,而且对于次边际土地)而言,根本不需要支付任何价格。有地租的土地(即与边际土地相比,每单位资本和劳动力投入之产出较高的土地)根据其优势程度进行评估。它的价格是它所有未来租金的总和,其中每一笔租金均按原始利率予以折现处理。[1]

在不断变化的经济中,人们买卖土地要适当考虑到土地所提供之效用的市场价格的预期变化。当然,他们的期望可能会出错;但这又是另一回事了。他们试图尽其所能预测可能改变市场数据的未来事件,并根据这些预测施展行为。如果他们相信有关地块土地的年净收益会上升,那么该地块的价格将会高于没有这种预期情形下的价格。例如,人口不断增长的城市的附近郊区土地的情况或压力集团可能通过关税成功地提高木材和谷物价格之国家的森林和可耕地的情况就是如此。另一方面,人们对全部或部分没收土地净收益的担忧往往会降低土地价格。

---

[1] 需要再次记住一点:均匀旋转经济的想象架构不能始终如一地加以执行,直至其终极逻辑后果(见上文)。关于土地问题,必须强调两点:第一,在这个以事态始终不变为特征的想象建构框架内,没有给土地买卖留下任何空间。第二,为了将采矿和石油钻探融入这个架构,我们必须赋予矿山和油井一个永久性特征,并且必须忽略"任何处于经营状态的矿山和油井可能会枯竭甚至发生产量变化或所需现有投入数额的变化"之可能性。

在日常商业语言中，人们谈到地租的"资本化"，并注意到资本化率因土地类别的不同而各不相同，即使在同一类别内，亦因地块不同而各不相同。这个术语是相当不合适的，因为它歪曲了过程的性质。

正如土地买卖双方考虑到将会减少净回报的预期未来事件一样，他们以相同的方式处理土地税问题。对土地征收的税金将土地的市场价格降低到其未来税负的折扣金额。不太可能被取消的这类新税项的开征，将会导致有关地块土地的市场价格应声下跌。这就是税收理论称之为"税费摊销"的现象。

在许多国家，土地或某些地产的所有者享有特殊的政治法律特权或显赫的社会声望。这样的制度亦可在确定土地价格方面发挥一定的作用。

土壤神话

浪漫主义者谴责土地相关经济理论具有"功利主义的狭隘性"。他们说：经济学家是从冷酷无情投机者的角度来看待土地的，而这些投机者将所有永恒的价值统统贬低为以货币和利润进行计算。然而，土地并不仅仅是一种生产要素。它是人类能量和人类生活永不枯竭的源泉。农业并不仅仅是众多生产部门中的一个生产部门。它是人类唯一自然的和值得尊敬的活动，是每一个真正人类存在的唯一有尊严的条件。仅仅根据从土壤中压榨出的净回报来判断它是不公正的。土壤并不仅仅结出滋养我们身体的果实；它首先产生的是文明的道德力量和精神力量。城市、加工业和商业，皆是堕落与衰败的现象；它们的存在是寄生性质的；它们一次又一次破坏农夫必须创造的东西。

数千年前，当渔猎部落开始耕作土壤时，浪漫主义的田园遐想并不为人知。但假若在那个时代有浪漫主义者在世，他们将会歌颂狩猎的崇高道德价值，并将土壤耕种视为一种堕落现象。他们会责备农夫不仅亵渎了神赐给人类作为狩猎场的土地，而且还使神圣的狩猎之地退化为生产资料。

在前浪漫主义时代（也即1798—1832年浪漫主义时代之前的时代），没有任何人在其行为中不认为——土壤是人类福祉的源泉、是促进福利的手段。与土壤有关的魔法仪式和惯例，其目的无非是提高土壤的肥力和增加可收获果实的数量。这些人并没有寻求跟隐藏在土壤中的神秘力量和力的神秘联合。他们所追求的一切无非是又高又大、长势喜人的庄稼而已。他们诉诸魔法仪式和向上天的恳求，因为在他们看来，这是达到所追求目的的最为有效的方法。但当他们老练世故的后代从"理想主义"角度解释这些仪式时，却犯了错误。一个真正的农民并不会沉迷于对土壤及其神秘力量的心醉神迷般的念念有词。对他而言，土地是一种生产要素，而不是一个伤感情绪的宣泄对象。他心中贪求更多的土地，因为他想增加自己的收入、提高自己的生活水平。农民买卖土地，有时还抵押土地；他们售卖土地的产物，若售卖的价格没有他们期望的那么高，他们就会非常气愤。

对大自然的热爱和对风景之美的欣赏，对于农村人口来说是陌生的。城市里的居民将这种热爱和欣赏带到了乡村。城市居民开始将土地当作大自然来欣赏，而乡下人则仅从土地在狩猎、伐木、农作物耕种和畜牧方面的生产力角度对土地进行估值。自古以来，阿尔卑斯山的岩石和冰川在登山者眼中只不过是一片荒原而已。只有当镇上的人冒险攀登高峰、将钱带进山谷时，登山者才改变了想法。登山和滑雪的开路先锋们一直被当地土著居民嘲笑，直至他们发现自己还可以从这种"古怪行为"中获得好处。

□ 希腊牧神达佛涅斯

达佛涅斯，是希腊神话中英俊潇洒的放牧之神，始作田园牧歌，深受一众女神的喜爱。

田园牧歌的作者并不是牧羊人，而是老练世故的贵族人士和城市居民。希腊牧神达佛涅斯及其情人克洛伊是幻想的产物，与世俗的担忧相去甚远。同样与土壤本身相去甚远的还有关于土壤的现代政治神话。它并不是从森林的苔藓和田野的壤土中生根发芽开花的，而是从城市的人行道和沙龙的地毯上凭空想象、绚烂绽放的。农民们之所以利用它，是因为他们发现它是获得政治特权的一个实用手段，而正是这些政治特权提高了他们产品以及他们农场的价格。

第二十三章　市场数据

1 理论与数据

交易经济学——市场经济理论——并不是仅在理想的和不可实现的条件下才有效的一套定理体系，亦不是仅仅经过本质的限制与修改就可以适用于现实的一套定理体系。交易经济学的所有定理，只要这些定理所预设的特定条件存在，那么它们对于市场经济的一切现象而言皆严格有效，没有任何例外情形。例如，一个简单的事实问题：是否存在直接交换或间接交换？但是在有间接交换的地方，间接交换理论的所有一般规律对于交换行为和交换媒介而言皆是有效的。正如已指出的，行为学知识是关于现实的精确或确切知识。关于自然科学之认识论问题的所有提法，以及从对"现实"和"认识"这两个根本不同领域进行的比较中得出的所有类比，皆具有误导性。除了形式逻辑之外，并不存在这样一套"方法论"规则：该规则既适用于通过因果性范畴形成的认知，又适用于通过终局性范畴形成的认知。

行为学以一种一般性的和普遍性的方式来分析处理人的行为。行为学既不分析处理人施展行为所在环境的特定条件，亦不分析处理指导人的行为的估值的具体内容。对于行为学而言，数据是行为人的身体和心理特征、他们的欲望和价值判断，以及他们有目的地调整自己以适应其环境条件从而达到他们所要达到之目的而发展的理论、学说和意识形态。这些数据，虽然在其结构上是永恒性的，并且严格地由控制着宇宙秩序的规律所决定，但却处于永久波动和变化状态；从一个瞬间到另一个瞬间，它们时时刻刻皆在变化。[1]

---

[1] 参见斯特里格（Richard von Strigl），《经济范畴与经济组织》（*Die okonomischen Kategorien und die Organisation der Wirtschaft*，耶拿，1923年），第18页及后页。

一个人若要在心智上掌握现实的丰满性，唯一的途径是借助行为学的概念和对历史的认识理解；而后者（也即对历史的认识理解）要求掌握自然科学的教义。认知与预测是由知识的总体提供的。科学的各个单一分支所提供的始终是零碎的、不完整的知识；它必须得到所有其他分支的结果的补充方才完整。从行为人的观点来看，知识的专业化及其分解为各个科学学科，不过是劳动分工的一种手段而已。正如消费者利用不同生产部门的产品一样，行为人必须根据不同思想和调查研究部门所产生的知识作出决定。

在分析处理现实时，不允许忽视这些思想和调查研究部门中的任何一个部门。历史学派和制度主义者想要取缔行为学和经济学的研究，而全身心聚焦于数据的登记或他们现在所说的"制度"。但是，若不提及一套特定的经济定理，就不能作出关于这些数据的任何陈述。当一位制度主义者将某一特定事件归因于某一特定原因（例如，将大规模失业归因于所谓"资本主义生产方式的缺陷"）时，他就采用了一个经济学定理。他之所以反对对他结论中所暗含的定理进行更为仔细的检查，只不过是想避免暴露他论点的谬误而已。除了对理论的任何引用之外，根本不存在所谓"对纯粹事实的纯粹记录"。一旦两个事件被记录在一起或整合到一类事件之中，一个理论就起作用了。"它们之间是否有任何关联"，这一问题只能由一种理论来回答，也即在人的行为情况下，由行为学来回答。若不从预先获得的一种理论洞见出发，则探寻相关性系数将是徒劳之举。该系数可能具有一个较高的数值，但并不表明两组之间存在任何显著的和相关的关联。[1]

2 权力的作用

历史学派和制度主义谴责经济学忽视权力在现实生活中所起的作用。他们说，经济学的基本概念，即"进行选择和施展行为的个人"，是一个不切实际的概念。真正的人是不能自由地进行选择和施展行为的。他受制于社会压力，受制于不可抗拒权力的摆布。决定市场现象的，并不是个人的价值判断，而是权利之各种力量的相互作用。

这些反对意见，其谬误性不亚于经济学批评者的所有其他陈述。

---

[1] 参见科恩（Morris R. Cohen）和内格尔（Ernest Nagel），《逻辑和科学方法导论》（*An Introduction to Logic and Scientific Method*）（纽约，1939年），第316—322页。

一般的行为学以及更为具体的经济学与交易经济学，皆不主张或假定——在附加到"自由"一词上的任何形而上学意义上，人皆是自由的。人无条件地受制于他所处环境的自然条件。在施展行为过程中，人必须调整自己，从而使自己适应自然现象的不可阻挡规律性。正是由于人之福利方面自然赋予条件的稀缺性，才使人有必要施展行为。[1]

在施展行为时，人是由意识形态指导的。他在意识形态的影响下选择目的和手段。一种意识形态的力量要么是直接的，要么是间接的。当行为人确信该意识形态的内容是正确的，并且他通过遵守该意识形态直接服务于他自己的利益时，该意识形态的力量就是直接的。当行为人尽管因认为该意识形态的内容为虚假内容而予以拒绝，但他有必要调整自己的行为以适应"该意识形态得到了其他人的认可"这一现状时，该意识形态的力量就是间接的。人们所处社会环境的道德观念是人们被迫要考虑的一种力量。那些认识到普遍接受之观点和习惯的谬误性的人，在每一种情况下皆须在"采取更有效行为方式所得到的好处"与"蔑视大众化偏见、迷信和民风所造成的坏处"之间做出选择。

在暴力方面，情况亦是如此。在进行选择时，人必须考虑到这样一个事实，即有一种因素随时准备对他施加暴力式强迫。

对于受这种社会压力或身体压力影响的行为，交易经济学的所有定理亦同样是有效的。一种意识形态的直接或间接力量和身体强迫的威胁仅仅是市场情况的数据。例如，一个人出于何种考虑而不愿为购买一件商品而支出高于他在未获得有关商品情况由他本人实际制作的商品的成本，这并不重要。对于市场价格之决定而言，他是否自发地宁愿将自己的钱花在其他用途上，或者他是否害怕被其同胞视为一个暴发户或者一个挥霍无度的人、是否害怕违反政府颁布的最高限价，或者是否害怕蔑视一个准备采取暴力报复的竞争对手，都是无关紧要的。在任何情况下，他不出更高的竞标价格在同样程度上有助于市场价格的出现。

现在人们习惯上将财产所有者和企业家在市场上所占有的地位称为"经济力量"或"市场力量"。这一术语在应用于市场情况时会产生误导。不受阻碍市场

---

[1]大多数社会改革者——其中最重要者当属傅立叶——皆默默地忽略了这样一个事实，即消除人类不安之自然赋予手段是稀缺的。在他们看来，一切有用的东西皆不丰富。

经济中发生的所有事情，皆受到交易经济学已然分析论述的规律所控制。一切市场现象归根结底是由消费者的选择所决定的。若一个人想要将"权力"概念应用于市场的现象，他就应该说：在市场中，一切权力皆属于消费者。企业家们迫于赚取利润和避免亏损的需要，不得不考虑每一个方面——例如，在处理其工厂的不恰当的所谓"内部"事务方面，尤其人事管理方面——以消费者的尽可能最好和最便宜的需求满足作为他们的最高指示。在分析一个公司相较于其他公司可以更好地向消费者提供汽车、鞋子或人造黄油的能力以及在提到一个政府的武装部队镇压任何抵抗的力量时，使用同一个词语"权力"是非常不合适的。

在市场经济中，物质生产要素的所有权以及企业家技能或技术技能并不被赋予强制意义上的权力。他们所授予的只是为地位比其他人更尊贵的市场之真正主人——消费者——服务的特权。资本之所有权是委托给（资本）所有者的一项授权，且该项授权的条件是资本的运用应尽可能以最佳方式满足消费者的需求。不遵守这一规定要求的人将丧失其财富，并将被放逐到一个其不称职不再损害人民福祉的地方。

□ 斯宾格勒

斯宾格勒（1880—1936年），出生于德国哈茨山巴的布兰肯堡，是德国著名的历史哲学家，著有《西方的没落》《德国的重建》等。在斯宾格勒看来，社会主义就是"一种超越所有阶级利益的伟大政治经济制度在人生中实现的意志"。对斯宾格勒的思想有深刻洞见的王敦书先生情不自禁地感叹"千头万绪的人类历史不过是一个生成、繁荣、衰败、灭亡的发展过程"，一语道破了斯宾格勒的思想核心。

3 战争与征服的历史作用

许多作者颂扬战争与革命、歌颂流血与征服。卡莱尔与罗斯金（John Ruskin）、尼采、乔治·索雷尔和斯宾格勒（Oswald Spengler），是希特勒和墨索里尼所实施之思想的先驱。

这些哲学说：历史的进程，并不是由物欲横流、唯利是图的贩夫与商人之卑鄙苟茴行为决定的，而是由英勇无畏的战士与征服者的英雄事迹决定的。经济学家错误地从昙花一现的自由主义时期的经验中抽象出一种他们自认为具有普遍有效性的理论。这个自由主义、个人主义和资本主义的时代；这个民主、宽容和自由的时代；这个无视一切"真实"和"永恒"价值的时代；这个乌合之众享有至高无上地位的时代，现在正在消失，而且将一去不复返。刚毅阳刚的伟丈夫气概初露端倪时代需要一种关于人的行为的簇新理论。

当然，没有任何一位经济学家敢否认战争和征服在过去的头等重要性以及匈奴人和鞑靼人、汪达尔人和维京人、诺曼人和西班牙征服者在历史上发挥的巨大作用。人类现状的决定因素之一就是：人类有数千年武装冲突的历史。然而，现在依然留存并已成为人类文明之精华的，并不是从勇士们那里继承的遗产。文明是"资产阶级"精神的一项成就，而不是征服精神的一项成就。那些不以勤勉工作代替侵略掠夺的野蛮民族从历史舞台上消失了。如果说还有他们存在的任何痕迹的话，那么其痕迹在于他们在被征服民族之文明影响下所取得的成就之中。拉丁文明在意大利、法国和伊比利亚半岛幸存下来，无视所有野蛮人的入侵。假若资本主义企业家没有接替克莱夫勋爵（Lord Clive）和沃伦·黑斯廷斯（Warren Hastings），英国在印度的统治可能有一天会像土耳其在匈牙利的150年统治一样成为无足轻重的历史回忆。

□ 墨索里尼

墨索里尼（1883—1945年），出生于意大利费拉拉省一个叫普雷达皮奥的小镇，是意大利法西斯独裁者，第二次世界大战的元凶之一。墨索里尼深受尼采唯意志论的影响，赞扬主观战斗精神，强调人生的目的在于发挥权力，"扩张自我"。他鼓吹"超人"哲学，认为"超人"是历史的创造者，而普通人只是"超人"实现自己权力意志的工具。墨索里尼既反对当时盛行于西欧的自由宪政，也反对苏俄式的社会主义民主制度。

经济学的任务并不是对旨在复兴维京人理想的努力进行审查。它只是要驳斥这样的说法，即"存在武装冲突"这一点使它的教义化为乌有。关于这个问题，有必要再次强调如下几点：

第一，交易经济学的教义并不涉及一个特定历史时代，而是涉及以"生产资料私有制"和"劳动分工"这两个条件为特征的一切行为。在一个实行生产资料私有制的社会里，无论何时、无论何地，每当人们不仅为了直接满足自己的需求而进行生产，而且还消费别人生产的商品时，交易经济学的定理就是严格有效的。

第二，若与市场无关且在市场之外有抢劫和掠夺，则这些事实对于市场而言就是一个数据。行为人必须考虑到"他们受到杀人犯和强盗的威胁"这一点。如若杀戮与抢劫变得如此普遍，以至于任何生产皆显得毫无用处，那么最终生产性工作可能会停止，而且人类可能会陷入一种人人对人人的战争状态。

第三，为了夺取战利品，必须有可供掠夺的东西。只有当有足够的"资产阶级"可供征用其财产时，英雄们才能活下去。生产者的存在是征服者生存的一个条件。但是生产者（的生存）可以没有掠夺者。

第四，当然，除了实行生产资料私有制的资本主义制度之外，还有以分工为基础之社会的其他可以想象的制度。军国主义的拥护者们要求整个国家应该组织成一个武士的共同体，而在这个共同体中，非战斗人员除了向战斗部队提供他们所需要的一切以外，再无别的任务。

□ 沃伦·黑斯廷斯

沃伦·黑斯廷斯（1732—1818年），生于牛津，英国首任驻印度孟加拉总督。曾被新自由主义的领军人物伯克指控犯有贪污受贿等二十二项罪名，黑斯廷斯针对各项指控，予以一一抗辩，最终被宣判为无罪。但从1788年持续到1795年的漫长审判，也拖得他筋疲力尽。

4 作为数据的真实人

经济学的研究对象是真实人的真实行为。其定理既不涉及理想人，亦不涉及完美人，既不涉及神话般的经济人幻影，亦不涉及统计学上的普通人概念。具有人之所有弱点与局限性的人，按其实际生活和施展行为的每个人，就是交易经济学的研究主旨事项。每一"'人的行为'"皆是行为学的一个主题。

行为学的主旨事项不仅是对社会、社会关系和大众现象的研究，而且是对一切人的行为的研究。"社会科学"这一术语及其所有内涵在这方面皆具有误导性。

一项科学研究可以用于衡量人的行为的尺度，除了行为人在着手一项特定行为时想要实现的最终目标之外，别无其他任何尺度。最终目标本身是超越和超乎任何批评的。没有任何人被要求确定什么能够让另一个人幸福快乐。一个不受影响的观察者可以质疑的仅仅是：为实现这些最终目标而选择的手段是否适合实现行为人所寻求的结果。只有在回答这一问题时，经济学才能自由地针对个人和个人群体之行为或针对政党、压力集团和政府之政策发表意见。

人们习惯性地将针对他人之价值判断发起的攻击转化为对资本主义制度或企业家行为的批判，以此来掩饰这种供给的武断性。经济学对所有此类说法皆保持中立。

针对"不同商品其生产之间的平衡在资本主义制度下被公认为是有缺陷的"这一武断陈述[1]，经济学家并不反对"这种平衡是完美无缺的"这一说法。经济学家所断言的是：在不受阻碍市场经济中，这种平衡与消费者在花费其收入方面的行为是一致的。[2]经济学家的任务并不是——责备其同胞并指称他们行为的结果是错误的。

不受阻碍市场经济制度的一个特征是，在生产过程执行方面，个人的价值判断至高无上；而这种制度的替代方案是专制独裁。然后，独裁者的价值判断（由独裁者本人）独自决定，尽管这些价值判断的武断程度不亚于其他人的价值判断。

人当然不是一个完美的存在物。其人性弱点玷污了所有人类制度，从而亦玷污了市场经济。

5 调整期

市场数据的每一变化皆会对市场产生其特定影响。在所有这些影响皆完成其作用之前，也即在市场完全调整以适应新的状况之前，需要一个特定时间段。

交易经济学必须分析处理所有不同个人对数据变化做出的有意识和有目的的反应，而且，交易经济学的分析处理对象当然并不仅仅是这些行为相互作用在市场结构中带来的最终结果。数据发生的一个变化，其影响可能会被大体上在同一时间、以同一程度上发生的另一变化的影响所抵消。于是，市场价格最终不会发生任何很大的变化。统计学家专心致志于观察大量现象以及市场交易总量在市场价格中所表现的结果，却忽略了一点：价格水平没有出现变化仅仅是偶然现象，

---

[1] 参见阿尔伯特·L. 迈耶斯（Albert L. Meyers），《现代经济学》（*Modern Economics*，纽约，1946年），第672页。

[2] 这是民主——无论是政治民主还是经济民主——的普遍特征。民主选举并不能保证当选的人没有缺点，而只能保证大多数选民更愿意选他（当选的人）而不是其他候选人。

而并不是数据持续不变和没有具体调整活动的结果。他看不到任何运动以及这种运动的社会后果。然而，数据的每一变化皆有其自身的过程，在受影响的个人方面产生某些应对性反应，并扰乱市场体系各成员之间的关系，即使最终各种商品的价格并未发生重大变化而且整个市场体系之资本总额在数字上亦未发生任何变化。

经济史在事后给出的关于调整期时间长度的信息可能是模糊的。当然，获得这些信息的方法并不是测量，而是历史认识。各种调整过程实际上并不是孤立的。同时，数量并不确定的此等调整过程各行其道，它们行进的路径相交，而且它们还相互影响。对于历史学家的认识理解而言，要解开这个错综复杂的"肌理组织"并观察由数据的某一特定变化而启动的一系列行为和反应链实在是一项棘手的任务，而结果也大多捉襟见肘且值得怀疑。

对于那些渴望了解未来的企业家而言，想要了解调整期的长短亦是最棘手的任务。然而，对于企业家创业活动的成功而言，若无对所涉及的各种调整期之时间长度的充分预测作为补充，则仅仅对市场针对某一事件所做出之反应的方向进行预测是没有什么意义的。企业家在处理事务时所犯的大部分错误，以及"专家"预测者对未来商业趋势进行预测时所犯的大部分错误，皆是由于他们在调整期时间长度方面所犯的错误造成的。

在分析处理数据变化所带来的影响时，通常要区分时间上较临近的影响和时间上较遥远的影响，即短期影响和长期影响。这种区分比现在表达它的术语要古老得多。

为了发现某一数据发生的某一变化所带来的即时——短期——影响，通常无需采取彻底调查方式。短期影响在很大程度上是显而易见的，而且很少能逃过哪怕不熟悉搜索调查的幼稚观察者的注意。启动经济学研究的恰恰是这样一个事实：一些天才开始怀疑，某一事件的更遥远后果可能不同于即使是头脑最简单的外行也能看到的直接影响。经济学的主要成就是揭示这种迄今尚未被受影响的观察家注意到，而且也被政治家所忽视的长期效应。

古典经济学家从他们惊人的发现中得出了一条政治实践规则。他们认为：政府、政治家和政党在进行规划和施展行为中不仅应考虑其措施的短期后果，而且还应考虑其措施的长期后果。这一推论的正确性是无可置疑和无可争辩的。行为的目的是以"一个更令人满意的状态"代替"一个不那么令人满意的状态"。一个特定行为的结果，将会被认为"更令人满意"还是"不那么令人满意"，这取决于对其所有后果——包括短期后果和长期后果——进行的正确预测。

有些人批评经济学犯了所谓如下错误：忽视短期影响而偏爱研究长期影响。这种责备是荒谬的。经济学没有任何办法对数据发生的某一变化所导致的结果进行仔细研究，而只能从该变化的直接后果入手，一步一步进行分析，从第一个反应到时间上更遥远的反应，以及所有后续的后果，直至最后到达它的最终后果。长期分析必然始终完全包含短期分析。

为何某些个人、政党和压力集团急于宣传短期原则的专属影响力，要理解这一点非常容易。他们的说法是：政治永远都不应该为某一手段的长期影响而操心，而且，一项措施，若其预期在短期内产生效益，则绝不应该仅仅因为该措施的长期影响是有害的就放弃采取该措施。重要的只是短期影响；"从长远来看，我们每个人都将死去"。经济学必须对这些满腔热情的批评家做出的回应可以用一句话概括：每一项决策皆应基于对其所有后果——无论是短期后果还是长期后果——进行的仔细权衡。当然，在个人行为和公共事务中，有些情况下，行为人可能有充分的理由忍受非常不可取的长期影响，以避免他们认为更不可取的短期情况。有时，一个人劈了自己的家具当柴火来加热炉子，这可能是那个时刻的首选上策。但如果他真这样做了，他应该知道这么做的更遥远影响将会是什么。他不应该自欺欺人，还真以为他发现了一种非常棒的为自己住处供暖的新方法。

经济学反对短期信徒的狂热，要说的就这么多了。历史，总有一天，将不得不说更多的内容。它必须确立短期原则的推荐——法国国王路易十五的情妇蓬帕杜夫人（Madame de Pompadour）说的那句臭名昭著的话"我死之后，哪管洪水滔天"的死灰复燃——在西方文明最严重的危机中所起的作用。它必须表明：这一口号多么受那些其政策旨在消耗从前数代人传承下来的精神资本与物质资本之政府与政党的欢迎。

6 产权限制以及外部成本与外部经济的问题

受到法律限制同时又受到法院和警察局保护的财产权，是一个长期演变的产物。这些时代的历史记录了以废除私有财产为目标进行的斗争。专制暴君和民众运动一次又一次试图限制私有财产权或将这种权利完全废除。诚然，这些努力皆失败了。但它们在决定财产的法律形式和定义的思想历程上留下了痕迹。财产的法律概念并未充分考虑私有财产的社会功能。在市场现象的认定上，存在着一定的不足和不协调。

财产权若一以贯之地贯彻下去，一方面使财产所有者有权要求该商品的运用可能产生的一切好处，另一方面又使财产所有者负担运用该商品所产生的一切不利因素。那么，财产所有者将独自对结果负全部责任。在处理其财产时，他会考虑到其行为的所有预期结果，包括那些被认为有利的预期结果和那些被认为不利的预期结果。但是，若其行为的一些后果超出了他有权获得之利益与他应承担之不利条件的范围，他就不会煞费苦心去为其行为的一切后果进行规划。他将会无视那些并不会增加他自己满足的好处以及那些并不会给他带来负担的代价。若法律经过调整以更好地适应私有制的经济目标，则他的行为将偏离它本来会遵循的路线。他将启动某些项目，仅仅是因为法律免除了他对发生的一些成本本应承担的责任。他将放弃一些其他项目，仅仅是因为法律阻止他获得所有本来可以获得的好处。

针对已造成的损害如何清晰界定责任人的责任并进行损害赔偿，相关的法律在某些方面不仅在过去、现在也依然存在不足。大体上大家都接受这样一个原则，即每个人皆须为自己的行为给他人所造成的损害负责。但依然存在着一些漏洞，而立法者迟迟未能填补。在某些情况下，这种拖延是故意的，因为不完善之处恰恰符合当局的计划。过去在许多国家，工厂和铁路的所有者对其企业行为因烟雾、煤烟、噪声、水污染和设备缺陷或不适当造成的事故对邻居、顾客、雇员和其他人财产和健康造成的损害概不承担任何责任，这种想法背后的"理由"竟然是——任何人皆不应该破坏工业化进程和交通运输设施的发展。同样的学说曾经促使并仍在促使许多政府通过补贴、免税、关税和廉价信贷来鼓励对工厂和铁路进行投资，而这些学说在一种法律状态的出现中发挥了作用：在这种法律状态中，这些企业的责任要么（从法律角度）正式减轻了，要么实际上减轻了。后来，许多国家又开始出现完全相反的趋势，与其他公民和公司相比，制造商和铁路公司的责任增加了。在这里，特定的政治目标再次发挥作用。立法者希望保护穷人、工薪族和农民免受富有的企业家和资本家的侵害。

财产所有者被免除对其行为方式所造成的某些不利影响的责任，是政府和立法者刻意采取的一项政策的结果，还是法律传统措词的非刻意效果，无论如何，这是行为人必须考虑的一个数据。他们面临着外部成本的问题。然后，有些人选择某些需求满足方式，仅仅是因为所发生费用的一部分没有记在他们身上，而是记在其他人身上。

上文提到的无人财产的情况提供了极端的例子。若土地不归任何人所有，尽管法律上的形式主义可将其称为"公共财产"，但它被利用时却丝毫未考虑由此产生的不利影响。那些有能力将土地的回报——森林的木材和猎物、水域的鱼类和地底的矿藏——据为己有的人，并不担心他们开发利用方式的后期影响。对他们而言，土壤的侵蚀、可耗竭资源的枯竭以及对未来利用的其他损害皆是不进入他们投入和产出计算范围的外部成本。他们砍伐成片的树木，丝毫不考虑刚出土的新芽或重新造林。在狩猎和捕鱼方面，他们并不畏缩于采取阻止狩猎和渔场重建种群的方法。在人类文明的早期，质量并不逊色于已利用地块的土壤之数量仍然很丰富，人们并没有发现这类掠夺性方法有任何缺点。当它们的影响以净回报减少形式出现时，农夫放弃了他现有的农场，搬到了另一个地方。只有当一个国家的定居人口越来越密集、无人占用的一级土地不再可供挪用时，人们才开始认为这种掠夺性方法是多么浪费。在那个时候，他们巩固了土地私有财产制度。他们从可耕地开始，然后一步一步地将牧场、森林和渔场皆纳入该制度范围。作为新定居地的海外殖民地国家——尤其是美国幅员辽阔的空间，当欧洲首批殖民者到达时这片新大陆时，其惊人的农业潜力几乎没有被触及过——也经历了同样的阶段。直到19世纪最后数十年，始终有一个地理区域向新来者开放——边疆地区。边疆地区的存在以及它的消逝，皆不是美国所特有的。美国国情的特点是：当边疆地区消失时，意识形态因素和制度性因素阻碍了对土地利用方法进行适当的调整以适应数据的变化。

在欧洲大陆的中部和西部地区，私有财产制度已经坚固地建立了数个世纪，情况就不同了。以前耕种的土地并不存在任何土壤侵蚀问题。尽管长期以来国内森林一直是建筑施工和采矿用木材、取暖用燃料以及铸造厂和熔炉、陶器厂和玻璃厂燃料的唯一来源，但根本不存在森林遭到破坏的问题。森林的所有者被他们自己的私利驱使去保护森林。在人口最稠密和工业化程度最高的地区，直到数年前，五分之一至三分之一的地表依然被按照科学造林方法管理的一级森林覆盖着。[1]

---

[1] 18世纪后期，欧洲各国政府开始制定旨在保护森林的法律。然而，若有人认为这些法律在保护森林方面有任何作用，那将会是一个严重的错误。在19世纪中叶以前，没有任何行政机构来执行这些法律。除了奥地利和普鲁士的政府，更不用说那些规模较小的德意志诸侯国政府，实际上没有权力对贵族领主们实施这样的法律。在1914年之前，没有哪个公务员会有足够的胆量去激怒一个波西米亚或西里西亚的大亨，或一个德国附属领地的大地主。这些王公和伯爵自发地致力于森林保护，因为他们觉得拥有自己的财产是完全安全的，而且他们渴望保持其收入来源不减少并维持其财产之市场价格不下降。

详尽阐述产生现代美国土地所有权局面的复杂因素，这并不是交易经济学理论的任务。不管这些因素是什么，它们造成了这样一种状况：大量农场主和木材企业有理由将忽视土壤和森林保护所造成的不利影响视为"外部成本"。[1]

诚然，如果从施展行为的个人或公司的观点来看，所发生的相当一部分成本是外部成本，那么他们所建立的经济计算显然是有缺陷的，而且其结果也是具有欺骗性的。但这并不是所谓"生产资料私有制固有缺陷"的结果。恰恰相反，这是这个制度存在漏洞的一个结果。可以通过改革有关损害赔偿责任的法律和消除妨碍私有制充分运作的制度性障碍来消除这种现象。

外部经济的情况并不仅仅是外部成本的倒置。它有自己的领域和特点。

若一个行为人的行为的结果不仅有利于他自己，而且还有利于其他人，则有两种可能的情形：

1. 进行规划的行为人认为他为自己所期望的利益是如此重要，以至于他准备支付所需的所有成本。他的项目也有利于其他人，这一点并不妨碍他完成那些将促进自己福祉的工作。当一家铁路公司建造堤防以保护其铁轨免受雪崩和滑坡影响时，它也保护了邻近场地的房屋。但是，它的邻居将得到的好处并不会妨碍这家公司启动一项它认为是有利的支出。

2. 一个项目所产生的费用是如此之巨大，以至于那些将会从中受益的人中没有任何一个人愿意全额支出这些费用。只有足够多在其中有利益关系的人分担费用，该项目才可能实现。

若不是因为这一现象在当前的伪经济学文献中被完全曲解，几乎没有必要对外部经济再多说几句。

一个项目P之所以无利可图，仅仅因为消费者宁愿选择从其他项目的实现中期望获得的满足，而舍弃从项目P的实现中期望获得的满足。项目P的实现将会从用于消费者更为迫切需求之其他项目的实现中抽走资本和劳动力。外行和伪经济学家未能认识到这一点。他们顽固地拒绝注意到生产要素的稀缺性。在他们看来，项目P可以在没有任何代价的情况下实现，也就是说，可以在不放弃任何其他满足的情况下实现。仅仅是利润制度的肆意放纵，才阻止了全国人民平白无故

---

[1] 人们也可以说：他们将从关心土壤和森林保护中获得的好处视为"外部经济"。

地享受期望从项目P中获得的快乐。

现在，这些目光短浅的批评家接着说：若项目P的无利可图仅仅是由于"企业家的计算忽视了对他们而言是外部经济的项目P的好处"，则利润制度的荒谬性就变得特别令人愤慨。从整个社会的角度来看，这种好处并不是"外部的"。它们至少使社会的一些成员受益，并将增加"总福利"。因此，项目P的不实现是社会的一笔损失。由于追利企业——完全致力于攫取自私利益——拒绝从事这种无利可图的项目，因此政府有责任来填补这一缺口。政府应该将这种项目作为公共企业来经营，或者对其进行补贴，以使其对民营企业家和投资者具有吸引力。补贴可直接通过来自公共基金的资金赠款授予，亦可通过由产品购买者承担关税的方式间接授予。

然而，政府为了经营一个处于亏损状态的工厂或为了补贴一个无利可图的项目而需要的财力必须从纳税人的支出和投资能力或从贷款市场中提取。巧妇难为无米之炊，政府并不比个人更有能力无中生有。政府花的钱越多，公众花的钱就越少。公共工程并不是靠一根魔杖的神奇力量来完成的。建造它们所发生的款项是由从公民那里拿走的资金支付的。若政府没有进行干预，公民原本会运用这些资金来实现预期有利润的项目，可是，他们必须忽略这些项目的实现，因为他们的财力已经被政府缩减了。对于每一个依靠政府援助而实现的无利可图项目，皆有一个相应项目，仅仅由于政府的干预，其实现被忽视了。然而，这个未实现项目本来是有利可图的，也就是说，它原本会根据消费者的最迫切需求而运用稀缺的生产资料。从消费者角度来看，运用这些生产资料来实现一个无利可图项目实在是太浪费财力了。相较于政府资助项目可提供给消费者的满足，消费者宁愿选择另一种满足，然而，政府资助的无利可图项目剥夺了消费者自主选择的满足。

那些容易上当受骗的群众——他们无法在肉眼的直接视线范围之外看到东西——为其统治者的惊人成就而心醉神迷。他们并不明白——为这些成就买单的正是他们自己，而且他们因此必须放弃许多满足，而假若政府在无利可图项目上少花一些钱，他们原本会享受到这些满足。他们没有想象力去思考政府特意不允许出现的那些可能性。[1]

---

[1] 参见亨利·黑兹利特（Henry Hazlitt）的著作《一课经济学》（*Economics in One Lesson*）（新版，纽约，1962年）第21页及以后对公共支出进行的精彩分析。

如果政府的干预使次边际生产者能够继续生产，并且能够经受住来自生产效率更高的工厂、商店或农场的竞争，那么这些狂热者就会更加惊讶得不知所措了。这个时候，他们就会说：很明显，总产量增加了，财富也增加了一些东西，而这些东西若没有当局的帮助是不会产生出来的。事实上发生的事情恰恰相反；总产量和财富总额的规模被削减了。以较高成本生产的装备得以存在或保留，而以较低成本生产的其他装备却被迫缩减或停产。消费者得到的并非更多，而是更少。

例如，有一种非常流行的观点认为：政府促进自然禀赋贫瘠地区的农业发展是一件好事。这些地区的生产成本高于其他地区；恰恰是这一点使得这些地区很大一部分土地成为次边际土地。若无公共资金的援助，耕种这些次边际土地的农场主就无法经受住来自土壤更肥沃农场的竞争。农业就会萎缩或根本发展不起来，整个地区就会成为这个国家的一个落后地区。在充分认识到这种情形的前提下，逐利企业避免投资建设连接这些不祥之地与消费中心的铁路。农场主的困境并不是因为他们缺乏交通运输设施。因果关系则正好相反；因为企业意识到这些农场主的前景并不乐观，所以不在这里投资兴建铁路，由于缺乏足够数量的货物可供运输，即使修建铁路也很可能变得无利可图。如果政府屈服于有关压力集团的要求而修建铁路并以赤字运营，这肯定有利于该国相关贫困地区的农田所有者。由于其产品运输所需费用一部分由国库承担，他们发现更容易跟那些耕种更肥沃土地而得不到这种援助的人开展竞争。但这些享有特权的农场主的福利是由纳税人支付的，这些纳税人必须提供支付赤字所需的资金。它既不影响农产品的市场价格，亦不影响农产品的可用供给总量。它只是使迄今为止处于次边际状态之农场的经营变得有利可图，而使迄今为止有利可图的其他农场的经营亦处于次边际状态。它将生产从需要较低成本的土地转移到需要较高成本的土地。它并没有增加总供给和财富总额，而是削减了总供给和财富总额，因为耕种高成本田地（而不是低成本田地）所需的额外资本和劳动力，从它们本来可生产某些其他消费品的运用中被撤出了。政府达到了它的目的——用国家的某些地区原本可能错过的东西来使这些地方受益，但它在其他地方产生的成本超过了一个享受特权群体获得的这些收益。

知识创造的外部经济

外部经济的极端情形表现在每一种加工和构造之智力基础工作的"生产"

中。公式的特征标志，即指导技术程序的心智设计，是它们所提供之效用的不竭性。这些效用因此并不稀缺，也没有必要对其运用实行节约。那些导致建立经济商品私有制的考虑并没有提及它们。它们依然在"私有财产范围"之外，并不是因为它们是非物质的、无形的和无法触及的，而是因为它们的效用性不能耗尽。

直到后来，人们才开始意识到这种情况亦有其弊端。它将这些公式的"生产者"——尤其是技术程序的发明者、作者和作曲家——置于一个特殊的地位。他们承担着生产成本的负担，而他们所创造的产品的效用却可以被每个人无偿地享受。他们所生产的产品对于他们而言完全或几乎完全是外部经济。

若既无版权，亦无专利，发明者和作者就处于企业家的地位。与其他人相比，他们拥有一种暂时的优势。由于他们较早地开始自己利用自己的发明或自己的手稿，或将它提供给其他人（制造商或出版商）使用，他们就有机会在某个时间段内赚取利润，直到每个人都能同样地利用它。一旦发明或书籍内容被公众所知，它们就成为"免费商品"，而发明者或作者则只剩下荣耀了。

所涉及的问题跟创意天才的活动无关。这些闻所未闻事物的开路先锋和发明者并不是按照这些术语在处理其他人的事务时所使用的意义来进行生产和工作的。他们不让自己受到同时代人对他们工作（作品）的反应的影响。他们并不等待别人的鼓励。

它不同于广大的专业知识分子阶层，因为社会离不开他们的效用。我们可以忽略二流诗歌、小说、戏剧作者和二流作曲家的问题，也不必询问若缺乏他们付出努力得到的产品是否会对人类造成严重的不利。但很明显，将知识传授给后起之秀，并让行为人熟悉他们实现其计划所需的大量知识，这需要教科书、说明书、手册和其他非虚构作品。若每个人皆可自由地复制这些出版物，人们就不太可能承担撰写这些出版物的艰巨任务。这一点在技术发明和发现领域中表现得更为明显。取得这样的成就所必需的广泛实验，其成本往往非常昂贵。若对于发明者和那些为其实验支付费用的人而言所得到的结果只不过是外部经济，则技术进步就很可能严重迟缓。

专利与版权是过去数个世纪法律演变的结果。它们在财产权传统体系中的地位仍有争议。人们对它们侧目以待，并且认为它们并不规范。它们被认为是特权，是其演变的初级阶段的一种遗留物，而当时在该初级阶段，只有通过当局授予的特殊特权才给作者和发明者提供法律保护。它们是可疑的，因为只有当它们有可能以垄断价格出售时才有利可图。此外，专利法的公平性也受到了质疑，因为专利法只奖励那些在将许多前人的成就付诸实际利用方面起到画龙点睛作用的人。这些先驱者空手而归，尽管他们对最终成果的贡献往往比专利权人的贡献更有分量。

对支持和反对版权与专利制度的论点进行审查，这超出了交易经济学的范围。它只需要强调一点，即这是一个界定产权的问题，而且随着专利和版权的废除，作者和发明者将在很大程度上成为外部经济的生产者。

特权与准特权

法律和制度对行为人在进行选择和施展行为方面之自行酌定权施加的限制，并不总是不可逾越乃至于在某些情况下无法克服。对某些特殊人物而言，免除对其他人具有约束力的义务可作为一项明确的特权要么通过法律本身授予，亦可通过受托执行法律的管理部门的某一行政行为授予。有些人可能冷酷无情到不顾当局的警戒而违抗法律；他们胆大妄为的傲慢行径使他们获得了一种准特权。

任何法律，若无人遵守，则是无效的。一部法律，若对所有人皆无效或并非所有人皆遵守，则可能会给那些因法律本身或因其自己的胆大妄为而被豁免的人获得级差地租或垄断收益的机会。

关于市场现象的确定，豁免作为一项特权在法律上是有效的还是作为一种准特权是非法的，并不重要。受惠的个人或公司为获得特权或准特权而招致的费用（若有）是合法的（例如向持牌人征收的税费）还是非法的（例如向腐败官员所行贿赂），亦无关紧要。若一项进口禁运因某一数量的进口而得到缓解，价格就会受到已进口数量以及获得和利用特权或准特权所产生的具体费用的影响。但是，进口是否合法（例如，根据贸易数量管制制度向某些享有特权的人发放许可证）或非法违禁品并不影响价格结构。

第二十四章 利益之和谐与冲突

1 市场盈亏的最终来源

数据的变化，其反复出现阻止经济体系转变成一个均匀旋转经济并产生一次又一次的企业家盈亏，而数据变化对一些社会成员有利，对另一些社会成员则不利。因此，人们总结说：一个人的收益，就是另一个人的损失；若别人不亏损，则无人可获利。这一教条已经被一些古代的作者提出了。在现代作家中，蒙田是第一个重述它的人；我们可以公平地称之为"蒙田教条"。它是新、旧重商主义学说的精髓。在所有现代学说的底层，皆包含如下教义：在市场经济框架内，一个国家内各社会阶层的利益之间，以及任何一个国家的利益与所有其他国家的利益之间，普遍存在着一种不可调和的冲突。[1]

现在，在由现金引起的货币购买力变化对递延付款的影响方面，蒙田教条是正确的。但是，对于任何企业家盈亏而言，无论它们是出现在利润总额等于亏损总额的静态经济中，还是出现在这两个量值不同的进步经济或倒退经济中，这都是完全错误的。

在一个不受阻碍市场社会中，在事情发展过程中，产生一个人之利润的，并不是他同胞的困境与痛苦，而是他减轻或完全消除了引起他同胞不安感的东西。伤害患者的是瘟疫，而不是治疗疾病的医师。医生的收获并不是流行病的一个结果，而是他对受流行病影响者提供的援助的结果。利润的最终来源总是对未来状况的预见。那些在预测未来事件和调整其活动以适应市场未来状况方面比其他人

---

[1] 参见蒙田（Montaigne），《随笔集》（Essais），斯特罗夫斯基（F. Strowski）编辑，第一卷，第22章（法国布尔多，1906年），Ⅰ，第135—136页；奥肯（A. Oncken），《国民经济史》（Geschichte der Nationalökonomie）（莱比锡，1902年），第152—153页；赫克谢尔（E. F. Heckscher），《重商主义》（Mercantilsim），夏皮罗（M. Shapiro）翻译，伦敦，1935年，Ⅱ，第26—27页。

更成功的人将获得利润,因为他们能够满足公众最为迫切的需求。那些已生产出购买者争相抢购之商品和服务的人,其利润并不是如下人士亏损之源:这些人将其商品带入市场,但公众在购买其商品时,并不准备支付其为生产这些商品所耗费的全部生产成本。这些亏损是由于在对市场之未来状况和消费者之需求进行预测时缺乏洞察力所造成的。

影响需求与供给的外部事件,有时可能来得如此突然和出乎意料,以至于人们说——任何理智的人皆无法预见它们。于是,嫉妒者可能会认为——那些从变化中获益的人所获得的利润是不正当的。然而,这种武断的价值判断并不能改变利益的真实状态。对于一位患者而言,由医生以一笔高昂费用治愈其疾病肯定比缺乏医疗援助要好一些。若不是这样的话,他就不会去看医生了。

在市场经济中,买卖双方的利益之间不存在任何冲突。但存在因远见不足造成的劣势。若每个人和市场社会的所有成员皆能正确且及时地预见到未来的情况并相应地施展行为,那将是一个普遍的福音。假若真是如此,回顾一下就会发现:没有任何资本和劳动力被浪费在满足现在被认为不如其他一些未满足需求那么迫切的需求上。然而,人并不是无所不知的。

从怨恨和嫉妒的角度来看待这些问题是错误的。将观察局限于各个个人的瞬间位置,同样是错误的。这些皆是社会问题,而且必须联系整个市场体系的运作来判断。确保社会每一个成员的要求得到最大限度满足的,恰恰是如下这一点:那些在预测未来状况方面比其他人更成功的人正在赚取利润。假若为了那些因数据变化而受到损害之人的利益而削减利润,那么调整供给以适应需求不仅不会得到改善,反而会受到损害。若要防止医生偶尔赚取高额费用,就不会增加而是减少选择医疗职业的人数。

这笔交易对买卖双方始终都是有利的。即使是一个亏本出售的人,依然比他根本不能出售或只以更低价格出售时的情况要好。他亏损了,因为他缺乏远见;

□ 蒙田

蒙田(1533—1592年),生于法国波尔多的一个小贵族家庭,是文艺复兴时期的人文主义思想家、作家,被视为"欧洲近代散文之父"。蒙田阅历广博,思路开阔,行文无拘无束,以《随笔集》三卷留名后世。蒙田认为最美丽的人生是不求奇迹,不思荒诞。蒙田表示:要在各种意义上做自己的主人,让心灵接受教育,学习承受苦难的方法。

□ 伏尔泰

伏尔泰，原名弗朗索瓦-马利·阿鲁埃（1694—1778年），出生在巴黎一个富裕的中产阶级家庭，是18世纪法国启蒙思想家、文学家、哲学家，被誉为"法兰西思想之王""欧洲的良心"，主张开明的君主政治，强调自由和平等，代表作有《哲学通信》《路易十四时代》《老实人》等。伏尔泰漫长的一生，几乎跨越了整个启蒙时代，他崇高的威望、广泛的社会影响和大无畏的斗争精神，推动着法国启蒙运动的发展并使其影响扩展到了整个欧洲。

出售手里的商品将他的亏损限定在一定范围，即使收到的价格比较低。若买卖双方皆不认为"交易是他们在当时条件下可以选择的最有利行为"，他们就不会达成交易。

"一个人之所以受惠，是因为另一个人在受损"这一说法在抢劫、战争和战利品方面是有效的。强盗的掠夺品是被掠夺受害者的损失物。但战争和商业是两码事。1764年，伏尔泰在其著作《哲学辞典》（Dictionnaire philosophique）"爱国者（Patrie）"一文中写道："做一个好的爱国者就是希望——自己的社会应该通过贸易致富、通过武器获得权力；很明显，一个国家只能以牺牲另一个国家的利益为代价来获利，而且它无法在不伤害其他民族的情况下征服其他民族。"伏尔泰这么说是错误的。伏尔泰跟许多在他之前和之后的作家一样，认为让自己熟悉经济思想是多余的。若他读过他同时代的大卫·休谟的论文，他就会知道将战争与对外贸易区分开来是多么错误。伏尔泰，一个伟大的揭穿古老迷信和流行谬误的人，却在不知不觉中成为了最具灾难性谬误的牺牲品。

当面包师为牙医提供面包、牙医为面包师缓解牙痛时，面包师和牙医双方均未受到伤害。认为"这种服务交换和武装歹徒抢劫面包店是同一件事的两种表现"，这种观点是错误的。对外贸易与国内贸易的不同之处在于——商品和服务的交换超越了划分两个主权国家领土的边界。路易·拿破仑·波拿巴王子，即后来的拿破仑三世，在休谟、亚当·斯密和李嘉图之后几十年竟然写出如下骇人听闻的文字："一个国家出口商品的数量始终跟它在其荣誉和尊严需要之时向其敌人发射炮弹的数量成正比。"[1]关于国际分工影响和国际贸易影响的所有经济

---

[1] 参见路易·拿破仑·波拿巴（Louis Napoleon Bonaparte），《穷人的灭绝》（Extinction du pauparisme，巴黎，1848年），第6页。

学教义，迄今为止皆未能摧毁重商主义谬论——"对外贸易的目的是使外国人变得贫穷"——的流行。[1]揭示这一谬论及其他类似谬论和错误流行的根源是一项历史调查的任务。对经济学而言，这个问题早就解决了。

2 生育限制

生存手段的自然稀缺性，迫使每一个生物将所有其他生物统统视为生存斗争中的致命敌人，并产生了冷酷无情的生物竞争。但是对于人类而言，当分工取代了个人、家庭、部落和国家的经济自给自足时，这些不可调和的利益冲突就消失了。在社会体系中，只要尚未达到人口的最佳规模，就不存在任何利益冲突。只要雇用更多的人手导致收益的超比例增加，利益的和谐就会取代利益的冲突。人们不再是为了从数量严格有限的供给中争夺部分分配份额而进行殊死斗争的竞争对手。他们在追求他们所有人的共同目标时成为合作者。人口数量的增加并没有削减，而是增加了个人的平均份额。

若人仅仅是为了获得营养和性满足而努力奋斗，人口就会趋向增加到超过最佳规模，达到可获得食物总量所限定的极限。然而，人想要的并不仅仅是苟且活着和进行交配；他们想过人性的生活。诚然，条件的改善通常会导致人口数量的增长；但此增长落后于维持生计食物的增长。若非如此，人类就不可能成功地建立社会纽带，亦不可能成功地发展文明。正如大鼠、小鼠和微生物一样，食物的每一次增加皆会使人口数量上升到维持生计食物的极限；而不会留下任何东西供人们去寻求其他目的。工资铁律所隐含的根本错误恰恰在于：它将人——或者至

□ **拿破仑三世视察阿尔及利亚**

拿破仑三世（1808—1873年），即路易·拿破仑·波拿巴，拿破仑一世的侄子和继承人，是法兰西第二共和国唯一一位总统和法兰西第二帝国唯一一位皇帝。上图为拿破仑三世视察阿尔及利亚。

---

[1] 威尔斯（H. G. Wells）（《克利索德的世界》（*The World of William Clissold*，第四卷，第10节）用这些话描述了一位典型的英国贵族代表的观点。

少将工薪族——看作完全受动物冲动所驱使的存在物。它的拥护者并未意识到：人与野兽的不同之处在于——除了动物性的目的之外，人还在追求人所特有的人性目的，可称之为"更高目的"或"更崇高目的"。

马尔萨斯人口定律是人类思想的伟大成就之一。它与分工原理一道，为现代生物学和进化论夯实了基础；这两个基本定理对于人的行为科学的重要性，仅次于发现市场现象的相互纠缠与先后顺序的规律性以及市场数据对它们的必然决定。对马尔萨斯定律和收益定律提出的反对意见，既是徒劳的，亦是微不足道的。这两条定律皆是不容置疑、无可争辩的。但是，在人类行为科学体系中赋予它们的角色，不同于马尔萨斯赋予它们的角色。

非人类生物（非人类存在物）完全受制于马尔萨斯所描述的生物定律的运作。[1] 就它们而言，"它们的数量往往会蚕食生活资料，而且多余的物种因缺乏食物而被淘汰"这一说法是有效的，不存在任何例外情形。关于非人类动物，"最低限度食物"概念有一个毫不含糊、唯一确定的意义。但对人而言情况就不同了。人将对所有动物共有的纯粹动物学冲动的满足整合到一个价值尺度上，在这个尺度上，一个地方亦被分配给人所特有的人性目的。行为人也使其性欲的满足合理化。这种欲望的满足是一个利弊权衡过程的结果。人不会像公牛一样盲目地屈服于性刺激；如果他认为代价——预期的不利因素——太高，他就不会进行交配。在这个意义上，我们可以不带任何估值或伦理内涵地适用马尔萨斯所用的"道德约束"一词。[2]

性交的合理化已涉及繁殖的合理化。于是后来人们又采用了合理化增加后代的独立于禁绝交配的进一步方法。人们诉诸弃婴或杀婴以及堕胎等令人震惊且令人厌恶的做法。最后，人们学会了以一种不会导致怀孕的方式进行性行为。过去的一百年间，避孕用具技术已得到完善，而且其使用频率大大增加。然而，这些做法早已为人所知并已付诸实践。

---

〔1〕当然，马尔萨斯定律是一种生物学定律，而不是一种行为学定律。然而，为了通过对比来构想人的行为的本质特征，它的认识对于行为学而言是必不可少的。由于自然科学没有发现这一点，经济学家不得不填补这一空白。人口规律的历史也打破了关于人类行为科学落后以及它们需要借鉴自然科学的流行神话。

〔2〕马尔萨斯本人在使用这一术语时亦没有附带任何估值或伦理含义。参考博纳（James Bonar）《马尔萨斯及其著作》（*Malthus and His Work*）（伦敦，1885年），第53页。我们也可以用"行为学（意义上的）约束"来代替"道德约束"。

现代资本主义赋予资本主义国家广大人民群众的富裕,以及资本主义带来的卫生条件和治疗及预防方法的改善,大大降低了死亡率,尤其婴儿死亡率,并且延长了人的平均寿命。今天,在这些国家,只有比早期更加严格地限制生育才能成功。因此,向资本主义的过渡——消除了过去束缚私人主动性和企业运作的障碍——因此已深刻地影响了性行为习惯。并不是节育的做法是新的,而仅仅是"它被更频繁地采用"这一事实是新的。尤其"新鲜"之处在于,这种做法不再局限于人口的上层阶级,而是普遍适用于整个人口。因为资本主义的一个最重要的社会效应就是——它使社会的所有阶层皆失去了无产阶级性质。它将广大体力劳动者的生活水平提高到这样一个高度,以至于他们也变成了"资产阶级",而且他们在思想和行为上都像中产阶级小康市民一样进行思考和施展行为。因为渴望为自己和其孩子们保持其生活水平,他们开始节育。随着资本主义的传播和进步,节育成为一种普遍的做法。向资本主义的过渡因此伴随着两种现象:生育率(也即人口出生率)下降和人口死亡率下降。人的平均寿命延长了。

在马尔萨斯生活的时代,还不可能观察到资本主义的这些人口统计特征。今天,再也不允许对这些特征进行质疑了。但是,由于被天真烂漫的预感蒙蔽了双眼,许多人将这些特征描述为"只有西方文明世界白皮肤民族才特有的衰落和退化现象——变得衰老和衰颓"。这些浪漫主义者对"亚洲人实行节育的程度赶不上西欧、北美和澳大利亚实行节育的程度"这一点感到严重震惊。由于对抗和预防疾病的现代化也降低了这些东方民族的人口死亡率,他们的人口数量比西方国家人口数量增长得更快。印度、马来亚、日本……的原住民——他们本身并没有对西方的技术成就和治疗成就做出贡献,而是作为一份意外的礼物接受了这些成就——难道他们到头来不会因为他们在人口数量上的绝对优势而将欧洲血统的人挤出地球生存空间吗?

这些担心是毫无根据的。历史经验表明:所有高加索人对资本主义带来的人口死亡率下降所做出的反应是人口出生率的下降。当然,从这样的历史经验中,不可能推导出任何一般规律。但行为学的反思表明:在这两种现象之间存在着一种必要的关联。福祉之外部条件的改善使得人口数量相应增加成为可能。然而,若生活资料的额外数量完全被养育额外数量的人口所吸收,那么就没有任何资源可用来进一步提高生活水平了。文明向前行进的步伐被截停;人类陷入一种停滞状态。

如果我们假设——一项疾病预防发明源于一个幸运机会,而且它的实际应用既不需要大量的资本投资,亦不需要大量的当前支出,那么上述这种情况就会变得更加明显。当然，现代医学研究需要耗费巨量的资本和劳动力，而其利用更是如此。它们是资本主义的产物。在一个非资本主义环境中，它们永远不会出现。但在早些时候，也有性质不同的例子。天花接种的做法并不是源于代价昂贵的实验室研究，而且在最初原始形式下，能够以微不足道的成本投入应用。现在，若天花接种在一个不致力于节育的前资本主义国家变得普遍，它会产生什么样的结果呢？它会增加人口数量但不增加食物，它会损害大众的平均生活水平。这并不是一种祝福，而是一种诅咒。

亚洲和非洲的情况大体上相同。这些落后民族从西方获得了现成的抗击和预防疾病的设备。诚然，在这些国家中，有些国家引进了外国资本，加之规模相对较小的国内资本又采用了外国的技术方法，这就同时趋向于增加人均劳动产出，从而带来了平均生活水平提高的趋势。然而，这并不足以抵消人口死亡率下降而生育率并未伴随适当下降所造成的相反趋势。与西方的接触尚未使这些民族受益，因为这样的接触尚未影响到他们的心智；它还没有使他们从古老的迷信、偏见和误解中解脱出来；它只是改变了他们的技术知识和治疗知识而已。

东方民族的改革者们希望为他们的同胞确保西方国家所享有的物质福祉。由于被民族主义和军国主义思想等所迷惑，他们认为实现这一目标所需要的只是引进欧美技术。无论是斯拉夫人和民族主义者，还是他们在亚洲的同情者们，皆未意识到——他们的民族最需要的并不是西方技术，而是社会秩序，而除了其他成就之外，社会秩序还产生了这种技术知识。他们首先缺乏经济自由和私人主动性、企业家和资本主义。但他们却只寻找工程师和机器。将东西方分开的是社会和经济制度。东方对于已经创造资本主义的西方精神是感到陌生的。仅仅进口资本主义的"随身用具"而不承认资本主义，这是毫无用处的。资本主义文明的任何成就，皆不可能在非资本主义环境中实现，亦不可能在一个无市场经济的世界中保存下来。

已经发展了市场经济体系并坚持该体系的民族，在各方面皆优于所有其他民族。他们渴望维护和平，这一点并不表明他们在发动战争方面软弱无能。他们之所以热爱和平，只是因为他们知道武装冲突是有害无益的、是瓦解社会分工的。但若战争不可避免，他们将在军事上同样表现出优越的效率。他们将击退野蛮侵略者，无论其人数有多么庞大。

对人口出生率进行目的的调整，使之适应物质性福祉潜力之供给局面，这是人类生活与人类行为、文明以及财富与福利之任何改善的一个不可或缺条件。节育的唯一有益方法是否是禁欲，这是一个必须从身体卫生和精神卫生角度来做决定的问题。提到在不同时代发展起来的但实际上面临着不同条件的伦理戒律，以这种做法将上述问题混为一谈是荒谬的。然而，行为学对这个问题的神学方面并不感兴趣。它只是要证明一点：若不对生育后代设置任何限制，就不可能有任何文明和生活水平提高的问题。

一个极权主义国家将不得不通过威权主义控制来调节生育率。它将不得不严格控制其子民的性生活，其程度并不亚于严格控制其子民行为的所有其他方面。在市场经济中，每个人皆自发地打算不生育"若不大幅降低其家庭生活水平就无法养育"的孩子。因此，超过由可用资本供给和技术知识状态所决定之最佳规模的人口增长就受到了制约。每个人的利益跟所有其他人的利益是一致的。

那些反对节育的人，希望消除一种对于维护和平的人类合作和社会分工而言不可或缺的手段。当平均生活水平因人口数量的过度增长而受到损害时，就会出现不可调和的利益冲突。在生存斗争中，每一个人皆是所有其他人的殊死较量对手。而消灭对手是增加自己福祉的唯一手段。那些声称"节育违背神和大自然之法则"的哲学家与神学家，他们拒绝看到事物的本来面目。大自然限制了改善人类福祉和生存所需的物质手段。就自然条件而言，人只能在残酷的相互战争与社会合作之间做出选择。但是，若人们放任繁殖的自然冲动，社会合作是不可能进行的。在限制繁殖生育的过程中，人也在调整自己，使自己适应其生存所面临的自然条件。性欲的理性化举措是文明和社会纽带的一个不可或缺条件。不这么做（也即取消性欲理想化举措），从长远来看，不仅不会增加反而会减少幸存者人数，并会使每个人的生活像数千年前的我们祖先一样贫穷和悲惨。

3 "正确理解"之利益的和谐

自古以来，人们就喋喋不休地谈论其祖先在最初"自然状态"中享受的幸福条件。从古老的神话、寓言和诗歌中，这种原始幸福景象进入了17世纪和18世纪的许多流行哲学中。在这些哲学的语言中，"自然"一词表示"人类事务中好的和有益的东西"，而"文明"一词则含有"耻辱"的内涵。人的堕落可以从对"人类与其他动物几乎没有区别的时代"之原始状况的偏离中看出。这些深情缅怀过去的浪漫主义歌颂者宣称：那个时候，人与人之间没有任何冲突。伊甸园里的宁静没有受到任何干扰。

然而，大自然自己并不会产生和平与善意。"自然状态"的特征标志就是不可调和的冲突。每一个物种皆是所有其他物种不共戴天的对手。生活资料具有稀缺性，无法使所有人/所有物种皆能生存下来。冲突永远不会消失。若一队人马——联合起来以击败敌对的其他队伍为目标——成功地消灭了其敌人，则胜利者之间就会在战利品分配问题上产生新的对立。冲突的根源始终是：每个人分得的那一部分削减了所有其他人分得的部分。

使得在人与人之间建立友好关系成为可能的是劳动分工的更高生产率。它消除了自然的利益冲突。因为在有分工的地方，就不再有如何对不能再扩大之供给进行分配的问题。由于在任务分工下执行的劳动生产率更高，商品供给成倍增加。一项突出的共同利益——维护和进一步加强社会合作——变得至为重要，并消除了所有基本冲突。交易经济学竞争代替了生物学竞争。它使社会所有成员的利益变得和谐一致。生物学竞争中不可调和冲突产生的条件——所有人大体上皆在追求同样的东西——转变成了一个促成利益和谐的因素。因为许多人甚至所有人皆想要面包、衣服、鞋子和汽车，而这些商品的大规模生产变得可行并且降低了生产成本，乃至于人们能够以低廉的价格获得这些商品。我的同胞跟我一样想获得鞋子，这一点并没有让我更难——而是更容易——获得鞋子。提高鞋子价格的原因是：自然界不能提供更充足的皮革及其他所需原材料供给，而且为了将这些原材料变成鞋子，人们必须屈服于劳动之负效用。那些像我一样渴望拥有鞋子的人的交易经济学竞争，使鞋子变得更便宜而不是更昂贵。

这就是市场社会所有成员的正确理解之利益的和谐定理的意义。[1]当古典经济学家做出这一陈述时，他们试图强调两点：首先，每个人皆对保持社会分工感兴趣，因为社会分工这种制度使人类努力的生产率倍增。第二，在市场社会中，消费者的需求最终指导着一切生产活动。并非所有人的需求皆能得到满足，这并不是由于社会制度不适当，亦不是由于市场经济体系的缺陷。它是人类生活的一个自然条件。认为"大自然赐予人类的财富取之不尽、用之不竭，而痛苦是人类未能组建一个管理有序好社会的结果"，这种观念是完全错误的。改革者和乌托邦主义者笔下所描述的"天堂般的'自然状态'"实际上是一种极端贫困和痛苦的状态。边沁说："贫穷并不是法律造成的，而是人类的原始状态。"[2]

---

[1]对于"正确理解"之利益，我们不妨还可以说成是"长远"利益。
[2]参见边沁（Jeremy Betham），《民法典原理》（*Principles of the Civil Code*），"文集（*Works*）"，第一册，第309页。

即使是那些处于社会金字塔底层的人，他们的生活也比没有社会合作时要好过得多。这些人亦从市场经济的运行中受益，并参与文明社会的优势。

19世纪的改革者们并未放弃对原始人间天堂的珍视寓言。然而，他们不再将黄金时代（aurea aetas）的幸福设定为社会重建和经济重建的一种模式。他们将所谓"资本主义的堕落"与未来极乐世界中人们将享有的理想幸福进行了对比。未来的生产方式将消除资本主义制约生产力发展的羁绊，使劳动生产率和财富生产率大大提高至无以复加地步。维护自由企业和生产资料私有制，仅仅使少数寄生性剥削者受益，而使绝大多数劳动者受害。因此，在市场社会框架内，"资本"的利益与"劳动"的利益之间，存在着一种不可调和的冲突。

这就是我们这个时代几乎被普遍接受的社会哲学。它是罗马天主教和盎格鲁-天主教的官方社会哲学；它得到各种新教教派和东方正教会许多杰出倡导者的支持。它是各种干预主义学说的一个重要组成部分。它是德国霍亨佐勒家族之社会政策、旨在恢复波旁-奥尔良王朝的法国保皇派、美国总统罗斯福之美国新政以及亚洲和拉丁美洲民族主义者的意识形态。这些政党和派系之间的对立涉及的是偶然的问题——例如宗教教条、宪法制度、外交政策——而且首先涉及的是将要取代资本主义的社会制度的特点。但是他们皆同意"资本主义制度的存在本身损害了绝大多数工人、工匠和小农的切身利益"这一基本论点，而且他们皆以社会正义的名义要求废除资本主义。[1]

4 私有财产

生产资料私有制是市场经济的基本制度。正是这种制度的存在显示出市场经济之所以是市场经济的特征。没有这种制度，根本就谈不上任何市场经济的问题。

---

[1]罗马教会的官方教义在教宗庇护十一世（Pope Pius XI）于1931年发表的通谕《四十周年》（*Quadragesimo anno*）中进行了概述。已故坎特伯雷大主教威廉·坦普尔（William Temple）在《基督教与社会秩序》（*Christianity and the Social Order*）[企鹅特别版（Penguin Special），1942年]一书中提出了盎格鲁-天主教教义。欧洲大陆新教思想的代表作是埃米尔·布伦纳（Emil Brunner）的著作《正义与社会秩序》（*Justice and the Social Order*）[霍廷格（M. Hottinger）翻译]（纽约，1945年）。一份非常重要的文件是1948年9月世界基督教协进会（World Council of Churches）建议对150多个教派（其代表为该协进会成员）采取适当行动的报告草案中关于"教会与社会混乱（*The Church and Disorder of Society*）"的章节。关于俄罗斯正统派最杰出的辩护者尼古拉斯·贝尔佳维（Nicolas Berdyawe）的观点，参见其著作《俄罗斯共产主义的起源》（*The Origin of Russian Communism*）（伦敦，1937年），尤其是其217—218页和第225页。

所有权意味着对可以从一件商品派生出的效用的完全控制权。这种交易经济学上的"所有权"与"财产权"概念,不应跟各国法律中所述的"所有权"和"财产权"之法律定义相混淆。立法者和法院的想法是对"财产"的法律概念(也即法律上的"财产"概念)进行定义,以便通过具有胁迫和强制职能的政府机构给予财产所有者充分保护,并防止任何人侵犯其权利。只要充分实现了这一目的,"财产权"的法律概念就相当于交易经济学概念。然而,现在有一种趋势,即通过改变"确定所有者有权对属于他财产的东西采取行动的范围"的法律来废除私有财产制度。在保留"私有财产"一词的同时,这些改革的目的是用公有制来代替私有制。这一倾向是基督教社会主义和民族主义各流派之计划的特征标志。但这些学派的倡导者中,很少有人像纳粹哲学家奥斯玛·斯潘那样热心,他明确宣布:他计划的实现将带来一种状态,在该状态下,私有财产制度将只在一种"形式意义上得到保留,而实际上只会有公有制"[1]。为了避免流行的谬论与(概念)混淆,有必要提到这些事情。在分析研究私有财产时,交易经济学分析研究的是控制权,而不是其法律术语、法律概念和法律定义。私有制是指财产所有者决定生产要素的运用,而公有制则是指政府控制生产要素的运用。

私有财产是一种人的手段。它并不是神圣的。它产生于历史的早期,当时人们用他们自己的权力并通过他们自己的权限将以前不属于任何人的财产据为己有。财产所有者的财产一次又一次地被征用。私有财产的历史可以追溯到一个点,在这个点上,它起源于肯定不合法的行为。事实上,每一个所有者皆是那些"要么通过任意侵占无主物品、要么通过暴力掠夺其前辈财产而获得财产所有权之人"的直接或间接合法继承人。

然而,法律形式主义可以将每一个所有权追溯到任意侵占或暴力征用时,这对于一个市场社会的条件而言没有任何意义。市场经济中的所有权不再与私有财产的遥远起源关联在一起。那些发生在遥远的过去、隐藏在原始人类历史之黑暗中的事件,对我们今天来说已不再需要投入任何关注。因为在一个不受阻碍市场社会中,消费者每天皆在重新决定——谁应该拥有以及他应该拥有多少。消费者将生产资料的控制权分配给那些知道如何以最佳方式使用这些生产资料的人,以满足消费者最为迫切的需求。只有在法律的和形式主义的意义上,所有者才能被

---

[1] 参见斯潘(Othmar Spann),《真实状态》(Der wahre Staat,莱比锡,1921年),第249页。

认为是"占用者和征用者的继承人"。事实上，他们是消费者的受托人，受市场运作的约束，须为消费者提供最好的服务。在资本主义条件下，私有财产是消费者自我决定的圆满成就。

私有财产在市场社会中的含义跟在一种每个家庭皆自给自足制度下的含义是完全不同的。在每个家庭其经济上皆自给自足的情况下，私人拥有的生产资料完全为财产所有者服务。他独自收获了这些生产资料的运用所衍生的所有好处。在市场社会中，资本和土地的所有者只有通过运用其财产来满足他人的需求方能享受其财产。他们必须为消费者服务，才能从他们自己的东西中获得任何好处。他们拥有生产资料，这件事情本身迫使他们必须服从公众的意愿。所有权是一种资产，只有那些知道如何以尽可能最佳方式运用它的所有权以造福消费者的人方能拥有此等资产。它是一项社会功能。

5 我们时代的冲突

舆论认为：导致我们当今时代各国内战和国际战争的冲突，其根源在于市场经济所固有的"经济"利益的碰撞。内战是"被剥削的"群众对"剥削"阶级的反抗。对外战争是"尚武"国家对如下国家的对抗：这些国家将地球自然资源的不公平份额据为己有，而且贪得无厌，想从注定要供所有人使用的这笔财富中攫取更多。一个人，若在这些事实面前谈论正确理解之利益的和谐，则他要么是一个愚钝的白痴，要么是一个为了袒护一个明显不公正的社会秩序而振臂高呼摇旗呐喊的无耻辩护者。任何聪明和诚实的人皆不可能不认识到：今天普遍存在着一些不可调和的物质利益冲突，而这些冲突只能通过诉诸武力来解决。

诚然，我们的时代充斥着引发战争的冲突。然而，这些冲突并非源于不受阻碍市场社会的运作。可以允许将它们称为"经济冲突"，因为它们涉及人类生活的那个领域，用通俗的话来讲，就是所谓的"经济活动领域"。但是，若仅从这个名称来推断"这些冲突的根源就是在一个市场社会框架内发展的条件"，这就是一个严重的错误。产生这些冲突的，并不是资本主义，而恰恰是旨在遏制资本主义运作的反资本主义政策。它们是如下因素的产物：各国政府对商业的干预；贸易和移民壁垒；以及对外国劳动力、外国产品和外国资本的歧视。

在一个不受阻碍市场经济中，这些冲突中的任何一种冲突皆不可能出现。想象一下这样一个世界：在其中，每个人皆可自由地在自己选定的地方、按照自己选择的方式作为企业家或作为雇员生活和工作；试问：这些冲突中的哪一种冲突还会依然存在？想象一下这样一个世界：在其中，生产资料私有制原则得到充分实现；在其中，没有任何制度阻碍资本、劳动力和商品的流动；在其中，法律、法院和行政官员不歧视任何个人或个人群体，无论是本国人还是外国人。想象一下这样一种情况：政府专门致力于保护个人的生命、健康和财产免受暴力和欺诈的侵犯。在这样一个世界里，国家的边界被画在地图上，但它们并不妨碍任何人追求他认为会使他变得更繁荣的东西。没有任何人有兴趣扩张其国家的领土，因为他不能从这种扩张中得到任何好处。征服不产生任何回报，战争已过时。

在自由主义兴起和现代资本主义演变发展之前的时代，人们大多只消费自己附近可获取之原材料能够生产出的产品。国际分工的发展从根本上改变了这种状况。从遥远国家进口的食品和原材料是大众消费物品。最先进的欧洲国家，若没有这些进口也行，只不过必须以生活水平大幅下降为代价。他们必须通过出口制成品（其中大多数是用进口原材料加工的）来支付急需采购的矿物、木材、石油、谷物、脂肪、咖啡、茶、可可、水果、羊毛和棉花。他们的切身利益因这些初级产品生产国实行的保护主义贸易政策而受到伤害。

两百年前，瑞典人或瑞士人几乎毫不关心一个非欧洲国家是否有效利用其自然资源。但是，今天，一个国家若拥有丰富的自然资源但并未采取适当方式来充分利用其自然财富，那么这个国家的经济落后就会伤害另一些国家的利益，因为，若该国采取更适当的方式利用其自然财富，则另一些国家的人民生活水平将得到提高。不利己，则损人。在一个政府干预商业的世界里，每个国家主权皆不受限制的原则是对所有其他国家的一项挑战。穷人与富人之间的冲突，是一种真正的冲突。但这种冲突只出现在具有如下特征的世界里：在这个世界里，任何主权政府皆可自由地通过剥夺消费者的好处（而这种好处是更好地开发利用这个国家的资源将会给他们带来的）这种方式来损害所有民族的利益——包括它自己民族的利益。导致战争的并非主权本身，而是那些不完全遵守市场经济原则之政府的主权。

自由主义过去没有、现在也不会将其希望建立在废除各个国家政府的主权上，因为这一冒险行径将导致无休止的战争。自由主义旨在建立对经济自由理念的一种普遍认知。若所有民族皆变得自由，并认为"经济自由最符合他们自己的利益"，则国家主权就不会再产生冲突和战争。实现持久和平所需要的，既不是国际条约和盟约，亦不是国际法庭和组织，如已不复存在的国际联盟或其继任者联合国。若市场经济的原则是大家普遍接受的，则这种临时做法是不必要的；若市场经济的原则不被大家接受，则它们就是徒劳无用的。持久和平只能是意识形态发生变化的结果。只要各民族坚持蒙田教条并认为其经济繁荣只能以牺牲其他国家之利益为代价，则和平永远只能是针对下一场战争的准备期而已。

经济民族主义与持久和平，二者水火不容。然而，在政府干预商业的情况下，经济民族主义是不可避免的。在无国内自由贸易之地，保护主义不可或缺。在政府干预商业的情况下，自由贸易即使在短期内也会使各种干预主义措施所寻求的目标落空。

□ 联合国

联合国是在第二次世界大战后成立的一个由主权国家组成的政府间国际组织。其宗旨是：维护国际和平与安全；发展国际间以尊重各国人民平等权利及自决原则为基础的友好关系；进行国际合作，以解决国际间经济、社会、文化和人道主义性质的问题，并促进对于全体人类的人权和基本自由的尊重。

认为"一个国家会持久地容忍其他国家实行的损害本国公民切身利益的政策"，这只是一种幻想而已。我们假定：联合国成立于1600年，而且北美印第安部落被接纳为该组织成员。于是，这些印第安人的主权就会被承认是不可侵犯的。他们将有权拒绝所有外国人进入他们的领土，并且禁止开采他们自己都不知道如何利用的丰富自然资源。有人真的相信任何国际公约或宪章可以阻止欧洲人入侵这些国家吗？

许多最丰富的各种矿物质矿藏皆位于这样一些地区：这些地区的居民太无知、太惰性或太迟钝，乃至于不能利用大自然已经赐予他们的财富。如果这些国家的政府阻止外国人开采这些矿藏，或者如果他们对公共事务的管理如此武断专横，以至于没有任何外国投资是安全的，那么所有这些外国人民均将受到严重损害，而这些外国人民的物质福祉本来是可以通过更充分利用有关矿藏而得到改善的。这些政府的政策是一种普遍性文化落后的结果，还是采用了现在流行的干预主义和经济民族主义思想的结果，这并不重要。这两种情况的结果是一样的。

用一厢情愿的想法"通过念咒"来消除这些冲突是毫无用处的。要使和平持久，需要的是改变意识形态。引发战争的是当今各国政府和政党几乎普遍信奉的经济哲学。在这种哲学看来，在不受阻碍市场经济范畴内，不同国家的利益之间存在着不可调和的冲突。自由贸易损害一个国家；它带来了贫困。通过贸易壁垒来防止自由贸易的弊端，这属于政府的职责。为了论证起见，我们可以忽略一

□ **国际联盟**

国际联盟，简称"国联"，在第一次世界大战后建立的国际组织。根据作为《凡尔赛和约》第一部分的国联盟约，于1920年1月10日随《凡尔赛和约》生效而宣告成立。主要机构为大会、行政院和秘书处，附设国际法庭、国际劳工局两个独立机构和委任统治、裁军等众多专门委员会，总部设在日内瓦。

点：保护主义也会损害那些采取保护主义之国家的自身利益。但毫无疑问，保护主义旨在损害外国人民的利益，并真的损害了他们（外国人民）的利益。如果那些受到伤害的国家相信他们有足够力量通过使用武器来排除其他国家的保护主义，他们就会容忍其他国家的保护主义，这是一种幻想。保护主义哲学是一种战争哲学。我们时代的战争与流行的经济学说并不矛盾；相反，它们是一致应用这些学说的必然结果。

国际联盟的失败并非因为它的组织存在缺陷。它之所以失败，其原因在于它缺乏真正自由主义的精神。国联大会所聚集的各国政府，皆被灌输了经济民族主义精神，并且完全致力于遵循经济战争原则。当参加国联大会的各国代表们正襟危坐沉迷于围绕"国家间善意"进行的学术讨论时，他们所代表的政府却对所有其他国家施加了大量的邪恶之事。国际联盟运作的二十年，留下的历史烙印却是每个国家皆对所有其他国家发起了坚定不移的经济战争。1914年以前的关税保护主义，若跟20世纪二三十年代发展起来的保护主义措施（即禁运、贸易量化管制、外汇管制、货币贬值等）相比，确实是相对温和的。[1]

再来看联合国，（相较于国际联盟时代）其前景并不是变得更好了，而是变得更糟了。每个国家皆将进口——特别是制成品进口——看作是一场灾难。几乎所有国家公然宣告的目标皆是竭尽全力尽可能地禁止外国制造商进入其国内市场。几乎所有国家皆挥汗如雨在与贸易逆差的幽灵作斗争。每个国家都不想（跟任何其他国家开展）合作；他们都想保护自己免于遭受所谓的"合作危险"。

---

〔1〕关于国际联盟试图废除经济战争之失败尝试的评估，参见拉帕德《经济民族主义与国际联盟》（*Le Nationalisme économique et la Société des Nations*，巴黎，1938年）。

第五部分　受阻碍市场经济

米塞斯基于其自由主义立场,对政府的干预主义和福利主义等展开批评,为"小政府、大市场"的经济主张背书。

第二十五章　政府与市场

1　干预

干预主义的实现有两种模式。

第一种模式（我们可以称之为"俄国模式"）纯粹是官僚主义模式。所有的工厂、商店和农场皆正式国有化；它们是由公务员管理的政府的下属部门。每一单位的生产设备器具跟上级中央组织机构的关系，就如同地方邮局跟邮政总局的关系一样。

第二种模式（我们可以称之为"兴登堡模式"或"德国模式"）在名义上和表面上保留了生产资料私有制，并保持了普通市场、物价、工资和利率的外观。然而，不再有企业家，而只有商店经理（用纳粹立法术语就是：Betriebsführer，意为"经营经理"）。这些商店经理似乎在委托给他们进行管理之企业的行为中发挥着重要作用；他们买卖商品、雇用和解雇工人、为他们的服务支付报酬、订立债务合约并支付利息和摊销费用。但是在其一切活动中，他们必须无条件服从政府最高生产管理办公室发出的指令。这个办公室（纳粹德国的帝国经济部）告诉商店经理——生产什么、如何生产，以什么价格从谁那里购买、以什么价格卖给谁。它为每个工人分配其工作并确定其工资。它规定资本家必须将资金以什么条件委托给谁。市场交换只是一个骗局而已。所有工资、物价和利率皆由政府确定；它们也只是"外表上"的工资、物价和利率；实际上，它们只是政府指令中的数量术语而已，而这些政府指令决定着每个公民的工作、收入、消费和生活水平。政府指挥一切生产活动。商店经理服从政府的指挥，而不是服从消费者的需求和市场的价格结构。这是在资本主义术语外衣伪装下的社会主义。资本主义市场经济的一些标签被保留下来，但它们所代表的东西跟它们在市场经济中所表示的含义完全不同。

为了防止将社会主义与干预主义混为一谈，有必要指出这一点。干预主义体系或受阻碍市场经济体系与德国模式社会主义的不同之处在于——它依然是一种市场经济。当局干预市场经济的运作，但不想完全消灭市场。当局希望生产和消费沿着不同于一个不受阻碍市场所规定的路线发展，而且当局希望通过在市场的运作中注入指令、命令和禁令来实现其目的，而警察权力及其暴力强制与胁迫机器则随时准备强制执行这些指令、命令和禁令。但这些皆是孤立的干预行为。政府的目的并不是将它们合并成一个综合制度并由该制度决定所有物价、工资和利率，从而将生产和消费的完全控制权交到当局手中。

受阻碍市场经济体系或干预主义体系，其旨在一方面维护政府活动之不同领域的二元论，另一方面维护市场体系下的经济自由。之所以如此，是因为：政府并不将其活动仅仅局限于维护生产资料私有制以及防止对生产资料的暴力或欺诈性侵占。政府还通过指令和禁令对商业的经营进行干预。

这种干预是由负责社会的胁迫与强制行政机器的当局直接或间接发布的一种法令，它迫使企业家和资本家运用一些生产要素，而运用方式不同于若他们只服从市场命令原本会采取的方式。这样一种法令可以是做某事的命令，也可以是不做某事的命令。并不要求法令直接由已经建立的、得到普遍承认的当局本身发布。可能会有其他一些机构冒充自己有权力发布这种命令或禁令，并通过它们自己的暴力胁迫和压迫机器来强制执行这些命令或禁令。若得到承认的政府容忍这种做法，甚至通过动用其政府警察机器来支持这种做法，事情就如同政府本身采取了行动一样。若政府反对其他机构的暴力行为，但又没有通过自己的武装部队成功镇压这种暴力行为，尽管它愿意镇压它，这就会导致无政府状态。

重要的是要记住：政府干预始终意味着——要么采取暴力行为，要么威胁采取这种行为。一个政府用于任何目的的资金皆是通过税收方式征收上来的。而且人们之所以缴纳税金，是因为纳税人害怕对收税者进行抵抗。他们知道——任何不服从或抵抗皆是无望的。只要是这种情况，政府就能够收集到它想要开销的钱。政府在最后的手段是动用武装人员，也即警察、宪兵、士兵、狱警和刽子手。政府的基本特征是通过殴打、杀戮和监禁来强制执行其法令。那些要求政府实施更多干预的人，最终要求的是更多的强制和更少的自由。

提请注意这一点，并不意味着对政府活动的任何反思。在严酷的现实中，若不对针对顽固个人和个人群体的反社会行为进行的暴力预防和压制作出任何规定，和平的社会合作是不可能的。必须反对经常重复的一句话，即政府是一种邪恶，尽管是必要的和不可或缺的邪恶。达到一个目的所需要的是一个手段，也即为成功实现该目的所需要花费的代价。将政府描述为该术语道德内涵中的邪恶，是一种武断的价值判断。然而，面对趋向将政府和国家神化的现代倾向，不妨提醒我们自己——古罗马人在用一捆棍子中间夹着一把斧头来象征国家方面，比我们同时代的人在将上帝的一切属性归于国家方面更加现实。

2 政府职能界定

各种各样的思想流派招摇过市，以法律哲学和政治科学冠冕堂皇的名义沉溺于对政府职能界定的徒劳而空洞的沉思。他们从关于所谓"永恒的和绝对的价值"和"永久的正义"的纯粹武断假设出发，冒用了世俗事务最高法官的职位。他们将自己从直觉中得出的武断价值判断曲解为全能者的声音或事物本质的声音。

然而，对于何为正义、何为不正义，并没有一个永恒的标准。大自然与是非观念格格不入。"不可杀人"当然不是自然法的一部分。自然条件的特点是：一种动物想杀死其他动物，而且许多物种只能通过杀死其他物种来维持自己的生命。是非观念是一种人类手段，是一种功利主义戒律，旨在使分工下的社会合作成为可能。一切道德规则和人类法律皆是实现特定目的的手段。除了仔细检查它们对实现所选择和追寻之目的的有用性之外，没有任何其他方法可以用来鉴定其善或恶。

有人从自然法的概念出发，推导出生产资料私有制度的正义性。另一些人则诉诸自然法来为废除生产资料私有制度进行辩护。由于自然法的理念相当武断，这种讨论不可能找到解决之道。

国家和政府并非目的，而是手段。只有对于虐待狂而言，将邪恶强加给别人才是一种直接的快乐源泉。已经正式成立的当局采取胁迫与强制手段，以维护一个特定社会组织体系的顺利运行。胁迫与强制的适用范围以及警察机器要强制执行之法律的内容，皆取决于所采取的社会秩序。由于国家和政府皆是为了使这一社会体系安全运行而设计的，因而政府职能的界定必须适应该体系的要求。评价法律及其强制执行方法的唯一标准，是看它们是否有效地维护了所希望维护的社会秩序。

正义的概念只有在涉及一个须被认为无可争议且可免受任何批评的一个特定规范体系时方有意义。许多民族坚持认为：何为对、何为错，从最遥远时代黎明的第一线曙光开始早已确立，而且永久确立。立法者与法院的任务并不是制定法

□ 哲学家谢林的绝对概念

谢林（1775—1854年），出生于斯图加特附近的莱昂贝格的一个牧师家庭，德国唯心主义发展中期的主要人物，其学术倾向处在费希特和黑格尔之间，认为绝对同一是哲学的自明前提。谢林将自由定义为对善与恶的理解力，是一位伟大但令人捉摸不定的思想家。而一些人认为，谢林总是关注一些老生常谈的话题，没有多少创见。

律，而是凭借正义的不变理念找出何为正确。这一学说导致了坚定的保守主义以及旧惯例与旧制度的僵化，因而受到了自然权利学说的挑战。对于国家的实在法而言，"更高级"法——自然法——的概念受到反对。从自然法的专断标准出发，有效的法规与制度被称为"正义"或"不正义"。好的立法者被赋予了使实在法与自然法相一致的任务。

这两种学说所涉及的根本错误早已被揭示出来。对于那些没有被这两种学说迷惑的人而言，在关于起草新法律的辩论中诉诸"正义"显然是循环推理的一个例子。着眼于未来的法律，没有"正义"这样的东西。在逻辑上只能针对现行法方可诉诸"正义"的概念。只有从国家有效法律角度批准或不批准具体行为才有意义。在考虑国家法律体系的变化、重新制定或废除现有法律和制定新法律时，问题并不是正义，而是社会便利和社会福利。没有任何一个绝对正义概念是不涉及一个特定社会组织制度的。并不是正义确定了有利于某一特定社会制度的决定。相反，是社会体系确定了何为对、何为错。在社会关系之外，既无对，亦无错。对于假设的孤立和自给自足的个人而言，公正与不公正的概念皆是空洞的。这样一个人只能区分：什么对他更有利、什么对他不太有利。正义的理念始终涉及社会合作。

从一种虚构和武断的绝对正义理念角度来证明或反驳干预主义，这是毫无意义的。从任何先入为主的永恒价值标准中思考政府任务的公正界定，这是徒劳的。从政府、国家、法律和正义的概念来推断政府的任务是否适当，这也是不允许的。中世纪经院哲学、费希特（Johann Gottlieb）、谢林（Friedrich Schelling）和黑格尔以及德国法理学家（Begriffsjurisprudent）的思辨中，具有荒谬属性的正是这一点。概念是推理的工具。它们绝不能被视为规定行为方式的规范性原则。

强调"国家和主权的概念在逻辑上意味着绝对的至高无上,从而排除了对国家活动的任何限制",这是一种超职责范围心理体操的表现。没有任何人质疑"一个国家有权在其行使主权的领土范围内建立极权主义"这一点。问题在于,从社会合作之维护与运作角度来看,这样一种政府模式是否是上策。关于这一问题,对概念与理念的任何复杂注解皆无济于事。它必须由行为学来决定,而不是由一套关于国家与权利的虚假形而上学来决定。

法律哲学与政治科学皆无法找到任何理由来解释——为何政府不应该控制物价、不应该像惩罚杀人犯和小偷一样惩罚那些无视已颁布价格上限的人。在他们看来,私有财产制度不过是万能的君主向可怜的个人仁慈赐予的一种可以撤销的恩惠。完全或部分废除那些给予这种恩惠的法律,这么做不会有任何错误;对于征用和没收,不可能提出任何合理的异议。立法者可以自由地用任何社会制度来代替生产资料私有制度,正如他可以自由地用另一首国歌来代替过去采用的国歌一样。"因为这是我们莫大的荣幸(car tel est notre bon plaisir)",这句套话是主权立法者行为的唯一箴言。

针对所有这些形式主义和法律教条主义,有必要再次强调:法律以及实施胁迫与强制功能的社会机器的唯一目的就是维护社会合作的顺利运作。很明显,政府有权颁布最高限价,并监禁或处决那些以高于最高限价之价格出售或购买的人。但问题是,这样的政策是否能够达到政府通过采取此等政策想要达到的目的。这是一个纯粹的行为学和经济学问题。无论是法律哲学还是政治科学皆无助于解决这一问题。

干预主义的问题不是对国家和政府的"自然""公正"和"适当"任务进行正确界定的问题。问题是:干预主义制度是如何运作的?这种制度能实现人们在采用它时想要达到的目的吗?

在处理干预主义问题时表现出的混乱和缺乏判断力确实令人惊讶。例如,有人这样争辩:很明显,针对公共道路而制定的交通规则是必要的。没有任何人反对政府干预汽车司机的行为。自由放任主义的倡导者们一方面反对政府干预市场价格、另一方面却并不主张废除政府的交通管制,这就自相矛盾了。

这个论点的谬误是显而易见的。监管道路上的交通是道路运营机构应该履行的职责之一。若这一机构是政府或市政当局,它就必须致力于完成这项任务。制定火车时刻表是铁路管理层的任务,而决定餐厅里是否应该放音乐则是酒店管理层的任务。若政府运营一条铁路或一家旅馆,则政府的任务就是监管这些事情。

□ 费希特

约翰·戈特利布·费希特（1762—1814年），出生于普鲁士萨克森州的拉梅诺，德国作家、哲学家，古典主义哲学的主要代表人之一，被认为是德国国家主义之父，著有《论人的使命》《自然法权基础》等。费希特往往被认为是连接康德和黑格尔哲学的过渡人物。他在西方哲学史上的重要性，被严重低估了。

对于一个国家歌剧院而言，政府决定哪些歌剧应该制作、哪些不应该制作；然而，若从这一点推断出为一个非政府歌剧院决定这些事情也是政府的一项任务，这将是一个不合逻辑的推论。

干预主义的教条主义者一次又一次地重复说：他们并不打算废除生产资料私有制、企业家活动和市场交换。此外，干预主义的最近新品种——德国的社会市场经济（German soziale marktwirschaft）——强调：他们认为市场经济是社会之经济组织可能最好的和最可取的制度，而且他们反对干预主义的政府万能性。但是，当然所有这些中庸政策的倡导者皆以同样的活力强调——他们反对曼彻斯特主义（也即自由贸易主义）和自由放任自由主义。他们说：无论何时、无论何地，当"经济力量的自由发挥"导致出现"社会性地"不可取情况时，国家皆有必要干预市场现象。在作出这一断言时，他们想当然地认为：在每一种情况中，都是政府被要求来确定某一特定的经济事实是否应从"社会"角度被视为应受谴责，并因此确定市场状况是否需要一种特殊的政府干预行为。

所有这些干预主义的拥护者皆未意识到：他们的纲领因此意味着在所有经济事务中建立完全的政府至高无上地位，并最终导致一种与所谓的"德国式或兴登堡式模式"毫无二致的状态。若政府有管辖权来决定特定的经济条件是否证明其干预是合理的，那么市场就没有任何运作范围可言。那么，最终决定应该生产什么、以多大数量、什么质量、由谁生产、在哪里生产以及如何生产的，不再是消费者，而是政府。因为只要不受阻碍市场的运作所带来的结果跟当局认为的"社会性"可取结果不同，政府就会进行干预。这意味着市场是自由的，只要它做的正是政府希望它做的事情。它可以"自由"地做当局认为是"对"的事情，但不能做其认为是"错"的事情；何为对、何为错，皆由政府决定。因此，干预主义的理论与实践最终皆倾向于放弃最初将它们与彻底的公有主义区分开来的东西，而完全采用极权主义全面计划原则。

3 作为个人行为终极标准的正义

根据一种广为流传的观点，即使在政府不干预商业的情况下，亦有可能使市场经济的运行偏离若任由利润动机独家控制就会发展的方向。主张通过遵守基督精神原则或"真正"道德要求来实现社会改革的人认为：良心也应该指导善意的人在市场上进行的各项交易。若所有的人皆准备不仅关心自己的利益，而且也关心自己的宗教和道德义务，则为了将事情办好，根本就无需任何政府的强制与胁迫。我们需要的并不是对政府和国家的法律进行改革，而是人的道德净化、回归主的诫命和道德准则的戒律、远离贪婪和自私的恶习。这样，生产资料私有制跟公正、正义和公平就容易调和了。资本主义的灾难性影响将在不损害个人的自由与主动性的情况下消除。人们将推翻摩洛神资本主义，同时又不建立摩洛神国家。

□ 1926年兴登堡视察德军仪仗队

保罗·冯·兴登堡（1847—1934年），出生于德国波兹南（今属波兰）一军官家庭，德国陆军元帅，政治家，军事家，魏玛共和国第二任总统。图为1926年兴登堡视察德军仪仗队。兴登堡是第一次世界大战中德国最伟大的英雄，即使在别的国家，也长期被认为是一位尽忠报国的完美人物。但由于他任命希特勒为总理，人民对他的议论就变得苛刻起来，说他逃避责任，把许多别人的功劳据为己有。

位于这些观点底层的武断价值判断不必在这里引起我们的注意。这些批评家指责资本主义的原因不具有关联性；他们的错误与谬论是无关紧要的。重要的是"在私有财产和限制私有财产利用之道德原则的双重基础上建立一种社会制度"的想法。它的倡导者说：所推荐的制度既非公有主义，也非资本主义，亦非干预主义。它不是公有主义，因为它会保留生产资料私有制；它不是资本主义，因为至高无上的将是良心，而不是对利润的渴求；它不是干预主义，因为无需政府对市场进行干预。

在市场经济中，个人可以在私有财产和市场的轨道上自由施展行为。他的选择是最终性质的，无需任何进一步批准。对他的同胞们而言，他的行为是他们在自己的行为中必须纳入考虑范围的数据。所有个人之自主行为的协调是通过市场的运作来完成的。社会并不会告诉一个人什么该做、什么不该做。没有任何必要通过特别命令或禁令来强制进行合作。不合作行为会自己惩罚自己。进行调整以适应社会之生产努力的要求跟对个人自身关切的追求并不冲突。因此，不需要任何机构来解决这种冲突。体系可以自己运行并完成其任务，而无需一个发布特殊命令和禁令并惩罚不遵守命令和禁令之人的权力机构/当局进行干预。

在私有财产与市场的范围之外，是强制与胁迫的范围；这是有组织的社会为保护私有财产与市场免受暴力、恶意和欺诈而建造的堤坝。这是跟自由王国相区别的约束王国。这里有区分何为合法与何为非法以及什么被允许与什么被禁止的规则。这里有一台由武器、监狱和绞刑架组成的可怕机器以及操作这台机器的人，随时准备惩罚那些敢于违抗的人，使其粉身碎骨。

现在，我们关注其计划的改革者们建议：除了为保护和保存私有财产而设计的规范之外，还应该制定和颁布进一步的道德规则。他们希望在生产和消费中实现的东西，并不是在如下社会秩序下实现的东西：在这种社会秩序中，个人除了须遵守"不侵犯其同胞之人身和私有财产权"的义务之外，不受任何其他义务的制约。他们希望禁止那些在市场经济中指导个人行为的动机（他们将这些动机称为"自私、贪婪和逐利"），并用其他冲动取而代之（他们将这些冲动称为"尽责、正义、利他、敬畏神、慈善"）。他们深信：这样一种道德改革，其本身就足以保障一种经济体系运行模式，从他们的角度来看，这种模式比不受阻碍资本主义更令人满意，而且无需干预主义所要求的任何特殊的政府措施。

这些学说的支持者并未认识到那些被其谴责为"恶毒"的行为之根源在市场经济运行中所起的作用。市场经济之所以能在没有政府指令（确切地告诉每个人他应该做什么以及如何做）的情况下运作，其唯一原因就是：市场经济并不要求任何人偏离最符合自己利益之行为的方向。将个人的行动融入整个社会生产体系的是对个人自己目的的追求。每个行为人，在沉溺于其"占有欲"的过程中，皆为生产活动的尽可能最佳的安排贡献了自己的一份力量。因此，在私有财产以及旨在保护私有财产不受暴力或欺诈行为侵犯的法律的范围内，个人利益与社会利益之间并不存在任何对立。

若消除了这种被改革者蔑视为利己主义的私有财产主导地位，市场经济就会变成一个乱七八糟的混乱无序局面。若仅仅敦促人们听从自己良心的声音，并敦促人们以公共福利的考虑代替私人利润的考虑，这么做并不能创造一个有效的且令人满意的社会秩序。仅仅告诉一个人不要在最便宜的市场上买以及不要在最贵的市场上卖，这是不够的。仅仅告诉他不要追求利润以及不要避免亏损，这也是不够的。一个人必须建立清晰的规则来指导每个具体情况下的行为。

改革者说：一个企业家，若利用自己的优势，以低于效率较低竞争对手的出价进行竞标，从而迫使该竞争对手倒闭，那么这个企业家就是既粗鲁又自私的。但是"利他主义"企业家应该怎么做呢？他在任何情形下皆不应该以低于任何竞争对手的价格出售自己的商品吗？或者是否有某些条件可以证明"以低于竞争对手的价格进行竞标"是正当合理的做法？

另一方面，改革者说：一个企业家，若利用市场状态，要价太高，乃至于想购买该商品的穷人被高价拒之门外，那么这个企业家就是既粗鲁又自私的。但是"好"的企业家应该怎么做呢？他应该免费赠送该商品吗？若他收取任何价格，无论多么低，总有一些人根本买不到，或者没有他们在价格更低的情况下本来能够买到的那么多。哪一群渴望购买的人，企业家可以自由地将他们排除在可以获得该商品的范围之外呢？

在我们调查研究的这一点上，毫无必要去分析处理对在一个不受阻碍市场上确定的价格水平的任何偏离所造成的后果。如果卖方避免针对其效率较低竞争对手的出价以更低价格竞标，那么他至少有一部分供应品仍未售出。若卖方以低于在不受阻碍市场上确定之价格的一个较低价格提供该商品，则该商品的可用供应量并不足以使所有准备花费此较低价格的人皆能得到他们所要求的东西。我们稍后将分析对市场价格的任何偏离将会导致的上述后果以及其他后果。即使在这一点上，我们也必须认识到：不能仅仅通过告诉企业家"他不应该让自己受市场状态的支配"就万事大吉了。必须告诉他在要价和付款方面应该走多远。若指导企业家行为并且决定他们生产什么和生产多少的不再是对利润的追求，若企业家不再受利润动机之工具性的约束来尽其所能为消费者服务，那么就有必要给他们明确的指示。人们无法避免以详细说明的命令和禁令来指导他们的行为，而这些命令恰恰是政府干预商业的标志。试图通过将首要地位归于良心的声音、归于慈善和兄弟之爱而使这种干预变得多余的任何企图，皆是徒劳的。

基督教社会改革的倡导者自诩：他们描绘的"贪婪和逐利被尽责和遵守道德律所驯服和约束"的理想蓝图在过去相当起作用。我们当今的一切罪恶，皆是因背弃教会戒律而造成的。若人们没有违抗戒律，也没有贪图不正当利益，那么人类将会依然享受到中世纪所经历的幸福，而在中世纪，至少精英们做到了对《福音书》原则的遵循。我们需要的是找回美好的旧日时光，然后确保不再有新的叛教行为剥夺人们行善的善果。

没有必要对13世纪的社会与经济状况作分析，因为这些改革者将13世纪赞誉为"历史上所有时期中最伟大的时期"。我们只关心"公平物价和工资率"概念，而此概念在教会圣师的社会教义中是必不可少的，而改革者则想将此概念提高到经济行为之终极标准的地位。

显然，对于理论家而言，此"公平物价和工资率"概念始终涉及一种他们认为是最佳秩序的某一特定社会秩序。他们建议采用他们的理想方案，并将其永久保留。任何进一步的变动皆不能容忍。对社会事务最佳状态的任何变动只能意味着恶化。这些哲学家的世界观并未考虑到一个因素——人类在为改善物质福祉条件做着永不止歇的奋斗。历史变化和普遍生活水平的提高，这对他们而言是陌生的概念。他们将与其乌托邦之不受干扰维护相匹配的行为模式称为"公平"，将其他一切行为模式称为"非公平"。

然而，在哲学家以外之人的头脑中，"公平的物价和工资率"概念是迥然不同的。当非哲学家将一个物价称为"公平物价"时，他的意思是——保持这个物价会提高或至少不会损害他自己的收入以及他自己的社会地位。他将损害他自己财富和地位的任何物价皆称为"非公平物价"。他销售的商品与服务的价格越来越高，而他购买的商品与服务的价格越来越低，这就是"公平的"。对于农场主而言，小麦的价格无论多高，皆不公平。对于工薪族而言，工资率无论多高，皆不公平。但是农场主很快就谴责小麦价格的每一次下跌皆违反了神圣和人类的法律，而当工资下降时，工薪族就会反抗。然而，除了市场的运作之外，市场社会并无任何办法调整生产以适应不断变化的情况。通过价格变动，它迫使人们限制需求不那么迫切之物品的生产，而扩大消费者需求更为迫切之物品的生产。所有物价稳定举措的荒谬之处在于，稳定举措将阻止任何进一步的改善，并将导致僵化和停滞。物价与工资率的灵活性是调整、改进和进步的工具。那些将物价与工资率变化谴责为"不公平"的人，以及那些要求维护他们称为"公平"之事的人，实际上是在反对旨在使经济状况变得更令人满意的举措。

在农产品价格的决定方面，长期以来普遍存在着一种趋势，即大部分人口皆放弃农业而转向加工业，这并不是所谓的"不公平"。若没有这种趋势，90%或更多的人口仍将从事农业，而加工业的增长则将受到阻碍。包括农民在内的所有人口阶层，他们的生活状况将会变得更糟。若关于公平物价的经院哲学学说付诸实践，则13世纪的经济状况依然会占主导地位。人口数量将会比现在少得多，人们的生活水平也会低得多。

公平物价学说的两个变种——哲学的公平价格学说和大众的公平价格学说——皆一致谴责物价和工资率是由不受阻碍市场决定的。但是这种消极主义本身并不能回答"公平的物价和工资率究竟应该达到什么水平"这一问题。如果正义要被提升到经济行为之终极标准的地位，就必须明确告诉每一个行为人——他应该做什么、他应该要求什么价格以及在每一个具体情况下他应该支付什么价格（付出什么代价），并且必须通过运用一个负责实施强制与胁迫的机器来迫使所有胆敢不服从的人皆遵守这些命令。必须建立一个最高权威机构，该机构的职责是：专门发布规范并监管每一个方面的行为；必要时变更这些规范；真实地解释这些规范；并强制执行这些规范。因此，以社会正义与公正代替自私性的逐利，需要实现的正是那些主张净化人类道德的人想要使之变得多余的政府干预商业的政策。若没有威权主义统治，就无法想象对不受阻碍市场经济的任何偏离。被赋予这些权力的当局是所谓的"世俗政府"还是"神权祭司"，毫无区别。

改革者在劝诫人们远离自私时，向资本家和企业家讲话，有时也向工薪阶层讲话——尽管只是怯生生地。然而，市场经济是一个消费者至上的体系。说教者呼吁的对象应该是消费者，而不是生产者。他们应该说服消费者放弃"偏好质量更好、价格更便宜的商品，而舍弃质量较差、价格更贵的商品"的消费行为，以免伤害效率较低的生产者。他们应该说服消费者限制自己的购买，以便让更贫穷的人有机会购买更多商品。若想要消费者以这种方式施展行为，就必须清楚明白地告诉他们——买什么、买多少、从谁那里买以及以什么价格买，并且必须规定通过胁迫与强制手段来强制执行这种命令。但是，我们采用的威权主义控制制度恰恰是道德改革想让其变得不必要的制度。

个人在社会合作框架内所能享有的任何自由，皆是以私人利益与公共福利的和谐为条件的。在"个人追求自身福祉的同时也提升——或至少不损害——其同胞福祉"这样一个轨道内，人们各行其道既不会危及社会的宝藏，亦不会危及他人的关切。一个自由与个人主动性的王国出现了，一个人被允许自主进行选择和施展行为的王国出现了。这一自由领域，被干预主义者轻蔑地称为"经济自由"，而只有此自由领域才能使在一种分工下社会合作制度中通常被称为"自由"的任何条件成为可能。它是市场经济或资本主义及其政治必然结果，代议制政府。

那些主张"各种个人的占有欲之间或个人的占有欲与公益之间存在冲突"的人，不可避免地主张压制个人进行选择和施展行为的权利。他们必然会以一个中央生产管理委员会的至高无上地位取代公民的自由酌定权。在他们的美好社会计划中，没有给私人主动性留下任何空间。当局机构发布指令，每个人皆被迫服从。

4 自由放任的含义

在18世纪的法国，"laissez faire, laissez passer（放任自由，放任通行）"这句口号，是一些自由事业的拥护者将其行动纲领压缩而成的一句套话。他们的目标是建立不受阻碍的市场社会。为了达到这一目的，他们主张废除一切阻止更勤奋、更高效率的人胜过不那么勤奋、效率不那么高之竞争者的法律以及限制商品流动和人的流动的法律。这句著名的格言就是为了表达这一点。

在我们这个热切渴望政府万能的时代，"自由放任"这句套话已变得臭名昭著。公众舆论现在认为它既是道德堕落的表现，也是极其无知的表现。

在干预主义者看来，另一种选择是"自动力量"或"有意识的计划"。[1]他暗示：显然，依赖自动过程是完全愚蠢的。没有任何一个通情达理的人会认真地建议——什么都不做，让事情放任自流，而且不受有目的行为的干扰。一个计划，仅仅因为它是有意识行为的一种表现，就比没有任何规划无可匹敌地优越得多。自由放任据说是指：让邪恶持续下去吧，不要试图通过合理的行为来改善人类的命运。

这完全是胡说八道。为规划提出的论点，其完全来自对一个比喻的一种不被允许的解释。它除了"自动的"一词所隐含的涵义之外，没有任何其他基本原理；而"自动的"一词通常在一种比喻意义上用于描述市场过程。[2]《简明牛津词典》（*Concise Oxford Dictionary*）的定义是：[3]"自动的"是指"无意识的、不涉及智力的、仅仅是机械的"。《韦伯斯特大学词典》（*Webster's Collegiate Dictionary*）的定义是：[4]"自动的"表示"不受意志控制……在没有积极思考和没有有意识之意图或指导情况下进行的"。对于策划打出这张王牌的冠军而言，这是怎样一个巨大胜利啊！

---

[1]参照阿尔文·哈维·汉森（Alvin Harvey Hansen），"明日之社会规划（*Social Planning for Tomorrow*）"，《战后美国》（*The United States after the War*，康奈尔大学讲座，伊萨卡，1945年），第32—33页。

[2]参见《战后美国》第315—316页。

[3]《战后美国》（第三版，牛津，1934年），第74页。

[4]《战后美国》（第五版，斯普林菲尔德，1946年），第73页。

事实是：非此即彼的二选一选择并不是发生在一个死气沉沉的机制或一个僵化的自动主义与有意识的计划之间。二选一选择也并非是"有计划"或"无计划"。问题是谁的规划？是社会的每一个成员皆应为自己进行规划呢，还是应该只有一个仁慈政府为社会的所有成员进行规划？问题并不是在"自动"与"有意识的行为"二者之间做出选择；问题是在"每个人的自主行为"与"政府的排他性行为"二者之间做出选择。这是在"自由"与"政府万能"二者之间做出选择。

"自由放任"并不意味着：让没有灵魂的机械力量自行运作。其含义是：让每个人选择他想在社会分工中如何合作；让消费者决定企业家应该生产什么。"规划"是指：让政府独自选择，并通过胁迫与强制机器来强制执行其统治决定。

规划者说，在自由放任情况下，生产的并不是人们"真正"需要的商品，而是那些预期从其销售中获得最高回报的商品。规划的目标是指导生产朝着满足"真正"需求的方向发展。但是由谁来决定什么是"真正"需求呢？

因此，例如，英国工党前主席哈罗德·拉斯基教授将"投资者的储蓄将用于住房而不是影院"作为计划投资方向的目标。[1] 人们是否同意该教授"更好的房子比动人的电影更重要"这一观点，无关紧要。事实是，消费者在花了自己的一部分钱去看电影时，又做出了另一选择。如果英国的大众——也即那些投票使工党上台执政的人——停止去影院看动人的电影，而花更多的钱购买舒适的住宅和公寓，那么追求利润的企业将被迫将更多资金投资在建造住宅和公寓上面而减少制作昂贵的影片。拉斯基先生的目的是要违抗消费者的意愿，并且用他自己的意志来代替消费者的意志。他想废除市场的民主，并想要建立生产沙皇的绝对统治。也许他认为：从一个更高角度来看，他是对的；而且作为一个超人，他听从召唤要将他自己的估值强加给广大的劣等人。但那时他本应该足够坦率以便说得直截了当。

对政府行为出类拔萃的所有这些热情赞扬，不过是个人干预主义者自我神化的拙劣伪装而已。伟大的神——国家——之所以是一位伟大的神，只是因为它被期望只做干预主义的个人倡导者希望看到要实现的事情。只有该计划是真实的，个人规划师才会完全认可。所有其他计划皆是伪造的。在说到"计划"时，一本

---

[1] 参见拉斯基（H. Laski）的广播讲话，"经过同意的革命（*Revolution by Consent*）"，转载于《谈话》（*Talks*），第十卷，第10期（1945年10月），第7页。

关于计划之好处的书，其作者所想的当然只是他自己的计划。他并没有考虑到"政府实施的计划可能跟他自己的计划不同"这一可能性。不同的规划者仅在他们皆拒绝"自由放任（也即个人在进行选择和施展行为方面的自由酌定权）"方面意见一致。在选择将要采取的独特计划方面，他们意见完全不一致。对于干预主义政策之明显且无可争辩缺陷的每一次揭示，干预主义的拥护者们皆以同样方式做出反应。他们说：这些错误是虚假干预主义的结果；我们所提倡的是好的干预主义，而不是坏的干预主义。当然，好的干预主义是教授自己的货色。

"自由放任"是指：让普通人自己进行选择和施展行为；不要强迫他向一位独裁者屈服。

5 政府对消费的直接干预

在调查研究干预主义的经济问题时，我们不必分析讨论政府的如下行为：这些政府行为的目的是立即影响消费者对消费品的选择。政府干预商业的每一行为皆必须间接影响消费。由于政府的干预改变了市场数据，它也必然改变估值和消费者的行为。但是，若政府的目的仅仅是强迫消费者直接消费那些他们在无政府法令情况下会消费的商品以外的商品，那么就不会出现经济学需要仔细研究的任何特殊问题。毫无疑问，一个强大而冷酷无情的警察机器有权强制执行这种法令。

在分析讨论消费者的选择时，我们并不问"是何动机促使一个人购买商品a而不购买商品b"这样的问题。我们只调查研究——消费者的具体行为对市场价格的决定继而对生产产生了何种影响。这些影响并不取决于导致个人购买商品a而不购买商品b的考虑因素；它们仅仅依赖于（消费者）购买和放弃购买的真实行为。对于防毒面具价格的决定而言，无论人们是自愿购买还是因为政府强制每个人皆必须有防毒面具，这都是无关紧要的因素。唯一重要的是需求的规模。

即使在限制自由之时也渴望保持自由外表的政府，他们将对消费的直接干预掩盖在干预商业的外衣之下。美国禁酒令的目的是为了防止该国居民个人饮用酒精饮料。但法律伪善地并未将饮酒定为非法行为，也并未对饮酒行为进行惩罚。它只是禁止制造、销售和运输容易使人喝醉的烈酒，即它只是禁止饮酒行为之前的商业交易。其理念是：人们沉溺于酗酒恶习仅仅是因为无道德原则的商人唆使他们酗酒。然而，很明显，禁酒令的目的是侵犯个人按照自己的方式消费和享受生活的自由。对商业施加的限制只是服从于这一终极目的而已。

政府直接干预消费所涉及的问题，并不是交易经济学问题。它们远远超出了交易经济学的范围，而且涉及人类生活和社会组织的根本问题。如果"政府的权威来自神并受神之托充当无知和愚蠢民众的监护人"是真的，那么政府的任务当然是严格控制臣民行为的各个方面。天赐的统治者比其子民自己更清楚什么对其子民有利。他有责任保护他们，以免他们独自一人会对自己造成伤害。

自封为"现实"的人，并未认识到隐含原则的巨大重要性。他们争辩说：他们并不想从哲学和学术角度来分析处理这个问题。他们认为：他们的方法完全是以实际考虑为指导的。他们说：有些人通过吸食麻醉药品来伤害他们自己以及他们无辜的家人，这是事实。只有教条主义者才可能如此教条地反对政府对毒品贩运的管制。它的行善效果是无可争辩的。

然而，情况并非如此简单。鸦片和吗啡当然是危险的、能使人成瘾的药物。但是，一旦承认"政府有责任保护个人免受其自己愚蠢言行的伤害"这一原则，就不能对（政府对个人权利的）进一步侵犯提出严重反对意见。可以提出一个很好的理由来支持酒精和尼古丁禁令。为何政府的仁慈天意仅仅限于保护个人的身体呢？一个人可能给其心智与灵魂带来的伤害，难道不比任何身体上的邪恶更具灾难性吗？为何不阻止他读不好的书、看不好的戏剧、看不好的画作和雕像、听不好的音乐呢？对于个人和整个社会而言，坏意识形态的恶作剧无疑比麻醉药品的恶作剧有害得多。

这些恐惧不仅仅是吓唬与世隔绝教条主义者的想象中的幽灵。这是一个事实，即任何一个父权制政府——无论是古代的还是现代的——在严格管制其臣民的思想、信仰和观念方面从未退缩过。若取消了人决定自己消费的自由，也就剥夺了人的一切自由。当政府干预消费的天真倡导者们忽视了他们轻蔑地称之为"问题之哲学方面"的东西时，他们只不过是在自欺欺人而已。他们在不知不觉中支持审查制度、宗教裁判所、宗教不宽容和迫害持不同政见者的情况。

在分析干预主义的交易经济学时，我们并不讨论政府直接干预公民消费的这些政治后果。我们只关心如下干预行为：这些干预行为的目的是迫使企业家和资本家以不同于他们仅仅服从市场支配的方式运用生产要素。在这么做时，我们并不提出"从任何先入为主的观点来看这种干预是好是坏"这样的问题。我们只是问：干预是否能够达到那些鼓吹和诉诸干预的人试图达到的目的？

□ 宗教裁判所

宗教裁判所，或称异端裁判所、异端审判，是1231年天主教会教皇格列高利九世决意，由多明我会设立的宗教法庭，负责侦查、审判和裁决天主教会所认为的异端，曾监禁和处死众多持异见者。

腐败

若不提及腐败现象，则对干预主义的分析将是不完整的。

从有关公民的角度来看，几乎没有任何政府干预市场进程行为不是必须被定性为"征用"或"赠予"的。通常，一个人或一群人是以牺牲其他个人或其他人群的利益为代价而致富的。但在许多情况下，对一些人造成的伤害并不相当于对其他人的任何好处。

干预主义交到立法机关和行政机关手中的巨大权力，其行使方法根本不可能是公正和公平的。干预主义的倡导者自称用完全明智和公正无私立法者及其尽职尽责和不知疲倦的公务员——官僚——的无限酌处权来代替私有财产和既得利益的——正如他们所声称的，对"社会"有害的——影响。在他们眼里，普通人是一个无助的婴儿，急需一个父亲般的监护人来保护他免受一群流氓的狡猾诡计的侵害。他们以"更高级、更高尚"正义理念的名义拒绝所有传统的法律和合法性概念。他们自己所做的一切始终是正确的，因为这伤害了那些"自私地想将从这个更高级的正义概念角度来看应该属于别人的东西据为己有"的人。

在这种推理中使用的"自私"和"无私"的概念是自相矛盾和徒劳的。正如前文已指出的，每一行为皆旨在实现一种——相较于在没有这种行为的情况下会出现的状态——更适合行为人的状态。从这个意义上说，每一行为皆须定性为自私行为。给饥饿儿童施舍救济品的人之所以这么做，要么是因为相较于他花这笔钱能买到的任何其他满足他更看重从这份恩赐中得到的满足，要么是因为他希望得到更多的回报。从这个意义上说，政治家始终皆是自私的，无论他是为了获得一个职位而支持一个受欢迎的纲领，还是坚定地坚持他自己的——不受欢迎的——信念从而剥夺了自己通过背叛这些信念可以获得的利益。

在反资本主义的术语中，"自私"和"不自私"这两个词被用来从如下学说的角度对人进行分类：这种学说认为"财富和收入平等"是社会状况的唯一自然和公平状态，并将拥有的财富或赚取的收入高于平均水平的人称为"剥削者"，而且还谴责企业家活动损害公益。经商（做生意）直接依赖于消费者对自己行为的赞同与否、拉拢买主光顾自己的生意，以及若比竞争对手更好地满足买主需求则赚取利润，所有这些行为从官场的思想观念来看皆是"自私的"和"可耻的"。只有那些名字出现在政府工资单上的人，才被评为"无私的"和"高尚的"。

不幸的是，公务员及其工作人员并不是"天使般"的人。他们很快就知道：他们的决定对于商人而言，要么意味着相当大的亏损，要么——有时——意味着相当大的收益。当然，也有不受贿的官僚；但也有其他人渴望利用与这些官僚之决定偏袒的那些人一起"分享"好处的任何"安全的"机会。

在管理干预措施的许多领域，偏袒是无法避免的。以进出口许可证为例。这种许可证对于被许可人（也即许可证持有人）而言有特定的现金价值。政府应该向谁发放许可证，又应该拒绝向谁发放许可证呢？没有任何中立或客观的衡量尺度可以使这种决定不带有偏见和偏袒。在这种事情中，是否有金钱易手环节并不重要。当许可证授予某个人，而此人已经或预期将向许可证授予决定所依赖的关键人物提供其他类型的有价值服务（例如为其投票）时，亦存在同样的丑闻。

腐败是干预主义的一种常规效应。分析处理所涉及的问题这项任务，可能要留给历史学家和律师来完成了。

第二十六章　通过税收进行的干预

1 中性税

对于负责实施胁迫与强制职能的社会机器而言，维持其运转需要劳动力与商品的支出。在一个自由主义的政府体系下，这些支出跟个人收入总和相比可谓少之又少。政府越是扩大其活动范围，其预算增加幅度就越大。

若政府本身拥有和经营工厂、农场、森林和矿山，则它可以考虑从所赚取的利息与利润中支付部分或全部财政需求所需资金。但是，政府在经营商业企业方面通常是如此低效，以至于政府经营常常导致的是亏损而不是利润。政府必须诉诸税收，也就是说，政府必须通过迫使臣民交出其一部分财富或收入这种方式来增加收入。

可以想象一种中性的税收模式：它并不会使市场的运作偏离在无任何税收情况下将会发展的方向。然而，关于税收问题的大量文献以及各国政府的政策皆很少考虑中性税的问题。他们更渴望找到公平税。

中性税只在"政府机构吸收了一部分可用劳动力和物质商品"这一点所要求的范围内才会影响公民的状况。在均匀旋转经济的想象建构中，国库不断征税，并将所筹集的所有款项全部支出，既不多也不少，用于支付政府官员的各项活动所产生的费用。每个公民收入的一部分用于公共支出。若我们假设——在这样一个均匀旋转经济中存在着完全的收入平等，以至于每个家庭的收入皆与其成员人数成比例，则人头税和按比例所得税的性质均将是中性税。在这些假设下，这些税种之间并无任何区别。每个公民收入的一部分将被公共支出吸收，而且税收不会产生任何次生影响。

不断变化的经济完全不同于一种具有收入平等特征之均匀旋转经济的这种想象结构。持续变化以及财富与收入的不平等，这是不断变化之市场经济——市场经济唯一真实和起作用的制度——的本质和必要特征。在这样一种制度的框架内，任何税种皆不可能是中性的。中性税的理念本身跟中性货币的理念一样无法实现。但是，当然，之所以存在这种不可避免的非中性，其在税收情况下的原因跟其在货币情况下的原因是不同的。

一种人头税，若对每个公民皆平等且统一征收而不考虑每个公民收入和财富的多寡，则相较于对于收入更为充裕的人而言，这种人头税的税负对于收入更偏向中等的人而言更重一些。这种人头税对大众所消费物品之生产的限制，比对主要由更富裕公民所消费物品之生产的限制更明显。除此之外，相较于对更富裕公民征收税负更重的税，这种人头税往往在削减储蓄和资本积累方面程度更低。它并没有像歧视收入和财富较高之人的税收那样在同样程度上减缓资本商品之边际生产率相对于劳动之生产率下降的趋势，因此，它也没有在同样程度上减缓工资率上升的趋势。

今天，所有国家的实际财政政策皆完全遵循这样一种理念，即应根据每个公民的"支付能力"来分摊税金。在最终导致普遍接受"支付能力原则"的考虑中，有一种模糊概念，即对富人征税税负比对中等收入人群征税税负更重，这么做会使一个税种在某种程度上变得更加中性。无论这可能是什么，可以肯定的是：关于税收中性的任何提法很快就被完全抛弃了。支付能力原则已上升为一种社会正义公设的尊贵地位。在今天的人们看来，税收的财政和预算目标，其重要性只是次要的。税收的首要功能是根据正义来改革社会状况。从这个观点来看，税收似乎越是令人满意，它就越不中性，它就越能作为一种工具，将生产和消费从不受阻碍市场本来会引导它们进入的领域转移开来。

2 总体税

支付能力原则中所隐含的社会正义理念是：所有公民在经济上完全平等。只要收入和财富的任何不平等依然存在，就可以振振有词地说"这些相对较大的收入和财富——无论其绝对数额多么小——皆表明个人在被征收税费之能力方面存在某些过剩"，正如可以振振有词地说"任何现有的收入和财富不平等皆表明能力上存在差异"一样。支付能力学说，其唯一合乎逻辑的止步点是：通过没收任何人手中高于最低数额的所有收入与财富来实现收入与财富上的完全均等化。[1]

---

〔1〕参见哈利·卢茨（Harley Lutz），《自由经济指南》（*Guideposts to a Free Economy*，纽约，1945年），第76页。

"总体税"概念是"中性税"概念的对立面。总体税是针对所有收入和财产进行完全征税——没收。然后,政府从通过这种方式注资的公益金中,给每个人发放一笔津贴,用于支付其生活费。或者,以殊途同归的方式,政府在征税时,将其认为的每个人之公平份额对应的金额留下(免于征税),对于那些总收入尚未达到该公平份额的人,政府为他们补齐缺口,使其达到该公平份额对应的金额。

总体税的构思无法彻底思考直至其最终的逻辑后果。如果企业家和资本家不能从他们对生产资料的利用中得到任何个人利益或遭受任何损害,他们就会在各种行为方式之间做出选择上变得无动于衷,他们的社会功能就会逐渐消失,而且他们会成为公共财产的冷漠的不负责任的管理者。他们不再必须根据消费者的意愿来调整生产。若只对收入进行征税,而资本存量本身免于征税,这就会激励财产所有者去消费他们的部分财富,从而损害每个人的利益。对于资本主义向社会主义的转变而言,总所得税是一个非常无用的手段。若总体税对财富的影响不亚于对收入的影响,那么它就不再是一种税,即在一个市场经济体系内征收政府收入的一种手段。

3 税收的财政目标与非财政目标

税收的财政目标与税收的非财政目标,二者并不一致。

例如,考虑一下针对烈性酒征收的消费税。若认为这种消费税是政府收入的一个来源,则它们产生的收益越多,它们看起来就越好。当然,由于该消费税必然会提高饮料的价格,因而它限制了销售和消费。有必要通过测试来找出——在什么税率水平下,税收收益变得最高。但若将烈性酒消费税看作是尽可能减少烈性酒消费的一个手段,则税率越高越好。当税收超过一定限度时,税收会让消费大幅下降,而收入也会随之下降。若税收完全达到其非财政目标,即让人们完全断绝酒精饮料的饮用,则酒类税收收入为零。(该税种的)税收不再为任何财政目的服务;它的影响只是禁止性的。这一点不仅适用于所有类型的间接税收,也同样适用于直接税收。针对公司和大企业征收的歧视性税收,若提高到超过一定限度的水平,就会导致公司和大企业的彻底消失。资本税、继承与遗产税以及所得税若走到极端,同样会弄巧成拙。

税收的财政目的与税收的非财政目的,二者之间存在不可调和的冲突,没有任何办法可以解决。正如(美国最高法院)首席大法官马歇尔(John Marshall)中肯地指出的那样:征税的权力涉及破坏的权力。这种权力可用于破坏市场经济,而且为此目的而使用这种权力是许多政府和政党的坚定决心。如果随着公有主义取代资本主义，两个截然不同行为领域共存的二元论消失了。政府吞噬了个人自主行为的整个轨道，并成为极权主义性质的政府。它的财政支持不再依赖于从公民那里强行搜刮而来的财物。公共基金与私人基金的分离不复存在。

税收是一个市场经济问题。市场经济的特征之一是：政府并不干预市场现象，而且其技术机器规模非常之小，乃至于其维护仅耗用公民个人收入总额的一小部分而已。于是，税收成为用于提供政府所需资金的一个适当工具。它们的性质之所以是适当的，因为它们的税率很低，而且不会明显扰乱生产和消费。若税收增长超过一个适度的限度，它们就不再是税收，而变成了破坏市场经济的工具。

税收变质而成为毁灭武器，这是当今公共财政的标志。我们并不分析讨论关于"高税负税收是祸还是福"以及"由税收收入来资助支出是否明智"这些问题的相当武断的价值判断。[1]重要的是，税收负担越重，税收就越是跟维护市场经济背道而驰。毫无必要提出如下问题："从来没有一个国家是被公众所花费和为了公众而花费的巨额开支所摧毁的"这一说法是否正确？不可否认，市场经济可以被巨额公共开支所摧毁，而且许多人的意图正是以这种方式摧毁市场经济。

商人抱怨高税负税收的压迫性。政治家们为"吃玉米种子（即杀鸡取卵）"的危险感到忧心忡忡。然而，税收问题的真正症结在于这样一个悖论：税收增加得越多，对市场经济的破坏就越大，随之对税收体系本身的破坏也就越大。因此，事实表明：保护私有财产与没收性措施，二者最终水火不容。每一个具体税种，以及一个国家的整个税收体系，若超过一定税率水平，就会弄巧成拙。

4 税收干预的两个类别

可用于调节经济的各种税收方法——作为干预主义政策的工具——可分为两类：

1. 第一类税收的目的是完全抑制或限制特定商品的生产。因此，它也间接地干扰了消费。至于为了达到这一目的而采取的手段究竟是征收特别税，还是免除

---

[1] 这是分析处理公共财政问题的惯用方法。参考伊利·亚当斯、洛伦兹和杨所著《经济学大纲》，第702页。

某些产品的一般税（而这种一般税针对所有其他产品进行征收，或针对消费者在没有财政歧视情况下将会偏爱的产品进行征收），这并不重要。在关税方面，免税被用作一种干预主义工具。国内产品无需承担关税负担，而关税只影响从国外进口的商品。许多国家在调节国内生产时采取税收歧视举措。例如，他们试图通过对啤酒征收比葡萄酒税负更重的消费税，来鼓励葡萄酒（中小型葡萄种植者的产品）的生产，而不是啤酒（大型啤酒厂的产品）的生产。

2.第二类税收征用一部分收入或财富。

第一类税收的效果跟下一章将要讨论的限制性措施并无区别。

第二类税收包含第三十二章论述的征用措施。

第二十七章　对生产的限制

1 限制的性质

我们将在本章讨论如下措施：这些措施的直接和主要目的是使生产（在这个词的最广泛意义上，包括商业和运输）偏离它在不受阻碍市场经济中所采取的方式。若无对商业的威权主义干预，生产只会遵循由市场上所表现出来的消费者需求所指导的路线；而每一次对商业的威权主义干预当然会使生产偏离这种路线。对生产的限制性干预，其特征标志是：生产（路线）的偏离不仅仅是一种不可避免的、非故意的次生影响，而恰恰是当局想要实现的效果。像任何其他干预行为一样，这种限制性措施也会影响消费。但是，就我们在本章中讨论的限制性措施而言，这也并不是当局想要达到的主要目的。政府（的主要目的是）想干预生产。从其观点来看，"其措施影响消费方式"这一点要么完全违背其意图，要么至少是其所产生的一个不受欢迎的后果——因为它是不可避免的，而且与不干预的后果相比，它被认为是一种次要弊端。

限制生产是指：政府要么禁止特定物品的生产、运输或分销，或禁止特定生产、运输或分销方式的应用，要么使上述活动变得更加困难或更加昂贵。当局因此消除了满足人类需求的一些可用手段。其干预所产生的效果是：人民无法运用他们的知识和能力、他们的劳动力以及他们的物质生产资料来赚取最高的回报和尽可能多地满足他们的需求。这样的干预使人民变得更加贫穷、需求更加得不到满足。

这才是问题的症结所在。在使这一基本论点无效的努力中浪费掉的所有精妙机敏和吹毛求疵皆是徒劳的。在不受阻碍市场上，存在着一种不可抗拒的趋势，即运用每一生产要素，以尽可能最好地满足消费者最为迫切的需求。若政府干预这一过程，则其只能损害消费者的需求满足；它永远不能改善消费者的需求满足。

在历史上最重要的一类政府对生产的干预——国际贸易壁垒——问题上，本文的正确性得到了绝佳的、无可辩驳的证明。在这一领域，古典经济学家的教义，尤其李嘉图的教义是终局性的，而且永远地解决了这个问题。关税所能实现的一切不过是：将生产从单位投入产出较高的位置转移到单位投入产出较低的位置。它并不增加产量；相反，它削减产量。

人们对所谓的"政府鼓励生产"进行了详细阐述。然而，政府并没有权力鼓励一个部门的生产，除非削减其他部门的生产。政府将生产要素从不受阻碍市场会在其中使用这些要素的生产部门中撤出，然后将这些要素引导到其他生产部门。政府将采取何种行政程序来实现这一效果，并不重要。政府可以在制定关税时公开进行补贴或以一种掩饰方式提供补贴，从而迫使其臣民支付（补贴）费用。唯一重要的一点是：人们被迫放弃一些他们更为看重的满足，而仅仅通过他们不太看重的满足进行补偿。在干预主义论点的底层，总是有这样一种想法，即政府或国家是社会生产过程之外和之上的一个实体；它所拥有的东西并不是从对其臣民征税中得来的；而且它可以将这种神秘的东西花费在特定用途上。这就是被凯恩斯勋爵提升到一种经济学说尊贵地位的圣诞老人寓言，而这种寓言竟然也获得了那些希望从政府支出中获得个人利益的所有人的热情支持。针对这些流行的谬论，有必要强调一个自明之理，即一个政府只能花费或投资它从其公民那里拿走的东西，而且其额外的花费和投资等量削减了公民的花费和投资。

虽然政府没有权力通过干预商业来使人民更加繁荣富足，但它确实有权力通过限制生产来降低人民的需求满足程度。

2 限制的代价

限制生产必然会缩减公民个人的需求满足，这一点并不意味着这种限制必然被视为一种损害。一个政府并不会肆意诉诸限制性措施。它想要达到某种目的，并认为限制（生产）是实现其计划的适当手段。因此，对限制性政策的评价取决于对两个问题的回答：政府选择的手段是否适合达到其寻求的目的？此目的的实现是否是对公民个人贫困的一种补偿？在提出这些问题时，我们像看待税收一样看待对生产的限制。纳税也直接缩减了纳税人的需求满足。但这是纳税人为政府提供给社会及其每位成员的服务所付出的代价。只要政府履行其社会职能而且税收不超过保证政府机构平稳运行所需的数额，它们就是必要的成本并且会自行回报。

在以限制生产代替征税的所有情况下，这种处理限制性措施的模式，其充分性尤其明显。国防开支的大部分由国库从公共（税收）收入中支付。但偶尔会选择另一种做法。有时，国家为击退侵略所做准备的就绪度取决于某些工业部门的存在，而这些部门在不受阻碍市场中是不存在的。这些产业必须得到补贴，而且所授予的补贴应视为任何其他军备支出。若政府通过对有关产品征收一项进口税而间接授予这种补贴，则这种补贴的性质保持不变。其不同之处仅在于——消费者直接负担所发生的成本，而在政府补贴的情况下，消费者通过缴纳税率更高税款的方式间接支付这些成本。

在颁布限制性措施时，各国政府和议会几乎没有意识到它们干预商业的后果。因此，他们愉快地认为"保护性关税能够提高本国国民的生活水平"，而且他们顽固地拒绝承认关于保护主义影响之经济学教义的正确性。经济学家们对保护主义的谴责是无可辩驳的，而且这些谴责没有任何党派偏见。因为经济学家们并没有说——从任何先入为主观点来看，保护是不好的。他们表明：保护并不能达到各国政府通常希望通过诉诸保护来达到的目的。他们并不质疑政府行为的终极目的；他们之所以否决，只是因为他们认为所选择的手段并不适合实现所要寻求的目的。

在所有限制性措施中，最受欢迎的是那些被称为"亲劳工立法"的措施。在这方面，政府和公众舆论也严重误判了后果。他们认为：限制工作时间和禁止童工只会给雇主带来负担，而对于工薪族而言则是一种"社会收益"。然而，只有在"这样的规律减少劳动力供给，从而提高劳动之生产率，而不是资本之边际生产率"的情况下，这才是正确的。但是，劳动力供给减少亦会导致已生产商品总量减少，从而导致人均消费额减少。大蛋糕总体尺寸缩小了，但缩小后的蛋糕分给工薪阶层的部分按比例高于他们从原来大蛋糕中分得的部分；与此同时，资本家分得的那一部分在下降。[1]这一结果是提高还是损害了不同工薪族群体的实际工资率，取决于每个案例情形的具体数据。

对亲劳工立法的普遍评价是基于这样一个错误，即工资率与工人的劳动添加到物料上的价值没有任何因果关系。"（工资）铁律"说：工资率是由不可或缺生活必需品的最低数额决定的；工资率永远不能超过维持生计的水平。工人所产

---

[1] 企业家盈亏并不受亲劳工立法的影响，因为它们完全取决于生产是否能或多或少成功地加以调整以适应不断变化的市场状况。在这些方面，劳工立法只算作一个产生变化的因素。

生的价值与支付给他的工资之间的差额归剥削雇主所有。若通过限制工作时间来削减这一盈余，则工薪族就可以免除一部分自己的辛劳和麻烦，工资保持不变，而雇主则被剥夺了一部分他所赚取的不公平利润。总产量的限制仅仅削减了剥削资产阶级的收入。

已经有人指出：直到几年前，亲劳工立法在西方资本主义演变发展中所起的作用远不如公开讨论所涉及问题的激烈程度所表明的重要。劳工立法在很大程度上只是对商业迅速发展已经完善的条件所发生的变化提供了一种法律上的承认。但是在采用资本主义生产方式方面动作缓慢以及在发展现代加工和制造方法方面落后的国家，劳工立法问题至关重要。由于受干预主义的虚假学说迷惑，这些国家的政治家认为：他们可以通过照搬最先进资本主义国家的劳工立法来改善贫困群众的命运。他们看待所涉及的问题，仿佛问题仅仅是从被错误地称为"人的角度"来对待，而并未认识到真正的问题。

在亚洲，数百万幼童赤贫挨饿，工资与美国或西欧水平相比极低，工作时间长，车间卫生条件差，这确实是一个令人伤心的事实。但是，除了更多地工作、生产和储蓄从而积累更多资本之外，别无其他办法可以消除这些弊端。这对于任何持久的改善皆是不可或缺的。自封的慈善家与人道主义者所主张的限制性措施将是徒劳的。这些措施不仅不能改善条件，而且还会让事情变得更糟。若父母因太穷而不能给自己孩子足够的食物，那么禁止童工就会让孩子们挨饿。若劳动力的边际生产率如此之低，以至于一个工人在十小时内只能挣到跟美国工资相比低于平均水平的工资，则一天八小时的规定对工人而言并没有什么好处。

现在讨论的问题并不是"改善工薪族之物质福祉的可取性"问题。误称为"亲劳工法律"的倡导者们故意混淆了这个问题，他们一再重复——更多的闲暇时间、更高的拿到手的实际工资、让孩子和已婚妇女摆脱寻找工作的必要性，这些因素将使工人的家庭更加幸福。他们用虚假谎言和刻薄诽谤的手段，将那些反对有损工薪阶层切身利益之法律的人称为"劳工引诱者"和"劳工敌人"。分歧并不是涉及所寻求的目的；它仅仅涉及为实现这些目标而采用的手段。问题并不在于——提高群众福利是否可取。问题完全在于——对工作时间和妇女儿童就业进行限制的政府法令是否是提高工人生活水平的正确手段。这纯粹是一个需要由经济学来解决的交易经济学问题。情绪化的言谈不切正题，因而无关紧要。这些自以为是的限制倡导者们无法对经济学家有充分根据的论证提出任何站得住脚的反对意见，充分说明了他们的拙劣伪装表现。

美国普通工人的生活水平比印度普通工人令人满意得多，在美国工作时间更短，孩子们被送到学校上学而不是去工厂做童工，这些并不是该国政府和该国法律的成就。这是如下因素的结果：美国的人均雇员投入资本金额比印度的大得多，因此美国劳动力的边际生产率也高得多。这并不是"社会政策"的优点；这是过去的自由放任方法的结果，而这些方法没有破坏资本主义的演变发展。若亚洲人想要改善他们人民的命运，他们就必须采取这种自由放任。

亚洲以及其他落后国家的贫困，跟造成西方资本主义早期状况不理想的原因是相同的。虽然人口数量迅速增长，但限制性政策推迟了根据日益增长人口的需求对生产方法进行的调整。自由放任主义经济学家为经济自由铺平了道路，而经济自由使平均生活水平达到了前所未有的水平，这是自由放任主义经济学家不朽的功劳，然而我们大学里的典型教科书却将他们贬斥为"悲观主义者"和"剥削资产阶级之不公平贪婪的卫道士"。

经济学并不是一门教条主义学问，正如自封为政府万能和极权主义独裁的"非正统"倡导者所说的那样。经济学既不赞成，亦不反对政府施行的旨在限制生产和产出的措施。它只是认为它有责任澄清这种措施的后果。将要采取什么样的政策，应将这个选择权交给人民来行使。但在选择时，若他们想达到所寻求的目的，他们就不能无视经济学的教义。

在某些情况下，人们可能会认为特定的限制性措施是正当合理的。有关防火的规定是限制性的，并且提高了生产成本。但防火规定所带来的总产量减少是避免更大灾难所付出的代价。每项限制性措施，其决定皆要在仔细权衡"将要发生的成本"与"将要获得的奖品"的基础上做出。任何理智的人皆不可能质疑这条规则。

3 作为特权的限制

市场数据的每一次扰乱皆以不同方式影响着不同的个体和人群。对于一些人而言，这是一个福音，而对于另一些人而言则是一个灾难。只有过了一段时间，当生产调整到新数据出现时，这些影响才会耗尽。因此，限制性措施尽管让绝大多数人皆处于一种不利境地，但可能会暂时改善某些人的处境。对于那些受惠于该措施的人而言，该措施相当于让他们获得了一项特权。他们之所以要求这样的措施，是因为他们想获得特权。

在这方面，最显著的例子依然还是保护主义。针对一种商品的进口而征收一种关税，这给消费者带来了负担。但对于国内生产商而言，这却是一个福音。从他们的角度来看，颁布实施新的关税和提高现有的关税是一件极好的事情。

对于许多其他限制性措施而言，亦是如此。若政府——通过直接限制或财政歧视——限制大企业和大公司，则小型企业的竞争地位就会得到加强。若政府限制了大型商店和连锁店的经营，小店主们就会欢欣鼓舞、拍手称快。

重要的是要认识到：那些从这些措施中受益的人认为对自己有利的东西只能持续一段有限的时间。从长远来看，给予某一特定类别生产者的特权失去了其创造特定收益的力量。享受特权的部门吸引新来者，而他们的竞争又往往会消除该特权所衍生的特定收益。因此，法律的宠儿们对获得特权的渴望是贪得无厌的。他们继续要求获得新的特权，因为旧的特权失去了威力。

另一方面，若生产结构已经根据某项限制性措施的存在而有所调整，则撤销该项措施就意味着市场数据将出现一次新的扰乱，而这种撤销虽有利于一部分人的短期利益，但却会损害另一部分人的短期利益。让我们通过列举一个关税项目来说明这个问题。几年前，比方说1920年，鲁里坦尼亚颁布了对皮革进口征收关税的法令。对于当时恰好从事制革业的企业而言，这无疑是一个福音。但后来，随着制革行业规模扩大，制革工人在1920年和随后几年享受的意外收益逐渐消失。剩下的只有一个局面：世界皮革生产的一部分从单位投入产出较高的地方转移到位于鲁里坦尼亚的生产成本较高的地区。鲁里坦尼亚居民为皮革支付的价格比没有关税时更高。由于相较于皮革自由贸易时的情形，鲁里坦尼亚更多部分的资本和劳动力被用于制革厂，其他一些国内产业因此萎缩或者至少增长因此被阻止。从国外进口的皮革量减少，因此，作为对已进口皮革的付款，鲁里坦尼亚产品的出口数量也随之减少。鲁里坦尼亚的外贸额减少了。整个世界，没有任何一个人能够从保留旧关税中得到任何好处。相反，每个人皆受到人类工业努力之总产量下降的伤害。若鲁里坦尼亚针对皮革所采取的政策将要被所有国家采取，而且是以最严格方式针对每一种商品采取，以便完全废除国际贸易并使每个国家完全自给自足，则全世界所有的人皆须完全放弃国际分工给他们带来的好处。

很明显，从长远来看，取消鲁里坦尼亚所征收的皮革关税必然对每个人——鲁里坦尼亚人和外国人——皆有利。然而，从短期来看，这将损害那些已将资金投入鲁里坦尼亚制革厂的资本家们的利益。这同样也会损害专门从事制革工作的鲁里坦尼亚工人的短期利益。他们中的一部分人要么移民，要么改变其职业。这些资本家与工人皆强烈反对试图降低皮革关税或完全废除皮革关税的所有企图。

这清楚地表明：为何一旦企业的生产经营结构已进行调整并适应了生产限制措施的存在，在政治上就极难摆脱这些措施。虽然它们的影响对每个人皆是有害的，但它们的消失在短期内对特殊群体是不利的。对保留限制性措施感兴趣的这些特殊群体当然只是少数群体。在鲁里坦尼亚，只有一小部分从事制革厂工作的人口会因皮革关税的取消而利益受损。绝大多数人是皮革和皮革制品的买家，他们将受益于皮革和皮革制品价格的下降。在鲁里坦尼亚国界之外，只有其从事的行业是因皮革业扩张而萎缩的行业的那些人，其利益才会受到伤害。

自由贸易的反对者所提出的最后一个反对意见是这样的：当然，只有那些从事皮革鞣制工作的鲁里坦尼亚人才会对皮革关税的保留直接感兴趣。但是每一个鲁里坦尼亚人皆属于众多生产部门中的其中一个部门。若每一种国内产品皆受到关税的保护，则向自由贸易的过渡就损害了每一个产业的利益，从而损害了所有资本和劳动力专业化群体的利益，因为所有这些群体的总和就是整个民族。结果就是，废除关税在短期内将对所有公民不利。而只有短期利益才是最重要的。

这个论点存在三方面的错误。首先，并非所有的工业部门皆会受到向自由贸易过渡的伤害。恰恰相反。那些相对生产成本最低的部门将在自由贸易背景下进行扩张。取消关税将有利于他们的短期利益。对他们自己生产的产品征收关税对于他们而言没有任何好处，因为若不是这样他们本来不仅可以生存，而且还可以在自由贸易背景下进行扩张。有一些产品，其在鲁里坦尼亚国内的比较生产成本比国外高，那么，对这些产品征收关税，就会将本来会使其受惠的资本和劳动力引向其他部门，从而损害其利益。

第二，短期原则是完全错误的。从短期来看，市场数据的每一变化皆会伤害那些没有及时预料到该变化的人。短期原则的一贯拥护者必须提倡所有数据的完美刚性和不变性，并且反对任何变化，包括任何治疗和技术改进。[1] 在施展行为过程中，若人们总是宁愿首先考虑避免较临近未来（可能发生）的弊端，而不是首先考虑避免较遥远未来（可能发生）的弊端——也即仅有近忧而无远虑，则与禽兽无异矣。人类行为有别于动物行为的本质，就是有意识地放弃一些时间上更临近的需求满足，以获得更大但时间上更遥远的需求满足。

---

〔1〕这种一致性被一些纳粹哲学家展现出来。参见桑巴特，《一门新的社会哲学》（*A New Social Philosophy*），第242—245页。

最后，若我们正在讨论的是取消鲁里坦尼亚综合关税制度的问题，我们绝不能忘记一点：那些从事制革工作的人，其短期利益只因取消诸多关税中的其中一个关税项目而受到损害，而与比较生产成本高的行业所生产产品有关的其他关税项目的取消则有利于他们。诚然，跟其他部门工人的工资率相比，制革厂工人的工资率将在一段时间内下降，而且，在鲁里坦尼亚生产的各个部门的工资率之间建立适当的长期比例之前，还需要一段时间。但是，伴随着仅在他们收入方面的暂时下降，这些工人将经历他们正在购买的许多物品的价格下降。而且这种趋向于改善他们状况的趋势并不仅仅是在过渡时期才有的一种现象。正是自由贸易之持久幸福的完善，在使工业的每一个部门皆转移到比较生产成本最低的地方的过程中，提高了劳动生产率和所生产的商品总量。它是自由贸易给市场社会每一位成员带来的持久的、长期的福音。

若皮革关税是唯一的关税，则从那些从事皮革业的工人的个人观点来看，反对取消关税保护是合理的。这样，人们就可以将其态度解释为"受地位利益所支配"，而地位利益是一种社会地位的利益，这种利益会因某项特权的废除而暂时受到损害，尽管仅仅保留该项特权不再给他们带来任何好处。但在这种假设的情况下，制革工人的反对将是无望的。全国大多数人会否决它。加强保护主义者队伍的是这样一点：皮革关税亦不例外，许多工业部门均处于一个类似的处境，而且正在反对取消与自己部门有关的关税项目。这当然并不是建立在每一个群体的特殊群体利益基础上的联盟。若每个人皆受到同等程度的保护，则每个人不仅作为消费者损失的跟他作为生产者获得的一样多。此外，每个人皆受到劳动生产率普遍下降的伤害，而这种下降是各产业由更有利的地区转移到不那么不利的地区带来的。相反，从长远来看，取消所有关税项目对每个人皆有利，而取消某些特殊关税项目对有关群体之特殊利益造成的短期损害，在短期内已经至少部分地被"取消对该群体成员正在购买和消费之产品征收的关税"所产生的后果所补偿。

许多人将关税保护看作如同是给予本国工薪阶层的一项特权，使他们在关税保护存在的整个持续期间享有比其在自由贸易背景下更高的生活水平。这一论点不仅在美国被提出来，而且在世界上平均实际工资率高于一些其他国家的每一个国家皆被提出来。

现在，诚然，在资本与劳动力完全流动的情况下，世界各地确实会出现一种为同一类型和同等质量的劳动力所支付的价格趋向均等化的趋势。然而，即使有针对产品的自由贸易，在我们这个移民壁垒和制度阻碍外国资本投资的现实世界中，这种趋势并不存在。美国的劳动之边际生产率高于印度，因为美国的人均劳动人口投入资本金额更大，而且也因为印度工人被阻止移居美国并在美国劳动力市场上开展竞争。在分析讨论对这种差异的解释时，毫无必要调查研究——美国的自然资源是否比印度的自然资源丰富，以及印度工人在人种上是否比美国工人稍逊一筹。然而，这些事实，即对资本与劳动力流动的制度性制约，足以证明——均等化趋势并不存在。由于取消美国关税并不会影响这两个事实，因此它不会在不利的意义上损害美国工薪阶层的生活水平。

恰恰相反。在资本与劳动力流动受到限制的情况下，向产品自由贸易的过渡必然会提高美国人的生活水平。那些美国生产成本较高（美国生产率较低）的行业将会萎缩，而那些美国生产成本较低（美国生产率较高）的行业将会进行扩张。

在自由贸易背景下，瑞士制表商将扩大其在美国市场的销售，而其美国竞争对手的销售将会萎缩。但这仅仅是自由贸易后果的一部分而已。销售和生产的手表越多，瑞士人就会赚得越多、买得越多。他们（瑞士人）自己是否购买更多其他美国行业的产品，或者他们（瑞士人）是否增加其国内的采购以及在其他国家（例如法国）的采购，这并不重要。无论发生什么，他们（瑞士人）所赚得的额外美元的等价物最终必然流向美国，并最终必然增加一些美国行业的销售额。若瑞士人不将他们的产品作为礼物赠送出去，他们就必须花费这些美元来购买。

相反的流行观点之所以存在，是由于一种虚幻的想法，即美国本可以通过减少其公民的现金持有总量来扩大其对进口产品的采购。这是一种臭名昭著的谬论，根据这种谬论，人们购买进口产品而不考虑其现金持有量的大小，而且根据这种谬论，现金持有的存在本身仅仅是如下事实的结果：由于没有更多的东西可以购买，所以有些东西（现金）被剩下了。我们已经说明了——为何这种重商主义学说是完全错误的。

关税在工资率与工薪阶层生活水平方面所真正带来的是完全不同的东西。

在一个商品实行自由贸易，而工人迁移与外国投资受到限制的世界里，普遍存在着一种在各国为相同类型和相同质量之劳动所支付的工资之间建立一种特定关系的趋势。不可能出现一种趋向工资率均等化的趋势。但各国为劳动所要付出的最终价格存在于某种数字关系之中。这一最终价格的特征在于：所有渴望挣工资的人皆能得到一份工作，而所有渴望雇用工人的人皆能按其想要雇用的人数雇用到工人。这就是"充分就业"。

我们假设：世界上只有两个国家——鲁里坦尼亚和拉普坦尼亚。鲁里坦尼亚最终工资率是拉普坦尼亚最终工资率的两倍。现在，鲁里坦尼亚政府采取了那些被错误地称为"亲劳工"措施中的某一项措施。该措施给雇主带来了额外支出的负担，而该额外支出的多寡跟雇主所雇用工人的人数成比例。例如，该措施减少了（工人的）工作时间，但并不允许每周工资率相应下降。其结果是生产出的商品数量下降，而每件商品的单价上升。工人个人享有更多的闲暇时间，但他的生活水平却降低了。可用商品数量的普遍减少还会带来任何其他结果吗？

此结果是鲁里坦尼亚的一个内部事件。在无任何对外贸易的情况下，它也会出现。鲁里坦尼亚并不是自给自足的，而是从拉普坦尼亚买东西以及将东西卖给拉普坦尼亚，这一点并未改变它的基本特征。但这牵连到了拉普坦尼亚。随着鲁里坦尼亚人生产量和消费量减少，他们从拉普坦尼亚购买的商品总量也将减少。在拉普坦尼亚，产量并不会普遍下降。但是，原来专门为向鲁里坦尼亚出口而进行生产的一些产业，今后将不得不为拉普坦尼亚国内市场进行生产。拉普坦尼亚外贸额将下降；无论其愿不愿意，拉普坦尼亚将会变得更加自给自足。这在保护主义者们看来是件幸事。事实上，这意味着生活水平的恶化；以较高成本进行的生产代替了以较低成本进行的生产。拉普坦尼亚所经历的事情，跟一个自给自足国家的居民在某一天灾限制该国某一产业之生产力的情形下将会经历的事情是一样的。只要有分工，每个人皆会受到其他人为供应市场所贡献数量下降的影响。

然而，鲁里坦尼亚新的亲劳工法的这些不可阻挡的最终国际后果，并不会以同样方式影响拉普坦尼亚工业的各个部门。这两个国家皆需要一系列的步骤，直到最终产生对生产的完美调整，足以适应新的数据状态。这些短期效应（也即短期影响）不同于长期效应（也即长期影响）。它们比长期效应更为壮观。虽然几乎没有任何人不会注意到短期效应，但长期效应只有经济学家才能认识到。虽然向公众隐瞒长期效应并不难，但必须针对容易识别的短期效应采取某些措施，以免对这种据称为"亲劳工"立法的热情逐渐消失。

将会出现的首个短期效应是：跟拉普坦尼亚某些生产部门相比，鲁里坦尼亚某些生产部门的竞争力减弱。随着鲁里坦尼亚物价上涨，一些拉普坦尼亚人有可能扩大他们在鲁里坦尼亚的销售。这只是一个暂时的效应；最终，拉普坦尼亚所有产业在鲁里坦尼亚的总销售额均将下降。尽管拉普坦尼亚对鲁里坦尼亚的出口额呈现这一普遍下降现象，但从长远来看，拉普坦尼亚的某些行业可能会扩大其销售额。（这取决于比较生产成本的新配置。）但这些短期效应与长期效应之间并不存在任何必然关联。过渡时期的调整创造了万花筒般不断变化的情况，而这种变化的情况可能跟最终结果完全不同。然而，目光短浅的公众，其注意力完全被这些短期效应所牢牢吸引。他们听到受到影响的商人抱怨说——新的鲁里坦尼亚法律为拉普坦尼亚人提供了在鲁里坦尼亚和拉普坦尼亚低价抛售的机会。他们看到一些鲁里坦尼亚商人被迫限制其生产并解雇其工人。他们开始怀疑自封"非正统劳工之友"的教义可能有问题。

但若鲁里坦尼亚的关税高到足以阻止拉普坦尼亚人暂时扩大其在鲁里坦尼亚市场的销售，那么情况就不同了。然后，新措施最壮观的短期效应被掩盖了，以至于公众没有意识到这些效应。当然，长期效应是无法避免的。但长期效应是由另一系列短期效应带来的，而这种短期效应并不那么令人讨厌，因为它们不太明显。关于缩短工作时间所带来的所谓"社会收益"的谈论，并没有因每个人（尤其是所有被解雇的工人）皆认为不可取之效应的直接出现而被击破。

今天，关税与其他保护主义手段的主要作用，就是掩盖旨在提高大众生活水平之干预政策的实际效果。经济民族主义是这些流行政策的必要补充，这些政策假装改善工薪阶层的物质福利，而实际上却损害了这种福利。[1]

4 作为经济制度的限制

如上文所示，在某些情况下，一项限制性措施可以达到其应用所寻求的目的。若采取这样一种措施的那些人认为"实现这一目标比限制——削减可供消费之物质商品的数量——所带来的不利影响更为重要"，则从他们的价值判断角度来看，诉诸限制是正当合理的。为了得到比他们不得不花费或放弃的东西更有价值的东西，他们发生成本并支付其价格。没有任何人，而且当然也不是理论家，有资格跟他们争论他们的价值判断的适当性。

分析生产限制措施的唯一适当方式，就是将这些措施看作是为了达到某一特定目的而作出的牺牲。这些措施在性质上属于准支出和准消费。它们实际上就是以一种方式运用可以被生产和消费的"东西"来实现某些其他目的。这些"东西"是不可能出现的，但这种"准消费"恰恰比不实行限制所产生的可用商品之增加更能满足这些措施的制定者。

针对某些限制性措施，这一观点得到普遍采纳。若一个政府下令——一块土

---

[1] 参见关于卡特尔的功能和作用已经论述的内容。

地应保持其自然状态，用作一处国家公园，并禁止将其用于任何其他用途，则没有任何人会将这种冒险活动归类为一项支出以外的任何东西。政府剥夺了公民因耕种这块土地所能带来的各种产品的增量，以便为公民提供另一种满足。

因此，限制生产除了作为一个生产体系的一种辅助补充之外，再也起不到任何其他作用。单靠这种限制性措施是无法建构一个经济行为体系的。任何一个此类措施的复合体皆无法关联在一起构成一个综合经济体系。它们无法形成一个生产体系。它们属于消费领域，而不是生产领域。

在仔细研究干预主义的问题时，我们打算研究分析政府干预商业的倡导者们的主张——他们的制度提供了其他经济制度的替代方案。对于限制生产的措施，任何此类主张皆不可能以合理方式提出。此类措施所能达到的最好结果就是：削减商品产量和需求满足。财富是通过消耗一定数量的生产要素而产生的。削减这一数量并不会增加而是会减少生产出的商品的数量。即使通过这样一项法令能够达到通过缩短工作时间想要达到的目的，它也不会是一个衡量生产的标准。它始终皆是一种削减产量的方法。

资本主义是一种社会生产制度。但是关于限制生产的措施，即使是干预主义者也不能提出一种类似的主张。他们只能说：在资本主义制度下，产品生产得太多了，而且他们想阻止这种剩余产品的生产，以实现其他目的。他们自己必须承认：限制的应用是有限度的。

经济学并不认为限制是一种不好的生产制度。经济学断言：限制根本就不是一个生产制度，而是一个准消费制度。干预主义者想通过限制来达到的大多数目的，皆不能通过这种方式来达到。但是，即使限制性措施适合达到所寻求的目的，这些措施在性质上也只是限制性的。[1]

限制之所以在我们当今时代甚为流行，是由于人们并未认识到其后果。在分析处理通过政府令来缩短工作时间的问题时，公众并未意识到——总产量必然下降，而工薪族的生活水平亦极有可能下降。这种"亲劳工"措施是工人的一项"社会收益"，而这些收益的成本完全由雇主来承担——这就是当今"非正统"学说的一个教条。质疑这一教条的任何人，皆被打上了"为顽固剥削者之不公平借口进行辩护的'阿谀奉承'辩护者"的烙印，并受到无情的迫害。这是暗讽他

---

[1] 关于从李嘉图效应角度针对这一论题提出的异议，参见下文。

想将工薪阶层还原到现代工业制度早期阶段的贫困和冗长工作时间状态。

与所有这些诽谤相比，重要的是要再次强调：产生财富与福祉的，是生产，而不是限制。在资本主义国家，一个普通工薪族比其祖先消费的商品更多、有经济条件享受的闲暇更多，而且他可以养活自己的妻子和孩子而不必送他们去工作——这并不是政府和工会的成就。它是如下过程的结果：追求利润的企业已经积累和投资了更多资本，从而提高了劳动的边际生产率。

第二十八章 对物价结构的干预

1 政府与市场自治

对市场结构的干预意味着——当局的目的是将商品与服务的价格（"物价"）以及利率固定在不同于不受阻碍市场本来会决定的水平。当局颁布将被视为最高限值或最低限值的物价和利率费，或授权——默示或明确地——特定人群来颁布将被视为最高限值或最低限值的物价和利率费，并规定通过胁迫的方式来强制执行这些法令。

在采取这些措施时，政府希望要么有利于买方（在最高限价情况下），要么有利于卖方（在最低限价情况下）。最高限价旨在使买方能够以低于不受阻碍市场上价格的一个价格购买他想要的东西。最低价格旨在使卖方能够以高于不受阻碍市场上价格的一个价格出售其商品或服务。这取决于当局希望支持哪些人群的政治力量平衡。政府有时对各种商品采取最高限价，有时采取最低限价。他们有时颁布最高工资率，有时颁布最低工资率。只是在利息方面，他们从来没有采用过最低利率；当他们进行干预时，他们总是颁布最高利率。他们始终对储蓄、投资和贷款不屑一顾。

如果这种对商品价格、工资率和利率的干预涵盖所有的物价、工资率和利率，那就等于用德国模式的经济体系完全代替了市场经济。于是，市场、人际交换、生产资料私有制、企业家精神和私人主动性，实际上统统完全消失了。任何个人再也没有机会自行影响生产过程；每个人皆须服从最高生产管理委员会的指令。在这些指令复合体中被称为"物价""工资率"和"利率"的东西，不再是这些术语在交易经济学意义上的物价、工资率和利率。它们只是由领导不参考市场过程即自行确定的量化决定。若诉诸物价管制的政府和主张物价管制的改革者始终致力于建立德国模式的经济体系，经济学就没有任何必要单独分析处理物价管制问题了。关于这种物价管制所要说的一切，皆已经包含在对德国模式的经济体系的分析中了。

许多主张政府干预物价的人在这个问题上无论过去还是现在一直都非常困惑。他们未能认识到市场经济与非市场社会之间的根本区别。他们思想的模糊性反映在含糊不清、模棱两可的语言和令人困惑的术语中。

过去和现在皆有物价管制的倡导者，他们皆宣称想要维护市场经济。他们直言不讳地断言：政府对物价、工资率和利率的确定，可以通过颁布物价、工资率和利率来达到政府想要达到的目的，而不必完全废除市场和生产资料私有制。他们甚至宣称：物价管制是保护私营企业制度和阻止公有主义的最佳手段或唯一手段。

我们必须研究的就是这些干预主义者的信条。问题是：警察权力是否有可能通过"将物价、工资率和利率确定在不同于不受阻碍市场本来会决定的水平"这种方式来达到它想要达到的目的。毫无疑问，一个强大而果断坚决的政府有权颁布这样的最高或最低限价/工资率/利率，并对不服从者施以报复。但问题是：当局能否通过诉诸这样的法令来达到它想要达到的目的。

历史是一部关于价格上限和反高利贷法律的长期记录。一次又一次，皇帝、国王和独裁者试图干预市场现象。倔强顽固的经销商和农场主受到了严厉的惩罚。许多人成为迫害的牺牲品，而这些迫害得到了群众的热烈赞同。然而，所有这些努力皆失败了。律师们、神学家们和哲学家们的著作对失败所作的解释跟统治者和大众所持的观点完全一致。他们说：人本质上是自私的和有罪的，而不幸的是，当局在执法上过于松懈了。需要的是当权者更加坚定和专横。

对所涉问题的认识首先是在一个特殊问题上达成的。各国政府长期实行货币贬值。他们用更贱、更便宜的金属代替了硬币中所含有的一部分金或银，或者他们减少了硬币的重量和尺寸。但他们为更贱的金属硬币保留了旧硬币的惯用名称，并下令应按名义面值支付和收取这些更贱的金属硬币。后来，各国政府试图对其臣民针对金银之间的兑换比率以及金属货币与信用货币或法定货币之间的兑换比率实行类似的限制。经济思想的先驱们在寻找使所有这些法令流产的原因时，到了中世纪最后几个世纪，已经发现了后来被称为"格雷欣法则"的规律性。从这种孤立的见解到18世纪哲学家意识到所有市场现象的相互关联性，还有很长的路要走。

在描述他们推理的结果时，古典经济学家及其后继者有时采取惯用表达方式，而这些表达方式很容易被那些想曲解它们的人曲解。他们偶尔谈到物价管制的"不可能性"。他们真正的意思并不是说"这样的法令是不可能的",而是说"它们并不能达到政府试图达到的目的,而且它们使事情变得更糟,而不是更好"。他们的结论是:这种法令与目的背道而驰,而且不合时宜。

必须清楚地看到:物价管制问题并不仅仅是经济学要分析处理的问题之一,不是各种经济学家之间可能产生分歧的问题。所涉及的问题是:世上到底有没有经济学这种东西?市场现象在其序列性与相关关联性方面是否存在任何规律性?以否定方式回答这两个问题的人,就否定了经济学作为一门知识分支的可能性、合理性和存在性。他回到了在经济学演变发展之前时代所持有的信念。他宣称"存在着任何经济规律,而且物价、工资率和利率是由市场数据唯一决定的",这样的断言是不正确的。他辩称:警察机构有权对这些市场现象进行随意裁决。一个主张干预主义的人不一定要否定经济学;他的公设并不一定意味着市场现象的不确定性。但是,干预主义者在鼓吹物价管制时,不由自主地否定了经济学的存在本身。若否认了市场规律,经济学真的就一无所有了。

德国历史学派始终如一地对经济学进行了激进的谴责,并一以贯之地努力用政治科学的经济方面(wirtschaftliche staatswissenschaften)来代替经济学。英国费边主义和美国制度主义的许多行家里手亦是如此。但是,那些并不完全拒绝经济学,但却断言"物价管制可以达到所寻求的目的"的作者,却可悲地自相矛盾了。从逻辑上讲,要调和经济学家的观点与干预主义者的观点,是不可能的事情。若物价是由市场数据唯一决定的,它们就不能通过政府强制来自由地操纵。政府的法令只是一种新数据,而且其效果取决于市场的运作。它并不一定会产生政府在诉诸它时想要实现的那些结果。从政府之意图角度来看,干预的最终结果可能比政府想要改变的以前事态更不可取。

将"经济法"一词放在引号中,或者对"法律"概念的挑剔,皆不能使这些命题无效。在谈到自然规律时,我们记住了一点:物理现象与生物现象之间,存在着一种不可阻挡的相互关联性;而且,行为人若想要成功,就必须服从这一规律性。在谈到人的行为的规律时,我们指的是:现象之间的这种不可阻挡的相互关联性亦存在于人的行为本身的领域中;而且,行为人若想要成功,也必须认识到这一规律性。人通过揭示自然法之实在性的同样迹象来揭示行为学法则之实在性,即人达到其所选择之目的的力量是受到限制和制约的。在没有法则的情况下,人要么是无所不能的而且永远不会感到他无法立即完全消除的任何不安,要么他根本无法施展行为。

这些宇宙法则绝不能跟国家的人为制定法律和人为制定道德戒律相混淆。物理学、生物学和行为学提供其相关知识的宇宙法则是独立于人的意志的，它们是严格限制人的行为能力的主要本体论事实。道德戒律与国家法律是人们寻求达到某种目的所采用的手段。这些目的是否真的能以这种方式达到，取决于宇宙法则。人为制定的法律，若适合于达到这些目的，就是合适的；若不适合，就跟目的背道而驰。它们可以从其适合性或不适合性角度进行研究。关于宇宙法则，任何怀疑其适合性的说法皆是多余且徒劳的。它们就是它们本来的样子，而且能够自圆其说。违背它们就会自行惩罚自己。但是人为制定的法律需要通过特别的制裁来强制执行。

只有疯子才会冒险无视物理学法则和生物学法则。但蔑视行为学法则是相当普遍的现象。统治者并不喜欢承认——他们的权力受到物理学法则和生物学法则以外任何法则的限制。他们从不将自己的失败与挫折归咎于对经济学法则的违背。

在否定经济知识方面，最重要的是德国历史学派。对于那些教授而言，"他们崇高的偶像——勃兰登堡的霍亨佐勒选民和普鲁士国王——竟然会缺乏万能之才乎"，这是一种无法忍受的想法。为了驳斥经济学家的教义，他们皓首穷经，埋头于旧文献之中，编纂了大量关于这些光荣王公们执政管理之历史的书籍。他们写道："这是解决国家与政府问题的一种现实主义方法。在这里，你可以找到无掺杂的纯粹事实和真真正正的真实生活，而不是英国教条主义者们毫无血色的抽象概念和错误百出的广义概括。"事实上，这些连篇累牍的著作所报告的只是一长串政策和措施的记录而已，而这些政策和措施正是因为忽视了经济学法则而失败的。再也没有比这些普鲁士文献《博鲁西嘉学报》（*Acta Borussica*）更有启发性的案例历史了。

然而，经济学不能默认这样的例证。它必须对市场对政府干预物价结构的反应方式作精确的详细研究。

2 市场对政府干预的反应

市场价格的特征是：它趋向于供需均衡。需求的规模与供给的规模相吻合，这个现象并不仅仅出现在均匀旋转经济的想象建构中。由基本价格理论发展起来的"普通静止状态"的概念，是对市场上每时每刻所发生事情的一种忠实描述。一个市场价格对供求相等状态下价格水平的任何偏离——在不受阻碍市场中——

皆是自我清算的。

但是，若政府将价格定在一个不同于市场独自运行状态下本来会确定的水平，则这种供需均衡就会被扰乱。于是还有潜在买家——面对最高限价——他们无法购买，尽管他们准备支付当局确定的价格甚至更高的价格。于是还有潜在卖家——面对最低限价——他们无法出售，尽管他们准备以当局确定的价格甚至更低的价格出售。价格再也不能将那些能够买卖的潜在买家和卖家跟那些无法买卖的潜在卖家和买家分开。针对有关商品和服务的分配以及选择谁来接受可用供给的各部分，一个不同的原则必然开始实施。也许只有那些先来的人才能购买，或者也许只有那些特定情形（如人脉关系）赋予其一种特权地位的人才能购买，或者也许只有那些通过恐吓或暴力赶走其竞争对手的冷酷无情的人才能购买。若当局并不希望机会或暴力来决定现有供给的分配，也并不希望状况变得混乱，则当局必须自己监管每个人被允许购买的数量。它必须诉诸理性。[1]

但定量配给并不影响问题的核心。将已生产且可用的供给的各部分分配给渴望获得一定数量有关商品的不同个人，这仅仅是市场的次要功能。它的首要作用是指导生产。它指导将生产要素运用在那些该等要素可满足消费者最迫切需求的渠道。若政府的价格上限仅涉及一种消费品或仅涉及某一有限数量的消费品，而互补性生产要素的价格不受限制，则有关消费品的生产量将会下降。边际生产者将停止生产这种消费品，以免遭受亏损。非绝对特定生产要素，将在更大程度上用于不受价格上限限制的其他商品的生产。跟在无价格上限情况下的持续闲置数量相比，将有更多的绝对特定生产要素持续闲置未用。出现了一种趋势，即生产活动从受最高限价影响之商品的生产转向其他商品的生产。然而，这一结果显然与政府的意图背道而驰。当局之所以采用价格上限，是为了让消费者更容易获得有关商品。正因为考虑到这些商品是如此至关重要，所以当局将它们挑出来专门适用于一项特殊措施，以便即使是穷人也能得到充分的供给。但政府干预的结果是：这些商品的生产数量下降或完全停止。这是一个彻底的失败。

政府试图通过"对其已确定价格之消费品的生产所需的生产要素以同样方式规定最高限价"来消除这些不希望得到的后果，这将是徒劳之举。只有在所需

---

[1] 为了简单起见，我们在本节的进一步探讨中只讨论商品的最高限价，在下一节中只讨论最低工资率。然而，我们的陈述，经过必要修改，同样适用于商品的最低限价和最高工资率。

的所有生产要素皆是绝对特定生产要素的情况下，这样一种措施才会取得成功。由于这种情况永远不会发生，政府必须在其首项措施——仅将一种消费品的价格确定在潜在市场价格水平之下——之外，增添越来越多的价格上限，且此等价格上限不仅仅针对所有其他消费品和所有物质生产要素，而且也同样针对劳动力。它必然迫使每一位企业家、资本家和雇员皆继续按照政府已规定的物价、工资率和利率进行生产，而且生产政府命令他们生产的数量，并将产品卖给政府确定的买方——生产者或消费者。若一个生产部门因得到豁免而不受这种严格管控的约束，资本和劳动力就会流入这个部门；对于那些政府认为非常重要以至于政府干预其事务开展的其他——受管控——部门，其生产将受到严格限制。

经济学并不会说——针对仅仅一种商品或少数几种商品的价格进行的孤立性的政府干预是不公平的、不好的或不可行的。它会说：这种干预产生了与其目的背道而驰的结果；而且，从政府和支持其干预的那些人的角度来看，这种干预使情况变得更糟了，而不是更好了。在政府进行干预之前，在政府看来有关商品太贵了。作为最高限价的结果，它们的供给逐渐减少或者甚至完全消失。政府之所以进行干预，是因为它认为这些商品尤其至关重要、必要、不可或缺。但政府的行为削减了可用的供给。因此，从政府的角度来看，这是荒谬和无意义的。

若政府不愿意默许这种不受欢迎且不可取的结果，并且越走越远，若政府确定所有各阶一切商品和服务的价格，并迫使所有人继续按照这些物价和工资率进行生产和开展工作，那么实际上政府就完全消灭了市场。然后，计划经济——德国强制经济模式——取代市场经济。消费者不再通过其购买和不购买来指导生产；只有政府在指导生产。

"最高限价限制供给，从而导致与实行最高限价所寻求之目的背道而驰的事态"，这一法则仅有两个例外情形。一个涉及绝对租金，另一个涉及垄断价格。

由于边际生产者遭受亏损因而必然停止生产，所以最高限价导致一定程度的供给限制。非特定生产要素被用于生产不受价格上限限制的其他产品。对绝对特定生产要素的利用减少了。在不受阻碍市场条件下，这些要素本来是可以尽量加以利用，直至达到如下情形所确定的上限：没有机会利用互补性要素中的非特定要素来满足更紧迫的需求。现在，可以利用的只是这些绝对特定要素可用供给中的一小部分；与此同时，供给中持续闲置未用的部分增加了。但是，若这些绝对特定要素的供给数量极少，以致在不受阻碍市场的价格下，这些要素的总供给被利用了，那么就产生了一个边际，在这个边际内，政府的干预不会削减该产品的供给。只要最高限价没有完全吸收绝对特定要素之边际供应商的绝对租金，最高限价就不会限制生产。但无论如何，它导致了产品需求与产品供给之间出现差异。

因此，一块土地的城市用地租金超过农业用地租金的金额提供了一个边际，在这个边际内，租金管控可以在不限制租赁空间供应的情况下运作。若最高租金的等级划分方式绝不会从任何土地所有者那里拿走太多，乃至于他宁愿将土地用于农业而不是用于建造楼房，则最高租金并不会影响公寓和商业场所的供应。然而，最高租金增加了对此类公寓和场所的需求，从而造成了政府假装通过租金上限来加以解决的（此类公寓和场所供应方面的）短缺。当局是否采取定量配给可用空间的措施，在交易经济学层面是次要的。无论如何，它们的价格上限并没有消除城市租金的交易经济学现象。它们只是将租金从房东的收入中转移到房客的收入中而已。

当然，在实践中，采取租金限制的政府从来不会根据这些考虑因素来调整这些租金的价格上限。政府要么像在其进行干预前夕那样严格冻结总租金的变动，要么仅允许对这些总租金进行涨幅有限的增加。由于包括在总租金中的两个项目——城市地租本身与为地上建筑利用所支付的价格——之间的比例因每个住宅的特殊情形而异，因此租金上限的影响也大不相同。在某些情形下，为了承租人的利益而征用所有者的收入仅涉及城市用地租金与农业用地租金之间差额的一小部分；在其他情形下，它远远超过这一差额。但无论是什么情形，租金限制造成了住房短缺。它在不增加供给的情况下增加了需求。

若政府不仅规定了现有可用租赁空间的最高租金，而且还规定了尚待建造的楼房的最高租金，则新楼房的建造就不再有利可图了。新楼房的建造要么完全停止，要么建造量跌至一个低位；住房短缺现象开始长期存在。但即使新楼房的租金不受管控，新楼房的建造量亦会下降。潜在投资者望而却步，因为他们考虑到如下危险：政府可能会在以后某一天宣布一项新的紧急措施，并以其针对旧楼房所采取的相同征用方式来征用他们的部分收入。

第二个例外情形涉及垄断价格。所讨论商品的某一垄断价格与竞争价格之间的差额提供了一个边际，在此边际中，可以在不破坏政府所寻求之目的的情况下强制执行最高限价。若竞争价格为p并且是可能的垄断价格m中最低的，则最高限价c（c高于p但低于m）将使卖方将价格提高到p以上的做法对卖方造成不利。最高限价可以重新建立竞争价格，并且增加需求、生产和可用于销售的产品供给。一些建议要求政府进行干预以维护竞争并使竞争尽可能有益地运作，而位于这些建议底层的就是对这种相互关联之关系的模糊认识。

为了进行论证，我们可以忽略这样一点，即对于所有那些垄断价格是政府干预之结果的实例，所有这些措施皆显得自相矛盾。若政府反对针对新发明实行的垄断价格，政府就应该停止授予专利。授予专利，然后强迫专利权人以竞争价格出售从而剥夺其任何价值，这是荒谬之举。若政府并不赞成卡特尔，那么它就应该放弃为企业提供建立联合体机会的所有措施（如关税）。

极少数情形下垄断价格在无政府协助的情况下出现，这种极少数情形的情况就不同了。在这种（极少数）情形下，若可能通过学术计算找出一个不存在的竞争市场本来会决定的价格水平，则政府的最高限价可以重新建立竞争条件。构建非市场价格的所有努力皆是徒劳的。试图确定公共事业服务的公平或正确价格应该是多少的所有努力，其结果均不令人满意，这是所有专家皆知道的事情。

对这两个例外情形的提及，解释了——为何在一些非常罕见的情形下，当非常谨慎地在一个很狭窄边际范围内适用最高限价时，并不限制有关商品或服务的供给。它并不影响如下一般规则的正确性，即最高限价会导致一种从政府颁布最高限价角度来看比没有物价管制时的情况更不可取的状况。

古代文明衰落原因之观察

了解政府干预市场价格所造成的影响，使我们能够理解导致"古代文明衰落"这一重大历史事件的经济原因。

将罗马帝国的经济组织称为"资本主义"，这种叫法是否正确，可能尚无定论。无论如何，可以肯定的是：在2世纪的罗马帝国——即"贤明"皇帝安东尼王朝时代，已经达到了社会分工和地区间商业的一个高级阶段。几个大都市中心、相当数量的中等规模城镇和许多小城镇成为一种精致文明所在地。这些城镇集群的居民不仅从邻近农村地区，而且从遥远省份获得食物和原材料供给。这些供给的一部分流入城市，作为其拥有土地财产的富裕居民的收入。但相当一部分是由农村人口通过购买城市居民之加工活动的产品所换取的。在这个庞大帝国的各个地区之间，有着广泛的贸易往来。不仅在加工业领域，而且在农业领域也有进一步专业化的趋势。帝国的各个部分在经济上不再自给自足。它们相互依赖。

导致帝国衰落和文明衰败的，是这种经济相互关联性的瓦解，而不是野蛮人的入侵。外来侵略者只是利用了帝国内部弱点提供给他们的一个机会。从军事角度来看，在4世纪和5世纪入侵帝国的部落，并不比早期古罗马军团轻易击败的那些军队更强大。但此时之帝国已非昔日之帝国。它的经济和社会结构已经是中世纪的了。

　　罗马给予商业和贸易的自由一直受到限制。针对粮食以及其他至关重要必需品的市场营销，其受限制程度甚至高于其他商品。人们认为：向这些时代的主食——粮、油和（葡萄）酒——索要高于惯例的价格既不公平亦不道德，而且市政当局很快就遏制了他们认为的暴利行为。这样，针对这些商品开展的高效率批发贸易的演变发展受到了阻碍。岁调政策（罗马帝国的一种粮食征收方式），相当于粮食贸易的一种国有化或市政化，旨在填补粮食空缺。但其效果并不令人满意。城镇集群地区粮食稀少，农业从业者抱怨种粮没有回报。[1]当局的干预扰乱了供给根据不断增长的需求所做的调整。

　　紧要关头的摊牌行动发生在3、4世纪的政治动荡中，帝国的皇帝们诉诸货币贬值这最后一根稻草。在最高限价制度下，货币贬值的做法使至关重要食品的生产与销售完全陷入瘫痪，并且瓦解了社会的经济组织。当局越是急切地强制执行最高限价，依赖购买食物才能活命的城市群众的状况就越绝望。粮食及其他必需品的贸易彻底消失了。为了避免挨饿，人们离开城市，在乡村定居，并努力为自己生产粮、油、（葡萄）酒及其他生活必需品。另一方面，大庄园的所有者们限制了他们的谷物过剩生产，开始在他们的农舍——别墅——里生产他们所需要的手工艺产品。他们的大规模农业由于奴隶劳动的效率低下而已经受到严重危害，正因如此，当以有利可图的价格出售农产品的机会消失时，他们的这种大规模农业就完全失去了其合理性。由于庄园的所有者不能再在城市里出售其产品，因而他也不能再光顾城市工匠的店铺。他被迫在自己的别墅里依靠自己（的财力）来雇用手工艺人，以寻找替代品来满足自己的需求。他停止了大规模的耕作，摇身一变成为地主，从佃农或收益分成佃农那里收取地租。这些隶农要么是被解放的奴隶、要么是城市无产者，他们定居在村庄里，转而开始耕种土地。一种建立各地主之庄园自给自足的趋势出现了。城市的经济功能以及商业、贸易和城市手工业的经济功能萎缩了。意大利和帝国的各省又回到了不那么先进的社会分

---

[1] 参见罗斯托夫（Rostovtzeff），《罗马帝国社会经济史》（*The Social and Economic History of the Roman Empire*，牛津，1926年），第187页。

工状态。古代文明之高度发达经济结构倒退到我们现在所知的"中世纪庄园组织"。

皇帝们对这一结果感到震惊,因为这削弱了他们政府的财政力量和军事力量。但是他们的反击是徒劳的,因为这种反击并未影响到弊端的根源。他们所采取的强制与胁迫并不能扭转社会解体的趋势,相反,社会解体恰恰是由太多的强制与胁迫造成的。没有任何一个罗马人知道一个事实,即这一过程是由政府干预物价和货币贬值这两个因素所引起的。皇帝颁布法律反对那些离开城市,宁愿住在乡下的城市居民是徒劳的。[1]圣事制度(即由富裕公民提供的公共服务)只会加速分工的倒退。关于船舶所有人(也即海船管理人)特别义务的法律,在遏制航运衰落方面,并不比关于粮食交易的法律在遏制城市农产品供给萎缩方面更成功。

古代的非凡文明,由于没有调整其道德规范和法律制度以适应市场经济的要求而灭亡了。若社会秩序的正常运作所需要的行为被道德标准所拒绝、被国家法律宣布为非法并被法院和警察机关作为犯罪行为起诉,那么社会秩序就注定要失败了。罗马帝国因其缺乏自由主义和自由企业精神而崩溃了。干预主义政策及其政治推论——元首原则——衰变分解了强大的帝国,因为它们始终必然会瓦解和摧毁任何社会实体。

---

[1]《民法大全》有详述。

第二十九章　货币与信贷操纵

1 政府与货币

　　交换媒介与货币皆是市场现象。使某物成为交换媒介或媒介的，是市场交易各方的行为。在当局看来，分析处理货币问题时，正如他们关心所有其他已交换物品的时候一样，即当他们被要求决定"一个交换行为的一方不遵守其合同义务，是否就可以证明政府机构强制实施暴力压迫是正当合理的"之时。若双方立即和同步履行其相互义务，通常情况下，不会产生导致其中一方向司法机构提出（仲裁或诉讼）申请的任何冲突。但是，若一方或双方的义务被暂时推迟，可能当事方会要求法院来决定如何遵守合同条款。若涉及一笔款项的支付，这意味着需要确定合同中所使用的货币术语将要被附加什么样的含义。

　　因此，由该国的法律和法院来确定合同当事方在谈到一笔款项时其心中的想法，并确定如何按照商定的条款来解决支付这笔款项的义务。他们必须确定：什么是法定货币、什么不是法定货币。在完成这项任务时，法律和法院并不创造货币。一个事物之所以成为货币，仅仅是因为——交换商品和服务的那些人通常将它作为一种交换媒介使用。在不受阻碍市场经济中，法律和法官在将法定货币性质归于某一事物时，只是根据贸易惯例确定当事人在交易中提到某一特定种类货币时的意图。他们解释贸易惯例的方式，跟他们被要求确定合同中所使用的任何其他术语的含义时所采取的方式一样。

　　铸币长期以来一直是该国统治者的一项特权。然而，这项政府活动最初除了盖上戳记并证明度量衡之外，并无任何其他目的。当局盖在一块金属上的戳记应该是为了证明它的重量和纯度。当后来的王公们在保留硬币的惯常外观和名称的情况下，用更贱和更便宜的金属代替一部分贵金属时，他们是偷偷地这么干的，并且完全知道——他们是在从事欺骗公众的欺诈尝试。一旦人们发现了这些欺诈伎俩，人们就会对品质降低的硬币相对于品质更好的旧硬币进行打折处理。政府做出的反应是诉诸强制与胁迫。他们规定，在贸易和递延付款结算中歧视性区分"良"币与"劣"币是非法的，并规定了以"劣"币进行结算的最高限价。然而，所取得的结果并不是政府所要达到的目的。政府的法令未能阻止将商品价格（以品质降低货币计算）进行调整以适应货币关系之实际状态的进程。此外，出现了格雷欣法则所描述的效应。

然而，政府干预货币的历史，不仅仅记录了降低硬币品质的做法和避免其不可避免交易经济学后果的失败尝试。有些政府并不将他们的铸币特权视为欺骗如下部分公众的一种手段：这部分公众相信其统治者的正直，而且出于无知，他们愿意按面值接受品质已降低的硬币。这些政府并不将制造硬币视为一种鬼鬼祟祟财政收益的来源，而是视为一种旨在保障市场平稳运行的一项公共服务。但即使是这些政府——出于无知和外行——也经常采取相当于干预价格结构的措施，尽管这些措施并不是故意按（干预价格结果）这个目的策划的。由于两种贵金属被并排用作货币，当局天真地认为：他们的任务是通过规定金银之间的刚性兑换比率来统一货币体系。复本位体系被证明是完全失败的。它带来的并不是复本位制，而是一个交替本位制。一种金属A，与波动的金银间市场兑换比率之瞬时状态相比，在法律规定比率下被高估了，从而在国内流通中占主导地位，而另一种金属B则消失了。最后，政府放弃了其徒劳的尝试，并默许了单金属本位制。美国实行了数十年的白银购买政策实际上不再是一种货币政策手段。这只不过是为了银矿所有者、其雇员和银矿所在州之利益而提高银价的一个计划。这是一种伪装得非常拙劣的补贴。其货币意义仅仅在于，它是通过发行额外美元钞票进行融资的，而这些钞票的法定货币性质与美联储的钞票并无本质区别，尽管它们带有实际上毫无意义的"银证"印记。

然而，经济史也提供了一些政府精心设计且获得成功的货币政策的实例，而这些政府的唯一意图是让他们的国家拥有一个平稳运行的货币体系。自由放任主义并未废除传统的政府铸币特权。但在自由主义政府手中，这种国家垄断的性质已完全改变。认为"它是干预主义政策的一个工具"的想法已被抛弃。它不再用于财政目的或以牺牲其他群体的利益为代价来偏袒某些群体。政府的货币活动只有一个目的：便利化和简化交换媒介的使用，而正是人民的行为才使得货币变成了该交换媒介。人们一致认为：一个国家的货币体系应该是健全的。健全性原则意味着：标准硬币——法律赋予其无限法定货币权力的硬币——应该是用经过适当检验的金条铸造而成并且盖上戳记，以使其易于发现剪切、磨损和伪造现象。政府的戳记除了证明硬币中所含金属的重量和纯度之外，别无其他功能。因使用磨损或以任何其他方式重量减轻而超过非常严格的容许限度要求的硬币丧失了其法定货币性质；当局自己从流通中撤回这些硬币，并将其回炉重新铸造。对于一个没有污损的硬币的接收者而言，毫无必要求助于天平秤和酸性测试来知道它的重量和成分含量。另一方面，个人有权将金条带到造币厂并将其转变为标准硬币，且要么免费，要么支付一笔通常不超过该铸币过程实际费用的铸币税。这样，各种国家货币就成为了真正的黄金货币。这使国内法定货币与已采用同样稳健货币原则的所有其他国家的货币之间的兑换比率保持稳定。国际金本位制是在没有政府间条约与制度的情况下产生的。

在许多国家，金本位制的出现受到格雷欣法则作用的影响。在英国，政府政策在这一过程中所起的作用仅仅在于认可格雷欣法则作用所带来的结果；它将一种实际事态转变为一种法律状态。在其他国家，当金银间市场兑换比率的变化可能会导致一种事实的白银货币取代当时流行的事实黄金货币之时，政府故意在这样的时刻放弃复本位制。对于所有这些国家而言，正式采用金本位制，除了颁布法律之外，无须行政机关和立法机关作出任何其他贡献。

但在那些想用金本位制代替事实上或法律上的白银货币或纸币的国家，情况就不同了。当德意志帝国在19世纪70年代想要采用金本位制时，该国货币是白银。它不能通过简单地模仿如下国家的程序来实现其计划：在这些国家中，金本位制的颁布仅仅是对实际事态的一种认可而已。它不得不用金币取代公众手中的标准银币。这是一项耗费时间而且非常复杂的金融操作，其涉及政府购买大量黄金和出售大量白银。那些旨在用黄金代替信用货币或法定货币的国家，情况亦类似。

认识到这些事实是很重要的，因为它们说明了自由主义时代的普遍情况与今天干预主义时代的普遍情况之间的区别。

2 法定货币立法之干预方面

货币干预主义的最简单和最古老类别，是为了减轻债务而降低硬币的品质或减少其重量或尺寸。当局将先前授予较好货币单位（也即较好硬币）的全部法定货币权力分配给较便宜的货币单位（也即较为便宜的硬币）。所有递延付款均可通过以品质较贱硬币按其面值支付到期应付金额的方式予以合法清偿。债务人以牺牲债权人利益为代价而受惠。但与此同时，未来的信贷交易对债务人而言变得更加繁重。随着各方考虑到这种债务减免措施重复发生的可能性，总市场利率上升趋势随之出现。虽然债务减免改善了那些目前已负债之人的状况，但它损害了那些渴望或被迫订立并承担新债务之人的状况。

债务减免的相反类型——通过货币措施加重债务——也已付诸实践，尽管实例很少。然而，它从来没有被故意设计为一种以牺牲债务人利益为代价但有利于债权人的手段。无论何时发生，这都是货币变化的非刻意影响，而从其他角度来看，货币变化被认为是强制性的。在采取这种货币变化举措时，各国政府忍受了这些变化对递延付款的影响，而其原因要么是因为它们认为这些措施不可避免，要么是因为它们认为——债权人与债务人在确定合同条款时已经预见到这些变化并适当考虑到了这些变化。拿破仑战争后以及一战后英国发生的事件提供了最好的例证。在这两种情形下，英国在敌对行动结束后一段时间，通过一项通缩政策，恢复到战前的英镑黄金平价。通过默许英镑与黄金之间市场兑换比率的变化（该变化已经发生）来设计以金本位制代替战时信用货币本位制，并采用这一比率作为新的法定平价，这一想法被拒绝了。这第二种选择被蔑视为：国家破产，对公债的部分否认，以及对在英格兰银行纸币无条件可兑换中止之前时期内提出货币要求权的所有人之权利的恶意侵犯。人们在一种错觉中苦苦挣扎，这种错觉就是以为：通胀造成的弊端可以通过随后的一次通缩来治愈。然而，回到战前黄金平价并不能补偿债权人已经遭受的损害，因为债务人在货币贬值期间已经偿还了其旧债。此外，这对在此期间放贷出去的所有人而言是一个福音，而对所有借入钱款的人而言则是一个打击。但对通缩政策负有责任的政治家们并未意识到他们行为的重要性。他们未能看到即使在他们看来并不可取的后果，而且，就算他们及时认识到会产生这些后果，他们当时也不知道如何去避免它们。他们的所作所为确实以牺牲债务人利益为代价而让债权人受惠，尤其是以牺牲纳税人利益为代价而让政府债券持有者受惠。在19世纪20年代，它严重加剧了英国农业的危难处境，一百年后又加剧了英国出口贸易的困境。然而，若将这两次英国货币改革称为"旨在刻意加重债务之干预主义的圆满完成"则是错误的。加重债务只是一项旨在其他目的之政策的非刻意结果。

每当政府采取债务减免措施，其设计者就抗议说：这项措施将永远不会重复。他们强调：再也不会出现的特殊情况造成了紧急情况，使得政府必须求助于有毒手段，而这种手段在任何其他情形下皆是绝对应受谴责的。他们宣称：仅此一次，下不为例。很容易理解为何债务减免的设计者和支持者被迫做出这样的承诺。若全部或部分取消债权人的债权成为一项常规政策，则放贷将完全停止。递延付款的规定取决于"再也不会颁布任何此类债权取消法令"的预期。

因此，不允许将债务减免看作是一种经济政策体系的一种手段，而这种经济政策体系可以被看作是社会永久经济组织的任何其他体系的一个替代品。它绝不是一个建设性行为的工具。它是一颗具有摧毁力量的炸弹，而且是除了摧毁再无其他任何作用的炸弹。若它只应用一次，则重建支离破碎的信用体系依然还是可能的。但若反复打击，就会造成彻底的破坏。

仅仅从通胀与通缩对递延付款的影响角度来看待通胀与通缩，这是不正确的。事实已表明：由现金引起的货币购买力变化并不会同时、在相同程度上影响各种不同商品和服务的价格，以及这种不均匀性在市场中所起的作用。但是，若人们将通胀与通缩看作是重新安排债权人与债务人之间关系的手段，人们就不能不认识到：政府诉诸通胀与通缩所寻求的目的只是在一个非常不完美的程度上达到的；而且，从政府的角度来看，后果是非常不令人满意的。正如政府干预价格结构的其他各种情况一样，所得到的结果不仅跟政府的意图背道而驰，而且还产生了一种在政府看来比不受阻碍市场情况更不可取的状况。

就一国政府诉诸通胀从而以牺牲债权人利益而让债务人受惠而言，它只能在以前规定的递延付款方面取得成功。通胀并未降低订立并负担新贷款的成本；相反，由于出现一种正价格溢价，通胀使这种成本变得更加昂贵。若通胀被推向其最终后果，则它将使以通胀后货币为计算单位的递延付款有关的任何规定完全停止。

3 现代货币操纵方法之演变

金属货币并不受政府操纵的制约。当然，政府有权制定法定货币法例。但是，格雷欣法则的作用所带来的结果可能会挫败政府所寻求的目的。从这个角度看，金本位制似乎是一个障碍，阻止了试图通过货币政策来干预市场现象的所有企图。

在考察赋予政府操纵本国货币体系权力的演变过程时，我们必须首先提到古典经济学家的一个最严重的缺点。亚当·斯密和大卫·李嘉图二人皆认为保留一种金属货币所涉及的成本是一种浪费。在他们看来，用纸币代替金属货币，就可以将生产货币用途所需金银量生产所需的资本与劳动力用来生产可直接满足人类需求的商品。从这一假设出发，李嘉图阐述了他著名的"关于一种经济和安全货币的建议（*Proposals for an Economical and Secure Currency*）"（1816年首次发表）。

李嘉图的计划已被人们遗忘。直到他去世数十年后，几个国家才在金汇兑本位制的名目下采用了它的基本原则，以减少在今天被谴责为"古典"或"正统"的金本位制的运作中所涉及的所谓"浪费"。

在传统金本位制下，个人持有的现金中有一部分是金币。在金汇兑本位制下，个人持有的现金完全由货币替代品构成。这些货币替代品可以在金本位制或金汇兑本位制下的国家以黄金或外汇的法定面值进行兑换。但货币和银行机构的安排旨在防止公众从央行提取黄金用于国内现金持有。赎回的第一个目标是确保外汇汇率稳定。

在分析处理金汇兑本位制的问题时，所有经济学家——包括本书作者——皆未意识到一点：它将轻易操纵本国货币的权力置于政府手中。经济学家们愉快地假设：任何一个文明国家的政府皆不会故意使用金汇兑本位制作为通胀政策的一个工具。当然，我们绝不能夸大金本位制在过去数十年的通胀风险历程中所起的作用。主要因素是通胀的意识形态。金本位制不过是实现通胀计划的一个便捷工具而已。若没有它，并不妨碍采取通胀措施。美国在1933年大体上依然处于传统金本位制之下。这一事实并未阻止美国新政的通胀政策。通过没收其公民持有的黄金，美国一举废除了传统金本位制，并使美元对黄金贬值。

在一战与二战之间数年里发展起来的金汇兑本位制的新品种，可称为"灵活金汇兑本位制"，或为简便起见，称为"灵活本位制"。在这一制度下，央行或外汇平衡账户（或任何名目的等效政府机构）自由地将作为该国国家法定货币的货币替代品兑换成黄金或外汇，反之亦然。这些兑换交易的交易比率并不总是固定不变，而是会发生变化。正如人们所说，平价也是灵活的。然而，这种灵活性几乎总是向下的灵活性。当局利用其权力来降低本国货币以黄金为单位的等值性，以及那些对黄金的等值性没有下降之外国货币的等值性；他们从未冒险将其提升起来过。若对另一国货币的平价提高了，则这种变化只是另一国货币之等值性（以黄金为单位或以保持不变的其他国家货币为单位）下降的终结而已。其目的是使这一特定外国货币的估价跟黄金和其他外国货币的估价一致。

若平价的向下跃升非常明显，则称为"贬值"。若平价的变化不是很大，则财务报告的编辑会将其描述为"有关货币的国际估价减弱"。在这两种情况下，通常都是通过宣布有关国家已"提高了黄金价格"来提及该事件。

不能将从交易经济学角度对灵活本位制的定性跟从法律角度对其（灵活本位制）的描述相混淆。这一问题的交易经济学方面并不受所涉及的宪法问题的影响。改变平价的权力是属于政府的立法部门还是政府的行政部门，这并不重要。给予政府的授权是无限制的，还是像美国新政立法中的情况那样受到一个终点的限制，超过该终点，官员们就不能自由地进一步贬值，这也不重要。对于此问题的经济学处理而言，唯一重要的是：灵活平价原则已取代了刚性平价原则。无论宪法状况如何，任何政府皆不可能着手"提高黄金价格"，若公众舆论反对进行这样一种操纵的话。另一方面，若公众舆论支持这样一个步骤，则任何法律技术皆无法完全阻止甚至短暂拖延这一步骤。1931年在英国、1933年在美国以及1936年在法国和瑞士发生的事情清楚地表明：若公众舆论支持所谓专家关于某一货币贬值的有利性和必要性的意见，则代议制政府机构就能够以最快速度运作。

货币贬值——无论是大规模还是小规模——的主要目的之一，正如下一节所示，是重新安排对外贸易条件。这些对对外贸易所产生的影响，使得一个小国不可能在货币操纵方面采取自己的行动而不考虑那些与其贸易关系最密切的国家正在做什么。这些国家被迫紧紧跟随外国的货币政策，亦步亦趋。就货币政策而言，它们自愿成为一个强势外国的卫星。通过严格保持本国货币对货币"宗主国"货币的刚性不变平价状态，它们遵循"宗主国"对本国货币对黄金及其他国家货币的平价性所作的一切改变。它们加入了一个货币集团，并将他们的国家纳入一个货币区。人们谈论最多的集团或区是英镑集团或英镑区。

不应将灵活本位制跟"政府仅仅宣称本国货币对黄金和外汇的官方平价而并没有使这种平价生效的那些国家"的情况混为一谈。灵活本位制的特点是：任何数额的国内货币替代品实际上皆可按照针对黄金或外汇而选择的平价进行兑换，反之亦然。在这种平价下，央行（或受托负责此项任务的任何名目的政府机构）买卖至少一个本身采用金本位制或灵活本位制的国家的任何数额的本国货币和外国货币。国内的钞票真的可以与黄金进行兑换。

在没有灵活本位制的这一基本特征的情况下，宣布某一平价的法令具有一种完全不同的含义，并且产生完全不同的效果。[1]

4 货币贬值的目标

灵活本位制是设计通胀的一个工具。它被接受的唯一原因是为了让一再重申

---

〔1〕参见下文本章第6节。

的通胀举措在技术上对当局而言尽可能简单。

在结束于1929年的繁荣时期，几乎所有国家的工会均已成功地强制执行了高于市场若仅由移民壁垒操纵原本会决定的工资率水平的工资率。这些工资率已在许多国家造成了相当数量的制度性失业，而信贷扩张依然在加速进行之中。最后，当不可避免的萧条来临、物价开始下跌时，工会在政府的坚定支持下，甚至在那些被贬低为"反劳工"人士的支持下，顽固地坚持其高工资政策。他们要么断然拒绝允许对名义工资率的任何削减，要么只承认削减不够。其结果是制度性失业人数大幅增加。（另一方面，那些保住工作的工人随着每小时实际工资的提高，生活水平也随之提高。）失业救济金的负担变得难以承受。数以百万计的失业者严重威胁着国内和平。但是工会领导人很难对付，而且没有任何政治家有勇气敢公开挑战他们。

在这种困境中，惊慌失措的统治者想到了通胀教条主义者早就建议的一种临时措施。由于工会反对根据货币关系与物价状态对工资进行调整，他们选择根据工资率水平来调整货币关系和物价。在他们看来，工资率并不是过高；他们自己国家的货币单位在以黄金和外汇为单位计价时被高估，因而必须予以重新调整。货币贬值就是灵丹妙药。

货币贬值的目的是：

1. 维持名义工资率的水平，甚至为进一步提高名义工资率创造必要条件，而实际工资率则应该下降。

2. 使物价——尤其农产品价格——以国内货币计上升，或者至少抑制其进一步下降。

3. 以牺牲债权人利益为代价而让债务人受惠。

4. 鼓励出口，并且减少进口。

5. 吸引更多外国游客，并使本国公民出国旅游变得更加昂贵（以国内货币计）。

然而，无论是政府还是其政策的纸面拥护者，皆未足够坦率地公开承认——货币贬值的主要目的之一是降低实际工资率水平。他们在很大程度上倾向于将货币贬值的目标描述为：消除国内与国际价格"水平"之间所谓的"根本性不均衡"。他们谈到了降低国内生产成本的必要性。但他们急于不提的是：他们期望通过货币贬值而降低的两个成本项目，其中一个就是实际工资率，而另一个则是针对长期商业债务约定的利息以及这些债务的本金。

不可能将支持货币贬值的论点当真。它们完全是混乱且矛盾的。因为货币贬值并不是一项源于对利弊进行冷静权衡的政策。这是政府向如下这种工会领导人的投降：工会领导人并不想承认"他们的工资政策已经失败了，并且已经造成了规模前所未有的制度性失业"从而丢脸。这是软弱无能却又渴望延长其任期的政治家在绝望之中抓到的一根救命稻草。在为其政策进行辩护时，这些煽动者们并不在意自相矛盾。他们一方面向加工业和农场主承诺——货币贬值将使物价上涨。但与此同时，他们向消费者承诺——严格的物价管制将防止生活成本有任何增加。

毕竟，政府依然可以为其行为辩解，理由是：在特定的公众舆论状态下，完全在工会主义其教义谬误的影响下，无法采取任何其他政策。对于那些将外汇汇率之灵活性誉为"完美和最可取的货币体系"的作者而言，任何这样的借口皆不可以提出。虽然各国政府仍急于强调"货币贬值只是一种不能重复使用的紧急措施"，但这些作者宣称"灵活本位制是最适当的货币体系"，并急于证明所谓的"外汇汇率稳定所固有的弊端"。他们盲目热衷于取悦政府和强大的已加入工会的劳工和农业压力集团，在此过程中他们极大地夸大了灵活平价的理由。但是本位制灵活性的缺点很快就显现出来了。对货币贬值的热情随之也很快烟消云散了。在二战的数年里，在英国为灵活本位制设定模式后不到十年，就连凯恩斯勋爵和他的专家们也发现：外汇汇率稳定有其优点。国际货币基金组织公开宣称的目标之一就是——稳定外汇汇率。

若一个人不是用政府和工会政策辩护者的眼光而是用经济学家的眼光来看待货币贬值，那么他首先必须强调一点，即货币贬值带来的所有所谓"好处"皆只是暂时的。此外，它们取决于一个条件，即只有一个国家让自己的货币贬值，而其他国家并不让自己的货币贬值。若其他国家以同样的比例让自己的货币贬值，则对外贸易不会出现任何变化。若他们货币贬值的程度更大，则所有这些暂时的好处——无论是什么——皆只对他们自己有利。因此，对灵活本位制原则的普遍接受必然导致各国竞相出价高于对方。在这场竞争的最后，所有国家的货币体系皆将被彻底摧毁。

货币贬值在对外贸易和旅游业中所带来的好处被广泛谈论，这完全是因为如下因素：国内物价和工资率进行调整以适应货币贬值所造成的状况还需要一段时间。只要这一调整过程尚未完成，（政府）就鼓励出口，而不鼓励进口。然而，这仅仅意味着，在这段时间内，货币贬值国的公民向国外卖东西时收到的钱款更少，而在国外买东西时支付的钱却更多；与此同时，他们必须限制自己的消费。

在那些认为"贸易平衡是衡量一个国家福利之标准"的人看来，这种影响可能看上去是一种福音。用通俗易懂的语言是这样描述的：英国公民必须出口更多的英国商品，才能换取他在货币贬值前以较少出口的英国商品就能进口的茶叶量。

它的拥护者说：货币贬值减轻了债务负担。这当然是真的。它以牺牲债权人利益为代价让债务人受惠。有一些人依然还未认识到"在现代条件下，债权人绝不能跟富人相提并论，债务人亦绝不能跟穷人相提并论"，在这些人看来这是有益的。实际效果是：负债的房地产和农田所有者以及负债公司股东以牺牲大多数人利益为代价获得收益，而这些大多数人的储蓄被投资于债券、公司债券、储蓄银行存款和保险单。

还有外国贷款需要考虑。当英国、美国、法国、瑞士及一些其他欧洲债权国使其货币贬值时，他们实际上向外国债务人赠送了礼物。

支持灵活本位制的主要论点之一是：它降低了国内货币市场的利率。据说，在传统金本位制和刚性不变金汇兑本位制下，一国必须根据国际货币市场的情况调整国内利率。在灵活本位制下，一国可以在决定利率时自由地遵循一种完全以其自己国内福利考虑因素为指导的一项政策。

对于那些欠外国的债务总额超过发放给外国的贷款总额的国家，这一论点显然是站不住脚的。19世纪期间，当这些债务国中的一些国家采取一种稳健货币政策时，它们的公司和公民可以以其本国国家货币计算方式订立和承担外国债务。这一机会随着这些国家货币政策的变化而完全消失了。任何外国银行家皆不会以意大利里拉为货币单位举债，亦不会试图发行里拉债券。就外国信贷而言，一个债务国国内货币条件的任何改变皆不会有任何好处。就国内信贷而言，货币贬值只是减轻了先前已经收缩的债务。它提高了新债务的总市场利率，因为它使一个正溢价出现了。

这同样适用于债权国的利率情况。利息并不是一种货币现象，而且从长远来看不可能受到货币措施的影响——这一点毫无必要再作任何补充。

诚然，1931年至1938年间，各国政府采取的货币贬值使一些国家的实际工资率下降，从而减少了制度性失业的人数。因此，历史学家在分析这些货币贬值时可以说：它们是成功的，因为它们防止了日益增加失业群众人数的革命性剧变，而且在当时意识形态条件下，在这种危急形势下，没有任何其他办法可以采取。但历史学家不得不补充说：补救措施并没有影响到制度性失业的根本原因——工会主义的错误宗旨。货币贬值是逃避工会学说影响的一个狡猾手段。它之所以奏效，是因为它并未损害工会主义的威望。但正是因为它没有丝毫影响工会主义的受欢迎程度，它只能在短时间内发挥作用。工会领导人学会了区分名义工资率与实际工资率。今天，他们的政策旨在提高实际工资率。他们再也不可能被货币单位购买力的下降所欺骗了。作为减少制度性失业的一种手段，货币贬值已经耗尽了它的用处。

对这些事实的认识为正确评价凯恩斯勋爵的学说在一战和二战之间所起的作用提供了一把钥匙。凯恩斯并未在通胀谬论本体中添加任何新想法，经济学家对此已驳斥了上千次。他的教义甚至比其前任更矛盾和不一致，其前任［比如西尔维奥·格塞尔（Silvio Gesell）］被认为是货币怪人。他只知道如何用数理经济学的复杂术语来掩饰对通胀和信贷扩张的呼吁。干预主义作家们不知所措，无法提出貌似合理的论点来支持不计后果的支出政策；他们根本找不到反对有关制度性失业之经济定理的任何理由。在这个关头，他们用华兹华斯的诗句来迎接"凯恩斯主义革命"："生命的黎明是乐园，然而青春才是真正的天堂。"[1]然而，这只是一个短暂的天堂。我们可以承认：对于20世纪30年代的英国和美国政府而言，除了货币贬值、通胀和信贷扩张、不平衡的预算和赤字支出之外，别无他法。政府无法摆脱公众舆论的压力。他们无法反抗普遍接受的意识形态的优势，无论这种意识形态多么谬误。但这并不能为那些本可辞职而不是硬着头皮去执行对国家具有灾难性影响之政策的官员开脱。它更不能原谅那些试图为所有流行谬论中最粗鲁的谬论即通胀——提供一个冒充的科学理由的作者。

5 信贷扩张

有人指出，将信贷扩张完全看作是政府干预市场的一种方式是错误的。信用媒介并不是作为如下政府政策的一个工具而存在的：这些政府政策的目的是故意提高物价、提高名义工资率、降低市场利率和减少债务。它们是从银行业的常规业务发展而来。银行家们针对存入的通知存款开具的收据被公众当作货币替代品来对待；当这些银行家们开始借出一部分存放在他们那里的资金时，他们心中所

---

[1] 参见保罗·安东尼·萨缪尔森（Paul Anthony Samuelson），"凯恩斯勋爵和通论（*Lord Keynes and the General Theory*）"，《计量经济学》（*Econometrica*），第14期，1946年，第187页；转载于西摩·埃德温·哈里斯（Seymour Edwin Harris）主编的《新经济学》（纽约，1947年）。

想的除了自己的业务之外,别无他事。他们认为:不将已开具之收据的全部等价物作为现金储备放在金库里,这么做是无害的。他们深信:即使听他们借出一部分存款,他们依然始终有能力履行其(偿付)义务,并可以毫不拖延地赎回已发行的钞票。在不受阻碍市场经济的运作范围内,钞票成为信用媒介。信贷扩张的始作俑者是银行家,而不是当局。

但如今,信贷扩张完全是一种政府做法。就私人银行和银行家在发行信用媒介方面发挥作用而言,他们的作用只是附属的,而且只涉及技术性细节。只有政府才能指挥事务的进程。政府在涉及流通信贷规模的所有事项上皆取得了完全至高无上的优势地位。虽然私人银行和银行家能够在一个不受阻碍的市场上策划的信贷扩张规模受到严格限制,但政府的目标是尽可能实现最大金额的信贷扩张。信贷扩张是政府对抗市场经济的首要工具。在他们的手中,这是一根魔杖,旨在消除资本商品的短缺、降低利率或完全废除利率、为政府的大手笔开支提供资金、征用资本家的财产、策划持久繁荣,并使每个人皆繁荣富足起来。

□ 保罗·安东尼·萨缪尔森

保罗·安东尼·萨缪尔森(1915—2009年),出生在印第安纳州加里市的一个犹太移民家庭,美国著名经济学家,1970年诺贝尔经济学奖得主,是现代经济学领域的先驱和奠基者,被誉为20世纪最重要的经济学家之一。萨缪尔森的研究涉及一般均衡论、福利经济学、国际贸易理论等领域,其经典著作《经济学》以四十多种语言在全球行销四百多万册,影响了整整一代人。萨缪尔森认为,到2050年,十几亿中国人将会创造全球最高的年度国民生产净值。

贸易周期理论揭示了信贷扩张之不可避免后果。即使是那些依然拒绝承认商业周期性波动之货币或流通信贷理论的正确性的经济学家,也从来不敢质疑这一理论关于信贷扩张之必然影响断言的结论性与不可辩驳性。这些经济学家也必须承认而且确实承认:经济增长总是以信贷扩张为条件;没有信贷扩张,经济增长就不可能产生和持续下去;而且,当信贷扩张的进一步发展停止时,经济增长就会转而变成萧条。他们对贸易周期的解释实际上归结为这样一个论断,即首先产生增长的并不是信贷扩张,而是其他因素。即使在他们看来,信贷扩张是普遍繁荣的一个不可或缺的必要条件,但他们说,信贷扩张并不是如下政策的结果:这些政策刻意寻求低利率并鼓励所需资本商品所缺乏的额外投资。每当这些其他因素开始起作用时,若无当局的积极干预,这种情况总是奇迹般地出现。

很明显,这些经济学家在反对"通过避免信贷扩张来消除商业波动"的计划方面自相矛盾。天真幼稚的通胀主义历史观,其支持者们在从他们的信条——当然是完全谬误和矛盾的——推断出"信贷扩张是经济的灵丹妙药"时,倒是意见一致的。但是,那些并不否认"信贷扩张带来繁荣,而繁荣又是萧条之不可或缺条件"的人,在反对抑制信贷扩张的提议时,却不同意他们自己的学说。政府和强大压力集团的发言人以及主导大学经济学系的教条主义"非正统"的拥护者们皆同意:应该努力避免萧条的重复发生,而实现这一目的需要防止繁荣。他们无法提出站得住脚的论据来反对"放弃信贷扩张鼓励政策"的提议。但他们顽固地拒绝听取任何这样的想法。他们强烈贬低旨在阻止信贷扩张的计划,认为这些计划将使萧条永久化。他们的态度清楚地表明:"贸易周期是旨在刻意降低利率和制造人为繁荣之政策的产物"这一说法是正确的。

事实是,今天,旨在降低利率的措施被普遍认为非常可取,而信贷扩张被视为实现这一目的的有效手段。正是这种先入之见促使各国政府跟金本位制作斗争。所有政党和所有压力团体皆坚定地致力于实行宽松的货币政策。[1]

信贷扩张的目的有利于某些群体的利益,但其代价是牺牲其他群体的利益。当然,这是干预主义在不损害所有群体利益的情况下所能达到的最佳结果。但在使整个社会总体上更加贫穷的同时,它依然可能使某些阶层更加富裕。哪些群体属于后一类取决于每个案例的特殊数据。

产生所谓"定性信贷控制"的想法是:引导额外信贷,从而将所谓的"信贷扩张好处"集中在某些群体身上,而将这些好处从其他群体中撤出来。他们认为:信贷不应该流向证券交易所,也不应该使股票价格飙升。信贷应该有利于加工业、采矿业、"合法商业"以及首先是农业的"合法生产活动"。其他主张定性信贷控制的人希望防止额外信贷被用于固定资本投资,从而被固定化。取而代

---

[1]若银行不通过发行额外信用媒介(以钞票形式或以储蓄货币形式)来扩大流通信贷,则即使银行将收取的利息降低到不受阻碍市场的利率以下,也无法创造繁荣。银行只是给了债务人一份馈赠而已。那些希望防止繁荣重复发生以及随之而来萧条重复发生的人,从货币周期理论中得出的推论并不是"银行不应该降低利率",而是"银行应该避免信贷扩张"。当然,信贷扩张必然会导致市场利率的暂时下行。哈伯勒(Haberler)教授[《繁荣与萧条》(*Prosperity and Depression*),第65—66页]完全没有把握住这一点,因此他的批评言论是徒劳的。

之的是，它们将被用于流动商品的生产。根据这些计划，当局就银行应发放或禁止发放的贷款类型向银行作出具体指示。

然而，所有这样的方案皆是徒劳的。贷款方面的歧视并不能取代对信贷扩张设置的抑制手段，而这种检查才是真正能够阻止证券交易所报价上涨和固定资本投资扩张的唯一手段。额外信贷进入贷款市场的方式，其重要性是次要的。重要的是有新产生信贷的流入。若银行向农场主提供更多信贷，农场主就有能力偿还从其他来源获得的贷款，并有能力为其采购支付现金。若银行以流通资本的性质向企业发放更多信贷，它们就释放了以前在此用途上占用的资金。无论如何，它们创造了大量的可支配资金，而其所有者试图为这些资金找到最有利可图的投资项目。这些资金很快就在证券交易所或固定投资领域找到了出路。有一种观念认为"可以在不导致股价上涨和固定投资扩张的情况下追求信贷扩张"，这种观念是荒谬的。[1]

直到数十年前，信贷扩张下的典型事件过程依然是由两个因素决定的：信贷扩张是金本位制下的信贷扩张；而且信贷扩张并不是各国政府以及行为受到这些政府指导之央行一致行动的结果。上述第一个因素意味着：各国政府并不准备放弃本国钞票按照刚性固定平价的可兑换性。第二个因素则导致了信贷扩张规模缺乏数量上的一致性。一些国家的步伐领先于其他国家，而他们的银行面临着黄金和外汇储备严重外流的危险。为了保持自己的偿付能力，这些银行被迫采取严厉的信贷限制措施。这样一来，他们制造了恐慌，并引发了国内市场的萧条。这种恐慌很快蔓延到其他国家。这些其他国家的商人害怕起来，于是增加他们的借款，以加强其流动性资金，用于应对所有可能的意外情况。正是这种对新信贷需求的增加，促使已经对头一个国家的危机感到震惊的本国货币当局也采取了紧缩措施。因此，在几天或几周内，萧条成为一种国际现象。

货币贬值政策在某种程度上改变了这一典型的事件发生顺序。由于受到资金外流的威胁，货币当局并不总是诉诸于信贷限制和提高央行系统收取的利率。它们采取货币贬值措施。然而，货币贬值并不能解决问题。若政府并不在乎外汇汇率可能上升多大幅度，它可以在一段时间内继续坚持信贷扩张。但总有一天，崩

---

[1] 参见弗里茨·马赫鲁普（Fritz Machlup），《股票市场、信用和资本形成》（*The Stock Market, Credit and Capital Formation*），第256—261页。

溃式繁荣将摧毁其货币体系。另一方面，若当局想避免一次又一次加速进行货币贬值的必要性，它就必须妥善安排其国内信贷政策，使其在信贷扩张方面不超过它希望让其国内货币与其保持评价的其他国家。

许多经济学家想当然地认为：当局扩大信贷的尝试总是会在贸易繁荣时期和随后萧条时期之间带来同样的几乎有规律的交替。他们假定：信贷扩张的影响在未来将与自18世纪末以来在英国、自19世纪中叶以来在西欧和中欧以及北美所观察到的影响没有任何区别。但我们可能会怀疑情况是否没有改变。贸易周期之货币理论的教义今天甚至在经济学家圈子之外也广为人知，以至于在过去繁荣时期激励企业家的天真乐观主义已经让位于某种怀疑主义。未来商人对信贷扩张的反应可能会跟过去不同。他们可能会避免将容易获得的资金用于扩张其业务，因为他们心中始终会记住——繁荣终究会不可避免地结束。一些迹象预示着会发生这样一种变化。但现在做出明确陈述还为时过早。

在另一个方向上，贸易周期之货币理论肯定已经影响了事件的进程。尽管没有任何官员——无论他在政府金融服务局工作还是在央行工作，也无论他在新正统派大学任教——准备承认这一点，但公众舆论大体上不再否认流通信贷理论的两个主要论点，即萧条的原因就是先前的繁荣，而这种繁荣是由信贷扩张引起的。一旦经济繁荣的首批迹象出现，对这些事实的认识就给金融媒体敲响了警钟。然后，就连当局也开始谈论防止物价和利润进一步上涨的必要性，而且他们真的开始限制信贷了。繁荣提前结束；经济衰退开始了。其结果是，在过去十年间，周期的长度大大缩短。繁荣与萧条的交替依然存在，但这两个阶段持续的时间更短，并且相互交替的频率更高。这与杰文斯的作物周期之十年半"古典"时间段相去甚远。而且，最重要的是，随着繁荣提前结束，不当投资的数量就会减少，因此接下来的萧条也会变得更温和。

逆周期政策的幻想

由所有干预主义者提出的"非正统"学说的一个基本要素是：萧条的重复发生是市场经济运行本身所固有的现象。干预主义者将纠正市场经济运行的权力赋予政府，以便实现他们所说的"经济稳定"。若这些干预主义者的反萧条计划旨在彻底放弃信贷扩张政策，这些干预主义者将是对的。然而，他们事先拒绝了这一想法。他们想要的是越来越多地扩大信贷，并通过采取特殊的"逆周期"措施来防止出现萧条。

在这些计划的背景下，政府似乎是一个神，这个神站在人类事务轨道之外开展工作且独立于其子民的行为，并有权从外部干预这些行为。它拥有可支配的财力和资金，而这些财力和资金并非由人民提供，而且可以自由地用于统治者准备使用它们的任何用途。要使这种权力得到最有益的利用，所需要的仅仅是遵循专家们给出的建议。

在这些建议的补救措施中，宣传最多的是公共工程和公共企业支出的逆周期时间安排。这个想法并不像其拥护者让我们相信的那样新鲜。过去当萧条来临时，公众舆论总是要求政府启动公共工程，以创造新的就业机会并阻止物价下跌。但问题是如何为这些公共工程提供资金。若政府向公民征税或向他们借款，这并不会增加凯恩斯主义者所说的"支出总额"。它限制公民私人的消费权力或投资权力，而限制程度正好等同于它增强自己权力的程度。然而，若政府诉诸其珍视的通胀式融资方式，那将使情况变得更糟，而不是更好。它因此可能会在短时间内推迟不景气的爆发。但当不可避免的果报到来时，政府推迟的时间越长，危机就越严重。

干预主义专家不知所措，无法抓住所涉及的真正问题。在他们看来，主要之事是"提前规划好公共资本支出，并积累一批经过充分研究的可在短时间内投入运作的资本项目"。他们说，"这是最适当的政策，而且是我们建议所有国家皆应采取的政策"[1]。然而，问题并不是详细制定项目，而是为项目的执行提供物质手段。干预主义者认为：通过在繁荣时期抑制政府支出并且在萧条时期增加政府支出，可以轻而易举地做到这一点。

现在，限制政府开支可能是一件好事。但它并未提供一个政府以后扩大其支出所需的资金。一个人可以这样处理他的事务。他可以在其收入高的时候积攒积蓄，等到其收入下降时再花掉这些储蓄。但对于一个国家或所有国家整体而言，就不能这么做了。国库可能会囤积大量税收收入的相当一部分，这些税收收入由于繁荣而流入公库。只要它阻止这些资金流通，它的政策就是真正通缩性的和逆周期性的，而且在这种程度上可能会削弱信贷扩张带来的繁荣。但当这些资金再

---

[1] 参见国际联盟，《二战后世界的经济稳定》（*Economic Stability in the Post-War World*），《经济萧条问题代表团的报告》（*Report of the Delegation on Economic Depressions*），第二部分（日内瓦，1945年），第173页。

次被花掉时，它们改变了货币关系，并产生了一种由现金引起之货币单位购买力下降的趋势。这些资金绝不能提供执行被搁置公共工程所需的资本商品。

这些项目的根本错误在于——它们忽视了资本商品的短缺。在它们看来，萧条仅仅是由于人们神秘地缺乏消费和投资倾向造成的。虽然唯一真正的问题是——为了增加可用资本商品的存量而增加生产并减少消费，但干预主义者却希望增加消费和投资。他们希望政府启动无利可图的项目，恰恰是因为执行这些项目所需的生产要素必须从其他运用领域中撤出，而正是在这些其他领域中这些生产要素方能满足消费者认为更为迫切的需求。他们并未意识到这样的公共工程必然会大大加剧真正的弊端——资本商品的短缺。

当然，人们可以想出另一种方式来运用政府在繁荣时期积攒的储蓄。国库可以将其盈余资金投资于购买大量库存的如下材料和消费品：萧条来临时为执行已规划公共工程所需的所有材料；以及从事这些公共工程的人将会要求使用的消费品。但是，如果当局采取这种行动，就会大大加剧繁荣，加速危机的爆发，并使其后果更加严重。[1]

所有这些关于逆周期政府活动的讨论皆只是为了一个目的，即转移公众对商业周期性波动真正原因之认知的注意力。各国政府皆坚定地致力于低利率、信贷扩张和通胀的政策。当这些短期政策的不可避免后果出现时，他们只知道一种补救办法——继续进行通胀主义冒险活动。

6 外汇管制及双边外汇协定

若一国政府将其国内信贷或法定货币与黄金或外汇的平价固定在高于市场

---

[1] 在分析逆周期政策时，干预主义者总是提到这些政策在瑞典的所谓成功。诚然，瑞典的公共资本支出在1932年至1939年间实际上翻了一番。但这并不是瑞典在20世纪30年代繁荣的原因，而是该繁荣的一个结果。这种繁荣完全是由于德国重整军备造成的。这一纳粹政策一方面增加了德国对瑞典产品的需求，另一方面又限制了德国在世界市场上针对瑞典能够供应的产品开展竞争。正因如此，瑞典的出口实现了增长，1932年到1938年间具体出口增长数据（以万吨计）如下：铁矿石从221.9万吨增长到1248.5万吨；生铁从3104.7万吨增长到9298万吨；铁合金从1545.3万吨增长到2860.5万吨；其他种类钢铁产品从13423.7万吨增长到25614.6万吨；机械产品从4623万吨增长到7060.5万吨。1932年瑞典申请救济的失业人数为11.4万人，1933年为16.5万人。随着德国重整军备的全面展开，瑞典申请救济的失业人数于1934年降至11.5万人、1935年降至6.2万人、1938年降至1.6万人。创造这一"奇迹"的并不是凯恩斯，而是希特勒。

的水平，也就是说，若它将黄金和外汇的最高限价确定在低于潜在市场价格的水平，就会出现格雷欣法则所描述的效应。一种事态导致了——非常不恰当地——被称为"外汇稀缺"现象。

一种经济商品的特征标志是：现有可用供给不够充足，以至于不可能对其进行任何预期的利用。一个物品若其供给并不短缺，该物品就不是一种经济商品；无人为其索要任何价格，也无人为其支付任何价格。由于货币必然是一种经济商品，所以"货币不会稀缺"的理念是荒谬的。然而，那些抱怨外汇稀缺的政府，其想法是不同的。这是他们定价政策不可避免的结果。这意味着：在政府任意确定的价格下，需求超过供给。若政府已经通过通胀降低了国内货币单位对黄金、外汇、商品和服务的购买力，而丝毫不试图控制外汇汇率，就根本不可能存在政府使用"稀缺"这一术语意义上关于稀缺的任何问题。愿意支付市场价格的人就会有能力想买多少外汇就买多少外汇。

但政府决心不容忍任何外汇汇率上升（就通胀后国内货币而言）。它依靠其地方法官和警察，禁止以不同于规定的最高限价的条款进行任何外汇交易。

正如政府及其附属机构所认为的那样，外汇汇率的上升是由国际收支不平衡和投机者的购买所造成的。为了消除此弊端，政府采取了限制外汇需求的措施。从此以后，只有那些需要外汇进行政府批准之交易的人方有权购买外汇。政府认为其进口属于多余性质的商品不应再予以进口。政府禁止向外国人支付到期债务的利息和本金。公民不得再出国旅行。政府并未认识到：这类措施绝不能"改善"国际收支平衡。若进口下降，出口亦会随之下降。公民若被阻止购买外国商品、被阻止偿还外国债务、被阻止出国旅行，他们将不会保留其现金持有量中由此留给他们的国内货币数额。他们将增加其对消费品或生产者商品的购买，从而导致国内物价进一步上涨的趋势。但物价越是上涨，出口就越会受到限制。

现在政府又采取了一项进一步措施。它将外汇交易国有化。每一个公民若——比如通过出口——获得了一定数额的外汇，就必须按官方汇率将其出售给外汇管制局。若这项相当于一种出口税的规定得到有效执行，那么出口贸易将大大萎缩或完全停止。政府当然不喜欢这一结果。但它也不想承认：它的干预完全没有达到所寻求的目的，而且还造成了一种从政府自己观点来看甚至比以前更糟糕的事态。因此，政府采取了一种临时措施。它对出口贸易进行补贴，且补贴程度使其政策给出口商造成的亏损得到补偿。

另一方面，政府外汇管制局（"外管局"）顽固地坚持认为——外汇汇率并没有"真正"上升且官方汇率是一个有效汇率，因而外管局以这一官方汇率向进口商出售外汇。若真的遵循这项政策，这就等于向有关商人发放奖金。他们在国内市场销售进口商品将会获得意外之利润。因此，当局采取了进一步的临时措施。它要么提高进口税，要么对进口商征收特别税，要么以某种其他方式对进口商购汇施加负担。

于是，外汇管制当然起作用了。但它之所以起作用，只是因为它实际上承认了外汇的市场汇率。出口商从官方汇率中获得外汇收益加上补贴，两者加在一起就等于市场汇率。进口商按官方汇率加上一个特殊溢价、税或关税来支付外汇，这些加起来就等于市场汇率。唯一因太迟钝而无法理解到底发生了什么并让自己被官僚术语所愚弄的人，就是关于货币管理新方法和新货币经验之书籍与文章的作者。

政府对外汇买卖的垄断，将对外贸易的控制权交给了外汇管理部门。它并不影响外汇汇率的决定。政府是否规定新闻媒体公布实际和有效的外汇汇率是非法的，这并不重要。就依然进行的对外贸易而言，只有这些实际和有效的汇率才是生效的汇率。

为了更好地掩盖真实的事态，各国政府打算消除对实际外汇汇率的所有提及。他们认为：对外贸易不应再以货币为中介进行交易。对外贸易应该是易货贸易。他们与外国政府签订易货贸易和清算协定。缔约两国中的每一国应向另一国出售一定数量的商品和服务，以换取一定数量的其他商品和服务。在这些条约的文字中，小心翼翼地避免对"实际市场汇率"的任何提及。然而，双方均是根据以黄金表示的世界市场价格来计算各自销售额和采购额的。这些清算和易货贸易协定以两国之间的双边贸易取代了自由主义时代的三角贸易或多边贸易。但它们丝毫不会影响如下事实：一国的国家货币已失去其对黄金、外汇和商品的部分购买力。

第三十章　财富的没收与重新分配

1 没收的哲学

　　干预主义的指导思想是：对产权进行干预并不会影响生产的规模。这种谬误最天真幼稚的表现是没收性干预主义。生产活动所产生的收益被认为是一个给定量值，跟社会秩序的纯属偶然安排无关。政府的任务被视为在社会各成员之间"公平"分配此国民收入。

　　干预主义者认为：一切商品皆是通过一个社会生产过程生产出来的。当这一过程结束且其果实成熟时，第二个社会过程——生产收益的分配——随之而来，给每个人分配果实的一份。资本主义秩序的特征是分配的份额是不平等的。有些人——企业家、资本家和土地所有者——将比他们应得份额更多的部分也据为己有。因此，其他人获得的部分相应地被削减。按理说，政府应该征用特权阶层的盈余收入并将其分配给弱势群体。

　　现在，在市场经济中，生产和分配这两个独立过程的所谓"二元论"已不复存在。只有一个过程在继续进行。商品并不是先生产出来，然后再分配的。根本不存在从无主商品库存中挪用部分商品的事情。产品一定是作为某个人的财产而出现并存在。若要分配它们，必须首先没收它们。负责强制与胁迫职能的政府机构当然非常容易着手没收和征用。但这并不能证明：一个持久的经济事务体系可以建立在这种没收和征用的基础之上。

　　当维京人掠夺完一群自给自足的农民绝尘而去时，幸存的受害者开始工作、开始耕种土地，并开始重新建造房屋。数年后，当海盗们回来时，他们又发现了要缴获的东西。但资本主义经不起如此反复的掠夺性劫掠。它的资本积累和投资建立在预期不会发生这种征用的基础之上。若无这种期望，人们会宁愿消耗他们的资本，而不愿意为了征用者而维护它。这是旨在结合私有制和反复征用的所有计划的内在错误。

2 土地改革

旧时代的社会改革者，其目标是建立一个仅由自给自足农民组成的社会。分配给每个成员的土地份额要一律相等。在这些乌托邦人的想象中，加工贸易没有给分工和专业化留下任何空间。将这样一种社会秩序称为"土地公有主义"，是一个严重错误。它只是经济上自给自足家庭的并置而已。

在市场经济中，土地是一种生产资料，正如任何其他物质生产要素一样。在市场经济条件下，旨在在耕作人口之间或多或少地平等分配土地的计划，只不过是以牺牲绝大多数消费者利益为代价来给予一群效率较低生产者特权的计划。市场的运作倾向于淘汰如下所有农民：这些农民的生产成本高于消费者准备购买的农产品之生产所需的边际成本。它决定了农场的规模以及所采用的生产方法。若政府进行干预是为了对耕作条件的一种不同计划盛行，它就会提高农产品的平均价格。若在竞争条件下，m个农民（每个农民经营一个面积为1000英亩的农场）生产着消费者准备购买的所有农产品，而且政府进行干预，用$5m$个农民（每个农民经营一个面积为200英亩的农场）来取代之前的m个农民，然后由消费者来买单。

通过提及自然法及其他形而上学观念来证明这种土地改革的合理性，这是徒劳之举。简单的事实真相是：它们提高了农产品的价格，同时也损害了非农业生产。由于生产一个单位的农产品（比以前）需要更多的人力，因此更多的人受雇于农业，而留给加工业的人比以前更少。可供消费的商品总量下降，而某一人群以牺牲大多数人利益为代价而受惠。

3 没收性税收

今天，没收性干预主义的主要工具就是税收。遗产税和所得税的目标是否是所谓的"财富和收入均等的社会动机"，或者主要动机是否是税收动机，这并不重要。唯一重要的是由此产生的效果。

一般人看此处涉及问题的时候，都掩饰不住嫉妒的表情。为何有人比他自己还更富有？这位崇高的道德家在哲学探究中隐藏了他的怨恨。他认为：一个拥有一千万的人不能因为增加了九千万而变得更快乐。相反，一个拥有一亿的人，若他的财富减少到只有一千万，他不会感到幸福受到了任何减损。同样的推理也适用于过高的收入。

这样判断意味着从个人主义角度进行判断。适用的衡量尺度是个人的假定情绪。但所涉及的问题是社会问题；必须根据它们的社会后果来对它们进行评价。

重要的既不是任何一位大富豪的幸福，也不是他个人的功过；重要的是社会和人类努力的生产力。

一部法律若禁止任何个人积累超过一千万或年收入超过一百万，则该法律限制的恰恰是在满足消费者需求方面最成功的那些企业家的生产活动。若美国在五十年前颁布了这样一部法律，许多今天身为千万富翁的人将生活在更为简朴的环境中。但是，所有那些向群众提供前所未闻物品的新兴工业部门，如果有的话，其经营规模也要小得多，而且其产品也将是普通人可望而不可即的。阻止最有效率的企业家将其生产活动范围扩大到公众通过购买其产品来认可其经营行为的限度，这么做显然与消费者利益背道而驰。这里再次出现那个老问题：谁应该处于至高无上地位，是消费者还是政府？在不受阻碍市场中，消费者的行为，也即他们的购买或放弃购买，最终决定每个人的收入和财富。是否应该向政府赋予一项权利来否决消费者的选择？

无可救药的国家主义者并不赞成。在他看来，激励伟大企业家开展经营活动的并不是对财富的渴望，而是对权力的渴望。这样一位"皇家商人"若必须将其所赚取的所有剩余收入统统交给税吏，他就不会限制其经营活动。他对权力的渴望不能被任何单纯赚钱的考虑因素所削弱。为了论证起见，让我们接受这种心理。但是，除了其财富之外，一位商人的权力还建立在什么基础之上呢？若洛克菲勒和福特被阻止获得财富，他们又怎么可能获得"权力"呢？毕竟，那些国家主义者有更好的理由，他们希望禁止财富的积累，正是因为它给了一个人经济力量。[1]

税收是必要的。但是，以收入和财产累进税的误导性名义普遍接受的歧视性

□ 石油大王洛克菲勒的美孚石油公司总部

约翰·戴维森·洛克菲勒（1839—1937年），美国实业家、慈善家、埃克森美孚创始人，出生于纽约州哈得逊河畔的一个名叫杨佳的小镇，家境贫寒，是19世纪第一个亿万富翁，人称"石油大王"。上图为洛克菲勒的美孚石油公司总部。洛克菲勒以"留心细节，不差分毫"著称。如果有一分钱该给我们，他必取来。如果少给客户一分钱，他也要客户拿走。

---

〔1〕没有必要再次强调：在处理经济问题时，使用政治规则的术语是完全不够的。

税收制度，并不是一种税收模式。这是一种变相掠夺成功的资本家和企业家的模式。无论政府的卫星机构可能向有利于它的任何方向发展，它都与维护市场经济格格不入。它充其量只能被认为是实现社会主义的一种手段。回顾从1913年联邦所得税开始直至今天的所得税税率演变过程，人们很难相信——税收不会很快吸收普通人平均工资以上全部盈余收入的100%。

经济学关注的并不是支持税收累进的虚假形而上学学说，而是它对市场经济运行的影响。干预主义作家和政治家从他们为何"社会角度可取的"之武断概念角度来看待所涉及的问题。在他们看来，"税收的目的从来不是筹集资金"，因为政府"可以通过印刷钞票来筹集其需要的所有资金"。税收的真正目的是"使留在纳税人手里的钱少一些"[1]。

经济学家从不同的角度来看待这个问题。他们首先问：没收性税对资本积累有何影响？被征税拿走的较高收入的大部分本来将用于积累额外资本。若国库将税收收入用于经常性支出，其结果是资本积累额下降。对于死亡税而言，这同样有效，甚至在更大程度上也是如此。他们强迫继承人出售遗嘱人的相当一部分遗产。这个资本当然没有被摧毁；它只是改变了所有权而已。但是，购买人的储蓄——用于购买继承人出售的资本——本来将构成可用资本的净增额。这样一来，新资本的积累因此减缓。技术改进的实现受到损害；每个受雇工人的已投资资本额度减少；对劳动边际生产率的提高和随之而来的实际工资率的提高设置了一种抑制手段。很明显，"这种没收性税收模式只会伤害直接受害者——富人"，这种普遍观念是错误的。

若资本家面临所得税或遗产税税率将上升至100%的可能性，他们就会宁愿消耗他们的资本资金，而不是为了收税者保留这些资金。

没收性税收并不仅仅通过其对资本积累的影响来抑制经济的进步和改善。它还带来了一种经济停滞不前以及保留在不受阻碍市场经济之竞争条件下无法持续之商业惯例的总体趋势。

资本主义的一个固有特征是：它丝毫不尊重既得利益，并且迫使每一位资本家和企业家每天皆根据不断变化的市场结构重新调整自己的经营行为。资本家与

---

[1] 参见勒纳（A. B. Lerner），《控制经济学，福利经济学原理》（*The Economics of Control, Principles of Welfare Economics*，纽约，1944年），第307—308页。

企业家从来没有放松的自由。只要他们还在做生意，他们就永远不会被授予"安静地享受其祖先和自己成就的果实"和"陷入例行公事之安逸状态"的特权。若他们忘了他们的任务是尽其最大能力为消费者服务，他们很快就会失去他们的显赫地位，并且又会被扔回普通人的行列。他们的领导地位和他们的资金均不断受到新来者的挑战。

每个精明能干的人皆可自由地启动新的商业项目。他可能很穷，他的资金可能很少，而且其大部分资金可能还是借来的。但若他以质量最佳、价格最便宜的方式满足消费者需求，他就会通过"过多"利润获得成功。他将其利润的大部分投入到他的生意当中，从而使其生意迅速发展壮大。正是这种富有进取心新贵的经营活动为市场经济带来了活力。这样的暴富是经济改善的先兆。他们具有威胁性的竞争迫使老公司和大公司要么调整自己的行为以尽最大可能为公众提供最佳服务，要么关张倒闭。

但今天，税收往往吸收了新来者"过多"利润的大部分。他不能积累资本；他不能扩大自己的生意；他永远不会发展壮大成大企业，也永远不会成为可跟既得利益分庭抗礼的对手。老公司无需害怕他的竞争；因为他们得到收税员的庇护。他们可能沉溺于例行公事而不受惩罚，他们可能违抗公众的意愿而变得保守。的确，所得税也阻止他们积累新的资本。但对于他们而言更重要的是，它阻止了危险的新来者积累任何资本。他们实际上享有税收制度的特权。在这个意义上，累进税收抑制了经济进步，并导致僵化。虽然在不受阻碍资本主义制度下，资本所有权是迫使所有者为消费者服务的一项责任，但现代税收方法将其转变为一项特权。

干预主义者抱怨说：大企业越来越僵化和官僚化，而且有能力的新来者不再可能挑战老派富人家族的既得利益。然而，只要他们的抱怨是合理的，他们所抱怨的事情就只是他们自己政策的结果而已。

利润是市场经济的驱动力。利润越大，就越能通过更充足的供给来满足消费者的需求。因为利润只能通过消除消费者需求与以前生产活动状态之间的差异来获得。谁为公众服务得最好，谁就能获得最高的利润。为了争夺利润，政府故意破坏市场经济的运行。

没收性税收与风险承担

一个流行的谬论认为——企业家利润是对企业家承担风险的一项回报。这种谬论将企业家视为这样一位赌徒：这位赌徒在权衡了中奖的有利概率和输掉其赌注的不利概率后，投资了一份彩票。这种观点的最清楚描述体现在将股票交易所的交易描述为一种赌博。从这一广为流传的寓言来看，没收性税收带来的弊端是它打乱了彩票中有利概率与不利概率之间的比例。奖金被削减，而不利的危害却保持不变。因此，资本家和企业家不敢着手有风险的商业冒险活动。

这个推理中，没有一个字是对的。资本所有者并不会在"风险较大""风险较小"和"安全"投资之间做出选择。由于市场经济的运作本身，他被迫将其资金以尽最大可能满足消费者最迫切需要的方式进行投资。若政府所采用的税收方法导致资本消耗或限制新资本的积累，那么边际运用所需的资本就会缺乏，而在没有这些税收的情况下可以实现的投资扩张就会被阻止。消费者的需求只得到较小程度的满足。但这种结果并不是由资本家不愿冒险造成的；它是由资金供给下降造成的。

根本不存在所谓的"安全投资"。若资本家按照风险寓言所描述的方式行事、努力追求他们认为最安全的投资，那么他们的行为将使这一投资领域变得不安全，而且他们肯定会失去其投入的资金。对于资本家而言，没有任何办法可以回避市场规律，而市场规律使得投资者必须遵从消费者的意愿，并在资本供给、技术知识和消费者估值的给定状态下生产可以生产的一切产品。一个资本家从来不会选择据他对未来的理解失去投入之危险最小的投资项目。他选择的是他期望从中获得尽可能最高利润的投资项目。

资本家若意识到自己缺乏正确判断市场走势的能力，就不会投资于股权资本，而是将其资金借给这种风险资本的所有者。因此，他们与那些具有更好能力评估他们所依赖之市场之状况的人建立了一种伙伴关系。习惯上将风险资本称为"风险投资"。然而，正如上文已指出的，对优先股、债券、公司债券、抵押贷款和其他贷款进行的投资，其成败最终也取决于决定已投入风险投资成败的相同因素。不存在独立于市场变化的情况。

若税收是以减少风险资本供给为代价来加强贷款资本供给，则税收将使总市场利率下降，同时，通过增加企业和公司资本结构中借入资本的份额而不是股权资本的份额，税收使贷款领域的投资变得更加不确定。因此，这一过程将是自我清算的。

一个资本家通常不会将他的投资——无论是普通股投资还是贷款投资——集中在同一个企业或同一个商业部门，而是宁愿将其资金分散在各类投资上，这并不表明他想减少他的"投机风险"。他想提高赚取利润的概率。

任何人,若他不期望作出一个稳健的投资,他就不会启动任何投资。没有任何人会故意选择一个不当投资。只有当投资者没有正确预料到的情况出现时,投资才会变成一个不当投资。

正如上文已指出的,不可能存在"非投资资本"这种东西。资本家不能在投资与非投资之间自由选择。他在资本商品投资的选择上,也不能自由地偏离由消费者依然尚未满足之需求中最迫切需求所决定的领域。他必须努力正确地预测这些未来的需求。税收可能会导致资本消耗,从而减少可用资本商品的数额。但它们并不限制所有可用资本商品的运用。[1]

由于对非常富有的人征收税率过高的所得税和遗产税,一个资本家可能认为最明智的做法是将其所有资金均以现金形式保存或存入银行账户而不计任何利息。他消耗其部分资本、不缴纳任何所得税,并减少他的继承人将须缴纳的遗产税。但即使人们真的这么做了,他们的行为也不会影响可用资本的运用。它影响物价。但没有任何资本商品因此而持续处于"未投资"状态。而且市场的运作将投资推向那些预期满足公众买方最迫切但尚未满足之需求的领域。

---

[1] 在使用"可用资本商品"这一术语时,应该适当考虑可转换性的问题。

第三十一章 战争经济学

1 全面战争

市场经济涉及和平合作。当市民们变成战士——不是交换商品和服务而是——互相战斗时,它就会四分五裂。

原始部落进行的战争并不影响分工下的合作。在敌对行动爆发之前,交战方之间基本上不存在这种合作。这些战争是无限制的战争或全面的战争。其目标是全面胜利和彻底失败。战败者要么被消灭,要么被逐出住所,要么被奴役。"一项条约可以解决冲突,并使双方有可能在和平睦邻条件下生活",这种想法并不存在于战斗人员的脑海中。

征服的精神除了抵抗成功的一个力量所施加的限制之外,并不承认任何其他限制。帝国建设原则是尽可能扩大至高无上的范围。伟大的亚洲征服者和罗马最高统治者只有在他们不能再前进的时候才停下征战的步伐。然后他们将侵略推迟到以后的日子。他们并未放弃其雄心勃勃的计划,而且对于独立的外国,除了当作以后攻击的目标以外,别无其他用途。

这种无限征服的哲学也激励了中世纪欧洲的统治者。他们的目标也首先是最大限度地扩大其领土的规模。但是封建主义制度只为他们提供了极少的战争手段。诸侯不必在限定时间内为他们的领主而战。那些坚持自己权利的诸侯,其自私抑制了国王的侵略性。一些主权国家的和平共处由此产生了。16世纪,法国人博丹提出了国家主权理论。17世纪,荷兰人格劳秀斯(Hugo Grotius)为它增添了一套战争与和平中的国际关系理论。

随着封建主义的瓦解,君主再也不能依靠召见的诸侯了。他们将国家的武装部队"收归国有"。从此以后,战士们成了国王的雇佣兵。这些军队的组织、装备和给养费用相当高,给统治者的收入造成了沉重的负担。王公们的野心是无限的,但经济上的考虑迫使他们将自己的设计调整到适度水平。他们不再打算征服整个国家。他们的目的只是征服几个城市或一个省。从政治角度，获得更多也是不明智的。因为欧洲列强急于不让他们中的任何一个变得过于强大从而威胁到他们自己的安全。一个过于急躁鲁莽的征服者必然始终害怕他的庞大所吓唬到的所有人准备建立起的联盟。

在法国大革命之前的三百年里，军事、金融和政治环境的共同作用产生了欧洲范围持续进行的规模有限的战争。战争在规模相对较小的职业军人组成的军队之间展开。战争并不是人民的事情；它只与统治者有关。市民们厌恶战争，因为战争给他们带来了灾祸，并且给他们带来了税收和纳贡的负担。但他们认为自己是他们没有积极参与的那些事件的受害者。即使是交战敌方的军队也尊重平民的"中立性"。在他们看来，他们战斗的对象是敌对势力的最高军阀，而不是敌人的非战斗国民。在欧洲大陆进行的战争中，平民的财产被认为是不可侵犯的。1856年，巴黎会议试图将这一原则扩展到海战中。越来越多的杰出人士开始讨论完全废除战争的可能性。

从有限战争体系下的发展情况来看，哲学家们发现战争是无用的。男人被杀戮或致残，财富被摧毁，国家被摧毁，这一切皆只为了国王和统治寡头政治集团的利益。人民自己从胜利中得不到任何好处。若公民们的统治者通过吞并一个省来扩大他们的领土面积，公民个人并不会富裕起来。因为人民在战争中是没有回报的。武装冲突的唯一原因就是独裁者的贪婪。以代议制政府取代王权专制，这将彻底废除战争。民主是和平的。他们国家的主权是在面积更大的领土上延伸还是在面积更小的领土上延伸，这与他们无关。他们将毫无偏见和激情地对待领土问题。他们将以和平方式解决这些问题。要使和平持久，需要的是将专制者赶下台。当然，这不可能以和平方式实现。必须粉碎国王的雇佣军。但是这场人民反对暴君的革命战争将是最后的战争，是永远废除战争的战争。

当法国革命领袖在击退了普鲁士和奥地利侵略军后自己也开始侵略运动时，他们的头脑中已经模糊地存在着这种想法了。当然，在拿破仑领导下，他们自己很快就采取了最冷酷无情的无限扩张和吞并方式，直到欧洲所有列强的联盟挫败了他们的野心。但是持久和平的想法很快就复活了。这是19世纪自由主义本体的主要观点之一，曼彻斯特学派的许多被滥用的原则一直在阐述这一点。

这些英国自由主义者以及他们的欧洲大陆朋友们敏锐地意识到：能够维护持久和平的不仅仅是民治政府，而是无限自由放任下的民治政府。在他们看来，国内事务和国际关系中的自由贸易是维护和平的必要前提。在这样一个没有贸易和移民障碍的世界里，战争和征服的任何动机已不复存在。由于完全相信自由主义思想无可辩驳的说服力，他们放弃了"以战止战——以最后一场战争来废除一切战争"的理念。所有人民均将自愿承认自由贸易与和平的好处，并将在无任何外国援助的情况下遏制其国内暴君。

大多数历史学家完全没有认识到古代政权之"有限"战争被我们时代"无限"战争所取代的因素。在他们看来，这一变化是随着国家从王朝形式向民族形式的转变而发生的，而且是法国大革命的结果。他们只看伴随的现象，并且混淆了因果关系。他们谈到军队的组成、战略和战术原则、武器和运输设施，以及有关军事艺术和行政技术的许多其他问题。[1]然而，所有这些皆不能解释——为何现代国家宁愿选择侵略而不愿选择和平。

"全面战争是侵略性民族主义的一个分支"，大家在这一点上意见是完全一致的。但这只是循环论证而已。我们将侵略性民族主义称为"导致现代全面战争的意识形态"。侵略性民族主义是干预主义和国家规划政策的必然衍生物。虽然自由放任消除了国际冲突的原因，但政府对商业的干预却制造了无法和平解决的冲突。虽然在自由贸易和移民自由背景下，无人关心自己国家的领土面积，但在经济民族主义的保护措施下，几乎每个公民皆跟这些领土问题有着重大利益关系。对于每个公民而言，扩大受其本国政府主权管辖的领土，意味着其物质得到改善，或至少解除外国政府对其福祉施加的限制。将皇家军队之间的有限战争转变为全面战争，即各民族之间的冲突，这并不是军事艺术的技术性细节，而是福利国家取代自由放任国家。

假若拿破仑一世达到了他的目标，法兰西帝国将远远超出1815年的版图范围。西班牙和那不勒斯将由波拿巴-穆拉特家族的国王而不是另一个法国家族波旁王朝的国王统治。占据卡塞尔的宫殿将是一个法国花花公子，而不是黑塞家族的一个恶名昭彰的选民。所有这些事情皆不会使法国公民变得更加繁荣富裕。普鲁士的公民也没有从"他们的国王在1866年将他的堂兄弟汉诺威、黑塞-卡塞尔和拿骚从他们的豪华住宅中驱逐出去"这一事实中获得任何好处。但假若希特勒

---

〔1〕《现代战略的缔造者——从马基雅维利到希特勒的军事思想》（*Makers of Modern Strategy, Military Thought from Machiavelli to Hitler*）〔爱德华·米德·厄尔（Edward Mead Earle）编，普林斯顿大学出版社，1944年〕是对传统解释的最好诠释；参见特别是帕尔默（R. R. Palmer）的贡献，第49—53页。

实现了他的计划，德国人有望享受更高的生活水平。他们相信：法国人、波兰人和捷克人的灭亡会使他们自己种族的每一个成员皆变得更加富裕。争取更多生活空间（lebensraum）的斗争是他们自己的战争。

在自由放任背景下，众多主权国家的和平共处是可能的。在政府对商业的控制下，这是不可能的。威尔逊总统的悲剧性错误在于他忽视了这一基本点。现代全面战争与旧朝代的有限战争毫无共同之处。这是一场反对贸易和移民壁垒的战争，一场人口相对过剩国家对人口相对不足国家的战争。这是一场废除那些阻止全世界工资率均等化趋势出现之制度的战争。这是一场耕种贫瘠土地之农民与那些禁止这些农民获得更肥沃休耕土地之政府的战争。简而言之，这是一场"工薪族与农民"跟"其他国家的工薪族与农民"的战争，其中：前者将自己描述为处于弱势地位的"穷人"，并将后者视为享有特权的"富人"。

承认这一点并不意味着——胜利的战争将会真正消除侵略者所抱怨的那些弊端。只有普遍地、无条件地用一种相互合作的哲学理念来取代所谓"人类的不同社会、政治、宗教、语言和种族分支之间不可调和的对立"的盛行思想，才能消除这些至关重大利益的冲突。

对各种国际条约、国际会议以及国际联盟和联合国等官僚政治机构投以信心，这是徒劳之举。全权代表、办公职员和专家在意识形态斗争中表现欠佳。征服的精神无法被繁文缛节所扼杀。需要的是彻底改变意识形态和经济政策。

2 战争与市场经济

干预主义者说：市场经济充其量是一种和平时期可以容忍的制度。但当战争来临时，这种纵容是不允许的。它会仅仅为了资本家与企业家出于利己主义而关心的自身利益而危及国家的重大利益。战争，以及在任何情况下的现代全面战争，断然要求政府控制商业。

几乎没有任何人有足够胆量去挑战这一教条。它在两次世界大战中皆成为政府干预商业之无数措施的方便托词，而且在许多国家，这些措施一步一步地导致了全面的"战争极权主义"。当敌对行动停止时，一个新的口号被提出来。人们争辩说：从战争到和平的过渡时期以及"再次转变"时期，甚至比战争时期还更需要政府的控制。此外，为何要回到一个只有在两次战争之间才能起作用的社会制度呢？最适当的做法是永久地保持政府的控制，以便为任何可能出现的紧急情况做好适当准备。

研究一下美国在二战中不得不面对的问题，就会清楚地表明——这种推理是多么荒谬。

为了赢得这场战争，美国需要的是彻底转变其所有生产活动。任何民用消费，若非绝对不可或缺，将一律消除。从此以后，工厂和农场皆只能生产最低限度的非军事用途商品。其余的产能则要完全投入到为武装部队提供供给的任务当中去。

这一计划的实现并不需要制定控制措施和优先事项。若政府通过向公民征税和向他们借款来筹集战争所需的一切资金，则每个人皆会被迫大幅削减自己的消费。企业家和农场主会转向为政府生产，因为对公民私人的商品销售会下降。由于税收和借款的流入，政府现在已成为市场上最大的买家，因此政府本可以获得它想要获得的一切。即使政府选择通过增加货币流通量和向商业银行借款来资助战争开支的相当一部分，也不会改变这种状况。当然，通胀必然会导致一种所有商品和服务价格趋于上涨的显著趋势。政府将不得不支付更高的名义价格。但它仍将是市场上最有偿付能力的买家。它本来有可能出价高于公民，而公民一方面没有权利制造他们所需的货币，另一方面又会受到巨额税收的压榨。

但是，政府故意采取了一项政策，该政策必然使它无法依赖不受阻碍市场的运作。政府诉诸物价管制，并将提高商品价格定为非法行为。此外，它在对因通胀而膨胀的收入征税方面行动非常迟缓。它屈服于工会提出的诉求，即工人的实际实得工资应该保持在一个水平，该水平使工人在战争中能够保持战前的生活水平。事实上，这个国家人数最多的阶级，也即在和平时期消费商品总量之最大部分的阶级，他们口袋里的钱是如此之多，乃至于他们的购买力和消费力比和平时期大得多。工薪阶层——在某种程度上也包括农场主和为政府进行生产之工厂的所有者——原本会挫败政府引导工业转向生产战争物资的努力。它们原本会促使企业生产更多的——而不是更少的——那些在战时被认为是多余奢侈品的商品。正是这种情形迫使（美国）政府诉诸优先次序制度和限额配给制度。为战争开支筹措资金所采取的方法，其缺点使得政府对商业进行控制成为必要。若没有造成任何通胀，而且若税收已将所有公民——而不仅仅是那些享有较高收入的人——的（税后）收入减少到其和平时期收入的一小部分，则这些控制将是超职责范围的。对"工薪阶层的实际收入在战时必然比和平时期更高"这一学说的认可，使它们不可避免。

并不是政府的法令和政府工资单上许多人的文书工作，而是私营企业的努力生产了如下商品：这些商品使美国武装部队赢得了战争，并提供了其盟友配合美国作战所需的一切物质设备。经济学家并未从这些历史事实中推断出任何东西。但提及这些事实是合适的，因为干预主义者会让我们相信：一项禁止运用钢铁建造公寓的法令会自动生产飞机和战舰。

生产活动根据消费者需求变化所做的调整是利润的源泉。生产活动的以前状态与其适应新需求结构的状态，二者之间的差距越大，需要进行的调整就越大，而且那些最成功地完成这些调整的人能够获得的利润也越大。从和平到战争的突然转变，彻底改变了市场结构，使彻底的重新调整成为必要，并因此对许多人而言成为赚取高利润的一个来源。规划者和干预主义者均将这样的利润视为一种丑闻。在他们看来，战时政府的首要职责是——防止出现新的百万富翁。他们说：让一些人变得更富有而让另一些人被杀戮或致残，这是不公平的。

战争中没有任何东西是公平的。这不公平，并不仅仅在于：上帝唯独偏袒大部队，而且那些装备更精良的人打败了装备较差的对手。这不公平，并不仅仅在于：战士在前线出生入死浴血奋战却最终默默无闻，而那些舒适地待在战壕后数百英里司令部里的指挥官们却毫发无损凯旋而归获得满身荣耀与名声。这不公平，并不仅仅在于：约翰粉身碎骨英勇牺牲，马克伤残拄杖度过余生，而保罗安然无恙荣归故里并且享受退伍军人的所有特权。

也许可以承认：对于那些为作战部队的装备做出最大贡献的企业家，战争提高了他们的利润——这是不"公平"的。但是否认"利润制度产生最好的武器"是愚蠢的。并非社会主义的俄国通过租借法案援助了资本主义的美国；在美国制造的炸弹轰炸德国本土之前、在俄国人获得美国大公司制造的武器之前，俄国人在二战的欧洲战场上已经不幸地被击败了。战争中最重要的事情并不是避免高额利润的出现，而是将最精良的装备输送给自己国家的士兵和水兵。一个国家最大的敌人是那些恶意煽动者，他们将自己的嫉妒凌驾于自己国家事业的至关重要利益之上。

当然，从长远来看，战争与维护市场经济，二者是不相容的。资本主义本质上是一个针对和平国家的计划。但这并不意味着：一个被迫击退外国侵略者的国家必须以政府控制取代私营企业。若它这么做，它就会剥夺自己效率最高的防御手段。战争社会主义得到了很大的美化，但德国人在两次世界大战中皆被打败了。

战争与资本主义水火不容，其真正含义是：战争与高度文明水火不容。若资本主义的效率被政府引导到毁灭工具的输出上，私营企业的聪明才智就能制造出足以摧毁一切的强大武器。使战争与资本主义水火不容的，恰恰是资本主义生产方式无与伦比的效率。

市场经济在个人消费者之主权的支配下，生产出使个人生活变得更舒适的产品。它迎合了个人对更多舒适的需求。正是这一点使资本主义在暴力的使徒们眼中变得卑鄙。他们崇拜"英雄"、破坏者和杀手，鄙视资产阶级及其"小贩心态"（桑巴特语）。现在人类正在收获这些人播下的种子成熟的果实。

3 战争与自给自足

若一个经济上自给自足的人开始跟另一个自给自足的人不和，就不会产生"战争经济"的任何具体问题。但若裁缝对面包师开战，他从此以后就必须自己给自己生产面包。若裁缝忽视了这一点，他就会比他的敌手——面包师——更早陷入困境。这是因为，同样是等待，可是面包师能够忍住不买一套新衣服的时间，比裁缝能够忍住不买新鲜面包的时间要长。因此，发动战争的经济问题对于面包师而言跟对于裁缝而言，二者是不同的。

国际分工是在"不再有战争"这一假设下发展起来的。在曼彻斯特学派的哲学中，自由贸易与和平被认为是相互制约的。使贸易国际化的商人并未考虑发生新战争的可能性。

一般的参谋和学习作战理念的军校学生也丝毫不注意国际分工所带来的条件的变化。军事科学的方法在于研究过去已发生的战争的经验，并从中抽象出一般规则。即使是杜伦尼（Viscount de Turenne）和拿破仑一世战役中最谨慎的占领行动，也不能表明存在一个"在几乎没有任何国际分工的时代不会出现"的问题。

欧洲军事专家轻视对南北战争的研究。在他们看来，这场战争毫无启发性。这场内战的双方皆是由非专业指挥官领导下的非正规军构成的部队。像林肯这样的平民干扰了军事行动的进行。欧洲军事专家认为：从这次战争经历中能够学到的东西很少。但正是在南北战争中，地区间分工问题首次起到了决定性作用。美国南方以农业为主；其加工业微不足道。美国南部联盟依赖来自欧洲制造业之产品的供给。由于美国北方联邦方面军队的海军力量强大到足以封锁南部联盟的海岸，于是南部联盟很快就开始缺乏所需的装备。

两次世界大战中的德国人不得不面对同样的形势。他们依赖海外食品和原材料的供给。但他们无法越过英国的海上封锁。在两次世界大战中，胜负皆是由大西洋系列战役所决定的。德国人战败了，因为他们企图切断不列颠群岛进入世界市场的努力失败了，而且他们自己也无法保护自己的海上补给线。战略问题是由国际分工条件决定的。

德国战争贩子决心采取有关政策，希冀让该等政策发挥作用，使德国有可能在对外贸易形势不利的情况下发动战争。他们的灵丹妙药是代用品（ersatz），也即替代品。

一个替代品是这样一种商品：它要么不太适合，要么价格更贵，或者既不太适合又比它设计用来替代的适当商品价格更贵。每当技术成功地制造或发现了比以前使用的东西更合适或更便宜的东西时，这种新东西就代表了一项技术创新；这是改进，而不是代用品。按照"代用品"这一术语在经济军事学说中的用法，代用品的基本特征是质量低劣或成本较高，或两者兼而有之。[1]

军事武器和物资经济学（Wehrwirtschaftslehre），也即德国战争经济学理论认为：在战争问题上，生产成本和产品质量皆不重要。追求利润的企业关心的是生产成本与产品质量。但是，一个优越种族的英雄精神并不关心这种贪婪心理的幽灵。唯一重要的是战备。一个好战的国家必须以自给自足为目标，才能独立于对外贸易。它必须培育和促进替代品的生产，而不管拜金主义者的考虑。它离不开政府对生产的全面控制，因为公民个人的利己主义会挫败领导人的计划。即使在和平时期，最高统帅也必须被赋予经济独裁的权力。

代用品学说的两个定理皆是谬误的。

首先，"替代品的质量和适用性并不重要"，这么说是不对的。若士兵被派往战场，营养不良，装备的是用劣质材料制造的武器，那么在战场上取得胜利的机会就会受到损害。他们的军事行动将不会那么成功，而且他们将遭受更大的伤亡。意识到他们的技术劣势始终会压在他们的心上。代用品既会损害一支军队的物质力量，也会损害其士气。

认为"生产替代品的成本更高，这并不重要"的定理，同样不正确。生产成本更高，意味着必须消耗更多的劳动力和更多的物质生产要素，以达到与敌手生产适当产品以更低支出所达到之效果相同的效果。这无异于挥霍稀缺的生产要素、物力和人力。这种浪费在和平条件下导致生活水平下降，而在战争条件下则

---

[1] 在这个意义上，在进口税保护下，在德意志帝国领土内生产的小麦也是代用品，因为：它的生产成本高于外国小麦。"代用品"的概念是一个交易经济学概念，而且必须根据物品的技术物理特性来加以定义。

导致军事行动所需物资供给减少。在目前的技术知识状态下，说"任何东西皆可产生出一切东西"只是一个轻微的夸张而已。但重要的是，要从众多可能的方法中挑出那些单位投入产出最高的方法。任何偏离这一原则的行为皆会使自己受到惩罚。其在战争中的后果跟其在和平时期的后果一样糟糕。

在美国这样一个对外国原料进口的依赖度相对而言几乎可忽略不计的国家，可以通过生产合成橡胶等替代品来提高战备状态。当与有利的影响相比较时，不利的影响会很小。但是，像德国这样的国家大错特错地认为：它可以用合成汽油、合成橡胶、人造纺织品和人造脂肪来征服全世界。在两次世界大战中，德国皆处于裁缝的地位，与给他提供面包的人作战。尽管纳粹穷凶极恶，但他们无法改变这一点。

4 战争之负效用

人与动物的区别在于对分工下合作所能产生之优势的洞察力。一个人为了跟其他人合作，会抑制自己与生俱来的攻击性本能。他越想改善自己的物质福祉，就越要扩大分工体系。与此同时，他必须越来越多地限制他诉诸军事行动的范围。国际分工的出现要求彻底废除战争。这就是曼彻斯特自由放任哲学的精髓所在。

当然，这种哲学跟中央集权论是不相容的。在这种情况下，国家——作为暴力压迫的社会机器——受托保护市场经济的顺利运行，使其免受反社会个人和帮派的攻击。它的功能是不可缺少的，而且是有益的，但它只是一种辅助功能。没有任何理由将警察权力偶像化并认为其无所不能和无所不知。有些事情它肯定做不到。它无法消除生产要素的稀缺性，它无法使人民更加繁荣富裕，它也无法提高劳动生产率。它所能做到的，就是防止歹徒挫败那些致力于促进物质福祉之人的努力。

边沁和巴斯夏的自由主义哲学尚未完成其消除贸易壁垒和政府干预商业的工作，这时神圣国家的假神学就开始生效了。通过政府法令改善工薪阶层和小农的状况，这种举措使得有必要越来越多地放松那些连接各国国内经济跟其他国家经济的联系。经济民族主义，是国内干预主义的必要补充，但它损害了外国人民的利益，并因此造成了国际冲突。它提出"用战争来改变这种不令人满意事态"的想法。为何一个强国要容忍一个不那么强大国家的挑战？通过海关、移民壁垒、外汇管制、量化贸易限制和没收鲁里坦尼亚人在拉普坦尼亚的投资来伤害大国鲁里坦尼亚的公民，难道不是小国拉普坦尼亚的傲慢无礼举动吗？鲁里坦尼亚的军队粉碎拉普坦尼亚的可鄙军队，难道不是轻而易举的事情吗？

这就是德国、意大利和日本战争贩子的意识形态。必须承认：从新的"非正统"教义的观点来看，它们是一致的。干预主义产生经济民族主义，而经济民族主义产生好战性。若人们和商品被阻止越过边界，那为何军队不应该努力为他们铺平道路呢？

从1911年意大利攻陷土耳其的那一天起，战斗就一直在持续。世界上几乎总是会在某个地方发生枪击事件。缔结的和平条约实际上只是停战协定而已。此外，这些条约只与列强的军队有关。一些较小的国家始终处于战争状态。此外，也有同样有害无益的内战和革命。

有限战争时代发展起来的国际法规则，我们今天离它太远了！现代战争是残酷无情的，它不放过孕妇或婴儿；它的特点就是滥杀无辜、肆意破坏。它不尊重中立者的权利。数以百万计的人被杀害、被奴役，或者被驱逐出他们祖先生活了数个世纪的居住地。无人能预知——这场无休止斗争的下一篇章将会发生怎样的故事。

这跟原子弹关系不大。邪恶的根源并不是制造新的、更可怕的武器。邪恶的根源是征服的精神。科学家们很可能会发现一些防御原子弹的方法。但这不会改变事情，它只会在短时间内延长文明完全毁灭的进程。

现代文明是自由放任哲学的一个产物。它在政府万能的意识形态下是无法保存的。中央集权论在很大程度上归功于黑格尔的学说。然而，人们可以忽略黑格尔的许多不可原谅的错误，因为黑格尔还创造了"胜利是徒劳的"这句话。[1]击败侵略者并不足以使和平持久。抛弃产生战争的意识形态，此为要事。

□ 巴斯夏

弗雷德里克·巴斯夏（1801—1850年），出生在法国南部酿酒地区的一个富商家庭，是19世纪法国的古典自由主义理论家、经济学家，认为所有的经济决策都必须从消费者的角度来加以衡量。弗雷德里克·巴斯夏的经济理论不是完美的，但巴斯夏的思维模式和世界观，却时刻警醒着他的读者：不要从大流，不要被表象迷惑。

---

〔1〕参见黑格尔，《世界历史哲学讲座》（*Vorlesungen über die Philosophie der Weltgeschichte*），拉森（Lasson）编辑（莱比锡，1920年），第四册，第930—931页。

第三十二章 福利原则与市场原则

1 反对市场经济的理由

社会政策的各种流派对市场经济的反对是建立在非常糟糕的经济学基础之上的。他们一次又一次重复着经济学家们很早以前早已击破的错误。他们将"非常反资本主义政策"的后果归咎于市场经济,可是他们自己却主张这些政策是必要和有益的改革。他们将干预主义不可避免的失败和挫折归咎于市场经济。

这些宣传者最终必然承认:市场经济毕竟并不像他们的"非正统"学说所描绘的那样糟糕。市场经济为消费者交付商品。日复一日,它每天皆在增加产品的数量,而且在提高产品的质量。它带来了前所未有的财富。但是,干预主义的拥护者表示反对,从他所说的社会角度来看,它是存在缺陷的。它并没有消除贫穷和赤贫。这是一种以牺牲绝大多数人利益为代价,将特权授予少数人——富人上层阶级——的制度。这是一个不公平的制度。福利原则必须取代利润原则。

为了论证起见,我们可以试着以如下方式来解释"福利"的概念,即绝大多数非禁欲主义者皆可能接受它。我们在这些努力中越成功,我们就越剥夺"福利"概念的任何具体意义和内容。它变成了人的行为之基本范畴的苍白转述,即尽可能消除不安的渴望。人们普遍认为——通过社会分工可以更容易,甚至完全实现这一目标,因此,人们在社会纽带的框架内开展合作。与自给自足之人不同的社会人必须改变他对自己家庭以外的人的福祉的漠不关心的原始生物性。他必须调整自己的行为以适应社会合作的要求,并将同胞的成功视为自己不可缺少的一个条件。从这个观点来看,人们可以将社会合作的目标描述为"实现最多数人的最大幸福"。几乎没有人敢反对这种最理想状态的定义并争辩说"看到尽可能多的人尽可能幸福不是一件好事"。针对边沁公式的所有攻击皆围绕着关于"幸福"概念的模糊或误解;它们并没有影响这样一个公设,即无论善是什么,皆应该给予最多的人。

然而，若我们以这种方式解释福利，这个概念就没有任何具体的意义。它可以被用来为各种社会组织（存在的正当性）作辩护。事实是，一些黑人奴隶制的捍卫者认为"奴隶制是使黑人幸福的最佳手段"，而且今天在美国南方，许多白人真诚地认为"严格的种族隔离对有色人种的好处不亚于据称对白人的好处"。戈比诺（Arthur de Gobineau）学派和纳粹学派种族主义的主要论点是：优等种族的霸权有利于真正的利益，甚至有利于劣等种族的利益。一个涵盖范围足够宽广乃至于涵盖所有学说的原则，无论这些学说之间如何相互冲突，皆是毫无用处的。

但在福利宣传者的口中，"福利"的概念具有某一特定含义。他们故意运用一个被普遍接受的术语，而其内涵排除了任何反对意见。没有任何一个正派的人会喜欢如此轻率地对福利的实现提出异议。福利宣传者自以为享有将自己的计划称为"福利计划"的专有权利，他们想通过一种廉价的逻辑伎俩来取得胜利。他们想通过给其想法赋予一个人人皆珍视的称谓来使其想法免受批评。他们的术语已经暗示：所有的反对者皆是居心不良的无赖，这些无赖们渴望在损害大多数好人之利益基础上获取自己的自私利益。

西方文明的困境恰恰在于：严肃认真的人可以采取这种三段论的技巧而不会遭到尖锐的指责。只有两种解释是可能的。要么是这些自封的福利经济学家自己没有意识到他们的做法在逻辑上是不可接受的，在这种情况下，他们缺乏不可或缺的推理能力；要么他们故意选择这种辩论模式，以便在一个事先旨在消除所有反对者敌意的词语后面为其谬误找到庇护。在每一种情况下，他们自己的行为皆谴责他们自己。

毫无必要对前面各章关于各种干预主义之影响的探究作任何补充。卷帙浩繁的福利经济学并未提出可以使我们的结论无效的任何论据。唯一剩下的任务是检查福利宣传者工作的关键部分——他们对市场经济的控诉。

所有这些关于福利学派的热情洋溢的言论最终归结为三点。他们说：资本主义是不好的，因为资本主义社会依然存在贫困、存在收入和财富的不平等，而且没有安全保障。

2 贫困

我们可以描绘一个农业社会的景象：在这个社会中，每位成员皆耕种一块面积足够大的土地，足以为自己和家人提供不可缺少的生活必需品。我们可以在这样一幅画面中包括少数专家、工匠（如铁匠）和专业人员（如医生）的存在。我们甚至可以更进一步，假设——有些人并不拥有自己的农场，而是作为劳动者在别人的农场里劳作。雇主针对他们的帮助给予他们报酬，并在他们生病或年老致残时照顾他们。

这是关于一个理想社会的设计方案，而此方案是许多乌托邦计划的最底层。在一些社会里，此方案在一段时间内基本上得到了实现。最接近其实现的实践可能是耶稣会教士在一个国家（今日的巴拉圭）建立的联邦。然而，没有必要研究这种社会组织制度的优点。历史的演变已将它撕成碎片。其框架对于今天生活在地球表面的人数而言太狭窄了。

这样一个社会所固有的弱点是：人口的增加必然导致渐进式贫困。若一个已故农场主的财产分给他的孩子，每个孩子所持有的财产最终会变得如此之少，以至于其不能再为一个家庭提供足够的生计。每个人皆是一个土地所有者，但每个人皆极其贫穷。

在现代资本主义兴起之前的时代，政治家、哲学家和律师提到穷人和贫困问题时，他们指的是这些多余的可怜之人。自由放任主义及其分支——工业主义——将可就业的穷人转变为工薪阶层。在不受阻碍市场社会中，有收入较高的人，也有收入较低的人。不会再有这样的人：他们虽有能力并愿意工作但却找不到固定工作，因为在社会生产体系中没有给他们留下任何生存空间。但自由主义和资本主义，甚至在其鼎盛时期，也仅限于西欧和中欧、北美和澳大利亚等地理面积相对较小的地区。在世界其他地方，仍有数亿人处于饥饿的边缘。他们是穷人或穷光蛋，是额外的和多余的，是他们自己的负担，也是对少数更幸运同胞的一种潜在威胁。

这些可怜群众的贫困并不是资本主义造成的，而是资本主义的缺失造成的。要不是自由放任主义的胜利，西欧人民的命运会比苦力还要糟糕。亚洲的问题在于：与西方的资本设备相比，亚洲的人均资本投入额度极低。主流的意识形态和作为其分支的社会制度制约着逐利企业家精神的演变发展。国内资本积累很少，而且对外国投资者表现出明显的敌意。在其中许多国家，人口数量的增长甚至超过了可用资本的增长。

只要存在着不受阻碍的资本主义，就不再存在"贫困"这个词用于非资本主义社会之状况意义上的贫困问题。人口数量的增加并没有带来多余的张口吃饭的嘴，而是带来了更多的勤劳致富的帮手，这些帮手的就业创造了更多的财富。不存在四肢健全的穷光蛋。从经济落后国家的角度来看，资本主义国家的"资本"

与"劳动力"的冲突表现为一个特权上层阶层内部的冲突。在亚洲人眼中，美国汽车工人就是一个"贵族"。他是一个属于地球上收入最高人口百分之二的人。不仅有色人种，而且斯拉夫人、阿拉伯人和其他一些民族，他们也将资本主义国家公民——大约占人类总数的12%或15%——的平均收入视为他们自己物质福祉的削减。他们并未意识到：除了移民壁垒的影响之外，这些据称"享有特权之群体"的繁荣并不是由他们自己的贫困来弥补的；改善他们自身条件的主要障碍是他们对资本主义的憎恶。

在资本主义框架内，"贫穷"的概念仅指"那些不能照顾自己的人"。即使我们不考虑儿童的情况，我们也必须认识到：永远会有这种无法就业的人。资本主义虽然改善了群众的生活水平、卫生条件和疾病防治方法，但并不能消除身体上的残障。诚然，许多过去注定终身残障的人今天已经恢复了全部活力。但另一方面，有许多人，其先天缺陷、疾病或事故在早些时候原本会很快消失，他们作为永久丧失行为能力的人幸存下来。此外，随着平均寿命延长，失去谋生能力的老年人，其人数也会增加。

丧失行为能力之人的问题，是人类文明和社会的一个特殊问题。残疾的动物必然很快灭亡。它们要么饿死，要么成为同类敌人的猎物。野蛮人对那些不合格的人毫不怜悯。对于他们，许多部落实行了纳粹在我们这个时代所采用的进行冷酷无情铲除的野蛮手段。然而，数量相当大的残障人的存在本身就是文明和物质福祉的一个特征标志——无论多么自相矛盾。

长期以来，为那些缺乏生计和没有近亲照顾的残障人提供供给，这一做法一直被认为是一项慈善工作。所需资金有时由各国政府提供，更多的是自愿捐款。天主教教团和会众以及一些新教机构，他们在收集和适当使用这些捐款方面取得了惊人的成就。今天，也有许多非教派机构与他们进行着崇高境界的竞争。

慈善制度因两个缺陷而受到批评。一个是缺乏可用的手段。然而，资本主义越进步、财富越增加，慈善资金就变得越充足。一方面，人们更愿意与自身福祉的改善成比例地捐赠。另一方面，贫困人口的数量也随之下降。即使对于那些收入中等的人而言，通过储蓄和保险单，也有机会为事故、疾病、老年、子女教育以及鳏寡人士和孤儿的支助提供保障。在资本主义国家，若干预主义并不破坏市场经济的基本制度，慈善机构的资金极有可能是充足的。信贷扩张和货币量以通胀方式增加，挫败了"普通人"打算通过储蓄和积累储备以备不时之需的企图。但是，干预主义的其他做法对工薪族和受薪雇员、专业人员和小型企业所有者之切身利益的损害几乎没有减少。大部分得到慈善机构援助的人之所以贫困,仅仅是因为干预主义使他们如此。与此同时,通胀和将利率降低到低于潜在市场利率水平的举措,实际上吞噬了医院、精神病院、孤儿院和类似机构的捐赠。至于福利宣传者哀叹可用于援助的资金不足,他们是在哀叹他们自己所倡导的政策导致的结果之一而已。

慈善制度的第二个缺陷是它只是慈善和同情。穷人对他所受到的仁慈并无法律上的诉求。他依赖于仁慈人士的怜悯,依赖于他的痛苦所激起的温情。他收到的是一份他必须心怀感激的自愿馈赠之礼。做一个受救济者是可耻和丢脸的。对于一个有自尊心的人而言,这是一种难以忍受的状况。

这些抱怨是有道理的。这种缺点确实存在于所有类型的慈善活动之中。这是一个既败坏给予者,又败坏接受者的制度。它使前者自以为是,使后者卑躬屈膝、曲意逢迎。然而,只是一种资本主义环境的心态,才让人感到施舍和接受施舍的屈辱。除了现金联系和买卖双方以纯粹商业式的方式进行交易的领域之外,所有人与人之间的关系皆受到同样弱点的影响。正是市场交易中缺乏这种个人因素,那些指责资本主义铁石心肠和冷酷无情的所有人皆为之感到遗憾。在这样的批评家看来,在以物易物契约(do ut des)原则下开展的合作使所有社会纽带皆丧失了人性。它用契约代替兄弟友爱和互相帮助的意愿。这些批评家指责资本主义法律秩序忽视了"人的一面"。当他们指责慈善制度依赖仁慈的情感时,他们是不一致的。

封建社会是建立在恩典行为和受恩惠者心怀感激的基础之上的。强大的霸主给了诸侯一个好处,后者欠霸主的是个人的忠诚。条件是人性的,因为下属必须亲吻上级的手,并对他们表示忠诚。在一个封建环境中,慈善行为所固有的恩典因素并不构成冒犯。它与普遍接受的意识形态和做法相一致。只有在一个完全基于契约关系之社会的背景中,才出现了"给穷人一个合法诉求,一项目可针对社会提起诉讼之生计所有权"的想法。

主张支持这种获得生计权利的形而上学论据是以自然权利学说为基础的。在上帝或自然面前,所有人皆是平等的,并被赋予一项不可剥夺的生存权利。然而,在分析讨论先天不平等的影响时,提到先天平等肯定是不合适的。身体残障使许多人无法在社会合作中发挥积极作用,这是一个令人难过的事实。止是自然规律的运作使这些人成为弃儿。他们是上帝或大自然的继子女。我们可以完全赞同如下宗教和道德戒律:这些戒律宣称,帮助大自然注定要使其不幸的同胞是人的职责。但是，承认这一职责并不能回答"应采取何种方法履行这一职责"的问题。它并不禁止选择将会危害社会和限制人类努力之生产率的方法。身体健全的人和无行为能力的人，皆不会从可用商品数量的下降中得到任何好处。

所涉及的问题并不具有行为学性质，而且经济学也不需要为这些问题尽量提供最好的解决办法。它们涉及病理学和心理学。它们涉及一个生物学因素，即对贫穷的恐惧和靠慈善资助之有辱人格后果的恐惧是保持人之生理平衡的重要因素。它们促使一个人保持健康、避免疾病和事故，并尽快从受伤中恢复过来。社会保障制度的经验，尤其是最古老和最完整制度——德国社会保障制度——的经验，清楚地表明了取消这些激励措施所产生的不良影响。[1]任何一个文明社会皆不会冷酷无情地允许丧失行为能力的人在无助中灭亡。但是，用法律上可强制执行的资助或维持生计权利主张来代替慈善救济，这么做似乎不符合人性的本质。不是形而上学的先入观念，而是实际有利性的考虑，使得颁布一项可诉生计给养权是不可取的。

此外，认为"颁布这种法律可以使穷人摆脱接受施舍所固有的有辱人格特征"，这是一种幻想。这些法律越慷慨大方，它们的应用就会变得越谨小慎微。官僚的自由酌定权取代了人民的自由酌定权，而人民的内心声音驱使他们施展慈善行为。这一变化是否会让那些丧失行为能力之人的命运变得不那么艰难，很难说。

3 不平等

收入和财富的不平等是市场经济的一个固有特征。消除不平等将彻底破坏市场经济。

那些要求平等的人，心里想的总是增加他们自己的消费能力。在支持平等原则作为一个政治公设时，没有任何人愿意跟那些收入较少的人分享自己的收入。当美国工薪阶层提到"平等"时，他的意思是——股东的股息应该分给他。他并不建议为了收入低于他的地球上95%人口的利益而削减自己的收入。

收入不平等在市场社会中所起的作用绝不能跟它在封建社会或其他类型的非

---

[1] 参见苏尔茨巴赫（Sulzbach），《德国在社会保险方面的经验》（*German Experience with Social Insurance*）（纽约，1947年），第22—32页。

资本主义社会中所起的作用相混淆。然而，在历史演变过程中，这种前资本主义不平等具有极其重要的意义。

我们来比较一下中国的历史和英国的历史。中国已经发展了程度非常高的文明。两千年前，中国在文明程度方面远远领先于英国。但是到了19世纪末，英国是一个富裕和文明的国家，而中国却是一个贫穷的国家。中国的文明程度跟其很早以前已经达到的阶段并无太大区别。这是一个被捆住手脚的文明。

中国比英国在更大程度上已经做出尝试，试图实现收入平等原则。土地持有被划分和细分。中国没有成员人数众多的无地无产者阶层。但在18世纪的英国，这个阶层成员人数非常众多。在很长一段时间里，非农业企业的限制性做法，由于被传统意识形态神圣化，因而推迟了现代企业家精神的出现。但是，当自由放任哲学通过彻底摧毁限制主义的谬误而为资本主义开辟了道路时，工业主义的演变就可以加速进行，因为所需的劳动力已经可以随时提供。

产生"机器时代"的，并不像桑巴特想象的那样是占有欲的非特异性心态——这种心态有一天神秘地控制了一些人的思想并将他们变成了"资本家式的人"。总有人已准备好从"更好地调整生产以满足公众需求"中获利。但他们被意识形态所麻痹，这种意识形态将占有欲打上不道德的烙印，并建立了制度性障碍来遏制它。以"自由放任哲学"取代"赞成传统限制制度的学说"，这一做法消除了物质改善的这些障碍，从而开创了新时代。

自由主义哲学抨击传统种姓制度，因为它的保留跟市场经济的运行不相容。它主张废除特权，因为它想让那些具有独创性的人放手去干，从而以成本最便宜的方式生产最大量的最优质产品。在他们纲领的这一消极方面，功利主义者和经济学家同意那些从所谓"自然权利"和"人人平等"学说角度攻击地位特权的人的观点。这两个团体一致支持"法律面前人人平等"的原则。但这种一致并未消除两种思路之间的根本对立。

在自然法学派看来，所有人在生物学上皆是平等的，因此有平等分享一切事物的不可剥夺权利。第一个定理显然与事实相反。第二个定理若得到一致的解释，就会导致这样的荒谬，以至于它的支持者完全放弃了逻辑上的一致性并最终开始认为：每一种制度——无论它多么具有歧视性和不公正——皆是与所有人的不可剥夺平等相容的。著名的弗吉尼亚人，其思想推动了美国革命，但他们默许保留黑人奴隶制。

"法律面前人人平等"的自由主义倡导者充分认识到：人人生而不平等，

而且正是他们的不平等才产生了社会合作和文明。他们认为：法律面前人人平等，并不是为了纠正宇宙中不可阻挡的事实，也不是为了使自然的不平等消失。恰恰相反，它是确保全人类获得其从宇宙中能够获得的最大利益的一种手段。从此以后，任何人为制定的制度皆不应阻止一个人达到他能最好地为其同胞服务的地位。自由主义者并不是从所谓"个人不可剥夺权利"角度来处理这个问题，而是从社会和功利主义角度来处理这个问题。在他们看来，法律面前人人平等是好的，因为这最符合所有人的利益。它让选民决定——谁应该担任公职，让消费者决定——谁应该指导生产活动。它因此消除了暴力冲突的根源，并确保朝着更令人满意之人类事务状态稳步前进。

这种自由主义哲学的胜利产生了如下所有现象：这些现象在其总体上被称为"现代西方文明"。然而，这种新的意识形态只有在一个收入平等理想非常薄弱的环境中才能获胜。若18世纪的英国人全神贯注于收入平等的幻想，自由放任哲学就不会吸引他们，就像它今天不吸引中国人或穆斯林一样。在这个意义上，历史学家必须承认：封建主义和庄园制的意识形态遗产促成了我们现代文明的兴起，无论其有多大的不同。

那些对新功利主义理论的思想不感兴趣的18世纪哲学家，依然可以说在中国和穆斯林国家有优越的条件。的确，他们对东方世界的社会结构知之甚少。在他们获得的暗淡报告中，他们认为值得称赞的是没有世袭贵族和大量土地持有。正如他们所想象的那样，这些国家在建立平等方面比他们自己国家更成功。

后来，在19世纪后期，这些主张又被有关国家的民族主义者重新提出。这支队伍由泛斯拉夫主义领导，该主义的拥护者极力吹捧在俄罗斯的村社和村集体以及南斯拉夫的合作社（Zadruga）实现的公社合作的卓越性。语义混乱本来已将政治术语的含义变成了它们的对立面，而随着这种混乱进一步发展，"民主的"这个绰号现在被大量使用。穆斯林民族，除了无限制专制主义之外，从来不知道任何形式的政府，却被称为"民主的"民族。印度民族主义者以谈论传统印度教民主为乐！

经济学家和历史学家对所有这些情感流露无动于衷。在将亚洲人的文明描述为"低级文明"时，他们并未表达任何价值判断。它们只是证实了这样一个事实，即这些民族并没有创造出在西方产生资本主义文明的意识形态和制度条件，而今天的亚洲人至少在为其（资本主义文明的）技术和治疗工具和用具发出惊叹声时含蓄地接受了资本主义文明的优越性。正是当人们认识到"过去许多亚洲民族的文化远远领先于其同时代西方民族的文化"这一点时，人们才会提出一个问题：是何原因阻止了东方的进步。在印度教文明的情况下，答案是显而易见的。在这里，僵化种姓制度的铁腕控制阻碍了个人的主动性，并将偏离传统标准的一切企图扼杀在萌芽状态。但是中国和穆斯林国家，除了对一小部分人的奴役之外，不存在种姓僵化现象。他们是被独裁者统治。但在独裁者的统治下，臣民个人是平等的。甚至奴隶和太监也没有被禁止获取最高的显赫要职。今天人们在谈到这些东方人所谓的民主习俗时，就是指这种统治者面前的平等。

这些民族及其统治者所致力于的"臣民的经济平等"概念，其定义并不准确，而且模糊不清。但它在一个方面是非常明显的，那就是完全谴责任何个人积累大量财富。统治者认为富裕的臣民对其政治霸权构成威胁。所有的人，包括统治者和被统治者，皆深信：除了剥夺别人按权利应该属于他们的东西之外，没有任何人能够积聚丰富的财富，而且富有的少数人的财富正是造成多数人贫穷的原因。富商的地位在所有东方国家皆极不稳定。他们任由官员摆布。即使是奢侈的贿赂亦无法保护他们免受没收。每当一个繁荣富足的商人成为治理者嫉妒的牺牲品时，整个民族皆拍手称快、欢欣鼓舞。

这种仇富精神阻碍了东方文明的进步，使广大人民处于饥饿的边缘。由于资本积累受到抑制，就根本不可能有技术改进。资本主义是作为一种外来意识形态传入东方的，是由外国军队和海军以殖民统治或治外法权的形式强加的。这些暴力手段当然不是改变东方人传统心态的适当手段。但是，承认这一点并不能否定这样一种说法，即正是对资本积累的憎恶使数亿亚洲人注定遭受贫穷和饥饿。

我们当代福利宣传者心中的"平等"概念是亚洲平等观念的翻版。虽然在任何其他方面模糊不清，但它对巨额财富的厌恶却非常清楚。它反对大企业和大财富。它主张采取各种措施来抑制个体企业的发展，并通过对收入和财产实行没收性税收实现更多的平等。它引起了不明智大众的嫉妒。

没收政策的直接经济后果，前文已有过分析论述。很明显，从长远来看，这样的政策不仅必然会减缓或完全抑制资本的进一步积累，而且必然会消耗之前已经积累的资本。它们不仅会阻碍朝向更多物质繁荣的进一步发展，甚至会逆转这一趋势，带来一种趋向日益贫困的趋势。亚洲的理想将会胜利；最后，东西方将在同等痛苦水平上相遇。

福利学派不仅自诩代表整个社会的利益，而且声称不代表逐利企业的私利；此外，福利学派还认为：它考虑的是国家持久的世俗利益，而不是投机者、推动者和资本家的短期关切，因为这些人只致力于获取暴利而不关心整个社会的未来。当然，这第二个主张跟该学派强调短期政策而不是长期关切的观点是不可调和的。然而，一致性并不是福利教条主义者的优点之一。为了论证起见，让我们暂且忽略他们陈述中的这种矛盾，并且在不提及其不一致性的前提下审视它们。

储蓄、资本积累和投资，这些举措从当前消费中截留有关金额的资金，并将其用于改善未来的状况。储蓄者放弃现在需求满足的增加，以便在更遥远的将来改善自己及其家人的福祉。从"自私"这个术语的通俗含义来看，他的意图肯定是自私的。但是他自私行为的影响是有利于整个社会及其所有成员的持久世俗利益的。他的行为产生了所有这些现象，即使是最偏执的福利宣传者也将"经济改善"和"经济进步"等名号赋予这些现象。

福利学派提倡的政策消除了公民私人储蓄的动机。一方面，旨在削减巨额收入和财富的措施，严重削弱或完全摧毁了更富裕人士的储蓄能力。另一方面，中等收入人士以前为资本积累贡献的金额被操纵，以将其引导到消费领域。在过去，当一个人通过将钱委托给一家储蓄银行或购买一张保险单来进行储蓄时，银行或保险公司将等值的资金拿去做了投资。即使储蓄者在以后某一天消费了储蓄的金额，也丝毫不会导致撤资和资本消耗。尽管有这些资金提取，储蓄银行和保险公司的总投资依然稳步增加。

如今，银行和保险公司越来越倾向于投资政府债券，这已成为一种普遍趋势。社会保障机构的资金完全成为对公共债务的所有权。就公共债务是由经常性支出的开支所引起的而言，个人储蓄并不导致资本积累。在不受阻碍市场经济中，储蓄、资本积累和投资是一致的，而在干预主义经济中，公民个人的储蓄可以由政府耗散。公民个人限制其当前消费以保障自己的未来；通过这样做，他为社会的进一步经济进步和提高其同胞的生活水平贡献了自己的一份力量。但政府介入并消除个人行为的社会有益影响。没有什么比这个例子更能体现关于福利的陈词滥调了，这种陈词滥调将自私和狭隘的个人与富有远见的仁慈政府进行了对比，前者只致力于享受当下的快乐而不考虑其同胞的福祉和社会的长期关切，后者坚持不懈地致力于促进整个社会的持久福利。

福利宣传员确实提出了两个反对意见。首先，个人的动机是利己主义的，而政府满怀良善意图。为了辩论起见，我们暂且承认——个人是魔鬼般的，统治者是天使般的。但是，在生活和现实中，重要的是——尽管康德说了相反的话——并不是良善意图，而是取得的成就。使社会存在和进化发展成为可能的恰恰是这样一点：从长远来看，社会分工下的和平合作最符合所有个人的利己主义关切。市场社会的卓越之处在于：其整个功能和运作皆是对这一原则的完善。

第二种反对意见指出：在福利制度下，政府的资本积累和公共投资应取代私人的资本积累和投资。它提到了这样一点：政府过去借入的资金并不全部用于经常性支出。相当一部分资金被投资于公路、铁路、港口、机场、发电站和其他公共工程的建设。资金中另一个同样引人注目的部分是用于发动防御战争，这显然不能用其他方法来筹集资金。然而，该反对意见并未抓住重点。重要的是，个人储蓄的一部分被政府用于当前消费，而且，没有任何东西能阻止政府增加这一部分，乃至于使其实际上吸收了全部储蓄。

显然，若政府使其国民无法积累和投资额外资本，则形成新资本的责任（若有）就转移到政府身上了。福利宣传者认为"政府控制是上帝之天赐关怀的同义词，这种关怀十分睿智地、潜移默化地将人类引向一个不可避免之进化进步的更高级、更完美阶段"，但这些宣传者并未看到问题的复杂性及其后果。

不仅进一步储蓄和积累额外资本，而且将资本维持在目前水平，这些均须削减今天的消费，以便以后有更为充足的供给。它是节制，是一种对可以立即获得的满足的克制。[1]市场经济带来了一种环境，在该环境中，这种节制在一定程度上得到实践，而且在该环境中，它的产品——积累的资本——被投资于其最能满足消费者最迫切需要的领域。由此产生的问题是：政府对资本的积累能否取代私人（对资本的）积累，以及政府将以何种方式投资所积累的额外资本。在一个完全或几乎完全取消了导致私人资本形成之诸条件的干预主义计划中，这些问题同样紧迫。就连美国也明显地越来越接近这样一种状况。

我们来看看一个政府的案例，该政府控制了公民储蓄相当一部分的运用。社会保障体系的投资、私人保险公司的投资、储蓄银行的投资以及商业银行的投资，所有这些投资在很大程度上均由当局决定，并被引导到公共债务之中。公民

---

〔1〕可以肯定的是，确立这一点并不是表示支持那些试图将利息描述为节制之"奖励"的理论。在现实世界里，根本不存在任何可以进行奖励或惩罚的神秘机构。原始利息究竟是何物已在前文第十九章予以说明。但是，对于被无数教科书反复强调的拉萨尔（《巴斯夏-舒尔采·冯·德里奇先生》（*Herr Bastiat-Schulze von Delitzsch*），该书收入《演讲与著作合集》（*Gesammelte Reden und Schriften*），伯恩斯坦（Bernstein）编，第五卷，第167页）的自称讽刺，强调"储蓄就是贫困是有益的，因为它剥夺了储蓄者的即时享乐"。

个人依然是储蓄者。但是，他们的储蓄是否带来资本积累，从而增加可用于改进生产设备的资本商品之数量，这取决于政府所借来资金的运用情况。若政府将这些资金用于经常性支出或不当投资而挥霍掉，则由个人储蓄发端、由银行和保险企业的投资业务继续的资本积累过程就被切断了。对两种方法进行的一个对比可能会澄清问题：

在不受阻碍市场经济的运行过程中，比尔攒了一百美元并将其存入一家储蓄银行。若他明智地选择了一家在贷款和投资业务上表现非常明智的银行，则会出现资本的增加，并带来劳动边际生产率的提高。在以这种方式产生的盈余中，有一部分以利息形式付给了比尔。若比尔在选择其存钱的银行时有眼无珠犯了错误，将其一百美元托付给了一家经营失败的银行，他就会血本无归。

在政府干预储蓄与投资的过程中，保罗在1940年通过向国家社会保障机构缴纳100美元的方式进行储蓄。[1]作为交换，他收到了一份货币要求权文书，而这实际上是一张无条件的政府借据。若政府将这一百美元用于经常性支出，就既不会产生额外资本，也丝毫不会提高劳动生产率。政府的这张借据其实就是开给未来纳税人的一张支票。到了1970年，某位彼得先生可能不得不履行政府的承诺来兑现这张支票，尽管他本人并未从"保罗在1940年储蓄了一百美元"这一事实中获得任何好处。

因此，显而易见的是，为了理解公共财政在我们今天所扮演的角色，没有任何必要去看俄国的情形。"公共债务根本不是什么负担，因为'是我们自己欠自己的'"，这种废话般的论点属自欺欺人。1940年的保罗们并不欠他们自己的。是1970年的彼得们欠1940年的保罗们的。整个体系是短期运行原则的极致。1940年的政治家们通过将他们的问题转移到1970年的政治家们身上来解决问题。在那一天到来时，1940年的政治家们要么已经作古，要么作为年事已高的政治家为他们亲手创造的伟大成就——社会保障而沾沾自喜。

福利学派的圣诞老人寓言，其特点是：他们完全没有抓住资本的问题。正是这一缺陷使他们不得不否定他们用来描述其学说的"福利经济学"这一名称。一个人若不考虑资本商品的稀缺性，那么他就根本不能算是一个经济学家，而是一

---

[1]至于是保罗自己缴纳这一百美元还是法律要求他的雇主缴纳这一百美元，并无区别。

□ 庇古

庇古（1877—1959年），出生于英国怀特岛的一个军人家庭，是英国著名经济学家，著有《福利经济学》《产业波动》等。在其代表作《福利经济学》一书中，庇古将资产阶级福利经济学系统化，因此被称为"福利经济学之父"。庇古的经济学理论，触动了新古典主义经济政策中隐含的狂妄自大。为了表示对希特勒的蔑视，他在纳粹空袭英国伦敦的时候，一直坐在帆布椅上。

个寓言家（谎言编造者）。他研究分析的对象并不是现实，而是一个传说中的富饶世界。当代福利学派的所有言论，正如有些作家的言论一样，皆是建立在"资本商品供给充足"这一隐含假设的基础之上的。然后，当然，似乎很容易找到治疗所有弊端的方法，"根据每个人的需求"给予每个人所需（商品或服务），并使每个人皆无比幸福。

的确，福利学派的一些倡导者对所涉及问题的模糊概念感到不安。他们认识到：若要让将来的劳动生产率不受损害，资本就必须保持完好无损。[1]然而，这些作者同样没有理解：即使仅仅维护资本也取决于对投资问题的熟练处理；它（维护资本）始终是成功投机的结果；而且努力保持资本完好无损的举措须以经济计算为前提，从而须以市场经济的运作为前提。其他福利宣传者完全忽视了这个问题。在这方面，他们是否诉诸于发明新的幻想概念，比如有用东西的"自我永存特性"，这无关紧要。[2]无论如何，他们的教义旨在为如下学说提供一个正当理由：这种学说将一切不令人满意的事情皆归咎于过度储蓄和消费不足，并建议将花钱消费当作一种灵丹妙药。

在经济学家的大力推动下，一些福利宣传者和干预主义者承认：平均生活水平的下降只能通过维持已经积累的资本来加以避免，而且经济的改善取决于额外资本的积累。他们说，维护资本和积累新资本从今以后将是政府的一项任务。它

---

[1] 这尤其涉及庇古（A. C. Pigou）的著作，他的《福利经济学》（*The Economics of Welfare*）一书的各种版本以及各种各样的文章。关于庇古教授观点的评论，参见哈耶克的《利润、利息和投资》（*Profits, Interest, and Investment*，伦敦，1939年），第83—134页。

[2] 参见赖特，"米塞斯教授与资本理论（*Professor Mises and the Theory of Capital*）"，《经济学刊》（*Economica*），第八期（1941年），第409—427页。

第五部分　受阻碍市场经济 | 671

们（维护资本和积累新资本）将不再任由个人——只关心自己及其家人的富裕——的自私自利所左右；当局将从大众福利角度来处理它们。

　　问题的症结恰恰在于自私自利的运作。在不平等制度下，这种自私自利促使一个人进行储蓄，并总是将他的储蓄以适当方式进行投资，从而以最佳方式满足消费者最迫切的需求。在平等制度下，这种动机消失了。在不久的将来，消费的削减将成为一种明显的匮乏，成为对个人自私目的的打击。从这种直接匮乏中所预期产生的未来更遥远时间段内可用供给的增量，对于智力一般的人而言是不太容易认识到的。此外，在一种公共积累制度下，它的有益效果分散得非常稀薄，以至于一个人很难认为这种效果是对他今天所放弃之物的一种适当补偿。福利学派愉快地假设：期望"今天储蓄的果实将被整个下一代平等地收获"，这种期望将使每个人的自私自利转变为更多的储蓄。因此，他们成为柏拉图幻觉之必然结果的牺牲品，这个幻觉就是：阻止人们知道他们是哪个孩子的父母，将会激发他们对所有年轻人的父母的感情。若福利学派注意到亚里士多德的观察——结果将会是"所有的父母对所有的孩子皆同样漠不关心"，那就明智了。[1]

　　对于一个无法采取经济计算的干预主义制度而言，维护和增加资本（也即资本保值增值）的问题是无法解决的。这样一个干预主义国家缺乏任何方法来确定其资本设备是在减少还是在增加。但是，在干预主义措施及制度下，若该干预主义制度依然可以根据国外确立的价格进行经济计算，则情况并不会那么糟糕。在这种情况下，这个国家至少可以理解发生了什么。

　　若这样一个国家由一个民主政府进行治理，则资本保全和额外资本积累的问题就成为政治对抗的主要问题。会有煽动者争辩说：专门用于当前消费的资金可能会超过那些碰巧掌权的人或其他政党愿意允许的资金。他们随时准备宣布："在目前的紧急情况下"，不可能存在为以后积累（很多）资本的问题，而且相反，消耗一部分现有可用资本是完全合理的。各个不同政党将互相比拼，争先向选民承诺——增加政府支出，同时削减并不专门针对富人的所有税种。在自由放任时代，人们将政府看作是一个机构，其运作需要一笔钱的支出，而这笔钱必须由公民所缴纳的税来支付。在公民个人的预算中，国家是一个支出项目。今天，

---

　　[1] 参见亚里士多德（Aristotle），《政治学》（*Politics*），第二册，第三章；该书收入《亚里士多德基本作品》（*The Basic Works of Aristotle*），麦肯（R. McKeon）主编（纽约），第1148页及以后页。

大多数公民将政府看作是一个分配福利的机构。工薪阶层和农场主期望从国库获得的收入超过了他们对国库收入的贡献。在他们看来，国家是一个花钱的人，而不是一个收钱的人。这些流行的信条被凯恩斯勋爵及其门徒合理化并提升到准经济学说的地位。"支出"和"预算不平衡"仅仅是"资本消耗"的同义词而已。若经常性支出——无论其被认为多么有益——是通过征收遗产税将较高收入中本来会用于投资的那部分拿走或通过借款的方式提供资金的，则政府就成为了资本消耗的一个因素。"在今天的美国，每年的资本积累或许[1]依然超过每年的资本消耗"，这一点并不能证明"联邦政府、各州和市政当局的财政政策复合整体倾向于资本消耗"这一说法是无效的。

许多意识到资本消耗之不良后果的人皆倾向于认为：受民众欢迎的政府与健全的财政政策不相容。他们并未意识到：要抨击的并不是民主本身，而是那些旨在用"圣诞老人型政府"概念来代替拉萨尔所嘲笑的"守夜人型政府"概念的学说。决定一个国家之经济政策走向的，始终是舆论所持的经济理念。任何政府——无论是民主政府还是独裁政府——皆无法摆脱普遍接受的意识形态的影响。

一些人主张限制议会在编制预算和税收问题上的特权，甚至主张完全以威权主义政府取代代议制政府，这些人就是被完美国家元首的幻想形象蒙蔽了双眼。在这些人脑海中，这个人既仁慈又睿智，他将真诚地致力于促进他的臣民所享有的持久福利。然而，真正的元首原来是一个凡人，他首先旨在永久保持自己的至高无上地位，以及他的亲属、他的朋友及他的政党的至高无上地位。就他可能采取不受欢迎的措施而言，他这么做是为了达到这些目标。他既不进行投资，也不积累资本。他建造堡垒、装备军队。

纳粹的独裁者们被广泛谈论的计划中包含为了"投资"而限制当前消费的要求。纳粹从未试图压制封锁这样一个事实真相，即所有这些投资皆是为他们所计划的侵略战争而做的准备。就政府投资于公路、铁路和其他有用之公共工程的建设而言，所需的资本是由公民个人的储蓄提供的以及由政府借来的。但是，通过公债筹集的大部分资金皆用于经常性支出了。个人辛苦攒下的钱就这样被政府肆意挥霍掉了。

即使是那些认为"财富和收入不平等是一件可悲之事"的人，亦不能否

---

[1] 在这个通胀和信贷扩张的时代，试图用统计数据来回答此问题是徒劳的。

认——它促进了资本的逐步积累。而且，只有额外的资本积累才能带来技术进步、工资率的上涨和生活水平的提高。

4 无保障

福利理论者在抱怨"无保障"时所想到的模糊的"保障"概念是指一种类似"保证"的东西，社会通过这种保证向每个人保证他认为满意的生活水平，无论其成就如何。

过去的歌颂者认为：在这个意义上的"保障"是在中世纪的社会体制下提供的。然而，没有必要对这些诉求加以审查。即使在十分辉煌的13世纪，真实情况也不同于经院哲学所描绘的理想图景；这些方案的用意是对状况进行描述，但描述的并不是它们本来的样子，而是它们应该的样子。但即使是哲学家和神学家所构想的这些乌托邦，也允许人数众多的赤贫乞丐阶层的存在，而这些乞丐完全依赖富人的施舍过活。这并不是"保障"这一术语之现代用法所暗示的"保障"理念。

"保障"概念是工薪阶层和小农依附于资本家所持有之稳定的概念。正如资本家希望永久享有一种不受不断变化的人之状况变迁影响的收入一样，工薪阶层和小农希望使其收入独立于市场。两个群体皆渴望从历史事件的流变中退出。不应再发生损害其自身地位的事件；另一方面，当然，他们并不明确反对改善他们的物质福祉。他们过去调整其经营活动所适应的市场结构，绝不应以迫使他们进行一次新调整的方式加以改变。一个欧洲山谷里的农民在遇到来自以更低成本进行生产之加拿大农民的竞争时，义愤填膺。当一种新设备的引入影响到房屋油漆工所在劳动力市场细分领域时，油漆工勃然大怒。很明显，只有在一个完全停滞的世界里，这些人的愿望才能实现。

不受阻碍市场社会的一个特征是：它不尊重既得利益。若过去的成就是进一步改进的障碍，那么过去的成就并不算数。因此，保障的倡导者将"无保障"归咎于资本主义是非常正确的。但他们歪曲事实，暗示资本家和企业家的自私利益对"无保障"负有责任。损害既得利益的是消费者对其需求尽可能得到最佳满足的渴望。并非少数富人的贪婪，而是每个人皆倾向于利用获得的任何机会来改善他自己的福祉，导致了"生产者无保障"。令房屋油漆工愤慨的是，他的同胞们宁愿选择更便宜的房子，而不是更昂贵的房子。而房屋油漆工本人，由于宁愿选择更便宜的商品而不是更昂贵的商品，在导致劳动力市场其他细分领域出现"无

□ 1929年的大萧条

1929年，美国爆发了世所罕见的经济大萧条，并蔓延到整个西方世界，间接导致了纳粹法西斯的上台，引发了第二次世界大战。

保障"方面贡献了他的一份力量。

诚然，一次又一次调整自己以适应不断变化的条件，其必要性是繁重的。但变化是生活的本质。在一个不受阻碍市场经济中，缺乏保障——缺乏对既得利益的保护——是促进物质福祉稳步改善的原则。没有必要跟维吉尔和18世纪诗人与画家的田园梦争论。没有必要去研究真正的牧羊人所享受的那种保障。没有人真的愿意和他们互换位置。

在始于1929年的大萧条中，人们对保障的渴望变得尤为强烈。它得到了数百万失业者的热烈响应。"这就是你们的资本主义！"农场主和工薪阶层的压力集团领导人如此声讨。然而，这些弊端并不是资本主义造成的，而是——正好相反——由旨在通过干预主义来"改革"和"改进"市场经济运作的努力所造成的。崩盘是试图通过信贷扩张来降低利率的必然结果。制度性失业是将工资率确定至高于潜在市场水平之政策的必然结果。

5 社会正义

至少在一个方面，今天的福利宣传者优于大多数旧学派的改革者。他们不再强调具有如下特征的"社会正义"概念：无论后果灾难性程度如何，人们皆应该遵守"社会正义"的武断戒律。他们赞同功利主义的观点。他们并不反对这样一个原则，即评价社会制度的唯一标准是根据他们实现行为人所寻求的目的之能力来判断他们。

然而，他们只要一着手研究市场经济的运作，就忘记了他们的合理意图。他们援引一套形而上学的原则，并且事先谴责市场经济，因为它不符合这些原则。他们从后门偷偷带进了他们禁止从正门进入的绝对道德标准的思想。在寻找解决贫困、不平等和无保障的方法时，他们一步一步地支持干预主义旧学派的所有谬论。他们变得越来越纠结于矛盾和荒谬之中。最后，他们情不自禁地抓住了所有早期"非正统"改革者试图抓住的稻草——完美统治者的卓越智慧。他们的最后一个词始终是国家、政府、社会，或者其他巧妙设计的"超人独裁者"的同义词。

福利学派——其中最重要的是德国的学术型社会主义者（Kathedersozialisten）以及他们的能手也即美国的制度主义者——已出版了数以千计的书籍，其中充塞着关于不令人满意状况的精心记录信息。他们认为：所收集的材料清楚地说明了资本主义的缺点。事实上，它们只是说明了一点，即人类的需求实际上是无限的，而且还有一个广阔的领域有待进一步改进。它们当然不能证明福利学说的任何陈述。

没有必要告诉我们：增加各种商品的供给将会受到所有人的欢迎。问题是：除了通过额外资本的投资来提高人类努力的生产率之外，是否还有任何其他方法来实现更大的供给。福利宣传者喋喋不休的所有胡言乱语皆是为了一个目的，即模糊这一点，而这一点正是唯一重要的。虽然额外资本的积累是任何进一步经济发展不可或缺的手段，但这些人谈到了"过度储蓄"和"过度投资"，谈到了增加支出和限制产出的必要性。因此，他们是经济倒退的先兆，他们所宣扬的是一种衰颓腐朽和社会解体的哲学。一个按照他们的戒律编排的社会，在一些人看来，从社会正义的一种武断标准角度来看，可能是公平的。但它肯定会是一个其所有成员皆日益贫困的社会。

一个多世纪以来，西方国家的公众舆论一直被"存在着'社会问题'或'劳工问题'这样的事情"的想法所迷惑。其蕴含的意思是：资本主义的存在本身损害了人民群众的切身利益，尤其是工薪族和小农的切身利益。维护这种明显不公平的制度令人无法容忍；激进的改革不可或缺。

事实真相是：资本主义不仅使人口数量成倍增长，同时也以前所未有的方式提高了人民的生活水平。经济思想和历史经验皆未表明还有任何其他社会制度能够像资本主义那样有利于人民群众。结果说明了一切。市场经济无需任何辩护者和宣传者。它可以适用于克里斯托弗·雷恩爵士（Sir Christopher Wren）在圣保罗大教堂的墓志铭："若你想找他的纪念碑，环顾你四周好了（Si monumentum requiris, circumspice）。"

第三十三章 干预主义危机

1 干预主义的收获

资本主义西方各国政府数十年来一直在实行干预主义政策，这些政策带来了经济学家所预言的所有影响。这些影响包括：国际战争和内战，成群自封独裁者对群众的无情压迫，经济萧条，大规模失业，资本消耗，饥荒。

然而，并非这些灾难性事件导致了干预主义的危机。干预主义教条主义者及其追随者，将所有这些不良后果解释为"资本主义不可避免的特征"。在他们看来，恰恰正是这些灾难清楚地表明了加强干预主义的必要性。干预主义政策的失败丝毫不会损害隐含其中之学说的受欢迎程度。它们被解释为"加强了——而不是降低了——这些教义的威望"。由于一种谬误的经济理论无法简单地被历史经验所驳倒，所以干预主义的宣传者能够将其宣传工作继续下去，尽管他们已经传播了所有的破坏。

然而，干预主义的时代正在走向终结。干预主义已耗尽其所有潜力，因而必然消失。

2 储备基金的耗尽

所有干预主义政策的基本理念是：人口中较为富裕部分（高出平均水平）的较高收入和财富是一笔资金，这笔资金可以自由地用于改善人口中较不富裕部分的状况。干预主义政策的实质是：从一个群体中拿走东西然后分给另一个群体。它实际上就是没收和分配。每一项措施最终皆通过宣称"为了穷人的利益而遏制富人是公平的"来证明其合理性。

在公共财政领域，收入和财产累进税是这一学说最具特色的表现形式。对富人征税，并将税收收入用于改善穷人的状况，这是当代预算的原则。在劳资关系领域，缩短工作时间、提高工资以及上千种其他措施，皆是在如下假设下提出的；这些措施使雇员受惠，但却给雇主带来负担。政府和社会事务的每一问题，皆是完全从这一原则的角度来进行处理的。

国有化企业和市政化企业，其经营中所采用的方法可作为说明例证。这些企业往往导致财务失败；其账目经常显示给州或市国库带来负担的亏损。调查赤字是由于商业企业之公共行为的臭名昭著的低效，还是至少部分是由于向顾客出售商品或服务的价格不足，这样的调查毫无用处。重要的是：纳税人必须弥补这些赤字。干预主义者完全赞成这种安排。他们强烈反对另外两种可能的解决方案：将企业出售给私营企业主；或者将向客户收取的价格提高到不存在任何进一步赤字的水平。在他们看来，第一个提议显然是逆潮流而动的保守做法，因为他们认为——历史的必然趋势是越来越社会化。第二个提议被认为是"反社会的"做法，因为它给消费大众带来了更重的负担。让纳税人——富裕的市民——承担负担，是比较公平的做法。他们的支付能力高于那些乘坐国有化铁路列车以及市政地铁、电车和公共汽车的普通人。干预主义者说：要求"这样的公共事业应自负盈亏"，这种要求是正统财政之老式观念的遗留物。人们不妨将目标放在使道路和公立学校经济自立上。

跟这种赤字政策的倡导者进行争论是没有必要的。很明显，这种支付能力原则的采用取决于是否存在仍可征税的收入和财富。一旦这些额外资金被税收和其他干预措施耗尽，就不能再采取这种手段了。

这正是大多数欧洲国家的现状。美国还没有走那么远；但若其经济政策的实际走向不很快发生根本改变，数年后就会出现同样的情况。

为了论证起见，我们可暂且忽略支付能力原则的全面成功必然带来的所有其他后果，而集中讨论其财政方面。

主张增加公共支出的干预主义者并未意识到"可用资金是有限的"这一点。他并未认识到：增加一个部门的支出意味着限制其他部门的支出。在他看来，可以动用的钱有很多。富人的收入和财富可以自由地取用。在建议给学校更多的补贴时，他只是强调了一点：在教育上花更多的钱是一件好事。他不敢证明：提高学校的预算补贴比提高其他部门（如卫生部门）的预算补贴更为有利。他从来没有想到：可以提出支持"限制公共支出和降低税收负担"的严肃论据。在他看来，削减预算的支持者只是明显不公平的富人阶级利益的捍卫者而已。

以目前的收入和财产税税率水平，干预主义者试图从中支付所有公共支出的这一储备基金，其规模正在迅速萎缩。在大多数欧洲国家，它实际上已完全消失。在美国，最近税率的提高只产生了微不足道的收入业绩，税收收入仅略高于以低得多的税率逐级累进所产生的收入。对富人征收高额附加税很受干预主义外行和煽动者们的欢迎，但这些高额附加税只能为税收收入的增加做出不太多的贡献。[1] 日复一日，越来越明显的是：大规模增加公共支出并不能通过"向富人多征税"来筹集资金，而必须由群众来承受负担。干预主义时代的传统税收政策，其采取的累进税和挥霍无度开支的美化手段，已经达到了无法再掩盖其荒谬性的地步。声名狼藉的原则——私人支出取决于现有可用收入的多寡，而公共（税收）收入必须根据支出来进行调节——自己就驳倒了自己，可谓搬起石头砸自己的脚。从此以后，各政府将不得不认识到：一个美元不能花两次，而且政府支出的各个项目是相互冲突的。政府额外支出的每一分钱，皆必须从迄今为止一直致力于将主要负担转移到其他群体身上的那些人那里收取。那些急于获得补贴的人将不得不自己买单。公有公营企业的赤字将由整个人口中的大多数人承担。

雇主—雇员关系中的情况将是类似的。流行的学说认为：工薪阶层是以让剥削阶级牺牲其不劳而获收入为代价来获取"社会收益"的。据说，罢工者针对的并不是消费者，而是"管理层"。在人工成本增加的情况下，没有任何理由提高产品的价格；差额必须由雇主承担。但是，当企业家和资本家的份额越来越多地被税收、更高的工资率和雇员的其他"社会收益"以及价格上限所吸收时，就没有任何东西留给这种缓冲功能了。那么，显然，工资的每一次提高，连同它的全部势头，必然影响产品的价格，而且每个群体的社会收益完全对应于（正好等于）其他群体的社会损失。每一次罢工，即使在短期内而不仅仅是在长期内，皆变成了针对其余人民的罢工。

干预主义之社会哲学的一个基本观点是：存在着一笔取之不尽、用之不竭的资金，可以永远被压榨。当这个喷泉被抽干时，整个干预主义体系就崩溃了：圣诞老人原则终将自我清算。

---

[1] 在美国，《1942年法案》(*1942 Act*)规定的附加税税率在应税所得税级"22000～26000美元"为52%。假若附加税累进止步于这一税率水平，那么1942年应税所得的税收收入损失约为2.49亿美元，相当于该年个人所得税总额的2.8%。同年，1万美元及以上个人所得类别的净收入总额为89.12亿美元。完全没收这些个人净收入产生的税收收入还赶不上今年从所有应税所得中获得的税收收入，即90.46亿美元。参考《有偿付能力之美国的税收计划》(*A Tax Program for a Solvent America*)，战后税收政策委员会（纽约，1945年），第116—117页、第120页。

3 干预主义的终结

干预主义的插曲必然曲终人散,因为干预主义无法导致一个永久性的社会组织体系。原因有三。

其一,限制性措施始终限制产出量和可供消费商品数量。无论提出何种论据来支持特定的限制和禁止措施,这种措施本身永远无法构成一个社会生产体系。

其二,对市场现象的各种干预,不仅不能达到其设计者和支持者所要达到的目的,而且还会造成一种状况:从设计者和支持者的估值角度来看,这种状况不如他们所要改变的以前状况更可取。若要通过"用越来越多的干预行为来补充最初的干预行为"这种抱薪救火的方式来纠正其明显的不适当和荒谬,就必须越走越远,直到市场经济完全被摧毁。

其三,干预主义的目的是没收一部分人口的"盈余",并将其给予另一部分人口。一旦全部没收耗尽了这一盈余,这种政策就不可能再继续下去了。

由于在干预主义的道路上越走越远,所有那些未采取俄国模式的国家皆越来越接近所谓的"计划经济",即德国模式或兴登堡模式。在经济政策方面,现在各国之间,各国内部,各政党和各压力集团之间,差别不大。历史上的政党名称已失去其本来的意义。就经济政策而言,实际上只剩下两派:全面国有化方法的拥护者和干预主义者。自由市场经济的倡导者对事态的发展几乎产生不了什么影响。经济自由依然存在的是政府所采取措施之失败的结果,而不是一项刻意政策的结果。

无论如何,可以肯定的是,所有干预主义者皆认为:在每一种情况下,皆需要政府单独来决定——是必须让事情由市场来确定,还是需要政府采取某种干预行动。这意味着:他们只愿意容忍消费者的至高无上,只要它带来他们自己认可的一种结果。一旦经济中发生了任何一个官僚机构不喜欢的事情或者引起某一压力集团愤怒的事情,人们就会大声呼吁要求新的干预、控制和限制措施。要不是立法者的低效和许多公职人员的松懈、粗心和腐败,市场经济的最后一点痕迹早就消失了。

资本主义无与伦比的效率从来没有以比在这个"令人发指的反资本主义"时代更有益的方式表现出来。当政府、政党和工会正在破坏一切商业经营活动时,企业精神依然成功地增加了产品的数量、提高了产品的质量,并且使消费者更容易获得产品。在那些尚未完全放弃资本主义制度的国家里,普通人今天所享有的生活水平,是历代君主王公和地方长官、乡绅富豪所羡慕的。不久前,煽动者将人民群众的贫困归咎于资本主义。今天，他们宁愿将资本主义赋予普通人的"富裕"归于资本主义。

上文已表明：经理人制度——将经营活动中的辅助任务分配给可以授予其一定酌处权的负责帮手——只有在利润制度框架内才有可能实行。之所以经理具有如此特征并且为经理提供不同于单纯技术人员的条件，是因为在他的任务范围内，他自己确定"使其行为遵循利润原则"的方法。在一个既无经济计算，也无资本核算和利润计算制度中，也没有给经理人活动留下任何空间。但是，只要一个国家依然能够根据外国市场上所决定的价格进行计算，其也能够在某种程度上利用一种准经理人等级制度。

将任何时代称为一个"过渡时代"皆是一个糟糕的权宜之计。在活生生的世界里，总是会发生变化。每个时代皆是一个过渡的时代。我们可以区分可以持续下去的社会制度与不可避免的速朽的社会制度，因为后者是自我毁灭性的社会制度。上文已指出：干预主义在什么意义上自我清算并且必然导致德国的模式。一些欧洲国家已经达到了这一阶段，而且无人知道美国是否会效仿。但只要美国坚持市场经济，并且不采取政府全面控制商业的制度，西欧的经济仍将能够进行经济计算。他们的经营行为依然是以经济计算为基础的。

人们常说，当世界的一半是干预主义的时候，世界的另一半就不能继续致力于实行市场经济，反之亦然。然而，没有任何理由假设——这样一种地球分割和两种制度的共存是不可能的。若果真如此，那么，已经抛弃资本主义的国家，其现在的经济制度可能会无限期地继续实行下去。其运作可能导致社会解体、混乱和人民的痛苦。但是，生活水平低和渐进式贫困皆不会自动清算一个经济制度。只有当人们自己足够聪明，足以理解这样一种变化可能给他们带来的好处时，原有制度才会让位于一个更高效的制度。或者该制度可能被配备更精良军事装备的外国侵略者摧毁，而这种更精良的军事装备源于外国侵略者自己的经济制度效率更高。

乐观主义者希望：至少那些过去已经发展了资本主义市场经济及其文明的国家，将来也会坚持这种制度。肯定有许多迹象可以证实和否定这样一种期望。推测私有制原则与公有制原则之间、个人主义原则与极权主义原则之间、自由原则与威权主义统治原则之间巨大意识形态冲突的结果，是徒劳之举。关于这场斗争的结果，我们事先所能知道的一切可以浓缩成如下陈述：

对于哪些机构的存在和运作会将这场意识形态较量中最后胜利的桂冠戴在哪

些意识形态头上，我们一无所知，而这些获胜的意识形态将确保维护和进一步加强社会纽带并确保改善人类的物质福祉。没有任何东西表明如下信念：朝着更令人满意的状况进步是不可避免的，或者回到非常不令人满意的状况是不可能的。

第六部分　经济学在社会中的地位

　　米塞斯认为，经济学是一门理论科学，它不做任何价值判断。它的任务不是告诉人们应该追求何种目标，它只说明人若想达到其特定目的，他必须如何施展行为。

第三十四章　经济学之难以详述性

1 经济学之独特性

　　使经济学在纯知识的轨道和知识之实际应用的轨道上具有特殊和独特的地位的，是如下这一点：其特殊定理不允许根据经验进行任何证实或证伪。当然，合理的经济推理所建议的一项措施会产生所要达到的效果，而错误的经济推理所建议的一项措施则无法产生所寻求的目的。但这种经验始终依然是历史经验，也即复杂现象的经验。正如上文已指出的，它永远不能证明或反驳任何特定的定理。虚假的经济定理的应用将会导致不希望得到的后果。但是这些效果从来不具备自然科学领域中的实验事实所提供的无可争辩的确信力。衡量一个经济学定理是否正确的最终尺度完全是没有经验帮助下的理性。

　　这种情况的不祥意义在于：它阻止了那些头脑天真的人认识到经济学所分析研究之事情的现实性。在人看来，"现实"是他无法改变的一切，而且若他想达到自己的目的，他必须调整自己的行为来适应其存在。对现实的认知是一种令人难过的经历。它教导一个人愿望之满足的限度。只有在不情愿的情况下，人才会接受这样一种见解，即存在着一厢情愿不能改变的事物，即事件之间一切因果关系的整个复合体。然而，感觉经验说的是一种容易察觉的语言。就实验进行争论，毫无用处。从实验角度确定之事实的真实性是无法进行争辩的。

　　但是在行为学知识的领域里，无论成功还是失败皆无法讲一种每个人皆能听得见的清晰语言。完全来自复杂现象的经验并不妨碍人们遁入基于一厢情愿的解释。天真的人倾向于将无所不能归因于其思想——无论其思想多么混乱和自相矛盾，而这种倾向绝不会被经验明显地且毫不含糊地证伪。经济学家绝对不能像医生驳斥巫医和江湖郎中那样驳斥经济怪人和经济庸医。历史只对那些知道如何根据正确理论来解释它的人说话。

2 经济学与公众舆论

若我们认识到"经济学教义的实际利用是以公众舆论的支持为前提的",则这种基本认识论差异的意义就变得清晰起来。在市场经济中,若要实现某一技术创新,只需要一个或几个开明的人认识到该创新的合理性即可。普通大众的任何迟钝和笨拙皆不能阻挡改进之先锋前进的脚步。这些先锋无需事先赢得惰性人士的赞同。即使任何其他人嘲笑他们,他们也可以自由地启动他们的项目。后来,当新的、质量更好的、价格更便宜的产品出现在市场上时,这些嘲笑者又会去争先抢购这些产品。无论一个人多么迟钝,他都知道如何区分一双价格更便宜的鞋子与一双价格更贵的鞋子,并欣赏新产品的有用性。

但在社会组织和经济政策领域,情况就不同了。在这个领域,若无公众舆论的支持,最好的理论也毫无用处。若不被大多数人接受,它们就无用武之地。无论政府体制如何,皆不可能以跟公众意见不一致的教义为基础来长期持久统治一个国家。最终,多数人的哲学理念占了上风。从长远来看,不可能有一个不受欢迎的政府制度。民主与专制,二者的区别并不影响最后的结果。它仅涉及政府体制根据公众舆论所持意识形态进行调整的方法。不受欢迎的独裁者只能通过革命暴动方式被推翻下台,而不受欢迎但有民主精神的统治者在下次选举中将被民众以和平方式赶下台。

公众舆论的至高无上决定的不仅仅是经济学在思想和知识综合体中所占据的单一角色。它决定着人类历史的整个进程。

关于个人在历史上所扮演之角色的惯常讨论并未抓住重点。所想、所做、所完成的一切皆是个人的表现。新的思想和创新始终是非凡之人的一种成就。但是,这些伟人若不能说服公众舆论,就不能成功地调整社会条件以适应他们的计划。

人类社会的繁荣取决于两个因素:杰出人士构思健全的社会和经济理论的智慧力,以及这些人或其他人使这些意识形态为大多数人所接受的能力。

3 旧自由主义者之幻想

群众,也即由普通人组成的大众,他们并不构思任何理念,不管是健全的还是不健全的。他们只在人类的智慧领袖所发展的意识形态之间做出选择。但他们的选择是最终的,并且决定事件的进程。若他们宁愿选择不良的学说,那么没有什么能阻止灾难的发生。

启蒙运动的社会哲学并未看到不健全思想的盛行可能产生的危险。通常对古典经济学家和功利主义思想家的理性主义提出的反对意见皆是徒劳的。但是他们的学说存在一个缺陷。他们愉快地假定：合理的东西仅仅因为它的合理性就会继续存在下去。他们从未考虑过"公众舆论可能支持虚假意识形态"的可能性，而这些虚假意识形态的实现将损害大众的福利与福祉并瓦解社会合作。

今天，贬低那些批评自由主义哲学家对普通人抱有信心的思想家是时髦之举。然而，伯克（E. Burke）和哈勒（K. L. Haller）、博纳尔德（L. Bonald）和德梅斯特（Joseph de Maistre）关注的是自由主义者已经忽视的一个根本问题。他们对群众的评价比其对手更为现实。

当然，保守的思想家们在一种幻想下努力工作，这种幻想就是：传统的父权式政府制度和经济制度的僵化性可以保留下来。他们对古代政权赞不绝口，因为它使人民繁荣富裕，甚至使战争人性化。但是他们并没有看到，正是这些成就增加了人口数量，从而造成了过剩的人口，而在旧的经济限制主义制度中没有给这些过剩人口留下任何生存空间。他们对一类人（一个阶层的人）的成长视而不见，这一类人站在他们想要永久维持之社会秩序的界限之外。他们未能提出解决"工业革命"前夕人类必须应对的最迫在眉睫问题的任何办法。

资本主义给了世界它所需要的——为数量稳步增加的人提供更高的生活水平。但是自由主义者——资本主义的开路先锋和支持者——忽略了一个基本要点。一种社会制度，无论其多么有益，若得不到公众舆论的支持，就无用武之地。他们并未预料到反资本主义宣传的成功。在推翻了受膏者之神圣使命的寓言之后，自由主义者却又沦为同样虚幻的学说、不可抗拒之理性力量、公共意志（volonté générale）之永无谬误和多数派之神圣灵感的牺牲品。他们认为：从长远来看，没有什么能阻止社会状况的逐步改善。在揭露古老迷信的过程中，启蒙运动的哲学一劳永逸地确立了理性的至高无上地位。自由政策的成就将为新意识形态的祝福提供如此压倒性的证明，以至于任何聪明人皆不会冒险去质疑它。而且，哲学家们暗示说：绝大多数人皆是聪明人，而且能够正确地思考。

老一辈自由主义者从未想到：大多数人竟然可以根据其他哲学来解释历史经验。他们并未预料到：他们称之为"反动的、迷信的和不合理的思想"在19世纪和20世纪会受到欢迎。他们是如此充分相信"所有的人皆具有正确的推理能力"这一假设，乃至于他们完全误解了预兆的意义。在他们看来，所有这些令人不快的事件皆是暂时的故态复发，是偶然的插曲，而哲学家从永恒角度（sub specie aeternitatis）看人类历史是不可能给此等插曲附加任何重要意义的。无论反动派怎么说，有一点是他们不能否认的；也即，资本主义为迅速增长的人口提供了稳步提高的生活水平。

正是针对这一点，绝大多数人确实提出了质疑。对于资本主义国家而言，这个定理的谬误是不容忽视的。对于那些只是表面上受资本主义影响的落后国家而言，人口数量的空前增长并不意味着"群众越陷越深"。与更先进的国家相比，这些国家是贫穷的。他们的贫困是人口快速增长的结果。这些民族宁愿生育更多的后代，也不愿将生活水平提升到一个更高的水平。那是他们自己的事。但事实仍然是：他们有足够的财富来延长平均寿命。若维持生计的生活资料未曾增加，他们原本是不可能抚养更多孩子的。

第三十五章 经济学在学习中的角色

1 经济学研究

自然科学最终建立在实验室实验所确立之事实的基础之上。物理学理论和生物学理论皆面对着这些事实，而且，在与这些事实发生冲突时，这些理论就会被拒绝。这些理论的完善——不亚于技术程序和治疗程序的改进——需要更多更好的实验室研究。这些实验尝试项目需要耗费时间、专家的艰苦努力和材料的昂贵支出。研究再也不能由孤立无援、身无分文的科学家们进行了，无论他们多么富有独创性。今天，实验的中心是由政府、大学、捐赠基金和大企业支持的大型实验室。在这些机构的工作已发展成为专业性的例行工作。受雇在其中工作的大多数人皆是技术人员，他们记录着一些事实，开路先锋（其中一些人本身就是实验者）有一天会用这些事实作为他们理论的基石。就科学理论的进展而言，普通研究者的成果只是辅助性的。但他的发现往往在改善治疗方法和商业方法方面具有直接的实用效果。

人们忽略了自然科学与人类行为科学之间在认识论上的根本区别，认为——要进一步发展经济知识，就必须按照医学、物理和化学研究所的行之有效方法来组织经济研究。相当多的钱花在了被称为"经济研究"的事情上。事实上，所有这些研究所的工作，其主题皆是近期的经济史。

鼓励经济史研究当然是一件值得称赞的事情。无论这些研究的结果多么有启发性，皆不能将它们跟经济学研究混为一谈。它们不能产生"事实"这一术语适用于实验室实验中所测试事件的意义上的事实。它们并不能提供"砖头"用于构建后验假设和定理。相反，若不根据没有参照它们而发展起来的理论来解释它们，它们就没有任何意义。没有必要对前面几章在这方面所说的话做任何补充。关于某一历史事件之发生原因的任何争议，皆不能以"并非以明确行为学理论为指导的事实审查"为根据来加以解决。

癌症研究所的建立可能有助于发现对抗和预防癌症这种有害疾病的方法。但是，一个商业周期研究所对于努力避免经济萧条再次发生的举措无济于事。关于过去经济萧条之所有数据的最准确和最可靠的集合对我们这一领域的知识而言几乎没有什么用处。学者们对这些数据并无异议；他们只是不同意在对这些数据的解释中要采取的定理而已。

更重要的是，若不参考历史学家在其工作一开始就持有的理论，就不可能收集关于一个具体事件的数据。历史学家并不报告所有的事实，而只报告他根据他自己的理论而认为具有相关性的事实；他省略了被认为跟事件解释不具有相关性的数据。若他被错误的理论所误导，他的报告就会变得废话连篇，而且可能几乎毫无价值。

即使是对经济史——尽管它是过去最近时期的历史—— 一个篇章进行的最忠实考察，也丝毫不能代替经济思考。经济学跟逻辑学和数学一样，是一种抽象推理的展示。经济学永远不可能是实验性的和经验性的。经济学家无需昂贵的仪器来进行他的研究。他需要的是清晰思考的能力，以及在纷繁复杂的事件中辨别"哪些是本质之物""哪些仅为偶然之事"的能力。

经济史与经济学，二者并不冲突。每一个知识分支皆有自己的优点，亦有自己的权利。经济学家从未试图贬低或否定经济史的意义。真正的历史学家也不反对经济学研究。这种对立是干预主义者故意制造的，他们无法反驳经济学家针对他们的学说提出的反对意见。历史学派和制度主义者之所以试图剔除经济学，并用"经验"研究来代替它，正是因为他们想让经济学家闭嘴。正如他们所计划的那样，经济史是摧毁经济学声望和宣传干预主义的一种手段。

2 作为职业的经济学

早期的经济学家献身于经济学问题的研究。在登台授课和著书立说的过程中，他们渴望将自己思考的成果传达给自己的同胞。他们试图影响公众舆论，以便使稳健的政策在公民事务的开展中占上风。他们从未想过将经济学作为一种职业。

经济学家这一职业的发展是干预主义的一个分支。专业经济学家是在设计政府干预商业的各种措施方面发挥作用的专家。他是经济立法领域的专家，而当今的经济立法总是以阻碍市场经济的运行为目标。

在政府机关、各政党和压力集团机关、党报和压力集团刊物编辑部里，有成千上万这样的专业专家在日夜忙碌、殚精竭虑。其他人则被企业聘为顾问或经营着独立咨询机构。其中有些人在全国乃至世界范围内享有盛誉；许多人是他们自己国家最有影响力的人物。这样的专家经常被召来指导大银行和大公司的事务、被选入立法机构，并被任命为内阁部长。他们在政治事务的顶层运筹方面与法律界同台竞技、一决高下。他们所发挥的突出作用是我们干预主义时代最具特色的特征之一。

毫无疑问，具有如此优势的一类人包括极有才华的人，甚至是我们这个时代最杰出的人。但是，指导他们活动的哲学却使他们的视野变狭窄了。由于他们跟特定党派和压力集团有联系并且渴望获得特殊的特权，他们变得片面了。他们对他们正在倡导之政策的更遥远后果视而不见。对于他们而言，除了他们正在服务的团体的短期关切之外，再无任何重要之事。他们努力的终极目的是以牺牲其他人之利益为代价来使他们的客户繁荣富足。他们致力于说服他们自己——人类的命运跟他们团体的短期利益是一致的。他们试图向公众推销这一想法。在为提高白银、小麦或蔗糖的价格而斗争时，在为提高他们工会成员的工资而斗争时，或在为降低外国产品关税而斗争时，他们声称是在为至高无上的利益而斗争、为自由和正义而斗争、为自己国家的繁荣而斗争、为文明而斗争。

公众对游说者不屑一顾，并指责他们干预主义立法的阴损特征。然而，邪恶者的根基要深得多。各种压力集团的理念已渗透到立法机构之中。在今天的议会中，有小麦种植者的代表、有畜牧饲养者的代表、有农民合作社的代表、有白银业的代表、有各种工会的代表、有若无关税就经不起外国竞争之产业的代表，还有许多其他压力集团的代表。他们之中，很少有人觉得国家比他们的压力集团更重要。执政当局各部门同样如此。内阁农业部长认为自己是农业利益的捍卫者；他的主要目标是使食品价格飞涨。劳工部长则认为自己是工会的倡导者；他的首要目标是使工会变得尽可能强大。每个部门皆遵循自己的方针路线，并与其他部门的努力针锋相对、互相掣肘。

今天许多人抱怨政治家缺乏具有创造性的政治才干。然而，在干预主义思想的主导下，某一政治领域的职业机会仅对那些认同某一压力集团利益的人开放。一个工会领袖或一个农会秘书的心态，并不是一位富有远见政治家所需要的。为一个压力集团的短期利益服务，不利于发展造就一位伟大政治家的那些品质。政治才干一贯皆是长期政策；但压力集团并不关心长期问题。德国魏玛制度和法国第三共和国的可悲失败主要是因为他们的政治家仅仅是压力集团利益的专家而已。

3 预测作为一个职业

当商人最终认识到"信贷扩张所创造的繁荣无法持续下去而且必然会导致经济衰退"时，他们方才意识到：及时知道繁荣终结的日期对于他们而言很重要。他们向经济学家寻求建议。

经济学家知道：这样一种繁荣必然会导致一种萧条。但他并不知道，也无法知道危机何时会出现。这取决于每一个案的特殊情况。许多政治事件会影响结果。没有任何规则可以用来计算繁荣的持续时间或随后萧条的持续时间。即使有这样的规则，对商人而言也毫无用处。为了避免亏损，个体商人需要的是：在其他商人依然认为"崩盘离实际情况更远"之时了解转折点的日期。然后，他先人一步的高超知识将使他有机会精准安排自己的经营，从而在转折点到来之前全身而退、毫发无损。但若繁荣的结束可以根据一个公式计算出来，那么所有商人皆可同时获悉此结束日期。于是他们根据此信息调整自己事务开展的行为，但他们在这方面所做的努力将立即导致所有萧条现象的出现（雪崩效应）。他们中的任何一个要避免受害皆为时已晚。

假若有可能计算出市场的未来状态，那么未来就不会是不确定的。也就既不会有企业家亏损，也不会有企业家盈利。人们对经济学家的期望超出了任何凡人的能力范围。

"未来是可预测的；某些公式可以代替作为企业家活动本质的具体理解；而且熟悉这些公式可以使任何人皆有可能接管商业经营"，这种想法本身当然是谬误和误解整个复合体的一个产物，而这些谬误和误解正是当今反资本主义政策的底层。"'投机者'一词在今天仅带着一种可耻的内涵使用"，这一点清楚地表明：我们的同时代人甚至不怀疑行为的根本问题究竟包含什么主要内容。

企业家判断无法在市场上买到。能够传承并带来利润的企业家理念，恰恰是大多数人皆未想到的理念。产生利润的并非正确的远见本身，而是比其他人之远见更精准清晰的远见。奖品只授予持不同意见者，他们并不让自己被大众接受的错误所误导。使利润出现的是为未来需求做好储备，而其他人却忽略了为未来需求做好充分的储备。

若企业家和资本家完全相信他们的计划是合理的，他们就会暴露自己的物质福祉。他们绝对不会因为专家建议他们"将自己的经济生活掌握在手中"就听信该专家建议去冒险这么做。那些根据提示在股票和商品交易所进行操作的无知的人，无论他们从什么来源得到灵感和"内幕"信息，皆注定血本无归。

事实上，理智的商人充分意识到未来的不确定性。他们认识到：经济学家并未提供关于未来将要发生之事的任何可靠信息，他们所提供的只是对过去统计数据的解释。对于资本家和企业家而言，经济学家对未来的看法只能算作值得怀疑的猜测。他们持怀疑态度，而且不容易上当。但由于他们完全正确地认为"了解可能与他们事务有任何相关性的所有数据是有用的"，因此他们订阅了发布预测的报纸和期刊。由于急于不忽视任何可用的信息来源，大企业聘请了经济学家和统计学家。

商业预测失败于徒劳地试图消除未来的不确定性，并剥夺企业家精神所固有的投机性。但它在收集和解释最近过去时间段经济趋势与发展情况的可用数据方面提供了一些效用。

4 经济学与大学

税收支持的大学受到执政党的影响。当局试图只任命那些愿意提出他们自己认可之观点的教授。由于今天所有非社会主义政府皆坚定地致力于干预主义，他们只任命干预主义者担任大学教授。在他们看来，大学的首要职责是向新一代兜售官方的社会哲学。[1] 这些官方的社会哲学对于经济学家而言毫无用处。

然而，干预主义在许多独立大学也同样流行。

根据一个古老传统，大学的目标并不仅仅有教学，而且还有知识和科学的推广。大学教师的职责并不仅仅是将别人开发出来的知识复合体传给学生。他应该通过自己的工作为扩大这一宝藏做出贡献。人们认为：他是拥抱世界的学术共和国的一个全面发展的成员、一个创新者以及一位在通往更多和更好知识道路上的开路先锋。没有任何一所大学会承认其教员在各自领域里不如任何人。每一位大学教授皆认为自己与他的科学领域的所有其他大师在水平上是平起平坐的。像他们中最伟大的人一样，他也为学习的进步贡献了自己的一份力量。

当然，所有教授皆平等的想法是虚构的。天才的创造性工作与一位专家的专著之间有很大的区别。然而，在实证研究领域，人们有可能坚持这种虚构。伟大

---

[1] 桑塔亚那（G. Santayana）在谈到（当时普鲁士皇家的）柏林大学的一位哲学教授时指出：在这个人看来，"一位教授的工作就是拖着一船合法的货物在政府的曳船道上步履艰难地跋涉"。[《人物与地点》（*Persons and Places*）（纽约，1945年），第二册，第7节。]

的创新者和简单的例行公事者在他们的研究中采用同样的技术研究方法。他们安排实验室实验或收集历史文献。他们工作的外表是一样的。他们的出版物涉及相同的主题和问题。它们是可通约的。

在哲学和经济学等理论科学中，情况就完全不同了。在这里，没有任何东西是常规主义者可以根据一个或多或少刻板模式来实现的。没有任何任务需要聚精会神的专著家尽职尽责和刻苦勤勉的努力。根本不存在任何实证研究；一切皆必须通过反思、冥想和推理的能力来实现。根本不存在任何专业化，因为所有问题皆相互关联。在分析研究知识本体的任何一部分时，实际上是在分析研究其整体。一位著名历史学家曾这样描述博士论文的心理学和教育学意义：这篇论文给了作者一个值得自豪的保证，即在知识学习领域有一个小小的角落，尽管很小，但他是首屈一指的。很明显，这种效应不可能通过一篇关于某一经济分析主题的论文来实现。在经济思想的复合体中，根本不存在这样孤立的角落。

生活在同一时期且其工作为经济学做出重要贡献的人，在人数上从未超过二十个。经济学中具有创造力的人，其人数跟其他学科中此类人数一样少。此外，许多具有创造力的经济学家并不属于教师职业领域。但是需要成千上万的在大学和学院里执教的经济学教师。学术传统要求他们每个人皆应该通过发表具有独创性贡献的学术文章——而不仅仅是通过编写教科书和手册——来证明自己的价值。一个学术教师的声誉和薪水更多地取决于他的文献作品，而不是他的说教能力。一位教授往往忍不住要出版自己的书籍。若他觉得自己没有撰写经济学文章著作的天职，他就会转向经济史或描述性经济学。但是，为了不丧失脸面，他必须坚持这样一种说法，即他所分析处理的问题是经济学本身的问题，而不是经济史的问题。

他甚至必须自诩他的著作涵盖了经济研究唯一合法的领域，而且只有他的著作是实证的、归纳的和科学的，而"纸上谈兵"的理论家们纯属演绎推论的流露，只不过是毫无意义的推测而已。如果他要忽略这一点，他就会承认，经济学教师分为两类人：一类是他们对经济思想的进步已经作出了自己贡献，另一类是没有作出贡献，尽管他们可能在其他学科（如近代经济史）方面做得很好。因此，这种学术氛围不利于经济学的教学。许多教授——幸好并非所有教授——皆有意贬低"纯粹的理论"。他们试图用历史学信息和统计学信息的非系统性聚合收集来代替经济学分析。它们将经济学分解为若干综合分支。他们专注于农业、劳动力、拉丁美洲状况和许多其他类似细分领域。

使学生熟悉一般经济史，尤其最近的经济发展情况，当然是大学培养工作的任务之一。但是，所有这些努力，若不是建立在对经济学全面了解的基础之上，皆注定要失败。经济学并不允许将其本身分裂成许多特殊分支的行为。它总是分析研究所有行为现象的相互关联性。若单独分析研究每一个生产（分支）部门，就不可能看到交易经济学问题。研究劳动力和工资而不含蓄地研究物价、利率、盈亏、货币和信贷信用等一切主要问题，这种研究是不可能进行下去的。工资率确定的真正问题甚至无法在一门关于劳动力的课程中触及。根本不存在"劳动经济学"或"农业经济学"之类的东西。只有一个连贯的经济学体系。

这些专家在其讲座和出版物中分析研究的并不是经济学，而是各种压力集团的学说。由于忽视经济，他们不由自主地成为那些旨在为其自己团体争取特殊特权之人所持意识形态的牺牲品。即使是那些不公开站在某一特定压力集团一边以及声称保持崇高中立的专家，也在无意中支持干预主义学说的基本信条。他们只分析研究政府对商业的无数种干预，而并不想坚持他们所谓的"纯粹消极主义"。若他们批评所采取的措施，他们这么做就仅仅是为了推荐他们自己品牌的干预主义，以取代其他人的干预主义。他们毫不犹豫地赞同干预主义和社会主义的基本论点，即不受阻碍市场经济不公平地损害了绝大多数人的切身利益，仅仅是为了冷酷无情的剥削者的个人利益。在他们看来，一个证明干预主义负效用的经济学家，实际上就是大企业之不公正主张的一个受人贿赂的拥护者。必须禁止这些恶棍进入大学、禁止他们的文章在大学教师协会的期刊上发表。

学生们不知所措。在数理经济学家的课程中，他们被灌输了描述不再有任何行为的假设性均衡状态的公式。他们很容易得出结论：这些方程式对于理解经济活动而言毫无用处。在专家的讲座中，他们听到大量关于干预主义措施的细节。他们必须推论出状况确实是自相矛盾的，因为从来没有出现过均衡，而且工资率和农产品价格也并不像工会或农场主所希望的那样高。他们的结论是：很明显，一场彻底的改革不可或缺、势在必行。但是，要进行什么样的改革呢？

大多数学生毫无保留地拥护他们的教授所推荐的干预主义灵丹妙药。若政府强制执行最低工资标准、为每个人提供充足的食物和住房，或者当政府禁止销售人造黄油和进口外国白糖时，社会状况将完全令人满意。他们并未看到他们老师的话中所包含的自相矛盾：他们的老师头一天哀叹市场竞争的疯狂，第二天又抱怨垄断的弊端；还是他们的老师，头一天悲鸣物价下跌，第二天又埋怨生活成本上升。他们通过论文答辩拿到学位，并且试图尽快在政府或某一势力强大的压力集团找到一份工作。

5 普通教育与经济学

在不受不同语言群体之间斗争困扰的国家，若公共教育仅限于阅读、写作和算术，它也可以发挥作用。对于聪明的孩子而言，教学内容甚至可以增加几何学、自然科学和国家有效法律的基本概念。但一想走得更远，严重的困难就出现了。初级阶段的教学必然会变成灌输。向青少年讲述一个问题的所有方面并让他们在不同观点之间做出选择，这么做并不可行。同样不可能找到老师将自己都不赞成的观点以持有这些观点之人满意的方式传授给其学生们。经营学校的政党可以一方面宣传自己的信条、另一方面贬低其他政党的信条。

在宗教教育领域，19世纪的自由主义者通过政教分离解决了这一问题。在自由主义国家，公立学校不再教授宗教课程。但是父母可以自由地将其孩子送入由宗教社区支持的教派学校。

然而，这一问题并不仅仅涉及宗教的教学以及某些自然科学理论的教学跟《圣经》不符，它更关系到历史学与经济学的教学。

公众只知道历史学之教学（"历史教学"）的国际方面的相关事情。今天有一些人在谈论"将历史教学从民族主义和沙文主义的影响中解放出来"的必要性。但很少有人意识到：在分析研究历史学的国内方面，公正性和客观性问题同样存在。教师或教科书作者自己的社会哲学为叙述染上了颜色。为了使儿童和青少年不成熟的头脑容易理解，教育部门和学校越是规定教学处理须简化和浓缩，教学效果就越差。

若不对这些有争议的问题和隐含的经济学说采取一个明确的立场，就不可能分析研究历史的任何篇章。关于过去三百年事件的每一个陈述，无一不涉及对这些争议的某一明确判断。任何人皆无法避免在《独立宣言》和《葛底斯堡演说》的哲学与《共产党宣言》的哲学之间做出选择。挑战就摆在那里，将头埋进沙子是没有用的。

在高中阶段，甚至在大学阶段，历史学知识和经济学知识的传授实际上就是灌输。很大一部分学生肯定还不够成熟，尚无法在批判性审视他们老师对学科之宣讲的基础上形成自己的观点。

若公共教育比实际更有效，各政党就会急切地瞄准控制学校系统，以确定这些学科的教学模式。然而，普通教育在新一代的政治、社会和经济思想的形成中仅仅起到了次要的作用。新闻出版界、广播电台和环境条件的影响比在校教师和教科书的影响要强大得多。教会、政党和压力团体的宣传超过了学校的影响力，无论学校向学生教授什么内容。在学校里学到的东西往往很快就被遗忘了，而且不能在一个人活动所在社会环境的持续不断锤打下传承下去。

6 经济学与公民

经济学绝不能被降级到仅仅盘桓在教室课堂和统计局层面，也绝不能留给"业内"深奥难测的小圈子。它是人类生活和行为的哲学，并且关系到每一人、每一事、每一物。它是文明和人之人性存在的精髓。

之所以提到这一点，并不是为了沉溺于高估自己知识分支重要性之专家们经常被嘲笑的弱点。并非经济学家，而是今天所有的人，皆将这一突出位置分配给经济学。

当今所有的政治问题皆与通常称为"经济问题"的那些问题有关。有关社会事务和公共事务的当代讨论中所提出的所有论点，无一不涉及行为学和经济学的基本问题。每个人满脑子都是各种经济学说。哲学家和神学家似乎对经济问题比对前几代人认为是哲学和神学主题的那些问题更感兴趣。今天的小说和戏剧从经济学说角度来对待人类一切事情——包括性关系。每个人皆想到经济学，无论其是否意识到这一点。在加入一个政党以及在进行投票时，公民隐含地表明了对基本经济理论的立场。

在16世纪和17世纪，宗教是欧洲政治争论的主要问题。在18世纪和19世纪的欧洲和美国，最重要的问题是代议制政府与皇家专制主义二者对立的问题。今天则是市场经济与干预主义二者对立的问题。当然，这是一个其解决方案完全取决于经济分析的问题。靠空洞的口号，或者靠辩证唯物主义的神秘，毫无用处。

任何人皆无法逃避其个人责任。无论是谁，若不竭尽其所能去分析研究所有涉及的问题，他就会将其与生俱来的权利交给某个自封的超人精英群体。在这些至关重要问题上，盲目依赖"专家"和不加批判接受流行的时髦用语和偏见，就等于放弃自我决定并屈服于他人的支配。在当今情况下，对于每个聪明人而言，没有什么比经济学更重要的了。他自己的命运以及他子孙后代的命运岌岌可危。

很少有人能够为经济思想体系贡献出任何重要的想法。但是所有理智的人皆被要求熟悉经济学的教义。在我们这个时代，这是首要的公民义务。

无论我们喜不喜欢，事实是：经济学不可能一直是一门只有少数学者和专家才能接触到的深奥难懂的知识分支。经济学分析研究的对象是社会的基本问题；它关系到每一个人，亦属于所有人。它是每个公民主要的且适当的学习内容。

7 经济学与自由

经济思想在决定公民事务中所起到的最重要作用解释了——为何政府、政党和压力集团有意限制经济思想的自由。他们急于宣传"好"的学说并且压制"坏"学说的声音。在他们看来，真理并无能够仅仅凭借"其为真"而使其最终占上风的内在力量。为了继续传承下去，真理需要警察机构或其他武装部队的暴力行为来支持。在这种观点中，一个学说是否真实的标准就是——其支持者成功地用武力击败了不同意见的拥护者。其中暗示：上帝或某些神话中的指导人类事务进程的机构总是将胜利赐予那些为正义事业而战的人。政府来自上帝，而且肩负消灭异教徒的神圣职责。

针对这种不宽容和迫害持不同意见者的学说，对其自相矛盾和不一致之处进行详细探究是毫无用处的。世界上从来没有像当代政府、政党和压力集团所构建的人为巧妙设计的宣传和压迫系统。然而，只要一个伟大的意识形态攻击它们，所有这些宏伟大厦就会像纸牌屋一样摇摇欲坠。

不仅在蛮族和新蛮族暴君统治的国家，而且同样在所谓的"西方民主国家"，经济学研究在今天实际上是非法的行为。对经济问题的公开讨论几乎完全忽略了经济学家在过去两百年间所说的一切。在分析研究物价、工资率、利率和利润时，就仿佛它们的决定并不受任何法律的约束一样。政府试图颁布并强制执行商品最高限价和最低工资率。政治家们劝诫商人削减利润、降低物价并提高工资率，仿佛这些事情取决于个人听得见的意图似的。在分析研究国际经济关系时，人们乐于诉诸最天真的重商主义谬论。很少有人意识到所有这些流行学说的缺点，也很少有人意识到为何以它们为基础的政策总是传播灾难。

这些皆是令人难过的事实。然而，一个人只有一种方式可以回应它们：永远不要放松对真理的探寻。

第三十六章　经济学与人类存在的根本问题

1 科学与生活

人们习惯于对现代科学吹毛求疵，因为它是"价值中立的"（wertfrei），它并不表达价值判断。我们被告知：活生生的行为人对于价值中立而言毫无用处；他需要知道他应该寻求什么样的目的。若科学不回答这一问题，它就是徒劳无果的学问。然而，反对意见是无凭无据的。科学并不对任何事物进行估值，但它为行为人提供了就其估值而言其可能需要的所有信息。只有当有人提出"生命本身是否值得活下去"的问题时，它才保持沉默。

当然，这个问题过去也曾经被提出过，并将始终被提出。若最终无人能逃脱死亡和分解，那么所有这些人类的努力和活动又有何意义呢？人生活在死亡的阴影之中。无论他在自己的朝圣历程中取得了何种成就，总有一天他必然会离开人世，抛弃他所建立的一切，撒手而去。每一个瞬间皆可能成为他生命的最后一刻。关于个人的未来，只有一件事是确定无疑的，这就是——死亡。从这个终极的不可避免结果角度来看，人类所有的努力皆是徒劳和无果的。

此外，人的行为必须被形容为"无意义的"，即使仅仅根据其眼前的直接目标来判断亦是如此。它永远不能带来充分的满足；它只是在转瞬即逝的瞬间部分地消除了不安。一旦一个需求得到满足，新的需求就会涌现出来，并且要求得到满足。据说，文明使人们变得更加贫穷，因为它使人们的愿望倍增，而且并不是如冷冽甘泉般抚平内心的欲望，而是像火上浇油般点燃心中的欲火。辛勤工作的人所做的一切忙碌的事情和交易，他们的行色匆匆、他们的予取予求、他们的四下奔忙，统统皆是荒谬之举，因为这些举动既不能带来快乐，亦不能带来宁静。内心的宁静和安宁无法通过行为和世俗的野心来赢得，而只能通过放下和顺从来获得。圣人唯一适合的行为是遁入一种纯粹沉思冥想式存在的不活动状态之中。

然而，所有这些受良心谴责之不安、怀疑和顾虑皆被人的生命力的不可抗拒的力量所制服。诚然，人无法逃脱死亡。但目前他还活着；抓住他的是生命，而不是死亡。无论他的未来如何，他都不能逃避眼下的各种刚需。只要一个人活着，他就不能不服从最重要的冲动——生命冲动。人的天性是：他寻求维护和加强自己的生命；他不满足于现状，而且目的在于消除不安；他在寻找可以被称为"幸福"的东西。在每一个生命中，皆有一个无法解释、无法分析的本我。这个本我是所有冲动的原动力，是驱使人进入生活和行为的力量，是对更充实和更幸福快乐存在的原始的和不可根除的渴望。只要人还活着，这种原动力就会起作用，而且只有当生命灭绝时，它才会停歇。

人的理智服务于这种至关重要的冲动。理智的生物学功能是维护和促进生命，并尽可能地推迟它的消亡。进行思考和施展行为并不违背天性；相反，它们是人之本性的最重要特征。将人与非人区分开来的最恰当描述是：一个有目的地跟不利于他生命之力量作斗争的存在物。

因此，关于非理性因素之首要性的所有谈论皆是徒劳的。在我们理智无法解释、分析或设想其存在的宇宙中，有一个狭窄领域，而在这个领域中，人类能够在某种程度上消除不安。这是理智与理性的领域，是科学与有目的行为的领域。其狭窄性和人在其中所能获得之结果的稀少性皆未暗示"人应该听天由命和死气沉沉"的想法。任何哲学上的微妙之处皆不能阻止一个健康的人诉诸他认为能够满足他需求的行为。诚然，在人之灵魂最深处，有一种对纯粹植物人存在的不受干扰平静和无活动的渴望。但在活生生的人内心，这些欲望——无论是何欲望——皆被想要施展行为和改善他自身状况的渴望所压倒。一旦听天由命的力量占了上风，人就死了；他并不会变成一株植物。

诚然，行为学和经济学均未告诉一个人——他是应该维护生命，还是应该放弃生命。生命本身以及引发生命并使其燃烧的所有未知力量皆是一种终极给定，并且因此超越了人类科学的苍白。行为学的主题仅仅是人类生命的本质表现，即行为。

2 经济学与价值判断

许多人指责经济学在价值判断方面的中立性，而另一些人则指责它对价值判断的所谓"沉迷"。有些人争辩说：经济学必然地必须表达价值判断，因此并不是真正科学的，因为科学的标准是它的估值冷漠。其他人则认为：好的经济学应该而且可能是不偏不倚的，只有不合格的经济学家才会违背这一公设。

在有关问题的讨论中，语义上的混乱是由于许多经济学家对术语的不准确使用。一个经济学家调查研究一项措施a是否能带来其所推荐的结果p，并发现措施a并未导致结果p而导致了结果g，而即使是措施a的支持者也认为结果g并不可取。若这位经济学家通过说"措施a是一项不良措施"来陈述其调查研究的结果，他就并未宣布一种价值判断。他只是说：从那些寻求实现目标p的人角度来看，措施a是不合适的。在这个意义上，自由贸易经济学家对保护做法进行了攻击。他们证明：保护做法并不像其拥护者所认为的那样增加了产品总量，相反它减少了产品总量，因此，从那些宁愿选择更充足——而不是更少——产品供给的人的角度来看，保护做法是有害的。正是在这个意义上，经济学家从所寻求之目的的角度来批评相关政策。若一位经济学家将最低工资率形容为"一项糟糕的政策"，则他的意思是说：该政策的效果跟那些建议实施最低工资率之人的目的背道而驰。

行为学和经济学从同样角度来看待人类生存和社会进化的基本原则，即社会分工下的合作是比个人的自给自足式孤立生存更为有效的行为方式。行为学和经济学并没有说"人们应该在社会纽带框架内以和平方式开展合作"；他们只是说：若人们想让其行为比其他方式更成功，他们就必须以这种方式施展行为。遵守那些建立、维护和加强社会合作所要求的道德规则，并不被视为对一个神话实体献上的一种牺牲，而是被视为采取最高效的行为方式，也即是为了实现更高价值的回报而付出的一个代价。

所有反自由主义学派和教条主义的联合力量，正是反对这种用一种"自主的、理性主义的和唯意志的伦理学"来代替"直觉主义和启示戒律的他律学说"的做法，才发动了最猛烈的攻击。他们皆指责功利主义哲学对人性与人的行为之终极源泉的描述与分析是冷酷无情的苦行。本书每一页都针对这些批评进行了驳斥，因此无需赘言。只有一点需要再提一次，因为一方面它是所有当代"花衣风笛手"（善开空头支票的领导者）之学说的顶峰，另一方面它为普通知识分子提供了一个可以避开艰苦的经济学研究学科的受欢迎借口。

有人说：经济学在其理性主义先入观念下假定"人所寻求的目的仅仅是或首先是物质福祉"。但在现实中，人宁愿选择的是非理性的目标，而不是理性的目标。人更多地被实现神话和理想的渴望所引导，而不是被享受更高生活水平的渴望所引导。

经济学必须回答的是：

1. 经济学并不假设或公设——人所寻求的目的仅仅是或首先是所谓的"物质

福祉"。经济学，作为关于人的行为的更一般理论的一个分支，其研究对象是人的一切行为，即人为了达到其所选择之目的而施展的有目的之行为，无论这些目的是什么。将"理性的"或"非理性的"概念应用于所选择的终极目的，这是毫无意义的荒谬之举。我们可以将终极给定形容为"非理性的"，而终极给定即是我们的思维既无法分析，亦不能还原为其他终极给定之物的那些事物。那么，任何人所选择的每一个终极目的皆是非理性的。有人像吕底亚王国君主克罗伊斯（Croesus）那样一心致富，富甲天下，也有人像一位佛教僧侣那样一心清贫，一贫如洗，前者既不比后者更理性，也不比后者更不理性。

2. 这些批评家在使用"理性的目的"这一术语时所考虑的是对物质福祉和更高生活水平的渴望。"一般的人，以及尤其我们同时代的人，更多地是被实现神话和梦想的愿望所驱使，而不是被改善其物质福祉的愿望所驱使"，这些批评家的这一说法是否正确，这是一个事实问题。尽管任何聪明人皆无法给出正确答案，但我们可以忽略这个问题。因为经济学并不支持，亦不反对神话。工会学说、信用扩张学说和所有此类学说，只要这些学说本身可能就是神话并且被其坚定拥护者支持为神话，那么经济学对这些学说的立场就是完全中立的。只要这些学说被认为是"关于适合达到特定目的之手段的学说"，经济学就对它们进行分析研究。经济学并没有说：工会主义是一个不好的神话。它只是说：对于所有渴望挣工资的人而言，这是一种不适当的提高工资率的手段。它让每个人自己来决定——实现工会神话是否比避免工会政策的不可避免后果更重要。

在这个意义上，我们可以说：经济学是无政治意义的或非政治性的，尽管它是政治和各种政治行为的基础。我们还可以说：经济学对一切价值判断的立场皆是完全中立的，因为它涉及的始终是手段，而从不涉及终极目的的选择。

3　经济认知与人的行为

人进行选择和施展行为的自由受到三重限制。首先是物理法则，人若想生存，就必须根据物理法则之无情绝对性来调整自己的行为。其二是个人先天的体质特征和性情以及环境因素的作用；我们知道：它们既影响着目的的选择，亦影响着手段的选择，尽管我们对它们运作方式的认知相当模糊。最后是跟手段与目的之间相互关联性有关的现象之规律性，即有别于物理学规律和生理学规律的行为学规律。

对这第三类宇宙规律的阐明以及范畴性和形式性审查，是行为学及其迄今发展最好的分支——经济学——的研究主题。经济知识主体是人类文明结构中的一个基本要素；正是在它的基础上，建立了现代工业制度以及和上个世纪所有道德、知识、技术和治疗方面的成就。人是会恰当地利用这种知识为其提供的丰富宝藏，还是会将它束之高阁，这一切皆由人自己决定。但若他们未能充分利用它并且无视其教义与警告，那么他们并不会因此废除经济学；他们将扑灭社会和人类。

文化伟人代表作图释书系全系列

第一辑

《自然史》〔法〕乔治·布封 / 著
《草原帝国》〔法〕勒内·格鲁塞 / 著
《几何原本》〔古希腊〕欧几里得 / 著
《物种起源》〔英〕查尔斯·达尔文 / 著
《相对论》〔美〕阿尔伯特·爱因斯坦 / 著
《资本论》〔德〕卡尔·马克思 / 著

第二辑

《源氏物语》〔日〕紫式部 / 著
《国富论》〔英〕亚当·斯密 / 著
《自然哲学的数学原理》〔英〕艾萨克·牛顿 / 著
《九章算术》〔汉〕张苍 等 / 辑撰
《美学》〔德〕弗里德里希·黑格尔 / 著
《西方哲学史》〔英〕伯特兰·罗素 / 著

第三辑

《金枝》〔英〕J. G. 弗雷泽 / 著
《名人传》〔法〕罗曼·罗兰 / 著
《天演论》〔英〕托马斯·赫胥黎 / 著
《艺术哲学》〔法〕丹纳 / 著
《性心理学》〔英〕哈夫洛克·霭理士 / 著
《战争论》〔德〕卡尔·冯·克劳塞维茨 / 著

第四辑

《天体运行论》〔波兰〕尼古拉·哥白尼 / 著
《远大前程》〔英〕查尔斯·狄更斯 / 著
《形而上学》〔古希腊〕亚里士多德 / 著
《工具论》〔古希腊〕亚里士多德 / 著
《柏拉图对话录》〔古希腊〕柏拉图 / 著
《算术研究》〔德〕卡尔·弗里德里希·高斯 / 著

第五辑

《菊与刀》〔美〕鲁思·本尼迪克特 / 著
《沙乡年鉴》〔美〕奥尔多·利奥波德 / 著
《东方的文明》〔法〕勒内·格鲁塞 / 著
《悲剧的诞生》〔德〕弗里德里希·尼采 / 著
《政府论》〔英〕约翰·洛克 / 著
《货币论》〔英〕凯恩斯 / 著

第六辑

《数书九章》〔宋〕秦九韶 / 著
《利维坦》〔英〕霍布斯 / 著
《动物志》〔古希腊〕亚里士多德 / 著
《柳如是别传》陈寅恪 / 著
《基因论》〔美〕托马斯·亨特·摩尔根 / 著
《笛卡尔几何》〔法〕勒内·笛卡尔 / 著

第七辑

《蜜蜂的寓言》〔荷〕伯纳德·曼德维尔 / 著
《宇宙体系》〔英〕艾萨克·牛顿 / 著
《周髀算经》〔汉〕佚名 / 著 赵爽 / 注
《化学基础论》〔法〕安托万-洛朗·拉瓦锡 / 著
《控制论》〔美〕诺伯特·维纳 / 著
《月亮与六便士》〔英〕威廉·毛姆 / 著

第八辑

《人的行为》〔奥〕路德维希·冯·米塞斯 / 著
《福利经济学》〔英〕阿瑟·赛西尔·庇古 / 著
《纯数学教程》〔英〕戈弗雷·哈罗德·哈代 / 著
《数沙者》〔古希腊〕阿基米德 / 著
《量子力学》〔美〕恩利克·费米 / 著
《量子力学的数学基础》〔美〕约翰·冯·诺依曼 / 著

中国古代物质文化丛书

《长物志》
〔明〕文震亨/撰

《园冶》
〔明〕计 成/撰

《香典》
〔明〕周嘉胄/撰
〔宋〕洪 刍 陈 敬/撰

《雪宧绣谱》
〔清〕沈 寿/口述
〔清〕张 謇/整理

《营造法式》
〔宋〕李 诫/撰

《海错图》
〔清〕聂 璜/著

《天工开物》
〔明〕宋应星/著

《髹饰录》
〔明〕黄 成/著 扬 明/注

《工程做法则例》
〔清〕工 部/颁布

《清式营造则例》
梁思成/著

《中国建筑史》
梁思成/著

《文房》
〔宋〕苏易简 〔清〕唐秉钧/撰

《鲁班经》
〔明〕午 荣/编

"锦瑟"书系

《浮生六记》
〔清〕沈 复/著 刘太亨/译注

《老残游记》
〔清〕刘 鹗/著 李海洲/注

《影梅庵忆语》
〔清〕冒 襄/著 龚静染/译注

《生命是什么？》
〔奥〕薛定谔/著 何 滟/译

《对称》
〔德〕赫尔曼·外尔/著 曾 怡/译

《智慧树》
〔瑞士〕荣 格/著 乌 蒙/译

《蒙田随笔》
〔法〕蒙 田/著 霍文智/译

《叔本华随笔》
〔德〕叔本华/著 衣巫虞/译

《尼采随笔》
〔德〕尼 采/著 梵 君/译

《乌合之众》
〔法〕古斯塔夫·勒庞/著 范 雅/译

《自卑与超越》
〔奥〕阿尔弗雷德·阿德勒/著 刘思慧/译